Evangelische Synode

Evangelisches Gesangbuch

Evangelische Synode

Evangelisches Gesangbuch

ISBN/EAN: 9783743324459

Hergestellt in Europa, USA, Kanada, Australien, Japan

Cover: Foto ©Lupo / pixelio.de

Manufactured and distributed by brebook publishing software
(www.brebook.com)

Evangelische Synode

Evangelisches Gesangbuch

Evangelisches

Gesangbuch.

Herausgegeben

von der

Deutschen Evangelischen Synode von Nord-Amerika.

Revidierte Ausgabe.

ST. LOUIS, MO.
1894.

Vorrede.

Mit herzlichem Dank gegen den Herrn freuen wir uns, dem bereits seit vielen Jahren von unserm evangelischen Kirchen = Vereine des Westens herausgegebenen „Evangelischen Katechismus" und der eben= falls von unserer Synode herausgegebenen „Evangelischen Agende" dieses „Evangelische Gesangbuch" nun hinzufügen und unseren Ge= meinden zum kirchlichen und häuslichen Gebrauche darbieten zu können. Das zur Herausgabe desselben von unserer Synode bevollmächtigte Komitee ist mit Ernst bemüht gewesen, dem ihm gewordenen Auftrage gemäß eine Sammlung von Kirchen= und geistlichen Liedern zu veran= stalten, wie das Bedürfnis unserer evangelischen Kirche sie fordert; von Liedern, die einzeln und in ihrer Gesamtheit kräftig Zeugnis geben von der stets vorhandenen Kraft und Einheit des Glaubens in der Kirche Gottes; die ein lebendiger und entsprechender Ausdruck des evangelischen Geistes und Bekenntnisses sind und dem Bedürfnisse des evangelischen Gottesdienstes sowohl, wie den Anforderungen der häuslichen Erbauung Genüge leisten.

Der Schatz der Kirche an geistlichen und Kirchenliedern ist unendlich reich. Jedes Jahrhundert hat seine begeisterten Sänger, und Davids Harfe ist in der Kirche nimmer verstummt. Wenn nun auch die Sän= ger zur Ehre Gottes in den verschiedenen Zeiten ihren eigentümlichen Ton anschlagen und ihr eigentümliches Gepräge tragen, so ist doch bei ihnen, soweit sie lebendige Glieder des Leibes sind, dessen Haupt Christus ist, aus der Einheit des Glaubens hervortretend, eine wun= derbar herrliche Harmonie vorhanden; diese fühlbar zu machen und zum Bewußtsein zu bringen, hat die hier dargebotene Liedersamm= lung versucht. Darum beschränkt sie sich auch nicht bloß auf Zusam= menstellung von Kirchenliedern, die aus den Schwesterkirchen refor= matorischen Bekenntnisses aus der Blütezeit des heiligen Gesanges in Einheit des Glaubens als dessen schönste und segensreichste Früchte hervorgegangen sind, sondern reihet dankbar in ihren Liederkranz ein, was bis in die neueste Zeit sich um seines inneren heiligen Wertes willen mit Recht Geltung in der singenden Kirche des Herrn errungen hat.

Dem sammelnden und ordnenden Komitee sind dabei manche Gesangbücher neuerer Zeit von großem Nutzen gewesen. In den letzten Jahrzehnten hat die früher vorhandene Gesangbuchsnot Teutschlands zu trefflichen Arbeiten auf diesem Gebiete getrieben, und unser altes Heimatsland evangelischen Bekenntnisses ist gegenwärtig nicht mehr arm an guten Gesangbüchern. Ihnen verdanken wir manche Erleichterung und manche Förderung unserer Arbeit. Vor allen aber müssen wir eines hier in unserem Lande vor drei Jahren erschienenen Gesangbuches, des „Teutschen Gesangbuches von Dr. Philipp Schaff, Philadelphia 1859," dankend und anerkennend erwähnen. Dieses gediegene, nach umfassenden und gründlichen hymnologischen Studien bearbeitete Werk ist uns für Auswahl, Anordnung und Textrezension der Lieder ein wertvoller und, wo es irgend möglich war, gern beachteter Ratgeber und Gewährsmann gewesen, so daß unser Buch vieles dem genannten Werke des Dr. Philipp Schaff verdankt. Ob unser Buch einen entschiedener kirchlichen Charakter, als jenes, durch seine allerdings in einer großen Anzahl von jenem abweichende Liederauswahl erreicht hat, mag die Erfahrung lehren; sein Ziel war es wenigstens.

So übergeben wir denn dieses Gesangbuch unsern Gemeinden. Möge es in seinem Teile durch des Herrn Gnade dazu beitragen, daß evangelischer Glaube und evangelisches Leben unter den Teutschen unseres Bekenntnisses hier fröhlich und kräftig gedeihe. Dem Herrn befehlen wir auch den Lauf dieses Buches. Er wolle in Gnaden seinen Segen darauf legen! Ihm aber allein sei für alles die Ehre!

Geschrieben im Mai 1862.

Im Namen des Evangelischen Kirchen-Vereins des Westens.

Das Gesangbuchs-Komitee.

Vorrede zur revidierten Ausgabe.

Vor mehr denn dreißig Jahren hat unsere kirchliche Gemeinschaft, damals „Der Kirchenverein des Westens" genannt, zum erstenmale den evangelischen Gemeinden des Abendlandes ein Gesangbuch dargeboten. Der Zweck war, „eine Sammlung von Liedern darzubieten, die einzeln und in ihrer Gesamtheit von der stets vorhandenen Kraft und Einheit des Glaubens in der Kirche Gottes Zeugnis geben, die ein lebendiger und entsprechender Ausdruck des evangelischen Geistes und Bekenntnisses sind und dem Bedürfnisse des evangelischen Gottesdienstes wie den Anforderungen der häuslichen Erbauung Genüge leisten." Dieser Zweck ist erreicht worden.

Sie selbst, unsere Väter, die Veranstalter dieser Sammlung, sind zu ihrer Ruhe eingegangen, aber ihr Werk wirkt im Segen fort. Aus dem kleinen Kirchenverein des Westens ist ein einflußreicher Kirchenkörper geworden, unsere Teutsche Evangelische Synode von Nord-Amerika, in deren zahlreichen Gemeinden durchgängig unser Gesangbuch gebraucht wird. Das hat der Herr getan.

Wieviel Anteil an dieser Ausbreitung, an dem inneren Aufbau, an der Befestigung und dem heiligenden Einflusse des Gemeindelebens auch gerade unser Gesangbuch hat, überhaupt welche Ströme geistlichen Segens von demselben ausgegangen sind, kann niemand messen und erwägen, und diese innere, bedeutendste Geschichte unsres Gesangbuches wird erst die Ewigkeit ans Licht stellen.

Gegenwärtig, wo wegen der Abnutzung der alten Druckplatten eine neue Ausgabe zunächst nur dieses vorliegenden Formates notwendig geworden ist, sind deswegen an der Auswahl der Lieder und an der Gestaltung des Textes keine durchgreifenden Veränderungen vorgenommen. Nicht, als ob das alte Gesangbuch für vollkommen angesehen würde; aber eine durchgreifende Veränderung in der Ausgabe eines Formates würde den Fortgebrauch der älteren Bücher und der Ausgaben-andern Formates unmöglich machen, und diese Schwierigkeiten wären so bedeutend, daß ihre Außerachtlassung nur dann gerechtfertigt wäre, wenn dem alten Gesangbuche wirklich entstellende Mängel anhafteten; das ist, gottlob, nicht der Fall.

Die Textveränderungen beschränkten sich deswegen vorwiegend auf die durchgängige Einführung der neueren Rechtschreibung; es war selbstverständlich, daß die neue Ausgabe in diesem Punkte mit den übrigen Verlagsartikeln der Synode in Einklang zu bringen war. Daneben wird eine sorgsamere Durchsicht erkennen lassen, daß an zahlreichen Stellen sprachliche Härten und allerhand kleinere Fehler getilgt worden sind.

Nur betreffs der Melodien schien eine durchgreifende Verbesserung am Platze zu sein; hier lagen offenbare Mängel vor. Auch das herrlichste Kernlied wird in seiner erbauenden und begeisternden Wirkung gehemmt, wenn die Melodie, nach der es gesungen werden soll, schwerfällig, unangemessen oder unvolkstümlich ist. Wir hoffen, daß durch die vorgenommene Versetzung mancher Melodien, durchgängige Beseitigung der unbrauchbarsten Weisen und Aufnahme bekannter längst bewährter Choräle den Gemeinden nicht wenige Lieder in einem neuen Lichte erscheinen und von ihnen mit neuer Lust und Liebe gesungen werden.

Gleichzeitig mit dieser revidierten Ausgabe des Gesangbuches soll ein nach demselben bearbeitetes und mit ihm übereinstimmendes Choralbuch erscheinen, und wir hoffen, daß Gesangbuch und Choralbuch dazu beitragen mögen, besonders dem heranwachsenden Geschlechte unserer Kirche den herrlichen deutschen Choral mit seiner Würde und Schönheit vertrauter und teurer zu machen.

Der treue Gott aber, der sich bisher so gnädig zu unseren Gottesdiensten bekannt hat, wolle auch auf den Gebrauch des Gesangbuches in dieser neuen Ausgabe seinen Segen legen.

Geschrieben im Herbst 1894.

Im Auftrage:

Das Litterar. Komitee.

Inhalt.

I. Anbetung Gottes.

1. Zu Anfang des Gottesdienstes.

1.

Eigene Melodie.

1. Al = lein Gott in der Höh' sei Ehr Und Dank für sei = ne
Dar=um daß nun und nim=mer=mehr Uns rüh=ren kann kein

Gna = de,
Scha = de. Ein Wohl=ge=fall'n Gott an uns hat, Nun ist groß

Fried ohn Un = ter = laß, All Fehd hat nun ein En = de.

2. Wir loben, preis'n, anbeten dich Für deine Ehr, wir danken, Daß du, Gott Vater, ewiglich Regierst ohn alles Wanken. Ganz ungemessen ist dein Macht, Fort g'schieht, was dein Will hat bedacht, Wohl uns des feinen Herren!

3. O Jesu Christ, Sohn einge-bor'n Deines himmlischen Vaters, Versöhner derer, die verlor'n, Du Stiller unsers Haders, Lamm Gottes, heilger Herr und Gott, Nimm an die Bitt von unsrer Not, Erbarm dich unser aller!

4. O heilger Geist, du größtes Gut, Du all'rheilsamster Tröster! Vor's Teufels G'walt fortan behüt, Die Jesus Christ erlöset Durch Marter groß und bittern Tod, Abwend all unsern Jamm'r und Not; Darauf wir uns verlassen!

Nik. Decius, um 1524.

2.

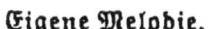

Eigene Melodie.

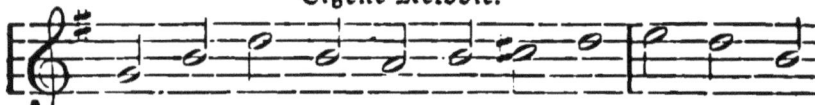

1. Herr Jesu Christ, dich zu uns wend, Dein'n heil=gen Geist du zu uns send; Mit Hilf und Gnad er uns re=gier Und uns den Weg zur Wahr=heit führ.

2. Thu auf den Mund zum Lobe dein, Bereit das Herz zur Andacht fein, Den Glauben mehr, stärk den Verstand, Daß uns dein Nam werd wohlbekannt.

3. Bis wir singen mit Gottes Heer: Heilig, heilig ist Gott, der Herr! Und schauen dich von Ange=sicht In ewger Freud und selgem Licht.

4. Ehr sei dem Vater und dem Sohn, Dem heilgen Geist in Einem Thron; Der heilgen Dreifaltigkeit Sei Lob und Preis in Ewigkeit.

Wilhelm II., Herzog von Sachsen=Weimar, geb. 1598, † 1662.

3.

Eigene Melodie.

1. Lieb=ster Jesu, wir sind hier, Dich und dein Wort
Len=ke Sinnen und Be=gier Auf die sü=ßen

an=zu=hö=ren; Daß die Her=zen von der Er=den
Him=mels=leh=ren,

Ganz zu dir ge=zo=gen wer=den.

2. Unser Wissen und Verstand Ist mit Finsternis verhüllet, Wo nicht deines Geistes Hand Uns mit hellem Licht erfüllet; Gutes den=ken, thun und dichten Mußt du selbst in uns verrichten.

3. O du Glanz der Herrlichkeit, Licht vom Licht aus Gott geboren, Mach uns allesamt bereit, Offne Herzen, Mund und Ohren; Unser Bitten, Flehn und Singen Laß, Herr Jesu, wohl gelingen.

Tobias Clausnitzer, geb. 1618, † 1684.

4.

Mel. Gott des Himmels und der Erden.

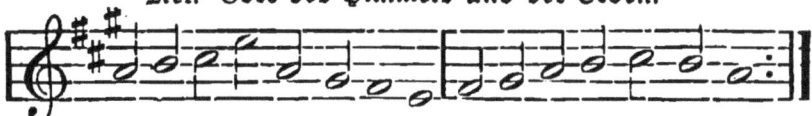

1. Thut mir auf die schöne Pforte, Führt in Gottes Haus mich ein!
Ach, wie wird an diesem Orte　Mei=ne See=le fröh = lich sein!

Hier ist Got=tes An=ge=sicht, Hier ist lau=ter Trost und Licht.

2. Herr, ich bin zu dir gekom=
men; Komme du nun auch zu mir!
Wo du Wohnung hast genommen,
Da ist lauter Himmel hier. Zeuch
in meinem Herzen ein, Laß es
deinen Tempel sein!
3. Laß in Furcht mich vor dich
treten, Heilige mir Leib und Geist,
Daß mein Singen und mein Beten
Dir ein lieblich Opfer heißt. Hei=
lige mir Mund und Ohr, Zeuch
das Herz zu dir empor!
4. Mache mich zum guten Lande,
Wenn dein Saatkorn in mich fällt;
Gieb mir Licht in dem Verstande;
Und was mir wird vorgestellt,
Präge meinem Herzen ein, Laß es
mir zur Frucht gedeihn.

5. Stärk in mir den schwachen
Glauben, Laß dein teures Kleinod
mir Nimmer aus dem Herzen rau=
ben, Halte mir dein Wort stets für;
Ja, das sei mein Morgenstern, Der
mich führet zu dem Herrn.
6. Rede, Herr, so will ich hören,
Und dein Wille werd erfüllt! Laß
nichts meine Andacht stören, Wenn
der Brunn des Lebens quillt.
Speise mich mit Himmelsbrot,
Tröste mich in aller Not!
7. Öffne mir die Lebensauen,
Daß dein Lamm sich weiden 'kann;
Laß mir Himmelsmanna tauen,
Zeige mir die rechte Bahn Hier aus
diesem Jammerthal Zu des Him=
mels Freudensaal.
Benj. Schmolk, geb. 1672, † 1737.

5.

Mel. Meinen Jesum laß ich nicht.

1. Licht vom Licht, er = leuch = te mich Bei dem
Gna = den = son = ne, zei = ge dich Mei = nem

neu = en Ta = ges = lich = te.　Dei = ner Weis=
fro = hen An = ge = sich = te.

heit Him=mels=glanz Schmücke mei = nen Sab = bat ganz.

2 Brunnquell aller Seligkeit,
Laß mir deine Ströme fließen,
Mache Sinn und Herz bereit, Ihre
Fülle zu genießen, Streu das
Wort mit Segen ein, Laß es reich
an Früchten sein.

3. Zünde selbst das Opfer an,
Das auf meinen Lippen lieget,
Und erhelle mir die Bahn, Wo kein
Irrtum mich betrüget Und kein
fremdes Feuer brennt, Welches
dein Altar nicht kennt.

4. Laß mich heut und allezeit
Heilig! heilig! heilig! singen Und
mich in die Ewigkeit Mit des Gei=

stes Flügeln schwingen. Selig
schmeck ich dann schon hier, Wie's
im Himmel ist bei dir.

5. Dieser Tag sei dir geweiht,
Weg mit allen Eitelkeiten! Ich will
deiner Herrlichkeit Einen Tempel
zubereiten, Nichts sonst wollen,
nichts sonst thun, Als in deiner
Liebe ruhn.

6. Du bist mehr als Salomo,
Laß mich deine Weisheit hören.
Ich will dich vor deinem Thron
Mit gebeugten Knieen ehren, Bis
das Licht der Ewigkeit Mich mit
vollem Glanz erfreut.

         Benj. Schmolk, geb. 1672, † 1737.

6.

Mel. Wunderbarer König.

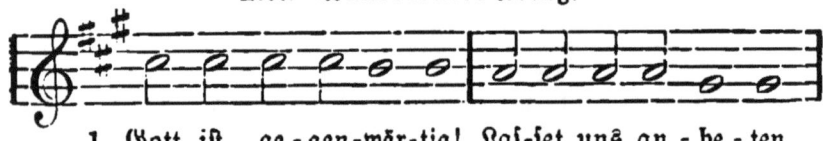

1. Gott ist ge = gen=wär=tig! Las=set uns an = be = ten
   Gott ist in der Mit= te! Al=les in uns schweige

Und in Ehrfurcht vor ihn tre = ten!   Wer ihn kennt, Wer ihn
Und sich in=nigst vor ihm beu = ge!

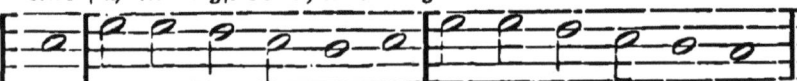

neunt, Schlag die Au = gen nie = der; Gebt das Herz ihm wie = der!

2 Gott ist gegenwärtig, Dem die
Cherubinen Tag und Nacht gebeu=
get dienen; Heilig! heilig! heilig!
Singen ihm zur Ehre Aller Engel
hohe Chöre. Herr! vernimm
Unsre Stimm, Wenn auch wir Ge=
ringen Unsre Opfer bringen.

3. Wir entsagen willig Allen Ei=
telkeiten, Aller Erdenlust und
Freuden. Da liegt unser Wille,
Seele, Leib und Leben, Dir zum
Eigentum ergeben; Du allein
Sollst es sein. Unser Gott und
Herre, Dir gebührt die Ehre.

4 Majestätisch Wesen! Möcht

ich recht dich preisen Und im Geist
dir Dienst erweisen! Möcht ich,
wie die Engel, Immer vor dir
stehen Und dich gegenwärtig se=
hen! Laß mich dir Für und für
Trachten zu gefallen, Liebster Gott,
in allem.

5. Luft, die alles füllet, Drin wir
immer schweben, Aller Dinge Grund
und Leben, Meer ohn Grund und
Ende, Wunder aller Wunder, Ich
senk mich in dich hinunter! Ich
in dir, Du in mir! Laß mich ganz
verschwinden, Dich nur sehn und
finden.

6. Du durchdringest alles; Glanz vom ewgen Lichte, Leucht mir heiter ins Gesichte! Wie die zarten Blumen Willig sich entfalten Und der Sonne stille halten: Möcht ich so, Still und froh Deine Strahlen fassen Und dich wirken lassen!

7. Mache mich einfältig, Innig, abgeschieden, Sanft und still in deinem Frieden; Mach mich reines Herzens, Daß ich deine Klarheit Schau im Geist und in der Wahrheit. Laß mein Herz überwärts Wie ein Adler schweben Und in dir nur leben!

8. Herr! komm in mich wohnen; Laß mein Herz auf Erden Dir ein Heiligtum noch werden. Komm, du nahes Wesen! Dich in mir verkläre, Daß ich dich stets lieb und ehre; Wo ich geh, Sitz und steh, Laß mich dich erblicken Und vor dir mich bücken!

G. Tersteegen, geb. 1697, † 1769.

7.

Mel. Alle Menschen müssen sterben.

1. Je = su! See = lenfreund der Dei = nen, Son = ne der Wan = delnd un = ter den Ge = mei = nen, Die zu dei =

Ge = rech = tig = keit, nem Dienst be = reit: Komm zu uns, wir sind bei = sam = men,

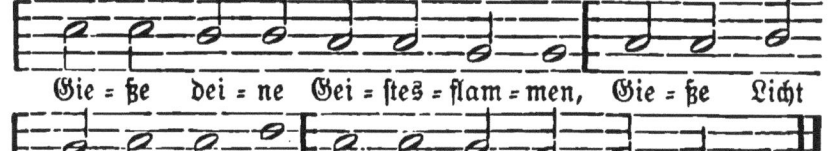

Gie = ße dei = ne Gei = stes = flam = men, Gie = ße Licht

und Le = ben aus Ü = ber dies dein Got = tes = haus!

2. Komm, belebe alle Glieder, Du, der Kirche heilig Haupt; Treibe aus, was dir zuwider, Was uns deinen Segen raubt! Komm, entdeck uns in der Klarheit Gottes Herz voll Gnad und Wahrheit; Laß uns fühlen allzugleich: „Ich bin mitten unter euch!"

3. Laß sich die Gemüter kehren Zu dir, Glanz der Ewigkeit! Laß uns innigst nur begehren, Was uns dein Erbarmen beut. Laß dein Licht und Leben fließen Und in alle sich ergießen, Stärke deinen Gnadenbund, Herr, in jedes Herzens Grund!

4. Laß auch unsern Lehrer sehen Nur auf dich, Herr Jesu Christ! Laß die Hörer tief verstehen, Daß du selbst zugegen bist, Mild in jedes Herz zu kommen. Was nicht wird von dir genommen, Taugt, und wär es noch so schön, Nicht in deine Himmelshöhn.

5. Komm, o Herr, in jede Seele, Laß sie deine Wohnung sein, Daß dir einst nicht e i n e fehle In der Gotteskinder Reihn. Laß uns deines Geistes Gaben Reichlich mit einander haben; Offenbare heiliglich, Haupt, in allen Gliedern dich!

6. Was von dir uns zugeflof=| o Jesu, uns zu segnen, Jedem gnä=
sen, Müsse Geist und Leben sein;| dig zu begegnen, Daß in ewger
Was die Seele hat genossen, Ma=| Lieb und Treu Jedes dir ver=
che sie gerecht und rein. Komm, bunden sei!

Nach J. M. Hahn, geb. 1758, † 1819.

8.

Eigene Melodie.

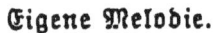

Je = ho = va!   Je = ho = va!   Je=ho=va!deinem Namen

Sei Eh = re, Macht und Ruhm! A = men, A=men. Bis einst

der Tem = pel die = ser Welt Auf dein Wort in Staub zerfällt,

Soll in un=sern Hal = len Das Hei = lig! Hei = lig! Hei=lig!

er = schal = len. Hal = le = lu = ja, Hal = le = lu = ja!

G. K. Pfeffel, geb. 1736, † 1800.

9.

Mel. O Gott, der du ein Heerfürst bist.

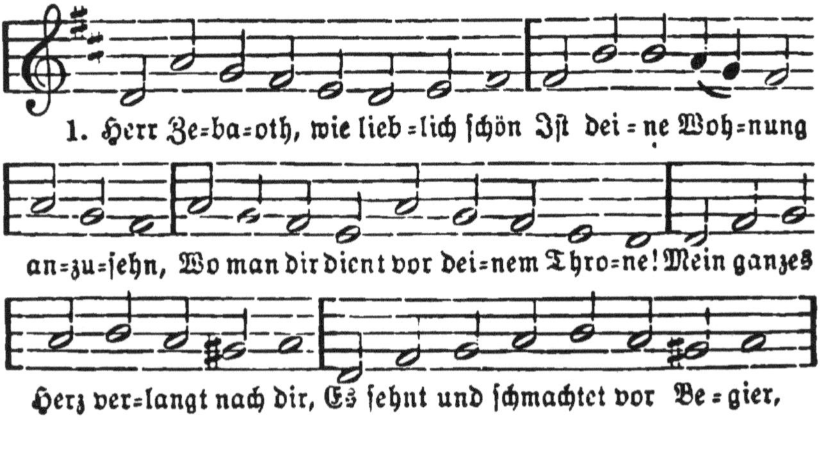

1. Herr Ze=ba=oth, wie lieb=lich schön Ist dei = ne Woh=nung

an=zu=sehn, Wo man dir dient vor dei=nem Thro=ne! Mein ganzes

Herz ver=langt nach dir, Es sehnt und schmachtet vor Be = gier,

Daß es in dei = nem Tem = pel woh = ne. Da freu = et

Leib und See = le ſich, O Gott des Le = bens, ü = ber dich.

2. Die Schwalbe ſucht und find't ein Haus und brütet ihre Jungen aus. Ich ſehne mich nach den Altären, Wo ich dich, Herr, Herr Zebaoth, O du, mein König und mein Gott, Mit meinen Brüdern kann verehren. O ſelig, wer dort allezeit Sich deinem Lob und Dienſte weiht!

3. O wohl dem, der in dieſer Welt Dich, Herr, für ſeine Stärke hält, Von Herzen deinen Weg erwäh= let! Geht hier ſein Weg durchs Thränenthal, Er findet auch in Not und Qual, Daß Troſt und Kraft ihm nimmer fehlet. Von dir herab fließt mild und hell Auf ihn der reiche Segensquell.

4. Hör mein Gebet, Herr Zeba= oth, Vernimm mein Flehn, o Ja= tobs Gott, Erquide mich auch mit den Deinen! Ein Tag, da man dich dort verehrt, Iſt mehr als tauſend Tage wert; Ja, an der Schwelle nur erſcheinen Iſt mehr, als mit der ſtolzen Welt Zu wohnen in der Böſen Zelt.

5. Du, Gott, biſt Sonn und Schild zugleich, An Hilfe, Schutz und Segen reich, Ein Gott, der Gnad und Ehre giebet. Was nur des Frommen Herz begehrt, Das wird ihm gern von dir gewährt; Du ſeg= neſt jeden, der dich liebet. Wie ſelig iſt, wer auf dich baut Und deiner Macht und Gnad vertraut.

Matthias Joriſſen, geb. 1739, † 1823.

2. Zum Schluſſe des Gottesdienſtes.

10.

Eigene Melodie.

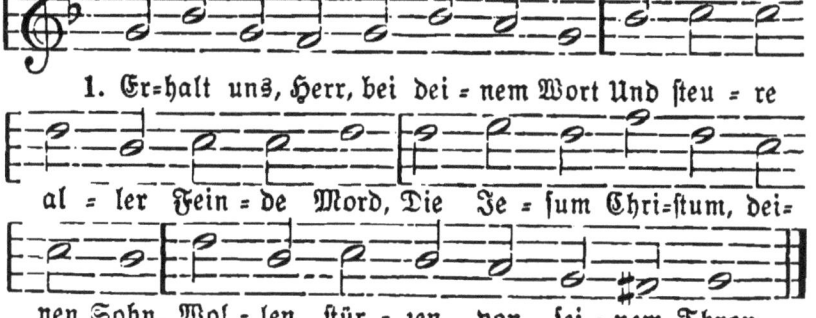

1. Er=halt uns, Herr, bei dei = nem Wort Und ſteu = re

al = ler Fein = de Mord, Die Je = ſum Chri=ſtum, dei=

nen Sohn, Wol = len ſtür = zen von ſei = nem Thron.

2. Beweiſ' dein Macht, Herr Jeſu Chriſt, Der du Herr aller Herren biſt, Beſchirm dein arme Chriſtenheit, Daß ſie dich lob in Ewigteit.

3. Gott, heilger Geiſt, du Trö= ſter wert, Gieb dein'm Volk ein'r= lei Sinn auf Erd; Steh bei uns in der letzten Not, Führ uns ins Leben aus dem Tod.

M. Luther, geb. 1483, † 1546.

11.

Mel. Christus, der ist mein Leben.

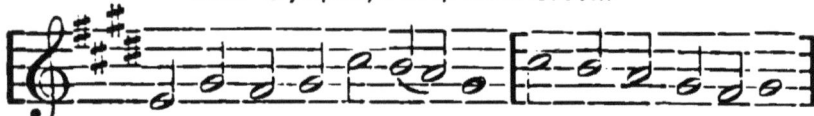

1. Ach bleib mit dei=ner Gna=de Bei uns, Herr Je=su Christ,

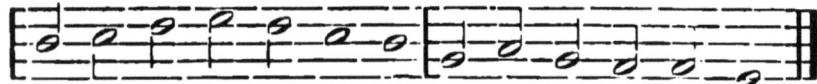

Daß uns hin=fort nicht scha = de Des bö = sen Fein=des List!

2. Ach bleib mit deinem Worte Bei uns, Erlöser wert, Daß uns beid, hier und dorte, Sei Güt und Heil bescheret!

3. Ach bleib mit deinem Glanze Bei uns, du wertes Licht; Dein Wahrheit uns umschanze, Damit wir irren nicht!

4. Ach bleib mit deinem Segen Bei uns, du reicher Herr; Dein Gnad und all Vermögen In uns reichlich vermehr!

5. Ach bleib mit deinem Schutze Bei uns, du starker Held, Daß uns der Feind nicht trutze, Noch fäll die böse Welt!

6. Ach bleib mit deiner Treue Bei uns, Du Herr und Gott, Be= ständigkeit verleihe, Hilf uns aus aller Not!

J. Stegmann, geb. 1588, † 1632.

12.

Mel. Liebster Jesu, wir sind hier.

1. Nun, gott=lob, es ist voll=bracht Sin=gen, Be = ten, Gott hat al = les wohl=ge=macht, Drum laßt uns sein

Hö=ren, Leh=ren; Lob ver = meh=ren. Un = ser Gott sei hoch ge = prei = set

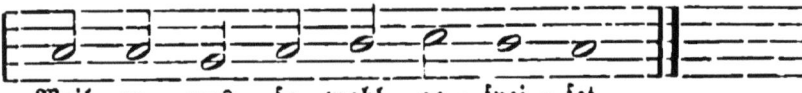

Weil er uns so wohl ge = spei = set.

2. Weil der Gottesdienst ist aus Und uns mitgeteilt der Segen: So gehn wir mit Freud nach Haus, Wandeln sein auf Gottes Wegen. Gottes Geist uns ferner leite Und uns alle wohl bereite.

3. Unsern Ausgang segne Gott, Unsern Eingang gleichermaßen, Segne unser täglich Brot, Segne unser Thun und Lassen, Segne uns mit selgem Sterben Und mach uns zu Himmelserben.

H. Schenk, geb. 1634, † 1681.

13.

Mel. Christus, der ist mein Leben.

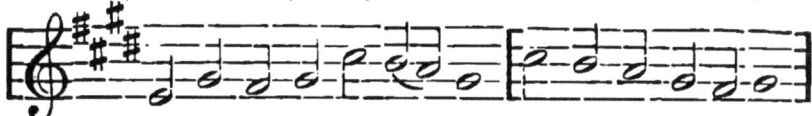

1. Ach sei mit dei=ner Gna=de Bei uns, Herr Je=su Christ,

Auf daß uns nim=mer scha = de Des bö = sen Fein=des List!

2. Ach sei mit deiner Liebe, Gott Vater, um uns her! Wenn diese uns nicht bliebe, Fiel uns die Welt zu schwer.

3. Ach, heilger Geist, behalte Gemeinschaft allezeit Mit unserm Geist, und walte Nun und in Ewigkeit!

C. B. Garve, geb. 1763, † 1841.

II. Gott der Vater und die Schöpfung

1. Gottes Wesen und Vollkommenheiten.

14.

Mel. Wer nur den lieben Gott läßt walten.

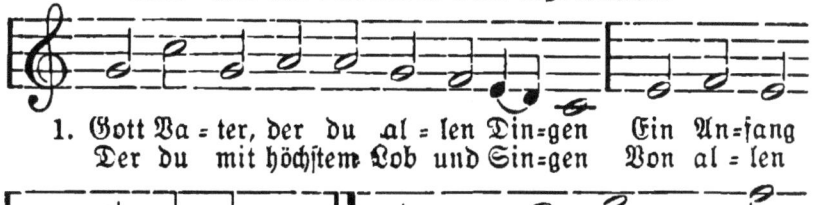

1. Gott Va = ter, der du al = len Din=gen Ein An=fang
   Der du mit höchstem Lob und Sin=gen Von al = len

und ein Schöpfer bist, Gott Va = ter, sei in E=
Va=ter wirst ge=grüßt;

wig = keit Ge = lo = bet und ge = be = ne = deit.

2. Der du von allen Ewigkei=ten Uns zugedacht den eignen Sohn Und ihn am Ende vorger Zeiten Uns hast gesandt vom Him=melsthron: Gott Vater, sei in Ewigkeit Gelobet und gebenedeit!

3. Der du uns hast in ihm erko=ren, Eh du gelegt der Welt den Grund, Und uns zu Kindern neu geboren, Aufrichtend einen ewgen Bund: Gott Vater, sei in Ewig=keit Gelobet und gebenedeit!

4. Du unerschöpfte Lebensquelle, Von welchem alles Licht stammt her, Aus welchem ewig klar und helle Hervorströmt aller Güte Meer: Gott Vater, sei in Ewigkeit Gelobet und gebenedeit!

5. Gott, deine Tief ist unergründlich Und unermeßlich deine Macht, Dein Anfang ewig unerfindlich Und unvergleichlich deine Pracht: Gott Vater, sei in Ewigkeit Gelobet und gebenedeit!

6. Du, dem von tausend Engelchören Das Heilig! Heilig! Heilig! schallt, und der des Himmels ewgen Heeren Gebeut mit mächtiger Gewalt: Gott Vater, sei in Ewigkeit Gelobet und gebenedeit!

7. Gieb, daß dein Nam geheiligt werde, Dein Reich zu uns komm auf die Welt, Dein Will gescheh hier auf der Erde, Wie in des hohen Himmels Zelt: Gieb unser Brot uns in der Zeit, Dich aber selbst in Ewigkeit!

8. Erlaß die Schuld, die wir erlassen, Führ uns, Herr, in Versuchung nicht, Rett uns vom Übel allermaßen Und bring uns in dein freies Licht. Daß du von uns in Ewigkeit Gelobt seist und gebenedeit!

Nach Joh. Scheffler, geb. 1624, † 1677.

15.

Eigene Melodie.

1. Gott ist mein Lied, Er ist der Gott der Stärke, Groß ist sein Nam,

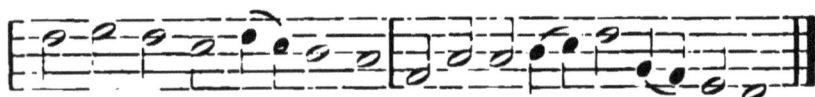

Und groß sind sei = ne Wer = te, Und al = le Him = mel sein Gebiet.

2. Er will und spricht's, So sind und leben Welten, Und er gebeut, So fallen durch sein Schelten Die Himmel wieder in ihr Nichts.

3. Licht ist sein Kleid, Und seine Wahl das Beste. Er herrscht als Gott, Und seines Thrones Beste Ist Wahrheit und Gerechtigkeit.

4. Unendlich reich, ein Meer von Seligkeiten, Ohn Anfang Gott, Und Gott in ewgen Zeiten! Herr aller Welt, wer ist dir gleich?

5. Was ist und war In Himmel, Erd und Meere, Das kennet Gott, Und seiner Werke Heere Sind ewig vor ihm offenbar.

6. Er ist um mich, Schafft, daß ich sicher ruhe; Er schafft, was ich vor = oder nachmals thue, Und er erforschet mich und Dich.

7. Er ist dir nah, Du sitzest oder gehest; Ob du ans Meer, Ob du gen Himmel flöhest: So ist er allenthalben da.

8. Er kennt mein Fleh'n Und allen Rat der Seele; Er weiß, wie oft Ich Gutes thu und fehle, Und eilt, mir gnädig beizustehn.

9. Er wog mir dar, Was er mir geben wollte, Schrieb auf sein Buch, Wie lang ich leben sollte, Da ich noch unbereitet war.

10. Nichts, nichts ist mein, Das Gott nicht angehöre. Herr, immerdar Soll deines Namens Ehre, Dein Lob in meinem Munde sein!

11. Wer kann die Pracht Von deinen Wundern fassen? Ein jeder Staub, Den du hast werden lassen, Verkündigt seines Schöpfers Macht.

12. Der kleinste Halm Ist deiner Weisheit Spiegel. Du Luft und Meer, Ihr Auen, Thal und Hügel, Ihr seid sein Loblied und sein Psalm.

13. Du tränkst das Land, Führst uns auf grüne Weiden; Und Nacht und Tag Und Korn und Wein und Freuden Empfangen wir aus deiner Hand.

14. Kein Sperling fällt, Herr, ohne deinen Willen; Sollt ich mein Herz Nicht mit dem Troste stillen, Daß deine Hand mein Leben hält?

15. Ist Gott mein Schutz, Will Gott mein Retter werden: So frag ich nichts Nach Himmel und nach Erden Und biete selbst der Hölle Trutz.

Chr. F. Gellert, geb. 1715, † 1769.

16.

Mel. Allein Gott in der Höh sei Ehr.

1. Der Herr ist Gott, und kei = ner mehr, Frohlockt ihm, al = le
   Wer ist ihm gleich? wer ist wie er, So herr = lich, so voll =

From = men!
kom = men? Der Herr ist groß, sein Nam ist groß! Er ist un =

end = lich, gren = zen = los In sei = nem gan=zen We = sen.

2. Er ist und bleibet, wie er ist; Wer strebet nicht vergebens Ihn auszusprechen! wer ermißt Die Dauer seines Lebens? Wir Menschen sind von gestern her; Eh noch die Erde ward, war er, Und eher als die Himmel.

3. Des Ewgen Thron umströmt ein Licht, Das ihn vor uns verhüllet; Ihn fassen alle Himmel nicht, Die seine Kraft erfüllet. Er bleibet ewig, wie er war, Verborgen und doch offenbar In seiner Werke Wundern.

4. Wo wären wir, wenn seine Kraft Uns nicht gebildet hätte? Er kennt uns, tennet, was er schafft, Der Wesen ganze Kette. Bei ihm ist Weisheit und Verstand, Und er umspannt mit seiner Hand Die Erde samt dem Himmel.

5. Ist er nicht nah? ist er nicht fern? Weiß er nicht aller Wege? Wo ist die Nacht, da sich dem Herrn Ein Mensch verbergen möge? Umsonst hüllt ihr in Finsterniß, Was ihr beginnt; er sieht's gewiß, Er sieht es schon von ferne.

6. Wer schützt den Weltbau ohne dich, O Herr! vor seinem Falle? Allgegenwärtig breitet sich Dein Fittig über alle. Du bist voll Freundlichkeit, voll Huld, Barmherzig, gnädig, voll Geduld, Ein Vater, ein Verschoner.

7. Unsträflich bist du, heilig, gut Und reiner als die Sonne. Wohl

dem, der deinen Willen thut;
Denn du vergiltst mit Wonne.
Du hast Unsterblichkeit allein, Bist
selig, wirst es ewig sein, Hast Freu=
den, Gott, die Fülle.

8. Dir nur gebühret Lob und

Dank, Anbetung, Preis und Ehre.
Kommt, werdet Gottes Lobgesang,
Ihr alle seine Heere! Der Herr ist
Gott, und keiner mehr! Wer ist
ihm gleich? wer ist, wie er, So herr=
lich, so vollkommen!

Joh. Andr. Cramer, geb. 1723, † 1788.

17.

Mel. O Gott, der du ein Heerfürst bist!

1. Du, Gott, bist selbst dir Ort und Zeit, Der E = wi = ge in

E = wig = keit, Ohn An = fang, oh = ne End und Schranken.

Dein präch=tig Hei = lig = tum bist du, Be=sitz'st dich ganz in

ei = nem Nu Ohn al = le Änd'rung, oh = ne Wan=ken.

Ver=laß' ich Zeit und Ort und mich, Gott, E = wig=keit, dann

find ich dich. Hal = le = lu = ja! Hal = le = lu = ja!

2. Du bist, du warst, wirst im=
mer sein, Unsterblichkeit hast du al=
lein; Mein Geist, dein Hauch, hat's
durch dein Geben. Es mag ver=
gehn die ganze Welt, Ob auch
mein Leibesbau zerfällt, Du, Ew=
ger, schenkst mir ewges Leben.
Die arme Saat, der Leib, soll schön
Durch deinen Hauch einst aufer=
stehn. Halleluja! Halleluja!

3. Mein Anfang und mein End
bist du, Der wahre Zielpunkt mei=
ner Ruh. Mein Herzensschatz, des
Geistes Speise. Mein Wollen,
Lieben richt auf dich, Daß ich
nach dir nur lauterlich, Du, meine
Heimat, richt die Reise Und durch
dich lebe allezeit, Du, Ewger, in
der Ewigkeit. Halleluja! Halle=
luja!

G. Tersteegen, geb. 1697, † 1769.

18.

Mel. Mach's mit mir, Gott, nach deiner Güt.

1. Nie bist du, Höch=ster, von uns fern; Du wirkst an
Wo ich nur bin, Herr al = ler Herrn, Bin ich in

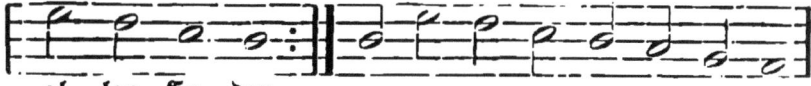

al = len En = den.
dei = nen Hän = den.   Durch dich nur leb und at = me ich,

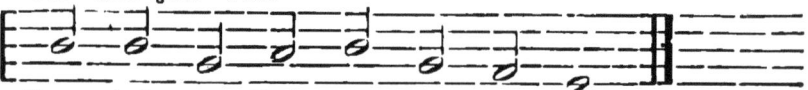

Denn dei = ne Rech = te schü = het mich.

2. Was ich gedenke, weißest du; Du prüfest meine Seele. Du siehst es, wenn ich Gutes thu; Du siehst es, wenn ich fehle. Nichts, nichts kann deinem Aug entfliehn Und nichts mich deiner Hand entziehn.

3. Wenn ich in stiller Einsam= keit Mein Herz an dich ergebe Und, über deine Huld erfreut, Lob= singend dich erhebe: So hörst du es und stehst mir bei, Daß ich dir immer treuer sei.

4. Du merkst es, wenn des Her= zens Rat Verkehrte Wege wählet; Und bleibt auch eine böse That Vor aller Welt verhehlet: So weißt du sie und züchtigst mich Zu meiner Besserung väterlich.

5. Du hörest meinen Seufzern zu, Daß Hilfe mir erscheine. Voll Mit= leid, Vater, zählest du Die Thrä= nen, die ich weine. Du siehst und wä= gest meinen Schmerz Und stärkst mit deinem Trost mein Herz.

6. O drück, Allgegenwärtiger, Dies tief in meine Seele, Daß, wo ich bin, nur dich, o Herr, Mein Herz zur Zuflucht wähle; Daß ich dein heilig Auge scheu Und dir zu die= nen eifrig sei.

7. Laß überall gewissenhaft Nach deinem Wort mich handeln; Und stärke mich dann auch mit Kraft, Vor dir getrost zu wandeln. Daß du, o Gott, stets um mich seist, Dies tröst und beßre meinen Geist.

Chr. Sturm, geb. 1740, † 1786.

19.

Mel. Wie groß ist des Allmächtgen Güte.

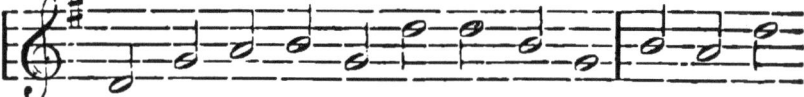

1. Der du auf lich = tem Throne sih = est Und mei=nes
Mit hel = lem Flammenaug durch=blihest: Ich be = te

Le=bens gan = ze Bahn
Dich, Ur = ew=ger, an!   Du weißt, wenn ich mich nie=der=le=ge,

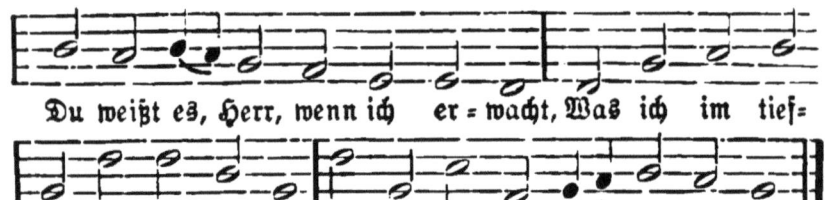

Du weißt es, Herr, wenn ich er = wacht, Was ich im tief=
sten Geist be = we = ge, Was ich von fer = ne nur ge = dacht.

2. Wenn ich allein die Straße
wandle Und wenn ich nach dem
Wandeln ruh, Und alles, was
ich denk und handle, Das wägst
du, Herr, und prüfest du. Von
heilgen und befleckten Zungen
Tönt unbemerkt kein Laut her=
vor: Im Flug ist er hindurchge=
drungen Und schlägt an dein all=
wissend Ohr.

3. Denn ob kein Menschenaug
dich sahe, Doch bist du oben, ne=
ben, vorn, Bist mir von allen Sei=
ten nahe Mit deiner Liebe, dei=
nem Zorn. Mag ich mich freun,
mag ich erbangen: So hältst du
mich mit festem Band; Ich bin
bedeckt, ich bin gefangen Unrett=
bar unter Gottes Hand.

4. Flög ich durch alle Himmels=
stätten: Du thronest überm Him=
melsrund. Könnt ich mich in die
Hölle betten: Du bist im tiefsten
Höllenschlund. Nähm ich der Mor=
genröte Flügel Und schwänge mich
durch Meer und Land: Im letzten
Thal, am letzten Hügel Ergreift
mich deine starke Hand.

5. Dürft ich den Finsternissen
sagen: „Deckt mich, ihr Nächte, tief
und schwer!" So wird die Nacht
zu hellen Tagen Und leuchtet
flammend um mich her. Kein

Dunkel kann so schwarz bedecken,
Das nicht dein Auge, Gott, durch=
bricht; Die Schatten fliehn mit
bangem Schrecken, Und Finsternisse
werden Licht.

6. Als in der Erde dunkeln Tie=
fen Noch unerschaffen mein Gebein
Und meines Geistes Kräfte schlie=
fen, Da sahst du mich und dachtest
mein; Da schriebst du meines Le=
bens Stunde Ins heilge Buch, und
Tag und Jahr, Als in dem weiten
Weltenrunde Noch ihrer keins ge=
schaffen war.

7. Wie sind des Ewigen Gedan=
ken So wundervoll, so groß und
hehr, Erhaben über alle Schran=
ken Und endlos, wie der Sand
am Meer! Ich zähle sie mit selgen
Wonnen, Am stillen Abend fang
ich an; Die lange Nacht ist hinge=
ronnen, Die große Arbeit nicht ge=
than.

8. Mir ist der Eine groß und
teuer, Der aller Lüg und Sünde
flucht. Erprobe mich im glühnden
Feuer, Ob ich das Wahre, Gott, ge=
sucht! Nie will ich gehn der Götzen
Pfade, Die Pfade, lockend, voll
und breit; Führ du mich, Herr,
den Weg der Gnade, den Weg der
selgen Ewigkeit!

Eduard Eyth, geb. 1809, † 1884.

20.

Mel. Werde munter, mein Gemüte.

1. Gott, vor des = sen An = ge = sich = te Nur ein rei = ner
Ew = ges Licht, aus des = sen Lich = te Nichts als rein = ste

Wan=del gilt, Klar=heit quillt! Laß uns doch zu je = der Zeit Dei = nen

Strahl der Hei = lig = keit So durch Herz und See = le

drin = gen, Daß auch wir nach Heil=gung rin = gen.

2. Du bist rein in Werk und We=sen, Und dein unbeflecktes Kleid, Das von Ewigkeit gewesen, Ist die reinste Heiligkeit. Du bist heilig; aber wir, Großer Schöpfer, stehn vor dir Als in einem Kleid voll Flecken, Die wir dir umsonst verstecken.

3. Nichts wird sonst von dir ge=liebet, Vater, als was sich allein Deiner Heiligkeit ergiebet Und sich sehnt, dir gleich zu sein. Dar=um nimm dich unser an, De=ren Herz nichts lieben kann, Als was Dich zum Strafen treibet, Wenn dem Fleisch die Herrschaft bleibet.

4. Was dein Geist und Herz erfinnet, Was dein weiser Wille thut, Was dein starker Arm begin=net, Ist stets heilig, rein und gut; Und so bleibst du ewiglich, Da wir schwache Menschen dich Durch das Böse, das wir üben, Stets von Jugend auf betrüben.

5. Wen dein Aug in Lügen fin=det Und auf finstern Wegen gehn, Wen die Lust der Welt entzündet, Der kann nicht vor dir bestehn. Du bist nur der Wahrheit Freund Und den Übelthätern feind. Ach, das muß uns Sünder schrecken Und uns Furcht und Schmerz er=wecken.

6. Tilge solche Furcht und Schmerzen! Du bist rein und machest rein; Drum schaff in uns solche Herzen, Die auch rein und heilig sein; Wasche sie, o höchstes Gut, Wasch uns rein durch Christi Blut! Laß uns, Herr, Verstand und Wil=len Deinen heilgen Geist erfüllen!

7. Hilf, o Vater, unsern Seelen, Glaubensvoll auf dich zu sehn, Deinen ewgen Weg zu wählen Und ihn ohne Falsch zu gehn, Bis wir mit der selgen Schar Der Erlösten immerdar Heilig! Heilig! Heilig! singen Und die reinsten Opfer bringen!

J. Chr. Zimmermann, geb. 1702, † 1783.

21.

Mel. Gott des Himmels und der Erden.

1. Weicht, ihr Ber = ge, fallt, ihr Hü = gel, Bre=chet al=
Got = tes Gna = de hat das Sie = gel: Sie will un=

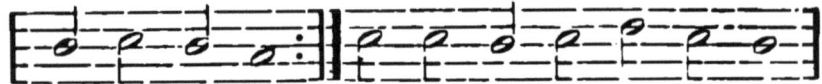

le Fel = sen ein!
ver = än = dert sein.   Laßt die Welt zu Trümmern gehn,

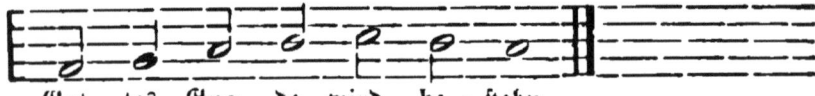

Got = tes Gna = de wird be = stehn.

2. Gott hat mir ein Wort versprochen, Gott hat einen Bund gemacht, Der wird nimmermehr gebrochen, Bis er alles hat vollbracht; Er, die Wahrheit, trüget nicht; Was er saget, das geschicht.

3. Seine Gnade soll nicht weichen, Wenn gleich alles bricht und fällt, Sondern ihren Zweck erreichen, Bis sie mich zufrieden stellt. Ist die Welt voll Heuchelei, Gott ist fromm und gut und treu.

4. Will die Welt den Frieden brechen, Hat sie lauter Krieg im Sinn, Gott hält immer sein Versprechen; So fällt aller Zweifel hin, Als wär er nicht immerdar, Was er ist und was er war.

5. Laßt sein Antlitz sich verstellen, Ist sein Herz doch treu gesinnt Und bezeugt in allen Fällen, Daß ich

sein geliebtes Kind, Dem er beide Hände reicht, Wenn auch Grund und Boden weicht.

6. Er will Friede mit mir halten, Wenn die Welt sich auch empört; Ihre Liebe mag erkalten, Achtet doch mein Gott mich wert; Und wenn Höll und Abgrund brüllt, Bleibt er mir doch Sonn und Schild.

7. Er, der Herr, ist mein Erbarmer, So hat er sich selbst genennt. Das ist Trost; so werd ich Armer Nimmermehr von ihm getrennt; Sein Erbarmen läßt nicht zu, Daß er mir was Leides thu.

8. Nun so soll mein ganz Vertrauen Ankerfest auf ihm beruhn; Felsen will ich auf ihn bauen, Was er sagt, das wird er thun. Erd und Himmel kann vergehn, Sein Bund bleibet feste stehn.

Benj. Schmolk, geb. 1672, † 1737.

22.

Eigene Melodie.

1. Wie groß ist des Allmächtgen Gü = te! Ist der ein
Der mit ver = här = te = tem Ge = mü = te Den Dank er=

Mensch, den sie nicht rührt,
stickt, der ihm ge = bührt?   Nein; sei = ne Lie = be zu er = mes = sen,

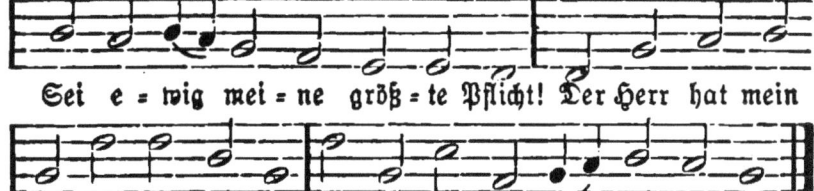

Sei e = wig mei = ne größ = te Pflicht! Der Herr hat mein

noch nie ver = ges=sen; Ver=giß, mein Herz, auch sei = ner nicht!

2. Wer hat mich wunderbar be= reitet? Der Gott, der meiner nicht bedarf. Wer hat mit Langmut mich begleitet? Er, dessen Rat ich oft verwarf. Wer stärkt den Frieden im Gewissen, Wer giebt dem Geiste neue Kraft, Wer läßt mich so viel Guts genießen? Ist's nicht sein Arm, der alles schafft?

3. Blick, o mein Geist, in jenes Leben, Zu welchem du erschaffen bist, Wo du, mit Herrlichkeit umgeben, Gott ewig sehn wirst, wie er ist. Du hast ein Recht zu diesen Freuden, Durch Gottes Güte sind sie dein; Sieh, darum mußte Christus lei= den, Damit du könntest selig sein.

4. Und diesen Gott sollt ich nicht ehren Und seine Güte nicht ver= stehn? Er sollte rufen, ich nicht hören? Den Weg, den er mir zeigt, nicht gehn? Sein Will ist

mir ins Herz geschrieben, Sein Wort bestärkt ihn ewiglich: Gott soll ich über alles lieben Und meinen Nächsten gleich als mich.

5. Dies ist mein Dank, dies ist sein Wille, Ich soll vollkommen sein, wie er. Solang ich dies Gebot er= fülle, Stell ich sein Bildnis in mir her. Lebt seine Lieb in meiner Seele, So treibt sie mich zu jeder Pflicht; Und ob ich schon aus Schwachheit fehle, Herrscht doch in mir die Sünde nicht.

6. O Gott, laß deine Güt und Liebe Mir immerdar vor Augen sein! Sie stärk in mir die guten Triebe, Mein ganzes Leben dir zu weihn; Sie tröste mich zur Zeit der Schmerzen, Sie leite mich zur Zeit des Glücks, Und sie besieg in meinem Herzen Die Furcht des letzten Augen= blicks!

Chr. F. Gellert, geb. 1715, † 1769.

23.

Mel. In dieser Morgenstund will ich dich loben.

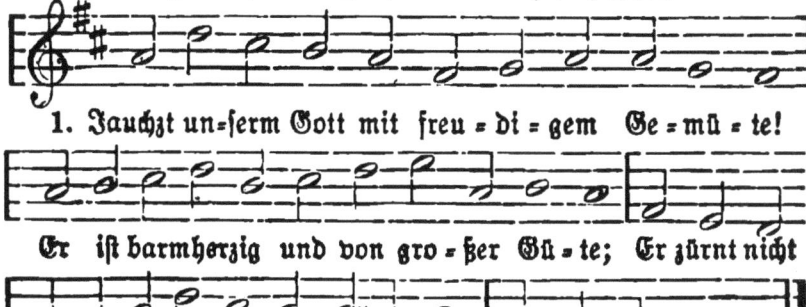

1. Jauchzt un=serm Gott mit freu = di = gem Ge=mü=te!

Er ist barmherzig und von gro=ßer Gü=te; Er zürnt nicht

e = wig, will mit sei=nen Knech=ten Nicht e = wig rech=ten.

2. Er handelt nicht mit uns nach unsern Sünden Und läßt verschonend uns das nicht empfinden, Was wir durch Mißbrauch seiner Gnadengaben Verschuldet haben.

3. So weit der Himmel über seiner Erde, Geht seine Güte über seine Herde, Kommt seine Huld zu denen, die ihn lieben Und Gutes üben.

4. Wem bleibt sein Antlitz, wenn er's sucht, verborgen? So weit der Abend ferne ist vom Morgen, Entfernet Gott der Sünde Schuld und Schmerzen Von unserm Herzen.

5. Wie sich erbarmt ein Vater seiner Kinder, So gern erbarmt der Herr sich aller Sünder, Wenn sie auf seine Gnadenstimme hören Und sich bekehren.

6. Er schlägt und heilt, verwundet, läßt genesen; Er weiß, der Mensch ist ein gebrechlich Wesen; Er denkt daran, der Leib aus Staub und Erden Muß Asche werden.

7. Wie Gras verwelkt, so müssen wir vergehen, Wie Blumen, wenn die Winde drüber wehen, Und unsre Stätte wird nach wenig Stunden Nicht mehr gefunden.

8. Von Ewigkeit zu Ewigkeiten währet Die Liebe Gottes jedem, der ihn ehret. O leite du auch mich auf ebnem Pfade, Du Gott der Gnade.

9. So werd ich deinen Frieden hier genießen,. Mein Leben wird in Hoffnung mir verfließen; Und dort werd ich mit deinen Engelchören Dich ewig ehren.

Joh. A. Cramer, geb. 1723, † 1788.

24.

Eigene Melodie.

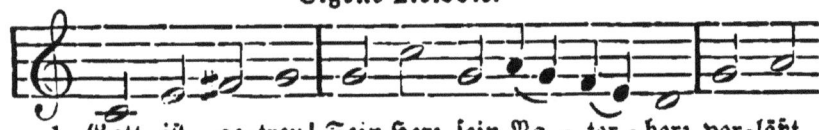

1. Gott ist ge=treu! Sein Herz, sein Va = ter = herz ver=läßt
Gott ist ge=treu! Im Wohl=sein und im Schmerz Erfreut

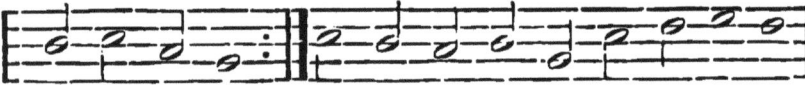

die Sei=nen nie.
und trägt er sie.   Weicht, Ber=ge, weicht, fallt hin, ihr Hü=gel!

Mein Glaubensgrund hat dieses Sie=gel: Gott ist ge = treu!

2. Gott ist getreu! Er ist mein treuster Freund! Dies weiß, dies hoff ich fest; Ich weiß gewiß, daß er mich keinen Feind Zu hart versuchen läßt. Er stärket mich nach seinem Bunde In meiner Prüfung trübster Stunde. Gott ist getreu!

3. Gott ist getreu! Er hält, was er verheißt. Er sendet mir sein Licht. Wenn dieses mir Den Weg zum Leben weist, So irr und gleit ich nicht. Gott ist kein Mensch, er kann nicht lügen, Sein Wort der Wahrheit kann nicht trügen. Gott ist getreu!

4. Gott ist getreu! Er handelt

väterlich, Und was er thut, ist gut. Sein Liebesschlag Erweckt und bessert mich; Die Rute meint es gut. Das Kreuz wird mir zur Himmelsleiter, Der Kampf macht mich zum guten Streiter. Gott ist getreu!

5. Gott ist getreu! Er giebt der bösen Welt Sein eingebornes Kind. Der Heiligste Bezahlt das Lösegeld Für die, die Sünder sind. Gott macht den liebsten Sohn zum Bürgen, Er läßt ihn martern und erwürgen. Gott ist getreu!

6. Gott ist getreu! Mein Vater, des ich bin, Sorgt für mein Seelenwohl. Sein Will und Wunsch, sein Zweck und sein Bemühn Ist, daß ich leben soll. Er reinigt mich von allen Sünden Und läßt mich Ruh in Christo finden. Gott ist getreu!

7. Gott ist getreu! Stets hat sein Vaterblick Auf seine Kinder acht. Er sieht's mit Lust, Auch wenn ein irdisch Glück Sie froh und dankbar macht. Was uns zu schwer wird, hilft er tragen, Und endlich stillt er alle Klagen. Gott ist getreu!

8. Gott ist getreu! Mein Herz, was fehlt dir noch, Dich stets im Herrn zu freun? Sei Gott getreu Und fürchte nichts; mag doch Die Welt voll Falschheit sein! Selbst falscher Brüder Neid und Tücke Wirkt' mit zu Josephs Ehr und Glücke. Gott ist getreu!

9. Gott ist getreu! Vergiß, o Seel, es nicht, Wie zärtlich treu er ist! Gott treu zu sein, Sei deine liebste Pflicht, Weil du so wert ihm bist. Halt fest an Gott, sei treu im Glauben; Laß nichts den starken Trost dir rauben: Gott ist getreu!

E. Liebich, geb. 1717, † 1780.

25.

Mel. Nun sich der Tag geendet hat.

1. O Gott, mein Gott, so wie ich dich In deinem Wor=te find,

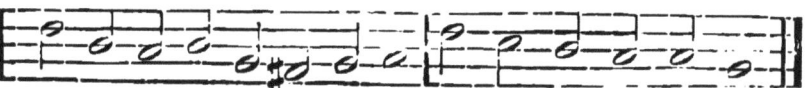

So bist du recht ein Gott für mich, Dein ar=mes, schwaches Kind.

2. Wie bin ich doch so herzlich froh, Daß du mein Vater bist, Und daß mein Herz dich täglich so Erkennt und auch genießt.

3. Ich bin voll Sünde, du voll Gnad, Ich arm, und du so reich; Ich rat= und hilflos, du hast Rat, und Rat und That zugleich.

4. Ich seh ringsum und überwärts, Da bist du fern und nah; Und lege still die Hand aufs Herz Und fühl's, du bist auch da.

5. Drum ist mir's herzlich lieb und wert, Daß du bist, der du bist, Und alles, was mein Herz begehrt, Bei dir zu finden ist.

C. J. Ph. Spitta, geb. 1801, † 1859.

2. Schöpfung, Erhaltung und Regierung.

26.

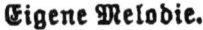

Eigene Melodie.

1. Him = mel, Er = de, Luft und Meer Zeu = gen von des Schöp=fers Ehr; Mei = ne See = le, sin = ge du Und bring auch dein Lob her = zu!

2. Seht das große Sonnenlicht,
Wie es durch die Wolken bricht!
Mondesglanz und Sternenpracht
Loben Gott in stiller Nacht.

3. Seht, wie Gott der Erde Ball
Hat gezieret überall! Wälder,
Flur und jedes Tier zeigen Gottes Finger hier.

4. Seht, wie durch die Lüfte hin
Frisch und froh die Vögel ziehn!

Feuerflammen, Sturm und Wind
Seines Willens Diener sind.

5. Echt der Wasserwellen Lauf,
Wie sie steigen ab und auf! Von
der Quelle bis zum Meer Rauschen
sie des Schöpfers Ehr.

6. Ach mein Gott, wie wunderbar
Stellst du dich der Seele dar!
Drücke tief in meinen Sinn, Was
du bist, und was ich bin!

Joach. Neander, geb. 1610, † 1680.

27.

Mel. Nun danket all und bringet Ehr.

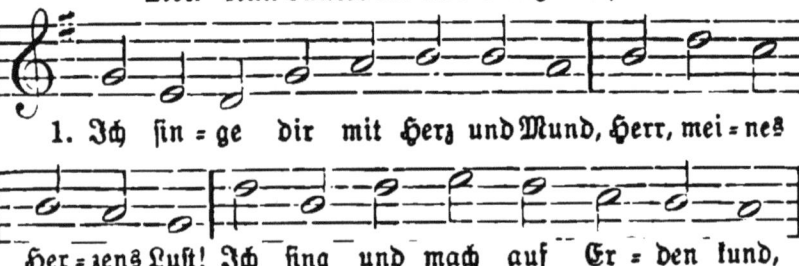

1. Ich sin = ge dir mit Herz und Mund, Herr, mei = nes Her = zens Lust! Ich sing und mach auf Er = den kund, Was mir von dir be = wußt.

2. Ich weiß, daß du der Brunn der Gnad Und ewge Quelle seist, Daraus uns allen früh und spat Nur Heil und Gutes fleußt!

3. Was sind wir doch? was haben wir Auf dieser ganzen Erd, Das uns, o Vater, nicht von dir Allein gegeben werd?

4. Wer hat das schöne Himmelszelt Hoch über uns gesetzt? Wer ist es, der uns unser Feld Mit Tau und Regen netzt?

5. Wer wärmet uns in Kält und Frost? Wer schützt uns vor dem Wind? Wer macht es, daß man Öl und Most Zu seinen Zeiten sind't?

6. Wer giebt uns Leben, Kraft und Mut? Wer schützt mit starker Hand Des goldnen Friedens wertes Gut In unserm Vaterland?

7. Ach Herr, mein Gott, das kommt von dir, Du, du mußt alles thun. Du hältst die Wach an unsrer Thür Und läßt uns sicher ruhn.

8. Du nährest uns von Jahr zu Jahr, Bleibst immer fromm und treu, Beschirmst uns mächtig in Gefahr Und stehst uns herzlich bei!

9. Du trägst uns Sünder mit Geduld Und schlägst nicht allzusehr; Am liebsten nimmst du unsre Schuld Und wirfst sie in das Meer.

10. Wenn unser Herze seufzt und schreit, Wirst du gar bald er-

weicht Und giebst uns, was uns hoch erfreut Und dir zum Preis gereicht.

11. Du zählst, wie oft ein Christe wein Und was sein Kummer sei; Kein stilles Thränlein ist so klein, Du hebst und legst es bei.

12. Du füllst des Lebens Mangel aus Mit dem, was ewig steht, Und führst uns in des Himmels Haus, Wenn uns die Erd entgeht.

13. Drum auf, mein Herze, sing und spring Und habe guten Mut! Dein Gott, der Ursprung aller Ding, Ist selbst und bleibt dein Gut.

14. Er ist dein Schatz, dein Erb, dein Teil, Dein Glanz und Freudenlicht, Dein Schirm und Schild, dein Hilf und Heil, Schafft Rat und läßt dich nicht.

15. Was kränkst du dich in deinem Sinn Und grämst dich Tag und Nacht? Nimm deine Sorg und wirf sie hin Auf den, der dich gemacht!

16. Hat er dich nicht von Jugend auf Versorget und ernährt? Wie oft hat er des Unglücks Lauf Zum Segen dir gekehrt!

17. Er hat noch niemals was versehn In seinem Regiment; Nein, was er thut und läßt geschehn, Das nimmt ein selges End.

18. Ei nun, so laß ihn ferner thun Und red ihm nicht darein, So wirst auch du im Frieden ruhn Und ewig fröhlich sein.

P. Gerhard, geb. 1606, † 1676.

28.

Mel. Nun danket alle Gott.

1. Wie herr-lich ist dein Ruhm, O Gott, in al-len Lan-den!
Die Himmel und ihr Heer Sind durch dein Wort entstanden.

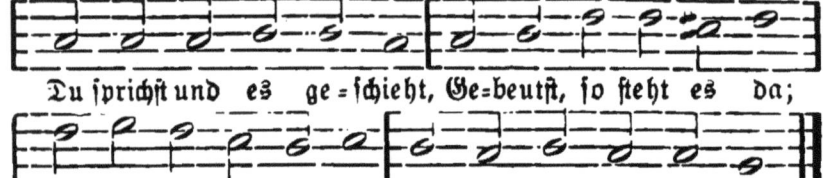

Du sprichst und es ge=schieht, Ge=beutst, so steht es da;

Mit Allmacht bist du mir Und auch mit Gü=te nah.

2. Du bist der Gott der Kraft,
Dich preisen Erd und Meere,
Und Himmel predigen Die Wun=
der deiner Ehre. Dich bet ich
dankbar an, Mein Heil kommt
von dem Herrn; Du hörst des
Menschen Flehn Und bist ihm
niemals fern.

3. Ach, wenn ich deiner Huld,
Mein Gott, gewürdigt werde, Was
frag ich außer dir Nach Himmel
und nach Erde? Im Himmel don=
nerst du, Und Schrecken füllt das
Land; Doch fürcht ich nichts, denn
du hältst mich an deiner Hand!

4. Seh ich den Himmel an, Den
du, Herr, ausgebreitet, Der Sonne
Majestät, Den Mond, den du be=
reitet, Dann sag ich: Herr, was
ist Der Mensch, daß du sein denkst,
Und daß du täglich uns Unzählig
Gutes schenkst?

5. Wie Schafe läßt du uns
Auf grüner Aue weiden, Nährst
uns mit Speis und Trank, Füllst
unser Herz mit Freuden. Du sahst
mich, eh der Grund Der Welt ge=
leget war, Standst meiner Mut=
ter bei, Als sie mich dir gebar.

6. Du wogst mein Glück mir ab
Und Leiden, mich zu üben; Und
meiner Tage Zahl War auf dein
Buch geschrieben. Du bist der Ar=

men Schutz, Der Sünder Hort und
Ruh; O Gott, der gern verzeiht,
Wie groß und gut bist du!

7. Wem soll ich sonst vertraun,
Als dir, du Gott der Götter? Wen
ehren, als nur dich, Mein Hei=
land und Erretter? Wie sanft ist
dein Befehl: „Gieb mir dein Herz,
mein Sohn, Und wandle mei=
nen Weg! Ich bin dein Schild und
Lohn!"

8. Herr! dein Gebot ist Heil,
Dein Weg ist Fried und Leben;
Wie sollt ich dir, dem Gott Der
Liebe, widerstreben? Umsonst lockt
mich die Welt, Die breite Straßen
zieht; Ich hasse ihren Weg, Weil
mich dein Auge sieht.

9. Auch wenn kein Mensch mich
sieht, Will ich die Sünde fliehen,
Denn du wirst aller Werk Vor dein
Gericht einst ziehen. Ich will, wenn
sich mein Fleisch Hinsehnt, wo du
nicht bist, Bedenken, daß mein Leib,
O Gott, dein Tempel ist!

10. Sollt ich Lust, Gold und
Ruhm Stolz zu erringen trachten?
Nein, Herr, wenn du mich kennst,
Mag mich die Welt verachten! Du
bist es, dem zum Dienst Ich Leib
und Seele weih. Hilf, daß mein
Wandel stets Voll deines Ruh=
mes sei!

Nach Joh. D. Herrnschmidt, geb. 1675, † 1723.

29.

Eigene Melodie.

1. So führst du doch recht se=lig, Herr, die Dei=nen,
Wie könn=test du es bö=se mit uns mei=nen,

Ja, se = lig und doch mei=stens wun=der=lich;
Da dei = ne Treu nicht kann ver=leug=nen sich?　Die We = ge

sind oft krumm und doch ge = rad, Dar=auf du läßt die

Kin = der zu dir gehn, Da pflegt es wun=der=selt = sam aus=

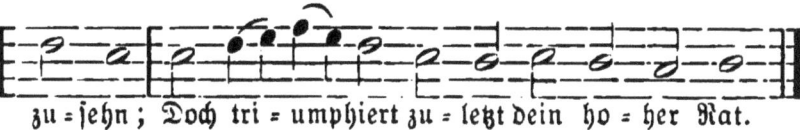

zu = sehn; Doch tri = umphiert zu = letzt dein ho = her Rat.

2. Dein Geist hängt nie an menschlichen Gesetzen, So die Vernunft und gute Meinung stellt. Den Zweifelsknoten kann dein Schwert zersetzen Und lösen auf, nachdem es dir gefällt. Du reißest wohl die stärksten Band entzwei; Was sich entgegensetzt, muß sinken hin; Ein Wort bricht oft den allerhärtsten Sinn, Dann geht dein Fuß auch durch Umwege frei.

3. Was unsre Klugheit will zusammenfügen, Teilt dein Verstand in Ost und Westen aus; Was mancher unter Joch und Last will biegen, Setzt deine Hand frei an der Sterne Haus. Die Welt zerreißt, und du verknüpfst in Kraft; Sie bricht, du baust; sie baut, du reißest ein; Ihr Glanz muß dir ein dunkler Schatten sein; Dein Geist bei Toten Kraft und Leben schafft.

4. Will die Vernunft was fromm und selig preisen, So hast du's schon aus deinem Buch gethan; Wem aber niemand will dies Zeugnis weisen, Den führst du in der Still selbst himmelan. Den Tisch der Pharisäer läßt du stehn Und speisest mit den Sündern, sprichst sie frei. Wer weiß, was öfters deine

Absicht sei? Wer kann der tiefsten Weisheit Abgrund sehn?

5. Was alles ist, gilt nichts in deinen Augen; Was nichts ist, hast du, großer Herr, recht lieb. Der Worte Pracht und Ruhm mag dir nicht taugen; Du giebst die Kraft und Nachdruck durch den Trieb. Die besten Werke bringen dir kein Lob, Sie sind versteckt, der Blinde geht vorbei; Wer Augen hat, sieht sie doch nie so frei; Die Sachen sind zu klar, der Sinn zu grob.

6 O Herrscher, sei von uns gebenedeiet, Der du uns tötest und lebendig machst; Wenn uns dein Geist der Wahrheit Schatz verleihet, So sehn wir erst, wie wohl du für uns wachst. Die Weisheit spielt bei uns, wir spielen mit. Bei uns zu wohnen, ist dir lauter Lust; Die reget sich in deiner Vaterbrust Und gängelt uns mit zartem Kinderschritt.

7. Bald scheinst du etwas hart uns anzugreifen; Bald fährest du mit uns ganz säuberlich. Geschicht's, daß unser Sinn sucht auszuschweifen: So weist die Zucht uns wieder hin auf dich. Da gehn wir denn

mit blöden Augen hin. Du küssest uns, wir sagen Besserung zu; Trauf schenkt dein Geist dem Herzen wieder Ruh Und hält im Zaum den ausgeschweiften Sinn.

8. Du kennst, o Vater, wohl das schwache Wesen, Die Ohnmacht und der Sinnen Unverstand; Man kann uns fast an unsrer Stirne lesen, Wie es um schwache Kinder sei bewandt. Drum greifst du zu und hältst und trägest sie, Brauchst Vaterrecht und zeigest Muttertreu; Wo niemand meint, daß etwas deine sei, Da hegst du selbst dein Schäflein je und je.

9. Also gehst du nicht die gemeinen Wege; Dein Fuß wird selten öffentlich gesehn. Damit du siehst, was sich im Herzen rege, Wenn du in Dunkelheit mit uns willst gehn. Das Widerspiel legst du vor Augen dar Von dem, was du in deinem Sinne hast; Wer meint, er hab den Vorsatz recht gefaßt, Der wird am End ein andres oft gewahr.

10. O Auge, das nicht Trug noch Heucheln leidet, Gieb mir den scharfen Blick der Lauterkeit, Der die Natur von Gnade unterscheidet, Das eigne Licht von deiner Heiterkeit! Laß doch mein Herz dich niemals meistern nicht; Brich ganz entzwei den Willen, der sich liebt; Erweck die Lust, die sich nur dir ergiebt Und tadelt nie dein heimliches Gericht.

11. Will etwa die Vernunft dir widersprechen Und schüttelt ihren Kopf zu deinem Weg: So wollst du ihre Festung niederbrechen, Daß ihre Höhe sich beizeiten leg. Kein fremdes Feuer sich in mir entzünd, Das ich vor dir in Thorheit bringen möcht Und dir wohl gar so zu gefallen dächt; Ach, selig, wer dein Licht ergreift und find't.

12. So ziehe mich denn recht nach deinem Willen Und trag und heb und führ dein armes Kind! Dein innres Zeugnis soll den Zweifel stillen; Dein Geist die Furcht und Lüste überwind! Du bist mein Alles, denn dein Sohn ist mein; Dein Geist reg sich ganz kräftiglich in mir! Ich brenne nur nach dir in Lieb'sbegier; Wie oft erquickt mich deiner Klarheit Schein!

13. Drum muß die Kreatur mir immer dienen, Kein Engel schämt nun der Gemeinschaft sich; Die Geister, die vor dir vollendet grünen, Sind meine Brüder und erwarten mich. Wie oft erquicket meinen Geist ein Herz, Das dich und mich und alle Christen liebt! Ist's möglich, daß mich noch etwas betrübt? Komm, Freudenquell! Weich ewig, aller Schmerz!

Gottfried Arnold, geb. 1665, † 1714.

30.

Mel. Es ist das Heil uns kommen her.

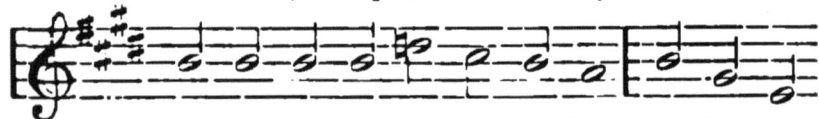

1. Wenn ich, o Schöp-fer, dei-ne Macht, die Weis-heit
Die Lie-be, die für al-le wacht, An-be-tend

dei-ner We-ge,
ü-ber-le-ge:
So weiß ich, von Bewundrung voll, Nicht, wie

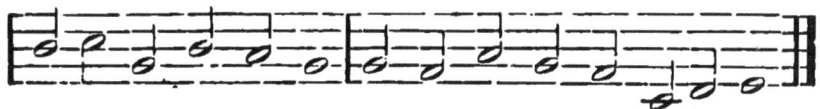

ich dich er = he = ben soll, Mein Gott, mein Herr und Va = ter!

2. Mein Auge sieht, wohin es blickt, Die Wunder deiner Werke; Der Himmel, prächtig ausge= schmückt, Preißt dich, du Gott der Stärke. Wer hat die Sonn an ihm erhöht? Wer kleidet sie mit Majestät? Wer ruft dem Heer der Sterne?

3. Wer mißt dem Winde seinen Lauf? Wer heißt die Himmel reg= nen? Wer schließt den Schoß der Erden auf, Mit Vorrat uns zu segnen? O Gott der Macht und Herrlichkeit! Gott, deine Güte reicht so weit, So weit die Wolken reichen.

4. Dich predigt Sonnenschein und Sturm, Dich preißt der Sand am Meere; Bringt, ruft auch der geringste Wurm, Bringt meinem

Schöpfer Ehre! Mich, ruft der Baum in seiner Pracht, Mich, ruft die Saat, hat Gott gemacht! Bringt unserm Schöpfer Ehre!

5. Der Mensch, ein Leib, den deine Hand So wunderbar berei= tet; Der Mensch, ein Geist, den sein Verstand Dich zu erkennen leitet; Der Mensch, der Schöpfung Ruhm und Preiß, Ist sich ein täg= licher Beweis Von deiner Güt und Größe.

6. Erheb ihn ewig, o mein Geist! Erhebe seinen Namen! Gott, unser Vater, sei gepreißt, Und alle Welt sag Amen! Und alle Welt fürcht ihren Herrn Und hoff auf ihn und dien ihm gern! Wer wollte Gott nicht dienen!

Chr. F. Gellert, geb. 1715, † 1769.

31.

Mel. Ringe recht, wenn Gottes Gnade.

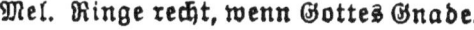

1. Gott der Macht, in dei = nem Ruh = me Kei=nem als dir selbst be = kannt, Aus ver = borg = nem Hei = lig= tu = me Wal = test du mit star = ker Hand.

2. Sterne glänzen unter blinden, Berge wehst du weg wie Spreu, Völker werden und verschwinden, Alles Fleisch vergeht wie Heu.

3. Reiche schmetterst du zur Erde, Königsstühle stürzen ein, Hirten ruffst du von der Herde, Herrscher ihres Volks zu sein.

4. Wenn du anfängst auszuglei= chen, Herr, was kann vor dir be= stehn? Alle Berge müssen weichen, Alle Thäler sich erhöhn.

5. Was der Menschen Kunst erhoben, Ist auf leichten Sand gestellt; Du gebeutst: es ist zerstoben, Wie das Laub im Herbste fällt.

6. Aber wo auf Felsengründen Deines Tempels Mauer ruht, Trotzt von Fluten und von Winden Fruchtlos die vereinte Wut.

7. Und ob alles sich empöret, Ringsum alles untergeht: Dieser Bau bleibt unversehret, Und die Stadt des Herrn besteht.

8. Selbst der Feinde Trotz und Mühe Muß dir ebnen deinen Pfad; Darum komm, o Herr, und ziehe Ein in deine Gottesstadt!

C. B. Garve, geb. 1763, † 1841.

32.

Mel. Auferstehn, ja auferstehn.

1. Ja, für=wahr, uns führt mit sanf=ter Hand Ein Hirt durchs Pil=ger=land Der dun=keln Er=de, Uns, sei=ne klei=ne Her=de. Hal=le=lu=ja!

2. Wenn im Dunkeln auch sein Häuflein irrt: Er wacht, der treue Hirt, Und läßt den Seinen Ein freundlich Sternlein scheinen. Halleluja!

3. Sicher leitet aus des Todes Graun Er uns zu grünen Aun, Zu frischen Quellen, Zu ewgen Lebenswellen. Halleluja!

4. Freundlich blickt sein Aug auf uns herab. Sein sanfter Hirtenstab Bringt Trost und Friede. Er wachet sich nicht müde. Halleluja!

5. Ja, fürwahr, er ist getreu und gut; Auch unser Schicksal ruht In seinen Armen. Sein Name ist Erbarmen. Halleluja!

Fr. Ad. Krummacher, geb. 1767, † 1845.

33.

Mel. Wer nur den lieben Gott läßt walten.

1. Fürwahr, du bist, o Gott, ver=bor=gen, Dein Rat Um=sonst sind al=le un=sre Sor=gen. Du sorg=

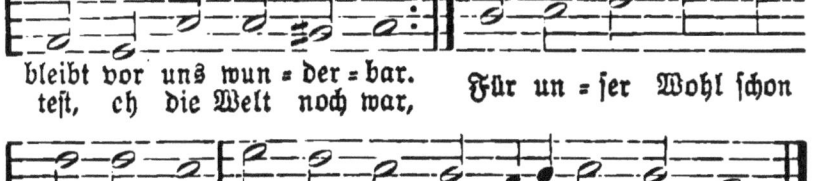

bleibt vor uns wun = der = bar.
teſt, eh die Welt noch war,   Für un = ſer Wohl ſchon

vä = ter = lich. Dies ſei ge = nug zum Troſt für mich.

2. Dein Weg iſt zwar in Fin=
ſterniſſen Vor unſern Augen oft
verſteckt: Doch wenn wir erſt den
Ausgang wiſſen, Wird uns die Ur-
ſach auch entdeckt, Warum dein
Rat, der niemals fehlt, Den uns
ſo dunklen Weg erwählt.

3. Nie ſind die Tiefen zu ergründen Von deiner Weisheit
Macht und Güt, Du kannſt viel
tauſend Wege finden, Wo die Vernunft nicht einen ſieht. Aus Finſterniß bringſt du das Licht, Du
ſprichſt, o Gott, und es geſchicht.

4. So weicht denn, ängſtliche Gedanken, Gott kann weit mehr, als
ihr verſteht; Bleib, Seele, in der
Demut Schranken, Die Demut
wird von Gott erhöht. Ja, Herr,
du liebſt den, der dich liebt Und
deiner Führung ſich ergiebt.

5. Drum will ich dir mich über=
laſſen Mit allem, was ich hab und
bin; Ich werfe, was ich nicht kann
faſſen, Auf deine Macht und Weis=
heit hin. Der Ausgang zeigt doch
immerdar, Daß ſtets dein Rat voll
Güte war.

6. Gieb, daß dies mein Ver=
trauen mehre In Glück und Un=
glück, Freud und Leid. Schick al=
les, Herr, zu deiner Ehre Und
meiner Seelen Seligkeit: So
preis ich einſt vollkommen dich
Und freue dann auf ewig mich.
Joh. S. Dietrich, geb. 1724, † 1797.

3. Engel.

34.

Mel. Vom Himmel hoch, da komm ich her.

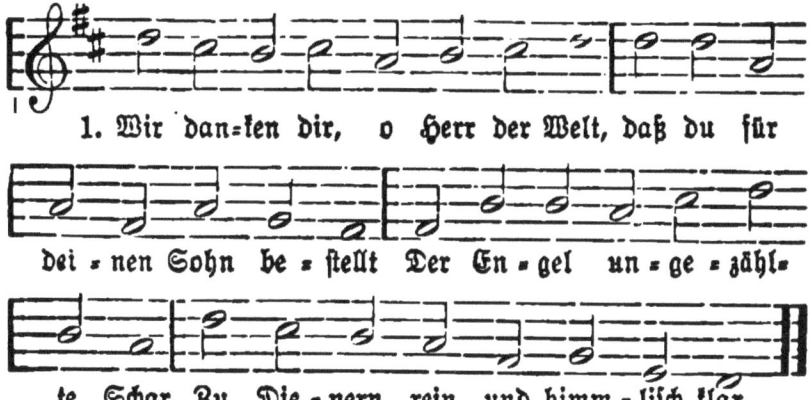

1. Wir dan=ken dir, o Herr der Welt, daß du für

dei = nen Sohn be = ſtellt Der En = gel un = ge = zähl=

te Schar Zu Die=nern rein und himm=liſch klar.

2. Sie schweben hin im ewgen Licht Und schauen froh dein Angesicht; Sie trinken deines Wortes Quell, Dein Geist macht ihre Geister hell.

3. Doch schweben sie nicht als ein Traum Unthätig in dem Himmelsraum, Sie treiben nicht ein müßig Spiel; Dein heilger Wille bleibt ihr Ziel.

4. Sie steigen auf vom Himmelssaal Für Christum ab ins Erdenthal Und lagern um die Seelen sich, Die fromm und kindlich schaun auf dich.

5. Sie jauchzen, wenn ein Sünder weint Und reuevoll vor dir erscheint, Daß nun ein neuer Bürger frei Fürs Himmelreich gewonnen sei.

6. Sie haben jedes Kindlein lieb Und hüten es mit zartem Trieb, Damit es frühe dich versteh Und auf der Bahn des Lebens geh.

7. Sie tragen, wenn ein Frommer stirbt Und glaubensvoll dein Reich erwirbt, Die freie Seele schmerzenlos Hinauf in deinen Vaterschoß.

8. Sie wachen stets in deinem Reich, Den Winden und den Flammen gleich, Und wenden ab viel Träun und List Des Feindes, der nie säumig ist.

9. Drum flehn wir: Herr, gieb Licht und Stärk Auch uns zu jedem guten Werk, Wie deine Engel für dich glühn Und sich in deinem Dienst bemühn!

10. In ihren Reihn ja sollen wir Auch ewig jauchzen einst vor dir; O gieb, daß droben unser Mund Dein Lob mit ihnen mache kund!

11. Schwach steigt noch unser Lied empor, Doch einig mit dem Engelchor. Du bist's, dem jeder Himmel klingt, Und dem auch unsre Seele singt.

12. Laß deine Engel um uns stehn, Wann wir zu dir im Tempel flehn, Und nimm dein Volk, das dir vertraut, Dorthin, wo man im Sohn dich schaut.

Lateinisch von Melanchthon,
übersetzt von P. Eber, geb. 1511, † 1569.

35.

Mel. Jesus, meine Zuversicht.

1. Herr, du hast in dei = nem Reich Gro=ße Scha = ren vie=ler
Die=sen bin ich noch nicht gleich, Denn mein Herz ist vol=ler

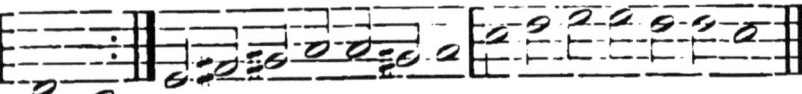

En = gel. Ach! wann werd ich auch so rein Als die guten Engel sein?
Män=gel.

2. Mich beschweret Fleisch und Blut; Hilf du, daß ich geistlich werde! Gieb mir einen Engelmut, Der sich trenne von der Erde, Daß ich, als dein liebes Kind, Immer himmlisch sei gesinnt.

3. Mache mir dein Werk bekannt Durch des heilgen Geistes Gabe, Daß ich Weisheit und Verstand Wie ein Engel Gottes habe, Bis ich einst in jenem Licht Völlig seh dein Angesicht.

4. Ach, dein Wille soll geschehn In dem Himmel- und auf Erden; Darum laß uns dahin sehn, Daß wir dir gehorsam werden Und in deinem Willen ruhn, Wie die reinen Geister thun!

5. Unsre Welt ist voll Gefahr, Alles scheint uns nachzustellen; Sende deiner Engel Schar, Daß uns ja nichts möge fällen. Schlummern wir und schlafen ein, So laß sie die Wächter sein.

6. Mach es, wie mit Lazaro, Wann ich künftig werde sterben; Und damit ich ebenso Möge Trost und Freud ererben, Laß die Engel mich zur Ruh Tragen nach dem Himmel zu.

7. Laß uns dann vor deinem Stuhl Bei den Auserwählten stehen, Wann die Bösen in den Pfuhl Mit dem Satan werden gehen! Und hernach in jenem Reich Mache mich den Engeln gleich!

Casp. Neumann, geb. 1648, † 1715.

36.

Mel. Wachet auf, ruft uns die Stimme.

1. Be = tet an, ihr Menschen, brin = get Dem Höchsten Ruhm und Preis, lob=sin = get, Gott, un=sern Schöp=fer, be = tet an!

Zahllos sind der Gei = ster Scha=ren, Die, eh wir noch ge = schaf = fen wa=ren, Schon sei = ne Huld und Grö = ße sahn.

Ihr Heer, umstrahlt von Licht, Be = deckt das An = ge = sicht Vor dem Schöp=fer. Voll Preis und Dank Tönt ihr Ge = sang Durch al = le Him = mel Got = tes hin.

2. Er nur zählt die Geister=heere, Die hoch im Himmel seine Ehre Und seiner Größe Ruhm erhöhn. Heilig, heilig ist Gott! rufen Sie, tief anbe=tend, an den Stufen Des ho=hen Throns, um den sie stehn. So weit er herrscht, so weit Geht seine Herrlichkeit! Jauchzen alle. Wer ist wie er? Frohlockt ihr Heer; Wer ist wie Gott, der uns erschuf?

3. Hohe Seligkeit ist's ihnen, Dem Gott, der sie erschuf, zu dienen, Von allem Eigenwillen fern. Seht ihr Beispiel, folgt, ihr Frommen! Sie alle, heilig und vollkommen, Gehorchen wonnevoll dem Herrn. Sie thun, was er gebeut, Und ihre Herrlichkeit Ist Gehorsam. Sie zögern nie, Er sende sie, Wohin sein Wink sie senden mag.

4. Winden gleich und gleich den Blitzen, Gehn sie vom Thron aus, segnen, schützen Und strafen, wie es Gott gebeut; Lagern sich um Gottes Kinder Und fördern gern das Heil der Sünder Und freun sich ihrer Seligkeit. Sie dienen, Jesu, dir, Frohlocken laut, wenn wir Uns bekehren, Wenn unser Dank Den Preisgesang Der Himmel hier schon widerhallt.

5. Gott, mit allen diesen Heeren Soll, der hier heilig wird, dich ehren, Einst ewig sich mit ihnen freun; Soll, erlöst durch dein Erbarmen, Zu dir gebracht auf ihren Armen, Wie sie, einst ewig selig sein. Vernehmt's, ihr Menschen, hört: Wer sich zu Gott bekehrt, Wird am Throne In seinem Reich Auch, Engeln gleich, Das Antlitz seines Gottes schaun.

6. Werdet heilig, seid vollkommen, Wie Engel Gottes! Gott wird kommen Mit seinen Engeln zum Gericht. Laß sie jauchzen, daß wir alle, Dann aufgerichtet von dem Falle, Gott sehn und seiner Wonne Licht. Heil uns! wir beten dann Den hohen Schöpfer an Mit den Engeln. Ihr Preisgesang Und unser Dank Hallt dann durch alle Himmel hin.

Joh. Andr. Cramer, geb. 1723, † 1788.

4. Die Sünde und der Erlösungsratschluß.

37.

Mel. Wie groß ist des Allmächtgen Güte.

1. Laß, Gott, mich Sünder Gna-de fin-den, Tilg mein Ver-
   O wasch mich rein von mei-nen Sünden, Von mei-ner

gehn, er-bar-me dich!
Schuld be-frei-e mich! Schwer las-tet auf mir mein Vergehen,

Ach, ich er-kenn es hell und klar; Und mei-ne Mis-

se-tha-ten ste-hen Vor mei-nen Au-gen im-mer-dar.

2. An dir allein hab ich gesün=
digt, Gefehlt vor deinem Ange=
ficht; Die Strafe, die du mir ver=
fündigt, Sie ist gerecht, rein dein
Gericht. Ach, fieh, in Sünd bin
ich gezeuget, In Sünd empfing
die Mutter mich. Blick in mein
Herz, es ist gebeuget, Nach Licht
und Wahrheit sehnt es fich.

3. O lehre mich, Herr, ganz
entdecken Die Fehler, die ich noch
nicht feh! Entfündge mich von
allen Flecken, Und wasche mich fo
weiß als Schnee. Laß Freud
und Wonne mich empfinden,
Trag mit mir Armen noch Ge=
duld. Verbirg dein Aug vor
meinen Sünden, Und tilge alle
meine Schuld.

4. Schaff in mir eine reine Eee=
le, Ein Herz voll fester Zuversicht.
Verwirf mich nicht, wenn ich noch
fehle; Nimm deinen heilgen Geist
mir nicht. Dann zeig ich Irren=

den die Pfade Des Heils und führe
fie zu dir; Dann preist, Erbarmer,
deine Gnade Mein ganzes Herz voll
Dankbegier.

5. Herr, öffne, deinen Ruhm zu
fingen, Den Mund mir, gieb mir
frohen Mut. Zwar Opfer wollt
ich gerne bringen; Doch Weihrauch
willst du nicht, noch Blut. Ein
Opfer giebt's, das dich erfreuet:
Ein Geist, der tief geängstigt fleht;
Ein Herz, das seine Schuld be=
reuet, Wird nicht von dir, o Gott,
verschmäht.

6. Hilf deinem Volk, erzeig dich
allen Nach deiner Gnad und
Freundlichkeit. Dann werden,
Herr, dir wohlgefallen Die Opfer
wahrer Dankbarkeit; Dann wird
dich jeder Mund erheben, Und je=
des Herz wird dein Altar;
Dann bringet dir dein Volk sein
Leben, Es bringt sich selbst zum
Opfer dar.

Psalm 51.

38.

Eigene Melodie.

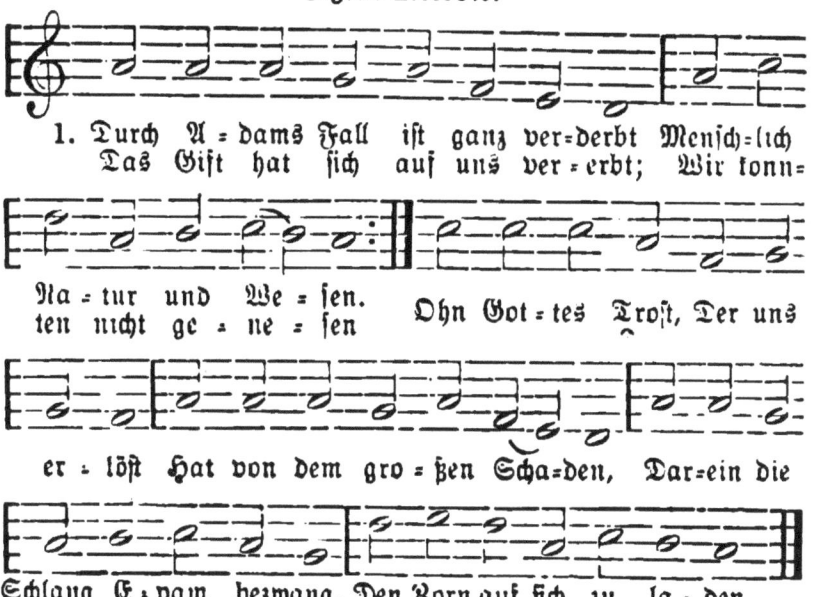

1. Durch A = dams Fall ist ganz ver=derbt Mensch=lich
Das Gift hat sich auf uns ver = erbt; Wir konn=

Na = tur und We = fen.
ten nicht ge = ne = fen   Ohn Got=tes Trost, Der uns

er = löst Hat von dem gro = ßen Scha=den, Dar=ein die

Schlang E = vam bezwang, Den Zorn auf sich zu la = den.

2. Weil's denn die Schlang dahin gebracht, Daß Eva abgefallen Von Gottes Wort, das sie veracht't, Und dadurch zu uns allen Gebracht den Tod: So war ja not, Daß uns nun Gott sollt geben Den lieben Sohn Vom Gnadenthron, In dem wir möchten leben.

3. Wie uns hat eine fremde Schuld In Adam all verhöhnet: So hat uns eine fremde Huld In Christo all versöhnet; Und wie wir all Durch Adams Fall Sind ewgen Tods gestorben: Also hat Gott Durch Christi Tod Erneuert, was verdorben.

4. So er uns nun den Sohn geschenkt, Da wir noch Feinde waren, Der für uns ist ans Kreuz gehenkt, Getötet, aufgefahren, Auf daß wir sein Von Tod und Pein Erlöst, so wir vertrauen Auf diesen Hort, Des Vaters Wort: Wem wollt vorm Sterben grauen?

5. Er ist der Weg, das Licht, die Pfort, Die Wahrheit und das Leben, Des Vaters Rat und ewigs Wort, Den er uns hat gegeben Zu einem Schutz, Daß wir mit Trutz An ihn fest sollen glauben. Darum uns bald Kein Macht noch G'walt Aus seiner Hand wird rauben.

6. Der Mensch ist gottlos und verflucht, Sein Heil ist ihm noch ferne, Der Trost bei einem Menschen sucht Und nicht bei Gott, dem Herren. Denn wer ihm will Ein ander Ziel Ohn diesen Tröster stecken, Den wird gar bald Satans Gewalt Mit seiner List erschrecken.

7. Wer hofft auf Gott und ihm vertraut, Wird nimmermehr zu schanden; Denn wer auf diesen Felsen baut, Ob ihm gleich stößt zuhanden Viel Unfalls hie, — Hab ich noch nie Den Menschen sehen fallen, Der sich verläßt auf Gottes Trost; Er hilft den Gläubgen allen.

8. Ich bitt, o Herr, aus Herzensgrund, Du wollst nicht von mir nehmen Dein heilges Wort aus meinem Mund! So wird mich nicht beschämen Mein Sünd und Schuld. In deine Huld Setz ich all mein Vertrauen; Wer sich nur fest Darauf verläßt, Der wird den Tod nicht schauen.

9. Herr, meinen Füßen ist dein Wort Gleich einem Morgensterne, Ein Licht in einem dunkeln Ort, Mir leuchtend nah und ferne. Belehrt von dir, Verstehen wir Den Wert der hohen Gaben, Die Gottes Geist Uns g'wiß verheißt, Die Hoffnung darauf haben.

Lazarus Spengler, geb. 1479, † 1534.

39.

Eigene Melodie.

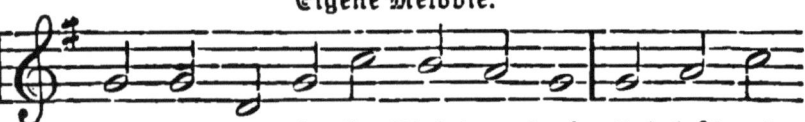

1. Nun freut euch, lie = be Chri=sten=g'mein, Und laßt uns
　Daß wir ge=trost und all in ein Mit Lust und

fröh=lich sprin = gen,　Was Gott an uns gewendet hat, Und seine
Lie = be sin = gen,

sü = ße Wun = der=that! Gar teur hat er's er = wor = ben.

2. Dem Teufel ich gefangen lag, Im Tod war ich verloren. Mein Sünd mich quälte Nacht und Tag, Darin ich war geboren. Ich fiel auch immer tiefer drein, Es war kein Guts am Leben mein, Die Sünd hatt mich besessen.

3. Mein gute Werk die galten nicht, Es war mit ihn'n verdorben. Der frei Will haßte Gotts Gericht, Zum Guten gar erstorben. Die Angst mich zu verzweifeln trieb, Daß nichts denn Sterben bei mir blieb, Zur Höllen mußt ich sinken.

4. Da jammert Gott in Ewigkeit Mein Elend übermaßen; Er dacht an sein Barmherzigkeit, Er wollt mir helfen lassen, Er wandt zu mir das Vaterherz; Es war bei ihm fürwahr kein Scherz, Er ließ's sein Bestes kosten.

5. Er sprach zu seinem lieben Sohn: Es ist Zeit zu erbarmen; Fahr hin, meins Herzens werte Kron, Und sei das Heil dem Armen Und hilf ihm aus der Sünden Not, Erwürg für ihn den bittern Tod Und laß ihn mit dir leben!

6. Der Sohn dem Vater g'horsam ward, Er kam zu mir auf Erden Von einer Jungfrau rein und zart, Er sollt mein Bruder werden.

Gar heimlich führt er sein Gewalt, Er ging in meiner armen G'stalt, Den Teufel wollt er fangen.

7. Er sprach zu mir: Halt dich an mich, Es soll dir jetzt gelingen, Ich geb mich selber ganz für dich, Da will ich für dich ringen; Denn ich bin dein, und du bist mein, Und wo ich bleib, da sollst du sein, Uns soll der Feind nicht scheiden.

8. Vergießen wird er mir mein Blut, Dazu mein Leben rauben; Das leid ich alles dir zu gut, Das halt mit festem Glauben. Den Tod verschlingt das Leben mein, Mein Unschuld trägt die Sünde dein. Da bist du selig worden.

9. Gen Himmel zu dem Vater mein Fahr ich von diesem Leben, Da will ich sein der Meister dein, Den Geist will ich dir geben, Der dich in Trübnis trösten soll Und lehren mich erkennen wohl Und in der Wahrheit leiten.

10. Was ich gethan hab und gelehrt, Das sollst du thun und lehren, Daß Gottes Reich hier werd gemehrt Zu Lob und seinen Ehren; Und hüte dich vor Menschen Satz, Davon verdirbt der edle Schatz. Das laß ich dir zur Letze.

M. Luther, geb. 1483, † 1546.

40.

Mel. Thu, Herr, mein Geschrei erhören.

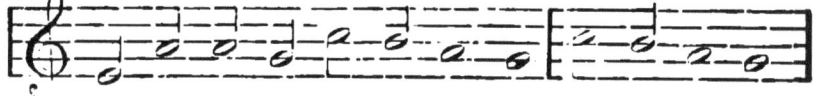

1. Ach, was ich bin, mein Er = ret = ter Und Ver=tre = ter

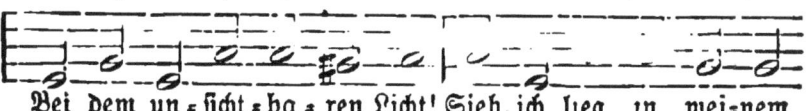

Bei dem un = sicht = ba = ren Licht! Sieh, ich lieg in mei=nem

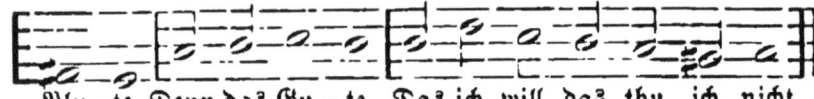

Blu = te, Denn das Gu = te, Das ich will, das thu ich nicht.

2. Ach, was bin ich, mein Er= barmer! Sieh, ich Armer Bin ein Strohhalm vor dem Wind; Wie ein Weberschifflein schießet, So verfließet Aller Menschen Thun geschwind.

3. Ach, was bin ich, mein Erlö= ser! Täglich böser Find ich meiner Seele Stand. Drum, mein Hel= fer, nicht verweile; Jesu, eile, Reiche mir die Gnadenhand!

4. Ach, wann wirst du mich er= heben Zu dem Leben? Komm, ach komm, und hilf mir doch! Elend

kann dich bald bewegen; Lauter Segen Wirst du lassen fließen noch.

5. Trotzig und verzagt im Her= zen, Trag ich Schmerzen, Und es ist mir leid dazu. Höre mich, hör an das Quälen! Arzt der Seelen, Schaffe meinem Herzen Ruh!

6. Gieb, daß mir der Tod nicht schade; Herr, gieb Gnade, Laß mich sein dein liebes Kind! Ein Demütiger und Kleiner, Aber Reiner Endlich Gnad und Ruhe find't.

Joach. Neander, geb. 1610, † 1680.

41.

Mel. Aus tiefer Not schrei ich zu dir.

1. Ach Gott! es hat mich ganz ver=derbt Das bö = se Gift Die mir von A = dam an=ge=erbt. Wo soll ich Ret=

der Sün=den, tung fin = den? Es ist mein E=lend viel und groß; Es ist

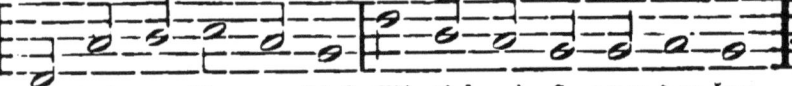

vor dei = nen Au = gen bloß, Wie tief mein Herz ver=dor=ben.

2. Wie schrecklich ist nicht mein Verstand Mit Finsternis umhüllet; Der Will ist von dir abgewandt, Mit Bosheit angefüllet; Und die Begierden sind geneigt, Die Lust, die aus dem Herzen steigt, Im Werke zu vollbringen.

3. Mir fehlt die Kraft, dich, höch= stes Gut, Zu kennen und zu lieben; Hingegen regt sich Fleisch und Blut Mit sündenvollen Trieben. Dich fürcht ich und vertrau dir nicht, Ich

unterlasse meine Pflicht Und thu, was dir entgegen.

4. Wer sagt, wie groß der Greuel sei, Der Leib und Seel beflecket? Wer macht mich von dem Aussatz frei, Der mein Herz angestecket? So groß die Not, so hart dies Joch, So wenig weiß ich Armer doch Mich davon loszureißen.

5. Doch jetzt komm ich in wahrer Reu Und bitte dich von Herzen: Mein Jesu! hilf und mach mich frei

Von meinen Sündenschmerzen, Von allem, was mich noch beschwert Und meine Lebenskraft verzehrt! Sonst muß ich untersinken.

6. Wen ruf ich sonst um Rettung an, Als dich, mein Heil und Leben! Du bist's allein, der helfen kann, Du mußt mir Rettung geben. Drum mach mich durch dein Blut und Tod Von Sünden rein, daß ich vor Gott Gerecht erfunden werde.

7. Du weißt, o Jesu! was mir fehlt, Du kannst nach deinem Willen Die Not vertreiben, die mich quält, Und meinen Jammer stillen. Du willst es auch, drum trau ich fest, Daß du mich nicht in Angst verläßt; Du heißt und bist ja Jesus.

. L. Laurentii, geb. 1660, † 1722.

42.

Mel. Mein Freund zerschmilzt.

1. O Lie = be, die den Him = mel hat zer = rif = fen,
Was für ein Trieb hat dich be = we = gen müf = fen,

Die sich zu mir ins E = lend nie = der = ließ!
Der dich zu mir ins Jam = mer = thal ver = wies?

Die Lie = be hat es selbst ge = than, Sie schaut als

Mut = ter mich In mei = nem Jam = mer an.

2. Die Liebe ist so groß in deinem Herzen, Daß du für mich das größte Wunder thust. Die Liebe macht dir meinetwegen Schmerzen, Daß mir zu gut du unter Dornen ruhst. O unerhörter Liebesgrad, Der selbst des Vaters Wort Ins Fleisch gesendet hat!

3. Die Liebe hat auf ewig mich verbunden, Sie überströmt mich mit Barmherzigkeit. Ich habe meinen Vater nun gefunden, Die Ewigkeit vermählt sich mit der Zeit; Das Leben ist mit uns vereint, Da der erloschne Glanz Der Herrlichkeit erscheint.

4. In ihm wird nun die Menschheit ausgesöhnet, Die Reinigkeit der Seelen wiederbracht, Sie wird vom Vater selbst mit Huld gekrönet. Da sie der Himmel selbst so angelacht; Die Menschheit wird nun ganz erneut Und als ein reiner Thron Der Gottheit eingeweiht.

5. Die Weisheit wohnt nun wieder auf der Erden, Dadurch das Paradies im Menschen grünt, Nun können wir aus Gott geboren werden, Weil die Geburt des Herrn uns dazu dient; Die neugeborne Seele spürt, Daß sie ein andrer Geist Aus ihrem Ursprung rührt.

6. Kein Elend kann nun unser Herz besiegen, Immanuel ist bei uns in der Not. Ich darf ja nur am Gnadenquelle liegen, So dient mir selbst das Elend und der Tod. Der Jammer hängt mir nur noch an, Der mir in Christo doch Nicht schädlich werden kann.

7. Die Sünde kann mich auch nicht mehr verdammen, Weil sie nun selbst durch ihn verdammet ist. Was schaden nun der Seele ihre Flammen, Da nun in sie die Liebe Christi fließt? Er stillt der Sehnsucht heilgen Trieb, Er läßt die Seele nicht, Er hat sie viel zu lieb.

8. Ein ewig Leben hab ich nun gefunden, Viel Reichtum, Ehr und Freuden reicht er dar; Ich bin mit ihm, er ist mit mir verbunden, Im Herzen wird sein Leben offenbar. Ich bin vergnügt und ganz gestillt, Weil mich der lautre Strom Aus seiner Lieb erfüllt.

9. Auf, auf, mein Geist, vergiß die Trauerlieder, Erfreue dich in seiner Liebesmacht! Des Himmels Kraft und Glanz bestrahlt Dich wieder, Und der Verlust ist völlig wiederbracht. O ewig, ewig wohl ist mir! Seit ich Dich, Jesu, lieb, Bin selig ich in dir.

Chr. Fr. Richter, geb. 1676, † 1711.

43.

Mel. Was Gott thut, das ist wohlgethan.

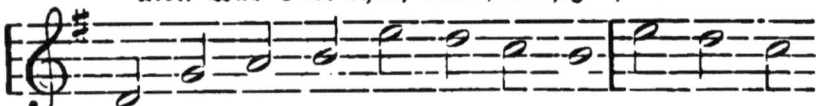

1. O Schöpfer, welch ein E = ben=bild Er=schufst du
Wie stand dein er = ster Mensch so mild, Mit himm=li=

dir aus Er = de!
scher Ge=bär = de,
Ganz oh = ne Sünd, Ein Gotteskind, Geschmückt

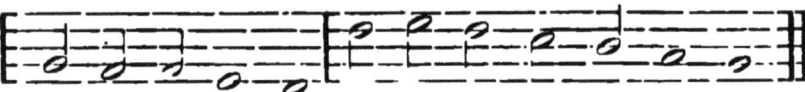

mit dei=nem Sie = gel, Der Lie = be rei = ner Spie = gel!

2. Dies war dein Bild. Vollkommenheit Hieß sein erhabner Adel; Er wußte nichts von Sterblichkeit Und nichts von Fluch und Tadel. Kraft ohne Druck, Das war sein Schmuck, Sein Odem Lieb und Freude, Die Unschuld sein Geschmeide.

3. Auf Lebenspfaden wolltest du Sanft seine Seele leiten Und höher führen immerzu Ins Licht der Ewigkeiten, Damit sie ganz Im hellsten Glanz Dein Wunderbild der Ehre Vor allen Himmeln wäre.

4. Weh uns! wie kurz im Erdenthal War dieses schöne Leben! Wie ward des heilgen Bildes Strahl Von Finsternis umgeben! Der Tod drang ein In Mark und Bein; Der Vater kam zu Falle, Riß nach die Kinder alle.

5. Drum siechen wir von Adam

her, Drum sterben wir so frühe; Drum ist das Leben öd und schwer Und voller Sündenmühe; Drum fliehen wir, O Gott, vor dir Und deines Zornes Drohen, Wie Adam einst geflohen.

6. Drum ist kein Frieden im Gebein, Kein heitrer Blick nach oben; Stumm bleibt das Herz mit seiner Pein, Kann dich nicht kindlich loben; Und soll's nun hin Zum Grabe ziehn, So muß es sich verklagen Und im Gericht verzagen.

7. O Jesu, Licht vom Anbeginn, Komm wieder in die Seele, Damit sie mit zerbrochnem Sinn Dir wieder sich vermähle! Warst du ihr Licht Von Anfang nicht? Ja komm, o Lebensquelle, Und mach uns wieder helle!

8. Du wurdest Fleisch, o Gottessohn! Wir könnten dich nicht fassen, Wenn du dich nicht vom Himmelsthron Zu uns herabgelassen. Dein Geist und Tod Tilgt unsre Not; In uns ist die Verwesung, In dir ist die Genesung.

9. Jauchzt ihm, ihr Stern am Himmelsrund! Nun ist er unser Leben. Frohlocke, Volk, dem neuen Bund, Und komm, dich ihm zu geben! Ja, Christi Treu, Die schafft uns neu Zu Gottes Ebenbilde. Hilf uns, du ewge Milde!

Alb. Knapp, geb. 1798, † 1864.

III. Gott der Sohn, Jesus Christus und die Erlösung.

1. Kommen des Herrn. Adventslieder.

44.

Eigene Melodie.

1. Macht hoch die Thür, die Thor macht weit! Es kommt der Herr der Herr-lich-keit, Ein Kö-nig al-ler Kö-nig-reich, Ein Hei-land al-ler Welt zu-gleich, Der Heil und Le-ben mit sich bringt. Der-hal-ben jauchzt, mit Freu-den singt:

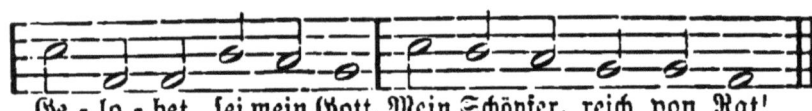

Ge = lo = bet sei mein Gott, Mein Schöpfer, reich von Rat!

2. Er ist gerecht, ein Helfer wert, Sanftmütigkeit ist sein Gefährt, Sein Königskron ist Heiligkeit, Sein Zepter ist Barmherzigkeit; All unsre Not zu End er bringt. Derhalben jauchzt, mit Freuden singt: Gelobet sei mein Gott, Mein Heiland, groß von That.

3. O wohl dem Land, o wohl der Stadt, So diesen König bei sich hat; Wohl allen Herzen insgemein, Da dieser König ziehet ein! Er ist die rechte Freudensonn, Bringt mit sich lauter Freud und Wonn. Gelobet sei mein Gott, Mein Tröster früh und spat!

4. Macht hoch die Thür, die Thor macht weit, Eu'r Herz zum Tempel zubereit, Die Palmen der Gottseligkeit Streut hin mit Andacht, Lust und Freud! So kommt der König auch zu euch, Ja Heil und Leben mit zugleich. Gelobet sei mein Gott, Voll Rat, voll That, voll Gnad!

5. Komm, o mein Heiland, Jesu Christ! Meins Herzens Thür dir offen ist. Ach, zeuch mit deiner Gnade ein, Dein Freundlichkeit auch uns erschein! Dein heilger Geist uns führ und leit Den Weg zur ewgen Seligkeit. Und deinem Namen, Herr, Sei ewig Preis und Ehr!

G. Weissel, geb. 1590, † 1635.

45.

Mel. Valet will ich dir geben.

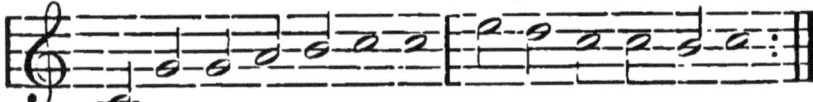

1. Wie soll ich dich empfangen, Und wie begegn' ich dir? O aller Welt Verlangen, O meiner See=len Zier!

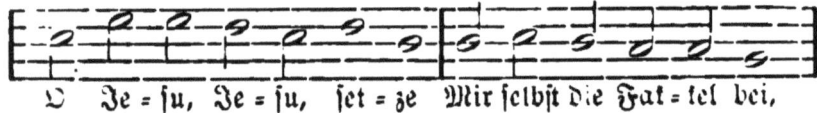

O Je = su, Je = su, set = ze Mir selbst die Fat = tel bei,

Damit, was dich er = göt = ze, Mir tund und wis=send sei.

2. Dein Zion streut dir Palmen Und grüne Zweige hin; Und ich will dir in Psalmen Ermuntern meinen Sinn. Mein Herze soll dir grünen In stetem Lob und Preis Und deinem Namen dienen, So gut es kann und weiß.

3. Was hast du unterlassen Zu meinem Trost und Freud? Als Leib und Seele saßen In ihrem größten Leid, Als mir das Reich genommen, da Fried und Freude lacht, Da bist du, mein Heil, kommen Und hast mich froh gemacht.

4. Ich lag in schweren Banden, Du kommst und machst mich los;

Ich stand in Spott und Schan=
den, Du kommst und machst
mich groß Und hebst mich hoch
zu Ehren Und schenkst mir gro=
ßes Gut, Das sich nicht läßt
verzehren, Wie Erdenreichtum
thut.

5. Nichts, nichts hat dich getrie=
ben Zu mir vom Himmelszelt,
Als das geliebte Lieben, Damit
du alle Welt In ihren tausend
Plagen Und großen Jammerslast,
Die kein Mund kann aussagen,
So fest umschlungen hast.

6. Das schreib dir in dein Herze,
Du herzbetrübtes Heer, Bei denen
Gram und Schmerze Sich häuft je
mehr und mehr. Seid unverzagt,
ihr habet Die Hilfe vor der Thür;
Der eure Herzen labet Und tröstet,
steht allhier.

7. Ihr dürft euch nicht be=
mühen, Noch sorgen Tag und
Nacht, Wie ihr ihn wollet zie=
hen Mit eures Armes Macht;
Er kommt, er kommt mit Willen,

Ist voller Lieb und Lust, All Angst
und Not zu stillen, Die ihm an
euch bewußt.

8. Auch dürft ihr nicht erschrecken
Vor eurer Sündenschuld. Nein,
Jesus will sie decken Mit seiner Lieb
und Huld. Er kommt, er kommt
den Sündern Zum Trost und wah=
ren Heil, Schafft, daß bei Gottes
Kindern Verbleibt ihr Erb und
Teil.

9. Was fragt ihr nach dem
Schreien der Feind und ihrer Tück?
Der Herr wird sie zerstreuen In
einem Augenblick. Er kommt, er
kommt, ein König, Dem wahrlich
alle Feind Auf Erden viel zu we=
nig Zum Widerstande sind.

10. Er kommt zum Weltgerichte,
Zum Fluch dem, der ihm flucht,
Mit Gnad und süßem Lichte
Dem, der ihn liebt und sucht.
Ach komm, ach komm, o Sonne,
Und hol uns allzumal Zum ew=
gen Licht und Wonne In deinem
Freudensaal!!

Paul Gerhard, geb. 1606, † 1676.

46.

Mel. Werde munter, mein Gemüte.

1. War = um willst du drau=ßen ste = hen, Du Ge=seg = ne=
Laß dir, zu mir ein = zu=ge=hen, Wohl=ge=fal=len,

ter des Herrn?
du mein Stern. Du, mein Je = su, mei = ne Freud, Hel = fer

in der rech = ten Zeit, Hilf, o Je = su, mei = nem

Her = zen Von den Wun=den, die mich schmer=zen.

2. Meine Wunden hat geschla=
gen Das Gesetz mit seinem Fluch,
Und es bringt mich zum Verzagen
Auch des Teufels Lug und Trug,
Der mir Gottes Gnad absagt,
Mich bei Tag und Nacht verklagt
Und also mein Herz zerschläget,
Daß sich all mein Blut beweget.

3. Will ich dann mein Elend
lindern Und erleichtern meine Not
Bei der Welt und ihren Kindern,
Fall ich nur in neue Not. Da ist
Freude, die betrübt, Trost, der
nicht Erquickung giebt, Helfer, die
mir Herzleid machen, Falsche
Freunde, die mein lachen.

4. In der Welt ist alles nichtig,
Nichts ist, das nicht kraftlos wär.
Hab ich Hoheit, die ist flüchtig.
Hab ich Reichtum, was ist's mehr,
Als ein Stücklein armer Erd?
Hab ich Lust, was ist sie wert?
Was ist, das mich heut erfreuet,
Das mich morgen nicht gereuet?

5. Aller Trost und alle Freude
Ruht in dir, Herr Jesu Christ!
Dein Erfreuen ist die Weide,
Wo man immer fröhlich ist.
Leuchte du, o Freudenlicht, Eh
mein armes Herz mir bricht;
Laß an dir es sich erquicken.
Jesu, komm, laß dich erblicken!

6. Freu dich, Herz, du bist er=
höret, Denn er ziehet bei dir ein,
Sein Gang ist zu dir gekehret.
Heiß ihn nur willkommen sein,
Und bereite dich ihm zu. Gieb dich
ganz zu seiner Ruh, Öffne ihm
Gemüt und Seele, Klag ihm, was
dich drückt und quäle.

7. Nun hast du ein süßes Leben:
Alles, was du willst, ist dein.
Christus, der sich dir gegeben, Läßt
dich reich durch Gnade sein. Seine
Gnad ist deine Kron Und dein
Heil sein schönster Lohn. Innig
hält er dich umschlossen, Nennt dich
seinen Reichsgenossen.

8. Seines Himmels goldne Decke
Spannt der Heiland um dich her,
Daß dich fort nicht mehr erschrecke
Deiner Feinde großes Heer. Seine
Engel stellen sich Dir zur Seite,
wenn du dich hier willst oder dort=
hin wenden, Tragen dich auf ihren
Händen.

9. Was du Böses hast begangen,
Das ist alles abgeschafft. Gottes
Liebe nimmt gefangen Deiner
Sünden Macht und Kraft. Christi
Sieg behält das Feld, Und was
Böses in der Welt Sich will wider
dich erregen, Wird zu lauter Glück
und Segen.

10. Alles dient zu deinem From=
men, Was dir bös und schädlich
scheint, Weil dich Christus ange=
nommen Und es treulich mit dir
meint. Bleibst du ihm nur wieder
treu, Ist's gewiß und bleibt dabei,
Daß du mit den Engeln droben
Ihn dort ewig werdest loben.

Paul Gerhard, geb. 1606, † 1676.

47.

Mel. Aus meines Herzens Grunde.

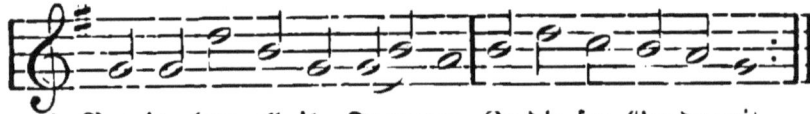

1. Nun jauchzet all, ihr Frommen, Zu die=ser Gnadenzeit,
Weil un=ser Heil ge=kom=men, Der Herr der Herrlichkeit;

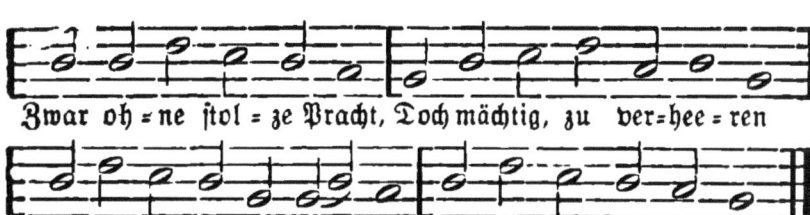

Zwar oh = ne stol = ze Pracht, Doch mächtig, zu ver=hee=ren
Und gänzlich zu zer = stö = ren Des Teufels Reich und Macht.

2. Kein Zepter, keine Krone
Sucht er auf dieser Welt; Im
hohen Himmelsthrone Ist ihm
sein Reich bestellt. Er will hier
seine Macht Und Majestät ver=
hüllen, Bis er des Vaters Wil=
len Gehorsamlich vollbracht.

3. Ihr Mächtigen auf Er=
den, Nehmt diesen König an,
Wollt ihr beraten werden Und
gehn die rechte Bahn, Die zu
dem Himmel führt! Sonst, wo
ihr ihn verachtet Und nur nach
Hoheit trachtet, Des Herren Zorn
euch rührt.

4. Ihr Armen und Elenden
In dieser bösen Zeit, Die ihr an
allen Enden Müßt haben Angst
und Leid, Seid dennoch wohlge=
mut, Laßt eure Lieder klingen
Und thut dem König singen, Der
ist eu'r höchstes Gut.

5. Er wird nun bald erscheinen
In seiner Herrlichkeit Und alles
Leid und Weinen Verwandeln
ganz in Freud; Er ist's, der hel=
fen kann. Halt't eure Lampen
fertig Und seid stets sein gewärtig,
Er ist schon auf der Bahn.

Mich. Schirmer, geb. 1606, † 1673.

48.

Mel. Aus meines Herzens Grunde.

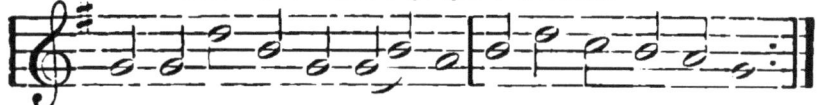

1. Auf, auf, ihr Reichsgenossen! Eu'r Kö=nig kommt her=an.
Em=pfa=het un=ver=dros=sen Den großen Wundermann.

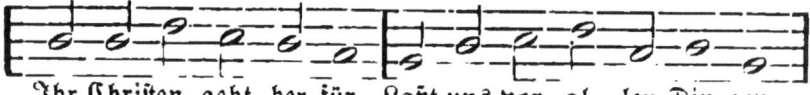

Ihr Christen, geht her=für, Laßt uns vor al = len Din=gen

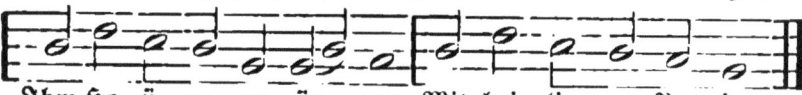

Ihm Ho = si = an = na sin = gen Mit hei = li = ger Be = gier.

2. Auf, ihr betrübten Herzen,
Der König ist gar nah; Hinweg
all Angst und Schmerzen, Der
Helfer ist schon da! Seht, wie
so mancher Ort Hochtröstlich ist
zu nennen, Da wir ihn finden
können Im Nachtmahl, Tauf und
Wort.

3. Auf, auf, ihr Vielgeplagten,
Der König ist nicht fern; Seid
fröhlich, ihr Verzagten, Dort
kommt der Morgenstern! Der
Herr will in der Not Mit rei=
chem Trost euch speisen, Er will
euch Hilf erweisen, Ja dämpfen
gar den Tod.

4. Nun hört, ihr frechen Sünder: Der König merket drauf, Wenn ihr verlornen Kinder In vollem Lasterlauf Auf Arges seid bedacht, Ja thut es ohne Sorgen. Gar nichts ist ihm verborgen, Er giebt auf alles acht.

5. Seid fromm, ihr Unterthanen, Der König ist gerecht; Laßt uns die Weg ihm bahnen Und machen alles schlecht. Fürwahr, er meint es gut; Drum lasset uns die Plagen, Die er uns schickt, ertragen Mit unerschrockenem Mut.

6. Frisch auf in Gott, ihr Armen! Der König sorgt für euch, Er will durch sein Erbarmen Euch machen groß und reich. Der an ein Tier gedacht, Der wird auch euch ernähren. Was Menschen nur begehren, Das steht in seiner Macht.

7. Frisch auf, ihr Hochbetrübten! Der König kommt mit Macht; An uns, sein Herzgeliebten, Hat er schon längst gedacht. Nun wird lein Angst noch Pein Noch Zorn hinfür uns schaden, Dieweil uns Gott aus Gnaden Läßt seine Kinder sein.

8. So lauft mit schnellen Schritten, Den König zu besehn, Dieweil er kommt geritten Stark, herrlich, sanft und schön. Nun tretet all heran, Den Heiland zu begrüßen, Der alles Kreuz versüßen Und uns erlösen kann.

9. Der König will bedenken Die, welch er herzlich liebt, Mit köstlichen Geschenken, Als der sich selbst uns giebt Durch seine Gnad und Wort. Ja, König, hoch erhoben, Wir alle wollen loben Dich freudig hier und dort.

10. Nun, Herr, du giebst uns reichlich, Wirst selbst doch arm und schwach; Du liebest ungleichlich, Du jagst den Sündern nach. Drum woll'n wir dir allein Die Stimmen hoch erschwingen, Ein Hosianna singen Und ewig dankbar sein.

Joh. Rist, geb. 1607, † 1667.

49.

Mel. Von Gott will ich nicht lassen.

1. Mit Ernst, ihr Menschenkinder, Das Herz in euch bestellt: Bald wird das Heil der Sünder, Der wun=der=star=te Held,

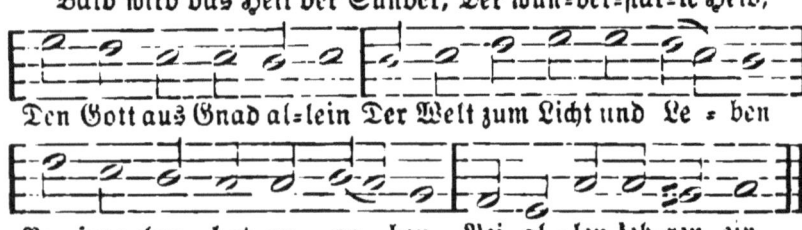

Den Gott aus Gnad al=lein Der Welt zum Licht und Le = ben

Ver=spro=chen hat zu ge = ben, Bei al = len keh=ren ein.

2. Bereitet doch sein tüchtig Den Weg dem großen Gast, Macht seine Steige richtig, Laßt alles, was er haßt. Macht alle Bahnen recht, Die Thal laßt sein erhöht, Macht niedrig, was hoch stehet, Was krumm ist, gleich und schlecht.

3. Ein Herz, das Demut liebet, Bei Gott am höchsten steht: Ein Herz, das Hochmut übet, Mit Angst

zu Grunde geht. Ein Herz, das richtig ist Und folget Gottes Leiten, Das kann sich recht bereiten, Zu dem kommt Jesus Christ.

4. Ach, mache du mich Armen In dieser Gnadenzeit Aus Güte und Erbarmen, Herr Jesu, selbst bereit; Zeuch in mein Herz hinein Vom Stall und von der Krippen. So werden Herz und Lippen Dir ewig dankbar sein.

Val. Thilo, geb. 1607, † 1662.

50.

Mel. Nun komm, der Heiden Heiland.

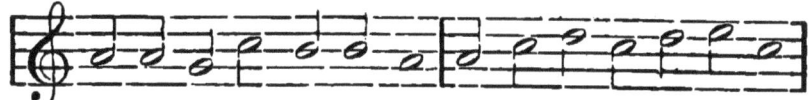

1. Gott sei Dank durch al=le Welt, Der sein Wort bestän=dig hält

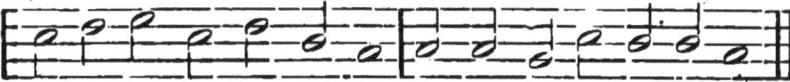

Und der Sün=der Trost und Rat Zu uns her=ge=sen=det hat.

2. Was der alten Väter Schar Höchster Wunsch und Sehnen war, Und was sie geprophezeit, Ist erfüllt in Herrlichkeit.

3. Zions Hilf und Abrams Lohn, Jakobs Heil, der Jungfrau Sohn, Wunderbar, Rat, Kraft und Held Hat sich treulich eingestellt.

4. Sei willkommen, o mein Heil, Hosianna, o mein Teil! Richte du auch eine Bahn Dir in meinem Herzen an.

5. Zeuch, du Ehrenkönig, ein, Es gehöret dir allein; Mach es, wie du gerne thust, Rein von aller Sündenlust.

6. Und gleichwie dein Zukunft war Voller Sanftmut, ohn Gefahr: Also sei auch jederzeit Deine Sanftmut mir bereit.

7. Tröste, tröste meinen Sinn, Weil ich schwach und blöde bin, Und des Satans schlaue List Sich zu hoch für mich vermißt.

8. Tritt der Schlange Kopf entzwei, Daß ich, aller Ängsten frei, Dir im Glauben um und an Selig bleibe zugethan;

8. Daß, wenn du, o Lebensfürst, Prächtig wiederkommen wirst, Ich dir mög entgegengehn Und vor dir gerecht bestehn.

Heinr. Held, um 1640.

51.

Mel. Wie schön leucht't uns der Morgenstern.

1. Der Hei=land kommt! Lob=sin=get ihm, Dem Gott. Er kommt, der ew=ge Got=tes=sohn, Und steigt

4

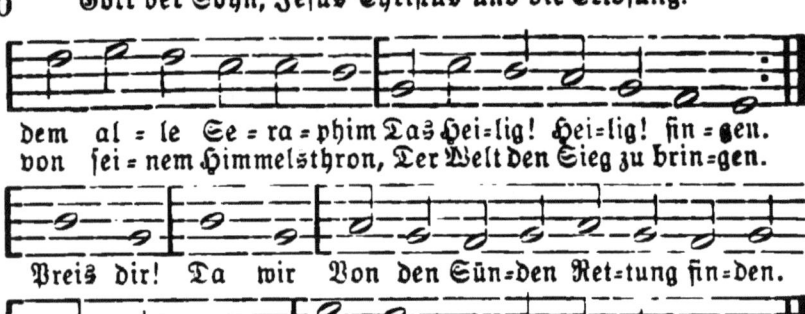

dem al = le Se = ra = phim Das Hei=lig! Hei=lig! fin = gen.
von fei = nem Himmelsthron, Der Welt Den Sieg zu brin=gen.

Preis dir! Da wir Von den Sün=den Ret=tung fin=den.

Höch = ftes We = fen! Durch dich wer = den wir ge = ne = fen.

2. Willkommen, Friedefürft und Held, Rat, Vater, Kraft und Heil der Welt, Willkommen auf der Erden! Du kleideft dich in Fleifch und Blut, Wirft Menfch und willft der Welt zu gut Selbft unfer Bruder werden. Ja du, Jefu, Stredft die Arme, Voll Erbarmen, Aus zu Sündern Und verlornen Menfchenkindern.

3. Du bringft uns Troft, Zufriedenheit, Heil, Leben, ewge Seeligkeit. Sei hoch dafür gepriefen! O lieber Herr, was bringen wir, Die Treue zu vergelten dir, Die du an uns bewiefen? Uns, die Wir hie Im Verderben Müßten fterben, Schenkft du Leben. Größres Gut kannft du nicht geben.

4. Wir bringen dir ein danlbar Herz, Gebeugt Durch Buße, Reu und Schmerz, Bereit, vor dir zu wandeln Und dir und unferm Nächften treu, Aufrichtig, ohne Heuchelei Zu leben und zu handeln. Dies ift, Herr Chrift, Dein Begehren; Laß uns hören Und den Schaden, Den du dräuft, nicht auf uns laden.

5. Laß uns zu unferm ewgen Heil An dir in wahrem Glauben Teil Durch deinen Geift erlangen; Auch wann wir leiden, auf dich fehn, Stets auf dem Weg der Tugend gehn, Nicht an der Erde hangen, Bis wir Zu dir Mit den Frommen Werden kommen, Dich erheben Und in deinem Reiche leben.   **Unbekannt.**

52.

Mel. Meinen Jefum laß ich nicht.

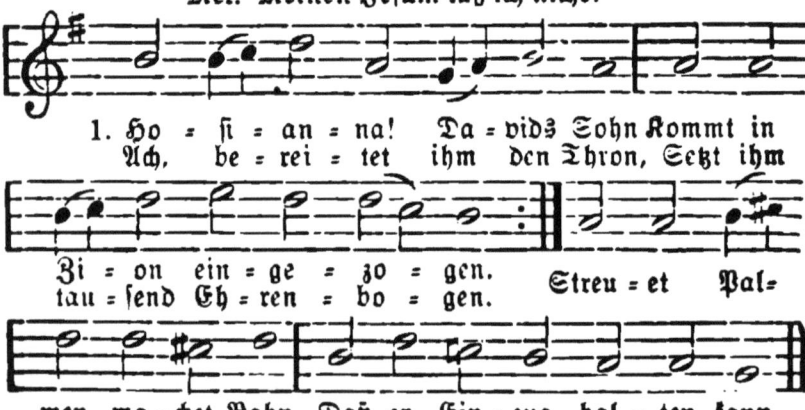

1. Ho = fi = an = na! Da = vids Sohn Kommt in
Ach, be = rei = tet ihm Den Thron, Setzt ihm

Zi = on ein = ge = zo = gen.   Streu = et   Pal=
tau = fend Eh = ren = bo = gen.

men, ma = chet Bahn, Daß er Ein = zug hal = ten kann.

2. Hosianna! sei gegrüßt! Komm, wir gehen dir entgegen; Unser Herz ist schon gerüst't, Will sich dir zu Füßen legen. Zeuch zu unsern Thoren ein, Du sollst uns willkommen sein.

3. Hosianna! Friedensfürst, Ehrenkönig, Held im Streite! Alles, was du schaffen wirst, Das ist unsre Siegesbeute. Deine Rechte bleibt erhöht, Und dein Reich allein besteht.

4. Hosianna! lieber Gast, Wir sind deine Reichsgenossen, Die du dir erwählet hast; Ach, so laß uns unverdrossen Deinem Zepter dienstbar sein, Herrsche du in uns allein.

5. Hosianna! komme bald, Laß uns deine Sanftmut küssen. Wollte gleich die Knechtsgestalt

Deine Majestät verschließen, Ei, so kennet Zion schon Gottes und auch Davids Sohn.

6. Hosianna! steh uns bei! O Herr, hilf, laß wohl gelingen, Daß wir ohne Heuchelei Dir das Herz zum Opfer bringen! Du nimmst keinen Jünger an, Der dir nicht gehorchen kann.

7. Hosianna! laß uns hier An den Ölberg dich begleiten, Bis wir einstens für und für Dir ein Psalmenlied bereiten; Dort ist unser Bethphage. Hosianna in der Höh!

8. Hosianna nah und fern! Eile bei uns einzugehen. Du Gesegneter des Herrn, Warum willst du draußen stehen? Hosianna! bist du da? Ja, du kommst. Halleluja!

Benj. Schmolk, geb. 1672, † 1737.

53.

Mel. Nun ruhen alle Wälder.

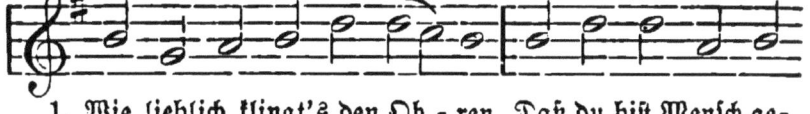

1. Wie lieblich klingt's den Oh = ren, Daß du bist Mensch ge=

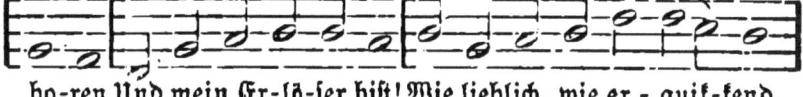

bo=ren Und mein Er=lö=ser bist! Wie lieblich, wie er = quik=kend,

Wie se = lig, wie ent=zückend Ist doch dein Na=me, Je=sus Christ!

2. Wie groß ist deine Stärke, Wie herrlich deine Werke, Wie heilig ist dein Wort! Wie ist dein Tod so tröstlich, Wie ist dein Blut so köstlich, Mein Fels des Heils, mein Lebenshort!

3. Wie reich sind deine Gaben, Wie hoch bist du erhaben Auf deinem Königsthron! Es singen, jauchzen, dienen Dir alle Seraphinen, Du wahrer Gott und Menschensohn.

4. Wie bist du von den Banden Des Grabes auferstanden, Hast Höll und Tod besiegt, Bist unter Himmelsscharen So herrlich aufgefahren, Bis alles dir zu Füßen liegt!

5. Wie süß ist deine Lehre, Wie groß ist deine Ehre, Wie herrschest du allein! Wer wollte nicht, o König, In Ehrfurcht unterthänig Und gern in deiner Gnade sein?

6. Erweitert Thor und Thüren, Laßt Ehrenpforten zieren, Empfangt ihn in der Welt; Geht jauchzend ihm entgegen, Dieweil zu eurem Segen Der Ehrenkönig Einzug hält.

7. Wer ist's, wer läßt sich hören Als König aller Ehren? Der Herr der Herrlichkeit. Der ist es, der kommt prächtig, Der Herr, der start und mächtig, Der Herr, der Sieger ist im Streit.

8. Erhöhet Thor und Thüren, Den König einzuführen. Wer ist's, der Einzug hält? Der König aller Ehren, Der Herr von Gottes Heeren, Der Ehrenkönig aller Welt.

9. Preis dir von allen Frommen! Du kommst, sei uns willkommen Im Namen unsres Herrn. Der Herr ist Gott, der Eine, Der uns erleucht't alleine Als unser Licht und Morgenstern.

Phil. Fr. Hiller, geb. 1699, † 1769.

54.

Mel. Der du das Los von meinen Tagen.

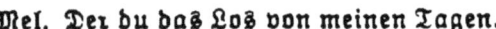

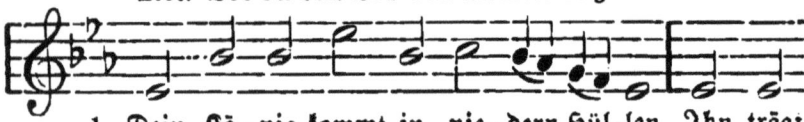

1. Dein Kö-nig kommt in nie-dern Hül-len, Ihn trägt

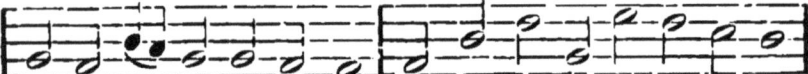

der lastbarn Es-lin Fül-len; Empfang ihn froh, Je-ru-sa-lem!

Trag ihm ent-ge-gen Friedens-palmen, Be-streu den Weg

mit grü-nen Hal-men! So ist's dem Her-ren an-ge-nehm.

2. O mächtger Herrscher ohne Heere, Gewaltger Kämpfer ohne Speere, O Friedefürst von großer Macht! Es wollen dir der Erde Herren Den Weg zu deinem Throne sperren, Doch du gewinnst ihn ohne Schlacht.

3. Dein Reich ist nicht von dieser Erden, Doch aller Erden Reiche werden Dem, das du gründest, unterthan. Bewaffnet mit des Glaubens Worten, Zieht deine Schar nach den vier Orten Der Welt hinaus und macht dir Bahn.

4. Und wo du kommst heran-gezogen, Da ebnen sich des Meeres Wogen, Es schweigt der Sturm, von dir bedroht. Du kommst, auf den empörten Triften Des Lebens neuen Bund zu stiften. Und schlägst in Fessel Sünd und Tod.

5. O Herr von großer Huld und Treue, O komme du auch jetzt aufs neue Zu uns, die wir sind schwer verstört! Not ist es, daß du selbst hienieden Kommst, zu erneuen deinen Frieden, Dagegen sich die Welt empört.

6. O laß dein Licht auf Erden gen, Die Macht der Finster= s erliegen, Und lösch der wietracht Glimmen aus, Daß wir, die Völker und die Thro= nen, Vereint als Brüder wieder wohnen In deines großen Vaters Haus!

Fr. Rückert, geb. 1789, † 1866.

55.

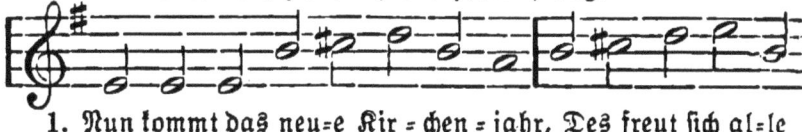

1. Nun kommt das neu=e Kir = chen = jahr, Des freut sich al=le

Chri = sten = schar. Dein Kö = nig kommt, drum freu = e dich,

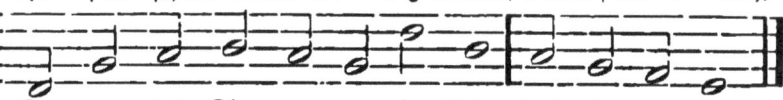

Du wer = tes Zi = on, e = wig=lich. Hal = le = lu = ja!

2. Wir hören noch das Gna=
enwort Vom Anfang immer
ieder fort, Das uns den Weg
im Leben weist. Gott sei für
ine Gnad gepreist. Halleluja!

3. Gott, was uns deine Wahr=
heit lehrt, Die unsern Glauben
stets vermehrt, Laß in uns blei=
ben, daß wir dir Lob und Preis
sagen für und für. Halleluja!

Joh. Olearius, geb. 1611, † 1684.

2. Die Geburt des Herrn. Weihnachtslieder.

56.

Eigene Melodie.

1. Ge = lo = bet seist du, Je = su Christ, Daß du Mensch

ge = bo = ren bist Von ei = ner Jung=frau, das ist wahr;

Des freu=et sich der En = gel Schar. Ky = ri = e = leis!

2. Des ewgen Vaters einig Kind Jetzt man in der Krippen find't, In unser armes Fleisch und Blut Verkleidet sich das ewge Gut. Kyrieleis!

3. Den aller Welt Kreis nie beschloß, Der liegt in Marien Schoß; Er ist ein Kindlein worden klein, Der alle Ding erhält allein. Kyrieleis!

4. Das ewge Licht geht da herein, Giebt der Welt ein'n neuen Schein, Es leucht't wohl mitten in der Nacht Und uns des Lichtes Kinder macht. Kyrieleis!

5. Der Sohn des Vaters, Gott von Art, Ein Gast in der Welt hie ward Und führt uns aus dem Jammerthal, Er macht uns Erb'n in seinem Saal. Kyrieleis!

6. Er ist auf Erden kommen arm, Daß er unser sich erbarm Und in dem Himmel mache reich Und seinen lieben Engeln gleich. Kyrieleis!

7. Das hat er alles uns gethan, Sein groß Lieb zu zeigen an; Des freu sich alle Christenheit Und dank ihm des in Ewigkeit. Kyrieleis!

M. Luther, geb. 1483, † 1546.

57.

Mel. Vom Himmel hoch, da komm ich her.

1. Vom Him=mel kam der En = gel Schar, Erschien den Hir = ten of = fen = bar; Sie sag = ten ihn'n: Ein Kind= lein zart, Das liegt dort in der Krip = pen hart,

2. Zu Bethlehem in Davids Stadt, Wie Micha das verkündigt hat. Es ist der Herre Jesus Christ, Der euer aller Heiland ist.

3. Des sollt ihr billig fröhlich sein, Daß Gott mit euch ist worden eins; Er kommt zu euch in Fleisch und Blut, Eu'r Bruder, ist das ewge Gut.

4. Was kann euch schaden Sünd und Tod? Ihr habt mit euch den wahren Gott. Laßt zürnen nur den alten Feind; Gott's Sohn ist worden euer Freund.

5. Er will und kann euch lassen nicht, Setzt ihr auf ihn eur Zuversicht; Es mögen euch viel fechten an, Dem sei Trotz, der's nicht lassen kann!

6. Zuletzt müßt ihr doch haben recht. Ihr seid nun worden Gott's Geschlecht. Des danket Gott in Ewigkeit, Geduldig, fröhlich allezeit.

M. Luther, geb. 1483, † 1546.

58.

Eigene Melodie.

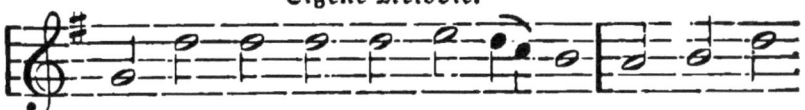

1. Lobt Gott, ihr Chri=sten, al = le gleich In sei = nem

höchsten Thron, Der heut schleußt auf sein Himmelreich Und schenkt

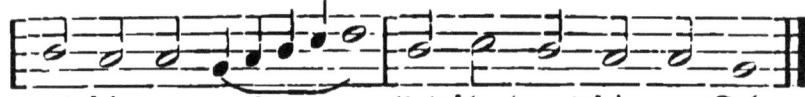

uns sei = nen Sohn, Und schenkt uns sei = nen Sohn.

2. Er kommt aus seines Vaters Schoß Und wird ein Kindlein klein, Er liegt dort elend, nackt und bloß In einem Krippelein.

3. Er äußert sich all seiner G'walt, Wird niedrig und ge= ring Und nimmt an sich die Knechtsgestalt, Der Schöpfer al= ler Ding.

4. Er liegt an seiner Mutter Brust, Nimmt von ihr seine Speis, An dem die Engel sehn ihr Lust, Denn er ist Davids Reis;

5. Das aus sein'm Stamm entsprießen sollt In dieser letz=ten Zeit, Durch welchen Gott

aufrichten wollt Sein Reich, die Christenheit.

6. Er wechselt mit uns wunder= lich: Fleisch und Blut nimmt er an Und giebt uns in sein's Va= ters Reich Die klare Gottheit dran;

7. Er wird ein Knecht, und ich ein Herr. Das mag ein Wechsel sein! Wie könnt er doch sein freund= licher, Das Herze=Jesulein!

8. Heut schleußt er wieder auf die Thür Zum schönen Para= deis; Der Cherub steht nicht mehr dafür. Gott sei Lob, Ehr und Preis!

N. Hermann, † 1561.

59.

Mel. Erschienen ist der herrlich Tag.

1. Wir sin = gen dir, Im=ma=nu=el, Du Le=bens=fürst und

Gna = den = quell, Du Him=mels=blum und Mor=gen=stern,

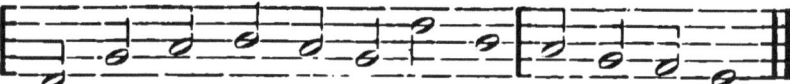

Du Jung=frau=sohn, Herr al = ler Herrn. Hal=le=lu=ja!

2. Wir singen dir mit deinem Heer Aus aller Kraft Lob, Preis und Ehr, Daß du, o lang gewünschter Gast, Dich nunmehr eingestellet hast. Halleluja!

3. Von Anfang, da die Welt gemacht, Hat so manch Herz nach dir gewacht; Dich hat gehofft so lange Jahr Der Väter und Propheten Schar. Halleluja!

4. Vor andern hat dein hoch begehrt Der Hirt und König deiner Herd, Der Mann, der dir so wohl gefiel, Wenn er dir sang auf Saitenspiel. Halleluja!

5. Ach, daß der Herr aus Zion käm Und unsre Bande von uns nähm! Ach, daß die Hilfe bräch herein! So würde Jakob fröhlich sein. Halleluja!

6. Nun, du bist hier, da liegest du, Hältst in dem Kripplein deine Ruh; Bist klein und machst doch alles groß, Bekleidst die Welt und kommst doch bloß. Halleluja!

7. Du kehrst in frember Hausung ein, Und sind doch alle Himmel dein; Trinkst Milch aus einer Menschenbrust Und bist doch aller Engel Lust. Halleluja!

8. Du bist der süß'ste Menschenfreund, Doch sind dir so viel Menschen feind; Herodis Heer hält dich für Greul, Und bist doch nichts als lauter Heil. Halleluja!

9. Ich aber, dein geringster Knecht, Ich sag es frei und mein es recht: Ich liebe dich, doch nicht so viel, Als ich dich gerne lieben will. Halleluja!

10. Der Will ist da, die Kraft ist klein, Doch wird dir nicht zuwider sein Mein armes Herz, und was es kann, Wirst du in Gnaden nehmen an. Halleluja!

11. Darum hab ich so guten Mut, Du wirst auch halten mich für gut; O Jesu Christ, dein frommer Sinn Macht, daß ich so voll Trostes bin. Halleluja!

12. Bin ich gleich Sünd und Laster voll, Hab ich gelebt nicht wie ich soll: Ei, kommst du doch deswegen her, Daß sich der Sünder zu dir kehr. Halleluja!

13. So faß ich dich nun ohne Scheu, Du machst mich alles Jammers frei. Du trägst den Zorn, du würgst den Tod, Verkehrst in Freud all Angst und Not. Halleluja!

14. Du bist mein Haupt, hinwiederum Bin ich dein Glied und Eigentum Und will, so viel dein Geist mir giebt, Stets dienen dir, wie dir's beliebt. Halleluja!

15. Ich will dein Halleluja hier Mit Freuden singen für und für, Und dort in deinem Ehrensaal Soll's schallen ohne Zeit und Zahl: Halleluja!

Paul Gerhard, geb. 1606, † 1676.

60.

Mel. Allein Gott in der Höh sei Ehr.

1. Ich steh an dei=ner Krip=pe hier, O Je=su, du mein
Ich ste = he, bring und schen=te dir, Was du mir hast ge=

Le = ben;
ge = ben. Nimm hin, es ist mein Geist und Sinn, Herz, Seel und

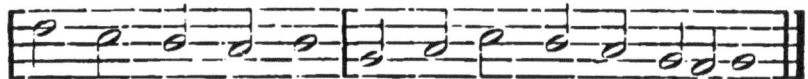

Mut; nimm al = les hin, Und laß dir's wohl = ge = fal = len.

2. Da ich noch nicht geboren war, Da bist du mir geboren Und hast mich dir zu eigen gar, Eh ich dich kannt, erkoren. Eh ich durch deine Hand gemacht, Da hat dein Herze schon bedacht, Wie du mein wolltest werden.

3. Ich lag in tiefer Todesnacht, Du wurdest meine Sonne, Die Sonne, die mir zugebracht Licht, Leben, Freud und Wonne. O Sonne, die das werte Licht Des Glaubens in mir zugericht't, Wie schön sind deine Strahlen!

4. Ich sehe dich mit Freuden an Und kann nicht satt mich sehen; Und weil ich nun nicht weiter kann, So rühm ich, was geschehen. O daß mein Sinn ein Abgrund wär Und meine Seel ein weites Meer, Daß ich dich möchte fassen!

5. Wenn oft mein Herz in Nöten weint Und keinen Trost kann finden, Rufst du mir zu: Ich bin dein Freund, Ein Tilger deiner Sün=

den; Was trauerst du, mein Fleisch und Bein? Du sollst ja guter Dinge sein, Ich zahle deine Schulden.

6. Du fragest nicht nach Lust der Welt, Noch nach des Leibes Freuden. Du hast dich bei uns eingestellt, An unsrer Statt zu leiden, Suchst meiner Seele Trost und Freud Durch dein selbsteig= nes Herzeleid; Das will ich dir nicht wehren.

7. Eins aber, hoff ich, wirst du mir, Mein Heiland, nicht versagen: Daß ich dich möge für und für In meinem Herzen tragen. So laß es deine Wohnung sein! Komm, komm und leg in mich hinein Dich und all deine Freuden!

8. Zwar sollt ich denken, wie gering Ich dich bewirten werde; Du bist der Schöpfer aller Ding, Ich bin nur Staub und Erde. Doch bist du' so ein lieber Gast, Daß du noch nie verschmähet hast Den, der sein Herz dir öffnet.

P. Gerhard, geb. 1606, † 1676.

61.

Mel. Warum sollt ich mich denn grämen.

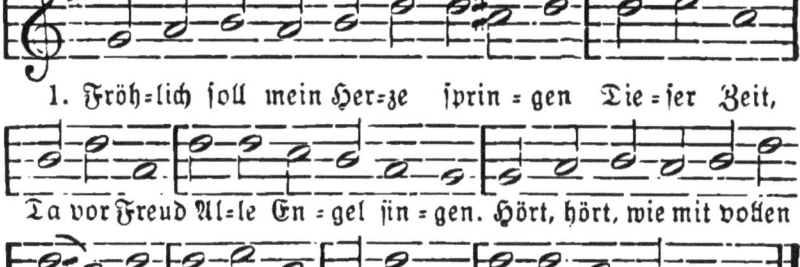

1. Fröh=lich soll mein Her=ze sprin = gen Die = ser Zeit,

Da vor Freud Al=le En = gel sin = gen. Hört, hört, wie mit vollen

Chö = ren Al = le Luft Lau=te ruft: Christus ist ge = bo=ren!

2. Heute geht aus seiner Kam=
mer Gottes Held, Der die Welt
Reißt aus allem Jammer. Gott
wird Mensch, dir Mensch zu gute,
Gottes Kind, Das verbind't Sich
mit unserm Blute.

3. Sollt uns Gott nun können
hassen, der uns giebt, Was er liebt
Über alle Maßen? Gott giebt,
unserm Leid zu wehren, Seinen
Sohn Aus dem Thron Seiner
Macht und Ehren.

4. Sollte von uns sein gekehret,
Der sein Reich Und zugleich Sich
selbst uns verehret? Sollt uns
Gottes Sohn nicht lieben, Der
jetzt kommt, Von uns nimmt,
Was uns will betrüben?

5. Hätte vor der Menschen Or=
den Unser Heil Einen Greul,
Wär er nicht Mensch worden.
Hätt er Lust zu unserm Schaden,
Ei, so würd Unsre Bürd Er nicht
auf sich laden.

6. Er nimmt auf sich, was auf
Erden Wir gethan, Giebt sich an,
Unser Lamm zu werden, Unser
Lamm, das für uns stirbet Und
bei Gott Für den Tod Gnad und
Fried erwirbet.

7. Nun, er liegt in seiner Krip=
pen, Ruft zu sich Mich und dich,
Spricht mit süßen Lippen: Lasset
fahren, liebe Brüder, Was euch
quält, Was euch fehlt, Ich bring
alles wieder.

8. Ei, so kommt und laßt uns
laufen! Stellt euch ein, Groß und
klein, Eilt mit großen Haufen;
Liebt den, der vor Liebe brennet;
Schaut den Stern, Der euch gern
Licht und Labsal gönnet.

9. Die ihr schwebt in großen Lei=
den, Sehet! hier Ist die Thür Zu
den wahren Freuden. Faßt ihn
wohl, er wird euch führen An den
Ort, Da hinfort Euch kein Kreuz
wird rühren.

10. Wer sich fühlt beschwert im
Herzen, Wer empfind't Seine Sünd
Und Gewissensschmerzen, Sei ge=
trost; hier wird gefunden, Der in
Eil Machet heil Die vergift'ten
Wunden.

11. Die ihr arm seid und elende,
Kommt herbei, Füllet frei Eures
Glaubens Hände. Hier sind alle
guten Gaben Und das Gold, Da
ihr sollt Euer Herz mit laben.

12. Süßes Heil, laß dich um=
fangen! Laß mich dir, Meine
Zier, Unverrückt anhangen! Du
bist meines Lebens Leben: Nun
kann ich Mich durch dich Wohl zu=
frieden geben.

13. Meine Schuld kann mich
nicht drüden, Denn du hast Meine
Last All auf deinem Rücken; Kein
Fleck ist an mir zu finden, Ich bin
gar Rein und klar Aller meiner
Sünden.

14. Ich bin rein um deinetwillen.
Du giebst gnug Ehr und Schmuck,
Mich darein zu hüllen. Ich will dich
ins Herze schließen, O mein Ruhm,
Edle Blum! Laß dich recht ge=
nießen.

15. Ich will dich mit Fleiß
bewahren, Ich will dir Leben
hier, Dir will ich abfahren; Mit
dir will ich endlich schweben Voller
Freud, Ohne Zeit Tort im andern
Leben.

Paul Gerhard, geb. 1606, † 1676.

62.

Mel. Lobe den Herren, den mächtigen König der Ehren.

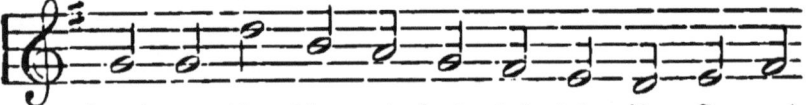

1. Jauch=zet, ihr Him=mel, froh = lok = let, ihr En = gel
Sin = get dem Her = ren, dem Hei = land der Men=schen,

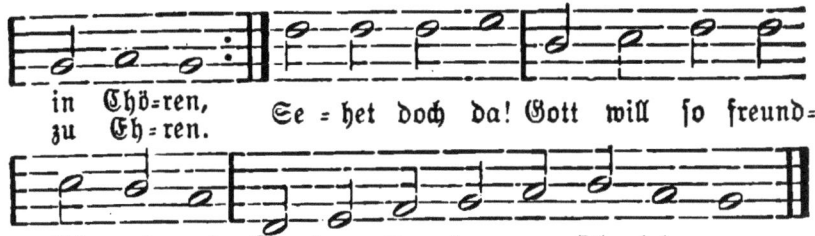

in Chö=ren, Se = het doch da! Gott will so freund=
zu Eh = ren.

lich und nah Zu den Ver=lor=nen sich keh = ren.

2. Jauchzet, ihr Himmel, froh=lodet, ihr Enden der Erden! Gott und der Sünder die sollen zu Freunden nun werden. Frie=de und Freud Wird uns verkün=diget heut. Freuet euch, Hirten und Herden!

3. Sehet dies Wunder, wie tief sich der Höchste hier beuget; Sehet die Liebe, die endlich als Liebe sich zeiget! Gott wird ein Kind, Träget und tilget die Sünd; Alles anbetet und schwei=get.

4. Gott ist im Fleische! wer kann dies Geheimnis ver=stehen? Hier ist die Pforte des Lebens nun offen zu sehen. Ge=het hinein, Mit diesem Kinde zu sein, Die ihr zum Vater wollt gehen.

5. Hast du denn, Höchster, auch meiner noch wollen gedenken? Du willst dich selber, dein Herze der Liebe mir schenken. Sollt nicht mein Sinn Innigst sich freu=en darin Und sich in Demut ver=senken?

6. König der Ehren, aus Liebe geworden zum Kinde, Dem ich auch wieder mein Herze in Liebe ver=binde, Du sollst es sein, Den ich erwähle allein! Ewig entsag ich der Sünde.

7. Süßer Immanuel, werd auch geboren inwendig! Komm doch, mein Heiland, und laß mich nicht länger elendig! Wohne in mir, Mach mich gänz eines mit dir Und mich belebe beständig!

8. Menschenfreund Jesu! dich lieb ich, dich will ich erhe=ben; Laß mich doch einzig nach deinem Gefallen nun leben; Gieb mir auch bald, Jesu, die Kindesgestalt, An dir allei=ne zu kleben!

G. Tersteegen, geb. 1697, † 1769.

63.

Mel. Vom Himmel hoch, da komm ich her.

1. Dies ist der Tag, den Gott ge=macht; Sein werd in

al = ler Welt ge = dacht! Ihn prei = se, was durch Je=

sum Christ Im Him = mel und auf Er = den ist!

2. Die Völker haben dein ge=
harrt, Bis daß die Zeit erfüllet
ward; Da sandte Gott von sei=
nem Thron Das Heil der Welt,
dich, seinen Sohn.

3. Wenn ich dies Wunder fas=
sen will, So steht mein Geist vor
Ehrfurcht still; Er betet an, und
er ermißt, Daß Gottes Lieb un=
endlich ist.

4. Damit der Sünder Gnad
erhält, Erniedrigst du dich, Herr
der Welt, Nimmst selbst an unsrer
Menschheit teil, Erscheinst im
Fleisch, wirst unser Heil.

5. Dein König, Zion, kommt
zu dir. „Ich komm, im Buche steht
von mir: Gott, deinen Willen thu
ich gern." Gelobt sei, der da
kommt im Herrn!

6. Herr, der du Mensch gebo=
ren wirst, Immanuel und Frie=
defürst, Auf den die Völker hof=
fend sahn, Dich bet auch ich, mein
Heiland, an.

7. Du, unser Heil und höchstes
Gut, Vereinest dich mit Fleisch und
Blut, Wirst unser Freund und Bru=
der hier, Und Gottes Kinder wer=
den wir.

8. Gedanke voller Majestät, Du
bist es, der das Herz erhöht! Ge=
danke voller Seligkeit, Du bist es,
der das Herz erfreut!

9. Durch eines Sünde fiel die
Welt; Ein Mittler ist's, der sie er=
hält. Was zag ich nun, wenn der
mich schützt, Der in des Vaters
Schoße sitzt?

10. Jauchzt, Himmel, die ihr ihn
erfuhrt, Den Tag der heiligsten
Geburt; Und Erde, die ihn heute
sieht, Sing ihm, dem Herrn, ein
neues Lied!

11. Herr, der du uns den Tag
gemacht, Der uns so großes Heil
gebracht, Dich preise, was durch
Jesum Christ Im Himmel und auf
Erden ist!

Chr. Fr. Gellert, geb. 1715, † 1769.

64.

Mel. Wie schön leucht't uns der Morgenstern.

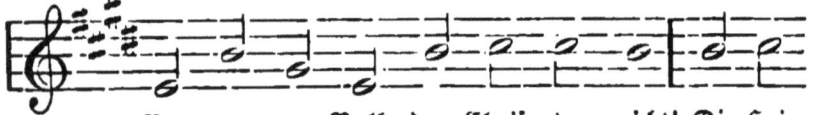

1. Ver = za = ge, Volk der Chri = sten, nicht! Die Hei=
Des wah = ren Got = tes Sohn und Ruhm Stürzt al=

den se = hen auch sein Licht Und fin = den den Er = ret = ter.
ler Göt=zen Säu=len um, Die Bil = der fal = scher Göt=ter.

Gott wird Selbst Hirt Sei = ner Her = de, und die Er = de

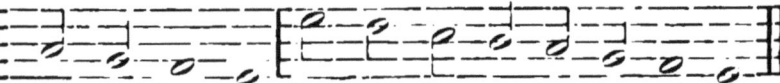

sieht voll Freu=den Gott selbst sei = ne Her = de wei = den.

2. Der Gottheit Fülle wohnt in dir. Durch dich, mein Heil, kommt Gott zu mir Und schenkt mir seine Liebe. Wie dank ich dir, wie preis ich dich? Du wirst mir gleich, ein Mensch wie ich, Daß ich nicht hilflos bliebe. Dankvoll, Herr, soll Mein Gemüte deine Güte hoch erheben; Du, mein Heiland, bist mein Leben.

3. Es deckte Finsternis die Welt, Du hast die finstre Welt erhellt; Des freuen sich die Frommen. Vom Aufgang bis zum Niedergang Erschallt der Völker Lobgesang, Die anzubeten kommen. Wie blind, Herr, sind, Die dich hassen, sich nicht lassen Gott belehren, Sich zum Vater zu bekehren!

4. Ein Herz, das deine Wahrheit liebt Und sich dir willig übergiebt, Das kannst du nicht verschmähen. Wer seine Hoffnung auf dich setzt Und sich in deinem Wort ergötzt, Der soll dich selbst einst sehen. Dein Licht Ist nicht Bei dem Sünder; deine Kinder sind die Frommen, Welche gläubig zu dir kommen.

5. Mein Glaube sei mein Dankaltar, Hier bring ich mich zum Opfer dar Dir, der Verlaßnen Tröster. Ich bete dich in Demut an. Wer ist, der mich verdammen kann? Ich bin ja dein Erlöster; Von dir Strömt mir Gnadenfülle. Ruh und Stille, Licht und Segen Find ich, Herr, auf deinen Wegen.

6. Dir will ich ewig dankbar sein, Mich gläubig deiner Liebe freun Und immer dein gedenken. Mein Weihrauch sei Gebet und Flehn; Hin auf dein Beispiel will ich sehn, Wenn hier mich Leiden tränken. Hab ich Wenig Gold im Leben hinzugeben, voll Erbarmen Dien ich, wie ich kann, den Armen.

7. Versichre mich durch deinen Geist, Daß du für mich erhöhet seist, Den Himmel mir zu geben. Bin ich nur meines Heils gewiß, Soll keine Macht der Finsternis Mich hindern, dir zu leben. Für mich Kann ich Nichts vollbringen; hilf mir ringen. Freund der Seelen, Ich will deinen Ruhm erzählen.

Unbekannt.

65.

Mel. Jesus, meine Zuversicht.

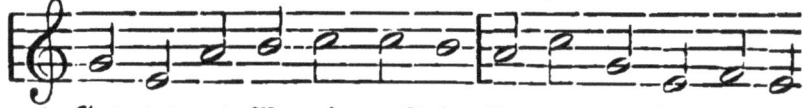

1. Got = tes und Ma = ri = en Sohn, Den, um un = ser Leid zu
Gott von sei=nem Him=melsthron In die Welt hat wol=len

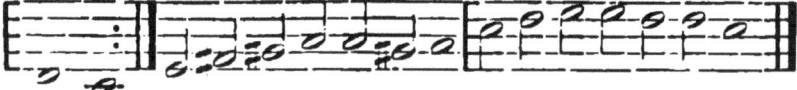

men=den,
fen =den, Sei willkommen, großer Held, Du gepriesnes Licht der Welt!

2. Deine Freudenankunft macht, Daß wir alle fröhlich singen, Da die Engel in der Nacht Die gewünschte Botschaft bringen: Kommt, nun ist der Heiland da! Gott sei Dank, Halleluja!

3. Uns zuliebe kommst du hier In das dunkle Thal der Erde. Ach, daß Herz und Zunge dir Ewig, ewig dankbar werde! Jauchzt, ihr Völker, rühmt und preist Den, Der euch nun leben heißt!

4. Jetzt ist alles wieder da, Was uns Adam einst verloren. Menschen, singt: Halleluja! Gottes Sohn ist Mensch geboren! Stimmet mit den Engeln an, Rühmt, was er an euch gethan.

5. Ehre sei Gott in der Höh, Und auf Erden lauter Friede. Ferner mache Leid und Weh Nimmermehr die Christen müde, Bis du uns, o Lebensfürst, Zu dem Vater führen wirst.

Christ. Pfeiffer, geb. 1689, † 1758.

66.

Mel. Vom Himmel hoch, da komm ich her.

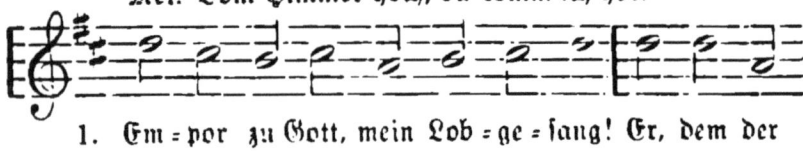

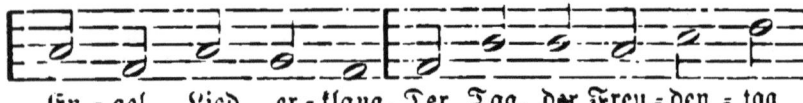

1. Empor zu Gott, mein Lobgesang! Er, dem der Engel Lied erklang, Der Tag, der Freudentag ist da. Ihr Christen, singt: Halleluja!

2. Vom Himmel kam in dunkler Nacht, Der uns das Lebenslicht gebracht. Nun leuchtet uns ein milder Strahl, Wie Morgenrot im dunkeln Thal.

3. Er kam, des Vaters Ebenbild, Von schlichtem Pilgerkleid umhüllt, Und führet uns mit sanfter Hand, Ein treuer Hirt, ins Vaterland.

4. Er, der dort oben herrlich thront, Hat unter uns als Mensch gewohnt, Damit auch wir ihm werden gleich Auf Erden und im Himmelreich.

5. Er führet uns auf ebner Bahn, Uns, seine Brüder, himmelan Und wandelt unser Pilgerkleid In Sternenglanz und Herrlichkeit.

6. Rein, wie der Engel Harfenklang, Steig auf, du hoher Lobgesang! Der Tag, der Freudentag ist da. Ihr Christen, singt: Halleluja!

Fr. Ad. Krummacher, geb. 1767, † 1845.

3. Darstellung und Erscheinung des Herrn. Epiphaniaslieder.

67.

Mel. Valet will ich dir geben.

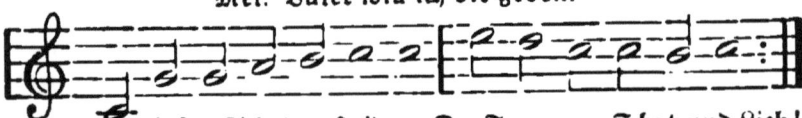

1. Herr Jesu, Licht der Heiden, Der Frommen Schatz und Lieb! Wir kommen jetzt mit Freuden Durch deines Geistes Trieb

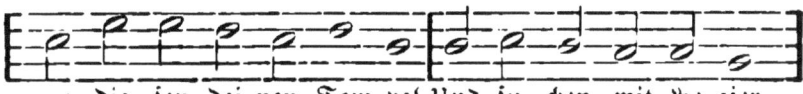

.t Die=sen Dei=nen Tem=pel Und su=chen mit Be=gier,

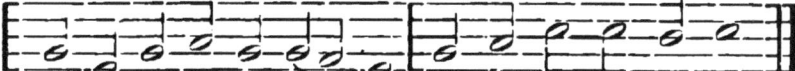

Nach Si=me=ons E = rem = pel, Dich, gro=ßen Gott, all=hier.

2. Du wirst von uns gefun=
den, O Herr, an jedem Ort, Da=
hin du dich verbunden Durch
dein Verheißungswort; Vergönnst
noch heutzutage, Daß man dich
gleicherweis Auf Glaubensarmen
trage, Wie hier der alte Greis.
3. Sei unser Glanz in Wonne,
Ein helles Licht in Pein, In
Schrecken unsre Sonne, Im Kreuz
ein Gnadenschein, In Zagheit
Glut und Flamme, In Not ein
Freudenstrahl, In Krankheit Arzt
und Amme, Ein Stern in To=
desqual.
4. Herr, laß auch uns gelingen,
Daß einst, wie Simeon, Ein je=
der Christ kann singen Den schö=

nen Schwanenton: Mir werden
nun mit Frieden Mein Augen zu=
gedrückt, Nachdem ich schon hienie=
den Den Heiland hab erblickt.
5. Ja, ja, ich hab im Glauben,
Mein Jesu, dich geschaut. Kein
Feind kann dich mir rauben, Wie
heftig er auch dräut. Ich wohn in
deinem Herzen, Und in dem meinen
du; Uns scheiden keine Schmerzen,
Kein Angst, kein Tod dazu.
6. Hier blickst du zwar zuweilen
Auch hart und ernst mich an, Daß
oft vor Angst und Heulen Ich dich
nicht kennen kann; Dort aber wird's
geschehen, Daß ich von Angesicht Zu
Angesicht soll sehen Dein immer
klares Licht.
Joh. Frank, geb. 1618, † 1677.

68.
Mel. Meinen Jesum laß ich nicht.

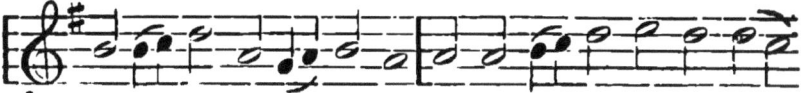

1. Je=su, großer Wunderstern, Der aus Ja=kob ist er=schie=
Mei=ne See=le will so gern Dir an deinem Fes=te die=

nen!
nen; Nimm doch, nimm doch gnädig an, Was ich Armer schenken kann.

2. Nimm das Gold des Glau=
bens hin, Wie ich's von dir selber
habe Und damit beschenket bin;
So ist dir's die liebste Gabe; Laß
es auch bewährt und rein In des
Elends Ofen sein.
3. Nimm den Weihrauch des
Gebets, Laß ihn gnädig dir genü=
gen. Herz und Lippen sollen stets,

Ihn zu opfern, vor dir liegen;
Wenn ich bete, nimm es auf, Und
sprich Ja und Amen drauf.
4. Nimm die Myrrhen bittrer
Reu. Ach, mich schmerzet meine
Sünde; Aber du bist fromm und
treu, Daß ich Trost und Gnade fin=
de Und nun fröhlich sprechen kann:
Jesus nimmt mein Opfer an.
Erdm. Neumeister, geb. 1671, † 1756.

69.

Mel. Ach, was soll ich Sünder machen.

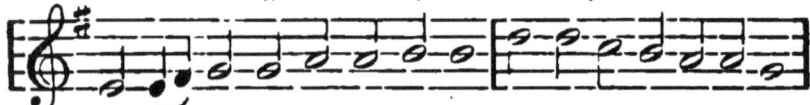

1. Wer im Her=zen will er=fah=ren Und darum bemühet ist,

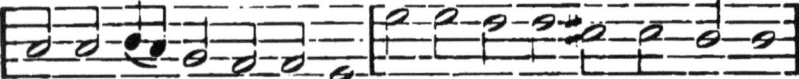

Daß der Kö=nig Je=sus Christ Sich in ihm mög of = fen = ba = ren:

Der muß su = chen in der Schrift, Bis er die=sen Schatz antrifft.

2. Er muß gehen mit den Wei=sen, Bis der Morgenstern auf=geht Und im Herzen stille steht; So kann man sich selig preisen, Weil des Herren Angesicht Glänzt von Klarheit, Recht und Licht.

3. Denn wo Jesus ist gebo=ren, Da erweiset sich gar bald Seine göttliche Gestalt, Die im Herzen war verloren; Seine Klar=heit spiegelt sich In der Seele kräftiglich.

4. Alles Fragen, alles Sagen Wird von diesem Jesu sein Und von dessen Gnadenschein, Dem sie fort und fort nachjagen, Bis die Seele in der That Diesen Schatz gefunden hat.

5. Ach, wie weit sind die zu=rücke, Die nur fragen in der Welt: Wo ist Reichtum, Gut und Geld? Wo ist Ansehn bei dem Glücke?

Wo ist Wollust, Ruhm und Ehr? Und nach solcher Thorheit mehr.

6. Ja, unselig sind die Herzen Und in ihrem Wandel blind, Die also beschaffen sind, Weil sie diesen Schatz verscherzen Und erwählen einen Schein, Der nichts hilft in Todespein.

7. Jesu! laß mich auf der Er=den Ja nichts suchen, als allein, Daß du mögest bei mir sein, Und ich dir mög ähnlich werden In dem Leben dieser Zeit Und in jener Ewigkeit.

8. Nun, so will ich mit den Weisen, Welche die verkehrte Welt Höhnet und für Tho=ren hält, Dich anbeten, rühmen, preisen, Liebster Jesu, und vor dir Treulich wandeln für und für.

L. Laurentii, geb. 1660, † 1722.

70.

Mel. Gott des Himmels und der Erden.

1. Wer = de Licht, du Volk der Hei = den! Wer=de Licht,
Dir geht auf ein Glanz der Freu = den Vom ge = rin=

Je = ru = sa = lem!
gen Beth = le = hem.   Er, das Licht und Heil der Welt,

Chri = stus hat sich ein = ge = stellt.

2. Ehe dieses Licht erschienen, Das die Völker wünschten, lag Dicke Finsternis auf ihnen; Doch uns scheinet lichter Tag, Und ein strahlenvoller Stern Führt uns sicher zu dem Herrn.

3. Aber ach! von deinem Volke Wirst du, Heiland, nicht erkannt, Und des Irrtums finstre Wolke Überschattet doch dein Land; Über Salem strahlt dein Licht, Aber Salem kennt dich nicht.

4. Weise kommen anzubeten, Auch Herodes fragt nach dir, Aber fragt nur, dich zu töten, Wo du seist, voll Blutbegier; Gern vergösse seine Wut, O du Herr der Welt, dein Blut.

5. Ach, verwerfet doch, ihr Sünder, Den nicht, der euch retten kann; Kommt und werdet Gotteskinder, Betet euren König an! Eilt zu ihm und säumet nicht, Macht euch auf und werdet Licht!

6. Nun, wir eilen mit Verlangen, Dich zu ehren; sind bereit, Dich, o Heiland, zu empfangen. Zeig uns deine Herrlichkeit. Unsre Kniee beugen sich, Unser Glaub umfasset dich.

7. Auf des Lebens Pfad geleite Täglich uns dein Geist und Wort; Gieb uns Mut zum guten Streite, Daß wir siegen fort und fort, Stets an deiner Seite gehn, Nie verzagend stille stehn.

8. In des Leidens Finsternissen Leucht uns deines Trostes Licht. Ach, in unsern Kümmernissen, Jesu, ach, verlaß uns nicht, Bis uns in der Ewigkeit Deines Lichtes Glanz erfreut!

9. Wandern wir im finstern Thale Endlich näher hin ans Grab, Dann sei unser Licht und strahle Himmelstrost auf uns herab, Daß wir ohne Furcht und Graun Unsrem Tod entgegen schaun.

J. F. Mudre, geb. 1736, † 1810.

71.

Mel. Nun danket alle Gott.

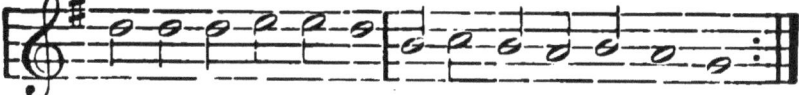

1. Was soll ich, liebstes Kind! Dir doch für Gaben schenken?
Nimm hin des Glaubens Gold; Dein will ich stets gedenken.

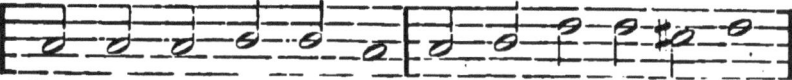

Ver = gül = de doch mein Herz Mit dei = ner Lie = be Schein:

So kann es wür=dig=lich Dein Haus und Tem=pel sein.

2. Nimm hin das Weihrauch=faß, Dies Herz voll Liebesthrä=nen, Die sich nach deiner Glut Und heilgem Feuer sehnen. Ach! nimm und läutre sie, Send dei=nen Geist hinein, So kann es Dein Altar Und auch dein Opfer sein.

3. Nimm diese Myrrhen auch, Die bittern Kreuzesplagen, Die du zuerst gekost't In deines Fleisches Tagen : So kann mit Heldenmut In aller Schmach und Pein, Wie du mein Führer bist, Ich dein Nach=folger sein.

4. Nimm alles, was ich bin Und was ich kann gedenken; Es ist schon alles Dein. Was soll ich Dir denn schenken? Schenk du mir, Jesu, nur Dein Herz, dein'n Liebesschein, So kann ich ewiglich In dir, du in mir sein.

Unbekannt.

4. Des Herrn Lehre, Wandel und Vorbild. Nachfolge Jesu.

72.

Mel. Sollt es gleich bisweilen scheinen.

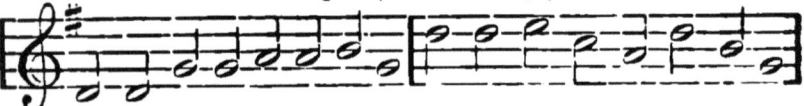

1. Treuer Meister, deine Worte Sind die rech = te Himmelspforte;

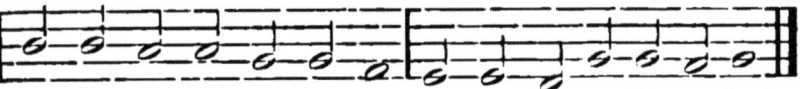

Dei = ne Leh = ren sind der Pfad, Der uns führt zu Gottes Stadt.

2. O wie selig, wer Dich höret, Wer von dir will sein gelehret, Wer in Demut jede Stund Horcht auf deinen treuen Mund!

3. Herr, dein Wort mir nicht verhehle, Rede laut zu meiner Seele, Hilf ihr halten bis zum Tod Deiner Liebe süß Gebot.

4. Hilf mir, mich im Lieben üben Und Gott über alles lieben;

Lehr mich lieben inniglich Meinen Nächsten gleich wie mich.

5. Laß mich, Jesu, dir auf Erden Ähnlich in der Demut werden; Geuß mir deine Sanftmut ein, Laß mich klug in Einfalt sein.

6. Also wird kein Feind mich binden, Also werd ich Ruhe finden, Also werd ich in der Zeit Weise für die Ewigkeit.

Joh. Scheffler, geb. 1624, † 1677.

73.

Mel. Wachet auf, ruft uns die Stimme.

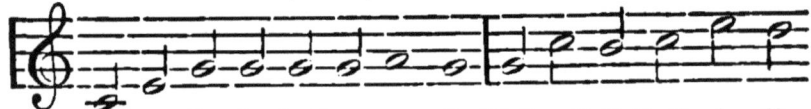

1. Heil=ger Je = su, Heilungsquelle, Mehr als Kristall rein, klar Al = ler Glanz der Che=ru=bi=nen Und Hei=lig=keit der See=

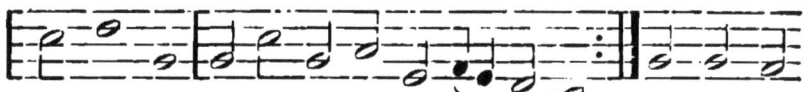

und hel = le, Du lautrer Strom der Hei=lig=keit!
ra = phi = nen Ist ge=gen dich nur Dun=tel=heit.
Ein Vor=bild

bist du mir; Ach, bil=de mich nach dir, Du mein Al=les! Je = su,

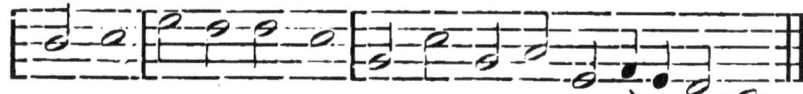

o Du, Hilf mir da = zu, Daß ich auch hei=lig sei, wie du.

2. Stiller Jesu, wie dein
Wille Dem Willen deines Va=
ters stille Und bis zum Tod
gehorsam war: So laß auch in
Gott mich fassen, Mach Herz und
Willen nur gelassen, Ja, stille du
sie ganz und gar. Mach dir mich
gleich gesinnt, Wie ein gehorsam
Kind, Stille, stille. Jesu, o du,
Hilf mir dazu, Daß ich sein stille
sei, wie du.

3. Treuer Jesu, ohne Schlum=
mer, In großer Arbeit, Müh und
Kummer Bist du gewesen Tag und
Nacht; Mußtest täglich viel aus=
stehen, Des Nachts lagst du vor
Gott mit Flehen Und hast gebetet
und gewacht. Gieb mir auch
Wachsamkeit, Damit ich allezeit
Wach und bete. Jesu, o du, Hilf
mir dazu, daß ich stets wachsam
sei, wie du.

4. Gütger Jesu, ach wie gnädig,
Wie liebreich, freundlich und gut=
thätig Bist du doch gegen Freund
und Feind! Deine Sonne leuchtet
allen, Dein Regen muß auf alle
fallen, Wie undantbar ihr Herz er=
scheint. Mein Gott, ach lehre mich,
Damit auch hierin ich Dir nach=
ahme. Jesu, o du, Hilf mir dazu,
Daß ich auch gütig sei, wie du.

5. Sanfter Jesu, stets unschul=
dig, Trugst du doch alle Schmach
geduldig Und übtest Rache niemals

aus. Wer kann deine Sanftmut
messen, Bei der du dennoch nie
vergessen Den Eifer für des Vaters
Haus! Mein Heiland, ach verleih
Mir Sanftmut und dabei From=
men Eifer. Jesu, o du, Hilf mir
dazu, Daß ich sanftmütig sei,
wie du.

6. Hoher Jesu, Ehrenkönig, Du
suchtest deine Ehre wenig Und wur=
dest niedrig und gering. Immer
sah man dich auf Erden In Demut
und in Knechtsgebärden, Erhobst
dich selbst in keinem Ding. Herr,
solche Demut lehr Auch mich je
mehr und mehr Stetig üben. Jesu,
o du, Hilf mir dazu, daß ich demütig
sei, wie du.

7. Keuscher Jesu, all dein Wesen
War züchtig, keusch und auserlesen,
Ein Bild der reinsten Sittsam=
keit. Dein Gedanken, Reden,
Sinnen, Gebärden, Kleidung und
Beginnen War voller lauter Züch=
tigkeit. O mein Immanuel! Mach
mir Geist, Leib und Seel Keusch
und züchtig. Jesu, o du, Hilf mir
dazu, Daß keusch und rein ich sei,
wie du.

8. Mäßger Jesu, deine Weise
Im Trinken und Genuß der Speise
Lehrt uns die rechte Mäßigkeit.
Deine Speise war's, den Wil=
len Des Vaters treulich zu er=
füllen Und ihm zu dienen jeder=

zeit. Herr, hilf mir, meinen Leib
stets zähmen, daß ich bleib Rein
und nüchtern. Jesu, o du, Hilf
mir dazu, Daß ich stets nüchtern
sei, wie du.

9. Liebster Jesu, liebstes Le=
ben, Du wollest mich zu dir erhe=
ben Und deinem Vorbild machen

gleich. Gieb, daß mich dein Geist
durchdringe, Daß ich viel Glaubens=
früchte bringe Und tüchtig werd zu
deinem Reich. Ach, zeuch mich ganz
zu dir, Behalt mich für und für,
Treuer Heiland! Jesu, o du, Laß
mich, wie du, Und wo du bist, einst
finden Ruh.

J. v. Lobenstein, um 1650, a. d. Holländ. v. Crasselius.

74.

Mel. Sollt ich meinem Gott nicht singen.

1. Las = set uns mit Je = su zie = hen, Sei = nem Vor = bild
In der Welt der Welt ent = flie = hen; Auf der Bahn, die

fol = gen nach; Im = mer fort zum Him = mel rei = sen; Ir = disch
er uns brach,

noch, schon himmlisch sein; Glau = ben recht und le = ben rein;

Glau = ben durch die Lieb er = wei = sen! Treu = er Je = su,

bleib bei mir; Geh vor = an, ich fol = ge dir!

2. Lasset uns mit Jesu lei=
den, Seinem Vorbild werden
gleich! Nach dem Leiden folgen
Freuden, Armut hier macht dor=
ten reich, Thränensaat bringt
Heil und Wonne; Hoffnung
stärkt uns in Geduld, Denn es
scheint durch Gottes Huld Nach
dem Regen bald die Sonne. Je=
su, hier leid ich mit dir, Dort
gieb deine Freude mir!

3. Lasset uns mit Jesu ster=
ben! Sein Tod rettet uns vom
Tod Und vom ewigen Verderben,
Das dem sichern Sünder droht.
Laßt uns sterben, weil wir leben,
Sterben unsern Lüsten ab: Dann
wird er uns aus dem Grab In
sein Himmelsleben heben. Jesu,
sterb ich, sterb ich dir, Daß ich lebe
für und für.

4. Lasset uns mit Jesu leben!

Weil er auferstanden ist, Muß das 'da leben wir. Ach, erlenn uns für
Grab uns wiedergeben. Jesu! und für, Seelenfreund, für deine
unser Haupt du bist. Wir sind dei= Brüder! Dir, o Jesu, leb ich hier,
nes Leibes Glieder. Wo du lebst, Dort auch ewig einst bei dir.

Sigm. v. Birken, geb. 1626, † 1681.

75.

Mel. Mach's mit mir, Gott, nach deiner Güt.

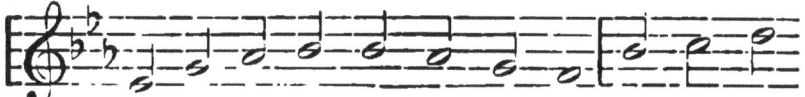

1. Mir nach! spricht Christus, un = ser Held, Mir nach, ihr
Ver=leug=net euch, ver = laßt die Welt, Folgt mei=nem

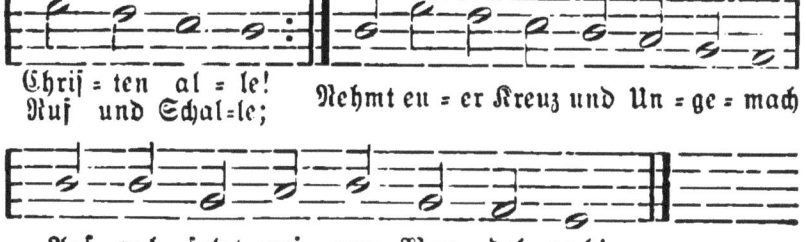

Chri = ften al = le!
Ruf und Schal=le;   Nehmt eu = er Kreuz und Un = ge = mach

Auf euch, folgt mei = nem Wan = del nach!

2. Ich bin das Licht, ich leucht
euch für Mit heilgem Tugendle=
ben; Wer zu mir kommt und fol=
get mir, Darf nicht im Finstern
schweben. Ich bin der Weg, ich
weise wohl, Wie man wahrhaftig
wandeln soll.

3. Mein Herz ist voll Demütig=
keit, Voll Liebe meine Seele;
Mein Mund der fleußt zu jeder
Zeit Von süßem Sanftmutsöle;
Mein Geist, Gemüte, Kraft und
Sinn Ist Gott ergeben, schaut
auf ihn.

4. Ich zeig euch, das, was
schädlich ist, Zu fliehen und zu
meiden Und euer Herz von ar=
ger List Zu reinigen und zu schei=
den. Ich bin der Seelen Fels
und Hort Und führ euch zu der
Himmelspfort.

5. Fällt's euch zu schwer, ich
geh voran, Ich steh euch an der
Seite, Ich kämpfe selbst, ich brech
die Bahn, Bin alles in dem Strei=
te. Ein böser Knecht, der still will
stehn, Sieht er voran den Feld=
herrn gehn.

6. Wer seine Seel zu finden
meint, Wird sie ohn mich verlie=
ren; Wer sie hier zu verlieren
scheint, Wird sie in Gott einführen.
Wer nicht sein Kreuz nimmt und
folgt mir, Ist mein nicht wert und
meiner Zier.

7. So laßt uns denn dem lie=
ben Herrn Mit Leib und Seel
nachgehen Und wohlgemut, getrost
und gern Bei ihm im Leiden stehen;
Denn wer nicht kämpft, trägt auch
die Kron Des ewgen Lebens nicht
davon.

Joh. Scheffler, geb. 1624, † 1667.

76.

Mel. Meinen Jesum laß ich nicht.

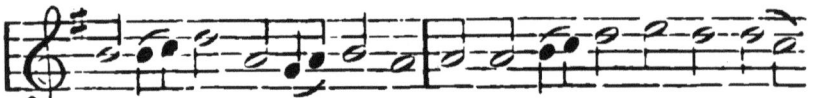

1. See=le, was ermüdst du dich In den Dingen die=ser Er=
Die doch bald ver=zeh=ren sich Und zu Staub und Asche wer=

den,
den?   Su=che Jesum und sein Licht, Alles andre hilft dir nicht.

2. Sammle den zerstreuten Sinn, Laß ihn sich zu Gott auf=schwingen; Richt ihn stets zum Himmel hin, Laß ihn in die Gnad eindringen. Suche Jesum und sein Licht, Alles andre hilft dir nicht.

3. Du verlangst oft süße Ruh, Dein betrübtes Herz zu laben; Eil der Lebensquelle zu, Da kannst du sie reichlich haben. Suche Jesum und sein Licht, Alles andre hilft dir nicht.

4. Fliehe die unselge Pein, So das finstre Reich gebieret; Laß nur das dein Labsal sein, Was zur Glaubensfreude füh=ret. Suche Jesum und sein Licht, Alles andre hilft dir nicht.

5. Ach, es wäre nun genug, Daß du so viel Zeit verdorben, Daß dein Herz in Selbstbetrug Und in Lüsten fast erstorben! Suche Jesum und sein Licht, Al=les andre hilft dir nicht.

6. Weißt du nicht, daß diese Welt Ein ganz ander Wesen heget, Als dem Höchsten wohl=gefällt Und dein Ursprung in sich träget? Suche Jesum und sein Licht, Alles andre hilft dir nicht.

7. Du bist ja ein Hauch aus Gott Und aus seinem Geist ge=boren, Bist erlöst durch Christi Tod Und zu seinem Reich erko=ren. Suche Jesum und sein Licht, Alles andre hilft dir nicht.

8. Schwinge dich fein oft im Geist Über alle Himmelshöhen; Laß, was dich zur Erde reißt, Weit von dir entfernet stehen. Suche Jesum und sein Licht, Alles andre hilft dir nicht.

9. Nahe dich dem lautern Strom, Der vom Thron des Heilands fließet Und auf die, so keusch und fromm, Sich in rei=chem Maß ergießet. Suche Jesum und sein Licht, Alles andre hilft dir nicht.

10. Laß dir seine Majestät Im=merdar vor Augen schweben; Laß mit brünstigem Gebet Sich dein Herz zu ihm erheben! Suche Je=sum und sein Licht, Alles andre hilft dir nicht.

11. Geh in Einfalt nur dahin, Du wirst schon das Ziel erblicken; Glaube: Gottes Vatersinn Wird dich ewig dort erquicken. Such nur Jesum und sein Licht, Alles andre hilft dir nicht.

Joh. G. Wolf, geb. 1684, † 1754.

77.

Mel. Schmücke dich, o liebe Seele.

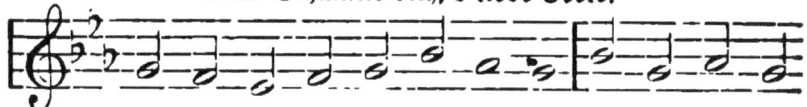

1. Heiland! dei = ne Men=schen=lie = be War die Quel=le
Die dein treu=es Herz be = wo=gen, Dich in un = ser

dei = ner Trie=be,
Fleisch ge = zo=gen. Dich mit Schwachheit ü = ber=det = let,

Dich vom Kreuz ins Grab ge = stref = tet. O der un = ge=

mei = nen Trie=be Dei = ner treu=en Men=schen = lie = be!

2. Über seine Feinde wei=
nen, Jedermann mit Hilf er=
scheinen, Sich der Blinden, Lah=
men, Armen Mehr als väterlich
erbarmen, Der Betrübten Kla=
gen hören, Sich in andrer Dienst
verzehren, Sterben voll der rein=
sten Triebe: Das sind Proben
wahrer Liebe.

3. O du Zuflucht der Elen=
den! Wer hat nicht von deinen
Händen Segen, Hilf und Heil
genommen, Der gebeugt zu dir
gekommen? O, wie ist dein Herz
gebrochen, Wenn dich Kranke
angesprochen, Und wie pflegtest
du zu eilen, Das Gebetne mit=
zuteilen!

4. Die Betrübten zu erquik=
ten, Zu den Kleinen dich zu
bücken, Die Unwissenden zu leh=
ren, Die Verführten zu bekeh=
ren, Sünder, die sich selbst ver=
stocken, Täglich liebreich zu dir
locken: War dein Tagwerk,
deine Speise, Wohlthun deine
Lebensreise.

5. O wie hoch stieg dein Er=
barmen, Als du für die ärmsten
Armen Dein unschätzbar teures
Leben In den ärgsten Tod gege=
ben; Da zur Marter du erle=
sen, Aller Schmerzen Ziel ge=
wesen Und, den Segen zu erwer=
ben, Als ein Fluch hast wollen
sterben!

6. Deine Lieb hat dich getrie=
ben, Sanftmut und Geduld zu
üben, Ohne Schelten, Troben,
Klagen Andrer Schmach und Last
zu tragen, Allen freundlich zu
begegnen, Für die Lästerung zu
segnen, Für der Feinde Schar
zu beten Und die Mörder zu ver=
treten.

7. Demut war bei Spott und
Hohne Deines Lebens Schmuck
und Krone; Diese machte dich
zum Knechte Einem sündigen Ge=
schlechte, Diese Demut, gleich den
Tauben Ohne Falsch, voll Treu
und Glauben, Mit Gerechtigkeit
gepaaret, Durch Vorsichtigkeit be=
wahret.

8. Herr, laß deine Liebe decken | mich wider deſſen Stürmen Deiner
Meiner Sünden Meng und Flek= | Liebe Schild beſchirmen. Heilge
ten! Du haſt das Geſetz erfüllet, | meines Herzens Triebe, Salbe ſie
Des Geſetzes Fluch geſtillet. Laß | mit deiner Liebe.

J. J. Rambach, geb. 1693, † 1735.

78.

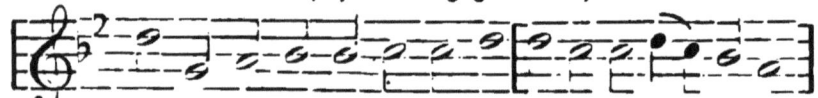

Mel. Nun ſich der Tag geendet hat.

1. Wie gut iſt's, von der Sünde frei! Wie ſelig Chriſ=ti Knecht!

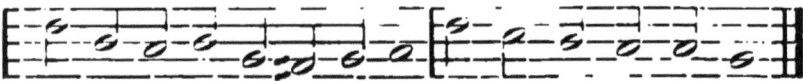

Im Sündendienſt iſt Skla=ve=rei, In Chriſ=to Kin = des=recht.

2. Im Sündendienſt iſt Fin=
ſterniß, Den Weg erkennt man
nicht; Bei Chriſto iſt der Gang
gewiß, Man wandelt in dem
Licht.

3. Im Sündendienſt iſt Haß
und Leid, Man plagt und wird
betrübt; In Chriſti Reich iſt Freu=
digkeit, Man liebt und wird ge=
liebt.

4. Die Sünde giebt den Tod
zum Lohn; Das heißt ja ſchlimm
gedient! Das Leben aber iſt im
Sohn, Der uns mit Gott ver=
ſühnt.

5. O Heiland! dir nur dien
ich gern, Denn du haſt mich
erkauft; Ich weiß und will ſonſt
keinen Herrn, Auf dich bin ich
getauft.

6. Wen du frei machſt, der
iſt recht frei, Du ſchenkſt ihm alle
Schuld; Und darum dank ich
deiner Treu Und rühme deine
Huld.

7. Ich bete an, Herr Jeſu Chriſt,
Und ſage: Ich bin dein; Nimm
mich zu dir, denn wo du biſt, Soll
auch dein Diener ſein.

Phil. Fr. Hiller, geb. 1699, † 1769.

79.

Mel. Seelenbräutigam.

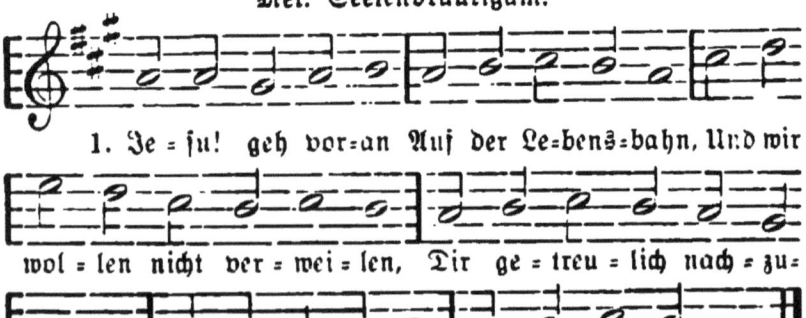

1. Je = ſu! geh vor=an Auf der Le=bens=bahn, Und wir
wol = len nicht ver = wei = len, Dir ge = treu = lich nach = zu=
ei = len; Führ uns an der Hand Bis ins Va = ter = land.

2. Soll's uns hart ergehn, Laß uns feste stehn, Und auch in den schwersten Tagen Niemals über Lasten klagen; Denn durch Trübsal hier Geht der Weg zu dir.

3. Rühret eigner Schmerz Irgend unser Herz, Kümmert uns ein fremdes Leiden, O so gieb Geduld zu beiden; Richte unsern Sinn Auf das Ende hin.

4. Ordne unsern Gang, Jesu, lebenslang. Führst du uns durch rauhe Wege, Gieb uns auch die nötge Pflege. Thu uns nach dem Lauf Deine Thüre auf.

Nic. L. v. Zinzendorf, geb. 1700, † 1760.

80.

Mel. Ich dank dir schon durch beinen Sohn.

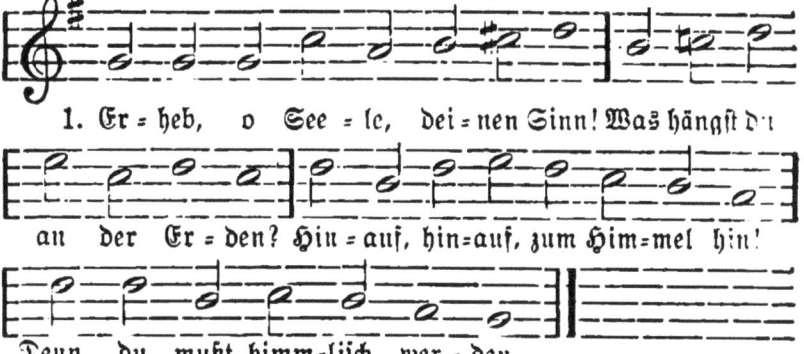

1. Er = heb, o See = le, dei = nen Sinn! Was hängst du an der Er = den? Hin = auf, hin = auf, zum Him = mel hin! Denn du mußt himm = lisch wer = den.

2. Was hat die Welt? was beut sie an? Nur Tand und eitle Dinge. Wer einen Himmel hoffen kann, Der schätzet sie geringe.

3. Wer Gott erkennt, kann der wohl noch Den Wunsch aufs Niedre lenken? Wer Gott zum Freund hat, denket hoch. So müssen Christen denken.

4. Kein Leiden, wenn's auch schwer mich drückt, Schlägt meine Hoffnung nieder; Ich schau empor, und mich erquickt Der Herr doch endlich wieder.

5. Mein Teil ist nicht in dieser Welt, Ich bin ein Gast auf Erden; Ich soll, wann diese Hülle fällt, Ein Himmelsbürger werden.

6. Dort ist das rechte Kanaan, Wo Lebensströme fließen; Blick oft hinauf, der Anblick kann Den Leidenskelch versüßen.

7. Dort oben ist des Vaters Haus; Er teilt zum Gnadenlohne Den Überwindern Kronen aus; Kämpf auch um Ruh und Krone!

8. Dort ist's den Engeln süße Pflicht, Gott ihren Dank zu bringen; O Seele, sehnest du dich nicht, Mit ihnen Lob zu singen?

9. Dort herrscht dein Heiland Jesus Christ, Und du, frei von Beschwerden, Sollst ihm, durch den du selig bist, An Klarheit ähnlich werden.

10. Laß denn, Erlöser, mich schon hier Mein Herz zu dir erheben; Laß mich, entschlaf ich einst in dir, Dort ewig mit dir leben!

Ehrenfried Liebich, geb. 1713, † 1780

81.

Mel. Valet will ich dir geben.

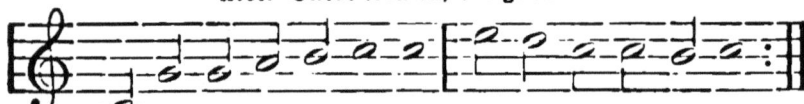

1. Aus ir = di=schem Getümmel, Wo nichts das Herz erquickt,
Wer zeigt den Weg zum Himmel, Wohin die Hoffnung blickt?

Wer lei = tet un = ser Stre=ben, Wenn es das Ziel ver=gißt?

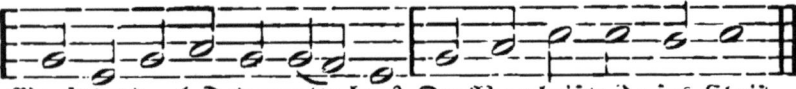

Wer führt durch Tod zum Le=ben? Der Weg heißt: Je=sus Christ.

2. Hier irren wir und feh=
len, Gehüllt in tiefe Nacht.
Durch wen wird unfern Seelen
Ein wahres Licht gebracht? Von
oben kommt die Klarheit, Die
alles uns erhellt, Denn Chri=
stus ist die Wahrheit, Er ist
das Licht der Welt.

3. Wer giebt uns hier schon
Freuden, Die niemand rauben
kann? Wer zeiget uns im Leiden
Den Himmel aufgethan? Wenn
vor dem Tod wir beben, Wer
giebt dem Herzen Ruh? Heil!
Christus ist das Leben, Führt
uns dem Vater zu.

C. Jul. Aßchenfeldt, geb. 1792, † 1856.

82.

Mel. O du Liebe meiner Liebe.

1. Bleibt bei dem, der eu = ret = wil = len Auf die Er=
Der, um eu = ren Schmerz zu stil = len, Tausend Schmer=

de nie = der = kam, Bleibt bei dem, der ein = zig blei=bet,
zen auf sich nahm.

Wenn auch al = les un = ter = geht; Der, wenn al = les

auch zer = stäu = bet, Sie = gend ü = berm Stau=be steht.

2. Alles schwindet: Herzen brechen, Denen ihr euch hier ergabt; Und der Mund hört auf zu sprechen, Der euch oft mit Trost gelabt; Und der Arm, der euch zum Stabe Und zum Schilde ward, erstarrt; Und das Auge schläft im Grabe, Das euch sorgsam einst bewahrt.

3. Alles stirbt; das Irdsche findet In dem Irdischen sein Grab; Alle Lust der Welt verschwindet, Und das Herz stirbt selbst ihr ab.

Irdsches Wesen muß verwesen, Irdsche Flamme muß verglühn, Irdsche Fessel muß sich lösen, Irdsche Blüte muß verblühn.

4. Doch der Herr steht überm Staube Alles Irdischen und spricht: Stütze dich auf mich und glaube, Hoffe, lieb, und fürchte nicht! Darum bleibt bei dem, der bleibet Und der geben kann, was bleibt; Der, wenn ihr euch ihm verschreibet, Euch ins Buch des Lebens schreibt.

C. J. Ph. Spitta, geb. 1801, † 1859.

5. Leiden und Sterben des Herrn. Passionslieder.

83.

Eigene Melodie.

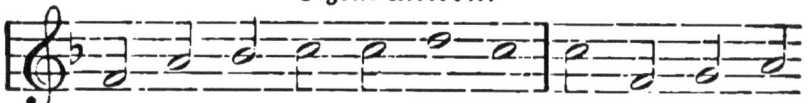

1. O Lamm Got-tes un-schul-dig, Am Stamm des Kreuz's
All-zeit fun-den ge-dul-dig, Wie-wohl du warst

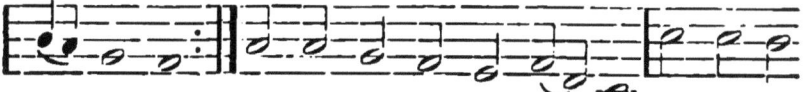

ge-schlach-tet, All Sünd hast du ge-tra-gen, Sonst müßten
ver-ach-tet!

wir ver-za-gen. Er-barm dich un-ser, o Je-su!

2. O Lamm Gottes unschuldig, Am Stamm des Kreuz's geschlachtet, Allzeit funden geduldig, Wiewohl du warst verachtet! All Sünd hast du getragen, Sonst müßten wir verzagen. Erbarm dich unser, o Jesu!

3. O Lamm Gottes unschuldig, Am Stamm des Kreuz's geschlachtet, Allzeit funden geduldig, Wiewohl du warst verachtet! All Sünd hast du getragen, Sonst müßten wir verzagen. Gieb uns dein'n Frieden, o Jesu!

Nic. Decius, um 1524.

84.

Eigene Melodie.

1. Herzliebster Je-su, was hast du ver-bro-chen, Daß man

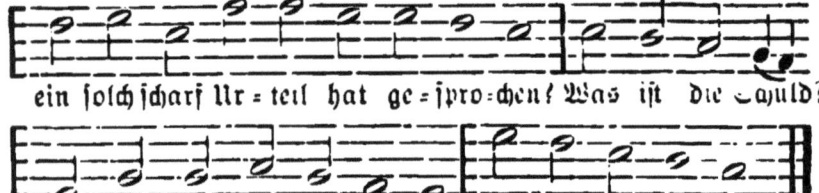

ein solch scharf Ur = teil hat ge = spro=chen! Was ist die Schuld?

In was für Mif = se = tha = ten Bist du ge = ra = ten!

2. Du wirst gegeißelt und mit
Dorn gekrönet, Ins Angesicht ge=
schlagen und verhöhnet, Du wirst
mit Essig und mit Gall getränket,
Ans Kreuz gehenket.

3. Was ist doch wohl die Ur=
sach solcher Plagen? Ach, meine
Sünden haben dich geschlagen;
Ich, o Herr Jesu, ich hab dies
verschuldet, Was du erduldet.

4. Wie wunderbarlich ist doch
diese Strafe: Der gute Hirte lei=
det für die Schafe; Die Schuld
bezahlt der Herre, der Gerechte,
Für seine Knechte!

5. Ich war von Fuß auf voller
Schand und Sünden, Bis zu dem
Scheitel war nichts Gut's zu fin=
den, Dafür hätt ich dort in der
Hölle müssen Ewiglich büßen.

6. O große Lieb, o Lieb ohn
alle Maße, Die dich gebracht auf
diese Marterstraße! Ich lebte mit
der Welt in Lust und Freuden,
Und du mußt leiden!

7. Ach, großer König, groß zu
allen Zeiten! Wie kann ich gnug=
sam solche Treu ausbreiten?
Kein's Menschenherz vermag es
auszudenken, Was dir zu schen=
ken.

8. Ich kann's mit meinen Sin=
nen nicht erreichen, Womit doch
dein Erbarmen zu vergleichen;

Wie kann ich dir denn deine Lie=
besthaten Im Werk erstatten?

9. Doch ist noch etwas, das
dir angenehme: Wenn ich des
Fleisches Lüste dämpf und zäh=
me, Daß sie aufs neu mein Her=
ze nicht entzünden Mit alten Sün=
den.

10. Weil's aber nicht besteht
in eignen Kräften, Frei die Be=
gierden an das Kreuz zu hef=
ten, So gieb mir deinen Geist, der
mich regiere, Zum Guten führe.

11. Alsdann so werd ich deine
Huld betrachten, Aus Lieb zu dir
die Welt für gar nichts achten; Ich
werde mich bemühn, Herr, deinen
Willen Stets zu erfüllen.

12. Ich werde dir zu Ehren alles
wagen, Kein Kreuz nicht achten,
keine Schmach und Plagen, Nichts
von Verfolgung, nichts von Todes=
schmerzen Nehmen zu Herzen.

13. Dies alles, ob's für schlecht
zwar ist zu schätzen, Wirst du es doch
nicht gar beiseite setzen; In Gna=
den wirst du dies von mir anneh=
men, Mich nicht beschämen.

14. Wenn dort, Herr Jesu, wird
vor deinem Throne Auf meinem
Haupte stehn die Ehrenkrone, Da
will ich dir, wann alles wird wohl
klingen, Lob und Dank singen.
   Joh. Heermann, geb. 1585, † 1647.

85.

Mel. An Wasserflüssen Babylon.

1. Ein Lämmlein geht und trägt die Schuld Der Welt und ih=rer
Es geht und trä = get in Geduld Die Sünden al = ler

Kin=der,
Sün=der;   Es geht da=hin, wird matt und krank, Er = giebt

sich auf die Wür=ge=bank, Ent=zieht sich al = len Freuden;

Es nim = met an Schmach, Hohn und Spott, Angst, Wunden,

Striemen, Kreuz und Tod Und spricht: Ich will's gern lei=den.

2. Das Lämmlein ist der große Freund Und Heiland meiner See=len; Den, den hat Gott zum Sün=denfeind Und Sühner wollen wäh=len: „Geh hin, mein Kind, und nimm dich an Der Kinder, die ich ausgethan Zur Straf und Zor=nesruten; Die Straf ist schwer, der Zorn ist groß, Du kannst und sollst sie machen los Durch Ster=ben und durch Bluten."

3. „Ja, Vater, ja, von Her=zensgrund, Leg auf, ich will dir's tragen; Mein Wollen hängt an deinem Mund, Mein Wirken ist dein Sagen." O Wunderlieb, o Liebesmacht, Du kannst, was nie kein Mensch gedacht, Gott seinen Sohn abzwingen! O Liebe, Liebe, du bist stark, Du streckest den ins Grab und Sarg, Vor dem die Felsen springen!

4. Mein Lebetage will ich dich Aus meinem Sinn nicht lassen, Dich will ich stets, gleich wie du mich, Mit Liebesarmen fassen. Du sollst sein meines Herzens Licht, Und wann mein Herz in Stücke bricht, Sollst du mein Herze blei=ben. Ich will mich dir, mein höch=ster Ruhm, Hiermit zu deinem Ei=gentum Beständiglich verschreiben.

5. Ich will von deiner Lieblichkeit Bei Nacht und Tage singen, Mich selbst auch dir zu aller Zeit Zum Freudenopfer bringen. Mein Bach des Lebens soll sich dir Und deinem Namen für und für In Dankbar=keit ergießen; Und was du mir zu gut gethan, Das will ich stets, so tief ich kann, In mein Gedächt=nis schließen.

6. Was schadet mir des Todes Gift? Dein Blut das ist mein Leben; Wann mich der Sonnen Hitze trifft, So kann mir's Schat=ten geben. Setzt Leiden mir und Jammer zu, So find ich bei dir meine Ruh, Als auf dem Bett ein Kranker; Und wann des Kreu=zes Ungestüm Mein Schifflein trei=bet um und um, So bist du dann mein Anker.

7. Wann endlich ich soll treten ein In deines Reiches Freuden: So soll dies Blut mein Purpur sein, Ich will mich darin kleiden; Es soll sein mein Hauptes Kron, In welcher ich will vor den Thron Des höchsten Vaters gehen Und dir, dem er mich anvertraut, Als eine wohlgeschmückte Braut An deiner Seite stehen.

Paul Gerhard, geb. 1606, † 1676.

86.

Eigene Melodie.

1. O Haupt, voll Blut und Wunden, Voll Schmerz und voller Hohn;
O Haupt, zum Spott ge-bun-den Mit ei - ner Dornenkron;

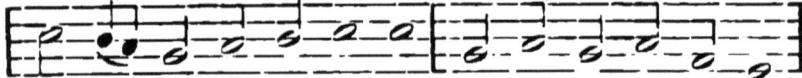

O Haupt, sonst schön ge - krö = net Mit höch = ster Ehr und Zier,

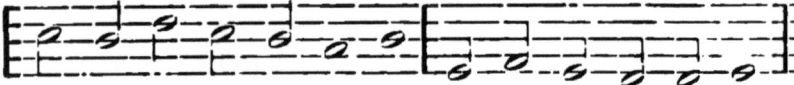

Jetzt a = ber höchst ver=höh = net: Ge = grü = ßet seist du mir!

2. Du edles Angesichte, Da=
für sonst schrickt und scheut Das
große Weltgewichte, Wie bist
du so bespeit! Wie bist du
so erbleichet! Wer hat dein
Augenlicht, Dem sonst kein Licht
mehr gleichet, So schändlich zuge=
richt't?

3. Nun, was du, Herr, er=
duldet, Ist alles meine Last, Ich
hab es selbst verschuldet, Was
du getragen hast. Schau her,
hier steh ich Armer, Der Zorn
verdienet hat; Gieb mir, o mein
Erbarmer, Den Anblick deiner
Gnad.

4. Erkenne mich, mein Hüter,
Mein Hirte, nimm mich an! Von
dir, Quell aller Güter, Ist mir
viel Guts gethan. Dein Mund
hat mich gelabet Mit süßer Gna=
denkost, Dein Geist hat mich be=
gabet Mit mancher Himmelslust.

5. Ich will hier bei dir stehen,
Verachte mich doch nicht; Von dir
will ich nicht gehen, Wann dir dein
Herze bricht: Wann dein Haupt
wird erblassen Im letzten Todes=
stoß, Alsdann will ich dich fassen
In meinen Arm und Schoß.

6. Es dient zu meinen Freuden
Und kommt mir herzlich wohl,
Wenn ich in deinem Leiden, Mein
Heil, mich finden soll. Ach, möcht
ich, o mein Leben, An deinem
Kreuze hier Mein Leben von mir
geben, Wie wohl geschähe mir!

7. Ich danke dir von Herzen,
O Jesu, liebster Freund, Für dei=
nes Todes Schmerzen, Da du's so
gut gemeint. Ach gieb, daß ich
mich halte Zu dir und deiner Treu,
Und wann ich einst erkalte, In dir
mein Ende sei.

8. Wann ich einmal soll schei=
den, so scheide nicht von mir;
Wann ich den Tod soll leiden, So
tritt du dann herfür; Wann mir
am allerbängsten Wird um das
Herze sein, So reiß mich aus den
Ängsten Kraft deiner Angst und
Pein.

9. Erscheine mir zum Schilde,
Zum Trost in meinem Tod, Und
laß mich sehn dein Bilde In deiner
Kreuzesnot; Da will ich nach dir
blicken, Da will ich glaubensvoll
Dich fest an mein Herz drücken.
Wer so stirbt, der stirbt wohl.

P. Gerhard, geb. 1606, † 1676.

87.

Mel. Wer nur den lieben Gott läßt walten.

1. Du ge=hest in den Gar=ten be=ten, Mein trau=
Laß mich an dei=ne Sei=te tre=ten, Ich wei=

ter Je=su, nimm mich mit!
che von dir kei=nen Schritt;
Ich will an dir, mein

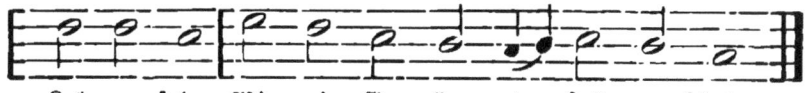

Leh=rer, sehn, Wie mein Ge=be=te soll ge=schehn.

2. Du gehst mit Zittern und mit Zagen Und bist bis in den Tod betrübt. Ach, dieses soll ans Herz mir schlagen, Daß mir die Sünde so beliebt. Drum willst du, daß ein Herz voll Reu Mein Anfang zum Gebete sei.

3. Du reißest dich von allen Leuten Und suchst die stille Einsamkeit. So muß auch ich mich wohl bereiten Und fliehen, was mein Herz zerstreut. Zeuch mich von aller Welt allein, Daß nur wir zwei beisammen sein.

4. Du wirfst dich knieend hin zur Erden, Fällst nieder auf dein Angesicht. So muß die Demut sich gebärden. Drum brüst ich, Erd und Staub, mich nicht Und beuge mich in Niedrig=keit, Wie du, voll Trauer, Angst und Leid.

5. Du betest zu dem lieben Vater, Rufst: Abba, Abba! wie ein Kind. Dein Vater ist auch mein Berater, Sein Vaterherz ist treu gesinnt. Drum halt ich mich getrost an dich Und rufe: Abba, höre mich!

6. Du wirfst voll Zuversicht und Liebe Dem Vater dich ans treue Herz Und rufst aus stärkstem Her=zenstriebe Mit heißen Thränen himmelwärts. Ach, Glaub und Liebe sind mir not, Sonst ist mein Beten alles tot.

7. Geduldig Lamm, wie hältst du stille Und im Gebete dreimal an! Dabei ist auch für mich dein Wille, Daß ich soll thun, wie du gethan; Hilft Gott nicht gleich aufs erste Flehn, So darf ich wieder vor ihn gehn.

8. Dein Wille senkt sich in den Willen Des allerbesten Vaters ein; Darein muß ich auch mich verhül=len, Dafern ich will erhöret sein. Drum bet ich in Gelassenheit: Was mein Gott will, gescheh all=zeit.

9. Obgleich die Jünger dein vergessen, Gedenkst du doch getreu an sie, Und da dich alle Martern pressen, Sorgst du für sie mit steter Müh. Mein Beten bleibet ohne Frucht, Wenn es des Nächsten Heil nicht sucht.

10. Nun, du erlangest auf dein

Flehen Trost, Kraft, Sieg, Le=
ben, Herrlichkeit. Damit hast du
auf mich gesehen, Daß ich zur an=
genehmen Zeit Auf ernstlich Be=
ten freudenvoll Den gleichen Se=
gen ernten soll.

11. Mein Jesu! hilf mir stets so
beten, Wie mich dein heilig Vorbild
lehrt, So kann ich frei zum Vater
treten Und werde stets von ihm er=
hört; So bet ich mich zum Himmel
ein Und will dir ewig dankbar sein.

Benj. Schmolk, geb. 1672, † 1737.

88.

Mel. O Haupt voll Blut und Wunden.

1. Du, mei=nes Lebens Le = ben, Du, mei=nes Todes Tod,
Für mich da = hin ge = ge = ben In tief = ste See=len=not,

In Mar=ter, Angst und Sterben, Aus hei=ßer Liebs=be=gier

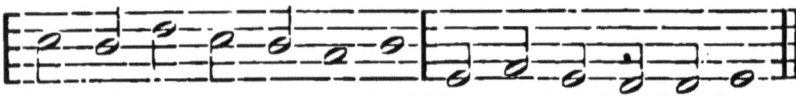

Das Heil mir zu er = wer=ben! Nimm tausend Dank da=für.

2. Ich will nun mit dir gehen
Den Weg nach Golgatha; Laß mich
im Geiste sehen, Was da für mich
geschah! Mit innig zartem Seh=
nen Begleitet dich mein Herz, Und
meine Augen thränen Beim Blick
auf deinen Schmerz.

3. Erst komm ich zu der Stätte,
Wo Jesus für mich rang, Wo Blut=
schweiß beim Gebete Ihm aus den
Adern drang. Ach, diese blutgen
Tropfen, Die Seele totbetrübt
Und seines Herzens Klopfen Sagt
mir, daß er mich liebt.

4. Da seh ich, daß ich Armer
Des Fluches würdig bin; Da giebt
sich mein Erbarmer Für mich zum
Opfer hin. Hier flossen seine Kla=
gen, Sein thränendes Gebet, Daß
ich nicht muß verzagen, Wann's
einst zum Sterben geht.

5. Mein Heiland wird verraten,
Geführt zu Spott und Qual; Ach,
meine Missethaten, Die brachten
allzumal Ihn vors Gericht der Hei=
den Und in der Feinde Hand; Ich
war's, ich sollte leiden, Was da mein
Bürg empfand.

6. Seht, welch ein Mensch! er
stehet Geduldig wie ein Lamm; Und
nun wird er erhöhet, Ein Fluch am
Kreuzesstamm, Vollendet da sein
Büßen Der Welt und mir zu gut;
Aus Händen und aus Füßen
Strömt sein Versöhnungsblut.

7. Du flehst am Kreuz für Fein=
de: Mein Jesu, wer war ich? Du
denkst an deine Freunde: Gedenk,
Herr, auch an mich! Du machst den
Schächer selig, Verheißest ihm dein
Reich: Das macht mich Sünder
fröhlich, Mich, der dem Schächer
gleich.

8. Du klagst voll Angst im Her=
zen: Mein Gott verlässet mich! Du
dürstest in den Schmerzen, Und

niemand labet dich. Nun ſoll dein Leid ſich enden; Du rufſt: Es iſt vollbracht! Empfiehlſt des Vaters Händen Den Geiſt. — Es war vollbracht.

9. Ich ſeh mit Lieb und Beugen Des Heilands letzten Blick, Ich ſeh ſein Haupt ſich neigen; Das war mein ewges Glück: Mein Bürge ſtirbt; ich lebe, So todes= wert ich bin; Er giebt ſich mir, ich gebe Mich ihm zu eigen hin.

10. O du, an den ich glaube, Und den mein Geiſt umfaßt, Der du im Todesſtaube Für mich gele= gen haſt! Auf dein Verdienſt und Leiden Vertrau ich ganz allein; Darauf will ich einſt ſcheiden Und ewig bei dir ſein.

11. Erhalt mir deinen Frieden Und deines Heils Genuß, Solang ich noch hienieden In Schwachheit wallen muß; Bis endlich dir zu Eh= ren, Der mich mit Gott verſöhnt, Dort in den obern Chören Mein Halleluja tönt.

C. W. v. Wobeſer und H. v. Bruiningk, 1778.

89.

Mel. Nun ruhen alle Wälder.

1. O Welt, ſieh hier dein Le = ben Am Stamm des Kreuzes

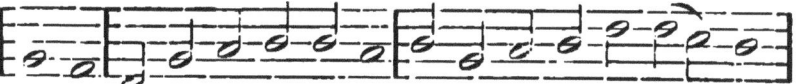

ſchweben, Dein Heil ſinkt in den Tod! Der große Fürſt der Eh=ren

Läßt wil=lig ſich beſchweren Mit Schlägen, Hohn und großem Spott.

2. Tritt her und ſchau mit Flei= ße! Sein Leib iſt ganz mit Schwei= ße Des Blutes überfüllt; Aus ſei= nem edlen Herzen Vor unerſchöpf= ten Schmerzen Ein Seufzer nach dem andern quillt.

3. Wer hat dich ſo geſchlagen, Mein Heil, und dich mit Plagen So übel zugericht't? Du biſt ja nicht ein Sünder, Wie wir und unſre Kinder, Von Übelthaten weißt du nicht.

4. Ich, ich und meine Sünden, Die ſich wie Körnlein finden Des Sandes an dem Meer, Die haben dir erreget Das Elend, das dich ſchläget, Und das betrübte Mar= terheer.

5. Ich bin's, ich ſollte büßen, An Händen und an Füßen Gebunden, in der Höll; Die Geißeln und die Banden, Und was du ausgeſtan= den, Das hat verdienet meine Seel.

6. Du nimmſt auf deinen Rücken Die Laſten, ſo mich drücken Viel ſchwerer als ein Stein. Du biſt ein Fluch, dagegen Verehrſt du mir den Segen; Dein Schmerze muß mein Labſal ſein.

7. Du ſetzeſt dich zum Bürgen, Ja, läſſeſt dich erwürgen Für mich und meine Schuld; Mir läſſeſt du

dich krönen Mit Dornen, die dich höhnen, Und leidest alles mit Geduld.

8. Ich bin, mein Heil, verbunden All Augenblick und Stunden Dir überhoch und sehr; Was Leib und Seel vermögen, Das soll ich billig legen Allzeit in deinen Dienst und Ehr.

9. Nun, ich kann nicht viel geben In diesem armen Leben, Eins aber will ich thun: Es soll dein Tod und Leiden, Bis Leib und Seele scheiden, Mir stets in meinem Herzen ruhn.

10. Ich will's vor Augen setzen, Mich stets daran ergötzen, Ich sei auch, wo ich sei. Es soll mir sein ein Spiegel Der Unschuld und ein Siegel Der Lieb und unverfälschten Treu.

11. Ich will mich mit dir schlagen Ans Kreuz und dem absagen. Was meinem Fleisch gefällt; Was deine Augen hassen, Das will ich fliehn und lassen, Gefiel es auch der ganzen Welt.

12. Dein Seufzen und dein Stöhnen Und die viel tausend Thränen, Die dir geflossen zu, Die sollen mich am Ende In deinen Schoß und Hände Begleiten zu der ewgen Ruh.

Paul Gerhard, geb. 1606, † 1676.

90.

Mel. Jesus, meine Zuversicht.

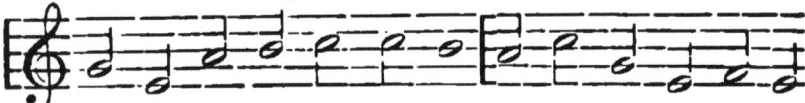

1. See=le, geh nach Gol=ga=tha, Setz dich un=ter Je=su
Und be=den=ke, was dich da Für ein Trieb zur Bu=ße

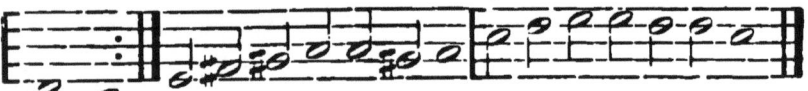

Kreu=ze   Willst du unempfindlich sein, O, so bist du mehr als Stein.
rei=ze.

2. Schaue doch das Jammerbild Zwischen Erd und Himmel hangen, Wie das Blut in Strömen quillt, Daß ihm alle Kraft vergangen; Ach, der übergroßen Not! Es ist gar mein Jesus tot.

3. O Lamm Gottes ohne Schuld! Alles das hatt ich verschuldet, Und du hast aus großer Huld Pein und Tod für mich erduldet; Daß wir nicht verloren gehn, Läßt du dich ans Kreuz erhöhn.

4. Unbeflecktes Gotteslamm! Ich verehre deine Liebe. Schaue von des Kreuzes Stamm, Wie ich mich um dich betrübe! Dein im Blute wallend Herz Weckt in mir den tiefsten Schmerz.

5. Ich kann, Heiland! nimmermehr Diese Plagen dir vergelten; Du verbindest mich zu sehr. Alle Güter, tausend Welten, Alles wäre nicht genung Nur für deinen Gallentrunk.

6. Etwas weiß ich noch für dich: Ich will dir mein Herze geben; Dieses soll beständiglich Unter deinem Kreuze leben. Wie du mein, so will ich dein Lebend, leidend, sterbend sein.

7. Laß dein Herz mir offen stehn, Mach mich rein von aller Sünde! Darum will ich allzeit flehn, Wenn ich Kreuz und Not empfinde, Wie ein Hirsch nach Wasser dürst't, Bis du mich erquicken wirst.

8. Kreuzige mein Fleisch und Blut, Lehre mich die Welt verschmähen. Laß mich dich, du höchstes Gut, Immer vor den Augen sehen! Führ in allem Kreuze mich Selig, wenn auch wunderlich.

9. Endlich laß mich meine Not Auch geduldig überwinden. Nirgend sonst wird mich der Tod Als bei deinem Kreuze finden. Wen du dadurch heil gemacht, Spricht getrost: Es ist vollbracht.

Benj. Schmolk, geb. 1672, † 1737.

91.

Mel. Sieh, hier bin ich, Ehrenkönig.

1. Ru = he hier, mein Geist, ein we = nig, Schau dies Wunder, ach wie groß! Sieh, dein Herr, der höch = ste Kö = nig, Hängt am Kreu = ze nackt und bloß, Den sein Lie = ben Hat ge = trie = ben Zu dir aus des Va = ters Schoß!

2. Daß dich Jesus liebt von Herzen, Kannst du hier am Kreuze sehn. Schau, wie bittre Todesschmerzen Ihm durch Leib und Seele gehn, Wie die Schrecken Ihn bedecken, Wie er schwebt in tausend Wehn!

3. Seine Seel, von Gott verlassen, Ist betrübt bis in den Tod, Und sein Leib hängt gleichermaßen Voller Wunden, blutig rot; Alle Kräfte, Alle Säfte Sind erschöpft in höchster Not.

4. Das sind meiner Sünden Früchte, Die, mein Heiland, ängsten dich. Diese schweren Zornegerichte, Ja, die Höll verdiente ich; Diese Nöten, Die dich töten, Sollt ich fühlen ewiglich.

5. Doch du hast für mich bekrieget Sünde, Tod und Höllenmacht, Alle Feinde ganz besieget, Gottes Willen ganz vollbracht, Durch dein Sterben Mich zum Erben Deines Lebens dort gemacht.

6. Ach ich Sündenkind der Erden! Jesu, stirbst du mir zu gut? Soll dein Feind erlöset werden Durch dein eignes Herzensblut? Ich muß schweigen Und mich beugen Für dies unverdiente Gut.

7. Leib und Leben, Blut und Glieder, Alles giebst du für mich hin. Sollt ich dir nicht schenken wieder Alles, was ich hab und bin? Ich bin deine Ganz alleine; Dir verschreib ich Herz und Sinn.

8. Dir will ich durch deine Gnade Bleiben bis zum Tod getreu; Alle

Leiden, Schand und Schade Sollen mich nicht machen scheu. Deinen Willen Zu erfüllen, Meiner Seele Speise sei.

9. Zeuch durch deines Todes Kräfte Mich in deinen Tod hinein! Laß mein Fleisch und sein Geschäfte, Herr, mit dir gekreuzigt sein, Daß mein Wille Werde stille Und die Liebe heiß und rein!

10. Laß in allen Leidenswegen Deine Leiden stärken mich, Daß mein Leiden mir zum Segen Mag gedeihen stetiglich, Daß mein Herze Auch im Schmerze Ohne Wanken liebe dich!

11. Wann mich schreden meine Sünden, Wann mich Satans List anficht, Ich nicht Kraft noch Gnad kann finden, Wollst du mich verlassen nicht! Laß dein Sterben Mir erwerben Trost im Tod und im Gericht!

12. Jesu, nun will ich ergeben Meinen Geist in deine Hand. Laß mich dir alleine leben, Bis ich nach dem Leidensstand Bei dir wohne, In der Krone Dich beschau im Vaterland!

G. Terstegen, geb. 1697, † 1769.

92.

Wer weiß, wie nahe mir mein Ende.

1. Es ist vollbracht! so ruft am Kreu=ze Des ster=ben=den Er=lö=sers Mund.
O Wort voll Trost und Le=ben, rei=ze Zur Freu=de mei=nes Herzens Grund!

Das gro=ße Op=fer ist ge=schehn,

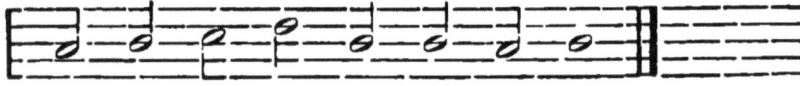

Das Gott auch mir zum Heil er=sehn.

2. Mein Jesus stirbt, die Felsen beben, Der Sonne Schein verlieret sich, In Tote dringt ein neues Leben, Der Heilgen Gräber öffnen sich, Der Vorhang reißt, die Erde kracht, Und die Versöhnung ist vollbracht!

3. Wie viel, mein Jesu, Heil, hast du vollendet, Als dir das Herz im Tode brach! Du hast den Fluch hinweggewendet, Der auf der Welt voll Sünder lag. Für uns hast du genug gethan; Gott nimmt uns nun noch gnädig an.

4. Dankvolle Thränen, netzt die Wangen! Mein Glaube sieht nun offenbar Die Handschrift an dem Kreuze hangen, Die wider meine Seele war. Er, den mir Gott zum Heil gemacht, Rief auch für mich: Es ist vollbracht!

5. O Herr! laß mich nun auch vollbringen, Was wahre Dankbarkeit begehrt. Laß nach der Heiligung mich ringen, Dazu dein Tod mir Kraft gewährt. O, stärke mich dazu mit Macht, Bis meine Beßrung ganz vollbracht!

6. Du littſt ſo viel zu meinem Leben; Drum laß mich ſtets voll Eifer ſein, Mich deinem Dienſte zu ergeben Und keine Schmach dabei zu ſcheun. Dein Dienſt, mein Heiland! ſei mein Ruhm; Denn ich bin ganz dein Eigentum.

7. Und fühlt mein Herz des Grabes Schrecken, So ſtärke mich bei ſolcher Laſt! Laß mich den Troſt im Tode ſchmecken, Daß du ihn überwunden haſt! So geh ich durch die Todesnacht Mit dem Triumph: Es iſt vollbracht!

　　　　　Joh. S. Dietrich, geb. 1721, † 1797.

93.

Mel. Alles iſt an Gottes Segen.

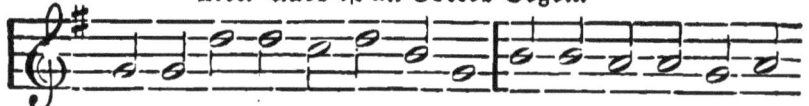

1. Schaut die Mutter voller Schmerzen, Wie ſie mit zer=riſſ'nem

Herzen Bei dem Kreuz des Sohnes ſteht! Schauet ihre Trübſalshitze,

Wie des Schwertes blutge Spit=ze Tief durch ih=re See = le geht!

2. Weſſen Auge kann der Zähren Bei dem Jammer ſich erwehren, Der des Höchſten Sohn umfängt? Wie er mit gelaſſ'nem Mute Todesmatt in ſeinem Blute An dem Holz des Fluches hängt!

3. Für die Sünden ſeiner Brüder Leidet er, daß ſeine Glieder Unnennbare Qual zerreißt. Für uns ruft er im Erblaſſen: Gott, mein Gott, ich bin verlaſſen! Und veratmet ſeinen Geiſt.

4. Laß, o Jeſu, Quell der Liebe, Deines Herzens heilge Triebe Strömen in mein Herz hinab! Laß mich dich mein Alles nennen, Ganz für dich in Liebe brennen, Der für mich ſein Leben gab!

5. Drück, mein König, deine Wunden, Die du auch für mich empfunden, Tief in meine Seel hinein! Laß in Reue mich zerfließen, Mit dir leiden, mit dir büßen, Mit dir tragen jede Pein!

6. Laß mich herzlich mit dir weinen, Mich durchs Kreuz mit dir vereinen; Aller Weltſünn ſei verflucht! Unterm Kreuze will ich ſtehen Und dich zittern, bluten ſehen, Wenn die Sünde mich verſucht.

7. Gieb mir Teil an deinem Leiden, Laß von aller Luſt mich ſcheiden, Die dir ſolche Wunden ſchlug! Ich will auch mir Wunden ſchlagen, Will das Kreuz des Lammes tragen, Wel=ches meine Sünden trug.

8. Laß, wenn meine Thränen fließen, Mich den Gnadenglanz ge=nießen Deines milden Angeſichts!

Decke mich durch deine Plagen
Vor den Ängsten und den Kla=
gen Einst am Tage des Gerichts.
    9. Gegen aller Feinde Stür=
men Laß mich, Herr, dein Kreuz
beschirmen, Deine Gnade leuchte
mir! Deckt des Grabes finstre
Höhle Meinen Leib, so nimm
die Seele Hin ins Paradies zu
dir.

Das Stabat mater des Jacopone, † 1306, aus dem Lateinischen.

94.

Mel. Freu dich sehr, o meine Seele.

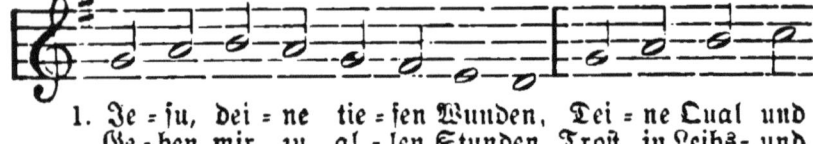

1. Je = su, dei = ne tie = fen Wunden, Dei = ne Qual und
    Ge = ben mir zu al = len Stunden Trost in Leibs= und

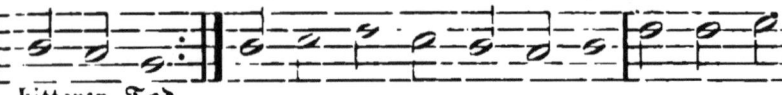

bitt=rer Tod
See=len= not.   Fällt mir et = was Ar = ges ein, Denk ich bald

an dei = ne Pein; Die ver = lei = det mei=nem Her=zen, Mit der

Sün = de je zu scher = zen.

2. Will sich dann in Wollust
weiden Mein verderbtes Fleisch
und Blut, So gedenk ich an
dein Leiden; Bald wird alles
wieder gut. Kommt der Satan
und setzt mir Heftig zu, halt ich
ihm für Deine Gnad und Gna=
denzeichen; Bald muß er von
dannen weichen.

3. Will die Welt mein Herze
führen Auf die breite Wollust=
bahn, Da nichts ist als Jubi=
lieren, Alsdann schau ich emsig
an Deiner Marter Zentnerlast,
Die du ausgestanden hast. So
kann ich in Andacht bleiben, Alle
böse Lust vertreiben.

4. Ja, für alles, das mich
kränket, Geben deine Wunden
Kraft; Wann mein Herz hinein
sich senket, Krieg ich neuen Lebens=
saft. Deines Trostes Süßigkeit
Wend in mir das bittre Leid,
Der du mir das Heil erworben,
Da du bist für mich gestorben.

5. Auf dich setz ich mein Ver=
trauen, Du bist meine Zuver=
sicht. Dein Tod hat den Tod
zerhauen, Daß er mich kann töten
nicht. Daß ich an dir habe
teil, Bringet mir Trost, Schutz und
Heil; Deine Gnade wird mir geben
Auferstehung, Licht und Leben.

6. Hab ich dich in meinem
Herzen, Du Brunn aller Gütig=
keit, So empfind ich keine Schmer=
zen Auch im letzten Kampf und
Streit. Ich verberge mich in
dich, Kein Feind kann verletzen
mich. Wer sich legt in deine
Wunden, Der hat glücklich über=
wunden.

Joh. Heermann, geb. 1585, † 1647.

95.

Mel. Erhalt uns, Herr, bei deinem Wort.

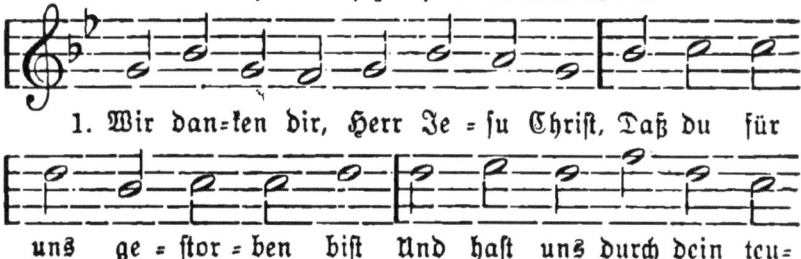

1. Wir dan=ken dir, Herr Je = su Chrift, Daß du für
uns ge = ftor = ben bift Und haft uns durch dein teu=
res Blut Ge = macht vor Gott ge = recht und gut;

2. Und bitten dich, wahr'r Mensch und Gott, Durch dein heilig fünf Wunden rot: Er=löf uns von dem ewgen Tod Und tröft uns in der letzten Not.

3. Behüt uns auch vor Sünd und Schand, Und reich uns dein allmächtge Hand, Daß wir im Kreuz geduldig sein, Uns tröften deiner schweren Pein;

4. Und schöpfen draus die Zu=versicht, Daß du uns werdst ver=laffen nicht, Vielmehr ganz treulich bei uns ftehn, Daß wir durchs Kreuz ins Leben gehn.

Chriftoph Vischer, geb. 1544, † 1600.

96.

Eigene Melodie.

1. Wenn mei = ne Sünd mich krän=ken, O mein Herr Je=
So laß mich wohl be = den=ken, Wie du ge = ftor=

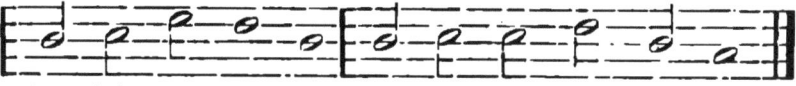

fu Chrift, ben bift Und al = le mei = ne Schul=den=laft Am Stamm
des heil=gen Kreu=zes Auf dich ge = nom = men haft.

2. O Wunder ohne Maßen, Wer es betrachtet recht! Es hat sich mar=tern laffen Der Herr für seinen Knecht; Es hat sich selbst der wahre Gott Für mich verlornen Menschen Gegeben in den Tod.

3. Was kann mir denn nun scha=den Der Sünden große Zahl?

Ich bin bei Gott in Gnaden; Die Schuld ist allzumal bezahlt durch Christi teures Blut, Daß ich nicht mehr darf fürchten Der Höllen Qual und Glut.

4. Drum sag ich dir von Herzen Jetzt und mein lebenlang Für deine Pein und Schmerzen, O Jesu, Lob und Dank, Für deine Not und Angstgeschrei, Für dein unschuldig Sterben, Für deine Lieb und Treu.

5. Herr, laß dein bittres Leiden Mich reizen für und für, Mit allem Ernst zu meiden Die sündliche Begier, Daß mir nie komme aus dem Sinn, Wieviel es dich gekostet, Daß ich erlöset bin.

6. Mein Kreuz und meine Plagen, Sollt's auch sein Schmach und Spott, Hilf mir geduldig tragen. Gieb, o mein Herr und Gott, Daß ich verleugne diese Welt Und folge dem Exempel, Das du mir vorgestellt.

7. Laß mich an andern üben, Was du an mir gethan, Und meinen Nächsten lieben, Gern dienen jedermann Ohn Eigennutz und Heuchelschein, Und wie du mir erwiesen, Aus reiner Lieb allein.

8. Laß endlich deine Wunden Mich trösten kräftiglich In meinen letzten Stunden; Und des versichre mich: Weil ich auf dein Verdienst nur trau, Du werdest mich annehmen, Daß ich dich ewig schau.

Justus Gesenius, geb. 1601, † 1671.

97.

Eigene Melodie.

1. Jesu, meines Lebens Leben, Jesu, meines Todes Tod, Der du dich für mich gegeben In die tiefste Seelennot, In das äußerste Verderben, Nur daß ich nicht möchte sterben: Tausend-, tausendmal sei dir, Liebster Jesu, Dank dafür.

2. Du, ach du hast ausgestanden Lästerreden, Spott und Hohn, Speichel, Schläge, Strick und Banden, Du gerechter Gottessohn, Nur mich Armen zu erretten Von des Teufels Sündenketten. Tausend-, tausendmal sei dir, Liebster Jesu, Dank dafür.

3. Wunden ließest du dir schlagen, Ohne Maße littest du, Um zu

heilen meine Plagen, Um zu setzen mich in Ruh. Ach, du hast zu meinem Segen Lassen dich mit Fluch belegen. Tausend=, tausendmal sei dir, Liebster Jesu, Dank dafür.

4. Man hat dich sehr hart verhöhnet, Dich mit großem Schimpf belegt, Gar mit Dornen dich gekrönet. Was hat dich dazu bewegt? Daß du möchtest mich ergötzen, Mir die Ehrenkron aufsetzen. Tausend=, tausendmal sei dir, Liebster Jesu, Dank dafür.

5. Du hast wollen sein geschlagen, Mich zu lösen von der Pein, Fälschlich lassen dich anklagen, Daß ich könnte sicher sein; Daß ich möchte trostreich prangen, Hast du sonder Trost gehangen. Tausend=, tausendmal sei dir, Liebster Jesu, Dank dafür.

6. Du hast dich mit Schmach bedecket, Hast gelitten mit Geduld, Gar den herben Tod geschmecket, Um zu büßen meine Schuld. Daß ich würde losgezählet, Hast du wollen sein gequälet. Tausend=, tausendmal sei dir, Liebster Jesu, Dank dafür.

7. Deine Demut hat gebüßet Meinen Stolz und Übermut, Dein Tod meinen Tod versüßet; Es kommt alles mir zu gut. Dein Verspotten, dein Verspeien Muß zu Ehren mir gedeihen. Tausend=, tausendmal sei dir, Liebster Jesu, Dank dafür.

8. Nun, ich danke dir von Herzen, Jesu, für gesamte Not. Für die Wunden, für die Schmerzen, Für den herben, bittern Tod, Für dein Zittern, für dein Zagen, Für dein tausendfaches Plagen, Für dein Ach und tiefe Pein Will ich ewig dankbar sein.

Ernst Ch. Homburg, geb. 1605, † 1681.

98.

Mel. Freu dich sehr, o meine Seele.

1. Sei mir tau=send=mal ge=grü=ßet, Der mich je und
Je = su, der du selbst ge = bü = ßet Das, wo=mit ich

je ge=liebt,
dich be=trübt! Ach, wie ist mir doch so wohl, Wenn ich knien

und lie=gen soll An dem Kreu=ze, wo du star=best Und um

mei = ne See = le war = best!

2. Heile mich, o Heil der Seelen, Der ich krank und traurig bin. Nimm die Schmerzen, die mich quälen, Nimm den ganzen Schaden hin, Den mir Adams Fall gebracht Und ich selber mir gemacht. Ganz wird unter deinen Händen, Treuer Gott, mein Jammer enden.

3. Schreibe deine blutgen Wunden, Jesu, in mein Herz hinein, Daß sie mögen alle Stunden Bei mir unvergessen sein. Du bist doch mein schönstes Gut, Da mein ganzes Herz mir ruht. Laß mich stets zu deinen Füßen Deiner Lieb und Huld genießen.

4. Dich will ich umfangen halten, Herr, so fest ich immer kann. Schau, o schau mein Händefalten Und mich selber freundlich an Von des hohen Kreuzes Baum, Und gieb meiner Bitte Raum. Sprich: Laß all dein Trauern schwinden, Ich, ich tilg all deine Sünden.

Paul Gerhard, geb. 1606, † 1676.

99.

Mel. Herr Jesu Christ, meins Lebens Licht.

1. Herr Jesu Christ, dein teures Blut Ist meiner Seele höchstes Gut; Das stärkt, das labt, das macht allein Mein Herz von allen Sünden rein.

2. Dein Blut, mein Schmuck, mein Ehrenkleid, Dein Unschuld und Gerechtigkeit Macht, daß ich kann vor Gott bestehn Und zu der Himmelsfreud eingehn.

3. O Jesu Christe, Gottes Sohn, Mein Trost, mein Heil, mein Gnadenthron! Dein teures Blut, dein Lebenssaft Giebt mir stets neue Lebenskraft.

4. Herr Jesu, in der letzten Not, Wenn mich schreckt Teufel, Höll und Tod, So laß ja dies mein Labsal sein: Dein Blut macht mich von Sünden rein!

Joh. Clearius, geb. 1611, † 1684.

100.

Mel. Freu dich sehr, o meine Seele.

1. Der am Kreuz ist meine Liebe, Meine Lieb ist Jesus.
Weg, ihr argen Seelendiebe, Satan, Welt und Fleisches-

Euere Lieb iſt nicht von Gott, Eure Lieb iſt gar der Tod.

Der am Kreuz iſt mei = ne Lie = be, Weil ich mich im Glauben ü=be.

2. Der am Kreuz iſt meine Liebe. Frevler, was befremdet's dich, Daß ich mich im Glauben übe? Jeſus gab ſich ſelbſt für mich. So ward er mein Friedeſchild, Aber auch mein Lebensbild. Der am Kreuz iſt meine Liebe, Weil ich mich im Glauben übe.

3. Der am Kreuz iſt meine Liebe. Sünde, du biſt mir verhaßt. Weh mir, wenn ich dich betrübe, Der für mich am Kreuz erblaßt! Kreuzigt ich nicht Gottes Sohn? Trät ich nicht ſein Blut mit Hohn? Der am Kreuz iſt meine Liebe, Weil ich mich im Glauben übe.

4. Der am Kreuz iſt meine Liebe. Drum, Tyranne, foltre, ſtoß! Hunger, Blöße, Henkershiebe, Nichts macht mich von Jeſu los, Nicht Gewalt, nicht Gold, nicht Ruhm, Engel nicht, kein Fürſtentum. Der am Kreuz iſt meine Liebe, Weil ich mich im Glauben übe.

5. Der am Kreuz iſt meine Liebe. Komm, Tod, komm, mein beſter Freund! Wenn ich, wie ein Staub, zerſtiebe, Wird mein Jeſus mir vereint. Da, da ſchau ich Gottes Lamm, Meiner Seelen Bräutigam. Der am Kreuz iſt meine Liebe, Weil ich mich im Glauben übe.

Joh. Mentzer (?), geb. 1658, † 1734.

101.

Eigene Melodie.

1. Mar=ter Chri=ſti, wer kann dein ver = geſ = ſen, Der in
Niemand kann die Lie = bes=glut er = meſ = ſen, Die uns

dir ſein Wohl=ſein find't!
ſtets zum Dank ent=zünd't. Un = ſre See = le ſoll an dir

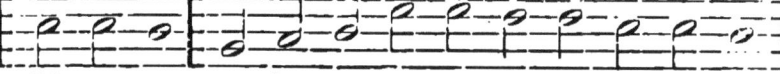

ſich näh=ren, Un=ſre Oh=ren nie was Lieb=res hö = ren.

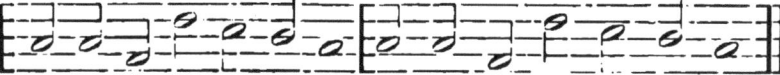

Al = le Ta=ge kommt er mir Schö=ner in dem Bil = de für.

2. Tausend Dank, du treues und Ruh. Auf dein Kreuz laß,
Herz der Herzen! Alles in uns Herr, mich gläubig sehen, Laß dein
betet an, Daß du unter Martern, Marterbild stets vor mir stehen!
Angst und Schmerzen Hast genug So geht mir bis in mein Grab
für uns gethan. Laß dich jedes Nichts an Seligkeiten ab.
um so treuer lieben, Als es noch 4. Die wir uns allhier beisammen
im Glauben sich muß üben, Bis finden, Schlagen unsre Hände ein,
es einst mit deiner Braut Dir ins Uns auf deine Marter zu verbin=
Angesichte schaut. den, Dir auf ewig treu zu sein. Und
3. Meine kranke und bedürftge zum Zeichen, daß dies Lobgetöne
Seele Eilt auf deine Wunden zu, Deinem Herzen angenehm und
Denn sie find't in deiner Seiten= schöne, Sage: Amen! und zugleich:
höhle Trost und Labsal, Fried Friede, Friede sei mit euch!

Chr. R., Graf von Zinzendorf, geb. 1727, † 1752.

102.

Mel. Wie groß ist des Allmächtgen Güte.

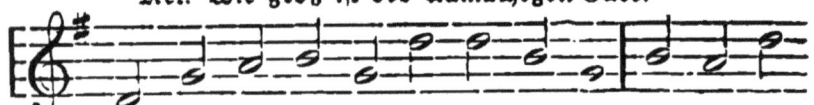

1. O drück=ten Je = su To=des=mie=nen Sich mei=ner
O möch = te stündlich sein Ver=süh=nen In mei=nem

Seel auf e = wig ein! Denn ach, was hab ich ihm zu dan=ken!
Her=zen träf = tig sein!

Für mei = ne Sün=den floß sein Blut. Das hei = let mich,

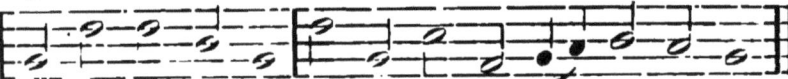

den Armen, Kranken, Und kommt mir e = wig=lich zu gut.

2. Ein Glaubensblick auf Jesu Tod versenkt. Drum läßt er Gnade
Leiden Giebt auch dem blödsten mir verkünden, Die mich mit Le=
Herzen Mut; Die Quelle wahrer benswassern tränkt. O Strom der
Geistesfreuden Ist sein vergoßnes, Liebe, klar und helle, Mein Herz
teures Blut, Wenn seine Kraft das soll offen stehn für dich! O uner=
Herz durchfließet, Sein Lieben un= schöpfte Friedensquelle, Ergieß ohn
sern Geist durchdringt, Wenn seine Ende dich in mich!
Huld die Seel umschließet Und 4. Herr Jesu, nimm für deine
ihr sein Trostwort Frieden bringt. Schmerzen Mich Armen an, so wie
3. Für mich starb Jesus; meine ich bin! Ich setze dir in meinem Her=
Sünden Sind's, die ihn in den zen Ein Denkmal deiner Liebe hin,

Die dich für mich in Tod getrieben, Die mich aus meinem Jammer riß; Ich will dich zärtlich wieder lieben. Du nimmst es an, ich bin's gewiß.

5. Wann einst mein Herz wird stille stehen, So schließ mich ins Er-barmen ein; Dann werd ich dich von nahem sehen In deiner Klarheit ewgem Schein. Die Seele, die durch dich genesen, Ruht dann in deinen Armen aus Und lässet gern den Leib verwesen; Er wird dereinst ihr neues Haus.

Gesangbuch der Brüdergemeinde von 1778.

103.

Mel. O daß ich tausend Zungen hätte.

1. Dem Kö=nig, wel=cher Blut und Le = ben   Dem Le = ben
Dem Kö=nig wer = de Preis ge = ge=ben!   Er = zählt sein

sei=ner Böl=ker weiht,
Lob der E = wig = keit.   Singt al = le Wun=der, die   er   thut,

Doch   ü = ber   al = les rühmt sein Blut.

2. Den König hat mein Herz und Leben gefunden; Wo anders, als auf Golgatha? Da floß mein Heil aus seinen Wunden; Auch mich, auch mich erlöst er da. Für mich gab er sein Leben hin, Der ich von seinen Feinden bin.

3. Wem anders sollt ich mich ergeben, O König, der am Kreuz erblich? Dir opfre ich mein Blut und Leben, Mein ganzes Herz er-gießet sich; Dir schwör ich zu der Kreuzesfahn Als Streiter und als Unterthan.

4. O gieb dein Manna mir zu essen, Dein Freudenwein erquicke mich! O laß mich deiner nie vergessen, In meinem Geist verkläre dich! So halt ich täglich Abendmahl, Da dein Verdienst ohn Maß und Zahl.

Ernst Gottl. Woltersdorf, geb. 1725, † 1761.

104.

Eigene Melodie.

1. O   du   Lie = be   mei = ner   Lie = be,   Du   er=wünsch=
Die   aus   wun=der = ba = rem   Trie=be   Sich   ver=senkt

te Se = lig = keit, Lie = be, die du mir zu gu = te
ins tief = ſte Leid!

Als ein Lamm dich ein = ge = ſtellt Und be = zahlt mit

dei = nem Blu = te Al = le Miſ = ſe = that der Welt!

2. Liebe, die mit Schweiß und Thränen An dem Ölberg ſich betrübt! Liebe, die mit Angſt und Sehnen Unaufhörlich feſt geliebt! Liebe, die den eignen Willen In des Vaters Willen legt Und, den Fluch der Welt zu ſtillen, Treu die Laſt des Kreuzes trägt!

3. Liebe, die mit ſtarkem Herzen Allen Spott und Hohn gehört! Liebe, die in Angſt und Schmerzen Bis zum Tod blieb unverſehrt! Liebe, die ſich liebend zeiget, Wo der Atem geht zu End! Liebe, die ſich liebend neiget, Da ſich Leib und Seele trennt!

4. Liebe, die mit ihren Armen Mich zuletzt umfangen wollt! Liebe, welche mit Erbarmen Mich ſo treulich und ſo hold Ihrem Vater übergeben, Die noch ſterbend für mich bat, Daß ich ewig möchte leben, Weil mich ihr Verdienſt vertrat!

5. Liebe, die mit tiefen Wunden Mit uns Sündern ſich verband: Halt mich ewig dir verbunden, Führ mich ewig an der Hand! Liebe, laß auch meine Schmerzen, Meiner Sünden bittre Pein In dem tiefgebeugten Herzen Sanft von dir geſtillet ſein!

6. Liebe, die für mich geſtorben Und ein unverwelklich Gut Mir am Kreuzesholz erworben, Ach, wie denk ich an dein Blut! Ach, wie dank ich deinen Wunden, Schmerzenreiche Liebe du, Wenn ich in den letzten Stunden Sanft in deinen Armen ruh!

7. Liebe, die ſich tot gekränket Und für mein erkaltet Herz In ein kaltes Grab geſenket, Ach, wie dank ich deinem Schmerz! Habe Dank, daß du geſtorben, Daß ich ewig leben kann. Und der Seelen Heil erworben! Nimm mich ewig liebend an!

Unbekannt.

105.

Mel. O Traurigkeit, o Herzeleid.

1. So ru=heſt du, O mei=ne Ruh, In deines Grabes Höhle

Und erweckſt durch dei = nen Tod Mei = ne to = te See = le.

2. Man ſenkt dich ein Nach vieler Pein, Du, meines Lebens Leben! Dich hat jetzt ein Felſengrab, Fels des Heils, umgeben.

3. Doch, Preis ſei dir! Du konnteſt hier Nicht die Verweſung ſehen; Bald ließ dich des Vaters Kraft Aus dem Grab erſtehen.

4. O Lebensfürſt! Ich weiß, du wirſt Auch mich zum Leben wecken; Sollte denn mein gläubig Herz Vor der Gruft erſchrecken?

5. Sie wird mir ſein Ein Kämmerlein, Da ich im Frieden liege, Weil ich nun durch deinen Tod Tod und Grab beſiege.

6. Nein, nichts verdirbt, Der Leib nur ſtirbt; Doch wird er auferſtehen Und, mit Himmelsglanz verklärt, Aus dem Grabe gehen.

7. Indes will ich, Mein Jeſu, dich In meine Seele ſenken Und an deinen bittern Tod Bis zum Tod gedenken.

Salomon Frank, geb. 1669, † 1725.

106.

Mel. Sollt ich meinem Gott nicht ſingen.

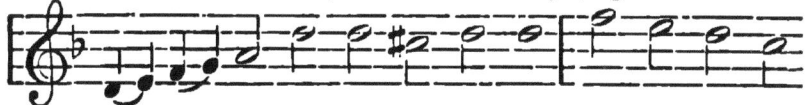

1. A = men! Deines Gra=bes Frie=de Wird auch un = ſer
Wenn wir, von der Wallfahrt mü=de, Ruhn, um fro = her

Grab durchwehn, auf = zu=ſtehn.
A=men! Fürſt der Auf = er = ſte=hung, Der des

Gra = bes Sie = gel brach, Zeuch durch Grab und Tod uns nach

Zu der hei = li = gen Er = hö=hung, Wo dem Lamm, das

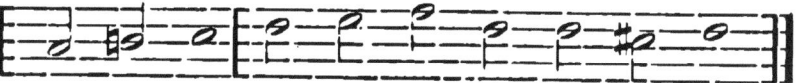

uns ver=ſöhnt, Al = ler Him = mel Lob = lied tönt.

2. Preis dem Herrn! wir werden leben; Weil du auferſtanden biſt, Muß das Grab uns wiedergeben. Preis und Dant dir, Jeſu Chriſt! Du das Haupt, und wir die Glieder: Weil du lebſt, ſo leben wir; Alle ziehſt du nach zu dir, Großer Erſtling deiner Brüder. Preis und Dant! wir leben hier, Leben ewig dort mit dir.

Carl B. Garve, geb. 1763, † 1841.

6. Auferstehung des Herrn. Osterlieder.

107.

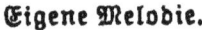

Eigene Melodie.

1. Chri-stus ist er-stan-den Von des To-des Ban-den; Des freu-et sich der En-gel Schar Und singt im Him-mel im-mer-dar: Hal-le-lu-ja!

2. Der für uns sein Leben In den Tod gegeben, Der ist nun unser Osterlamm, Daß wir uns freuen allesamt. Halleluja!

3. Der am Kreuz gehangen, Kein'n Trost konnt erlangen, Der lebet nun in Herrlichkeit, Uns zu vertreten stets bereit. Halleluja!

4. Der so ganz verschwiegen Zur Höllen gestiegen, Den wohlgerüst'-ten Starken band, Der wird nun in der Höh erkannt. Halleluja!

5. Der da lag begraben, Der ist nun erhaben, Und sein Thun wird kräftig erweist Und in der Christen-heit gepreist. Halleluja!

6. Er läßt nun verkünden Ver-gebung der Sünden, Und wie man die durch rechte Buß Nach seiner Ordnung suchen muß. Halleluja!

7. O Christe, Osterlamm! Speis uns heut allesamt; Nimm weg all unsre Missethat, Daß wir dir singen früh und spat: Halleluja!

Böhmische Brüder.

108.

Mel. Erschienen ist der herrlich Tag.

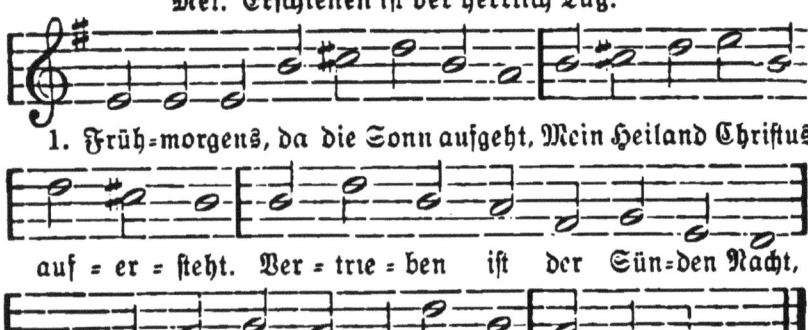

1. Früh-morgens, da die Sonn aufgeht, Mein Heiland Christus auf-er-steht. Ver-trie-ben ist der Sün-den Nacht, Licht, Heil und Le-ben wie-der-bracht. Hal-le-lu-ja!

2. Nicht mehr als nur drei Tage lang Hält meinen Heiland Todeszwang; Am dritten Tag durchs Grab er dringt, Mit Ehren seine Sieg'sfahn schwingt. Halleluja!

3. Jetzt ist der Tag, da mich die Welt Mit Schmach am Kreuz gefangen hält. Drauf folgt der Sabbat in dem Grab, Allda ich Ruh und Frieden hab. Halleluja!

4. In kurzem wach ich fröhlich auf, Mein Ostertag ist schon im Lauf; Ich wach auf durch des Herren Stimm, Veracht den Tod mit seinem Grimm. Halleluja!

5. Der Herr den Tod zu Boden schlägt, Da er selbst tot und sich nicht regt; Geht aus dem Grab in eigner Kraft; Tod, Teufel, Höll nichts an ihm schafft. Halleluja!

6. O Wunder groß, o starker Held! Wo ist ein Feind, den er nicht fällt? Kein Angststein liegt so schwer auf mir, Er wälzt ihn von des Herzens Thür. Halleluja!

7. Lebt Christus, was bin ich betrübt? Ich weiß, daß er mich herzlich liebt; Wann mir gleich alle Welt stürb ab, G'nug, daß ich Christum bei mir hab. Halleluja!

8. Er nährt, er schützt, er tröstet mich, Sterb ich, so nimmt er mich zu sich; Wo er jetzt lebt, da muß ich hin, Weil ich ein Glied seins Leibes bin. Halleluja!

9. Durch seiner Auferstehung Kraft Komm ich zur Engel Brüderschaft; Durch ihn bin ich mit Gott versöhnt, Die Feindschaft ist ganz abgelehnt. Halleluja!

10. Mein Herz darf nicht entsetzen sich, Gott und die Engel lieben mich; Die Freude, die mir ist bereit't, Vertreibet Furcht und Traurigkeit. Halleluja!

11. Für diesen Trost, o großer Held, Herr Jesu, dankt dir alle Welt. Dort wollen wir mit größrem Fleiß Erheben deinen Ruhm und Preis. Halleluja!

Joh. Heermann, geb. 1585, † 1647.

109.

Mel. Es ist gewißlich an der Zeit.

1. O Tod, wo ist dein Sta=chel nun? Wo ist dein Sieg, Was kann uns jetzt der Teu=fel thun, Wie grausam er

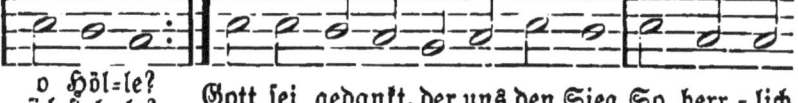

o Höl=le?
sich stel = le?　Gott sei gedankt, der uns den Sieg So herr = lich

hat nach die = sem Krieg Durch Jesum Christ ge = ge = ben!

2. Wie sträubte sich die alte Schlang, Als Christus mit ihr kämpfte! Mit List und Macht sie auf ihn drang, Jedennoch er sie dämpfte. Ob sie ihn in die Fersen sticht, So sieget sie doch darum nicht, Der Kopf ist ihr zertreten.

3. Lebendig Christus kommt her-

7

für, Die Feind nimmt er gefan=
gen, Zerbricht der Höllen Schloß
und Thür, Trägt weg den Raub
mit Prangen. Nichts ist, das in
dem Siegeslauf Den starken Held
kann halten auf; All's liegt da
überwunden.

4. Des Herren Rechte, die behält
Den Sieg und ist erhöhet; Des
Herren Rechte mächtig fällt, Was
ihr entgegen stehet. Tod, Teu=
fel, Hölle, Welt und Sünd In
Christi Sieg gedämpfet sind, Ihr
Zorn ist kraftlos worden.

5. Es war getötet Jesus Christ,
Und sieh, er lebet wieder. Weil
nun das Haupt erstanden ist,
Stehn wir auch auf, die Glieder.
So jemand Christi Worten gläubt,
Im Tod und Grabe der nicht
bleibt; Er lebt, ob er gleich stirbet.

6. Wer täglich hier durch wahre
Reu Mit Christo auferstehet, Ist
dort vom andern Tode frei, Der=
selb ihn nicht angehet; Genommen
ist dem Tod die Macht, Das Leben
ist uns wiederbracht Und unver=
gänglich Wesen.

7. Das ist die rechte Osterbeut,
Der wir teilhaftig werden: Fried,
Freude, Heil, Gerechtigkeit Im
Himmel und auf Erden. Hier sind
wir still und warten fort, Bis un=
ser Leib wird ähnlich dort Christi
verklärtem Leibe.

8. O Tod, wo ist dein Stachel
nun? Wo ist dein Sieg, o Hölle?
Was kann uns jetzt der Teufel thun,
Wie grausam er sich stelle? Gott sei
gedankt, der uns den Sieg So herr=
lich hat in diesem Krieg Durch Je=
sum Christ gegeben!

Justus Gesenius, geb. 1601, † 1671.

110.

Mel. Es ist das Heil uns kommen her.

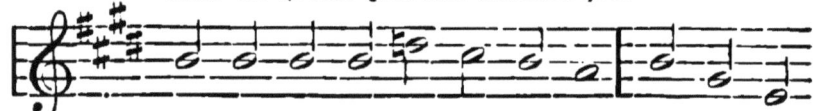

1. Wach auf, mein Herz, die Nacht ist hin,   Die Sonn ist
Er = mun = tre dei=nen Geist und Sinn, Den Hei=land

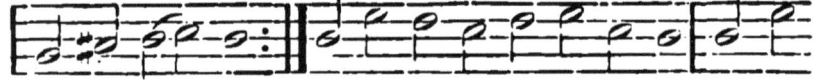

auf = ge = gan = gen.
zu em= pfan =gen,   Der heu=te aus des Todes Thür Ge=bro=

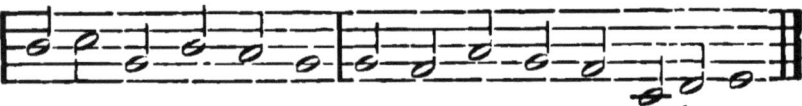

chen aus dem Grab her=für, Der gan=zen Welt zur Won = ne.

2. Steh aus dem Grab der
Sünden auf, Und such ein neues
Leben; Vollführe deinen Glau=
benslauf, Und laß dein Herz sich
heben Gen Himmel, da dein Je=

sus ist, Und such, was droben, als
ein Christ, Der geistlich aufer=
standen.

3. Vergiß nun, was dahinten ist,
Und tracht nach dem, was droben,

Damit dein Herz zu jeder Frist Zu Jesu sei erhoben. Tritt unter dich die böse Welt, Und strebe nach des Himmels Zelt, Wo Jesus ist zu finden.

4. Drückt dich ein schwerer Sorgenstein, Dein Jesus wird ihn heben; Es kann ein Christ bei Kreuzespein In Freud und Wonne leben. Wirf dein Anliegen auf den Herrn, Und sorge nicht, er ist nicht fern, Weil er ist auferstanden.

5. Es hat der Löw aus Judas Stamm Heut siegreich überwunden, Und das erwürgte Gotteslamm Hat uns zum Heil gefunden Das Leben und Gerechtigkeit, Weil er nach überwundnem Streit Die Feinde Schau getragen.

6. Drum auf, mein Herz, fang an den Streit, Weil Jesus überwunden; Er wird auch überwinden weit In dir, weil er gebunden Der Feinde Macht, daß du aufstehst Und in ein neues Leben gehst Und Gott im Glauben dienest.

7. Scheu weder Teufel, Welt noch Tod, Noch gar der Hölle Rachen; Denn Jesus lebt, es hat kein Not, Er ist noch bei den Schwachen Und den Geringen in der Welt Als ein gekrönter Siegesheld. Drum wirst du überwinden.

8. Ach mein Herr Jesu, der du bist Von Toten auferstanden: Rett uns aus Satans Macht und List Und aus des Todes Banden, Daß wir zusammen insgemein Zum neuen Leben gehen ein, Das du uns hast erworben.

9. Sei hochgelobt in dieser Zeit Von allen Gotteskindern, Und ewig in der Herrlichkeit Von allen Überwindern, die überwunden durch dein Blut. Herr Jesu, gieb uns Kraft und Mut, daß wir auch überwinden.

L. Laurentii, geb. 1660, † 1722.

111.

Mel. Christus, der ist mein Leben.

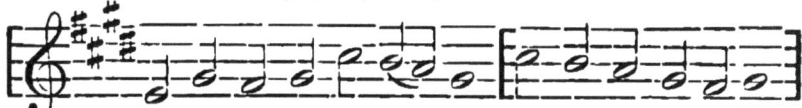

1. Willkommen, Held im Streite, Aus deiner Grabeskluft!

Wir tri = um=phie=ren heu = te Um dei = ne lee = re Gruft.

2. Der Feind wird Schau getragen Und heißt nunmehr ein Spott; Wir aber können sagen: Mit uns ist unser Gott!

3. Der Fried ist uns erstritten, Und jeder Schrecken flieht; In der Gerechten Hütten Erschallt das Siegeslied.

4. Teil uns des Sieges Beute, Den Trost nun reichlich aus; Ach, komm und bring noch heute Dein Heil in Herz und Haus!

5. In deines Grabes Staube Liegt unsre Schuld bedeckt; Des tröstet sich der Glaube, Daß ihn kein Feind mehr schreckt.

6. Du hast das Heil erworben, Wir preisen dich dafür. Sind wir mit dir gestorben, So leben wir mit dir.

7. Wir wollen ohne Grauen Mit dir zu Grabe gehn, Wenn wir nur dort dich schauen Und selig auferstehn.

8. Schwing deine Siegesfah=
nen Auch über unser Herz, Und
zeig uns einst die Bahnen Vom
Tode himmelwärts.

9. Was kann uns denn noch
schaden? Des Todes Pfeil ist
stumpf; Wir sind bei Gott in Gna=
den Und rufen schon: Triumph!

Benj. Schmoll, geb. 1672, † 1737.

112.

Mel. Alle Menschen müssen sterben.

1. Trauernd und mit ban=gem Seh=nen Wandern zwei nach Em=
Ih = re Au = gen sind voll Thränen, Ih = re See = len voll

ma=us. Man hört ih = re Kla=ge=wor=te; Doch es ist von ih=rem
Verdruß,

Er = te Un=ser Je=sus gar nicht weit Und vertreibt die Traurigkeit.

2. Ach, es gehn noch manche
Herzen Ihrem stillen Kummer
nach, Sie bejammern ihre Schmer=
zen, Ihre Not und Ungemach.
Manches wandelt ganz alleine,
Daß es nur zur G'nüge weine;
Doch mein Jesus ist dabei, Fragt:
was man so traurig sei.

3. Oft schon hab ich's auch
empfunden: Jesus läßt mich nie
allein, Jesus stellt zu rechten Stun=
den Sich mit seinem Beistand ein;
Wann ich mich in Leid verzehre,
Gleich als ob er ferne wäre, O so
ist er mehr als nah Und mit sei=
ner Hilfe da.

4. Treuster Freund von allen
Freunden, Bleibe ferner noch bei
mir! Sucht die Welt mich anzu=
feinden, Ach, so sei du auch allhier.
Wenn mich Trübsalswetter schre=
ken, Wollst du mächtig mich bedecken!
Komm, in meinem Geist zu ruhn!
Was du willst, das will ich thun.

5. Bin ich traurig und betrübet,
Herr, so ruf mir in den Sinn, Daß
mich deine Seele liebet Und daß
ich dein eigen bin. Laß dein Wort
mich fester gründen, Laß es auch
mein Herz entzünden, Daß es vol=
ler Liebe brennt Und dich immer
besser kennt.

6. Tröst auch andre, die voll
Jammer Einsam durch die Fluren
gehn, Oder in der stillen Kammer
Tiefbekümmert zu dir flehn. Wenn
sie von der Welt sich trennen, Daß
sie satt sich weinen können, Sprich
dann ihren Seelen zu: Liebes Kind,
was trauerst du?

7. Hilf, wann es will Abend wer=
den, Und der Lebenstag sich neigt,
Wann dem dunkeln Aug auf Erden
Nirgends sich ein Helfer zeigt.
Bleib alsdann in unsrer Mitten,
Wie dich deine Jünger bitten, Bis
du sie getröstet hast; Bleibe, bleibe,
teurer Gast!

Joh. Neunherz, geb. 1653, † 1737.

113.

Mel. Valet will ich dir geben.

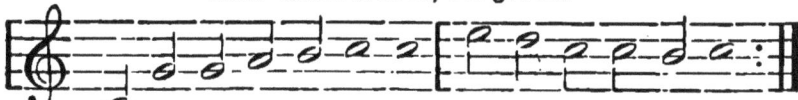

1. Ich geh zu deinem Gra=be,   Du großer O = ster=fürst,
   Weil ich die Hoffnung habe, Daß du mir zei=gen wirst,

Wie man kann fröh=lich ster = ben Und fröh=lich auf = er=stehn,

Auch mit des Himmels Er = ben   Ins Land des Le = bens gehn.

2. Du liegest in der Erde
Und hast sie eingeweiht: Wenn
ich begraben werde, Daß sich
mein Herz nicht scheut, Auch in
den Staub zu legen, Was Asch
und Staub vermehrt, Weil dir
doch allerwegen Die Erde zu=
gehört.

3. Du schläfest in dem Grabe,
Daß ich auch meine Ruh An
diesem Orte habe. Du drückst
die Augen zu: So soll mir
gar nicht grauen, Wenn mein
Gesicht vergeht; Ich werde den
wohl schauen, Der mir zur Seite
steht.

4. Dein Grab war wohl
versiegelt, Doch brichst du es
entzwei; Wenn mich der Tod
verriegelt, So bin ich dennoch
frei. Du wirst den Stein schon
rücken, Der auch mein Grab be=
deckt; Da werd ich den erblicken,
Der mich vom Tod erweckt.

5. Du fährest in die Höhe Und
zeigest mir die Bahn, Wohin ich
endlich gehe, Da ich dich finden
kann. Dort ist es sicher wohnen,
Wo lauter Glanz um dich; Da
warten lauter Kronen In deiner
Hand auf mich.

6. O meines Lebens Leben, O
meines Todes Tod! Ich will mich
dir ergeben In meiner letzten Not.
Ich will mein Bette machen In deine
liebe Gruft; Da werd ich schon er=
wachen, Wenn deine Stimme ruft.

7. Du wirst den Ölberg zeigen,
Wo man gen Himmel fährt. Da
will ich fröhlich steigen, Bis daß ich
eingekehrt In Salems Friedens=
häuser. Da heißt's: Halleluja,
Da trägt man Siegesreiser. Ach,
wär ich nur schon da!

Benj. Schmolk, geb. 1672, † 1737.

114.

Mel. Herr Christ, der einge Gottssohn.

1. Mein Fels hat ü=ber=wunden Der Höl = le gan=zes Heer;
   Der Sa=tan liegt ge=bunden; Die Sün=de kann nicht mehr

Mich durchs Ge = setz ver = dam=men, Denn al = le Zor=nes=

flam = men Hat Je = sus aus = ge = löscht.

2. Auf denn, mein Herz, und bringe Des Dankes Opfer dar! Vertreib die Furcht und singe Mit der Erlösten Schar! Wirf des Gewissens Nagen, Dein Sorgen und dein Zagen In Christi leeres Grab.

3. Ist Jesus auferstanden, Mit Herrlichkeit geschmückt: So bist du ja den Banden Des Todes mit entrückt, Kein Fluch drückt das Gewissen, Der Schuldbrief ist zerrissen; Denn alles ist bezahlt.

4. Ach, willst du noch nicht glauben, Du ungewisser Geist? Kein Teufel kann dir rauben, Was Jesus dir verheißt, Der Licht, Kraft, Fried und Leben Geneigt ist dir zu geben Als seines Sieges Frucht.

5. Wohlan denn, Fürst des Lebens! Dir bring ich, was ich hab. Ich matte mich vergebens Mit meinen Wunden ab, Ich kann sie nicht verbinden; Soll ich Genesung finden, Mußt du sie rühren an.

6. Gieb meinem Glauben Klarheit, Zu sehn, Herr Jesu Christ, Daß du Weg, Leben, Wahrheit, Daß du mir alles bist. Die finstern Wolken teile Des bangen Zweifels, heile Des Glaubens dürre Hand.

7. Laß mich nicht länger wanken Gleich einem Rohr im Wind; Besänftge die Gedanken, Die voller Unruh sind. Du bist der Stuhl der Gnaden; Wer mühsam und beladen, Den rufst du ja zu dir.

8. Hast du den Tod bezwungen, Bezwing ihn auch in mir. Wo du bist durchgedrungen, Da laß mich folgen dir. Erfülle mein Verlangen, Und laß den Kopf der Schlangen In mir zertreten sein.

9. Den Götzen Eigenliebe, Das Gift in meiner Brust, Zerstör durch deine Liebe, Daß alle Fleischeslust, Die dich ans Kreuz geheftet, Ganz möge sein entkräftet Durch deines Kreuzes Kraft.

10. Du lebst, laß mich auch leben Als Glied an deinem Leib, Daß ich gleich einem Reben An dir, dem Weinstock, bleib! Gieb Geisteskraft zur Nahrung, Gieb Stärke zur Bewahrung Der Pflanzung deiner Hand.

11. Leb in mir als Prophete, Und leit mich in dein Licht; Als Priester mich vertrete, Mein Thun und lassen richt. Um deinen ganzen Willen Als König zu erfüllen, Leb, Christe, leb in mir!

Fr. Ad. Lampe, geb. 1683, † 1729.

115.
Mel. Jesus, meine Zuversicht.

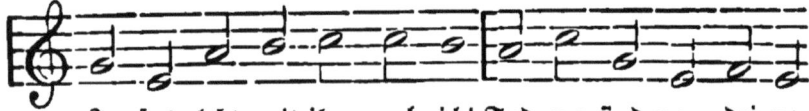

1. Je = sus lebt, mit ihm auch ich! Tod, wo sind nun dei=ne
Je = sus lebt und wird auch mich Von den To = ten auf=er=

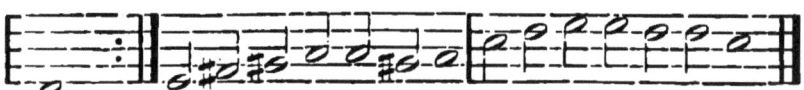

Schret = ten?
wek = ken; Er verklärt mich in sein Licht: Dies ist meine Zuversicht.

2. Jesus lebt! Ihm ist das Reich über alle Welt gegeben; Mit ihm werd auch ich zugleich Ewig herrschen, ewig leben. Gott erfüllt, was er verspricht: Dies ist meine Zuversicht.

3. Jesus lebt! Wer nun verzagt, Lästert ihn und Gottes Ehre. Gnade hat er zugesagt, Daß der Sünder sich bekehre. Gott verstößt in Christo nicht: Dies ist meine Zuversicht.

4. Jesus lebt! Sein Heil ist mein; Sein sei auch mein ganzes Leben. Reines Herzens will ich sein Und den Lüsten widerstreben. Er verläßt den Schwachen nicht: Dies ist meine Zuversicht.

5. Jesus lebt! Ich bin gewiß, Nichts soll mich von Jesu scheiden, Keine Macht der Finsternis, Keine Herrlichkeit, kein Leiden. Er giebt Kraft zu dieser Pflicht: Dies ist meine Zuversicht.

6. Jesus lebt! Nun ist der Tod Mir der Eingang in das Leben. Welchen Trost in Todesnot Wird er meiner Seele geben, Wenn sie gläubig zu ihm spricht: Herr, Herr, meine Zuversicht!

Chr. F. Gellert, geb. 1715, † 1769.

116.

Mel. Wachet auf, ruft uns die Stimme.

1. Hal = le = lu = ja! jauchzt, ihr Chö = re, Singt Je = su Chri =
Er, der Held, ist von den Ban = den Des To = des sieg =

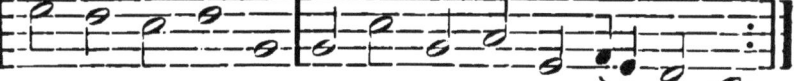

to Preis und Eh = re! Wie groß und herr = lich ist sein Tag!
reich auf = er = stan = den, Er, der für uns im Gra = be lag.

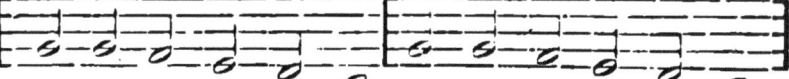

Sein ist Ge = walt und Macht. Preis ihm, er hat's voll = bracht!

Hal = le = lu = ja! Er hat's vollbracht, Er, der die Macht

Des To = des und des Gra = bes hat.

2. Glorreich hat der Held ge=
rungen, Hat mächtig Grab und
Tod bezwungen, Von ihren
Schrecken uns befreit. Wir, von
Gott gewichne Sünder, Sind nun
mit ihm versöhnte Kinder Und Er=
ben seiner Seligkeit. Bald, bald
entschlafen wir, Entschlafen,
Christe, dir, Ruhn in Frieden
Die kurze Nacht, Bis deine Macht
Das Licht des ewgen Tages ruft.
3. Unsern Staub mag Staub
bedecken, Du wirst ihn herrlich auf=
erwecken, Der du des Staubes
Schöpfer bist. Du wirst unver=
gänglich Leben Und Kraft und
Herrlichkeit ihm geben, Dem
Staube, der dir teuer ist. Wir
werden ewig dein, Gerecht und selig
sein. Halleluja! Tod und Gericht
Erschreckt uns nicht; Denn Jesus,
unser Mittler, lebt.

4. Ja, er lebt, uns zu erfreuen
Und alles, alles zu zerstreuen,
Was uns den Lebensfrieden raubt.
Groß ist seines Namens Ehre
Und ewig gültig seine Lehre Und
ewig selig, wer ihm glaubt.
Wir gehn an seiner Hand Durch
dieses Thränenland Hin zum
Himmel; Und dort erhebt Er,
der da lebt, Uns hoch zu Ehren
ewiglich.
5. Tag des Lebens, Tag der
Wonne! Wie wird uns sein, wenn
Gottes Sonne Durch unsers Gra=
bes Dunkel bricht! O, was werden
wir empfinden, Wenn Nacht und
Finsternis verschwinden Und uns
umstrahlt des Himmels Licht!
Vollender! führe du Uns diesem
Tage zu, Uns, die Deinen. Die Le=
bensbahn Gingst du voran; Wir
folgen dir in deine Ruh.

Gottfr. Ben. Funk, geb. 1734, † 1814.

117.

Mel. Erschienen ist der herrlich Tag.

1. Er = inn = re dich, mein Geist, erfreut Des ho = hen Tags der
Herr = lich = keit; Halt im Ge = dächt = nis Je = sum Christ,
Der von dem Tod er = stan=den ist. Hal = le = lu = ja!

2. Fühl alle Dankbarkeit für
ihn, Als ob er heute dir erschien;
Als spräch er: Friede sei mit dir!
So freue dich, mein Geist, in mir.
Halleluja!
3. Schau über dich und bet ihn
an. Er mißt den Sternen ihre
Bahn, Er lebt und herrscht mit

Gott vereint Und ist dein König
und dein Freund. Halleluja!
4. Macht, Ruhm und Hoheit
immerdar Dem, der da ist und der
da war! Sein Name sei gebenedeit
Von nun an bis in Ewigkeit!
Halleluja!
5. Mein Heiland ist für mich er=

höht. Was ist der Erde Maje=
stät, Wenn sie mein Geist mit der
vergleicht, Die ich durch Gottes
Sohn erreicht? Halleluja!

6. Vor seinem Thron, in sei=
nem Reich Unsterblich, heilig, En=
geln gleich Und ewig, ewig selig
sein: Herr, welche Herrlichkeit ist
mein! Halleluja!

7. Du, der du in dem Himmel
thronst, Ich soll da wohnen, wo du
wohnst; Und du erfüllst einst mein
Vertraun, In meinem Fleische
dich zu schaun. Halleluja!

8. Ich soll, wenn du, o Lebens=
fürst, In Wolken göttlich kommen
wirst, Erweckt aus meinem Grabe

gehn Und rein zu deiner Rechten
stehn. Halleluja!

9. Mit Engeln und mit Sera=
phim, Mit Thronen und mit Che=
rubim, Mit allen Frommen aller
Zeit Soll ich mich freun in Ewig=
keit. Halleluja!

10. Nie komm es mir aus mei=
nem Sinn, Was ich, mein Heil, dir
schuldig bin, Damit ich mich, in Lie=
be treu, Zu deinem Bilde stets er=
neu. Halleluja!

11. Er ist's, der alles in uns
schafft; Sein ist das Reich, sein ist
die Kraft. Halt im Gedächtnis Je=
sum Christ, Der von dem Tod er=
standen ist. Halleluja!

Chr. F. Gellert, geb. 1715, † 1769.

118.

Mel. Wie schön leucht't uns der Morgenstern.

1. Er = höh = ter Sie = ges = fürst und Held! Dir jauch=
Du gehst aus dei = nes Gra = bes Thor Als wie

zet die er = lös = te Welt Am Fes = te dei = ner Won=ne.
ein Bräu=ti = gam hervor, Schön wie die Mor=gen = son = ne.

Mäch = tig, Präch=tig Kommst du heu = te Aus dem Strei=te,

Kommst mit Se = gen Uns aus dei = ner Gruft ent=ge = gen.

2. Wie majestätisch bauest du
Am dritten Tage deiner Ruh Den
Leibestempel wieder! Trotz aller
Feinde List und Macht Hast du
dein großes Wort vollbracht: Ich
sterb und lebe wieder. Sehet!

Sehet: Alle Riegel, Band und Sie=
gel Sind zerstöret! Jesus lebt und
ist verkläret!

3. Erlöste, kommt zu diesem Grab
Und blickt glaubensvoll hinab:
Ist dies die Gruft der Schrecken?

Seit Jesus hier geschlummert hat, Sind Gräber eine Ruhestatt, Die Fried und Hoffnung decken. Zagt nicht! Klagt nicht! Diese Glieder Werden wieder Sich erheben Und das Leben Christi leben.

4. Dann werd ich ihn im Lichte sehn, Gekrönt vor seinem Throne stehn Mit himmlischem Entzücken. Dann ist mein Aug von Thränen leer, Dann schreckt mich Sünd und Tod nicht mehr, Nichts kann mich

ihm entrücken. Ewig Selig, Ohne Mängel, Wie die Engel Werd ich leben Und ihm Preis und Ehre geben.

5. Indes zerstöre, starker Held, Was mich noch hier zurücke hält, Daß ich zu dir mich schwinge. O gieb mir deinen Geist, dein Licht, Daß ich, wenn Herz und Auge bricht, Vom Tod ins Leben dringe. Mach mich Mutig In dem Streite, Und bereite Mich beizeiten Zum Triumph der Ewigkeiten!

Chr. Gottl. Götz, geb. 1746, † 1803.

119.

Mel. Sollt ich meinem Gott nicht singen.

1. Auf = er = stan = den, auf = er = stan = den Ist der
Seht, wie hat nach Schmach und Banden Gott mit

Herr, der uns ver=söhnt! Dort auf sei = nes Va=ters
Eh = ren ihn ge = krönt!

Thro=ne, Ü = ber Schmerz und Tod erhöht, Herrscht er nun

in Ma = je = stät. Fal = let nie = der vor dem Soh=ne,

Der uns einst zu sich er=hebt! Hal = le = lu = ja! Je = sus lebt.

2. Singt dem Herrn! er ist er=standen, Der da starb auf Golga=tha. Rühmt es laut in allen Lan=den. Was sein Mund verhieß, ge=schah. Wer kann ihm noch wider=streben? Mächtig steigt der Held empor, Im Triumph bricht er her=

vor. Seht, des Abgrunds Pforten beben, Da ihr Sieger sich erhebt! Halleluja! Jesus lebt.

3. Uns vom Tode zu befreien, Sant er in des Grabes Nacht; Uns zum Leben zu erneuen, Steht er auf durch Gottes Macht. Tod, du

bist in Sieg verschlungen, Deine Schrecken sind gedämpft, Deine Herrschaft ist bekämpft, Und das Leben ist errungen. Ob man unsern Leib begräbt, Halleluja! Jesus lebt.

4. Aus dem Grab uns zu erheben, Ging er zu dem Vater hin. Laßt uns ihm zur Ehre leben, Dann ist Sterben uns Gewinn. Haltet unter Lust und Leiden Im Gedächtnis Jesum Christ, Der vom Tod erstanden ist! Unvergänglich sind die Freuden Des, der nach dem Himmel strebt. Halleluja! Jesus lebt.

5. Freut euch seiner, Gottes Kinder. Er sei euer Lobgesang. Bringt dem Todesüberwinder Ewig Ehre, Preis und Dank. Rühmt es in Versuchungsstunden, Wenn euch Sünd und Elend droht; Rühmt es in der Todesnot: Unser Herr hat überwunden, Der uns einst zu sich erhebt! Halleluja! Jesus lebt.

Joh. Casp. Lavater, geb. 1741, † 1801.

120.

Mel. Wachet auf, ruft uns die Stimme.

1. Je=sus Chri=stus ist er=stan=den! Aus den zersprengten To=des=ban=den Tritt sieg=ver=klä=ret Got=tes Sohn.
Durch des Himmels Tem=pel=hal=len Hört man das Hal=le=lu=ja schal=len, Und Frie=de glänzt um Got=tes Thron.

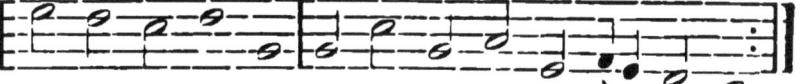

Heil dem, der e=wig liebt, Der al=len Le=ben giebt,

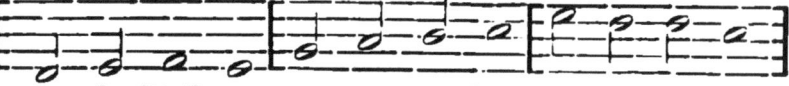

Je=su Chri=sto, Und un=serm Gott! Des To=des Not

Ist auf=ge=löst in Mor=gen=rot!

2. Dem die Schöpfung unterthänig, Bist unser Bruder nun und König Von Ewigkeit zu Ewigkeit. Lieblich ist dein Los gefallen, Und deinen Auserwählten allen Ist gleiche Herrlichkeit bereit. Du stellst auf dem Altar Dein Blut für alle dar Zur Versöhnung. Wir sollen rein, Auf ewig dein, Ein Priester=volk und Fürsten sein.

3. Du wirst mit dem Lebens=
stabe Die Deinen auch aus ihrem
Grabe Ausführen in des Him=
mels Licht. Dann schaun wir
mit ewger Wonne Dich selbst,
Herr Jesu, Gnadensonne, Von
Angesicht zu Angesicht. Den Leib
wird deine Hand Im neuen Va=
terland Neu verklären. Dann sind
wir frei Durch deine Treu. Du
auf dem Thron machst alles neu.

4. Auferstandner, sieh hernie=
der Auf deine Sünder, deine Brü=
der, Die noch im Todesthale stehn!
Komm, Geliebter, uns entgegen,
Daß wir uns völlig freuen mögen,
Und laß uns deine Klarheit sehn.
Heil allen, die mit dir Schon auf=
erstanden hier Durch den Glauben!
Hier sind sie schon Dem Tod ent=
flohn. — Stärk uns den Glauben,
Gottes Sohn!

Alb. Knapp, geb. 1798, † 1864.

121.

Mel. Wachet auf, ruft uns die Stimme.

1. Hal = le = lu = ja, Je = sus le = bet! Er = lö = te Brü=
Hört's, be=trüb=te Sün=der! ge = bet Der Freu=de Raum;

der, kommt, er = he = bet Des gro=ßen Mitt=lers Ma = je = stät.
Denn Je = sus le = bet, Gott hat ihn aus dem Staub er=höht.

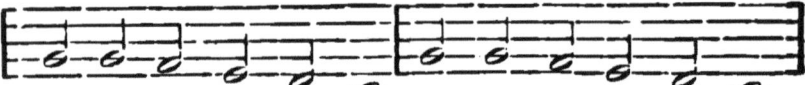

Mein Herz! auch dein Ge = sang Bring Eh = re ihm und Dank.

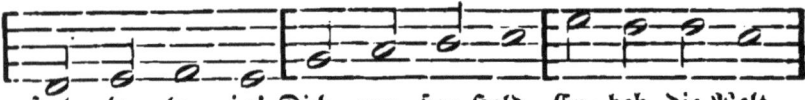

Hal = le = lu = ja! Dich, gro = ßer Held, Er = heb die Welt,

Weil dei = ne Hand den Sieg be = hält!

2. Jünger Jesu! wehrt dem
Leide, Lobsinget ihm und nehmt
voll Freude Am Siege teil, den er
erstritt. Seht, er hat Erlösung
funden, Hat Tod und Hölle über=
wunden; Er herrscht, der für uns

starb und litt! Laßt eure Feinde
dräun! Ihr könnt getrost euch freun.
Jesus lebet! Von Ewigkeit zu Ewig=
keit Derselbe, gestern und auch heut.

3. Nun verzagt auch nicht, Ver=
brecher! Gott ist euch nun kein

strenger Rächer, Wenn ihr die Schuld vor ihm bereut. Durch des Todes Überwinder Ist er versöhnt und gegen Sünder Ein Vater der Barmherzigkeit. Er ruft sein Volk hinauf, Schließt seinen Himmel auf, Sie zu segnen. Wir sind versöhnt, Mit Gott versöhnt, Und Jesus ist von Gott gekrönt.

4. Tod! wo sind nun deine Schrecken? Nicht ewig wird das Grab uns decken, Verwest der Leib gleich in der Gruft. Einst wird er zum bessern Leben Sich aus des Todes Staub erheben, Wenn Jesus den Entschlafnen ruft. Dann wird das Totenfeld Zur lebensvollen Welt. Alles lebet, Sowie verneut Zur Frühlingszeit Der Herr der Welt die Erde kleid't.

5. O Erstandner! welch ein Segen Erwartet uns, wenn wir auf Wegen Einhergehn, die dein Fuß betrat: Unnennbare Seligkeiten! Dies sind die reichen, großen Beuten, Die uns dein Sieg erkämpfet hat. Bald sind sie unser Teil, Bald krönet uns das Heil Deines Lebens. Halleluja! Der Herr ist nah; Bald ist der Tag des Sieges da.

Unbekannt.

7. Himmelfahrt des Herrn. Himmelfahrtslieder.

122.

Mel. Wie schön leucht't uns der Morgenstern.

1. Ach wun = der = gro = ßer Sie = ges = held, Du Sün=
Zur Rech = ten dei = nes Va = ters Kraft, Der Fein=

den = trä=ger al = ler Welt! Heut hast du dich ge = set = zet
de Schar ge=bracht zur Haft, Bis auf den Tod ver = let = zet;

Mäch = tig, Präch=tig, Tri=um = phie=rest, Ju = bi = lie = rest;

Tod und Le = ben, Dir ist al = les un = ter = ge = ben.

2. Dir dienen alle Cherubim, Viel tausend hohe Seraphim Dich großen Sieger loben, Weil du den Segen wiederbracht, Mit Majestät und großer Macht Zur Glorie bist erhoben. Singet, Klinget, Rühmt und ehret Den, so fähret Auf gen Himmel Mit Posaunen und Getümmel.

3. Du bist das Haupt, hingegen wir Sind Glieder; ja, es kommt von

dir Auf uns Licht, Trost und Le=
ben; Heil, Fried und Freude,
Stärk und Kraft, Erquickung,
Labsal, Herzenssaft Wird uns
von dir gegeben. Bringe, Zwin=
ge Mein Gemüte, Mein Geblüte,
Daß es preise, Dir als Siegs=
herrn Ehr erweise.

4. Zeuch, Jesus, uns, zeuch uns
nach dir; Hilf, daß wir forthin für
und für Nach deinem Reiche trach=
ten. Laß unser Thun und Wan=
del sein, Wo Zucht und Demut
tritt herein, All Üppigkeit verach=
ten! Unart, Hoffart Laß uns mei=
den, Christlich leiden, Wohl er=
gründen, Wo die Gnade sei zu
finden.

5. Sei, Jesus, unser Schutz und
Schatz, Sei unser Ruhm und fester
Platz, Darauf wir uns verlassen!
Laß suchen uns, was droben ist;
Auf Erden wohnet Trug und List,
Es ist auf allen Straßen Lügen,
Trügen, Angst und Plagen, Die da
nagen, Die da quälen Stündlich
arme Christenseelen.

6. Herr Jesu, komm, du Gnaden=
thron, Du Siegesfürst, Held, Da=
vids Sohn, Komm, stille das Ver=
langen! Du, du bist allen uns zu
gut, O Jesu, durch dein teures Blut
Ins Heiligtum gegangen. Komm
schier, Hilf mir! Dann so sollen,
Dann so wollen Wir ohn Ende
Fröhlich klopfen in die Hände.

Ernst Chr. Homburg, geb. 1605, † 1681.

123.

Mel. Es ist gewißlich an der Zeit.

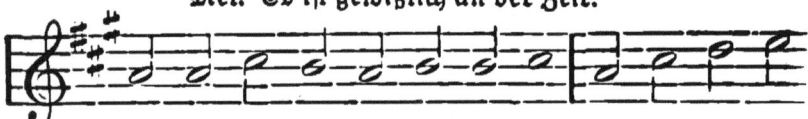

1. Al = lein auf Chri=sti Him=melfahrt Ich mei=ne Nach=
    Al = lein auf sei = ne Hilf ich wart Und bitt, daß er

fahrt gründe;
mir   sen=de   Vom Himmel sei=ne Gnad her=ab, Daß ich der

Welt mög sa = gen ab, Was dro=ben ist, nur su = chen.

2. Weil er gen Himmel sich ge=
wend't, Das Irdische verlassen,
Mein Herz auch nirgend Ruhe
find't, Es will dieselbe Straßen
Zur ewgen Himmelsfreud und
Ehr; Wo Christus ist, sein Haupt
und Herr, Da will es nun auch
ruhen.

3. Von deiner Auffahrt laß die
Gnad, Herr Christe, mich empfan=
gen, Daß mein Herz hie die Nach=
fahrt hab, Bis daß ich werd er=
langen Das Himmelfahrn mit
Seel und Leib Zu Ehren dir und
mir zur Freud; So will ich dir
lobsingen.

Josua Wegelin, um 1640.

124.

Mel. Ach Gott und Herr.

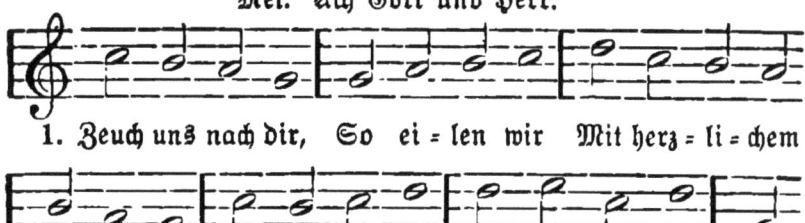

1. Zeuch uns nach dir, So ei=len wir Mit herz=li=chem

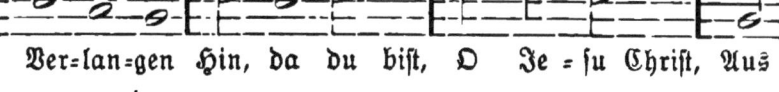

Ver=lan=gen Hin, da du bist, O Je=su Christ, Aus

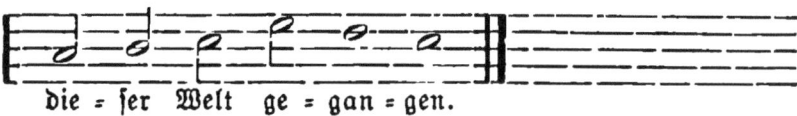

die=ser Welt ge=gan=gen.

2. Zeuch uns nach dir In Liebsbegier, Ach, reiß uns doch von hinnen! So dürfen wir Nicht länger hier Den Kummer= faden spinnen.

3. Zeuch uns nach dir, Herr Christ, und führ Uns deine Him= melsstege. Wir irr'n sonst leicht Und sind verscheucht Vom rechten Lebenswege.

4. Zeuch uns nach dir, So folgen wir Dir nach in deinen Himmel, Daß uns nicht mehr All= hier beschwer Das böse Weltge= tümmel.

5. Zeuch uns nach dir Nun für und für, Und gieb, daß wir nach= fahren Dir in dein Reich, Und mach uns gleich Den auserwählten Scharen.

Lud. Elis., Gräfin v. Schwarzburg=Rudolstadt, geb. 1640, † 1672.

125.

Mel. Aus meines Herzens Grunde.

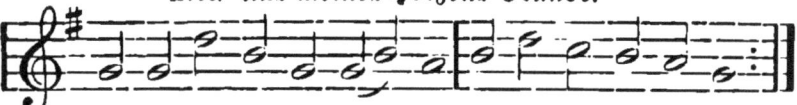

1. Der Herr fährt auf gen Him=mel Mit frohem Ju=bel=ton Aus die=ser Welt Ge=tüm=mel Em=por zu seinem Thron.

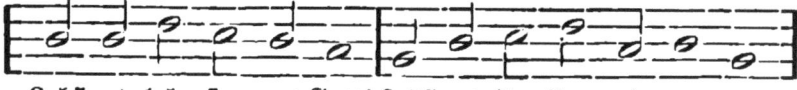

Lobsingt, lob=sin=get Gott! Lobsingt, ihr Na=ti=o=nen,

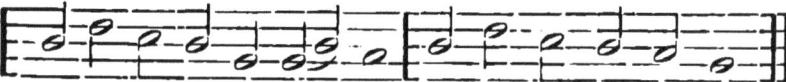

Dem Herrscher al=ler Thro=nen, Dem Her=ren Ze=ba=oth!

2. Wir wissen nun vom Siege, Der unser Haupt erhöht; Wir wissen zur Genüge, Wie man zum Himmel geht. Der Heiland geht voran, Will uns zurück nicht lassen, Er zeiget uns die Straßen, Er bricht uns sichre Bahn.

3. Wir sollen himmlisch werden. Er rüstet selbst den Platz. Wir gehen von der Erden Dorthin, wo unser Schatz. Ihr Herzen, macht euch auf! Wo Jesus hingegangen, Dahin sei das Verlangen, Dahin sei euer Lauf!

4. Laßt uns gen Himmel dringen Mit herzlicher Begier; Laßt uns voll Inbrunst singen: Dich, Jesu, suchen wir, Dich, o du Gottessohn,

Dich, Weg, dich, wahres Leben, Dem alle Macht gegeben, Dich, unsers Hauptes Kron!

5. Fahr hin mit deinen Schätzen, Du trügerische Welt! Wir fliehn aus deinen Netzen. Dort ist, was uns gefällt; Der Herr ist unsre Zier, Der Herr ist unsre Wonne; Zu unsrer Lebenssonne, Zu Jesu ziehen wir.

6. Wann soll es doch geschehen? Wann kommt die liebe Zeit, Daß wir ihn werden sehen In seiner Herrlichkeit? Du Tag, wann wirst du sein, Da wir zu seinen Füßen Anbetend ihn begrüßen? O Tag, brich bald herein!

W. Sacer, geb. 1655, † 1699.

126.

Mel. Freu dich sehr, o meine Seele.

1. Herr! du fährst mit Glanz und Freuden Auf zu deiner Herrlichkeit; Doch mich drücken noch die Leiden Dieses Lebens dieser Zeit. Gieb mir, Jesu, Mut und Kraft, Daß ich meine Pilgerschaft So in dir zu rüsten lege, Daß ich stets dein bleiben möge.

2. Laß mir deinen Geist zurücke, Aber zeuch mein Herz nach dir; Wenn ich nach dem Himmel blicke, Öffne ihn dann gnädig mir. Neige meinem Flehn dein Ohr, Trag es deinem Vater vor, Daß er mir die Schuld vergebe, Daß ich mich bekehr und lebe.

3. Lehre mich die Welt verachten Und was in mir Eitles ist, Und nach dem, was dort ist, trachten, Wo du, mein Erlöser, bist. Wollust, Ehrsucht und Gewinn Soll mich nie zur Erde ziehn, Da ich jenseits überm Grabe Eine größre Hoffnung habe.

4. Diese müsse nichts mir rauben,

Du erwarbst sie teuer mir; Jetzt noch seh ich sie im Glauben, Droben sind ich sie bei dir; Dort belohnst du das Vertraun Deiner Gläubigen durch Schaun Und verwandelst ihre Leiden In unendlich große Freuden.

5. Dort bereit auch mir die Stätte In des Vaters Hause zu, Rufst du frühe oder späte Mich zu meines Grabes Ruh. Leucht auch mir in dieser Nacht Durch die Stärke deiner Macht, Die des Todes Macht bezwungen Und für uns den Sieg errungen.

6. Kommst du endlich glorreich wieder An dem Ende dieser Zeit, O so sammle meine Glieder, Die Verwesung hier zerstreut; Heilge und verklär sie ganz, Daß der Leib im Himmelsglanz, Dann nicht mehr von Staub und Erde, Deinem Leibe ähnlich werde!

Casp. Neumann, geb. 1648, † 1715.

127.

Mel. Womit soll ich dich wohl loben.

1. Sie = ges=fürst und Eh = ren = kö = nig, Hoch = ver=klär = te
   Al = le Him=mel sind zu we = nig, Du bist drü = ber
   Ma = je = stät!
   hoch er=höht: Sollt ich nicht zu Fuß dir fal = len Und mein
   Herz vor Freu = de wal = len, Wenn mein Glau=bens = aug
   be = tracht't Dei = ne Glo = rie, dei = ne Macht?

2. Seh ich dich gen Himmel fahren, Seh ich dich zur Rechten da, Hör ich, wie der Engel Scharen Alle rufen Gloria: Sollt ich nicht zu Fuß dir fallen Und mein Herz vor Freude wallen, Da der Himmel jubiliert, Weil mein König triumphiert?

3. Weit und breit, du Himmelssonne, Deine Klarheit sich ergießt, Daß ein neuer Strom von Wonne Durch die Himmelsgeister fließt. Prächtig wirst du aufgenommen, Freudig heißt man dich willkommen. Schau, ich armes Kindlein hier Ruf auch Hosianna! dir.

4. Sollt ich deinen Kelch nicht trinken, Da ich deine Glorie seh? Sollt mein Mut noch wollen sinken, Da ich deine Macht versteh? Meinem König will ich trauen, Nicht vor Welt und Teufel grauen, Nur in Jesu Namen mich Beugen hier und ewiglich.

5. Geist und Kraft nun überfließen; Laß sie fließen auch auf mich, Bis zum Schemel deiner Füßen

8

Alle Feinde legen sich. Herr, dein Zionszepter sende Bis zum fern= sten Weltenende; Mache dir auf Erden Bahn, Alle Herzen unter= than.

6. Du bist nun an allen Orten, Kannst uns allen nahe sein. Mei= nes Geistes ewge Pforten Stehn dir offen; komm herein! Komm, du König aller Ehren! Du mußt auch bei mir einkehren; Ewig in mir leb und wohn Als in deinem Himmelsthron.

7. Deine Auffahrt bringt mir eben Gott und Himmel innig nah. Lehr mich nur im Geiste leben, Dann steh ich dort vor dir da, Fremd der Welt, der Zeit, den Sinnen, Bei dir abgeschieden drin= nen, In den Himmel mit versetzt, Da mich Jesus nur ergötzt.

Gerh. Tersteegen, geb. 1697, † 1769.

128.

Mel. Allein Gott in der Höh sei Ehr.

1. Herr Je = su, dei = ner Glie=der Ruhm, Du star=kes Haupt der Du hast ein ew = ges Pries=ter=tum, Kannst allzeit se = lig

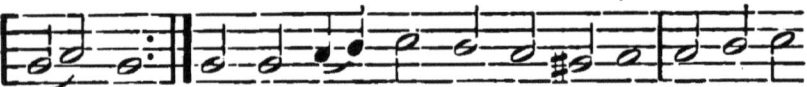

Schwa=chen! ma = chen; Du bist es, der Ge = bet er=hört Und der des

Glaubens Wunsch gewährt, So = bald wir zu dir kom=men.

2. Du läßt durch deine Him= melfahrt Den Himmel offen sehen; Du hast den Weg geoffenbart, Wie wir zum Vater gehen. Der Glau= be weiß und ist gewiß, Du habest uns im Paradies Die Stätte zu= bereitet.

3. Du gingst ins Heiligtum hinein Kraft deiner heilgen Wun= den Und hast ein ewig Seligsein, Verherrlichter, erfunden; Du hast allein durch deine Macht Uns die Gerechtigkeit gebracht, Die unauf= hörlich währet.

4. Ging unser Haupt zum Himmel ein, So werden auch die Glieder Gewiß nicht ausgeschlos= sen sein, Du bringst sie alle wie= der; Sie werden da sein, wo du bist, Und dich verklärt, Herr Je= su Christ, Mit ewger Wonne schauen.

5. Zeuch uns dir nach, so laufen wir; Laß uns ein himmlisch Wesen In Worten, Werken und Begier Von nun an, Herr, erlesen. Zeuch unser Herz dem Himmel zu, Damit wir Wandel, Schatz und Ruh Nur in dem Himmel haben.

6. Was droben ist, laß künftighin Uns unablässig suchen; Was eitel heißt, das lehr uns fliehn, Was sündlich ist, verfluchen. Weg Welt! dein Schatz und Freudenschein Ist viel zu elend, zu gemein Für himm= lische Gemüter.

7. O Kleinod, das im Him=
mel strahlt, Nach dir nur will
ich laufen! O Perle, die kein
Weltkreis zahlt, Dich will ich
hier noch kaufen! O Erbteil voll
Zufriedenheit, O Himmel voller
Seligkeit, Sei mein aus Jesu
Gnaden!

Ph. Fr. Hiller, geb. 1699, † 1769.

8. **Das ewige Hohepriestertum und Königtum des Herrn.**

129.

Eigene Melodie.

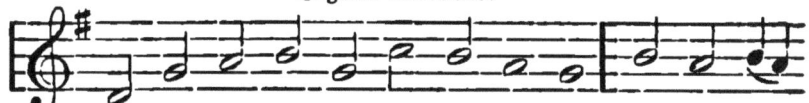

1. Mein Je = su, dem die Se = ra = phi=nen Im Glanz der
Selbst mit be = deck=tem Ant = litz die=nen, Wenn dein Be=

höch=sten Ma=je = stät
fehl an sie er=geht: Wie soll=ten blö=de Flei=sches=au = gen,

Die der ver = haß = ten Sün = den Nacht Mit ih = rem Schat=ten

trüb gemacht, Dein hel = les Licht zu schau = en tau = gen?

2. Doch gönne meinen Glau=
bensblicken Den Eingang in dein
Heiligtum, Und laß mich deine
Gnad erquicken Zu meinem Heil
und deinem Ruhm. Reich deinen
Zepter meiner Seele, Die sich, wie
Esther, vor dir neigt Und dir als
deine Braut sich zeigt; Sprich:
Ja, du bist's, die ich erwähle.

3. Sei gnädig, Jesu, voller
Güte, Dem Herzen, das nach
Gnade lechzt, Hör, wie mein seh=
nendes Gemüte: Gott sei mir Ar=
men gnädig! ächzt. Ich weiß, du
kannst mich nicht verstoßen; Wie
könntest du ungnädig sein Mir,
den dein Blut von Schuld und Pein
Erlöst, da es so reich geflossen?

4. Ich fall in deine Gnadenhände
Und bitte mit dem Glaubenskuß:
Gerechter König, wende, wende Die
Gnade zu der Herzensbuß! Ich bin
gerecht durch deine Wunden, Und
nichts Verdammlichs ist an mir;
Bin aber ich versöhnt mit dir, So
bleib ich auch mit dir verbunden.

5. Reich mir die Waffen aus der
Höhe. Und stärke mich durch deine
Macht, Daß ich im Glauben sieg
und stehe, Wenn Stärk und List
der Feinde wacht. So wird dein
Gnadenreich auf Erden, Das uns
zu deiner Ehre führt Und endlich
gar mit Kronen ziert, Auch in mir
ausgebreitet werden.

6. Ja, ja, mein Herz will dich

umfaffen, Erwähle es, Herr, zu dei=
nem Thron! Haft du aus Lieb
ehmals verlaffen Des Himmels
Pracht und deine Kron: So
würdge auch mein Herz, o Leben,
Und laß es deinen Himmel fein,
Bis du, wann dieser Bau fällt ein,
Mich wirft in deinen Himmel
heben.

7. Ich fteig hinauf zu dir im
Glauben, Steig du in Lieb herab
zu mir; Laß mir nichts diefe Freude
rauben, Erfülle mich nur ganz mit
dir. Ich will dich fürchten, lieben,
ehren, Solang in mir das Herz
fich regt; Und wenn dasfelb auch
nicht mehr fchlägt, Soll ewig doch
die Liebe währen.

Wolfg. Chr. Deßler, geb. 1660, † 1722.

130.

Mel. Alle Menfchen müffen fterben.

1. Gro = ßer Mitt=ler, der zur Rech=ten Sei=nes gro=
   Und die Schar von fei = nen Knechten In dem Reich

ßen Va=ters fitzt   Dem auf dem er = hab=nen Thro=ne
der Gna=de fchützt,

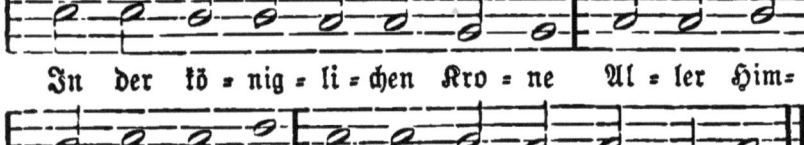

In der kö = nig = li = chen Kro = ne   Al = ler Him=

mel zahl=los Heer Bringt in   De = mut Preis und Ehr!

2. Dein Erlösungswerk auf Er=
den Und dein Opfer ift vollbracht,
Was vollendet follte werden, Ift
gefchehn durch deine Macht. Gnad
und Fried ift uns erworben, Da
du für die Welt geftorben, Und
dein fiegreich Auferftehn Läßt uns
in die Freiheit gehn.

3. Nunmehr ift es dein Gefchäfte
In dem obern Heiligtum, Die er=
worbnen Lebenskräfte Durch dein
Evangelium Allen denen mitzutei=
len, Die zum Thron der Gnade
eilen; Nun wird uns durch deine
Hand Heil und Segen zugewandt.

4. Die durch dich zum Vater ka=
men, Derer denkeft du mit Luft,
Trägeft eines jeden Namen Prie=
fterlich auf deiner Bruft. Du ver=
trittft, die an dich glauben, Daß fie
nichts dir möge rauben, Bitteft in
des Vaters Haus Ihnen eine
Wohnung aus.

5. Doch vergiffeft du der Armen,
Die der Welt noch dienen, nicht,
Weil dein Herz dir von Erbarmen
Über ihrem Elend bricht. Daß dein
Vater ihrer fchone, Daß er nicht nach
Werken lohne, Daß er ändre ihren
Sinn, Ach, da zielt dein Bitten hin.

6. Zwar in deines Fleisches Tagen, Als die Sünden aller Welt Noch auf deinen Schultern lagen, Hast du dich vor Gott gestellt, Bald mit Flehen, bald mit Weinen Für die Sünder zu erscheinen; O in welcher Niedrigkeit Batest du zu jener Zeit!

7. Aber nun wird deine Bitte Von der Allmacht unterstützt, Seit in der vollkommnen Hütte Die verklärte Menschheit sitzt. Nun kannst du des Feindes Klagen Majestätisch niederschlagen, Und nun macht dein redend Blut Unsre böse Sache gut.

8. Großer Mittler, sei gepriesen, Daß du in dem Heiligtum So viel Treu an uns bewiesen; Dir sei Ehre, Dank und Ruhm! Laß uns dein Verdienst vertreten, Wenn wir zu dem Vater beten. Schließt die Lippen uns der Tod, Sprich für uns in letzter Not.

Joh. Jac. Rambach, geb. 1693, † 1735.

131.

Mel. Schmücke dich, o liebe Seele.

1. Kö=nig, dem kein Kö=nig glei=chet, Des=sen Ruhm kein
   Dem als Gott das Reich ge=büh=ret, Der als Mensch das

Mund er=rei=chet,
Zep=ter füh=ret,   Dem das Recht ge=hört zum Thro=ne

Als des Va=ters ein=gem Soh=ne, Den so viel Voll=

kom=men=hei=ten Krö=nen, zie=ren und be=glei=ten!

2. Himmel, Erde, Luft und Meere, Aller Kreaturen Heere Müssen dir zu Dienste stehen; Was du willst, das muß geschehen. Fluch und Segen, Tod und Leben, Alles ist dir übergeben, Und vor deines Mundes Schelten Zittern Menschen, Engel, Welten.

3. In des Gnadenreiches Grenzen Sieht man dich am schönsten glänzen. Wo viel tausend treue Seelen Dich zu ihrem Haupt erwählen, Die durchs Zepter deines Mundes Nach dem Recht des Gnadenbundes Sich von dir regieren lassen Und, wie du, das Unrecht hassen.

4. In dem Reiche deiner Ehren Kann man stets dich loben hören Von dem himmlischen Geschlechte, Von der Menge deiner Knechte, Die dort ohne Furcht und Grauen Dein verklärtes Antlitz schauen, Die dich unermüdet preisen Und dir Ehr und Dienst erweisen.

5. Herr in allen diesen Reichen!
Dir ist niemand zu vergleichen An
dem Überfluß der Schätze, An der
Ordnung der Gesetze, An Vortreff-
lichkeit der Gaben, Welche deine
Bürger haben; Du beschützest deine
Freunde, Du bezwingest deine
Feinde.

6. Herrsch auch, Herr, in meinem
Herzen Über Lüste, Furcht und
Schmerzen. Laß Dein Leben in mich
fließen, Laß mich dich im Geist ge-
nießen, Ehren, fürchten, loben, lie-
ben Und mich im Gehorsam üben,
Siegen hier mit dir im Streite,
Dort mitherrschen dir zur Seite.

Joh. Jac. Rambach, geb. 1693, † 1735.

132.

Mel. Alles ist an Gottes Segen.

1. Je-sus Christus herrscht als König, Al-les ist ihm un-ter-

thä-nig, Al-les legt ihm Gott zu Fuß. Jede Zunge soll be-kennen:

Je-sus sei der Herr zu nennen, Dem man Ehre ge-ben muß.

2. Fürstentümer und Gewalten,
Mächten, die die Thronwacht hal-
ten, Geben ihm die Herrlichkeit.
Alle Herrschaft dort im Himmel,
Hier, im irdischen Getümmel, Ist
zu seinem Dienst bereit.

3. Engel und erhabne Thronen,
Die beim ewgen Lichte wohnen —
Nichts ist gegen Jesum groß. Alle
Namen hier auf Erden, Wie sie
auch vergöttert werden, Sie sind
Teil aus seinem Los.

4. Gott, des Weltalls großer
Meister, Hat die Engel wohl als
Geister Und als Flammen um den
Thron; Sagt er aber je zu Knechten:
„Setze dich zu meiner Rechten!"?
Nein, er sprach es zu dem Sohn.

5. Gott ist Herr, der Herr ist Ei-
ner, Und demselben gleichet keiner.
Nur der Sohn, der ist ihm gleich;
Dessen Stuhl ist unumstößlich,
Dessen Leben unauflöslich, Dessen
Reich ein ewges Reich.

6. Gleicher Macht und gleicher
Ehren, Thront er unter lichten Chö-
ren Überm Glanz der Cherubim;
In der Welt und Himmel Enden
Hat er alles in den Händen, Denn
der Vater gab es ihm.

7. Nur in ihm — o Wunder-
gaben! — Können wir Erlösung haben, Die Erlösung durch sein Blut.
Hört's! das Leben ist erschienen,
Und ein ewiges Versühnen Kommt
in Jesu uns zu gut.

8. Alles dieses nicht alleine: Die begnadigte Gemeine hat ihn auch zu ihrem Haupt. Er hat sie mit Blut erkaufet, Zu dem Himmelreich getaufet, Und sie lebet, weil sie glaubt.

9. Gebt, ihr Sünder, ihm die Herzen! Klagt, ihr Kranken, ihm die Schmerzen! Sagt, ihr Armen, ihm die Not! Er kann alle Wunden heilen, Reichtum weiß er auszuteilen, Leben schenkt er nach dem Tod.

10. Komm, zum Tod verdammt Geschlechte! Der Gerechte macht Gerechte, Heilge aus der Sünder Rott. Komm! du wirst noch angenommen; Komm getrost! er heißt dich kommen; Sag ihm nur: mein Herr und Gott!

11. Eil! es ist nicht Zeit zum Schämen. Willst du Gnade? du sollst nehmen. Willst du leben? es soll sein. Willst du erben? du sollst's sehen. Soll der Wunsch aufs höchste gehen: Willst du Jesum? er ist dein.

12. Allen losgekauften Seelen Soll's an keinem Gute fehlen, Denn sie glauben, Gott zum Ruhm.

Werte Worte, teure Lehren! Möcht doch alle Welt dich hören, Süßes Evangelium!

13. Zwar das Kreuz drückt Christi Glieder Hier auf kurze Zeit danieder, Und das Leiden geht zuvor. Nur Geduld! es folgen Freuden; Nichts kann sie von Jesu scheiden, Und ihr Haupt zieht sie empor.

14. Ihnen steht ein Himmel offen, Welcher über alles Hoffen, Über alles Wünschen ist. Die geheiligte Gemeine Weiß, daß eine Zeit erscheine, Da sie ihren König küßt.

15. Jauchzt ihm, Menge heilger Knechte! Rühmt, vollendete Gerechte, Und du Schar, die Palmen trägt, Und ihr Märt'rer mit der Krone Und du Chor vor seinem Throne, Der die Gottesharfen schlägt!

16. Ich auch, auf den tiefsten Stufen, Ich will glauben, zeugen, rufen, Ob ich schon noch Pilgrim bin: Jesus Christus herrscht als König! Alles sei ihm unterthänig! Ehret, liebet, lobet ihn!

Ph. Fr. Hiller, geb. 1699, † 1769.

133.

Mel. Nun danket all und bringet Ehr.

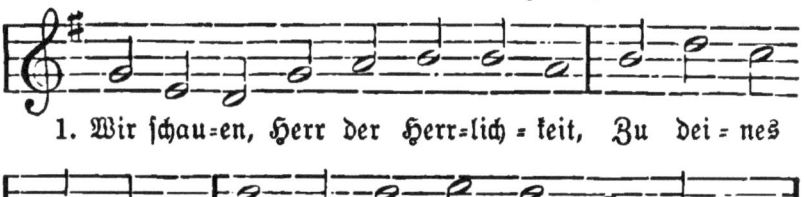

1. Wir schau=en, Herr der Herr=lich = keit, Zu dei = nes

Thro=nes Höhn, Vor dem, auf dei = nen Wink be = reit,

Viel tau = send En = gel stehn.

2. Du nahmst von deiner Herr=
lichkeit Schon längst Besitz; nur
wir, Wir leben immer noch im
Streit Und sehnen uns nach dir.

3. Doch du bist nah, wir zagen
nicht, Uns schützet deine Hand;
Du giebst auf unserm Pfade Licht,
Und führst zum Vaterland.

4. Du stärkest unsers Glaubens
Mut Mit deiner Gegenwart.
Wohl dem, der deinen Willen
thut Und deiner gläubig harrt!

5. Wir preisen dich in dieser Zeit,
Dich, der solch Glück uns schenkt,
Der noch in seiner Herrlichkeit Der
schwachen Freunde denkt.

6. Ja, Herr des Lebens, Jesus
Christ, Auf dich nur hoffen wir.
Wir suchen nun, was droben ist,
Und sind im Geist bei dir.

7. Vollenden wir einst unsern
Lauf, So eil, uns beizustehn.
Nimm uns in deinen Himmel auf,
Dein volles Heil zu sehn.

Unbekannt.

9. Wiederkunft des Herrn.

134.

Eigene Melodie.

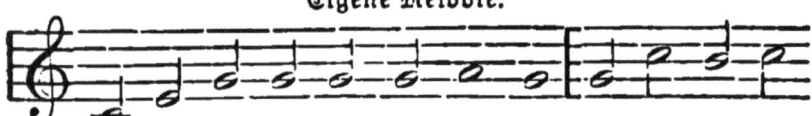

1. Wa=chet auf! ruft uns die Stim=me Der Wäch=ter sehr
Mit=ter=nacht heißt die = se Stun=de! Sie ru = fen uns

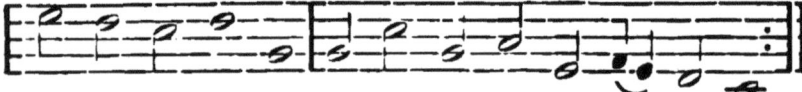

hoch auf der Zin=ne, Wach auf, du Stadt Je = ru = sa = lem!
mit hel=lem Mun=de: Wo seid ihr klu = gen Jung=frauen?

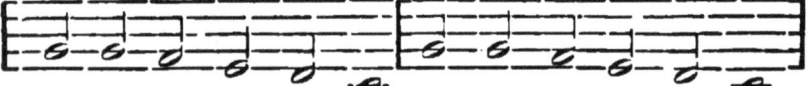

Wohlauf! der Bräutgam kommt! Steht auf, die Lam=pen nehmt!

Hal = le = lu = ja, Macht euch be = reit Zu der Hoch=zeit,

Ihr müs = set ihm ent = ge = gen gehn!

2. Zion hört die Wächter singen,
Das Herz thut ihr vor Freuden
springen, Sie wachet und steht ei=
lend auf. Ihr Freund kommt vom
Himmel prächtig, Von Gnaden
stark, von Wahrheit mächtig, Ihr
Licht wird hell, Ihr Stern geht auf.
Nun komm, du werte Kron, Herr

Jesu, Gottes Sohn! Hosianna! Wir folgen all Zum Freudensaal Und halten mit das Abendmahl.

3. Gloria sei dir gesungen Mit Menschen- und mit Engelzungen, Mit Harfen und mit Zimbeln schön! Von zwölf Perlen sind die Thore An deiner Stadt, Wir sind im Chore Der Engel hoch um deinen Thron. Kein Aug hat je gesehn, Kein Ohr hat je gehört Solche Freude; Drum jauchzen wir Und singen dir Das Halleluja für und für.

Ph. Nicolai, geb. 1556, † 1608.

135.

Mel. Valet will ich dir geben.

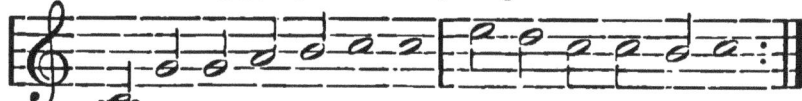

1. Er-muntert euch, ihr Frommen, Zeigt eurer Lampen Schein! Der Abend ist ge-kom-men, Die fin-stre Nacht bricht ein;

Es hat sich auf-ge-ma-chet Der Bräu-ti-gam mit Pracht.

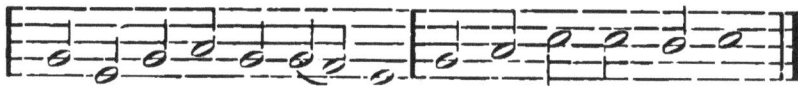

Auf, be-tet, kämpft und wa-chet, Bald ist es Mit-ter-nacht!

2. Macht eure Lampen fertig, Und füllet sie mit Öl, Und seid des Heils gewärtig, Bereitet Leib und Seel. Die Wächter Zions schreien: Der Bräutigam ist nah, Begegnet ihm in Reihen Und singt Halleluja!

3. Ihr klugen Jungfraun alle, Hebt nun das Haupt empor Mit Jauchzen und mit Schalle Zum frohen Engelchor! Die Thür ist aufgeschlossen, Die Hochzeit ist bereit. Auf, auf, ihr Reichsgenossen, Der Bräutgam ist nicht weit!

4. Er wird nicht lang verziehen, Drum schlafet nicht mehr ein. Man sieht die Bäume blühen, Der schönste Frühlingsschein Verheißt Erquickungszeiten; Die Abendröte zeigt Den schönen Tag von weitem, Vor dem das Dunkle weicht.

5. Wer wollte denn nun schlafen? Wer klug ist, der ist wach. Gott kommt, die Welt zu strafen, Zu üben Grimm und Rach An allen, die nicht wachen, Und die des Tieres Bild Anbeten samt dem Drachen. Drum auf, der Löwe brüllt!

6. Begegnet ihm auf Erden, Ihr, die ihr Zion liebt, Mit freudigen Gebärden, Und seid nicht mehr betrübt! Es sind die Freudenstunden Gekommen, und der Braut Wird, weil sie überwunden, Die Krone nun vertraut.

7. Die ihr Geduld getragen Und mit gestorben seid, Sollt nun nach Kreuz und Klagen In Freuden sonder Leid Mit leben und regieren Und vor des Lammes Thron Mit Jauchzen triumphieren In eurer Siegestron.

8. Hier sind die Siegespalmen; Hier ist das weiße Kleid; Hier stehn die Weizenhalmen Im Frieden nach

dem Streit Und nach den Winter= mahl; Hier soll sich niederlassen
tagen; Hier grünen die Gebein, Die Braut im Rosenthal.
Die dort der Tod erschlagen; 10. O Jesu, meine Wonne,
Hier schenkt man Freudenwein. Komm bald, und mach dich auf!
9. Hier ist die Stadt der Freu= Geh auf, verlangte Sonne, Und
den, Jerusalem, der Ort, Wo die fördre deinen Lauf! O Jesu,
Erlösten weiden; Hier ist die sichre mach ein Ende, Und führ uns aus
Pfort; Hier sind die güldnen dem Streit! Wir heben Haupt und
Gassen; Hier ist das Hochzeits= Hände Nach der Erlösungszeit.

Laurent. Laurentii, geb. 1660, † 1722.

136.

Mel. Was Gott thut, das ist wohlgethan.

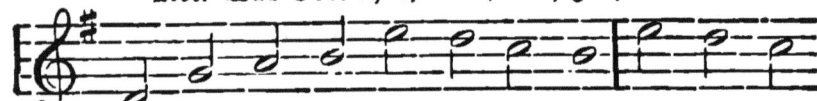

1. Wir war=ten dein, o Got=tes Sohn, Und lie=ben
Bald ist die War=te=zeit ent=flohn, Bald kommst du

dein Erschei=nen.
zu den Teinen.   Wer an dich glaubt, Erhebt sein Haupt Und sieht

dir froh ent=ge=gen; Du brin=gest Him=mels=se=gen.

2. Wir warten dein, doch mit bar kommen; Und dann wirst du
Geduld, In unsern Prüfungsta= Bei dir uns Ruh, Bei dir uns
gen. Du hast dein Kreuz für unsre Freude geben Und ewges Him=
Schuld So demutsvoll getragen. melsleben.
Wie sollten wir Uns nicht mit dir 4. Wir warten dein, du kommst
Zum Kreuze gern bequemen, Bis gewiß, Dir klopfen schon die Her=
du's hinweg wirst nehmen? zen, Vergessen aller Kümmerniß,
3. Wir warten dein, du hast Vergessen aller Schmerzen. Der=
uns ja Das Herz schon hinge= einst, dereinst, Wann du erscheinst,
nommen. Stets bist du uns im Soll unser Mund lobsingen Und
Geiste nah, Doch willst du sicht= ewig Dank dir bringen.

Ph. Fr. Hiller, geb. 1699, † 1769.

137.

Mel. Nun danket all und bringet Ehr.

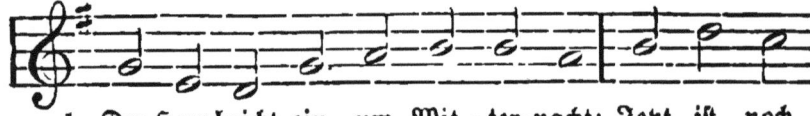

1. Der Herr bricht ein um Mit=ter=nacht; Jetzt ist noch

al = les ftill. Wohl dem, der fich nun fer = tig macht

Und ihm be = geg = nen will!

2. Er hat es uns zuvor gesagt
Und einen Tag bestellt. Er
kommt, wenn niemand nach ihm
fragt, Noch es für möglich hält.

3. Wie liegt die Welt so blind
und tot! Sie schläft in Sicherheit
Und meint, des großen Tages
Not Sei noch so fern und weit.

4. Sind eure Lampen rein und
voll? Brennt euer Glaubenslicht,
Wenn nun der Aufbruch kommen
soll, Daß uns kein Öl gebricht?

5. So wache denn, mein Herz
und Sinn, Und schlummre ja nicht

mehr! Blick täglich auf sein Kom=
men hin, Als ob es heute wär!

6. Der Tag der Rache nahet sich;
Der Herr kommt zum Gericht. Du,
meine Seele, schicke dich, Steh,
und verzage nicht!

7. Dein Teil und Heil ist schön
und groß. Steh auf! Du hast es
Macht. Ergreif im Glauben du
das Los, Das Gott dir zugedacht.

8. Der Herr bricht ein um Mit=
ternacht; Jetzt ist noch alles still.
Wohl dem, der sich nun fertig
macht Und ihm begegnen will!

Unbekannt, aus dem Brüder-Gesangbuch.

IV. Gott der heilige Geist und die Heiligung.

Pfingstlieder.

138.

Eigene Melodie.

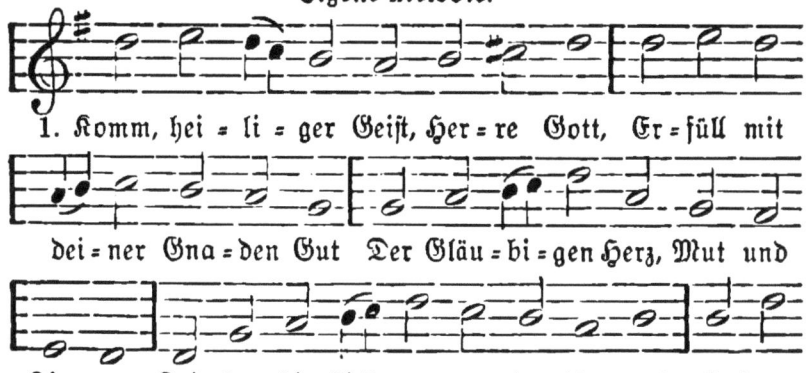

1. Komm, hei = li = ger Geift, Her = re Gott, Er = füll mit

dei = ner Gna = den Gut Der Gläu = bi = gen Herz, Mut und

Sin=nen, Dein brünftig Lieb ent=zünd in ih = nen! O Herr,

durch dei=nes Lichtes Glanz Zu dem Glau=ben ver=sam=melt hast

Das Volk aus al = ler Län = der Zun=gen. Das sei dir, Herr,

zu Lob ge = sun=gen! Hal = le = lu = ja! Hal = le = lu = ja!

2. Du heiliges Licht, edler Hort! Laß uns leuchten des Lebens Wort, Und lehre uns Gott recht erkennen, Von ganzem Herzen Vater nennen. O Herr! behüt vor fremder Lehr, Daß wir nicht Meister suchen mehr, Denn Jesum Christ mit rechtem Glauben, Und ihm aus ganzer Macht vertrauen. Halleluja! Halleluja!

3. Du heilige Brunst, süßer Trost! Nun hilf uns fröhlich und getrost In deinem Dienst beständig bleiben, Laß Trübsal uns von dir nicht treiben. O Herr! durch dein Kraft uns bereit, Und stärk des Fleisches Blödigkeit, Daß wir hier ritterlich stets ringen, Durch Tod und Leben zu dir dringen. Halleluja! Halleluja!

M. Luther, geb. 1483, † 1546.

139.

Eigene Melodie.

1. Nun bit = ten wir den heil = gen Geist Um den

rech = ten Glauben al = ler=meist, Daß er uns be = hü = te

An un = serm En = de, Wenn wir heim=fah = ren einst

aus dem E = len = de. Er=barm dich, Herr.

2. Du wertes Licht! gieb deinen Schein, Lehr uns Christum kennen ganz allein, Daß wir an ihm bleiben, Dem treuen Heiland, Der uns gebracht zum rechten Vaterlande. Erbarm dich, Herr.

3. Du süße Lieb! schenk deine Gunst, Laß empfinden uns der Lieb Inbrunst, Daß wir uns von Herzen Einander lieben, In Frieden stets auf einem Sinne bleiben. Erbarm dich, Herr.

4. Du höchster Trost in aller Not! Hilf, daß wir nicht fürchten Schand und Tod, Daß in uns die Sinne Nicht einst verzagen, Wenn dort der Feind das Leben will verklagen. Erbarm dich, Herr.

M. Luther, geb. 1483, † 1546.

140.

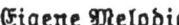

Eigene Melodie.

1. O heil = ger Geist, o heil = ger Gott, Du Trös=ter wert in al = ler Not! Du bist ge = sandt von's Him=mels Thron, Von Gott dem Va = ter und dem Sohn. O heil = ger Geist, O heil = ger Gott!

2. O heilger Geist, o heilger Gott! Gieb uns die Lieb zu deinem Wort, Zünd an in uns der Liebe Flamm, Darnach zu lieben allesamt. O heilger Geist, o heilger Gott!

3. O heilger Geist, o heilger Gott! Mehr unsern Glauben immerfort; An Christum niemand glauben kann, Es sei denn durch dein Hilf gethan. O heilger Geist, o heilger Gott!

4. O heilger Geist, o heilger Gott! Erleucht uns durch dein göttlich Wort, Lehr uns den Vater kennen schon, Dazu auch deinen lieben Sohn. O heilger Geist, o heilger Gott!

5. O heilger Geist, o heilger Gott! Du zeigest uns die Himmelspfort; Laß uns hier kämpfen ritterlich Und zu dir dringen seliglich. O heilger Geist, o heilger Gott!

6. O heilger Geist, o heilger Gott! Verlaß uns nicht in Not und Tod. Wir singen dir Lob, Ehr und Dank Allzeit und unser lebenlang. O heilger Geist, o heilger Gott!

Unbekannt.

141.

Mel. Aus meines Herzens Grunde.

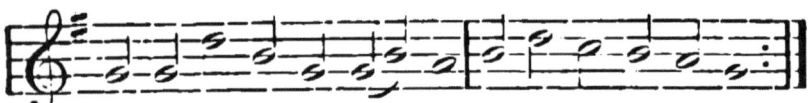

1. Zeuch ein zu mei=nen Tho=ren, Sei meines Herzens Gast,
Der du, da ich ge = bo = ren, Mich neu ge = bo=ren hast.

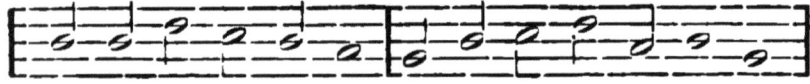

O hoch=ge = lieb = ter Geist Des Vaters und des Soh=nes,

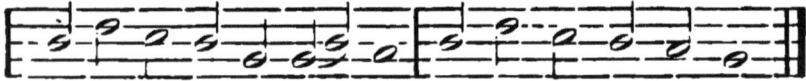

Mit bei=den gleichen Thro=nes, Mit bei = den gleich ge=preist!

2. Zeuch ein, laß mich empfin=
den Und schmecken deine Kraft,
Die Kraft, die uns von Sünden
Hilf und Errettung schafft. Ent=
sündge meinen Sinn, Daß ich mit
reinem Geiste Dir Ehr und Dienste
leiste, Die ich dir schuldig bin.

3. Ich war ein wilder Reben,
Du hast mich gut gemacht; Des
rechten Weinstocks Leben Hast du
in mich gebracht, Hast in der
Taufe Kraft Durch Christi blutges
Sterben In mir, dem Himmels=
erben, Den Tod hinweggeschafft.

4. Du bist das heilge Öle.
Dadurch gesalbet ist Mein Leib und
meine Seele Dem Herren Jesu
Christ Zum wahren Eigentum,
Zum Priester und Propheten,
Zum König, den in Nöten Gott
schützt im Heiligtum.

5. Du bist ein Geist, der lehret,
Wie man recht beten soll. Dein Be=
ten wird erhöret, Dein Singen
klinget wohl; Es steigt zum Him=
mel an, Es steigt und läßt nicht

abe, Bis der geholfen habe, Der
allen helfen kann.

6. Du bist ein Geist der Freuden,
Das Trauern willst du nicht, Er=
leuchtest uns im Leiden Mit deines
Trostes Licht. Ach ja, wie manches
Mal Hast du mit süßen Worten Mir
aufgethan die Pforten Zum güld=
nen Freudensaal!

7. Du bist ein Geist der Liebe,
Ein Freund der Freundlichkeit,
Willst nicht, daß uns betrübe Zorn,
Zank, Haß, Neid und Streit.
Der Feindschaft bist du Feind;
Willst, daß durch Liebesflammen
Sich wieder thun zusammen, Die
voller Zwietracht sind.

8. Du, Herr, hast selbst in
Händen Die ganze weite Welt,
Kannst Menschenherzen wenden,
Wie dir es wohlgefällt; So gieb
doch deine Gnad Zum Fried
und Liebesbanden, Verknüpf in
allen Landen, Was sich getrennet
hat.

9. Beschirm die Obrigkeiten Von

deines Himmels Thron: Gieb uns getroste Zeiten; Schmück, als mit einer Kron, Die Alten mit Verstand, Mit Frömmig= keit die Jugend, Mit Gottes= furcht und Tugend Das Volk im ganzen Land.

10. Erfülle die Gemüter Mit reiner Glaubenszier, Die Häuser und die Güter Mit Segen für und für; Vertreib den bösen Geist, Der dir sich widersetzet, Und was dein Herz ergötzet, Aus unserm Herzen reißt.

11. Gieb Freudigkeit und Stärke, Zu stehen in dem Streit, Den Satans Reich und Werke Uns täglich anerbeut. Hilf kämpfen ritterlich, Damit wir überwinden, Und ja zum Dienst der Sünden Kein Christ ergebe sich.

12. Nicht unser ganzes Leben Allzeit nach deinem Sinn; Und wenn wir's sollen geben In's To= des Hände hin, Wenn's mit uns hie wird aus: So hilf uns fröhlich sterben Und nach dem Tod ererben Des ewgen Lebens Haus.

Paul Gerhard, geb. 1606, † 1676.

142.

Mel. Wie schön leucht't uns der Morgenstern.

1. O heil = ger Geist, kehr bei uns ein, Und laß
Du Him=mels=licht, laß dei = nen Schein Bei uns

uns dei = ne Wohnung sein, O komm, du Her=zens=son=ne!
und in uns träf = tig sein Zu ste = ter Freud und Wonne!

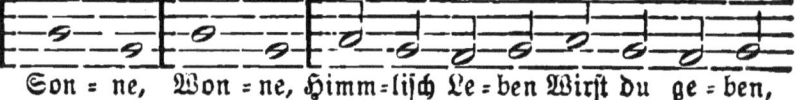

Son = ne, Won = ne, Himm=lisch Le = ben Wirst du ge = ben,

Wenn wir be = ten; Zu dir kom=men wir ge = tre = ten.

2. Du Quell, draus alle Weis= heit fleußt, Die sich in fromme Seelen geußt, Laß deinen Trost uns hören, Daß wir in Glaubens= einigkeit Auch andre in der Chri= stenheit Dein wahres Zeugnis lehren. Höre, Lehre, Herz und Sinnen Zu gewinnen, Dich zu preisen, Gut's dem Nächsten zu erweisen.

3. Steh uns stets bei mit dei=

nem Rat, Und führ uns selbst den rechten Pfad, Wenn wir den Weg nicht wissen. Gieb uns Bestän= digkeit, daß wir Getreu dir blei= ben für und für, Auch wenn wir leiden müssen. Schaue, Baue, Was zerrissen Und gefliffen, Dich zu schauen Und auf deinen Trost zu bauen.

4. Laß uns dein edle Balsamkraft Empfinden und zur Ritterschaft

Dadurch gestärket werden, Auf
daß wir unter deinem Schutz Be=
gegnen aller Feinde Trutz Mit
freudigen Gebärden. Laß dich
Reichlich Auf uns nieder, Daß
wir wieder Trost empfinden,
Alles Unglück überwinden.
5. O starker Held und Lebens=
hort! Laß uns dein himmelsüßes
Wort In unsern Herzen brennen,
Daß wir uns mögen nimmermehr
Von deiner weisheitsreichen Lehr
Und reinen Liebe trennen. Fließe,
Gieße Deine Güte Ins Gemüte,
Daß wir können Christum unsern
Heiland nennen.
6. Du süßer Himmelstau! laß

dich In unsre Seelen kräftiglich,
Und schenk uns deine Liebe, Daß
unser Sinn verbunden sei Dem
Nächsten stets mit Liebestreu Und
sich darinnen übe. Kein Neid,
Kein Streit Dich betrübe; Fried
und Liebe Müsse schweben. Fried
und Freude wirst du geben.
7. Gieb, daß in reiner Heiligkeit
Wir führen unsre Lebenszeit; Sei
unsers Geistes Stärke, Daß uns
forthin sei unbewußt Die Eitel=
keit, des Fleisches Lust Und seine
toten Werke. Rühre, Führe Unser
Sinnen Und Beginnen Von der
Erden, Daß wir Himmelserben
werden.

Mich. Schirmer, geb. 1606, † 1673.

143.

Mel. Freu dich sehr, o meine Seele.

1. O du al=ler=süß=ste Freu=de, O du al=ler=
Der du uns in Lieb und Lei=de Un=be=su=chet
schön=stes Licht,
läs=sest nicht, Geist des Höch=sten, höch=ster Fürst, Der du hältst
und hal=ten wirst Ohn Auf=hö=ren al=le Din=ge; Hör, o
hö=re, was ich sin=ge!

2. Du bist ja die beste Gabe,
Die ein Mensch nur nennen kann.
Wenn ich dich erwünsch und habe,
Geb ich alles Wünschen dran.
Ach, ergieb dich, komm zu mir In
mein Herze, daß du dir, Da ich
in die Welt geboren, Selbst zum
Tempel auserkoren!

3. Du wirst aus des Himmels
Throne Wie ein Regen ausge=
schütt't, Bringst vom Vater und
vom Sohne Nichts als lauter Se=
gen mit. Laß doch, o du werter
Gast, Gottes Segen, den du hast
Und verwalt'st nach deinem Willen,
Mich an Leib und Seele füllen!

4. Du bist weis und voll Verstandes, Was geheim ist, ist dir kund; Zählst den Staub des kleinen Sandes, Gründ'st des tiefen Meeres Grund. Nun, du weißt auch zweifelsfrei, Wie verderbt und blind ich sei; Drum gieb Weisheit und vor allen, Wie ich möge Gott gefallen.

5. Du bist heilig, läßt dich finden, Wo man rein und lauter ist, Fleuchst hingegen Schand und Sünden, Hassest Schlangentrug und List. Mache mich, o Gnadenquell, Durch dein Waschen rein und hell! Laß mich fliehen, was du fliehest, Gieb mir, was du gerne siehest!

6. Du bist, wie ein Schäflein pfleget, Frommen Herzens, sanften Muts, Bleibst im Lieben unbeweglich, Thust uns Bösen alles Gut's. Ach, verleih und gieb mir auch Diesen edlen Sinn und Brauch, Daß ich Freund und Feinde liebe, Keinen, den du liebst, betrübe!

7. Mein Hort! ich bin wohl zufrieden, Wenn du mich nur nicht verstößt; Bleib von dir ich ungeschieden, Ei, so bin ich gnug getröst't. Laß mich sein dein Eigentum; Ich verspech auch wiederum, Hier und dort all mein Vermögen Dir zu Ehren anzulegen.

8. Ich entsage, Herr, dem allen, Was dir deinen Ruhm benimmt; Meiner Seel soll nichts gefallen, Als allein, was von dir kömmt. Was der Satan will und sucht, Will ich halten als verflucht; Ich will seinen schnöden Wegen Mich mit Ernst zuwiderlegen.

9. Nur allein, daß du mich stärkest Und mir treulich stehest bei! Hilf, mein Helfer, wo du merkest, Daß mir Hilfe nötig sei. Brich des bösen Fleisches Sinn, Nimm den alten Willen hin, Mach ihn allerdinge neue, Daß mein Gott sich meiner freue.

10. Sei mein Retter, halt mich eben; Wenn ich sinke, sei mein Stab; Wenn ich sterbe, sei mein Leben; Wenn ich liege, sei mein Grab. Wenn ich wieder aufersteh, O so hilf mir, daß ich geh Hin, da du in ewgen Freuden Wirst die Auserwählten weiden!

P. Gerhard, geb. 1606, † 1676.

144.

Eigene Melodie.

1. Komm, o komm, du Geist des Lebens, Wahrer Gott
   Dei = ne Kraft sei nicht ver = ge = bens, Sie er = füll

von E = wig = keit!
uns je = der = zeit: So wird Geist und Licht und Schein

In den dun = keln Her = zen sein.

2. Gieb in unfer Herz und Sinnen Weisheit, Rat, Verstand und
Zucht, Daß wir andres nichts beginnen, Denn was nur dein Wille
fucht; Dein Erkenntnis werde groß
Und mach uns vom Irrtum los.

3. Zeige, Herr, die Wohlfahrts-
stege, Führ uns auf der rechten
Bahn, Räume alles aus dem Wege,
Was im Lauf uns hindern kann.
Wirke Reu an Sünden Statt,
Wenn der Fuß gestrauchelt hat.

4. Laß uns stets dein Zeugnis
fühlen, Daß wir Gottes Kinder
find, Die auf ihn alleine zielen,
Wann sich Not und Trangfal
find't; Denn des Vaters Liebes-
rut Ist uns allewege gut.

5. Reiz uns, daß wir zu ihm
treten Frei, mit aller Freudigkeit;
Seufz auch in uns, wann wir
beten, Und vertritt uns allezeit;
So wird unfre Bitt erhört Und
die Zuversicht vermehrt.

6. Wird uns dann um Trost auch
bange, Daß das Herz oft rufen muß:
Ach mein Gott, mein Gott, wie
lange! Ei, so mache den Beschluß;
Sprich der Seele tröstlich zu, Und
gieb Mut, Geduld und Ruh.

7. O du Geist der Kraft und
Stärke, Du gewisser neuer Geist!
Fördre in uns deine Werke, Wenn
der Feind uns fliehen heißt; Schenk
uns Waffen in dem Krieg, Und erhalt in uns den Sieg.

8. Herr! bewahr auch unsern
Glauben, Daß kein Teufel, Tod
noch Spott Uns denselben möge
rauben; Du bist unser Schutz und
Gott. Sagt das Fleisch gleich immer
Nein, Laß dein Wort gewisser sein!

9. Wann wir endlich sollen sterben, So versichre uns je mehr Als
des Himmelreiches Erben Jener
Herrlichkeit und Ehr, Die Gott
giebt durch Jesum Christ Und nicht
auszusprechen ist.

Joach. Neander, geb. 1610, † 1680.

145.

Mel. Jesu, meine Freude.

1. Schmückt das Fest mit Mai-en,
   Denn der Geist der Gna-den

   Laf-fet Blu-men streu-en,
   Hat sich ein-ge-la-den;

Zün-det Op-fer an;
Ma-chet ihm die Bahn.
Nehmt ihn ein, so wird sein Schein

Euch mit Licht und Heil er-fül-len Und den Kummer stillen.

2. Tröster der Betrübten, Siegel der Geliebten, Geist voll Rat
und That, Starker Gottesfinger,
Friedensüberbringer, Licht auf
unserm Pfad! Gieb uns Kraft zur
Pilgrimschaft, Laß uns deine teuern
Gaben Zur Genüge laben.

3. Laß die Zungen brennen,

Wenn wir Jesum nennen; Führ
den Geist empor. Gieb uns Kraft,
zu beten Und vor Gott zu treten,
Sprich du selbst uns vor. Gieb
uns Mut, du höchstes Gut, Tröst
uns kräftiglich von oben Bei der
Feinde Toben.

4. Goldner Himmelsregen!
Schütte deinen Segen Auf das
Kirchenfeld; Lasse Ströme flie=
ßen, Die das Land begießen,
Wo dein Wort hinfällt, Und ver=
leih, daß es gedeih; Hundertfäl=
tig Frucht zu bringen, Laß ihm
stets gelingen.

5. Schlage deine Flammen
Über uns zusammen, Heilge Lie=
besglut; Laß dein sanftes Wehen
Über uns ergehen, Dämpfe Fleisch
und Blut; Laß uns doch am
Sündenjoch Nicht mehr wie vor
diesem ziehen Und das Böse
fliehen.

6. Gieb zu allen Dingen Wol=
len und Vollbringen, Führ uns
ein und aus; Wohn in unsrer
Seele, Unser Herz erwähle Dir
zum eignen Haus. Wertes Pfand!
mach uns bekannt, Wie wir Je=
sum recht erkennen Und Gott Va=
ter nennen.

7. Mach das Kreuz uns süße,
Und durch Finsternisse Sei du
unser Licht; Trag nach Zions Hü=
geln Uns mit Glaubensflügeln;
Und verlaß uns nicht, Wenn der
Tod, die letzte Not Mit uns will
zu Felde liegen, Daß wir fröhlich
siegen.

8. Laß uns hier indessen Nim=
mermehr vergessen, Daß wir Gott
verwandt. Dem laß uns stets die=
nen Und im Guten grünen Als ein
fruchtbar Land, Bis wir dort, du
werter Hort, Bei den grünen Him=
melsmaien Ewig uns erfreuen.

Benj. Schmolk, geb. 1672, † 1737.

146.

Mel. Erquicke mich, du Heil der Sünder.

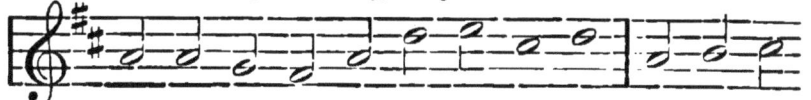

1. O Gott, o Geist, o Licht des Le=bens, Das uns im
Du scheinst und lockst so lang ver = ge=bens, Weil Finster=

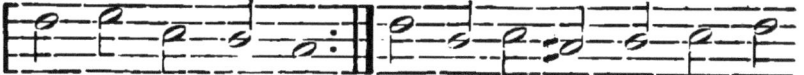

To = des = schat = ten scheint!
nis dem Lich = te feind.   O Geist, dem kei = ner kann ent=

ge = hen, Dich laß ich mei=nen Jam=mer se = hen.

2. Entdecke alles, und verzehre,
Was nicht in deinem Lichte rein,
Wenn mir's gleich noch so schmerz=
lich wäre. Die Wonne folget nach
der Pein; Du wirst mich aus dem
finstern Alten In Jesu Klarheit
umgestalten.

3. Dem Sündengift ist nicht zu
steuern, Als durch die Strahlen dei=
nes Lichts. Du mußt von Grund
aus mich erneuern, Sonst hilft mein
eignes Trachten nichts. O Geist!
sei meines Geistes Leben, Ich kann
mir selbst nichts Gutes geben.

4. Du Odem aus der ewgen Stille! Durchwehe sanft der Seele Grund, Füll mich mit aller Gottesfülle; Und da, wo Sünd und Greuel stund, Laß Glaube, Lieb und Ehrfurcht grünen, In Geist und Wahrheit Gott zu dienen.

5. Mein Wirken, Wollen und Beginnen Sei kindlich folgsam deinem Trieb. Bewahr mein Herz und alle Sinnen Untadelig in Gottes Lieb. Laß mich dein Beten, Lehren, Kämpfen In mir auf keine Weise dämpfen.

6. O Geist! du Strom, der uns vom Sohne Eröffnet und kristallenrein Aus Gottes und des Lammes Throne In stille Herzen fließt hinein: Sieh flehend hier mich niedersinken, Gieb Lebenswasser mir zu trinken.

7. Ich laß mich dir und bleib indessen, Von allem abgewandt, dir nah; Ich will's Geschöpf und mich vergessen, Dies innigst glauben: Gott ist da. O Gott, o Geist, o Licht des Lebens! Wir harren deiner nie vergebens.

G. Tersteegen, geb. 1697, † 1769.

147.

Mel. Wie wohl ist mir, o Freund der Seelen.

1. Geist Got-tes, aus des Ew-gen Fül-le In un-sern
Der auch in un-be-merk-ter Stil-le Des Her-zens

Geist her-ab-ge-senkt,
Trieb gen Him-mel lenkt,

Du, der einst Da-vids Psalm be-

flü-gelt, Den Se-hern Aug und Mund ent-sie-gelt

Uns auch noch jetzt mit Glut durchdringt, Auch jetzt uns

Got-tes Weis-heit leh-ret Und Chris-ti Wahrheit uns

ver-klä-ret: O hö-re den, der dir lob-singt!

2. Du Quell der reinsten Himmelsliebe, Die in das Herz lebendig quillt Und so des neuen Menschen Triebe Mit heilger Gotteskraft erfüllt! Du bist es, der die Schwachheit stützet, Im Pilgerlauf sie stärkt und schützet, Wenn sich die Seel im Schlummer neigt; Der, (o geschäh es nicht vergebens!) Als Unterpfand des ewgen Lebens, Uns hier des Himmels Krone zeigt.

3. Du bauest aus lebendgen Steinen Der Kirche reines Heiligtum, Erhöhest durch des Herrn Gemeinen Des Kreuzes unbesiegten Ruhm. Und wo du sprichst mit Feuerzungen, Weckst du zu selgen Huldigungen Der Heiden großes Totenfeld. Der Hölle Reich muß dir mit Beben Die Schar Gesangner wiedergeben, Die es in seinen Fesseln hält.

4. Wer kann, wie du, mit Donnern reden, Wenn du im Schlaf den Sünder schreckst? Wer tröstet so wie du den Blöden, Wenn du die neue Sehnsucht weckst? Wenn sie in ihr Verderben schauen, So lehrst du sie, dem Ruf vertrauen, Der sie mit Gottes Frieden grüßt. Wenn sich der Geist zwar willig zeiget, Doch ihn des Fleisches Schwachheit beuget, Bist du es, der das Leid versüßt.

5. Du drückest der Bewährung Siegel Den wohlgeprüften Seelen auf, Du giebst den Zeugen Glaubensflügel Und führst sie im Triumph hinauf. In aller Trübsal lehrst du beten, Du selbst willst unsre Not vertreten, Auch ohne Wort, mit starkem Flehn. Die Liebe führest du zum Throne, Und ihren Werken wird zum Lohne Die Kraft, in Demut fest zu stehn.

6. Wenn Christus einst herniederschwebet Auf das geschloßne Totenfeld, Mit mächtgem Wort es neu belebet Zum Erbteil in der beßern Welt: Dann trägt in deiner Kraft die eine Bewährte heilige Gemeine Zum Throne Herz und Psalm empor. Dann ströme du durch alle Glieder Die höhre Glut der Himmelslieder Zum Preise dem, der uns erkor.

C. B. Garve, geb. 1763, † 1841.

148.

Mel. Gott sei Dank in aller Welt.

1. Geist vom Va = ter und vom Sohn! Wei = he
dir mein Herz zum Thron; Schen = te dich mir im =
mer = dar, So wie einst der Jün = ger Schar.

2. Geist der Wahrheit! leite mich. Eigne Leitung täuschet sich. Da sie leicht des Wegs verfehlt Und den Schein für Wahrheit wählt.

3. Geist des Lichtes: mehr in mir Meinen Glauben für und für, Der mich Christo einverleibt Und durch Liebe Früchte treibt.

4. Geist der Andacht! schenke mir Salbung, Inbrunst, Feu'r von dir; Laß mein Bitten innig, rein Und vor Gott erhörlich sein.

5. Geist der Liebe, Kraft und Zucht! Wenn mich Welt und Fleisch versucht, O dann unterstütze mich, Daß ich ringe; rette mich.

6. Geist der Heiligung! verklär Jesum in mir mehr und mehr, Und erquicke innerlich Durch den Frieden Gottes mich.

7. Geist der Hoffnung! führe du Mich dem Himmelserbe zu; Laß mein Herz sich deiner freun Und in Hoffnung selig sein!

Ignaz H. v. Wessenberg, geb. 1774, † 1860.

149.

Mel. Freu dich sehr, o meine Seele.

1. Der du uns als Va = ter lie = best, Treu = er Gott, und De = nen, die dich bit = ten, gie = best, Ja, uns um ihn dei = nen Geist bit = ten heißt! De=muts=voll fleh ich zu dir: Va=ter, send ihn auch zu mir, Daß er mei = nen Geist er = neu = e Und mich dir zum Tem = pel wei = he.

2. Ohne ihn fehlt meinem Wissen Leben, Kraft und Fruchtbarkeit; Und mein Herz bleibt dir entrissen Und dem Dienst der Welt geweiht, Wenn er nicht durch seine Kraft Die Gesinnung in mir schafft, Daß ich dir mich ganz ergebe Und zu deiner Ehre lebe.

3. Ewge Quelle wahrer Güter, Hochgelobter Gottesgeist, Der du menschliche Gemüter Heiligst und mit Trost erfreust! Nach dir, Herr, verlangt auch mich, Ich ergebe mich an dich. Mache mich zu Gottes Preise Heilig und zum Himmel weise.

4. Fülle mich mit heilgen Trie=ben, Daß ich Gott, mein höchstes Gut, über alles möge lieben; Daß ich mit getrostem Mut Seiner Vaterhuld mich freu Und mit wahrer Kindestreu Stets vor seinen Augen wandle Und rechtschaffen denk und handle.

5. Geist des Friedens und der Liebe! Bilde mich nach deinem Sinn, Daß ich Lieb und Sanftmut übe Und mir's rechne zum Gewinn, Wenn ich je ein Friedensband Knüpfen kann, wenn meine Hand Zur Erleichterung der Beschwerden kann dem Nächsten nützlich werden.

6. Wenn der Anblick meiner

Sünden Mein Gewiffen nieder=
fchlägt; Wenn fich in mir Zweifel
finden, Die mein Herz mit Zittern
hegt; Wenn mein Aug in Nöten
weint Und Gott nicht zu hören
fcheint: O dann laß es meiner
Seelen Nicht an Troft und Stär=
kung fehlen.

7. Was fich Gutes in mir findet,
Ift dein Gnadenwerk in mir; Selbft
den Trieb haft du entzündet, Daß
mich, Herr, verlangt nach dir.
O fo fetze durch dein Wort Deine
Gnadenwirkung fort, Bis fie durch
ein felig Ende Herrlich fich an mir
vollende.

G. Joach. Zollikofer, geb. 1730, † 1788.

150.

Mel. Alle Menfchen müffen fterben.

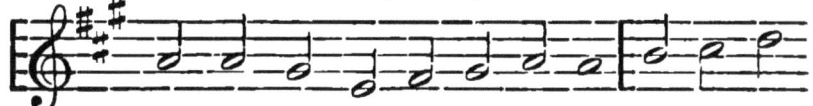

1. Geift des Le = bens, heil=ge Ga = be, Du, der See=
Ern = te = fe = gen, aus dem Gra=be Un=fers Hei=

len Licht und Troft,
lands auf = ge=fproßt, Uns gefandt vom Him=mels=thro=ne,

Vom er = höh = ten Men=fchen = foh = ne, Geift der Kraft

und Herr = lich = keit! Ma = che dir mein Herz be = reit.

2. Einft bift du herabgefahren
Als ein Sturmwind aus den Höhn,
Ließeft dich in wunderbaren Feuer=
zungen herrlich fehn; Aber jetzo
wehft du ftille, Ohne Zeichen, ohne
Hülle, Auf der Erde nah und fern
Als ein Odemzug des Herrn.

3. Ihn, den armen Nazarener,
Der gering auf Erden ging, Ihn,
den Mittler und Verföhner, Der
am Kreuz die Welt umfing, Allen
Herzen zu verklären, Ihn, den
großen Gott der Ehren, Deffen
Herz von Liebe flammt, Groß zu
machen, ift dein Amt.

4. Ja, du nimmft es von dem

Seinen, Wenn du Lebensworte
fprichft, Wenn du bald durch Flehn
und Weinen, Bald durch Pfalmen
Herzen brichft. Du bift feines We=
fens Spiegel, Seiner Werk und
Worte Siegel, Zeuge, daß er lebt und
liebt, Zeuge, daß er Leben giebt.

5. Ja, dein Strafen und Erfchüt=
tern, Das des Lebens Grund erregt,
Das, wie Strahlen aus Gewittern,
Stolze Geifter niederfchlägt, Mah=
net, ihm das Herz zu geben: Und
dein gnadenvolles Weben Richtet in
dem Glaubenslauf Matte Kniee
tröftend auf.

6. Was die Welt nicht kann er=

langen. Was kein eitles Auge sieht,
Soll von dir ein Herz empfangen,
Das die Lust der Erde flieht:
Frieden, von dem Kreuze quillend,
Frieden, alle Klagen stillend,
Hellen Blick in Gottes Rat, Frucht
aus Jesu blutger Saat.

7. Was die Welt uns nie geleh=
ret, Lehrst du den Glauben thun:
Beten, bis der Herr erhöret, Und
in stiller Hoffnung ruhn. Flecht
die Seele bang und schwächlich,
Ach, dann seufzest unaussprechlich
Du durch alle Himmel hin, Und
er kennet deinen Sinn.

8. Was kein Mensch, kein Man=
neswille, Keine Kraft der Welt
vermag, Wirkst du mühelos und
stille, Geist des Herrn, am Gnaden=
tag: Buße giebst du, Glauben,
Liebe, Sanftmut, Demut, keusche
Triebe. Ach, wer ändert, reinigt
sich, bleibt beim Heiland ohne dich?

9. O du Pfand des neuen Bun=
des, Geist des Vaters, mild und
rein, Heilger Odem seines Mundes!
Zeuch in unsre Herzen ein. Leib
und Seele, Haupt und Glieder
Kehren aus dem Tode wieder, Wo
sich deine Gotteskraft Einen Sitz
und Tempel schafft.

10. O wer innig möchte dürsten
Und zum Gnadenthrone gehn,
Würde bald vom Lebensfürsten
Dich, du höchstes Gut, erflehn!
Selig, wer, von dir geleitet, Sich
auf Christi Tag bereitet, Wer dich,
wann sein Stündlein schlägt, Unbe=
trübt im Herzen trägt.

11. Droben soll, wie Gottes
Sterne, Leuchten Christi Jünger=
schar. O wer strebt aus dieser
Ferne Nach dem großen Jubel=
jahr? — Lehr uns, Herr, der Welt
entrinnen, Halt in Jesu Herz und
Sinnen; Zeig uns hier im Glauben
ihn, Stell uns dort zum Schauen
hin.

A. Knapp, geb. 1798, † 1864.

151.

Mel. O du Liebe meiner Liebe.

1. Geist des Glaubens, Geist der Stär=ke, Des Ge=hor=
.Schöp=fer al = ler Got=tes=wer=te, Trä=ger al=

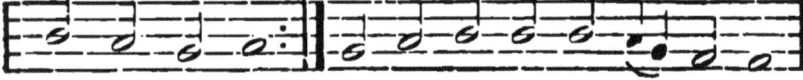

sams und der Zucht,
ler Him=mels=frucht! Geist, der einst der heil = gen Män=ner,

Kön' = ge und Pro=phe=ten=schar, Der A = pos=tel

und Be = ten = ner Trieb und Kraft und Zeug=nis war!

2. Rüste du mit deinen Gaben Auch uns schwache Kinder aus, Kraft und Glaubensmut zu haben, Eifer für des Herren Haus; Eine Welt mit ihren Schätzen, Menschengunst und gute Zeit, Leib und Leben dran zu setzen In dem großen, heilgen Streit.

3. Gieb uns Abrahams gewisse, Feste Glaubenszuversicht, Die durch alle Hindernisse, Alle Zweifel siegend bricht, Die nicht bloß dem Gnadenbunde Trauet froh und unbewegt, Auch das Liebste jede Stunde Gott zu Füßen niederlegt.

4. Gieb uns Josephs keusche Sitten, Wenn die Welt ohn Scham und Zucht Uns durch Dräuen oder Bitten In ihr Netz zu ziehen sucht. Lehr uns fliehen, lehr uns meiden Diese üppge Potiphar, Ihren Haß geduldig leiden, Gott getreu sein immerdar.

5. Gieb uns Mosis brünstiges Beten Um Erbarmung und Geduld, Wenn durch freches Übertreten Unser Volk häuft Schuld auf Schuld. Laß uns nicht mit kaltem Herzen Unter den Verdorbnen stehn, Nein, mit Mosis heilgen Schmerzen Für sie seufzen, weinen, flehn.

6. Gieb uns Davids Mut, zu streiten Mit den Feinden Israels, Sein Vertraun in Leidenszeiten Auf den Herren, seinen Fels;

Feindeslieb und Freundestreue, Seinen königlichen Geist Und ein Herz, das voller Reue Gottes Gnade sucht und preist.

7. Gieb Elias' heilge Strenge, Wenn den Götzen dieser Zeit Die verführte, blinde Menge Tempel und Altäre weiht: Daß wir nie vor ihnen beugen Haupt und Knie, auch nicht zum Schein, Sondern fest als deine Zeugen Dastehn, wenn auch ganz allein.

8. Gieb uns der Apostel hohen, Unbewegten Zeugenmut, Aller Welt trotz Spott und Drohen Zu verkünden Christi Blut. Laß die Wahrheit uns bekennen, Die uns frei und froh gemacht; Gieb, daß wir's nicht lassen können; Habe du die Übermacht.

9. Schenk uns, gleich dem Stephan, Frieden Mitten in der Angst der Welt, Wenn das Los, das uns beschieden, In den schwersten Kampf uns stellt. In dem rasenden Getümmel Schenk uns Glaubensheiterkeit, Öffn' im Sterben uns den Himmel, Zeig uns Jesu Herrlichkeit.

10. Geist des Glaubens, Geist der Stärke, des Gehorsams und der Zucht, Schöpfer aller Gotteswerke, Träger aller Himmelsfrucht, Geist, du Geist der heilgen Männer, Kön'ge und Prophetenschar, Der Apostel und Bekenner! Auch bei uns werd offenbar.

C. J. Ph. Spitta, geb. 1801, † 1859.

152.

Mel. Wie schön leucht't uns der Morgenstern.

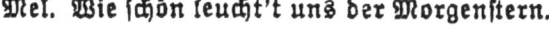

1. Dir jauch = zet froh die Chri = sten = heit, Du Geist
Als un = sers Er = bes Un = ter = pfand Bist du

der Kraft und Herr=lich=keit, Du, al = ler Geister Le = ben!
vom Va = ter aus=ge=fandt, Zum Tröster uns ge = ge = ben.

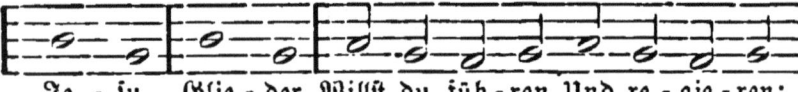

Je = fu Glie = der Willst du füh = ren Und re = gie = ren:

Dei = ne Gna = de Leit auch uns auf un=ferm Pfa = de.

2. O welch ein großer Tag er= schien, Als man die Flammen fah erglühn Hell über jedem Haupte! Im Sturmwind thateft du dich kund, Dein Zeugnis heiligte den Bund Der Schar, die freudig glaubte. Mächtig kamst du, Um die Schwachen Stark zu machen, Und erklungen Ist das Heil in allen Zungen.

3. O Dank für so viel göttlich Licht, Das jede Finsternis durch= bricht Zur himmlischen Belebung! Den Menschenherzen, alt und jung, Schaffst Kräfte du zur Hei= ligung, Zu stiller Gottergebung. Preis dir, Dank dir, Daß du kräf= tig Und geschäftig Uns belehreft, Jesum Christum uns verklärest!

4. Auch wir, die Christus sich er= kauft, Wir sind mit deiner Kraft getauft, Die Welt zu überwinden. Wirk in uns allen Lieb und Zucht, Und laß in uns des Glaubens Frucht Sich hundertfältig finden. Gnädig Hilf du Gottes Erben Einst im Sterben, Daß sie droben Ewig deine Wunder loben.

5. Wir beugen unsern Geist vor dir, Geift Gottes; alle flehen wir, Du wolleft bei uns bleiben. Geh ferner aus in alle Welt, Damit, von deinem Licht erhellt, Die Völ= ker alle gläuben. Führe Gnädig Sie zur Wahrheit Und zur Klar= heit, Daß die Erde, Geift des Herrn, dein Tempel werde.

              Unbekannt.

V. Die heilige Dreieinigkeit.

Trinitatislieder.

153.

Eigene Melodie.

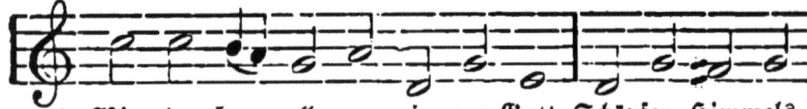

1. Wir glau=ben all an ei = nen Gott, Schöpfer Himmels
Der fich zum Va = ter ge = ben hat, Daß wir fei = ne

und der Er = den,
Kin = der wer = den. Er will uns all = zeit er = näh=ren,

Leib und Seel auch wohl be=wah=ren, Al=lem Un=fall will er

weh=ren, Kein Leid soll uns wi = der=fah=ren, Er sor = get für

uns, hüt't und wacht, Es steht al = les in sei = ner Macht.

2. Wir glauben auch an Jesum Christ, Seinen Sohn und unsern Herren, Der ewig bei dem Vater ist, Gleicher Gott von Macht und Ehren; Von Maria der Jung=frauen Ist ein wahrer Mensch ge=boren Durch den heilgen Geist im Glauben, Für uns, die wir war'n verloren, Am Kreuz gestor=ben und vom Tod Wieder aufer=standen durch Gott.

3. Wir glauben an den heilgen Geist, Gott mit Vater und dem Sohne, Der aller Blöden Tröster heißt, Uns mit Gaben zieret schö=ne, Die ganz Christenheit auf Er=den Hält in einem Sinn gar eben; Hier all Sünd vergeben werden, Das Fleisch soll auch wie=der leben, Nach diesem Elend ist bereit't Uns ein Leben in Ewig=keit.

M. Luther, geb. 1483, † 1546.

154.

Eigene Melodie.

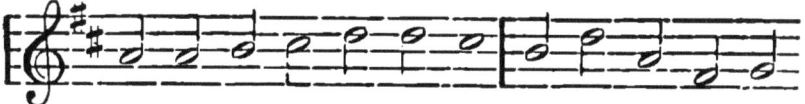

1. Gott der Va = ter wohn uns bei Und laß uns nicht ver=
Mach uns al = ler Sün=den frei Und helf uns se = lig

der = ben, Vor dem Teu=fel uns be=wahr, Halt uns bei
ster = ben. Dir uns las=sen ganz und gar, Mit al = len

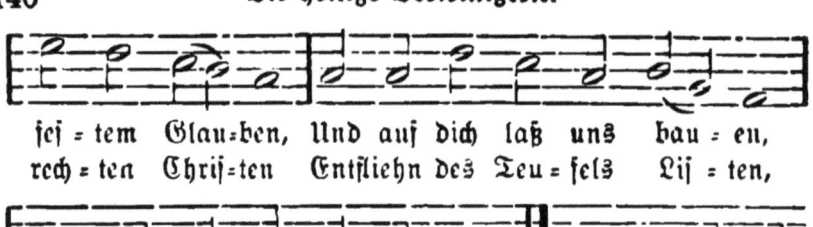

fej = tem Glau=ben, Und auf dich laß uns bau = en,
rech = ten Chri=ften Entfliehn des Teu = fels Lif = ten,

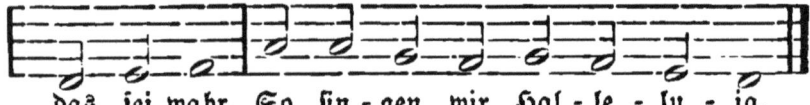

Aus Her=zens=grund ver = trau = en,   A = men, A = men,
Mit Waf=fen Gotts uns rüf = ten.

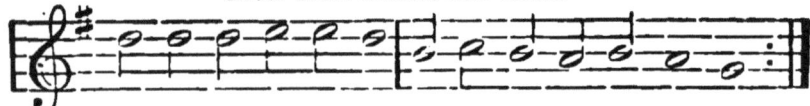

Das sei wahr, So sin = gen wir Hal = le = lu = ja.

2. Jesus Christus wohn uns bei Und laß uns nicht verderben, Mach uns aller Sünden frei Und helf uns selig sterben. Vor dem Teufel uns bewahr, Halt uns bei festem Glauben, Und auf dich laß uns bauen, Aus Herzensgrund vertrauen, Dir uns lassen ganz und gar, Mit allen rechten Christen Entfliehn des Teufels Listen, Mit Waffen Gotts uns rüften. Amen, Amen, das sei wahr, So singen wir Halleluja.

3. Heilger Geist der wohn uns bei laß uns nicht verderben, Mach uns aller Sünden frei Und helf uns selig sterben. Vor dem Teufel uns bewahr, Halt uns bei festem Glauben, Und auf dich laß uns bauen, Aus Herzensgrund vertrauen, Dir uns lassen ganz und gar, Mit allen rechten Christen Entfliehn des Teufels Listen, Mit Waffen Gotts uns rüften. Amen, Amen, das sei wahr, So singen wir Halleluja.

M. Luther, geb. 1483, † 1546.

155.

Mel. Nun danket alle Gott.

1. Ge = lo=bet sei der Herr, Mein Gott, mein Licht, mein Leben, Mein Schöpfer, der mir hat Mein Leib und Seel ge=ge=ben,

Mein Va = ter, der mich schützt Von Mut=ter=lei=be an,

Der al = le Au = gen=blick Viel Guts an mir ge = than.

2. Gelobet sei der Herr, Mein Gott, mein Heil, mein Leben, Des Vaters liebster Sohn, Der sich für mich gegeben, Der mich erlöset hat Mit seinem teuren Blut, Der mir im Glauben schenkt Sich selbst, das höchste Gut.

3. Gelobet sei der Herr, Mein Gott, mein Trost, mein Leben, Des Vaters werter Geist, Den mir der Sohn gegeben, Der mir mein Herz erquickt, Der mir giebt neue Kraft, Der mir in aller Not Rat, Trost und Hilfe schafft.

4. Gelobet sei der Herr, Mein Gott, der ewig lebet, Den alles rühmt und lobt, Was in den Lüften schwebet. Gelobet sei der Herr, Des Name heilig heißt, Gott Vater, Gott der Sohn Und Gott der werte Geist;

5. Dem wir Halleluja Mit Freuden lassen klingen Und mit der Engel Schar Das Heilig! Heilig! singen, Den herzlich lobt und preist Die ganze Christenheit. Gelobet sei mein Gott In alle Ewigkeit.

Joh. Olearius, geb. 1635, † 1711.

156.

Mel. Herr Jesu Christ, meins Lebens Licht.

1. Brunn al = les Heils, dich eh = ren wir Und öff = nen

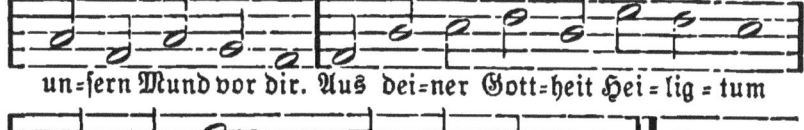

un=fern Mund vor dir. Aus dei=ner Gott=heit Hei = lig = tum

Komm uns der Se = gen, dir zum Ruhm.

2. Der Herr, der Schöpfer, bei uns bleib, Er segne uns nach Seel und Leib, Vor allem Übel Tag und Nacht Behüt uns seine heilge Macht.

3. Der Herr, der Heiland, unser Licht, Laß leuchten uns sein Angesicht, Damit wir glauben fest und frei, Daß er uns ewig gnädig sei.

4. Der Herr, der Tröster, ob uns schweb, Sein Antlitz über uns erheb, Daß uns sein Bild werd eingedrückt; Er geb uns Frieden unverrückt.

5. Jehovah: Vater, Sohn und Geist! O Segensbrunn, der ewig fleußt! Durchström uns Wandel, Herz und Sinn, Und nimm uns ganz zum Opfer hin.

Nach Gerh. Tersteegen, geb. 1697, † 1769.

157.

Mel. Wie schön leucht't uns der Morgenstern.

1. Hal = le = lu = ja! Lob, Preis und Ehr Sei un=
Von E = wig = keit zu E = wig = keit Sei von

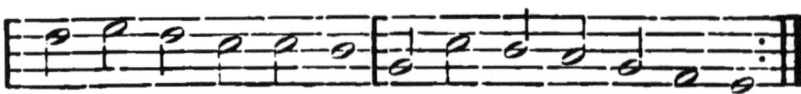

ferm Gott je mehr und mehr Für al = le sei = ne Wer = te.
uns al = len ihm be = reit Dank, Weisheit, Kraft und Stärke.

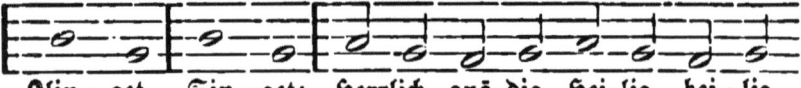

Klin = get, Sin = get: Herrlich, gnä=dig, Hei=lig, hei = lig,

Hei = lig ist Gott, Un = ser Gott, der Herr Ze = ba = oth!

2. Halleluja! Preis, Ehr und Macht Sei auch dem Gotteslamm gebracht, In dem wir sind erwäh= let, Das uns mit seinem Blut er= kauft, Damit besprenget und ge= tauft Und sich mit uns vermählet. Heilig, Selig Ist die Freund= schaft Und Gemeinschaft, Die wir haben, Und darin wir uns er= laben.

3. Halleluja! Gott, heilger Geist, Sei ewiglich von uns ge= preist, Durch den wir neugeboren, Der uns mit Glauben ausgeziert,

Dem Bräutigam uns zugeführt, Den Hochzeitstag erkoren. Heil uns! Heil uns! Da ist Freude, Da ist Weide, Da ist Manna Und ein ewig Hosianna.

4. Halleluja! Lob, Preis und Ehr Sei unserm Gott je mehr und mehr Und seinem großen Namen. Stimmt an mit aller Himmels= schar, Und singet nun und immer= dar Mit Freuden: Amen! Amen! Klinget, Singet: Herrlich, gnädig, Heilig, heilig, Heilig ist Gott, Unser Gott, der Herr Zebaoth!

Unbekannt, zuerst 1698.

158.

Mel. Wie schön leucht't uns der Morgenstern.

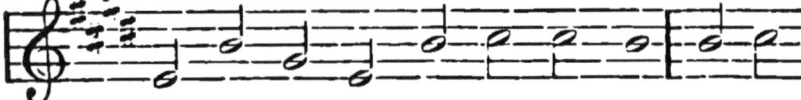

1. Was freut mich noch, wenn du's nicht bist, Herr Gott, Bist du nicht Schild, wer dek = ket mich? Bist du

der doch mein Al = les ist, Mein Trost und mei=ne Won=ne?
nicht Licht, wo fin = de ich Im Fin=stern ei = ne Son=ne?

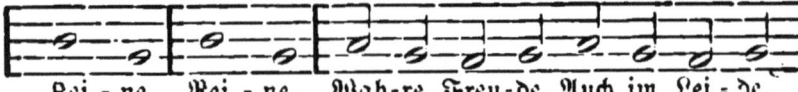

Rei = ne Rei = ne, Wah=re Freu=de, Auch im Lei = de,

Auch für Sün=den, Ist, Herr, au = ßer dir zu fin=den.

2. Was freut mich noch, wenn du's nicht bist, Mein Herr, Er=löser, Jesus Christ, Mein Friede und mein Leben? Heilst du mich nicht, wo find ich Heil? Bist du nicht mein, wo ist mein Teil? Giebst du nicht, wer wird geben? Meine Eine Wahre Freude, Wahre Weide, Wahre Gabe Hab ich, wenn ich Jesum habe.

3. Was freut mich noch, wenn du's nicht bist, O Geist, der uns gegeben ist Zum Führer der Er=lösten? Bist du nicht mein, was sucht mein Sinn? Führst du mich nicht, wo komm ich hin? Hilfst du nicht, wer will trösten? Meine Eine Wahre Freude, Trost im Leide, Heil für Schaden Ist in dir, o Geist der Gnaden.

Ph. Fr. Hiller, geb. 1699, † 1769.

159.

Mel. Nun danket alle Gott.

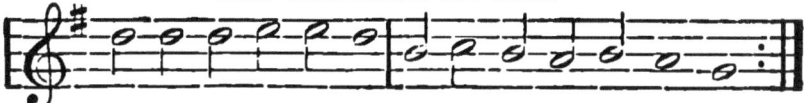

1. Du dreimal gro=ßer Gott, Dem Erd und Himmel dienen, Dem Hei=lig! Heilig! singt Die Schar der Se=ra=phi=nen,

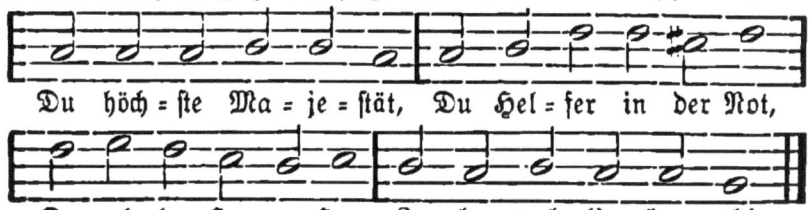

Du höch = ste Ma = je = stät, Du Hel = fer in der Not,

Du al = ler Her=ren Herr, Je = ho = vah Ze = ba = oth!

2. Dich bet ich jetzund an, Dir Lob und Dank zu lallen; Mein Halleluja laß Dir gnädig wohlge=fallen, Du allerhöchstes Gut Und gnadenvolle Sonn, Du aller Ga=ben Meer Und unerschöpfter Bronn!

3. Mein Schöpfer! Mensch und Tier Und alles andre Wesen Läßt deiner Allmacht Pracht Ganz klär=lich an sich lesen; Ein jedes Wun=der lobt Dich ja in der Natur: Stern, Element, Gewölk Und alle Kreatur.

4 Es muß dich jedermann, Den treuen Vater, preisen; Du

führest wunderbar, Willst Leib und Seele speisen, Erhörest das Gebet, Erfrischest unsern Mut. Wir sind viel zu gering, Was deine Treue thut.

5. Heiland, Immanuel, Lamm Gottes ohne Sünden, Mein Jesu! deine Lieb Kann kein Verstand er=gründen. Das Halleluja singt Dir, als dem wahren Christ, Das menschliche Geschlecht, Das nun erlöset ist.

6. Du nahmest Fleisch an dich Und tratest in die Mitten, Trugst unsre Sündenschuld, Hast bis aufs Blut gelitten. Doch dies dein Blut

und Tod Erwirbt uns lauter Heil, Macht, daß wir selbst an Gott Nun können nehmen teil.

7. O Herr, Gott heilger Geist, Du Geist voll reiner Flammen! Durchs Evangelium Bringst du das Volk zusammen. Das Christum kennt und ehrt; Du machest alles licht, Giebst neue Feuersglut, Damit kein Glaub gebricht.

8. Ach, allerhöchster Trost Und bester Weisheitslehrer, Erleuchter, Heiliger, Aufrichter und Bekehrer! Du teilst die Gaben aus, Erfüllest uns mit Kraft. Die der Verderbnis wehrt Und Gutes in uns schafft.

9. Gott Vater, Sohn und Geist, Ein Gott und Eins in Dreien, Gepriesne Majestät, Die stets zu benedeien! Laß auf der rechten Bahn Uns allezeit bestehn Und durch ein selig End Zu unserm Erb eingehn.

10. Laß, o dreieiniger Gott, Dein Gnadenantlitz leuchten; Dein edler Segenstau Woll unser Herz befeuchten! Wir hoffen ja auf dich, Du läßt uns nicht im Spott. Wir singen: Gloria! Gelobt, gelobt sei Gott!

Unbekannt.

VI. Die Kirche des Herrn.

1. Der Kirche Wesen, Kampf und Schutz.

160.

Mel. Es ist gewißlich an der Zeit.

1. Ach Gott, vom Him=mel sieh dar=ein, Und laß dich des
Wie we = nig sind der Heil=gen dein, Ver=las = sen sind

er=bar=men:
wir Ar=men; Dein Wort man läßt nicht haben wahr, Der Glaub ist

auch ver = lo=schen gar Bei al = len Men=schen=kin=dern.

2. Sie lehren eitel falsche List, Was eigner Witz erfindet; Ihr Herz nicht e i n e s Sinnes ist, In Gottes Wort gegründet; Der wählet dies, der andre das, Sie trennen uns ohn alle Maß Und gleißen schön von außen.

3. Gott woll ausrotten alle gar, Die falschen Schein uns lehren; Dazu ihr Zung stolz offenbar Spricht: trotz! wer will's uns wehren? Wir haben Recht und Macht allein; Was wir setzen, das gilt gemein; Wer ist, der uns soll meistern?

4. Darum spricht Gott: Ich muß auf sein, Die Armen sind verstöret; Ihr Seufzen dringt zu mir herein, Ich hab ihr Klag erhöret.

Mein heilsam Wort soll auf dem Plan Getrost und frisch sie greifen an Und sein die Kraft der Armen.

5. Das Silb'r, durchs Feuer siebenmal Bewährt, wird lauter funden; An Gottes Wort man warten soll Desgleichen alle Stunden. Es will durchs Kreuz bewähret sein, Da wird sein Kraft erkannt und Schein Und leucht't stark in die Lande.

6. Das wollst du, Gott, bewahren rein Vor diesem argen G'schlechte, Und laß uns dir befohlen sein, Daß sich's in uns nicht flechte. Der gottlos Hauf sich umher find't, Wo diese losen Leute sind In deinem Volk erhaben.

M. Luther, geb. 1483, † 1546.

161.

Mel. Freu dich sehr, o meine Seele.

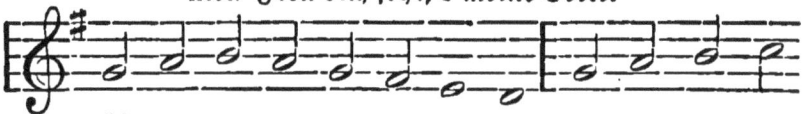

1. Zi = on klagt mit Angst und Schmerzen, Zi = on, Got = tes
Die er trägt in sei = nem Her=zen, Die er sich er=

wer = te Stadt,
wäh=let hat. Ach, spricht sie, wie hat mein Gott Mich ver=las=

sen in der Not Und läßt mich so har = te pref=sen! Mei=ner

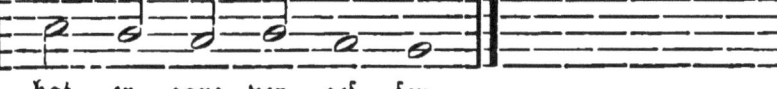

hat er ganz ver = gef = sen.

2. Der Gott, der mir hat versprochen Seinen Beistand jederzeit, Der läßt sich vergebens suchen Jetzt in meiner Traurigkeit. Ach, will er denn für und für So gar grausam zürnen mir? Kann

und will er sich der Armen Jetzt nicht, wie vorhin, erbarmen?

3. Zion, o du Vielgeliebte! Sprach zu ihr des Herren Mund, Zwar du bist jetzt die Betrübte, Seel und Geist ist dir verwund't;

10

Doch ſtell alles Trauern ein. Wo mag eine Mutter ſein, Die ihr eigen Kind kann haſſen Und aus ihrer Sorge laſſen?

4. Ja, wenn du gleich möchteſt finden Einen ſolchen Mutterſinn, Da die Liebe kann verſchwinden, So bleib ich doch, der ich bin. Meine Treu bleibt ſtetig dir, Zion, o du meine Zier! Du haſt mir mein Herz beſeſſen, Deiner kann ich nicht vergeſſen.

5. Laß dich nicht den Satan blenden, Der ſonſt nichts als ſchrecken kann; Siehe, hier in meinen Händen Hab ich dich geſchrieben an. Wie mag es denn anders ſein? Ich muß ja gedenken dein; Deine Mauern will ich bauen Und dich fort und fort anſchauen.

6. Du biſt ſtets mir vor den Augen, Du liegſt mir in meinem Schoß. Wie die Kindlein, die noch ſaugen; Meine Treu zu dir iſt groß. Dich und mich kann keine Zeit, Keine Not, Gefahr und Streit, Ja der Satan ſelbſt nicht ſcheiden. Bleib getreu in allen Leiden.

J. Heermann, geb. 1585, † 1647.

162.

Mel. Valet will ich bir geben.

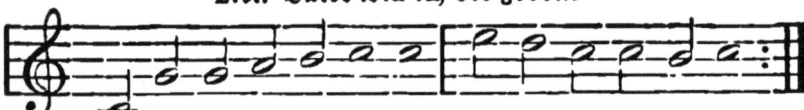

1. Er=halt uns dei=ne Leh=re, Herr, zu der letz=ten Zeit;
Er=halt dein Reich, und mehre Dein ed = le Chriſten=heit;

Er = hal = te ſeſ = ten Glauben, Der Hoffnung hel = len Strahl;

Laß uns dein Wort nicht rau=ben In die=ſem Jam=mer=thal.

2. Erhalt dein Ehr, und wehre Dem, was dir widerſpricht. Er= leuchte und bekehre, Allwiſſend ewges Licht, Was dich noch nicht erkennet. Entdecke doch der Welt, Der du dich Licht genennet, Was einzig dir gefällt.

3. Erhalt, was du gebauet Und durch dein Blut erkauft, Was du dir ſelbſt vertrauet, Und was auf dich getauft. So viele Feinde ſtürmen Zu deiner Kirche Fall; Du aber wollſt ſie ſchirmen Als Hort und Felſenwall.

4. Erhalte deine Schafe, Wenn ihnen Wölfe nahn; Weck Schläfer aus dem Schlafe Und Träumer aus dem Wahn. Du kenneſt das Verirrte Und all ſein Mißgeſchick; O Herr, du guter Hirte, Führ es zu dir zurück!

5. Erhalt uns, Herr, dein Erbe, Dein wertes Heiligtum. Zerbrich, zerwirf, verderbe, Was wider deinen Ruhm. Laß dein Geſetz uns führen, Gönn uns dein Himmels= brot. Laß Heiligkeit uns zieren, Uns treu ſein bis zum Tod.

6. Erhalt und laß uns hören Dein Wort, das selig macht, Das Zeugnis deiner Ehren, Das Licht in finstrer Nacht. Laß diesen Born uns tränken Im dürren Thal der Welt; Laß diese Stimm uns lenken Hinauf zum ewgen Zelt.

7. Erhalt in Sturm und Wellen Der Kirche heilig Schiff, Und laß es nicht zerschellen An Sand und Felsenriff, Daß wir nach deinen Regeln Durchschiffen diese Zeit Und einst mit frohen Segeln Einziehn zur Ewigkeit.

Nach Adam Gretgen, † 1660.

163.

Mel. Wie groß ist des Allmächtgen Güte.

1. Ich lo = be dich: mein Au = ge schau=et, Wie du auf
Dir ei = ne Kir = che hast er bau=et Zu dei = nes

die=sem Er = den=kreis
Namens Lob und Preis, Daß al = le sich zu=sam=men=fin=den

In ei = nem hei = li = gen Ver = ein, Wo sie, er = löst

von ih = ren Sünden, Sich, Je=su, dei = nes Rei=ches freun.

2. Du rufest auch noch heutzutage, Daß jedermann erscheinen soll; Doch hört man stets auch deine Klage: Noch immer ist mein Haus nicht voll. Zwar viele sind von dir geladen, Doch wenige nur auserwählt; Sie wandeln auf des Weltsinns Pfaden, Und mancher, den du rufest, fehlt.

3. Herr! unter Völkern vieler Zungen Hast du dein Haus nun aufgeführt, In dem dein Preis dir wird gesungen, Das Glaube, Lieb und Hoffnung ziert; Wo alle unter Christo stehen, Als ihrem königlichen Haupt, Auf den sie alle freudig sehen, Sie, deren Herz an Christum glaubt.

4. Nicht eignem Werk gilt ihr Vertrauen, Es ruht auf dir und deinem Sohn; Er ist der Fels, auf den sie bauen, Er ist der Weg zu Sieg und Lohn; Er ist der Weinstock, sie die Reben, In ihm nur reifet ihre Frucht; Er ist ihr Licht, ihr Heil und Leben Durch Wahrheit, Lieb und fromme Zucht.

5. Ein Herr, ein Glaub und eine Taufe Vereinigt sie zum heilgen Bund, Ein Ziel erglänzt dem Pilgerlaufe, Ein Fels ist ihres Friedens Grund, Ein Vater waltet

über allen, Und allen, Gott, bist
Vater du; Tir streben alle zu ge=
fallen, Und du giebst ihnen Heil
und Ruh.

6. So weih uns denn zum
neuen Leben, Daß wir nur deine
Wege gehn, Zuerst nach deinem
Reiche streben Und allen Lüsten
widerstehn. Gieb, daß wir als ge=
treue Glieder Fest halten an dem
Haupt und Herrn Und dann auch

allesamt als Brüder In Lieb ihm
folgen treu und gern.

7. Erhalt uns, Herr, im wah=
ren Glauben Noch fernerhin bis an
das End. Laß nichts uns deine
Schätze rauben, Dein heilig Wort
und Sakrament. Erfülle deiner
Christen Herzen, O Gott, mit dei=
nem Gnadenteil, Und gieb nach
überwundnen Schmerzen Uns dro=
ben einst das beßre Teil.

Nach Fr. Conr. Hiller, geb. 1662, † 1726.

164.

Eigene Melodie.

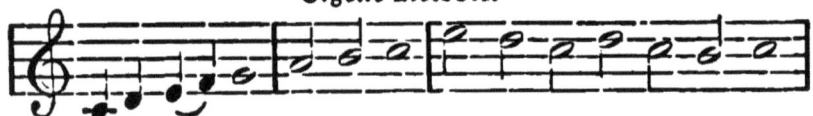

1. Fah = re fort, Fah=re fort, Zi = on, fah=re fort im Licht!

Ma=che deinen Leuchter hel = le, Laß die er = ste Lie=be nicht,

Su=che stets die Le=bens=quel=le! Zi = on, drin = ge durch die

en = ge Pfort! Fah = re fort, Fah = re fort!

2. Leide dich, Leide dich, Zion, leide ohne Scheu Trübsal, Angst mit Spott und Hohne; Sei bis in den Tod getreu, Siehe auf die Lebenskrone! Zion, fühlest du der Schlange Stich, Leide dich, Leide dich!

3. Folge nicht, Folge nicht, Zion, folge nicht der Welt. Wenn sie dich sucht groß zu machen; Achte nicht ihr Gut und Geld! Ernst im Beten, ernst im Wachen, Sieh

dich für, wenn sie viel Lust ver=spricht! Folge nicht, Folge nicht!

4. Prüfe recht, Prüfe recht, Zion, prüfe jeden Geist, Der dir ruft nach beiden Seiten, Thue nicht, was er dich heißt; Laß nur deinen Stern dich leiten! Zion, beides, das was gut und schlecht, Prüfe recht, Prüfe recht!

5. Dringe ein, Dringe ein, Zion, dringe ein in Gott! Stärke dich mit Geist und Leben, Sei nicht wie

die andern tot, Sei du gleich den grünen Reben! Zion, in die Kraft für Heuchelschein Dringe ein, Dringe ein!

6. Brich herfür, Brich herfür, Zion, brich herfür in Kraft! Weil die Bruderliebe brennet: Zeige, was der in dir schafft, Der als seine Braut dich kennet. Zion, er

hat aufgethan die Thür; Brich herfür, Brich herfür!

7. Halte aus, Halte aus, Zion, halte deine Treu, Laß nicht lau und träg dich finden! Auf, das Kleinod rückt herbei! Auf, verlasse, was dahinten! Zion, in dem letzten Kampf und Strauß Halte aus, Halte aus!

Joh. Euseb. Schmidt, geb. 1670, † 1745.

165.

Mel. Ein feste Burg ist unser Gott.

1. Wenn Chris=tus sei = ne Kir = che schützt, So mag die
Er, der zur Rech=ten Got = tes sitzt, Hat Macht, ihr

Höl = le wü = ten;
zu ge = bie = ten. Er ist mit Hil = fe nah; Wenn er

ge=beut, steht's da. Er schüt=zet sei = nen Ruhm Und hält das

Chris = ten = tum. Mag doch die Höl = le wü = ten!

2. Gott sieht die Fürsten auf dem Thron Sich wider ihn empören, Denn den Gesalbten, seinen Sohn, Den wollen sie nicht ehren. Sie schämen sich des Worts, Des Heilands, unsers Horts; Sein Kreuz ist selbst ihr Spott; Doch ihrer lachet Gott. Sie mögen sich empören!

3. Der Frevler mag die Wahrheit schmähn, Uns kann er sie nicht rauben. Der Unchrist mag ihr widerstehn, Wir halten fest am

Glauben. Gelobt sei Jesus Christ! Wer hier sein Jünger ist, Sein Wort von Herzen hält, Dem kann die ganze Welt Die Seligkeit nicht rauben.

4. Auf, Christen, die ihr ihm vertraut, Laßt euch kein Drohn erschrecken! Der Gott, der von dem Himmel schaut, Wird uns gewiß bedecken. Der Herr, Herr Zebaoth, Hält über sein Gebot, Giebt uns Geduld in Not Und Kraft und Mut im Tod. Was will uns denn erschrecken?

Chr. F. Gellert, geb. 1715, † 1769.

Mel. Es ist das Heil uns kommen her.

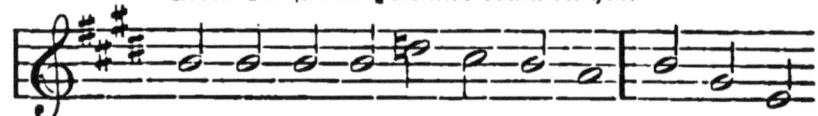

1. O Je = fu, Licht und Heil der Welt, Der du in
Dein Wort, das Got=tes Rat ent=hält, Zur Richtschnur

die=sem Le = ben
uns ge = ge = ben: Du bist der Herr der Christenheit, Die du

voll Huld und Freundlichkeit Dir aus den Menschen sam = melst.

2. Du willst sie als dein Eigen=tum Zur wahren Weisheit leiten Und durch dein Evangelium Zur Seligkeit bereiten. Du, Herr, bist groß von Rat und That, Und was dein Mund versprochen hat, Wirst du gewiß erfüllen.

3. Du bist der Deinen Trost und Heil; Soviel nur an dich glauben, Die haben an dem Segen teil, Den uns kein Feind kann rauben. Zufriedenheit und Himmelsruh Fließt allen schon auf Erden zu; Dein ist des Guten Fülle.

4. Mag auch der Spötter immerhin Auf deinen Ruf nicht hören, Und mancher in verkehr=tem Sinn Sich wider dich empö=ren: Es fällt doch deine Kirche nie, Du hältst und du beschützest sie Durch deines Geistes Weisheit.

5. Dein ist das Reich und dein die Kraft; Wer sollte dir nicht trauen? Auf dich, der alles kann und schafft, Nicht seine Hoffnung bauen? Dein Heil ist unser höchstes Gut; Hilf, daß wir stets mit frohem Mut Dich vor der Welt bekennen.

6. Zwar kämpfen wir noch man=chen Streit Auch mit uns selbst auf Erden; Doch werden zur Vollkom=menheit Auch wir erhoben werden. Dann endet sich der Deinen Müh, Dann krönest und belohnst du sie Mit Preis und ewger Freude.

7. Dann sehn wir dich in Ma=jestät, Und uns gleich deinen En=geln Zu nie empfundnem Glück erhöht, Befreit von allen Mängeln. Dann preisen wir frohlockend dich, Daß deine Macht und Gnade sich So hoch an uns verherrlicht.

Joh. Sam. Dietrich, geb. 1721, † 1797.

Mel. Es ist das Heil uns kommen her.

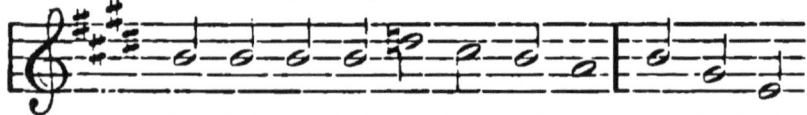

1. Die Fein=de dei=nes Kreuzes drohn, Dein Reich, Herr,
Du a=ber, Mitt=ler, Gottes Sohn, Kannst ih=rem

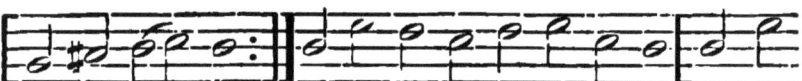

zu zer = stö = ren.
Trot = ze weh = ren. Dein Thron be=ste=het e = wig=lich; Ver=geb=

lich wird sich wi = der dich Die Macht der Höl = le rüf = ten.

2. Dein Reich ist nicht von die=
ser Welt, Kein Werk von Men=
schenkindern; Drum kann auch
keine Macht der Welt, Herr, sei=
nen Fortgang hindern. Dein
Erbe bleibt dir immerdar Und
wird selbst durch der Feinde Schar
Zu deinem Ruhm sich mehren.

3. Du wollest deine Herrschaft
noch Auf Erden weit verbreiten
Und unter deinem sanften Joch
Zum Heil die Völker leiten. Vom
Aufgang bis zum Niedergang
Bring alle Welt dir Preis und
Dank Und glaub an deinen Na=
men.

4. Auch deine Feinde, die dich
schmähn, Die frevelnd sich empö=
ren, Laß deiner Gnade Wunder
sehn, Daß sie sich noch bekehren.
Lehr sie mit uns gen Himmel
schaun Und unerschüttert im Ver=
traun Auf deine Zukunft warten.

5. Uns, deine Gläubgen, wol=
lest du Fest in der Wahrheit
gründen, Daß wir für unsre See=
len Ruh In deiner Gnade fin=
den. Mach unsers Glaubens uns
gewiß; Vor Irrtum und vor
Finsternis Bewahr uns bis ans
Ende.

6. Dein Geist führ uns auf eb=
ner Bahn Und heilge unsern Wil=
len: So wird dein Volk, dir
unterthan, Gern dein Gesetz erfül=
len, Bis du erscheinest zum Ge=
richt Und dann vor deinem An=
gesicht Die Menschenkinder sam=
melst.

7. Voll Zuversicht erwarten dich,
Herr, alle deine Frommen Und
freun des großen Tages sich, Da
du wirst wiederkommen. Dann
werden wir, o Gottessohn, Den
uns verheißnen Gnadenlohn, Dein
Himmelreich, ererben.

Balth. Münter, geb. 1735, † 1793.

168.

Mel. Werde munter, mein Gemüte.

1. Zi = on, gieb dich nur zu=frie=den! Gott ist noch bei
Du bist nicht von ihm ge=schie=den, Er hat ei = nen

dir dar=in;
Va = ter=sinn. Wenn er straft, so liebt er auch, Dies ist

Got = tes fte = ter Brauch. Zi = on, ler = ne dies be =

ben = ten! War = um willft du dich fo krän = ten?

2. Treiben dich die Meeres=
wellen Auf der wilden, tiefen See,
Wollen fie dich gar zerfchellen,
Daß du rufeft Ach und Weh;
Schweigt dein Heiland ftill dazu,
Gleich als fchlafend in der Ruh:
Zion, laß dich nicht bewegen!
Bald wird Sturm und Flut fich
legen.

3. Berg und Felfen mögen
weichen, Ob fie noch fo fefte ftehn,
Ja, die ganze Welt desgleichen
Möchte gar auch untergehn: Den=
noch hat es keine Not In dem
Leben und im Tod. Zion, du
mußt ja nicht wanken Aus den
vorgefchriebnen Schranken!

4. Müffen fchon allhier die
Thränen Oft dein Trank und
Speife fein; Stimmt dein Seuf=
zen und dein Stöhnen Auch zu
deinen Liedern ein: Kränkt der
Neid dir Herz und Mut, Kommft
du hier um Hab und Gut: Zion,
laß dir doch nicht grauen, Du
kannft deinem Gott vertrauen!

5. Troht man dir mit Schmach
und Banden, Mit viel Qual und
Herzeleid: Dennoch wirft du nicht
zu fchanden, Denk nur an die

Ewigkeit! Sei getroft und wohl=
gemut, Denn der Herr ift's, der es
thut. Zion, auf Gott mußt du
merken! Der wird dich in Schwach=
heit ftärken.

6. Freue dich, es kommt das
Ende Und der Abend fchon herbei;
Gieb dich nur in Gottes Hände,
Der macht dich von allem frei.
Für die Trübfal, Spott und Hohn
Giebt er dir die Freudenkron.
Zion! Gott, dein Schutz, wird
wachen Und die Welt zu fchanden
machen.

7. Halleluja! deine Wonne
Bricht nun bald mit Macht herfür;
Denn die fchöne Gnadenfonne,
Jefus Chriftus, naht zu dir, Giebt
dir einen Freudengruß Und den
ewgen Friedenskuß. Zion, wo ift
nun dein Klagen? Nur von Freu=
den follft du fagen.

8. Freuet euch, ihr Himmels=
erben! Freuet euch mit Zion hier!
Die vor Jammer wollten fterben,
Sollen leben für und für. Dort ift
nicht mehr Angft und Qual In
dem fchönen Himmelsfaal. Zion,
wer will dich nun fcheiden Von
dem Lamm und ewgen Freuden?

Joach. Pauli, um 1650.

169.

Mel. Wachet auf, ruft uns die Stimme.

1. Got=tes Stadt fteht feft ge = grün=det Auf heil=gen Ber=
Den=noch fteht fie und wird fte = hen, Man wird mit Stau=

gen; es ver=bün=det Sich wi=der sie die gan=ze Welt.
nen an ihr se=hen, Wer hier die Hut und Wa=che hält.

Der Hü=ter Is=ra=els Ist ih=res Hei=les Fels.

Hal=le=lu=ja! Lob=singt und sprecht: Wohl dem Geschlecht,

Das in ihr hat das Bür=ger=recht!

2. Zions Thore liebt vor allen Der Herr mit gnädgem Wohlgefallen, Macht ihre Riegel stark und fest; Segnet, die darinnen wohnen, Weiß überschwenglich dem zu lohnen, Der ihn nur thun und walten läßt. Wie groß ist seine Huld! Wie trägt er mit Geduld All die Seinen! O Gottes Stadt, Du reiche Stadt, Die solchen Herrn und König hat!

3. Große, heilge Dinge werden In dir gepredigt, wie auf Erden Sonst unter keinem Volk man hört. Gottes Wort ist deine Wahrheit, Du hast den Geist und hast die Klarheit, Die alle Finsternis zerstört. Da hört man fort und fort Das teure, werte Wort Ewger Gnade. Wie lieblich tönt, Was hier versöhnt Und dort mit ewgem Leben krönt!

4. Auch die nichts davon vernommen, Die fernsten Völker, werden kommen Und in die Thore Zions gehn. Denen, die im Finstern saßen, Wird auch der Herr noch pred'gen lassen, Was einst für alle Welt geschehn. Wo ist der Gottessohn? Wo ist sein Gnadenthron? Wird man fragen. Dann kommt die Zeit, Wo weit und breit Erscheint der Herr in Herrlichkeit.

5. Darum stellet ein die Klagen! Man wird noch einst zu Zion sagen: Wie mehrt sich deiner Bürger Zahl! Voll Erstaunen wird man schauen, Wie Gott sein Zion mächtig bauen Und herrlich weitern wird einmal. Erhebet Herz und Sinn! Es ist die Nacht schier hin Für die Heiden, Es kommt der Tag; Sie werden wach, Und Israel folgt ihnen nach.

6. Gottes Stadt! du wirst auf Erden Die Mutter aller Völker werden, Die ewges Leben fanden hier. Welch ein Jubel, wie im Reigen, Wird einst von dir zum Himmel steigen! Die Lebensbrunnen sind in dir; In dir das Wasser quillt, Das alles Dürsten stillt. Halleluja! Von Sünd und Tod, Von aller Not Erlöst nur einer, Zions Gott.

C. J. Ph. Spitta, geb. 1801, † 1859.

170.

Mel. Nun lob mein Seel den Herren.

1. Fest steht zu Got=tes Ruh=me   Die Kir=che, die
Die ihm zum Hei=lig=tu=me   Des Menschen Sohn

ge=weih=te Stadt,   Er wohnt mit   sei=ner Wahr=heit
ge=bau=et hat.

In ih=ren Mauern gern; Sie glänzt in ho=her Klar=heit

Und freut sich ih=res Herrn. Oft stürmten schon die Wo=gen

Des Kampfes ge=gen sie; Umsonst, die Fein=de zo=gen

Zu=rück und sieg=ten nie.

2. Auf Felsengrund erbauet,
Ist sie zur Gottesstadt erhöht,
Die ihm allein vertrauet Und
ewig durch sein Wort besteht.
Von ihren Bergen funkelt Der
Wahrheit Sonnenlicht, Das,
niemals mehr verdunkelt, Durch
alle Nebel bricht. So bleibt dem
Wahn entrissen Die gläubge Schar
des Herrn; Sie reinigt ihr Ge=
wissen, Gehorcht und dient ihm
gern.

3. Die Krone der Belohnung
Winkt jedem Bürger dieser Stadt,
Der hier sich seine Wohnung Er=
wählt und treu gestritten hat. Er
fürchtet kein Verderben, Bleibt

hier in sichrer Ruh Und eilet einst
im Sterben Froh seiner Heimat
zu. Vom Vater aufgenommen,
Wird er ganz selig sein Mit den
verklärten Frommen, Die ihres
Lohns sich freun.

4. Frohlocke denn und singe,
Stadt Gottes, deines Königs
Ruhm! Breit aus sein Reich und
bringe, Die draußen sind, ins Hei=
ligtum, Daß alle selig werden, Von
seinem Wort belehrt, Und freudig
thun auf Erden, Was seinen Na=
men ehrt; Bis alles Volk, erneuert
Und in sein Licht verklärt, Ein Fest
des Friedens feiert, Das ewig,
ewig währt.

Unbekannt.

171.

Mel. Es ist gewißlich an der Zeit.

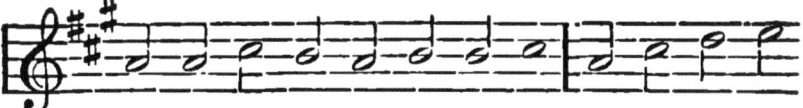

1. Ach, Vater, der die ar = ge Welt In sei=nem Sohn
Der, was er zu = sagt, treulich hält Und stets Er=bar=

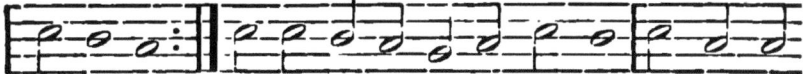

ge = lie=bet,
men ü = bet: Sieh gnä=dig an die Christenheit, Die du in

die = ser Pil = ger = zeit Dir aus den Menschen sam=melst.

2. Du willst sie als dein Ei=
gentum Hier rein, dort herrlich
machen; Sie ist dein Volk, du
bist ihr Ruhm, Du selbst willst sie
bewachen. Du kleine Herde, hof=
fe still, Getrost! es ist des Va=
ters Will, Das Reich dir zu be=
scheiden.

3. Es ist doch Christus unser
Heil; So viel nur an ihn glau=
ben, Die haben an ihm ihren
Teil, Den Satan nicht soll rau=
ben. Von ihm fließt stets den
Seinen zu Erquidung, Trost und
Schutz und Ruh Und alle Gna=
denfülle.

4. Müßt auch Gebirg und Thal
ins Meer Durch Gottes Schelten
sinten, Ja selbst das ganze Wel=
tenheer Vergehn auf Gottes Win=
ken: So fällt doch seine Kirche
nie, Der Herr erhält und schützet
sie; Drum wird sie ewig bleiben.

5. So stärk uns denn, Herr,
unser Gott, Bei Christi Kreuzes=
fahnen. Mach aller Feinde Macht
zu Spott, Hilf deinen Unter=

thanen. Tröst uns mit deiner Ge=
genwart. Mach uns, ist die Ver=
folgung hart, Zu deines Namens
Zeugen.

6. Laß uns in froher Glaubens=
kraft Dich ehren, fürchten, lieben
Und eine gute Ritterschaft Für
deine Wahrheit üben. Und kostet's
dann auch Blut und Gut, Laß uns
dein Wort mit Gut und Blut Vor
aller Welt bekennen.

7. Steht gleich die Kirche hier
im Streit, Wo tausend Feinde to=
ben, Wird sie doch einst zur Herr=
lichkeit Hoch im Triumph erhoben.
Ach, nimm auch uns einst aus dem
Krieg, Auch uns gieb, wie den an=
dern, Sieg, Die jetzt schon Kronen
tragen.

8. Wenn Menschen und der En=
gel Chor Einst eine Kirche wer=
den, Dann steigt dein herrlich
Lob empor Vollkommner als auf
Erden. Komm, Jesu, bald! Wir
bitten dich, Laß uns, die Dei=
nen, ewiglich Bei dir im Himmel
wohnen.

Unbekannt.

172.

Mel. Ein feste Burg ist unser Gott.

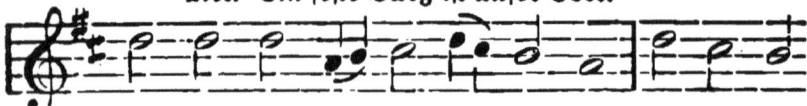

1. Herr, dei = ne   Kir = che   dan = ket dir,   Noch wohnt dein
   Von dei = ner   Gna = de   ha = ben wir   Noch dei = nen

Wort im Lan = de.   Kommt sie   je   in Ge=fahr Durch ih-
Geist zum Pfan = de.

rer Fein=de Schar, Dann, o Herr Je = su Christ, Be = sie = ge

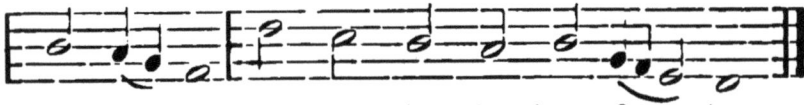

Macht und List, Und herrsch in   je = dem Lan = de.

2. Sei, Herr, mit uns, verlaß uns dein Wissenschaft, Gieb Glau=
uns nie, Uns, deines Leibes Glie= ben, Lieb und Kraft, Gieb uns
der, Hilf deiner Kirch und schütze Entschluß und Mut, Zu wagen
sie; Denn wir sind deine Brü= Ehr und Blut Zum Preise deiner
der. Sie, die dir ist vertraut, Lehren.
Hast du dir selbst erbaut. Ach,   5. Entferne Zwietracht, Krieg
Herr, erhalt sie rein, Und die den und Mord, Erhalt uns Ruh und
Bund entweihn, Die heilige dir Frieden. Laß uns, gestärket durch
wieder. dein Wort, Im Guten nie ermü=
3. Eins ist, Herr, was dein den. Erleichtre, was uns drückt;
Zion kränkt, Daß unter deinen O gieb, was stets beglückt; Und
Christen Noch mancher deiner nicht nach der Prüfungszeit Ruf uns zur
gedenkt, Beherrscht von seinen Seligkeit, Zu deines Himmels
Lüsten. Ihr Glaube ist so schwach, Freuden.
Die Liebe kalt, und ach! Sie   6. Herr, deine Kirche streitet noch,
denken daran nicht, Daß dort ein Hilf deiner Kirche siegen. · Wie
schwer Gericht Auf sichre Sünder schwer ihr Kampf ist, müsse doch
wartet. Kein Kämpfer unterliegen. Erhör
4. Und du, o Jesu, bist so treu, ihr kindlich Flehn; Eil, Herr, ihr
Ach, daß wir frömmer wären! beizustehn, Damit sie standhaft sei,
Mach alle Herzen rein und neu, Stets deiner Wahrheit treu. Hilf
Laß alle sich belehren. Gieb deiner Kirche siegen.

Unbekannt.

2. Die Gemeinschaft der Heiligen.

173.

Mel. Alles ist an Gottes Segen.

1. Je-su, der du bist al - lei-ne Haupt und König der Ge-

meine, Segne mich, dein armes Glied! Wollst mir neuen Einfluß geben

Dei-nes Geis-tes, dir zu le-ben; Stärke gnä-dig mein Gemüt.

2. Ach, dein Lebensgeist be-zwinge Alle Herzen; er durch-dringe Deine Glieder allzumal, Wo sie hier zerstreuet wohnen Unter allen Nationen, Die du kennest überall.

3. O, wie lieb ich, Herr, die Deinen, Die dich suchen, die dich meinen! O wie köstlich sind sie mir! Du weißt, wie mich's oft erquicket, Wenn ich Seelen hab erblicket, Die sich ganz ergeben dir.

4. Ich umfasse, die dir dienen, Ich vereine mich mit ihnen, Und vor deinem Angesicht Wünsch ich Zion tausend Segen. Stärke sie in deinen Wegen, Führe sie in deinem Licht.

5. In der argen Welt sie rette, Und den Satan bald zertrete Gänzlich unter ihren Fuß. Töte durch den Geist von innen Flei-scheslust, Natur und Sinnen; Schenk uns deines Heils Genuß.

6. Die in Kreuz und Leiden leben, Stärke, daß sie ganz er-geben Ihre Seel in deine Hand. Laß sie dadurch werden kleiner Und von allen Schlacken reiner, Lauterlich in dich gewandt!

7. Laß die Deinen noch auf Erden Ganz nach deinem Her-zen werden; Mache deine Kin-der schön, Abgeschieden, klein und stille, Rein, einfältig, wie dein Wille, Und wie du sie gern willst sehn.

8. Sonderlich gedenke deren, Die es, Herr, von mir begeh-ren, Daß ich für sie beten soll. Auf dein Herz will ich sie le-gen; Gieb du jedem solchen Se-gen, Wie es not; du kennst sie wohl.

9. Ach, besuch zu dieser Stunde Sie im tiefsten Herzensgrunde, Mach sie froh in dir allein. Zeuch mit deinen Liebeszügen Ihre Lust

und ganz Vergnügen Wesentlich in dich hinein.

10. Ach, du hast uns teur erworben, Da du bist am Kreuz gestorben; Denke, Jesu, wir sind dein! Halt uns fest, solang wir leben Und in dieser Wüste schweben, Laß uns nimmermehr allein;

11. Bis wir einst mit allen Frommen Dort bei dir zusammenkommen Und, von allen Flecken rein, Da vor deinem Throne stehen, Uns in dir, dich in uns sehen, Ewig eins in dir zu sein.

G. Tersteegen, geb. 1697, † 1769.

174.

Mel. O du Liebe meiner Liebe.

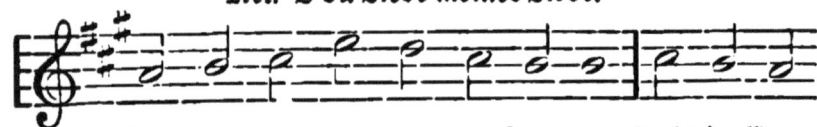

1. Herz und Herz, ver-eint zu-sam-men, Sucht in Got-
Las-set eu-re Lie-bes-flam-men Lo-dern eu-

tes Her-zen Ruh!
rem Heiland zu!   Er das Haupt, wir sei-ne Glie-der;

Er das Licht, und wir der Schein; Er der Meis-ter,

wir die Brü-der; Er ist un-ser, wir sind sein.

2. Kommt, ach kommt, ihr Gotteskinder, Und erneuert euren Bund! Schwöret unserm Überwinder Lieb und Treu von Herzensgrund. Und wenn eurer Liebeskette Festigkeit und Stärke fehlt, O, so flehet um die Wette, Bis sie Jesus wieder stählt!

3. Tragt es unter euch, ihr Glieder, Auf so treues Lieben an, Daß ein jeder für die Brüder Auch das Leben lassen kann. So hat Jesus uns geliebet, So vergoß er dort sein Blut. Denkt doch, wie es ihn betrübet, Wenn ihr selbst euch Eintrag thut.

4. Einer reize doch den andern, Kindlich, leidsam und gering Unserm Heiland nachzuwandern, Der für uns am Kreuze hing. Einer soll den andern weden, Alle Kräfte Tag für Tag Nach Vermögen darzustrecken, Daß man ihm gefallen mag.

5. Halleluja! welche Höhen, Welche Tiefen reicher Gnad, Daß wir dem ins Herze sehen, Der uns so geliebet hat; Daß der Vater aller Geister, Der der Wunder Abgrund ist, Daß du, unsichtbarer Meister, Uns so fühlbar nahe bist!

6. Ach, du holder Freund, vereine Deine dir geweihte Schar, Daß sie sich so herzlich eine, Wie's

dein letzter Wille war. Ja, ver=
binde in der Wahrheit, Die du
selbst im Wesen bist, Alles, was
von deiner Klarheit In der That
erleuchtet ist.

7. So wird dein Gebet erfüllet,
Daß der Vater alle die, Welche du
in dich verhüllet, Auch in seine
Liebe zieh, Und daß, wie du eins
mit ihnen, Also sie auch eines
sei'n, Sich in wahrer Liebe die=
nen Und einander gern erfreun.

8. Liebe, hast du es geboten,
Daß man Liebe üben soll: O, so

mache doch die toten, Trägen Geis=
ter lebensvoll! Zünde an die Lie=
besflamme, Daß ein jeder sehen
kann: Wir, als die von einem
Stamme, Stehen auch für einen
Mann.

9. Laß uns so vereinigt werden,
Wie du mit dem Vater bist, Bis
schon hier auf dieser Erden Kein
getrenntes Glied mehr ist Und al=
lein von deinem Brennen Nehme
unser Licht den Schein; Also wird
die Welt erkennen, Daß wir deine
Jünger sein.

Nic. L. v. Zinzendorf, geb. 1700, † 1760.

175.

Mel. Es ist gewißlich an der Zeit.

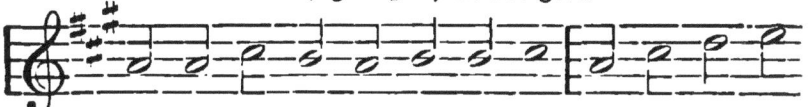

1. Ich glau=be, daß die Hei=li=gen Im Geist Gemein=
Weil sie in ei=ner Gna=de stehn Und ei=nes Geis=

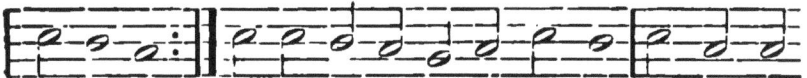

schaft ha=ben,
tes Ga=ben. So vie=le Christus ma=chet rein, Die ha=ben

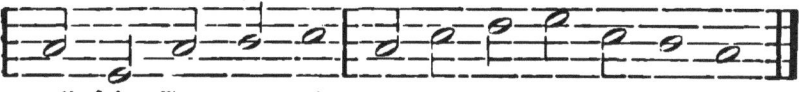

all sein Gut ge=mein Und al=le Himmels=schät=ze.

2. Zwar nicht das gleiche Schick=
sal fällt hienieden jedem Gliede;
Es dauern noch in dieser Welt
Die äußern Unterschiede; Dem ei=
nen fällt ein armes Los, Der
andre ist geehrt und groß; Das
will ein Christ nicht ändern.

3. Doch in der neuen Kreatur
Ist keiner klein noch größer; Wir
haben einen Christus nur, Den
einigen Erlöser, Das Licht, das
Heil, den Morgenstern; Wort,
Tauf und Nachtmahl unsers Herrn
Ist allen gleich geschenket.

4. Da ist kein Knecht noch Freier
mehr, Da sind sie alle Kinder;
Der Reichtum macht hier keine Ehr,
Die Armut keinen Sünder. Gott
sieht hier nicht Personen an, Indem
der Reiche arm sein kann, Der Ar=
me reich an Gnaden.

5. Die Sonne der Gerechtigkeit
Will allen Gnade geben; Der Geist
giebt allen allezeit, Als Gottes
Odem, Leben, Weil uns der Vater
alle liebt, Sowie der Himmel uns
umgiebt; Wir haben gleiche Güter.

6. Ein Himmel, eine Selig=

teit, Ein Vorbild und ein Hof=
fen, Ein Recht, ein Vaterherz im
Leid, Ein Segen steht uns offen.
Uns führt ein Weg dem Himmel
zu, Wir hoffen alle eine Ruh,
Allein durch e in e n Glauben.

7. Wir l e i d e n mit, wir ziehen
an: Ein herzliches Erbarmen, Und
wenn das Herz nichts weiter kann,
So seufzt es für die Armen.
Denn solch ein Glied, dem durch
sein Herz Nicht geht der andern
Glieder Schmerz, Das hat gewiß
kein Leben.

8. So trägt ein Glied des an=
dern Last Um seines Hauptes
willen; Wer seiner Brüder Las=
ten faßt, Lernt das Gesetz erfül=
len, Wo Christus uns zum Vor=
bild geht. Sein königlich Ge=
bot besteht In einem Wörtlein:
Liebe!

9. Wie ist der Heilige so groß,
Der mir vorangegangen, Mit dem
ich als ein Kreuzgenoß Gemein=
schaft soll erlangen! Bedenk, mein
Herze, wer er ist! Es ist der Hei=
land Jesus Christ, Der Sohn des
Allerhöchsten.

10. Ich will mich der Gemein=
schaft nicht Der Heiligen entzie=
hen; Wenn meine Brüder Not an=
sicht, So will ich sie nicht fliehen.
Hab ich Gemeinschaft an dem Leid,
So laß mich an der Herrlichkeit
Auch einst Gemeinschaft haben.

Ph. Fr. Hiller, geb. 1699, † 1769.

176.

Mel. Nun bitten wir den heilgen Geist.

1. Die Kir = che Chris=ti, die er ge=weiht Zu sei = nem
Hau = se, ist weit und breit In der Welt zer=streu = et,
In Nord und Sü = den, In Ost und West, und doch
so hie = nie = den, Als dro = ben, eins.

2. Die Glieder sind sich meist
unbekannt Und doch einander gar
nah verwandt. Einer ist ihr
Heiland, Ihr Vater e i n e r, Ein
Geist regiert sie, und ihrer keiner
Lebt mehr sich selbst.

3. Sie leben dem, der sie mit
Blut erkauft Und mit dem heili=
gen Geiste tauft, Und im wahren
Glauben Und treuer Liebe Gehn
ihrer Hoffnung lebendge Triebe
Aufs Ewige.

4. Wie sieht's mit ihrer Ver=
sammlung aus? Hier stehn sie nir=
gend in e i n e m Haus. In Kirchen
und Kirchlein Geteilt, verschieden,

Sind alle vereint in Christi Frieden, Ein Leib des Herrn.

5. Da tritt die Gemeinde des Herrn hervor, Wo Christi Feuer steigt hell empor; Da wohnen die Seinen, Er in der Mitten, Gnade und Wahrheit füllt solche Hütten Und Fried und Freud.

6. Mit solchen Gemeinden ist unsre Zeit Reichlich gesegnet. Wir sind erfreut Über Jesu Gnade Und bitten: mehre, Du Geist des Herrn, seine Gnadenheere An Zahl und Kraft!

Nach Aug. G. Spangenberg, geb. 1704, † 1792.

177.

Mel. Wie schön leucht't uns der Morgenstern.

1. Herr Je = su Chris = te, Got = tes Sohn! Von dei=
Es ist ja dei = nes Geis = tes Kraft, Die Lieb

nes Himmels ho=hem Thron Schau gnädig auf uns nie=der.
und Eintracht in uns schafft, In dir sind wir ja Brü=der.

Hilf uns, Komm uns Nun mit Se = gen Selbst ent=ge = gen,

Dei = ne Stär = te Brau=chen wir zu al = lem Wer = te.

2. Ist etwas Gutes unter uns, Ist's nicht die Frucht des eignen Thuns, Du hast es uns geschenket. Der Du uns solche Gnade gönnst Und unser aller Herzen kennst, Und was ein jeder denket: Prüfe, Siehe, Wie wir's meinen; Im Vereinen Heilger Flammen Schließ uns all in dich zusammen.

3. Der Du am Marterkreuze starbst, Uns allen ewges Heil erwarbst Und jeden von uns liebest, Sohn, Mittler, ohne dessen Licht Der Mensch erkennt den Vater nicht, Der Du das Leben giebest Allen Denen, Die von Herzen Deiner Schmerzen Sinn bedenken Und sich zu dem Kreuze lenken:

4. Du, Herr, und deines Kreuzes Wort Sei unsers Bruderkreises Hort, Das einzge Ziel der Seelen! Das meinen wir in unserm Geist. O daß uns davon nichts abreißt, Laß deinen Geist nicht fehlen! Weihe, Segne Mit Gelingen Unser Singen, Flehn und Streben; Laß es werden Geist und Leben.

5. Wir fühlen all die Schwachheit noch, Uns drückt des Sündentriebes Joch; Dem kannst nur du entreißen. Daß in Gemeinschaft deine Kraft Gewaltger segnet, Größres

11

schafft, Hast du ja selbst verhei=
ßen. Darum Mach nun Deine
Wahrheit Uns zur Klarheit. Laß
dich finden, Herr, in unsers Her=
zens Gründen!

6. Du Freund voll Milde und
Geduld! Kehr bei uns ein mit dei=
ner Huld, Und stille unser Seh=
nen. Dein Nahsein macht so froh,
so reich; O laß dein „Friede sei mit
euch!" In unserm Kreis ertönen!

Jesu, Geuß du Starke Triebe
Heilger Liebe In uns alle, Daß
dir unser Bund gefalle!

7. O Vater! zeuch uns kräftiglich,
Daß wir im Sohn erkennen dich
Und werden deine Kinder. O Jesu!
deine Gnad uns gieb, Der du mit
ewig treuer Lieb Aufsuchst verlorne
Sünder. Geist des Herren! Deine
Weihe Uns erneue; Gottes Namen
Werd in uns geheiligt. Amen.

Rud. Stier, geb. 1800, † 1862.

178.

Mel. Mein Jesu, dem die Seraphinen.

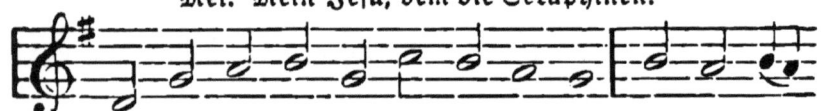

1. Dein Wort, o Herr, bringt uns zu=sam=men, Daß wir in
Es läßt an uns die heilgen Flammen Des Glau=bens

der Gemeinschaft stehn;
und der Lie = be. sehn. Wir werden durch das Wort der Gnaden

Auch zur Ge = mein=schaft je = ner Schar, Die um das Lamm be=

stän.= dig war, Ge = lockt und kräf = tig ein = ge = la = den.

2. Nur Menschen, die von Gott
geboren, Die unter einem Haup=
te stehn, Die hat der Herr sich aus=
erkoren, Die läßt er Wunderliebe
sehn. Gemeinschaft mit dem Va=
ter haben Und mit dem Sohn im
heilgen Geist, Das ist, was ihre
Seele speist; Nur das kann sie
vollkommen laben.

3. Der Glaubensgrund, auf
dem wir stehen, Ist Christus und
sein teures Blut; Das einzge
Ziel, darauf wir sehen, Ist Chri=
stus, unser höchstes Gut; Sein

Wort die Regel, die wir kennen,
Sein Geist das Band, das uns
umschlingt; Die Seelen all, die er
durchdringt, Sind, was wir heilge
Kirche nennen.

4. Was ist das für ein himmlisch
Leben, Mit Vater, Sohn und
heilgem Geist In seliger Gemein=
schaft schweben, Genießen das, was
Gott geneußt! Was glühen da für
selge Triebe! Gott schüttet in sein
geistlich Haus Die ganze Gnaden=
fülle aus: Hier wohnet Gott, die
ewge Liebe.

5. Der Vater liebet uns als Kinder, Schenkt uns den Geist, der Abba schreit; Des Sohnes Treue schmückt uns Sünder Mit ewiger Gerechtigkeit; Der heilge Geist tritt mit dem Öle Des Friedens und der Freude zu: Dann schmeckt das Herz die Gottesruh, Die Kraft durchdringet Leib und Seele.

6. Die eines Herren Leib gegessen, Die stehen auch für einen Mann; Macht sich der Feind an eins vermessen, Sobald greift er sie alle an; Sie fallen betend Gott zu Füßen Und siegen in des Herren Kraft; Sie wollen von der Bürgerschaft Der Heilgen nicht das Kleinste missen.

7. So wallen die verbundnen Herzen Durchs Thränenthal ins Vaterland, Versüßen sich die bittern Schmerzen, Eins reicht dem andern seine Hand. Sie wollen sich mit Freuden dienen, Sie sehen mit des Glaubens Blick Auf Jesum und ihr künftges Glück; Sie sind in ihm und er in ihnen.

Unbekannt.

3. Der Kirche Ausbreitung. Missionslieder.

179.

Eigene Melodie.

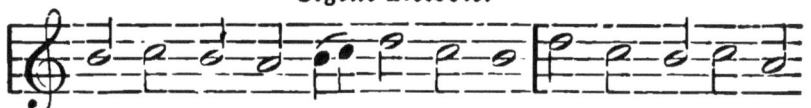

1. Es wol = le Gott uns gnä=dig sein Und sei = nen Se=gen
Sein Ant=litz uns mit hellem Schein Er=leucht zum ew=gen

ge = ben;
Le = ben, Daß wir er = ken = nen sei = ne Werk, Und was ihm

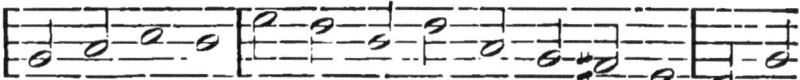

lieb auf Er = den, Und Je = su Chris = ti Heil und Stärk Be=kannt

den Hei=den wer=den Und sie zu Gott be = keh = ren.

2. So danken, Gott, und loben dich Die Heiden überalle, Und alle Welt die freue sich Und sing mit großem Schalle: Daß du auf Erden Richter bist Und läßt die Sünd nicht walten; Dein Wort die Hut und Weide ist, Die alles Volk erhalten, In rechter Bahn zu wallen.

3. Es danke, Gott, und lobe dich Das Volk in guten Thaten. Das Land bring Frucht und beßre sich, Dein Wort laß wohl geraten. Uns segne Vater und der Sohn, Uns segne Gott der heilge Geist, Dem alle Welt die Ehre thu; Vor ihm euch fürchtet allermeist. Nun sprecht von Herzen: Amen.

M. Luther, geb. 1483, † 1546.

180.

Mel. Herr Gott, dich loben alle wir.

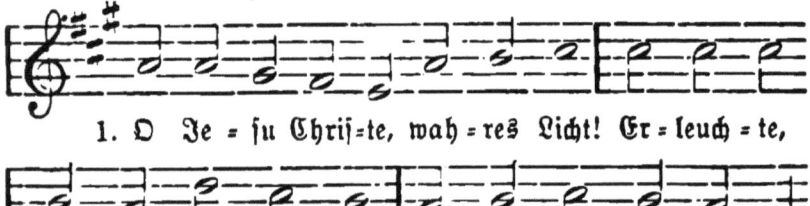

1. O Je = su Chri=ste, wah=res Licht! Er=leuch=te,

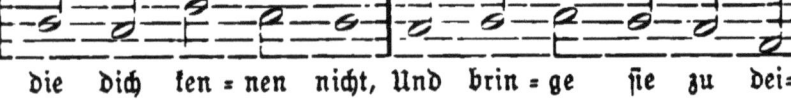

die dich ken = nen nicht, Und brin = ge sie zu dei=

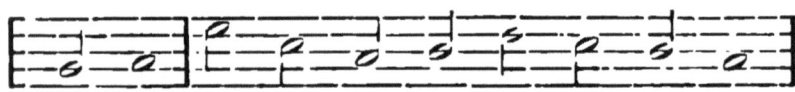

ner Herd, Daß ih = re Seel auch se = lig werd.

2. Erfüll mit deinem Gnaden=schein, Die in Irrtum verführet sein, Auch die, so heimlich noch ficht an In ihrem Sinn ein fal=scher Wahn.

3. Und was sich sonst verlaufen hat Von dir, das suche du mit Gnad; Verwundete Gewissen heil, Laß sie am Himmel haben teil.

4. Den Tauben öffne das Ge=hör, Die Stummen richtig reden lehr, Die nicht bekennen wollen frei, Was ihres Herzens Glaube sei.

5. Erleuchte, die da sind ver=blend't; Bring her, die sich von uns getrennt; Versammle, die zer=streuet gehn; Mach feste, die im Zweifel stehn.

6. So werden sie mit uns zugleich Auf Erden und im Himmelreich, Hier zeitlich und dort ewiglich, Für solche Gnade preisen dich.

Joh. Heermann, geb. 1585, † 1647.

181.

Mel. Dir, dir Jehovah, will ich singen.

1. Wach auf, du Geist der er=sten Zeu=gen, Die auf der
Die Tag und Näch=te nim=mer schweigen, Und die ge=

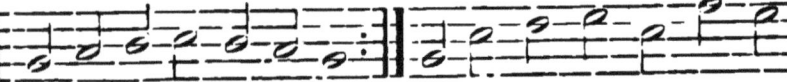

Mau'r als treue Wäch=ter stehn,
trotz dem Feind entgegen gehn,　　Ja, de = ren Schall die gan = ze

Welt durchdringt Und al = ler Völ = ker Scha=ren zu dir bringt.

2. O daß doch bald dein Feuer brennte! O möcht es doch in alle Lande gehn! Ach, Herr, gieb doch in deine Ernte Viel Knechte, die in treuer Arbeit stehn. O Herr der Ernte, siehe doch darein: Die Ernt ist groß, der Knechte Zahl ist klein!

3. Dein Sohn hat ja mit klaren Worten Uns diese Bitte in den Mund gelegt. O siehe, wie an allen Orten Sich deiner Kinder Herz und Sinn bewegt, Dich herzinbrünstig hierum anzuflehn! Drum hör, o Herr. und sprich: Es soll geschehen!

4. So gieb dein Wort mit großen Scharen, Die in der Kraft Evangelisten sein. Laß eilend Hilf uns widerfahren, Und brich in Satans Reich mit Macht hinein. O, breite, Herr, auf weitem Erdenkreis Dein Reich bald aus zu deines Namens Preis!

5. Ach, daß die Hilf aus Zion käme! O daß dein Geist so, wie dein Wort verspricht, Dein Volk aus dem Gefängnis nähme! O würd es doch nur bald vor Abend Licht! Ach reiß, o Herr, den Himmel bald entzwei, Und komm herab zur Hilf, und mach uns frei!

6. Ach, laß dein Wort recht schnelle laufen, Es sei kein Ort ohn dessen Glanz und Schein! Ach, führe bald dadurch mit Haufen Der Heiden Füll in alle Thore ein! Ja, wecke doch auch Israel bald auf, Und also segne deines Wortes Lauf!

7. O, beßre Zions wüste Stege, Und was dein Wort im Laufe hindern kann, Das räum, ach räum aus jedem Wege! Vertilg, o Herr, den falschen Glaubenswahn, Und mach uns bald von jedem Mietling frei, Daß Kirch und Schul ein Garten Gottes sei!

8. Laß jede Kirche, jede Schule, Die Werkstatt deines guten Geistes sein; Ja, sitze du nur auf dem Stuhle, Und präge dich der Jugend selber ein, Daß treuer Lehrer viel und Beter sein, Die für die ganze Kirche stehn und schrein!

9. Nun, du wirst wissen, recht zu richten, Da du ja aller Welten Richter bist. Dein Wort wird allen Streit hier schlichten, Wenn gleich dein Weg für uns oft dunkel ist. Drum treib uns ferner, dich nur anzuflehn; Du thust doch über Bitten und Verstehn.

H. v. Bogatzky, geb. 1690, † 1774.

182.

Mel. Errett mich, o mein lieber Herre.

1. O daß doch bald dein Feu=er brenn=te, Du un=aus=sprech=lich Lie=ben=der, Und bald die gan=ze Welt er=kenn=te, Daß du bist Kö=nig, Gott und Herr!

2. Zwar brennt es schon in heller Flamme Jetzt hier, jetzt dort, in Ost und West, Dir, dem aus Lieb erwürgten Lamme, Ein herrlich Pfingst- und Freudenfest.

3. Und noch entzünden Himmelsfunken So manches kalte, tote Herz Und machen Durstge freudetrunken Und heilen Sünd und Höllenschmerz;

4. Verzehren Stolz und Eigenliebe Und sondern ab, was unrein ist, Und mehren jener Flamme Triebe, Die nur den großen Einen küßt.

5. Erwecke, läutre und vereine Des ganzen Christenvolkes Schar, Und mach in deinem Gnadenscheine Dein Heil noch jedem offenbar.

6. Du unerschöpfter Quell des Lebens, Allmächtig starker Gotteshauch! Dein Feuermeer strömt nicht vergebens, Ach, zünd in unsern Herzen auch!

7. Schmelz alles, was sich trennt, zusammen, Und baue deinen Tempel aus; Laß leuchten deine heilgen Flammen Durch deines Vaters ganzes Haus.

8. Beleb, erleucht, erwärm, entflamme Doch bald die ganze weite Welt, Und zeig dich jedem Völkerstamme Als Heiland, Friedefürst und Held.

9. Dann tönen dir von Millionen Der Liebe Jubel-Harmonien, Und alle, die auf Erden wohnen, Knien vor dem Thron des Lammes hin.

Joh. Ludw. Fricker, geb. 1729, † 1766.

183.

Mel. Jesus, meine Zuversicht.

1. Ei-ne Her-de und ein Hirt! Wie wird dann dir sein, o Wann sein Tag er-schei-nen wird? Freu-e dich, du klei-ne

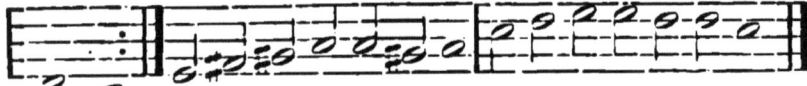

Er-de,
Her-de! Mach dich auf und werde Licht! Jesus hält, was er verspricht.

2. Hüter, ist der Tag noch fern? Schon ergrünt es auf den Weiden, Und die Herrlichkeit des Herrn Nahet dämmernd sich den Heiden; Blinde Pilger flehn um Licht. Jesus hält, was er verspricht.

3. Komm, o komm, du treuer Hirt, Daß die Nacht zum Tage werde! Ach, wie manches Schäflein irrt Fern von dir und deiner Herde. Kleine Herde! zage nicht, Jesus hält, was er verspricht.

4. Sieh, das Heer der Nebel flieht Vor des Morgenrotes Helle, Und der Sohn der Wüste kniet Dürstend an der Lebensquelle; Ihn umleuchtet Morgenlicht. Jesus hält, was er verspricht.

5. Gräber stehen aufgethan.
Rauscht, verdorrte Gebeine!
Macht dem Bundesengel Bahn!
Großer Tag des Herrn, erscheine! Jesus ruft: Es werde Licht!
Jesus hält, was er verspricht.

6. O des Tags der Herrlichkeit!
Jesus Christus, du die Sonne Und auf Erden weit und breit Licht und Wahrheit, Fried und Wonne:
Mach dich auf, es werde Licht!
Jesus hält, was er verspricht.

Fr. Ad. Krummacher, geb. 1767, † 1845.

184.

Mel. Jesus, meine Zuversicht.

1. Sieh, ein wei = tes To = ten = feld, Vol = ler dür=
Ach, kein Son = nen=strahl er = hellt Tie = se Nacht

rer To = ten = bei = ne!
mit fro = hem Schei = ne!
Hü = ter! ist die

Nacht bald hin? Wird dein Mor = gen bald er = blühn?

2. Blick ich hin auf Israel: Ist noch alles fast erstorben. Ach, dein Volk, Immanuel, Das du dir mit Blut erworben, Sieh, wie blind, wie fern von dir! Wie ein Schlachtfeld liegt es hier!

3. Schau ich deine Christenheit, Die, Herr, deinen Namen träget: Ach, was seh ich weit und breit? Tausend Kräfte wild beweget; Wenige, die für dich glühn Und in deinem Dienst sich mühn.

4. Und die große Heidenwelt Ist noch finster und verdunkelt, Hie und da nur schwach erhellt;

Lichtesschimmer einzeln funkelt; Millionen sind noch fern Von dem Reiche meines Herrn.

5. O wann bricht der Frühling an Nach den langen Wintertagen? Herr, du bist es, der da kann Zu den Totenbeinen sagen: Rauschet, regt und füget euch, Seid ein Leib für Gottes Reich!

6. Herr! so sprich dein Lebens= wort über alle Totenbeine. Odem Gottes! wehe fort, Daß sich alles neu vereine. Mache alles wieder neu, Alles Alte geh vorbei!

Chr. H. Zeller, geb. 1799, † 1860.

185.

Mel. Valet will ich dir geben.

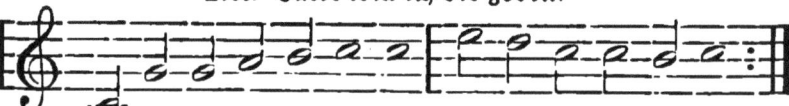

1. Der du zum Heil er=schie=nen Der al = ler=ärm=sten Welt
Und von den Che=ru=bi = nen Zu Sündern dich ge=sellt.

Den sie mit frechem Stolze Verhöhnt für sei = ne Huld,

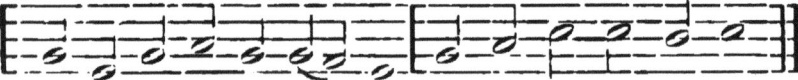

Als du am dür=ren Hol = ze   Ver=söhn=test ih = re Schuld!

2. Damit wir Kinder würden, Gingst du vom Vater aus, Nahmst auf dich unsre Bürden Und bau= test uns ein Haus. Von Westen und von Süden, Von Morgen ohne Zahl Sind Gäste nun be= schieden Zu deinem Abendmahl.

3. Im schönen Hochzeitkleide, Von allen Flecken rein, Führst du zu deiner Freude Die Völker= scharen ein. Und welchen nichts verkündigt, Kein Heil verheißen war, Die bringen nun entsündigt Dir Preis und Ehre dar.

4. Du hast den ärmsten Skla= ven, Wo heiß die Sonne glüht, Wie deinen andern Schafen Zu= liebe dich gemüht Und selbst den öden Norden, Den ewges Eis bedrückt, Zu deines Himmels Pforten Erbarmend hingerückt.

5. Drum kann nicht Ruhe wer= den, Bis deine Liebe siegt, Bis dieser Kreis der Erden Zu deinen

Füßen liegt, Bis du im neuen Leben Die ausgesöhnte Welt Dem, der sie dir gegeben, Vors Angesicht gestellt.

6. Und siehe, tausend Fürsten Mit Völkern ohne Licht Stehn in der Nacht und dürsten Nach deinem Angesicht; Auch sie hast du gegra= ben In deinen Priesterschild, Am Brunnquell sie zu laben, Der dir vom Herzen quillt.

7. So sprich dein göttlich: Werde! Laß deinen Odem wehn, Daß auf der finstern Erde Die Toten auf= erstehn; Daß, wo man Götzen fröh= net Und vor den Teufeln kniet, Ein willig Volk, versöhnet, Zu deinem Tempel zieht.

8. Wir rufen, du willst hören; Wir fassen, was du sprichst; Dein Wort muß sich bewähren, Womit du Fesseln brichst. Wie viele sind zer= brochen, Wie viele sind's noch nicht! O du, der's uns versprochen, Werd aller Heiden Licht!

A. Knapp, geb. 1798, † 1864.

186.

Mel. Wachet auf, ruft uns die Stimme.

1. Ei = ner ist's, an dem wir han=gen, Der für uns in Un = sre Lei=ber, un = sre Her = zen Ge = hö = ren dir,

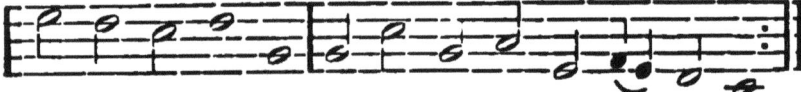

den Tod ge=gan=gen Und uns er=kauft mit sei = nem Blut. o Mann der Schmerzen, In dei = ner Lie = be ruht sich's gut.

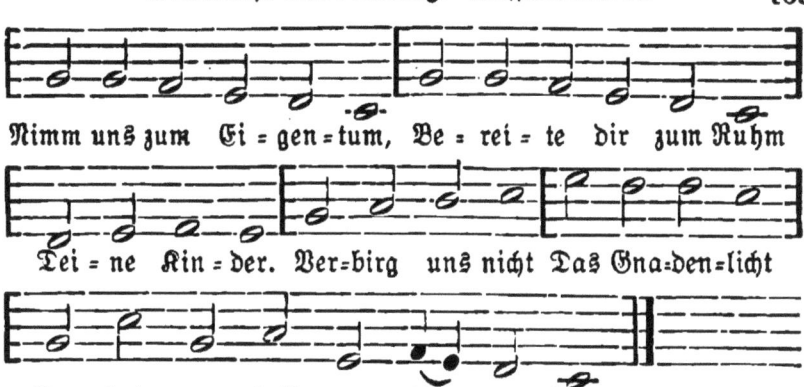

Nimm uns zum Ei=gen=tum, Be=rei=te dir zum Ruhm
Dei=ne Kin=der. Ver=birg uns nicht Das Gna=den=licht
Von dei=nem heil=gen An=ge=sicht.

2. Nicht wir haben dich erwäh=let; Du selbst hast unsre Zahl ge=zählet Nach deinem ewgen Gna=denrat. Unsre Kraft ist schwach und nichtig, Und keiner ist zum Werke tüchtig, Der nicht von dir die Stärke hat. Drum brich den eignen Sinn; Denn Armut ist Gewinn Für den Himmel. Wer in sich schwach, Folgt, Herr, dir nach Und trägt mit Ehren deine Schmach.

3. O Herr Jesu, Ehrenkönig! Die Ernt ist groß, der Schnitter wenig, Drum sende treue Zeugen aus; Send auch uns hinaus in Gnaden, Viel frohe Gäste einzu=laden Zum Mahl in deines Va=ters Haus. Wohl dem, den deine Wahl Beruft zum Abendmahl Im Reich Gottes! Da ruht der Streit, Da währt die Freud Heut, gestern und in Ewigkeit.

4. Schau auf deine Millionen, Die noch im Todesschatten woh=nen, Von deinem Himmelreiche fern. Seit Jahrtausenden ist ihnen Kein Evangelium erschie=nen, Kein gnadenreicher Morgen=stern. Glanz der Gerechtigkeit! Geh auf, denn es ist Zeit. Komm, Herr Jesu! Zeuch uns voran, Und mach uns Bahn, Gieb deine Thüren aufgethan.

5. Deine Liebe, deine Wunden, Die uns ein ewges Heil erfunden, Dein treues Herz, das für uns fleht, Wollen wir den Seelen prei=sen Und auf dein Kreuz so lange weisen, Bis es durch ihre Herzen geht. Denn kräftig ist dein Wort; Es richtet und durchbohrt Geist und Seele; Dein Joch ist süß, Dein Geist gewiß, Und offen steht dein Paradies.

6. Heiland! Deine größten Din=ge Beginnest du still und geringe; Was sind wir Armen, Herr, vor dir? Aber du wirst für uns streiten Und uns mit deinen Augen leiten; Auf deine Kraft vertrauen wir. Dein Senfkorn, arm und klein, Wächst endlich ohne Schein Doch zum Baume, Weil du, Herr Christ, Sein Hüter bist, Dem es von Gott vertrauet ist.

A. Knapp, geb. 1798, † 1864.

187.

Mel. Wie schön leucht't uns der Morgenstern.

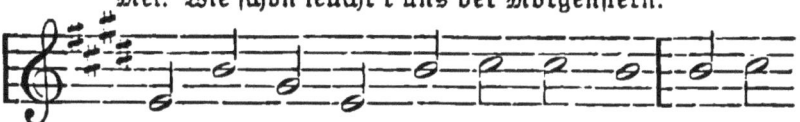

1. Macht weit die Pfor=ten in der Welt! Ein Kö=
   Wer von der Sün=de sich ge=wandt, Wer auf

nig iſt's, der Ein=zug hält, Umglänzt von Gnad und Wahrheit.
vom To=des=ſchla=fe ſtand, Der ſie=het ſei=ne Klarheit.

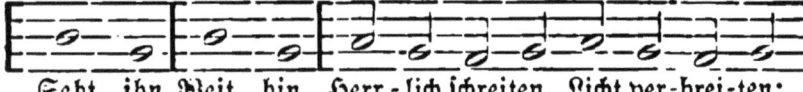

Seht ihn Weit hin Herr=lich ſchreiten, Licht ver=brei=ten;

Nacht zer=ſtreut er, Le=ben, Fried und Wonne beut er.

2. Es jauchzt um ihn die ganze Schar, Die lang in ſchweren Feſ=ſeln war, Er hat ſie freigegeben; Blind waren ſie und ſehen nun, Lahm waren ſie und gehen nun, Tot waren ſie und leben. Köſt=lich, Tröſtlich Allen Kranken, Ohne Wanken, Ohne Schranken Walten ſeine Heilsgedanken.

3. Noch liegt vor ihm ſo tief und ſchwer Der Sünden unge=heures Heer, Das tauſend Völker drücket; Um Rache ſchreit es auf zu Gott. Doch lebet er und hat die Not Der Sünder angeblicket, Betet, Rettet, Heilt und ſegnet Und begegnet Seinen Armen Als ein Heiland voll Erbarmen.

4. Längſt iſt in ſeinem ewgen Rat Für ſie zu ſeinem Reich der Pfad Gezeichnet und gebahnet; Ohnmächtig droht der Feinde Hohn, Schnell ſteht in Herrlichkeit ſein Thron, Wo niemand es geah=net. Selig, Selig, Wer da trauet, Bis er ſchauet; Wer ſich mühet, Bis ſein Gott vorüberziehet.

5. Die ihr von Chriſti Hauſe ſeid, Kommt, ſchließet nun mit Freudigkeit Den Bund in ſeinem Namen. Laßt uns auf ſeine Hände ſchaun, An ſeinem Reiche mutig baun! Sein Wort iſt Ja und Amen. Flehet, Gehet, Himmels=erben Anzuwerben, Harret, ringet! Jeſus iſt es, der euch dinget.

6. O du, den unſre Sünde ſchlug, Wann wird doch deines Lobs genug Auf dieſer Welt erſchallen? Wann wird der Völker volle Zahl Im un=getrübten Sonnenſtrahl Zu deinem Tempel wallen, Wo dich Freudig Alle kennen, Jeſus nennen, Dir ge=boren, Dir auf ewig zugeſchworen?

7. Wir harren dein, du wirſt es thun, Dein Herz voll Liebe kann nicht ruhn, Bis alles iſt vollendet; Die Wüſte wird zum Paradies, Und bittre Quellen ſtrömen ſüß, Wenn du dein Wort geſendet. Zu dem Sturme Sprichſt du: Schweige! Meer, verſeige! Flam=men, zündet! Tempel Gottes, ſei gegründet!

A. Knapp, geb. 1798, † 1864.

188.

Mel. Alle Menſchen müſſen ſterben.

1. Hü=ter! iſt die Nacht verſchwunden? Hü=ter! iſt
Ach, wir zäh=len al=le Stunden, Bis die Mor=

die Nacht schier hin? Bis die Fin=ster=nis ent=wei=chet,
gen=wol=ken blühn,

Bis der Ster=ne Schein er=blei=chet Und der Son=

ne war=mer Strahl Leuch=tet ü=ber Berg und Thal.

2. Seht ihr nicht der Berge Spitzen Tauchen aus des Nebels Nacht? Durch der dunkeln Wolken Ritzen Bricht das Morgenrot mit Macht; Aus der Todesschatten Höhle Reißt sich manche Heldenseele Los, entschleiert ihr Gesicht Gottes wunderbarem Licht.

3. O du Gott der Macht und Stärke! Sieh uns hier verwundert stehn Über deinem großen Werke, Das vor unserm Blick geschehn. Manches Thor hast du entriegelt, Viele Seelen dir versiegelt, Gabst uns für das Heidenland Manches teure Unterpfand.

4. Immer tiefer, immer weiter In das feindliche Gebiet Dringt das Häuflein deiner Streiter, Dem voran dein Banner zieht. Wo wir's kaum gewagt zu hoffen, Stehn nun weit die Thüren offen; Mühsam folgt der schwache Tritt Deinem raschen Siegesschritt.

5. Langsam und durch Schwierigkeiten Waren wir gewohnt zu gehn; Plötzlich bricht in alle Weiten Deine Hand aus lichten Höhn. Staunend sehn wir dein Beginnen; Keine Zeit ist's, lang zu sinnen. Geh voran, wir folgen nach, Wo dein Arm die Bahnen brach.

6. Breitest du in unsern Tagen, Herr, dein Werk noch weiter aus: Laß uns mutig Steine tragen Zu dem großen Tempelhaus! Aber laß es unsern Seelen Nicht an tiefrer Gründung fehlen! Gieb uns den Verleugnungssinn, Nimm die Herzen völlig hin.

7. Welch ein Segen wird ersprießen, Wenn wir gehn an deiner Hand! Wenn uns deine Quellen fließen, Grünet bald das dürre Land. Nationen aller Orten Strömen her zu deinen Pforten, Fallen auf ihr Angesicht, Jubeln laut im ewgen Licht.

Chr. Gottl. Barth, geb. 1799, † 1862.

189.

Mel. Es ist das Heil uns kommen her.

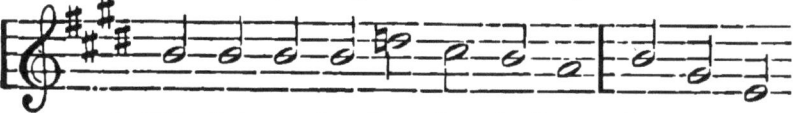

1. Wir sind vereint, Herr Je=su Christ, In dei=nem
Der Menschensohn al=lein du bist, Der sä=et

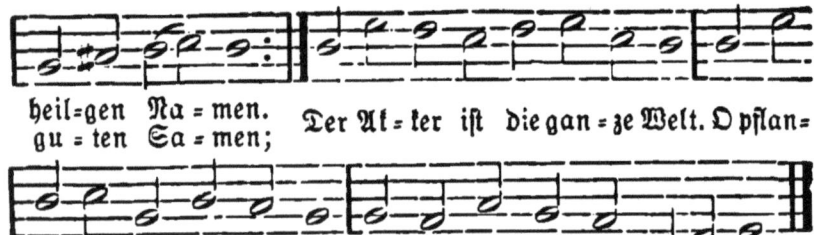

heil=gen Na = men.
gu = ten Sa = men;   Der Al = ter ist die gan = ze Welt. O pflan=

ze selbst im wü=sten Feld Dir dei = nes Rei=ches Kin = der!

2. Ja, Erstgeborner, ewiger Fürst Der Könige auf Erden! Von allen Heiden sollst und wirst Du angebetet werden. Das glauben und drum hoffen wir, Die du zum Werke rufst, von dir Auch unsrer Saat Gedeihen.

3. Schon sprosst manch Säm=lein zart und still, Verspricht einst vollen Weizen. Wir danken, und solch Danken will Alsdann zum Bitten reizen: Klein ist dein Gar=ten noch zur Zeit, Die Wildnis ringsum öd und weit; O Heiland, hilf uns weiter!

4. Gieb uns durch deines Geistes Kraft, Herr Jesu, heiße Liebe, Die Eintracht, Mut und Eifer schafft, Daß sich ein jeder übe, Für sich und andre stets zugleich Nach dem ver=heißnen Gottesreich Vor allem Ding zu trachten.

5. Was wird's doch einst für Freude sein, Wenn deine Schnitter ernten, Und alle dann sich ewig freun, Die deiner harren lernten! Wir harren dein; o siege du In deinen Gliedern, bis die Ruh Für Gottes Volk erscheinet!

Rud. Stier, geb. 1800, † 1862.

190.

Mel. Komm, o komm, du Geist des Lebens.

1. Licht, das in die Welt ge=kom=men, Son=ne vol=
. Mor=gen=stern, aus Gott ent=glom=men! Treib hin = weg

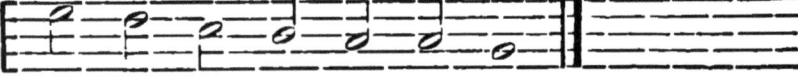

ler Glanz und Pracht,
die al = te Nacht;   Zeuch in dei = nen Wun=der=schein

Bald die gan = ze Welt hin = ein.

2. Gieb dem Wort, das von dir zeuget, Einen allgewaltgen Lauf, Daß noch manches Knie sich beuget, Sich noch manches Herz thut auf, Eh die Zeit erfüllet ist, Wo du rich=test, Jesu Christ.

3. Heile die zerbrochnen Herzen, Baue dir Jerusalem, Und verbinde

ihre Schmerzen; Laß, was vor dir angenehm, Durch der Bundesschriften Zucht Noch erblühn zur ewgen Frucht.

4. Wo du sprichst, da muß zergehen, Was der starre Frost gebaut; Denn in deines Geistes Wehen Wird es linde, schmilzt und taut. Herr, thu auf des Wortes Thür, Ruf die Seelen all zu dir.

5. Es sei keine Sprach noch Rede, Da man nicht die Stimme hört, Und kein Land so fern und öde, Wo nicht dein Gesetzbuch lehrt; Laß den hellen Freudenschall Siegreich ausgehn überall!

6. Geh, du Bräutgam, aus der Kammer, Laufe deinen Heldenpfad! Strahle Tröstung in den Jammer, Der die Welt umdunkelt hat. O erleuchte, ewges Wort, Ost und West und Süd und Nord!

7. Komm, erquick auch unsre Seelen, Mach die Augen hell und klar, Daß wir dich zum Lohn erwählen; Vor den Stolzen uns bewahr. Ja, laß deinen Himmelsschein Unsers Fußes Leuchte sein!

Rud. Stier, geb. 1800, † 1862.

191.

Mel. Fahre fort, fahre fort.

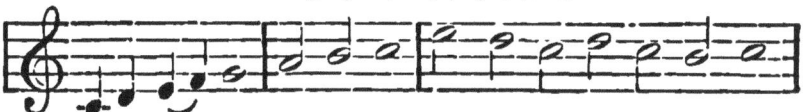

1. Reich des Herrn, Reich des Herrn, Brich hervor in vollem Tag!

Deiner Strahlen Macht er=hel=le, Was in To=des=schat=ten lag.

Wolf und Zwei=fels=ne=bel fäl = le; Sen=de Licht und Wär=me

nah und fern, Reich des Herrn, Reich des Herrn!

2. Siege bald! :,: Komm, das kalte Reich der Nacht Aller Enden zu zerstören! Sieh, es sammelt seine Macht; Doch wer kann den Sieg dir wehren? Denn die Sonne der Gerechtigkeit Führt den Streit.:,:

3. Gottes Held! :,: Mit der Gnade Siegsgewalt Schlage Feind

an Feind danieder. Bring in deine Herrschaft bald Alles Abgefallne wieder. Dann umarmen Freud und Friede sich Ewiglich. :,:

4. Überall :,: Laß bis an der Welten Rand, Laß durch jeden Kreis der Erden Deinen Namen hell erkannt, Deine Kraft verherrlicht werden, Bis du als der Völker Friedefürst Herrschen wirst. :,:

5. Menschenhuld :,: Klopft in deiner milden Brust; Unter Menschenkindern wohnen, Das ist deines Herzens Lust. Nimm, o nimm die Nationen, Nimm zum Wohnsitz alle Länder ein; Sie sind dein. :,:

6. Aber ihr, :,: Die der König ausgesandt, Geht voran in alle Zonen, Bahnt die Weg, und macht bekannt Unter allen Nationen, Wie die Gnade, wo der Herr regiert, Triumphiert. :,:

7. Welch ein Herr! :,: Ihm zu dienen, welch ein Stand! Wenn wir seines Dienstes pflegen, Lohnt er unsrer schwachen Hand Armes Werk mit reichem Segen. Wallen wir, so wallt sein Friede mit Schritt vor Schritt. :,:

8. Kommt herbei, :,: Frohe Zeiten, säumet nicht, Daß der Herr sich offenbare Als der Völker Recht und Licht; Kommt, daß alle Welt erfahre, Wie die Menschenherd ihr großer Hirt Weiden wird! :,:

Unbekannt.

192.

Mel. Nun ruhen alle Wälder.

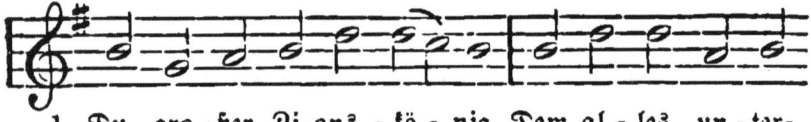

1. Du gro=ßer Zi=ons = kö = nig, Dem al = les un = ter=

thä=nig Und ü = ber=ge=ben ist, Vor dem die Erd sich beu = get

Und selbst der Himmel neiget: Hör un=ser Flehn, Herr Je=su Christ!

2. Vereint mit deinen Frommen, Will auch dies Häuflein kommen Vor deinen Gnadenthron; Laß unser schwaches Lallen Dir, Vater, wohlgefallen, Und segne uns in deinem Sohn.

3. Laß, Herr, dein Wort recht kräftig Und deinen Geist geschäftig In unsern Herzen sein. Laß immer mehr die Deinen Auf dich nur sich vereinen, Durch Bruderliebe sich erfreun.

4. Die, Herr, nach dir sich nennen, Dich aber noch nicht kennen, Erleucht mit deinem Wort! Erweck die toten Herzen, Die Zeit nicht zu

verscherzen Zum Seligwerden hier und dort.

5. Tritt unter deine Füße Das Reich der Finsternisse. Dein Evangelium Durchdring der Menschen Herzen; Zum Lohne deiner Schmerzen Laß sie erkennen deinen Ruhm.

6. Stärk, Heiland, deine Knechte, Zu fördern deine Rechte, Zu kämpfen in Geduld! Gieb allen Mut und Kräfte Zum großen Heilsgeschäfte, Und labe sie mit Deiner Huld.

7. So hör denn unser Flehen, O Herr, und laß geschehen, Was unser Herz begehrt: Daß bald die ganze Erde Dein Gottestempel werde! Wer's glauben kann, dem wird's gewährt.

8. Vereinigt euch, ihr Glieder, Und singet Siegeslieder Dem Lamm auf Gottes Thron! Stimmt froh in unsre Chöre, Ihr großen Himmelsheere, Und lobt den Vater und den Sohn!

Unbekannt.

193.

Mel. Wie groß ist des Allmächtgen Güte.

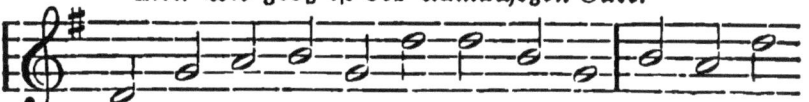

1. Uns ruft dein heil=ges Werk zu=sam=men, Du, dem das Wir fei = ern dei=nen gro=ßen Na=men, Den al = ler

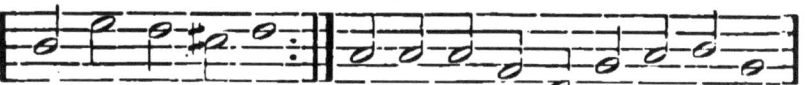

Got=tes=reich ge = hört! En=gel Schar ver=ehrt. Vom Aufgang und vom Abend schweben

Uns Tau=ben mit dem Öl=blatt zu; Du willst der Mensch=

heit Frie=den ge = ben, Mit dei=nem Wor = te sie = gest du.

2. Wohlan, es müsse dir gelingen In deinem Schmucke, Gottes Held! Laß endlich dir ein Erbteil bringen, Erkauft um teures Lösegeld. Brich deinen Boten neue Bahnen, Zieh selbst mit ihnen aus und ein, Und sammle um des Kreuzes Fahnen Mit jedem Tage neue Reihn.

3. Du siehst auf fernen Pilgerwegen Im Kampfe deine Zeugen stehn; O, jedem einen eignen Segen Gewähre heut auf unser Flehn!

Und wo auf diesem Erdenrunde Der Thränensame einsam fällt, Da rausche bald zur guten Stunde Ein volles, reiches Ährenfeld!

4. Vollende, Herr, dein Werk auf Erden! Gieß aus in Strömen deinen Geist, Und sammle dir die Völkerherden In eins, wie es dein Wort verheißt. Der Liebe Himmelsband umschlinge Die Herzen alle fern und nah, Und die erlöste Menschheit singe Dir jubelnd ihr Halleluja!

Unbekannt.

4. Reformation der Kirche und innere Mission.

194.

Eigene Melodie.

1. Ein fes = te Burg ist un = fer Gott, Ein gu = te
   Er hilft uns frei aus al = ler Not, Die uns jetzt

Wehr und Waf = fen.
hat be = trof = fen.   Der al = te bö = fe Feind Mit Ernst

er es jetzt meint; Groß Macht und vie=le List Sein grau=fam

Rüf = tung ist, Auf Erd ist nicht seins=glei = chen.

2. Mit unsrer Macht ist nichts gethan, Wir sind gar bald verlo= ren; Es streit't für uns der rechte Mann, Den Gott hat selbst erko= ren. Und fragst du, wer der ist? Er heißet Jesus Christ, Der Herre Zebaoth, Und ist kein andrer Gott; Das Feld muß er behalten.

3. Und wenn die Welt voll Teufel wär Und wollt uns gar verschlingen, So fürchten wir uns nicht so sehr, Es soll uns doch ge= lingen. Der Fürste dieser Welt, Wie sauer er sich stellt, So thut er uns doch nichts, Das macht, er ist gericht't; Ein Wörtlein kann ihn fällen.

4. Das Wort sie sollen lassen stahn Und kein'n Dank dazu ha= ben. Er ist bei uns wohl auf dem Plan Mit seinem Geist und Ga= ben. Nehmen sie uns den Leib, Gut, Ehre, Kind und Weib, Laß fahren nur dahin, Sie haben's kein'n Gewinn: Das Reich muß uns doch bleiben.

M. Luther, geb. 1483, † 1546.

195.

Mel. Nun freut euch, liebe Christeng'mein.

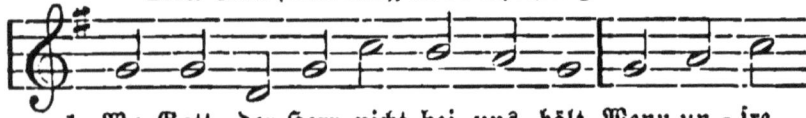

1. Wo Gott, der Herr, nicht bei uns hält, Wenn un = fre
   Und er nicht un = frer Sach zu = fällt Im Him=mel

Fein=de to = ben.
hoch dort o = ben, Wo er Israels Schutz nicht ist Und selber

bricht der Fein = de List: So ist's mit uns ver = lo = ren.

2. Was Menschenkraft und Witz anfäht, Soll uns billig nicht schrek= ten; Er sitzet an der höchsten Stätt, Der wird ihr'n Rat auf= decken. Wenn sie's aufs klügste greifen an, So geht doch Gott ein andre Bahn; Es steht in seinen Händen.

3. Sie wüten fast und fahren her Und woll'n sich hoch vermes= sen; Zu würgen steht all ihr Be= gehr, Gott ist bei ihn'n vergessen; Wie Meereswellen hoch hergehn, Nach Leib und Leben sie uns stehn: Des wird sich Gott erbarmen.

4. Ach, Herr Gott, wie reich tröstest du, Die gänzlich sind ver= lassen! Der Gnaden Thür steht nimmer zu. Vernunft kann das nicht fassen; Sie spricht: Es ist nun all's verlorn, Da doch das Kreuz hat neugeborn, Die deiner Hilf erwarten.

5. Die Feind sind all in deiner Hand, Dazu all ihr Gedanken; Ihr Anschläg sind dir wohlbekannt; Hilf nur, daß wir nicht wanken. Vernunft wider den Glauben ficht, Aufs Künftig will sie trauen nicht, Da du wirst selber trösten.

6. Den Himmel und dazu die Erd Hast du, Herr Gott, gegründet. Gieb, daß dein Licht uns helle werd; Das Herz uns werd entzün= det In rechter Lieb des Glaubens dein; Hilf bis ans End beständig sein. Die Welt laß immer murren.
Justus Jonas, geb. 1493, † 1555.

196.

Mel. Herr Gott, dich loben alle wir.

1. Ach bleib bei uns, Herr Je = su Christ, Weil es nun
A = bend wor = den ist; Dein gött = lich Wort, das hel=
le Licht, Laß ja bei uns aus = lö = schen nicht.

2. In dieser letzten, bösen Zeit Verleih uns, Herr, Beständigkeit, Daß wir dein Wort und Sakra= ment Rein b'halten bis an un= ser End.

3. Herr Jesu, hilf, dein Kirch erhalt, Wir sind gar sicher, träg und kalt; Gieb Glück und Heil zu deinem Wort, Damit es schall an allem Ort. 12

4. Erhalt uns nur bei deinem Wort, Und wehr des Teufels Trug und Mord. Gieb deiner Kirche Gnad und Huld, Fried, Einigkeit, Mut und Geduld.

5. Ach Gott! es geht gar übel zu, Auf dieser Erd ist keine Ruh; Viel Sekten und viel Schwärmerei, Die kommen haufenweis herbei.

6. Den stolzen Geistern wehre doch, Die sich mit G'walt erheben hoch Und bringen stets was Neues her, Zu fälschen deine rechte Lehr.

7. Die Sach und Ehr, Herr Jesu Christ, Nicht unser, sondern dein ja ist; Darum so steh du denen bei, Die sich auf dich verlassen frei.

8. Dein Wort ist unsers Herzens Trutz Und deiner Kirche wahrer Schutz; Dabei erhalt uns, lieber Herr, Daß wir nichts andres suchen mehr.

9. Gieb, daß wir leb'n in deinem Wort Und darauf ferner fahren fort Von hinnen aus dem Jammerthal Zu dir in deinen Himmelssaal.

Nic. Selneccer, geb. 1532, † 1592.

197.

Mel. Kommt her zu mir, spricht Gottes Sohn.

1. Ver = za = ge nicht, du Häuf=lein klein, Ob=schon die

Fein = de wil = lens sein, Dich gänz=lich zu ver=stö=ren,

Und su = chen dei=nen Un = ter=gang, Da=von dir wird

ganz angst und bang: Es wird nicht lan = ge wäh = ren.

2. Tröste dich des, daß deine Sach Ist Gottes; dem befehl die Rach, Und laß es ihn nur walten. Er wird durch einen Gideon, Den er wohl kennt, dir helfen schon, Dich und sein Wort erhalten.

3. So wahr Gott Gott ist und sein Wort, Muß Teufel, Welt und Höllenpfort, Und was dem thut anhangen, Endlich werden zu Hohn und Spott. Gott ist mit uns, und wir mit Gott; Den Sieg woll'n wir erlangen.

Gustav Adolf, König von Schweden, geb. 1594, † 1632.

198.

Mel. Was Gott thut, das iſt wohlgethan.

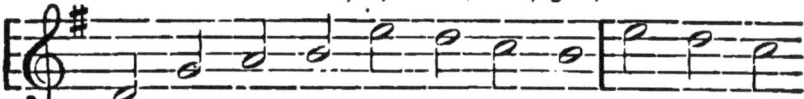

1. Feſt, wie ein Fels im wil = den Meer, So ſtehn Je=
Kommt auch die Höl = le ſelbſt ein = her Und öff = net

hovahs Wor=te.
ih = re Pfor=te: Was zit=terſt du? Gott eilt her=zu, Mit tau=

ſend En = gel=ſcha=ren Die Sei=nen zu be = wah = ren.

2. Auf hoher Felſenſpitze hat Der Herr mit ſtarken Türmen Erbauet eine feſte Stadt, Die widerſteht den Stürmen. Ob auch der Feind Vor ihr erſcheint Mit ſeiner Waffen Blitzen, Der Herr weiß ſie zu ſchützen.

3. Du wähleſt tapfre Streiter dir, Die Feinde ſehn's und wei=chen; Am Thore weht dein Feld=panier Als hohes Siegeszeichen. Gelobt ſeiſt du! Du kannſt im Nu, Umringt von deinen Treuen, Die Himmelsſtadt befreien.

4. Du rieſeſt einen frommen Mann Zum Kampf in dunklen Ta=gen, Du legteſt ihm die Rüſtung an; Da ſprach er ſonder Zagen: Ich ſtehe hier, Gott helfe mir. In Jeſu Chriſti Namen, Ich kann nicht anders, Amen.

5. O gieb uns, Herr, doch gleichen Sinn, Durch deinen Geiſt uns lei=te; Und führſt du uns zum Kampfe hin, So ſtärk uns auch im Streite, Daß wir mit dir Recht kämpfen hier Und einſt vor deinem Throne Empfahn die Siegestrone!

Chr. Nonne.

199.

Mel. Valet will ich dir geben.

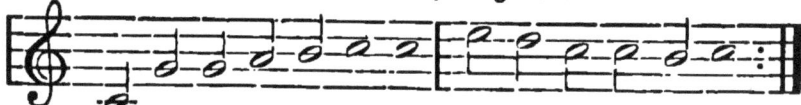

1. O komm, du Geiſt der Wahrheit, Und kehre bei uns ein,
Ver=brei=te Licht und Klarheit, Verbanne Trug und Schein!

Gieß aus dein hei = lig Feu=er, Rühr Herz und Lip=pen an,

Daß jeg = li = cher ge = treu = er Den Herrn be = ken = nen tann.

2. O du, den unfer größter Re=
gent uns zugefagt, Komm zu uns,
werter Tröfter, Und mach uns un=
verzagt! Gieb uns in diefer fchlaf=
fen Und glaubensarmen Zeit Die
fcharfgefchliffnen Waffen Der er=
ften Chriftenheit.

3. Unglaub und Thorheit brüf=
ten Sich frecher jetzt als je. Dar=
um mußt du uns rüften Mit Waf=
fen aus der Höh; Du mußt uns
Kraft verleihen, Geduld und
Glaubenstreu, Und mußt uns
ganz befreien Von aller Men=
fchenfcheu.

4. Es gilt ein frei Geftändnis
In diefer unfrer Zeit, Ein offenes
Befenntnis Bei allem Widerftreit,

Trotz aller Feinde Toben, Trotz
allem Heidentum Zu preifen und
zu loben Das Evangelium.

5. Fern in der Heiden Lande
Erfchallt dein fräftig Wort; Sie
werfen Satans Bande Und ihre
Götzen fort. Von allen Seiten
tommen Sie in das Reich herein.
Ach, foll es uns genommen, Für
uns verfchloffen fein?

6. Du heilger Geift, bereite Ein
Pfingftfeft nah und fern; Mit
deiner Kraft begleite Das Zeug=
nis von dem Herrn! O öffne du
die Herzen Der Welt, und uns
den Mund, Daß wir in Freud und
Schmerzen Dein Heil ihr machen
tund!

C. J. Ph. Spitta, geb. 1801, † 1859.

200.

Mel. O du Liebe meiner Liebe.

1. Daß es auf der ar = men Er = de Un = ter dei=
    Wie = der ein = mal Pfing=ften wer = de, Herr, das ma=

ner Chrif = ten = fchar
che gnä = dig wahr!   Fa = che neu der Lie = be Flam=men

In den fal = ten Her = zen an; Fü = ge, was ent=

zweit, zu = fam = men, Daß man Ein=tracht fe = hen tann.

2. Mache alle tranken Glieder
Rüftig, fräftig und gefund. Laß
die erfte Liebe wieder Einen un=
fern Chriftenbund, Daß bald wie=

der nur der eine, Große, heilge
Gottesgeift Sichtbar fei in der Ge=
meine, Welche Chrifti Kirche heißt.

3. Ach, es drang der Geift der

Hölle Furchtbar in die Welt her=
ein! Selbst der Kirche heilge
Schwelle Suchte Satan zu ent=
weihn. Mancher brachte fremdes
Feuer Auf den heiligen Altar,
Weil er eben kein getreuer Schü=
ler deines Geistes war.

4. Ach, auch selbst in Christi
Boten Wohnt nicht immer Christi
Geist, Der die Blinden und die
Toten Zu dem Licht und Leben
weist! Ach, es sind die Pharisäer
Heute noch nicht abgethan; Glau=
benslose Sadducäer Hängen sich
der Kirche an!

5. Darum wollst du kräftig weh=
ren, Daß durch ihren finstern Wahn
Sie die Kirche nicht verheeren,
Noch der Seelen grade Bahn.

Jesu Christ, du großer Meister,
Reinige dein Heiligtum, Treibe
aus die fremden Geister, Fülle es
mit deinem Ruhm!

6. Sende deinen Geist hernieder,
Und als neuer Lebenssaft Dringe
er durch alle Glieder Und belebe sie
mit Kraft. Treibe uns zu Geistes=
werken, Fache an der Liebe Glut,
Lehre treu aufs Wort uns merken,
Weck der ersten Zeugen Mut.

7. Rüste deines Geistes Streiter
Mit des Geistes Waffen aus; Zieh
der Kirche Grenzen weiter, Und er=
fülle Herz und Haus. Laß in dei=
nen Christgemeinen Nah und fern,
zu Berg und Thal, Deines Geistes
Macht erscheinen, Pfingsten werden
überall!

Leonh. Meißer, geb. 1803.

5. Kirchliche Weihelieder.

201.

Mel. Valet will ich dir geben.

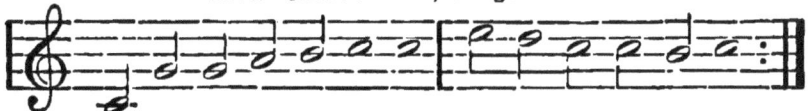

1. Hilf, Herr, und laß ge=lin=gen, Hilf du, Herr Je=su Christ!
Laß uns das Werk vollbringen, Das an=ge=fan=gen ist.

Ge = dei=hen kannst du ge = ben, Das Haupt der Kir=che, du;

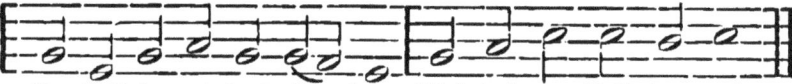

Du Eckstein und das Le = ben, Gieb dei=nen Geist da=zu!

2. In Gott des Vaters Namen
Errichten wir das Haus Für uns
und unsern Samen; Mach du ein
Bethel draus. Giebst du uns Heil
und Frieden, Send'st du uns dei=
nen Geist So sind wir schon hie=
nieden Gesegnet, unverwaist.

3. O König, groß von Ehren,
Du werter Gottessohn! Hilf uns
dein Reich hier mehren; Von dei=
nem hohen Thron Send du den

werten Tröster, Daß er uns Fried
erhalt. Und du, o Tröster, Bester,
Auf ewig in uns walt!

4. Herr, laß dein Zion blühen;
Herr, laß dein Haus bestehn; Gleich
Flammen laß es glühen Und nie=
mals untergehn, Daß manche
Christenherde Werd noch darin
erbaut, Bis sie, von dieser Erde
Erhöht, dich ewig schaut!

Unbekannt.

202.

Mel. Wie schön leucht't uns der Morgenstern.

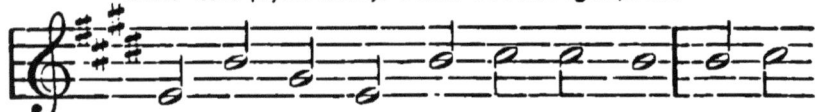

1. Gott Va = ter, al = ler Din = ge Grund! Gieb dei=
   Wie lieb = lich ist die Stät = te hier! Die Her=

nen Va = ter = na=men kund An die = sem heil=gen Or = te.
zen wal=len auf zu dir; Hier ist des Himmels Pforte.

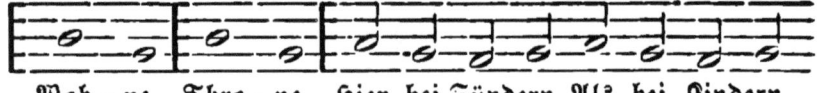

Woh = ne, Thro = ne Hier bei Sündern, Als bei Kindern,

Vol = ler Klar=heit; Heil = ge uns in dei=ner Wahrheit.

2. Sohn Gottes, Herr der Herr=
lichkeit! Dies Gotteshaus ist dir
geweiht; O laß dir's wohlgefal=
len! Hier schalle dein lebendig
Wort, Dein Segen walte fort
und fort In diesen Friedenshal=
len. Einheit, Reinheit Gieb den
Herzen; Angst und Schmerzen
Tilg in Gnaden, Und nimm von
uns allen Schaden.

3. Gott heilger Geist, du wertes
Licht! Wend her dein göttlich An=
gesicht, Daß wir erleuchtet werden.
Geuß über uns und dieses Haus
Dich mit allmächtgen Flammen
aus, Mach himmlisch uns auf Er=
den: Lehrer, Hörer, Kinder, Väter.
Früher, später Geht's zum Ster=
ben, Hilf uns Jesu Reich ererben.

4. Dreieinger Gott! Lob, Dank
und Preis Sei dir vom Kinde bis
zum Greis Für dies dein Haus
gesungen! Du hast's geschenkt und
auferbaut, Dir ist's geheiligt und
vertraut Mit Herzen, Händen,
Zungen. Ach, hier Sind wir Noch
in Hütten; Herr, wir bitten: Stell
uns droben In den Tempel, dich
zu loben!

A. Knapp, geb. 1798, † 1864.

203.

Mel. Wachet auf, ruft uns die Stimme.

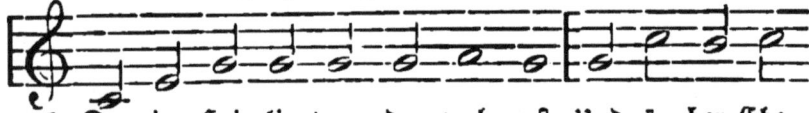

1. Der im Hei = lig=tum du woh=nest Und ü = ber Che=
   Huldreich hast du ei = ne Stät = te Dir hier er=baut,

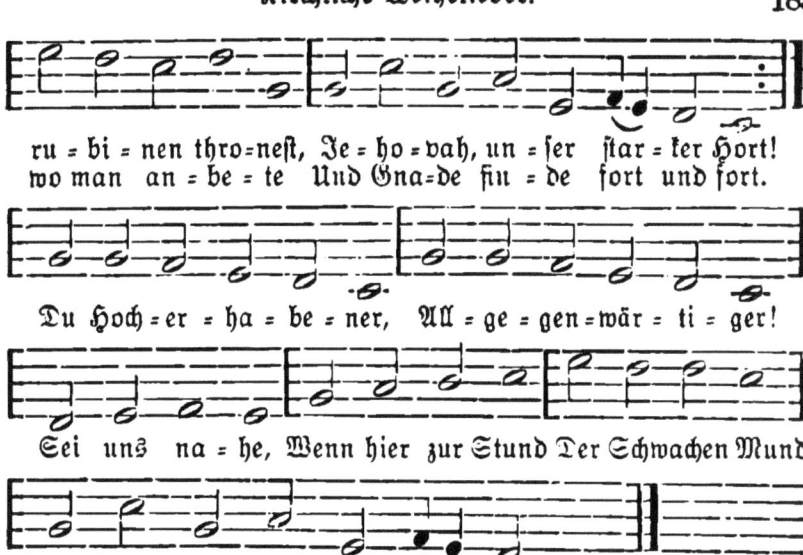

ru = bi = nen thro=nest, Je = ho = vah, un = ser star = ker Hort!
wo man an = be = te Und Gna=de fin = de fort und fort.

Du Hoch=er=ha=be=ner, All = ge = gen=wär = ti = ger!

Sei uns na = he, Wenn hier zur Stund Der Schwachen Mund

Dich preist, du al = ler Freu = den Grund!

2. Ja, auch hier ist Gottes Hütte. Wo du erscheinst in unsrer Mitte Durch deinen Geist, in deinem Wort, Wo sich sammeln deine Scharen, Dein Wort treu hören und bewahren: Ein Gotteshaus ist solcher Ort; Wo du dir auch voll Gnad Einweihst im Wasserbad Deine Kinder Und stärkst sie all Im Abendmahl Zum Gang nach deinem Freudensaal.

3. Nun denn, mit vereinten Zungen Sei, Herr, dein Lob von uns gesungen, Der du so viel an uns gethan! Du schenkst alles mit dem Sohne, Nach treuem Kampf die Lebenskrone. Im Staube beten wir dich an. Dreieiniger Herr und Gott! Hilf uns aus aller Not. Hosianna! Bald singen wir, Verklärt vor dir, Im obern Tempel für und für.

Gottl. Baumann, geb. 1794.

204.

Mel. Herr Jesu Christ, dich zu uns wend.

1. Herr! wei = he die = se Schu = le hier Zu ei = nem

heil = gen Tem = pel dir, Wo, hei = li = ger als Glok=

ten=klang, Dir tönt der Kin = der Lob=ge = sang.

2. Laß alle Schüler im Verein
Auch deine lieben Jünger sein
Und wandeln fromm in deinem
Licht, Als sähen sie dein Angesicht.

3. Dem Lehrer, der sich ihnen
weiht, Gieb deines Geistes Prie=
sterkleid, Daß er für sie mit ih=
nen ringt, Dir deine Kinder wie=
derbringt.

4. Weih ein zur Halle diesen
Ort, Worin du schaffst mit deinem
Wort; Bild aus zu deinem Bild,
präg um Die Kleinen für dein
Heiligtum.

5. So lieb sei ihnen wie ihr Herd
Dies Haus, wie ihre Kirch verehrt,
Ein Gnadenthor, das führt hinaus
Vom Vaterhaus ins Vaterhaus!

Joh. P. Lange, geb. 1802, † 1884.

205.

Mel. Wachet auf, ruft uns die Stimme.

1. Friedhof, den wir ernst be = tre = ten, Nimm un = ter fle=
Daß von al = lem Leid und Jam=mer Er ruh in stil=

hen=den Ge = be = ten Nun die = sen er = sten To = ten auf;
ler Gra=bes=kam=mer Nach hier voll=bracht=tem Pil = ger=lauf!

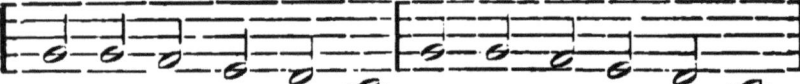

Der Tod war hier sein Los; Nun öff = net ih = ren Schoß

Ihm die Er = de. Komm, Sterbge=bein, Sink sanft hin = ein

In Got = tes mil = dem Gna = den = schein!

2. Heilig sei uns nun die Erde,
Die, daß sie Gottes Acker werde,
Wir still in Christi Namen weihn,
Wo wir hinter Särgen gehen,
Einst auf bemoosten Hügeln ste=
hen, Wo Gräber sich an Gräber
reihn. Doch über Grab und Zeit
Schaut in die Ewigkeit Unser
Glaube, Wo Freund mit Freund
Sich neu vereint, Wo Gottes ewge
Sonne scheint.

3. Laßt, o laßt uns ernst beden=
ken: In kurzem wird man hier ver=
senken Auch unser sterbliches Gebein.
Ach, des neuen Friedhofs Thore,
Sie öffnen sich dem Trauerchore,
Und Freunde tragen uns hinein.
Die Stunde nahet bald, Sie kommt
für jung und alt. Ewger Vater!
Dann rufest du Zur Grabesruh,
Dann führ auch uns dem Himmel
zu.   E. G. J. Hundeiker, 1835.

VII. Die Gnadenmittel.

1. Wort Gottes. Bibellieder.

206.

Mel. Es ist das Heil uns kommen her.

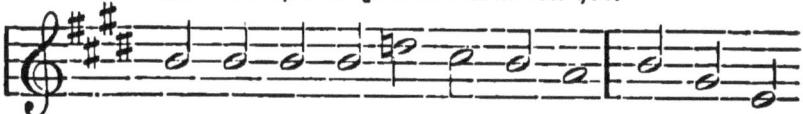

1. Wir Men=schen sind zu dem, o Gott, Was geist=lich
Dein We=sen, Wil=le und Ge=bot Ist viel zu

ist, un=tüch=tig; Wir wissen's und verstehen's nicht, Wenn uns
hoch und wich=tig.

dein gött=lich Wort und Licht Den Weg zu dir nicht wei=set.

2. Drum sind vorzeiten aus= gesandt Propheten, deine Knechte; Sie machten deinem Volk bekannt Dein Heil und deine Rechte. Zu= letzt ist selbst dein eigner Sohn, O Vater, von des Himmels Thron Gekommen, uns zu lehren.

3. Für solches Heil sei, Herr, gepreist! Laß es uns niemand rau= ben, Und gieb uns deinen guten Geist, Daß wir dem Worte glau= ben Und alles, was dein Wort gebeut, Mit Treue, Lust und Em= sigkeit Zu deiner Ehre üben.

4. Hilf, daß der losen Zweif= ler Spott Uns nicht vom Wort ab= wende; Wer dich verachtet, großer Gott, Der nimmt ein schrecklich Ende. Gieb selbst zu deinem Zeug= nis Kraft, Daß deine Lehre in uns haft Und reichlich bei uns wohne.

5. Der Sam' am Wege wird sofort Vom Teufel weggenommen;

Auf Fels und Steinen kann das Wort Niemals zum Wurzeln kom= men; Und wenn es unter Dornen fällt Der Sorg und Wollust dieser Welt, So muß es bald ersticken.

6. Ach, hilf, Herr, daß wir wer= den gleich Dem reichen, guten Lan= de Und an des Geistes Kräften reich In jedem Amt und Stande, Daß wir Frucht bringen in Geduld, Bewahren deine Lehr und Huld In feinen, guten Herzen.

7. Eröffne, Herr, uns Ohr und Herz, Dein Zeugnis recht zu fassen, Daß wir's in Freuden und im Schmerz Nicht aus dem Herzen lassen. Laß uns nicht Hörer nur al= lein, Nein, Thäter auch des Wortes sein, Frucht hundertfältig bringen.

8. Dein Wort laß allerwegen sein Die Leuchte unsrer Füße, Daß seine Kraft und milden Schein Geist, Sinn und Herz genieße; Daß es

uns gebe Trost in Not Und selig=
lich uns aus dem Tod Zum ewi=
gen Leben führe.

9. Laß sich dein Wort zu deiner
Ehr, Gott Vater, weit ausbreiten!

Hilf, Jesu, daß uns deine Lehr
Erleuchten mög und leiten! O heili=
ger Geist, dein göttlich Wort Laß
in uns wirken fort und fort Trost,
Hoffnung, Lieb und Glauben!

Dav. Denike, geb. 1603, † 1680.

207.

Mel. Durch Adams Fall ist ganz verderbt.

1. Herr Ze = ba = oth! dein hei = lig Wort, Das du
Daß wir da = nach an al = lem Ort Soll'n rich=

uns hast ge = ge = ben,
ten Lehr und Le = ben,

Ist wor = den kund Aus dei=

nem Mund Und in der Schrift be = schrie=ben, Rein, schlecht und

recht, Durch dei = ne Knecht, Vom heil=gen Geist ge=trie=ben.

2. Dies Wort, das jetzt in
Schriften steht, Ist fest und unbe=
weglich; Zwar Himmel und die
Erd vergeht, Gott's Wort bleibt
aber ewig; Kein Höll, kein Plag
Noch jüngster Tag Vermag es zu
vernichten: Drum denen soll Sein
ewig wohl, Die sich danach recht
richten.

3. Es ist vollkommen hell und
klar, Die Richtschnur reiner Lehre,
Es zeigt uns auch ganz offenbar
Gott seinen Dienst und Ehre, Und
wie man soll hier leben wohl,
Lieb, Hoffnung, Glauben üben;
Drum fort und fort Wir dieses
Wort Von Herzen sollen lieben.

4. Im Kreuz giebt's Luft, in
Traurigkeit Zeigt es die Freuden=
quelle; Den Sünder, dem die
Sünd ist leid, Entführet es der

Hölle; Giebt Trost an Hand, Macht
auch bekannt, Wie man soll willig
sterben, Und wie zugleich Das Him=
melreich Durch Christum zu ererben.

5. Sieh, solchen Nutz, so große
Kraft, Die nimmer ist zu schätzen,
Des Herrn Wort in uns wirkt und
schafft; Darum wir sollen setzen
Zurück Gold, Geld, Und was die
Welt Sonst herrlich pflegt zu ach=
ten, Und jederzeit, In Lieb und
Leid, Nach dieser Perle trachten.

6. Nun, Herr, erhalt dein hei=
lig Wort, Laß uns sein Kraft em=
pfinden; Den Feinden steur an al=
lem Ort, Zieh uns zurück von Sün=
den; So wollen wir Dir für und
für Von ganzem Herzen danken.
Herr, unser Hort! Laß uns dein
Wort Festhalten und nicht wan=
ken.

Chr. Knorr v. Rosenroth, geb. 1636, † 1689.

208.

Mel. O du Liebe meiner Liebe.

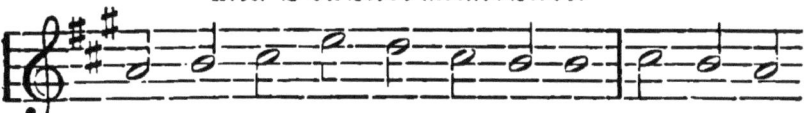

1. Herr! dein Wort, die eb = le Ga = be, Die = sen Schatz
Denn ich zieh es al = ler Ha = be Und dem größ=

er = hal = te mir,
ten Reich=tum für. Wenn dein Wort nicht mehr soll gel = ten,

Wor=auf soll der Glau = be ruhn? Mir ist's nicht um

tau = send Wel = ten, A = ber um dein Wort zu thun.

2. Halleluja, Ja und Amen! | mich eifrig sein beflissen, Dir zu
Herr! du wollest auf mich sehn, dienen früh und spat, Und zugleich
Daß ich mög in deinem Namen | zu deinen Füßen Sitzen, wie Ma=
Fest bei deinem Worte stehn. Laß | ria that.

Nic. L. v. Zinzendorf, geb. 1700, † 1760.

209.

Mel. Ach Gott und Herr.

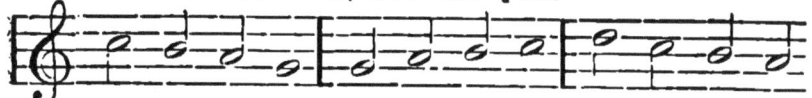

1. Gott ist mein Hort, Und auf sein Wort Soll mei = ne See=

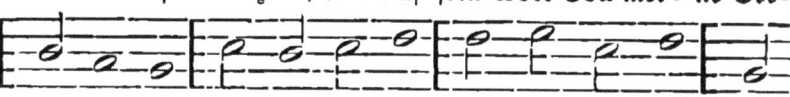

le trau=en. Ich wan=dle hier, Mein Gott, vor dir Im

Glau=ben, nicht im Schau=en.

2. Dein Wort ist wahr. Laß im= | 3. Wo hätt ich Licht, Wofern
merdar Mich seine Kräfte schmet= | mich nicht Dein Wort die Wahr=
ten; Laß keinen Spott, O Herr, | heit lehrte? Gott! ohne sie Ver=
mein Gott, Mich von dem Glau= | stünd ich nie, Wie ich dich würdig
ben schrecken! | ehrte.

4. Dein Wort erklärt Der Seele Wert, Unsterblichkeit und Leben. Zur Ewigkeit Ist diese Zeit Von dir mir übergeben.

5. Des Ewgen Rat, die Missethat Der Sünder zu versühnen, Den kenn ich nicht, Wär mir dies Licht Nicht durch dein Wort erschienen.

6. Nun darf mein Herz In Reu und Schmerz Der Sünde nicht verzagen; Nein, du verzeihst, Lehrst meinen Geist Ein gläubig Abba sagen.

7. Mich zu erneun, Mich dir zu weihn, Ist meines Heils Geschäfte. Durch meine Müh Vermag ich's nie, Dein Wort giebt mir die Kräfte.

8. Herr, unser Hort! Laß uns dies Wort, Denn du hast's uns gegeben. Es sei mein Teil, Es sei mir Heil Und Kraft zum ewgen Leben.

Chr. F. Gellert, geb. 1715, † 1769.

210.

Mel. Was Gott thut, das ist wohlgethan.

1. Dein Wort, o Herr, ist mil = der Tau Für troft = be=
Laß kei = ner Pflan = ze dei = ner Au Den Him=mels=

dürft=ge See=len. Erquickt durch ihn Laß je = de blühn Und in
brunnen feh=len.

er Zukunft Ta = gen Dir Frucht und Sa = men tra = gen!

2. Dein Wort ist, Herr, ein Flammenschwert, Ein Blitz, der Felsen splittert, Ein Feuer, das im Herzen zehrt Und Mark und Bein erschüttert. O laß dein Wort Noch fort und fort Der Sünde Macht zerscheitern Und alle Herzen läutern!

3. Dein Wort ist uns der Wunderstern Für unsre Pilgerreise; Er führt die Thoren hin zum Herrn Und macht die Einfalt weise. Dein Himmelslicht Verlösch uns nicht Und leucht in jede Seele, Daß keine dich verfehle.

4. Ich suchte Trost und fand ihn nicht; Da ward das Wort der Gnade Mein Labsal, meine Zuversicht, Die Fackel meiner Pfade. Sie zeiget mir Den Weg zu dir Und leuchtet meinen Schritten Bis zu den ewgen Hütten.

5. Auf immer gilt dein Segensbund, Dein Wort ist Ja und Amen. Nie weich es uns aus Herz und Mund Und nie von unserm Samen. Laß immerfort Dein helles Wort In allen Lebenszeiten Uns trösten, warnen, leiten!

6. O sende bald von Ort zu Ort Den Durst nach deinen Lehren. Send Hunger, Herr, dein Lebenswort Und deinen Geist zu hören; Und send ein Heer Von Meer zu Meer, Der Herzen Durst zu stillen Und dir dein Reich zu füllen.

C. B. Garve, geb. 1763, † 1841.

2. Der Tag des Herrn und Gottesdienst. Sonntagslieder.

211.

Mel. Erschienen ist der herrlich Tag.

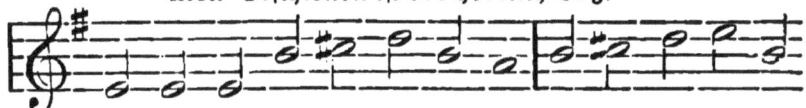

1. Gott=lob! der Sonntag kommt herbei, Die Wo=che wird nun

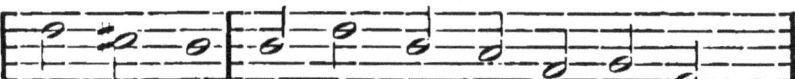

wie = der neu. Heut hat mein Gott das Licht ge = macht

Und Le = ben aus dem Tod ge=bracht. Hal = le = lu = ja!

2. Dies ist der Tag, da Jesus Christ Vom Tod für mich erstanden ist Und schenkt mir die Gerechtigkeit, Trost, Leben, Heil und Seligkeit. Halleluja!

3. Das ist der rechte Sonnentag, Da man sich nicht gnug freuen mag, Da wir mit Gott versöhnet sind, Daß nun ein Christ heißt Gottes Kind. Halleluja!

4. Mein Gott! laß mir dein Lebenswort, Führ mich zur Himmelsehrenpfort, Laß mich hier leben heiliglich Und dir lobsingen ewiglich. Halleluja!

Joh. Olearius, geb. 1611, † 1684.

212.

Mel. Mein Jesu, dem die Seraphinen.

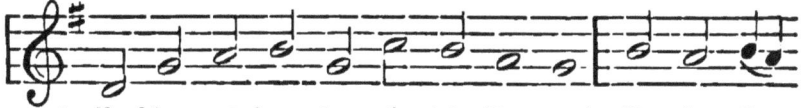

1. Be=schwertes Herz, leg ab die Sor gen! Er = he = be
Es kommt der an = ge = neh = me Mor=gen, Da Gott zu

dich, gebeugtes Haupt!
ru=hen hat er=laubt; Da Gott zu ru=hen hat ge = bo = ten

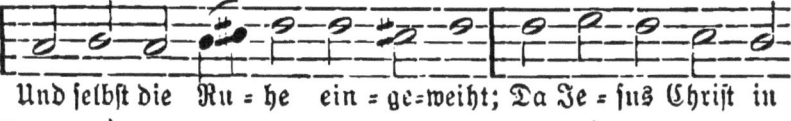

Und selbst die Ru = he ein = ge=weiht; Da Je = sus Christ in

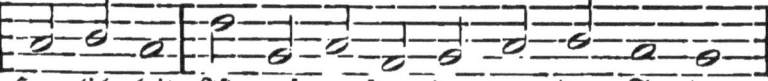

Herr=lich=keit Ist auf = er=stan=den von den To=ten.

2. Auf, laß Ägyptens eitles Wesen, Der Erde Alltagswerke stehn! Heut sollst du Himmels= manna lesen Und in des Herren Tempel gehn, Ihm zu bezahlen deine Pflichten Und zur Ver= mehrung seines Ruhms Die Werke deines Priestertums In tiefster Andacht zu verrichten.

3. Mein Gott! ich bin vor dir er= schienen Und gebe auf dein Win= ken acht; Wie kann ich dir wohl würdig dienen, Wenn mich dein Geist nicht tüchtig macht? Wie wird mein Herz in dir erfreuet, Wenn er nicht stillt der Sünden Qual? Wie bet ich, wenn er meine Schal' Mit reinem Weihrauch nicht bestreuet?

4. Kann meine Harfe lieblich klingen, Wenn sie dein Finger nicht berührt? Kann ich die düstre Nacht durchdringen, Wenn dieser Leitstern mich nicht führt? Kann ich ein süßes Opfer werden, Wenn diese Flamm nicht in mich fährt Und mich in deiner Lieb verzehrt Und hebet von dem Staub der Erden?

5. Mein Jesus hat mein Herz so teuer Zu seinem Tempel einge= weiht: Hier ist sein Herd, hier ist sein Feuer, Die Fülle seiner Herr= lichkeit, Sein Heiligtum, sein Stuhl der Gnade, Sein Licht und Recht, das Himmelsbrot; Die Gei= stesfrucht und sein Gebot Erfüllen diese Bundeslade.

6. Wann sich des Lebens Werk= tag' enden, So ruh, von allem Frondienst los, Mein Geist in dei= nen Vaterhänden, Mein Leib in seiner Mutter Schoß, Bis beide feiern einst dort oben, Wo man in sicherm Frieden ruht, Nichts den= ket, redet oder thut, Als dich zu lieben, dich zu loben.

Chr. Wegleiter, geb. 1659, † 1706.

213.

Mel. Gott des Himmels und der Erden.

1. Hal = le = lu = ja! schö = ner Mor = gen, Schö=ner, als man den = ken mag!
Heu = te fühl ich kei = ne Sor = gen; Denn das ist ein lie = ber Tag, Der durch sei = ne Lieb = lich = keit Mich im In = ner = sten er = freut.

2. Süßer Ruhetag der Seelen! Sonntag, der voll Lichtes ist! Heller Tag in dunklen Höhlen! Zeit, in der der Segen fließt! Stunde voller Seligkeit: Du ver= treibst mir alles Leid.

3. Ach, wie schmeck ich Gottes Güte Recht als einen Morgentau, Die mich führt aus meiner Hütte Zu des Vaters grüner Au! Da hat wohl die Morgenstund Edlen Schatz und Gold im Mund.

4. Ruht nur, meine Weltge=
schäfte! Heute hab ich sonst zu
thun; Denn ich brauche alle Kräf=
te, In dem höchsten Gott zu ruhn.
Heut schickt keine Arbeit sich, Als
nur Gottes Werk, für mich.
5. Wie soll ich mich heute schmük=
ten, Daß ich Gott gefallen mag?
Jesus wird die Kleider schicken,
Die ich ihm zu Ehren trag.
Sein Blut und Gerechtigkeit Ist
das schönste Sonntagskleid.

6. Segne deiner Knechte Lehren,
Öffne selber ihren Mund. Mach
mit allen, die dich hören, Heute
deinen Gnadenbund, Daß, wenn
man hier bet't und singt, Solches
in dein Herze dringt.
7. Gieb, daß ich den Tag be=
schließe, Wie er angefangen ist.
Segne, pflanze und begieße, Der
du Herr des Sabbats bist, Bis ich
einst an jenem Tag Ewig Sabbat
halten mag.

Jonath. Krause, geb. 1701, † 1762.

214.

Mel. Alle Menschen müssen sterben.

1. Das ist ei = ne sel = ge Stun=de, Je = su, da
Und sich recht von Her=zens=grun=de Tief in dein

man dein ge=denkt
Er = bar=men sentt! Wahrlich, nichts als Je = sum ken = nen,

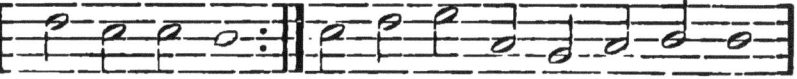

Je = sum su = chen, fin = den, nen = nen, Das er = fül=

let un = sre Zeit Mit der höch=sten Se = lig = keit.

2. Jesu, deine Gnadenquelle
Fließt so gern ins Herz hinein.
Deine Sonne scheinet helle, Un=
ser Glaubenslicht zu sein. Und
bei aller Segensfülle Ist dein
Wunsch und ernster Wille, Daß
man, weil dein Brünnlein voll,
Unaufhörlich schöpfen soll.

3. Nun, so wollst auch diese
Stunde Du in unsrer Mitte sein.
In dem Herzen, in dem Munde
Leb und herrsche du allein. Laß
uns deiner nie vergessen! Wie
Maria still gesessen, Da sie dir
hat zugehört, Also mach uns ein=
gekehrt.

Ernst Gottl. Woltersdorf, geb. 1725, † 1761.

215.

Mel. Schmücke dich, o liebe Seele.

1. Zei=ge dich uns oh=ne Hül=le, Geuß auf uns der
Taß, o Herr, an dei=nem Ta=ge Un=ser Herz der

Gna=den Fül=le,
Welt ent=sa=ge.
Komm, Herr, der du starbst, vom Bö=sen

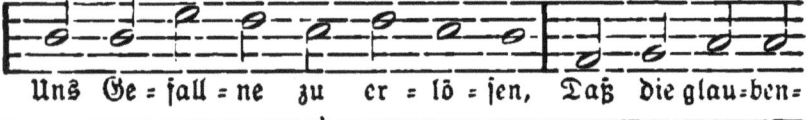

Uns Ge=fall=ne zu er=lö=sen, Daß die glau=ben=

de Ge=mei=ne Mit dem Va=ter sich ver=ei=ne.

2. O daß unsre Seele würde
Frei vom Druck der Erdenbürde,
Frei von Sünde unser Wille, Un=
ser Herz voll Sabbatsstille! Daß
von fern aus deinen Höhen Wir
des Lichtes Aufgang sähen, Das
uns alle dann verkläret, Wenn
der Sabbat ewig währet!

3. Was ich strahlen seh am
Throne, Ist es nicht der Sieger
Krone? Was ich überm Grab dort
höre, Sind's nicht Überwinder=
chöre? Feiernd tragen sie die

Palmen, Ihr Triumph erschallt in
Psalmen. Herr, du wollest selbst
mich weihen Diesem Sabbat dei=
ner Treuen!

4. Möge dein Verdienst bedek=
ken Meiner Seele Schuld und
Flecken: Daß ich dort kann mit
den Deinen Herrlich und geschmückt
erscheinen, Dort, wo du voll Huld
und Gnaden Uns zu deinem
Mahl geladen, Wo die Streiter
nicht mehr ringen, Wo sie Sieges=
lieder singen.

F. G. Klopstock, geb. 1724, † 1803.

216.

Mel. Wie schön leucht't uns der Morgenstern.

1. O Sab=bat, den der Herr ge=macht, Da=mit
Wo ins Ge=tüm=mel die=ser Welt Ein Strahl

er gnä=dig uns be=dacht, Er=quik=kungstag der Frommen,
des ew=gen Sabbats fällt, Zu dem ich einst soll kom=men!

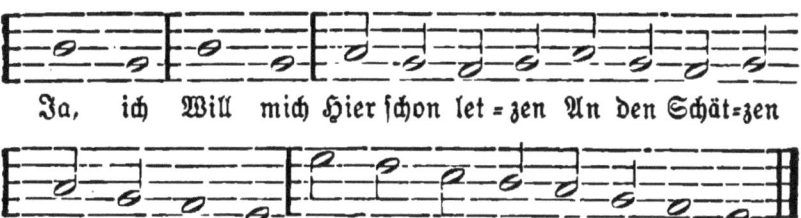

Ja, ich Will mich hier schon let = zen An den Schät=zen

Dei = ner Stil = le Bis zur ew = gen Sab = bat=fül = le.

2. Wie hehr und heilig ist die
Ruh, Welch stilles Friedensfest,
dazu Der Herr uns hat geladen!
Den Frieden, den er selbst genießt,
Er heut uns wie ein Meer er=
schließt, Ein Seelenbad der Gna=
den. Selig Tauch ich Darin unter.
O wie munter Geht zum Werke,
Wem dies Seelenbad gab Stärke!
3. Als du zuletzt den Menschen=
sohn Der Schöpfung aufgesetzt als
Kron, Als in der Morgenstille
Die Welt nun fertig vor dir lag:
Kein Mensch ist, der zu sagen wag
Von deiner Wonnen Fülle. Wal=
let, Schallet, Feierklänge, Festge=
sänge! Denn den Frieden Hat er
heut auch mir beschieden.

4. Und diese schöne Gotteswelt,
Ich hab so schmählich sie entstellt,
Ich, deiner Schöpfung Krone. Du
aber, Wunderliebe du, Giebst dei=
ne Auferstehungsruh Dafür mir
nun zum Lohne. Heute, Heute
Schickt die Sinnen Ganz nach in=
nen; Alles Denken Müß in Jesu
Ruh sich senken.
5. Im Glauben jetzt mein Herz
empfäht Die Ruh, die mir herüber=
weht Vom Auferstehungsmorgen;
Und seh ich ihn dann, wie er ist,
Bleib, wenn er mich ins Herze
schließt, Ich ewig drin geborgen.
Deine Reine Sabbatstille, Herr,
mich fülle Mit dem Frieden, Den
du dreifach mir beschieden!

August Tholuck, geb. 1799, † 1877.

217.

Mel. Liebster Jesu, wir sind hier.

1. Tag, den uns der Herr ge=macht! Fröhlich jauchz ich
Bring, was du schon oft ge=bracht, Mei=ner See = le

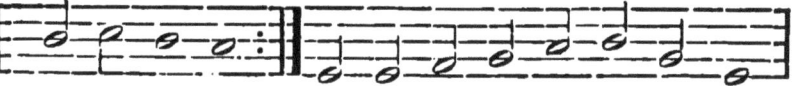

dir ent = ge = gen.
Heil und Se = gen.   Frei von al = len ei = teln Din=gen,

Soll mein Herz zu Gott sich schwin = gen.

2. Früh steigt mein Gebet em=
por: Reinige mich von meinen
Sünden; Neige zu mir, Herr,
dein Ohr; Such ich dich, Gott, laß
dich finden; Stärk mein Herz, sich
dir zu weihen Und sich nur in dir
zu freuen!
3. Wenn ich flehe, steigt mein
Geist Über diese Kleinigkeiten,
Die die Welt Vergnügen heißt;
Himmel! dich seh ich von weiten.
Kann ich Gott mit Inbrunst lo=
ben, Ist mir so, als wär ich dro=
ben.

4. Segne und behüte mich: Gieb
mir, Herr, den ewgen Frieden.
Wenn ich strauchle, zeige dich Als
den Mächtigen mir Müden. Lehre
mich die Welt verachten Und nach
deinem Reiche trachten.
5. Stunde! ach, wann schlägest
du? Letzter Tag! wann wirst du
kommen? Wann geht dieser Leib
zur Ruh, Wann die Seele zu den
Frommen? Tag des Herrn! mich
zu beglücken, Komm; ich warte
mit Entzücken.

                                     Unbekannt.

3. Das Predigtamt. Ordinations= und Installationslieder.

218.

Mel. Alles ist an Gottes Segen.

1. Gro=ßer Hir = te dei=ner Herden In dem Himmel und auf

Erden, Treuer Hei=land Je=su Christ! Laß in diesen letzten Zeiten

Sich dein Reich noch mehr verbreiten, Als bisher ge=sche=hen ist.

2. Laß es sich zu deinen Ehren
Kräftiglich in uns vermehren;
Breit es, Herr, von Haus zu
Haus Unter unsern Anverwan=
dten, Unter Freunden und Be=
kannten Und in allen Ländern
aus.
3. Gieb dich allen zu erkennen,
Die sich darum Christen nennen,
Weil sie sind auf dich getauft. Laß
dein Wort auch kräftig wirken Un=

ter Juden, Heiden, Türken, Denn
du hast auch sie erkauft.
4. Gieb dazu von Jahr zu
Jahren Viel Evangelistenscharen,
Treue Lehrer ohne Fehl, Die im
Glauben, Wort und Leben Gründ=
lich, kindlich dir ergeben, Heiliger
in Israel!
5. Flöße früh der zarten Ju=
gend Alle Wissenschaft und Tu=
gend Nur durch dein Erkenntnis

ein; Gieb ihr Leben, nicht nur Wissen, Und behalt von Ärgernissen Lehrer mit den Schülern rein.

6. Laß dein Wort die Sichern schrecken Und die geistlich Toten wecken, Stürz die Selbstgerechtigkeit; Mach die geistlich Blinden sehend, Mach die geistlich Lahmen gehend, Mach dir selbst den Weg bereit.

7. Schenke den Erwachten Gnade, Nicht zu ruhen, bis ihr Schade Recht entdeckt und schmerzhaft ist; Zeuch sie dann zu dir, dem Sohne, Daß vor deinem Gnadenthrone Sie sich laben, Jesu Christ!

8. Welchen ihre Schuld ver= geben, Die laß stets im Glauben leben, Der viel Glaubensfrüchte bringt; Laß sie niemals stille stehen, Treibe sie, stets fortzugehen, Bis ihr Geist die Kron erringt.

9. Die am Ende sich befinden, Denen hilf selbst überwinden; Zeig dem Glauben jenen Lohn, Den du denen aufgehoben, Die nach aus= gestandnen Proben Siegreich stehn vor deinem Thron.

10. Herr! so sammle deine Glieder. Dann erscheine gnädig wieder Als der ewig gute Hirt, Da aus so viel tausend Herden Eine Gottesherde werden Und um dich sich stellen wird.

J. J. v. Moser, geb. 1701, † 1785.

219.

Mel. Wie schön leucht't uns der Morgenstern.

1. O Je=su, Herr der Herr=lich=keit, Du Kö=nig deiner Chri=sten=heit, Du Hir=te dei=ner Her=de! Von dir Sind wir Auch er=wäh=let, Zu ge=zäh=let Den Er=lös=ten, Die du seg=nen willst und trö=sten.

Du siehst auf die er=lös=te Welt, Re=gierst sie, wie es dir ge=fällt, Sorgst, daß sie se=lig wer=de.

2. O wohl dem Volke, das du liebst, Und dem du treue Hirten giebst, Die deine Lehre zieren, Die auf des Lebens rechter Bahn Nach deinem Vorbild gehn voran Und uns zum Himmel führen! Treue Hirten Laß den Seelen Niemals fehlen Und die Herden Mit den Hirten selig werden!

3. Wir nehmen hier von deiner Hand Den Lehrer, den du uns ge= sandt. Herr! segne sein Geschäfte. Die Seelen, die sich ihm vertraun, Durch Lehr und Leben zu erbaun,

Gieb Weisheit ihm und Kräfte. Lehr ihn, Hilf ihm Thun und leiden. Dulden, streiten, Beten, wachen, Selig sich und uns zu machen.

4. Herr! deinen Geist laß auf ihm ruhn; Laß ihn sein Amt mit Freuden thun; Nichts sei, das ihn betrübe. Wenn er uns deine Wahrheit lehrt, Gieb uns ein Herz, das folgsam hört, Ein Herz voll treuer Liebe. Lehrer, Hörer Laß in Freundschaft Und Gemeinschaft Feste stehen Und den Weg zum Himmel gehen.

5. Wann einst dein großer Tag erscheint, Laß unsern Lehrer, un-

sern Freund Uns dir entgegenführen! Du giebst ihm jetzt in seine Hand Die Seelen als ein Unterpfand; Laß keine ihn verlieren! Jesu, Hilf du, Beut die Hände, Daß am Ende Hirt und Herde Treu vor dir erfunden werde!

6. Sei uns gesegnet, Knecht des Herrn! Du kommst im Namen unsers Herrn, In Jesu Christi Namen. O, reich uns deine Freundeshand, Führ uns zum ewgen Vaterland! Gott mit dir! Amen. Amen. Segne, Vater, Diese Stunde! Laß dem Bunde Treu uns leben, Bis wir uns zu dir erheben.

J. K. D. Bickel, geb. 1757, † 1809.

220.

Mel. Liebster Jesu, wir sind hier.

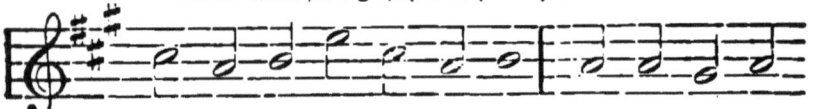

1. Herr! hier ste-het un-ser Hirt, Um sein Amt nun
   Dar-in er uns wei-den wird; Hö-re sein und

an-zu-tre-ten,   Sein Ge-bet, uns recht zu leh-ren,
un-ser Be-ten:

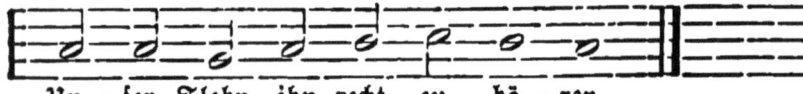

Un-ser Flehn, ihn recht zu hö-ren.

2. Gieb ihm Kraft aus deinen Höhn, Das Verwundete zu heilen, Den Verirrten nachzugehn, Den Betrübten zuzueilen, Sünder heilsam zu erschrecken Und die Trägen zu erwecken.

3. Deinen Geist vom Himmelsthron Laß durch ihn uns unterweisen, Daß wir dich und deinen Sohn Stets durch Wort und Wandel preisen, Und im Diener die Gemeine Sich mit dir, o Herr, vereine.

4. Ruf ihm zu: So hab nun acht Auf dich selbst und auf die Herde! Daß, wenn er für andre wacht, Er nicht selbst verwerflich werde, Und wir stets an seinen Werken Seiner Lehre Nachdruck merken.

5. Legt er seinen Hirtenstab Nach vollbrachter Arbeit nieder, Legt er endlich in das Grab Lebenssatt die müden Glieder: Herr, so gieb ihm doch zum Lohne Die verheißne Ehrenkrone!

Nach Sam. Chr. G. Küster, geb. 1762.

221.

Mel. Dir, dir Jehovah, will ich singen.

1. Er = hö = re gnä=dig un = ser Fle=hen Für dei = nen
Stärk ihn mit Kraft aus dei = nen Hö=hen, Und rüst ihn

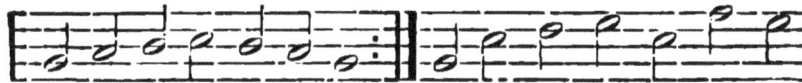

Knecht, den du uns zu=ge=sandt.
aus zu seinem Amt und Stand. Durch dei=nen Geist nur wird er

recht be=lehrt Und sei = nes Glaubens Zu=ver=sicht ver=mehrt.

2. Zu seinem Säen, Pflanzen, Bauen Gieb dein Gedeihn, o Herr, von oben her, Und laß ihn reiche Früchte schauen Zu unserm Heil und deines Namens Ehr. Was er verkündiget aus deinem Wort, Das bleib und wirke bei uns immerfort.

3. Bewahre ihm die ganze Herde, Die seiner Hirtentreu du willst vertraun, Daß keiner je verloren werde, Daß alle dort dein Antlitz mögen schaun. Laß deine Weisheit reichlich auf ihm ruhn, So wird ein leuchtend Vorbild uns sein Thun.

4. Dein Wort in seinem Munde gleiche Dem Strom, der jeden Widerstand zerstört; Vor seiner ernsten Rede weiche, Was gegen Gottes Wahrheit sich empört. Sie sei ein Schwert, das in die Herzen dringt Und die Verstockten auch zur Buße bringt.

5. Verleih ihm deines Geistes Waffen, Dem Spott und Trohn der Welt zu widerstehn; Und wenn er unser Heil soll schaffen, Laß ihn auf Lohn und Menschengunst nicht sehn. Gieb, wenn er lehrt und warnt, ihm Kraft und Licht, Und wenn er tröstet, feste Zuversicht.

6. Wohlan, wir baun auf deine Gnade, Laß seinen Eingang hier gesegnet sein. Leit ferner ihn auf ebnem Pfade, Und laß sein Werk zu deinem Ruhm gedeihn. Sei mit uns, Herr, wir sind auf dich getauft, Mit deinem Blut hast du uns dir erkauft. Unbekannt.

4. Die heilige Taufe. Tauflieder.

222.

Mel. Liebster Jesu, wir sind hier.

1. Lieb=ster Je = su! wir sind hier, Dei=nem Wor = te
Die=ses Kindlein kommt zu dir, Weil du den Be=

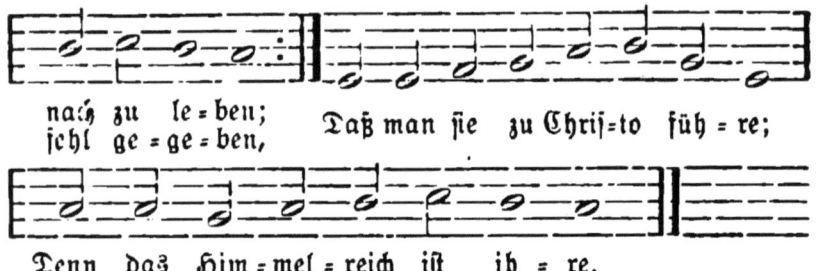

nach zu le = ben;
jeßl ge = ge = ben,   Daß man sie zu Chri=sto füh = re;

Denn das Him = mel = reich ist ih = re.

2. Ja, es schallet allermeist Die=
ses Wort in unsern Ohren: Wer
durch Wasser und durch Geist Nicht
zuvor ist neu geboren, Wird von
dir nicht aufgenommen Und in
Gottes Reich nicht kommen.

3. Darum eilen wir zu dir;
Nimm das Pfand von unsern Ar=
men, Tritt mit deinem Glanz her=
für; Und erzeige dein Erbarmen,
Daß es dein Kind hier auf Erden
Und im Himmel möge werden.

4. Wasch es, Jesu, durch dein
Blut Von den angeerbten Flecken;
Laß es bald nach dieser Flut Dei=
nen Purpurmantel decken; Schenk
ihm deiner Unschuld Seide, Daß
es sich in dich verkleide.

5. Mache Licht aus Finsterniß,
Setz es aus dem Zorn zur Gnade,
Heil den tiefen Schlangenbiß Durch
die Kraft im Wunderbade; Laß
hier einen Jordan rinnen, So ver=
geht der Aussatz drinnen.

6. Hirte, nimm dein Schäflein an;
Haupt, mach es zu deinem Gliede;
Himmelsweg, zeig ihm die Bahn;
Friedefürst, sei du sein Friede;
Weinstock, hilf, daß dieser Rebe
Auch im Glauben dich umgebe!

7. Nun, wir legen an dein Herz,
Was von Herzen ist gegangen;
Führ die Seufzer himmelwärts,
Und erfülle das Verlangen; Ja, den
Namen, den wir geben, Schreib
ins Lebensbuch zum Leben.

Benj. Schmolk, geb. 1672, † 1737.

223.

Mel. Wer nur den lieben Gott läßt walten.

1. Ich bin ge=tauft auf dei=nen Na=men, Gott Va = ter,
   Ich bin ge=zählt zu dei=nem Sa=men, Zum Volk, das

Sohn und heil=ger Geist!
dir ge = hei=ligt heißt;   Ich bin in Chri=tum ein=

ge = senkt, Ich bin mit sei = nem Geist be = schenkt.

2. Du haſt zu deinem Kind und Erben, Mein lieber Vater, mich erklärt. Du haſt die Frucht von deinem Sterben, Mein treuer Heiland, mir gewährt. Du willſt in aller Not und Pein, O guter Geiſt, mein Tröſter ſein.

3. Doch hab ich dir auch Furcht und Liebe, Gehorſam zugeſagt und Treu; Ich habe dir aus reinem Triebe Gelobt, daß ich dein eigen ſei; Hingegen ſagt ich bis ins Grab Des Satans ſchnöden Werken ab.

4. Mein treuer Gott! auf deiner Seite Bleibt dieſer Bund wohl feſte ſtehn; Wenn aber ich ihn überſchreite, So laß mich nicht verloren gehn. Nimm mich, dein Kind, zu Gnaden an, Wenn ich hab einen Fall gethan.

5. Ich gebe dir, mein Gott, aufs neue Leib, Seel und Herz zum Opfer hin. Erwecke mich zu neuer Treue, Und nimm Beſitz von meinem Sinn. Es ſei in mir kein Tropfen Blut, Der nicht, Herr, deinen Willen thut.

6. Laß dieſen Vorſatz nimmer wanken, Gott, Vater, Sohn und heilger Geiſt! Halt mich in deines Bundes Schranken, Bis mich dein Wille ſterben heißt: So leb ich dir, ſo ſterb ich dir, So lob ich dich dort für und für.

Joh. Jac. Rambach, geb. 1693, † 1735.

224.

Mel. O daß ich tauſend Zungen hätte.

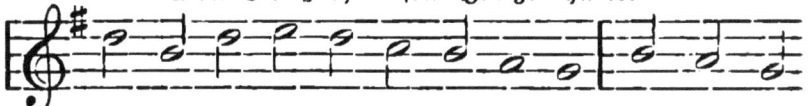

1. Dir, Herr, ſei dieſes Kind empfoh-len, Dir, deſ-ſen
Wir bringen's, wie du ſelbſt be-foh-len, Dir in der

Treu un-wan-del-bar;
heil-gen Tau-ſe dar. Gieb, Va-ter, gieb an dei-nem Heil,

An Je-ſu Chri-ſto gieb ihm Teil.

2. Durch dieſes Siegel deiner Gnade Wird jedes Recht der Chriſten ſein; Du weihſt es in dem Waſſerbade Zu deinem Kind und Erben ein. Im Waſſer, Vater, ſtröme du, Ström ihm des Geiſtes Gaben zu!

Joh. Andr. Cramer, geb. 1723, † 1788.

225.

Mel. Wachet auf, ruft uns die Stimme.

1. Der vom Kreu-ze du re-gie-reſt Und Da-vids Kron
Laß die Wol-ken Gna-de reg-nen, Streck aus die Prieſ-

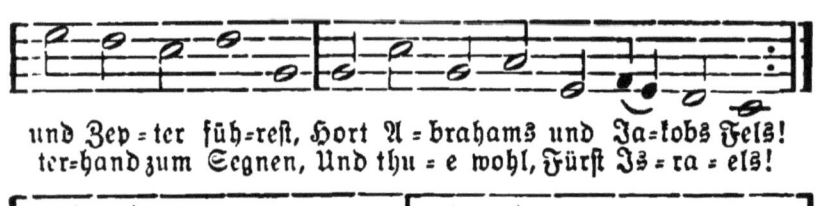

und Zep = ter füh=rest, Hort A = brahams und Ja=kobs Fels!
ter=hand zum Segnen, Und thu = e wohl, Fürst Is = ra = els!

Sieh an dies ar = me Kind, In Sün = den tot und blind.

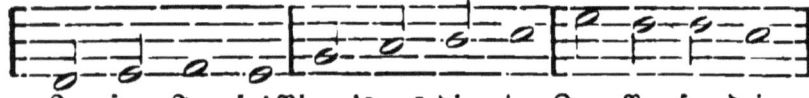

Je = su, Je = su! Nimm's gnä=dig ein Zum Bu=sen dein,

Und hauch ihm Geist und   O = dem ein.

2. Tauf es selbst auf deinen Namen, Gebär es neu zu deinem Samen, O komm mit Wasser, Geist und Blut! Zähl es unter deine Erben, Schenk ihm die Frucht von deinem Sterben, Ver=senk's in deine Gnadenflut! Als Lohn für deinen Schmerz Nimm's hin, du Mutterherz! Jesu! Jesu! Sprich: du bist mein! Und bind es ein Ins Bündlein der Lebend=gen dein.

3. Herr! dir ist's nun überge=ben, Nun grün es auf mit deinen Reben Und werde stark in deinem Licht. Halt's in deines Bundes Schranken, Und möcht es weichen, Herr, und wanken, Ach, deine Gnade wanke nicht! Holdseliger Bräutigam, Barmherzig Gottes=lamm! Halt ihm Treue. Wie's immer geh, Dein Bund besteh, Dein Lieben heißt ja: „Je und je!"

Fr. W. Krummacher, geb. 1796, † 1868.

226.

Mel. Wie schön leucht't uns der Morgenstern.

1. Herr, des = sen Thron die Him=mel sind! Schau gnä
   Nimm, gu = ter Hir = te, freundlich ein, Was du

dig auf dies zar = te Kind, Dies arm Ge=bild von Er = de.
er = tauft mit To=despein, Nimm's auf zu dei = ner Her = de!

Sen = de, Spen = de, O du Treu = er, Geist und Feu = er

In der Tau = fe; Weih es früh zum Sie=ges=lau = fe!

2. Gieb Gnad und Wahrheit in sein Herz, Damit es frühe him=melwärts Mit Kindesaugen blik=ke Und freudig sich zum guten Streit Für dich und deine Herr=lichkeit Aus allen Kräften schicke. Rühre, Führe, Schirme, leite, Vollbereite Du dies Kleine, Daß dein Bild an ihm erscheine.

3. Es atme dir, es blühe dir;

Es müß in steter Kraft und Zier An dir, o Weinstock, bleiben; Es müß in Sturm und Sonnenschein Dein Pilgrim und dein Bürger sein Und Himmelsfrüchte treiben! Va=ter! Mittler! Geist der Wahrheit! Komm in Klarheit, Sprich dein Amen; Dein ist es in deinem Na=men.

A. Knapp, geb. 1798, † 1864.

227.

Mel. Wer nur den lieben Gott läßt walten.

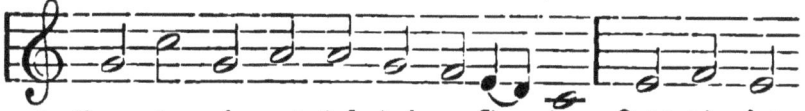

1. Barm=her=zi=ger! laß dei=ner Gna=de Jetzt die=ses
Das wir im heil=gen Wai=er=ba=de Nach dei=nes

Kind em=pfoh=len sein, Er = fül = le, was dein Wort
Sohns Be=fehl dir weihn;

ver=heißt, An ihm, Gott Va = ter, Sohn und Geist.

2. Regiere nun das ganze Le=ben Auch dieses Kindes, treuer Gott! Dir sei und bleib es stets ergeben, Sei du mit ihm in Glück und Not. Ach, führ es selbst auf rechter Bahn, Nimm es zuletzt mit Ehren an!

3. Laß uns die Wohlthat recht ermessen, Die uns die Taufe zu=gewandt, Und nie, o Herr, den Bund vergessen, Der uns so fest mit dir verband; Uns alle stärk zu neuer Treu, Daß über uns dein Friede sei!

Unbekannt.

5. Die Erneuerung des Taufbundes. Konfirmationslieder.

228.

Mel. Nun danket all und bringet Ehr.

1. Mein Gott! das Herz ich brin = ge dir Zur Gab und zum Ge=schenk. Du for = derst sol = ches selbst von mir, Des bin ich ein = ge = denk.

2. „Gieb mir, mein Kind, dein Herz!" sprichst du, „Das ist mir lieb und wert; Du findest doch nicht anders Ruh Im Himmel und auf Erd."

3. Nun, o mein Vater! nimm es an, Mein Herz, veracht es nicht; Ich geb's, so gut ich's geben kann; Kehr zu mir dein Gesicht.

4. Schenk, Jesu, mir nach dei=ner Huld Gerechtigkeit und Heil; Du trugst ja meine Sündenschuld Und meiner Strafe Teil.

5. O heilger Geist! nimm du auch mich In die Gemeinschaft ein; Ergieß um Jesu willen dich Tief in mein Herz hinein.

6. Dreieiniger Gott! dir geb ich's hin: Brauch's, wie es dir gefällt. Ich weiß, daß ich dein eigen bin, Ja dein und nicht der Welt.

7. So nimm es denn zum Tem=pel ein, Dies Herz, hier in der Zeit, Und laß es deine Wohnung sein In alle Ewigkeit.

Nach Joh. C. Schade, geb. 1666, † 1698.

229.

Eigene Melodie.

1. Stärk uns, Mitt=ler! Dein sind wir. Sieh, wir al = le fle = hen: Laß, laß, o Barm=her=zi = ger, Uns dein Ant=litz se = hen; Wach ü = ber un=sre See=len.

Hier stehn und fle = hen al = le wir. Herr! dein Ei = gen=
tum sind wir. Hei = li = ger Schöpfer, Gott! Hei = li = ger Mitt=
ler, Gott! Hei = li = ger Gott, Leh=rer und Tröster! Drei = ei=
ni = ger Gott! Laß uns nie ver = ges = sen Un = sern
teu = ren, heil = gen Bund. Er = barm dich un = ser.

2. Ach, wie viele schwuren hie, Fest an dir zu halten! Aber treu=los ließen sie Ihre Lieb erkalten. Verderben ward ihr Ende. Herr! schütze uns vor Sicherheit; Dir nur sei das Herz geweiht. Heiliger Schöpfer, Gott! Heiliger Mitt=ler, Gott! Heiliger Gott, Lehrer und Tröster! Dreieiniger Gott! Leit uns, deine Kinder, Daß wir nicht verloren gehn. Erbarm dich unser.

3. Lockt uns die verderbte Welt Zu der Jugend Lüsten, Dann, Herr, wollst du uns mit Kraft Aus der Höhe rüsten. Sei mäch=tig in uns Schwachen. Zum Kampf mit Satan, Fleisch und Blut Gieb uns Geisteskraft und Mut. Heiliger Schöpfer, Gott! Heiliger Mittler, Gott! Heiliger Gott, Lehrer und Tröster! Drei=einiger Gott! Hilf uns siegreich streiten Wider aller Feinde List. Erbarm dich unser.

4. Laß auch in der letzten Not Uns dein Antlitz schauen Und auf deinen bittern Tod Unsre Hoffnung bauen. Laß uns im Frieden fahren; Ge=schwister, Eltern allzugleich Nimm auf in dein Freudenreich. Heiliger Schöpfer, Gott! Heiliger Mittler, Gott! Heiliger Gott, Lehrer und Tröster! Dreieiniger Gott! Sieh in Gnaden nieder; Höre deiner Kinder Flehn. Erbarm dich unser.

Balth. Münter, geb. 1735, † 1793.

230.

Mel. Herr Jesu Christ, dich zu uns wend.

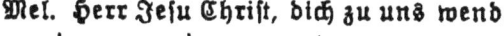

1. Im Na = men des Herrn Je = su Christ, Der sei = ner

Kir = che Kö = nig ist, Nimmt sei = nes Bru = der = volts

Ver = ein Euch jetzt in sei = ne Mit = te ein;

2. Mit uns in einem Bund zu stehn, Ihm treu und standhaft nachzugehn, Zu nehmen teil an seinem Leib Und seiner ewgen Herrlichkeit.

3. Er geb euch seinen Friedens= luß Zu seines ganzen Heils Genuß, Der euch ein Siegel seiner Treu Und unserer Gemeinschaft sei.

4. Wir reichen euch dazu die Hand: Der Herr, dem euer Herz bekannt, Laß euren Gang in der Gemein Euch Seligkeit, ihm Freude sein.

5. Der Gott des Friedens heilge euch! Seid sein, dient ihm in seinem Reich; Sorgt, daß ihm Geist und Seel und Leib Auf seinen Tag unsträflich bleib.

Heinr. v. Bruiningk, geb. 1738, † 1785.

231.

Mel. Seelenbräutigam.

1. Von des Himmels Thron Sende, Got = tes Sohn, Deinen

Geist, den Geist der Stär = ke; Gieb uns Kraft zum heil = gen

Wer = ke, Dir uns ganz zu weihn, E = wig dein zu sein.

2. Mach uns selbst bereit, Gieb uns Freudigkeit, Unsern Glauben zu bekennen Und dich unsern Herrn zu nennen, Dessen teures Blut Floß auch uns zu gut.

3. Richte Herz und Sinn Zu dem Himmel hin, Wenn wir unsern Bund erneuern, Wir in Wahrheit dir beteuern, Deine Bahn zu gehn, Weltlust zu verschmähn.

4. Wenn wir betend nahn, Segen zu empfahn, Wollest du auf unsre Bitten Uns mit Gnade überschütten; Licht und Kraft und Ruh Ströme dann uns zu.

5. Gieb auch, daß dein Geist, Wie dein Wort verheißt, Unauflöslich uns vereine Mit der gläubigen Gemeine, Bis wir dort dich sehn Und dein Lob erhöhn.

Sam. Marot, geb. 1770.

232.

Mel. O Ewigkeit, du Donnerwort.

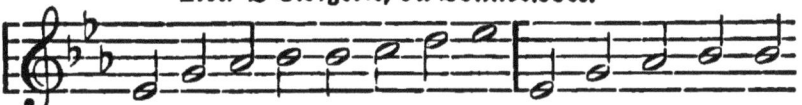

1. Ich bin in dir und du in mir. Nichts soll mich, ew = ge
Auf Erden, wo nur Sünder sind, Nennst du mich freundlich

Lie = be! dir In die = ser Welt ent = rei = ßen.
schon dein Kind; O laß mich's e = wig hei = ßen   Und treu mit

Wan = del, Herz und Mund Be = wah = ren dei = nen Frie = dens = bund.

2. Ich bin in dir und du in mir. Dreieiner Gott! du hast zu dir Mich frühe schon berufen. Was mir, dem Kindlein, war bereit, Ergreif ich heut voll Innigkeit An des Altares Stufen Und sag: o Liebe, du bist mein, Ich will dein Kind auf ewig sein!

3. Ich bin in dir und du in mir. Noch wohn ich völlig nicht bei dir, Weil ich auf Erden walle; Drum führ mich, Jesu, treuer Hirt, Daß mich, was locket, schreckt und irrt, Nicht bringe je zum Falle! O daß, was ich dir heut versprach, Mir gehe tief und ewig nach!

4. Ich bin in dir und du in mir. Komm, Herr, mir deine Tugendzier Frühzeitig anzulegen, Daß mir des Lebens Glück und Not, Ja, selbst der letzte Feind, der Tod, Nur kommen mög im Segen! Mit dir will ich durchs Leben gehn, Dir leiden, sterben, auferstehn.

A. Knapp, geb. 1798, † 1864.

233.

Mel. O du Liebe meiner Liebe.

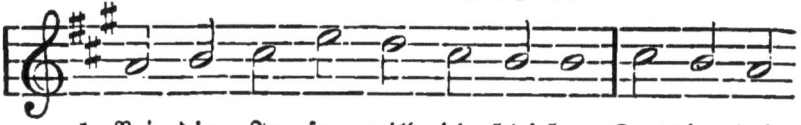

1. Bei dir, Je = su, will ich blei = ben, Stets in dei =
Nichts soll mich von dir ver = trei = ben, Will auf dei =

nem Dien = ste stehn;
nen We = gen gehn.   Du bist mei = nes Le = bens Le = ben,

Mei = ner See = le Trieb und Kraft, Wie der Wein=ſtod

ſei = nen Re = ben Zu=ſtrömt Kraft und Le = bens=ſaft.

2. Könnt ich's irgend beſſer haben Als bei dir, der allezeit So viel tauſend Gnadengaben Für mich Armen hat bereit? Könnt ich je getröſter werden Als bei dir, Herr Jeſu Chriſt, Dem im Himmel und auf Erden Alle Macht gegeben iſt?

3. Wo iſt ſolch ein Herr zu fin=den, Der, was Jeſus that, mir thut, Mich erkauft von Tod und Sünden Mit dem eignen teuren Blut? Sollt ich dem nicht angehö=ren, Der ſein Leben für mich gab? Sollt ich ihm nicht Treue ſchwö=ren, Treue bis in Tod und Grab?

4. Ja, Herr Jeſu! bei dir bleib ich So in Freude, wie in Leid; Bei dir bleib ich, dir verſchreib ich Mich für Zeit und Ewigkeit. Deines Winks bin ich gewärtig, Auch des Rufs aus dieſer Welt; Denn der iſt zum Sterben fertig, Der ſich le=bend zu dir hält.

5. Bleib mir nah auf dieſer Er=den, Bleib auch, wann mein Tag ſich neigt, Wann es nun will Abend werden Und die Nacht hernieder=ſteigt. Lege ſegnend dann die Hände Mir aufs müde, ſchwache Haupt, Sprechend: Kind, hier geht's zu En=de, Aber dort lebt, wer hier glaubt.

C. J. Ph. Spitta, geb. 1801, † 1859.

234.

Mel. Wer nur den lieben Gott läßt walten.

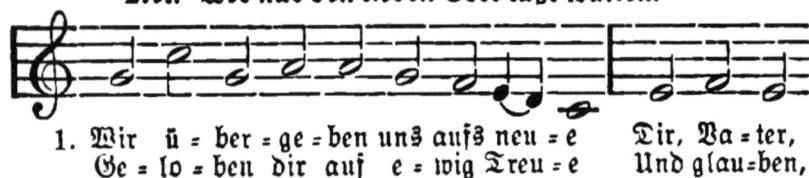

1. Wir ü = ber = ge = ben uns aufs neu = e Dir, Va = ter,
Ge = lo = ben dir auf e = wig Treu = e Und glau=ben,

Sohn und heil=ger Geiſt!
was dein Wort verheißt.

So ſchlie = ßen wir mit Herz

und Mund Mit dir, o Gott, den heil = gen Bund.

2. Gedenke nicht der Jugend=ſünden, O Vater! nimm uns gnä=dig an; Hilf, Jeſu! daß wir Gnade finden, Und führ uns ſtets auf deiner Bahn. Geiſt Gottes, der das Wollen ſchafft! Gieb uns auch zum Vollbringen Kraft.

3. Dreieiniger! nimm uns an aufs neue, Wir ſtehn gerührten Herzens hier. O ſtärke du ſelbſt unſre Treue, Daß wir ſtets wandeln, Herr, vor dir. Dir weihn wir uns mit Herz und Mund, Und ewig, ewig ſei der Bund.

Unbekannt.

6. Das heilige Abendmahl. Kommunionlieder.

235.

Mel. Aus tiefer Not schrei ich zu dir.

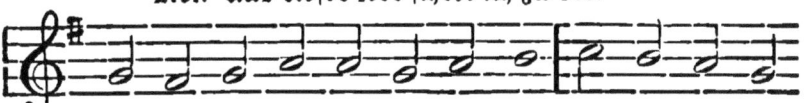

1. Herr Je = su Christ, du höch=stes Gut, Du Brunnquell al=
Wir kom=men, dei=nen Leib und Blut, Wie du uns hast

ler Gna=den!
ge = la = den, Zu dei = ner Lie = be Herr=lich=keit Und un=

frer See=len Se = lig = keit Zu es = sen und zu trin=ken.

2. O Jesu! mach uns selbst be=
reit Zu diesem hohen Werke.
Schenk uns dein schönes Ehren=
kleid Durch deines Geistes Stärke.
Hilf, daß wir würdge Gäste sein
Und werden dir gepflanzet ein
Zum ewgen Himmelswesen.

3. Bleib du in uns, daß wir in
dir Auch bis ans Ende bleiben;
Laß Sünd und Not uns für und
für Von dir nicht wieder treiben,
Bis wir durch deines Nachtmahls
Kraft In deines Himmels Bürger=
schaft Dort ewig selig werden.

Barth. Ringwaldt, geb. 1531, † um 1600.

236.

Mel. Wer nur den lieben Gott läßt walten.

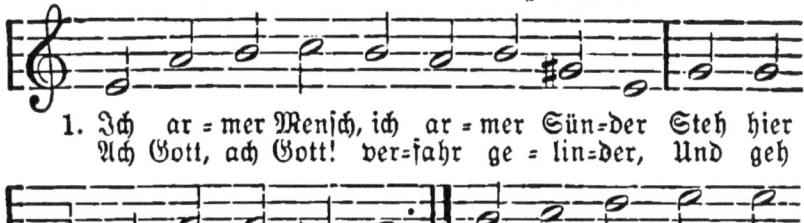

1. Ich ar = mer Mensch, ich ar = mer Sün=der Steh hier
Ach Gott, ach Gott! ver=fahr ge = lin=der, Und geh

vor Got=tes An = ge = ficht.
nicht mit mir ins Ge = richt. Er = bar = me dich, er=

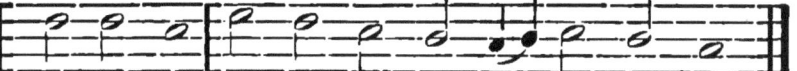

bar = me dich, Gott, mein Er = bar = mer, ü = ber mich!

2. Wie ist mir doch so herzlich bange Von wegen meiner großen Sünd, Bis daß ich Gnad von dir erlange, Ich armes und verlornes Kind! Erbarme dich, erbarme dich, Gott, mein Erbarmer, über mich!

3. Hör, ach erhör mein seufzend Schreien, Du allerliebstes Vaterherz! Wollst alle Sünde mir verzeihen Und lindern meines Herzens Schmerz. Erbarme dich, erbarme dich, Gott, mein Erbarmer, über mich!

4. Wahr ist es, übel steht der Schade, Den niemand heilet außer du. Ach, aber ach! gieb Gnade, Gnade; Ich laß dir doch nicht eher Ruh. Erbarme dich, erbarme dich, Gott, mein Erbarmer, über mich!

5. Nicht, wie ich's hab verschuldet, lohne, Und handle nicht nach meiner Sünd. O treuer Vater! schone, schone, Erkenn mich wieder für dein Kind. Erbarme dich, erbarme dich, Gott, mein Erbarmer, über mich!

6. Sprich nur ein Wort, so werd ich leben; Sag, daß ich armer Sünder hör: Geh hin, die Sünd ist dir vergeben; Nur sündige hinfort nicht mehr! Erbarme dich, erbarme dich, Gott, mein Erbarmer, über mich!

7. Ich zweifle nicht, ich bin erhöret, Erhöret bin ich zweifelsfrei, Weil sich der Trost im Herzen mehret; Drum will ich enden mein Geschrei: Erbarme dich, erbarme dich, Gott, mein Erbarmer, über mich!

Christoph Titius, geb. 1641, † 1703.

237.

Mel. Meinen Jesum laß ich nicht.

1. Je = sus nimmt die Sün = der an! Sa = get
Wel = che von der rech = ten Bahn Auf ver=

doch dies Trost=wort al = len,
lehr = ten Weg ver = fal = len. Hier ist, was

sie ret = ten kann: Je = sus nimmt die Sün = der an.

2. Keiner Gnade sind wir wert, Doch hat er in seinem Worte Eidlich sich dazu erklärt; Sehet nur, die Gnadenpforte Ist hier völlig aufgethan. Jesus nimmt die Sünder an.

• 3. Wenn ein Schaf verloren ist, Suchet es ein treuer Hirte; Jesus, der uns nie vergißt, Suchet treulich das Verirrte, Daß es nicht verderben kann. Jesus nimmt die Sünder an.

4. Kommet alle, kommet her, Kommet, ihr betrübten Sünder! Jesus rufet euch, und er Macht aus Sündern Gottes Kinder; Glaubt es doch und denkt daran: Jesus nimmt die Sünder an.

5. Ich Betrübter komme hier Und bekenne meine Sünden; Laß, mein

Heiland, mich bei dir Gnade und Vergebung finden, Daß dies Wort mich trösten kann: Jesus nimmt die Sünder an.

6. Ich bin ganz getrosten Muts; Ob die Sünden blutrot wären, Müssen sie kraft deines Bluts Sich dennoch in Schneeweiß kehren, Da ich gläubig sprechen kann: Jesus nimmt die Sünder an.

7. Mein Gewissen beißt mich nicht, Moses darf mich nicht verklagen; Der mich frei und ledig spricht, Hat die Sünden abgetragen, Daß mich nichts verdammen kann. Jesus nimmt die Sünder an.

8. Jesus nimmt die Sünder an. Er hat mich auch angenommen Und den Himmel aufgethan, Daß ich selig zu ihm kommen Und auf den Trost sterben kann: Jesus nimmt die Sünder an.

Erdm. Neumeister, geb. 1671, † 1756.

238.

Mel. Wachet auf, ruft uns die Stimme.

1. Herr! du wollst uns vor = be = rei = ten Zu dei = nes Mah=
Laß uns, Le = ben zu em = pfa = hen, Mit glau=bens=vol=

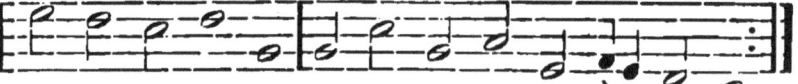

les Se = lig = kei=ten; Sei mit=ten un = ter uns, o Gott!
len Her = zen na=hen, Und sprich uns frei von Sünd und Tod.

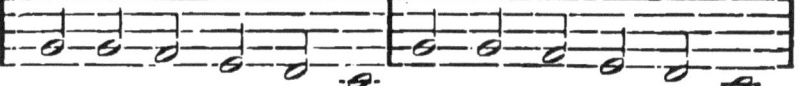

Wir sind, o Je = su, dein; Dein laß uns e = wig sein!

A = men! A = men! An = be = tung dir! Gieb uns, wie hier,

Einst dort dein A = bend = mahl bei dir.

2. Nehmt und eßt zum ewgen Leben Das Brot, das euch der Herr will geben; Die Gnade Jesu sei mit euch! Nehmt und trinkt zum ewgen Leben Den Kelch des Heils, auch euch gege= ben; Erringt, ererbt des Mittlers Reich! Wacht! eure Seele sei Bis in den Tod getreu! Amen! Amen! Der Weg ist schmal, Klein ist die Zahl, Die dort eingeht zum Abend= mahl.

Nach F. G. Klopstock, geb. 1724, † 1803.

14

239.

Mel. Valet will ich dir geben.

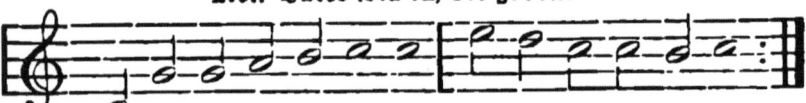

1. Wen haft du dir ge = la=den, Mein Heiland mild und gut,
   Zu deinem Tiſch der Gnaden? Nicht, die voll Kraft und Mut,

Die Rei=chen nicht und Sat=ten Sind dir will=kom=men dran;

Die Kranken und die Mat = ten Rufſt du voll Huld her = an.

2. Da darf auch ich es wagen
Und treten mit heran; Ich müß=
te wohl verzagen, Ging's nur die
Starken an. Bei dir, dem guten
Hirten, Stell ich voll Mut mich
ein; Du willſt ja den Verirrten
Von Herzen gnädig ſein.

3. Wohlan, im Bußgewande
Wag ich's und komme auch; Bei
dir geht's nicht nach Stande Und
nicht nach Menſchenbrauch. Wen
andrer Thür abweiſet, Läßt du zu
deiner ein; Und wer der Letzte hei=
ßet, Der ſoll der Erſte ſein.

August Tholuck, geb. 1799, † 1877.

240.

Eigene Melodie.

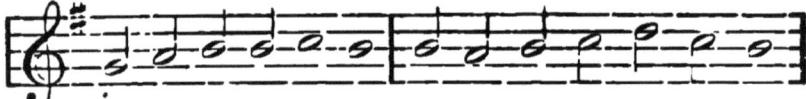

Chriſ=te, du Lamm Gottes, Der du trägſt die Sünd der Welt,
Chriſ=te, du Lamm Gottes, Der du trägſt die Sünd der Welt,

Erbarm dich un=ſer!
Erbarm dich un=ſer!   Chriſ=te, du Lamm Gottes, Der du trägſt die

Sünd der Welt, Gieb uns deinen Frieden! A = = = = = = = = = men.

Unbekannt.

241.

Eigene Melodie.

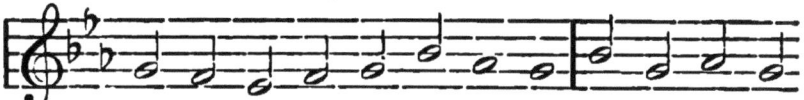

1. Schmük=te dich, o lie = be See=le, Laß die dun = kle
   Komm ans hel = le Licht ge=gan=gen, Fan = ge herr=lich

Sün=den = höh = le,
an zu pran=gen; Denn der Herr, voll Heil und Gna=den,

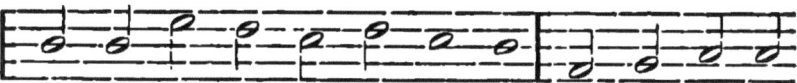

Will dich jetzt zu Gast la = den; Der den Him=mel

kann ver=wal=ten, Will jetzt Her=berg in dir hal = ten.

2. Eile, wie Verlobte pflegen, Deinem Bräutigam entgegen, Der mit süßen Gnadenworten klopft an deines Herzens Pforten; Eile, sie ihm aufzuschließen, Wirf dich hin zu seinen Füßen, Sprich: O Herr, laß dich umfassen, Von dir will ich nimmer lassen!

3. Ach, wie hungert mein Ge=müte, Menschenfreund, nach dei=ner Güte! Ach, wie pfleg ich oft mit Thränen Mich nach diesem Mahl zu sehnen! Ach, wie pfleget mich zu dürsten Nach dem Trank des Lebensfürsten; Wünschte stets, daß mein Gebeine Sich durch Gott mit Gott vereine!

4. Jesu, meine Lebenssonne, Jesu, meine Freud und Wonne, Jesu, du mein ganz Beginnen, Lebensquell und Licht der Sin=nen! Hier fall ich zu deinen Füßen; Laß mich würdiglich genießen Diese deine Himmelsspeise Mir zum Heil und dir zum Preise!

5. Herr! es hat dein treues Lieben Dich vom Himmel her=getrieben, Daß du willig hast dein Leben In den Tod für uns gegeben Und dazu ganz unver=drossen, Herr, dein Blut für uns vergossen, Das uns jetzt kann kräf=tig tränken, Deiner Liebe zu ge=denken.

6. Jesu, wahres Brot des Le=bens! Hilf, daß ich doch nicht ver=gebens, Oder mir vielleicht zum Schaden Sei zu deinem Tisch gela=den. Laß mich durch dies Seelen=essen Deine Liebe recht ermessen, Daß ich auch, wie jetzt auf Erden, Mög dein Gast im Himmel werden!

Joh. Frank, geb. 1618, † 1677.

242.

Mel. Es ist gewißlich an der Zeit.

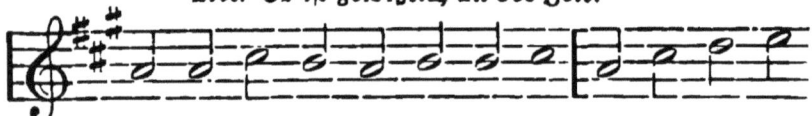

1. Ich komm jetzt als ein ar = mer Gast, O Herr, zu dei=
Den du für mich be = rei = tet hast, Daß er mein Herz

nem Ti=sche,
er = fri=sche. Du bist's, der meinen Hun=ger stillt Und mich mit

Kraft und Trost er = füllt An dei=nem Gna=den = ti = sche.

2. Du selber sprichst in deinem Wort: „Ich bin das Brot zum Le=ben! Dies Brot treibt auch den Hunger fort, Den sonst nichts mochte heben. Ich bin der Trank; wer glaubt an mich, Dem will ich jetzt und ewiglich Der Labung Fülle geben."

3. Ach, führe mich, du treuer Hirt, Auf deine Himmelsauen. Ich gehe trostlos und verirrt, Wenn ich dich nicht kann schauen. Laß strömen deine Gütigkeit, Die du für alle hast bereit, So deiner Huld vertrauen.

4. Ich armes Schäflein suche dich Auf deiner grünen Weide; Dein Lebensmanna speise mich Zum Trost in allem Leide. Es tränke mich dein teures Blut, Daß mich kein eitles Erdengut Von deiner Liebe scheide.

5. Wie sich des Hirsches mattes Herz Am frischen Quell erfreuet, So werd ich von der Seele Schmerz In deinem Mahl befreit. Du linderst meiner Sünden Pein, Du flößest deinen Trost mir ein; So werd ich ganz erneuet.

6. Vor allem aber wirk in mir Den Ernst wahrhafter Reue, Auf daß mein Herz sich für und für Vor aller Sünde scheue. Fach in mir, Herr, den Glauben an, Der dein Verdienst ergreifen kann, Damit mein Geist sich freue.

7. Entzünd in Andacht mein Gemüt, Daß von der Welt ich lasse Und deine Treue, Lieb und Güt In dieser Speise fasse; Daß durch dein Lieben Lieb in mir Zu meinem Nächsten wachs' herfür, Ich auch den Feind nicht hasse.

8. So komm nun, treuer Seelenfreund, Laß in mein Herz dich schließen! Mit dir bin ich nun ganz vereint; Ich will von keinem wissen, Als nur von dir, o Gotteslamm, Der du auch mich am Kreuzesstamm Aus Not und Tod gerissen.

9. O liebster Heiland! habe Dank Für deine Gnadengaben, Für deine Speise, deinen Trank, Die mich erquickt haben. Mit Himmelsgütern wirst du mich, O Lebensfürst, einst ewiglich In deinem Reiche laben.

Nach Justus Sieber, geb. 1628, † 1695.

243.

Mel. Freu dich sehr, o meine Seele.

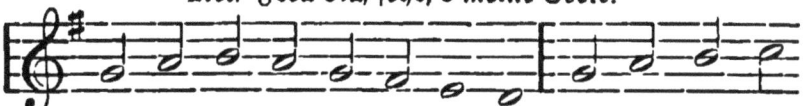

1. Herr! du hast für al = le Sün=der Ei = nen rei = chen
Wo das Brot der ar=men Kin=der Nach des Va = ters

Tisch ge = deckt,
Lie = be schmeckt. Heu = te nun bin ich dein Gast, Wie du mir

be = foh = len hast; A = ber hilf auch, daß mein Her = ze Nicht mit

dei = ner Wohl = that scher = ze.

2. Räume, bitt ich, mein Gemü=
te Rein von allem Argen aus,
Daß auch meines Herzens Hütte
Werde dein geweihtes Haus;
Denn ich hoffe nur auf dich.
Liebster Jesu! liebe mich, Und
laß deinen Tisch auf Erden Mir
zum halben Himmel werden.

3. Kann der Herr dem Knechte
schenken Auch sein eigen Fleisch
und Blut: Ach, so hilf mir recht
bedenken, Was hier deine Liebe
thut; Und verleihe, daß ich nicht
Eß und trinke zum Gericht, Was
du, Jesu, für mein Leben Zur
Erlösung hast gegeben!

4. Nimm jetzt die Vernunft ge=
fangen, Daß ich glaube schlecht
und recht; Und erwede mein Ver=
langen, Wenn das Fleisch den Ei=
fer schwächt, Bis ich fühle meine
Not Und mich sehne nach dem
Brot, Welches allen Hunger stillet
Und mein Herz mit Gott erfüllet.

5. Denke doch, du Fürst des Le=
bens, Denke, daß du Jesus heißt;
Denke, daß du nicht vergebens Für
die Welt gestorben seist. Drum
erhöre, was ich bitt: Teile dich mir
selber mit, Und laß heut in mein
Gewissen Blut aus deinen Wun=
den fließen.

6. Sind wir doch aus dir gebo=
ren, Nähr uns auch durch deine
Kraft; Und weil alles da verloren,
Wo nicht Jesus Hilfe schafft: Ach,
so laß dein Brot und Wein Mei=
nes Herzens Manna sein, Daß die
Wirkung dieser Speise Künftig in
der That sich weise!

7. Laß mich deine Liebe schmecken
Und die Güter jener Welt; Oder
wenn auch Furcht und Schrecken
Mich zuweilen überfällt, So ver=
schaffe mir dein Blut Einen rechten
Freudenmut, Daß ich meinen Trost
im Glauben Mir durch niemand
lasse rauben.

8. Hilf mir recht ins Herze faß=
sen Deinen herben, bittern Tod;
Laß mich auch niemanden hassen,
Der mit mir genießt dein Brot.
Nimm mich ganz vollkommen ein,
Bis ich werde bei dir sein Und die
Fülle deiner Gaben, Meinen Gott
und alles, haben.

Casp. Neumann, geb. 1648, † 1715.

244.

Mel. Wie schön leucht't uns der Morgenstern.

1. O Fels des Heils, o Got=tes=lamm, Für mei=
Dein Lei=den ist ein Gar=ten mir, Der Früch=

ne Sünd am Kreuzesstamm Ge=mar=tert und ge=schlach=tet!
te trä=get für und für, Wo=nach die See=le schmachtet,

Wo ich Stets mich Wohl er=quik=te Und er=blik=te
See=len=wei=de, Ja, die Wur=zel al=ler Freu=de.

2. Dein Fleisch soll Lebensbrot
mir sein, Dein Blut macht mich
von Sünden rein, Dein Kreuzholz
ist mein Stecken, Der mir in
Schwachheit Stütze ist, Ein Born,
aus dem das Leben fließt, Ein
Schild, der mich kann decken Mäch=
tig, Wenn ich Übertreter Eins
Wetter Seh mit Zager, Wenn
mich Satan will verklagen.

3. Wie lieblich ist dein Liebes=
mahl! Da seh ich, mit welch großer
Qual Die Liebe dich umhüllet.
Da werd ich, als aus deiner
Hand, Mit deinem heilgen Gna=
denpfand Erquickt, mit Lust erfül=
let, Wenn du, Jesu, In Erbarmen
Dich der armen Seele schenkest
Und an deinen Eid gedenkest.

4. Wer bin ich, o du Gottes=

lamm, Daß du starbst an dem Kreu=
zesstamm, Zum Heil mich einzula=
den? Ein Sünder, der verdiente
Pein; Mich armen Sünder führst
du ein Zur Tafel deiner Gnaden,
Deiner Reinen Himmelsgaben,
Welche laben Das Verlangen, Das
auf Hoffnung war gefangen.

5. Ich habe den beschwornen
Bund So oft gerissen in den Grund
Und mein Gelübd verlassen. Die
Schuld ist groß, der Glaube klein;
Doch willst du mir versöhnet sein
Und nimmermehr mich hassen.
Dein Wort, Mein Hort, Bleibt be=
ständig, Wie abwendig Ich gewesen;
Neu soll ich durch dich genesen.

6. Drum sinkt vor dir ein ledig
Herz, Das nichts dir bringt als
Sündenschmerz, In Selbstverleug=

nung nieder. Ich bin mir selber gram, daß ich, Mein Herr, so oft verlassen dich; In Demut komm ich wieder. Willig Bin ich, Dir aufs neue Huld und Treue Zu verschreiben, Wenn dein Geist mich nur wird treiben.

7. Ach, komm in deinen Garten dann! Ich will dir bringen, was ich kann, Was du mir erst gegeben. Willst du noch mehr, so gieb es mir, Ich will es wiederbringen dir; Der Weinstock giebt den Reben Kräfte, Säfte, Die von innen Raum gewinnen, Aufwärts dringen, Daß sie reife Früchte bringen.

8. Stärt meinen Glauben, um das Kleid Der ewigen Gerechtigkeit Freimütig anzuziehen. Ich komm in fester Zuversicht; Dein Bundessiegel fehlt ja nicht, Du hast es mir verliehen, Daß ich Fröhlich Darf erscheinen, Denn in deinen Offnen Wunden Hab ich Zutritt nun gefunden.

9. Von dir hab ich das Priestertum, Daß ich ins innre Heiligtum Darf unverhüllet gehen. Den Vorhang riß dein Tod entzwei, Ich darf als Bundsgenosse frei Vor deinem Antlitz stehen.

Grämen, Schämen Hat ein Ende, Weil die Hände Sind durchgraben, Die für mich bezahlet haben.

10. Hier ist die Liebe mein Panier, Dein Liebesaltar brennt in mir, Du hast mein Herz genommen. Du hast mir Lebensbrot geschenkt, Ich werd aus Edens Strom getränkt; Du wirst bald selber kommen Und mich Ewig Dir vereinen In dem reinen Paradeise, Wo du Manna giebst zur Speise.

11. Gieb nur, daß, so wie sich für jetzt Mein Herz in deiner Füll ergötzt, Es in dir möge bleiben; Vom Bund, den ich erneuert hab, Wird dann mich weder Furcht noch Grab, Die Hölle selbst nicht treiben. Ich will Nun still An dir kleben, In dir leben. Tausend Welten Können gegen dich nichts gelten.

12. Laß mich, durch dieser Speise Kraft Gestärket, meine Wanderschaft Fortsetzen durch die Wüste. Gieb, daß Agyptens Fleischtopf nie Von dir, o Himmelsbrot, mich zieh Zur Dienstbarkeit der Lüste! Komm bald, Herr! halt Deiner Tauben Treu und Glauben Unzerbrochen, Wie dein Wort und Pfand versprochen.

Ab. Lampe, geb. 1683, † 1729.

245.

Mel. Erquicke mich, du Heil der Sünder.

1. Mein Je = su, der du vor dem Scheiden, In dei = ner
Uns hast die Früch=te dei=ner Lei=den, In ei = nem

letz = ten Trau=er = nacht, Es prei = sen gläu = bi = ge Ge=
Tes = ta = ment ver=macht!

mü = ter Dich, Stif=ter die = ser ho = hen Gü = ter.

2. So oft wir dieses Mahl ge=
nießen, Wird dein Gedächtnis in
uns neu. Man kann aus neuen
Proben schließen, Wie innig deine
Liebe sei. Dein Blut, dein Tod
und deine Schmerzen Erneuern
sich in unsern Herzen.

3. Es wird dem zitternden Ge=
wissen Ein neues Siegel aufge=
drückt, Daß unser Schuldbrief sei
zerrissen Und unsre Handschrift
sei zerstückt, Daß wir Vergebung
unsrer Sünden In deinen blut=
gen Wunden finden.

4. Und fester, als es je gewesen,
Wird nun das Band, das uns
vereint. Durch dich vom Seelen=
schmerz genesen, Schaun wir in dir
den höchsten Freund. Das Herz
fühlt sich in solchen Stunden Mit
dir zu einem Geist verbunden.

5. Dies Brot kann wahre Nah=
rung geben, Dein Blut erquicket
unsern Geist; Es mehrt sich unser
innres Leben, Wenn du dem Glau=
ben Kraft verleihst. Wir fühlen
neue Kraft und Stärke In unsrem
Kampf und Glaubenswerke.

6. Wir treten nun in engre Bande
Mit deines Leibes Gliedern ein;
Wir wollen all in solchem Stande
Ein Herz und eine Seele sein.
Die Liebe muß uns fester schlie=
ßen, Da wir von einem Brot
genießen.

7. Dein Fleisch muß uns zum
Pfande dienen, Daß unser Fleisch,
der Schwachheit voll, Einst herrlich
aus dem Staube grünen Und un=
verweslich werden soll; Ja, daß du
uns ein ewig Leben Nach dieser
Wallfahrt werdest geben.

8. O teures Lamm! solch edle
Gaben Hast du in dieses Mahl ge=
legt. Da wir dich selbst zur Speise
haben, Wie wohl ist unser Geist ge=
pflegt! Dies Mahl ist unter allen
Leiden Ein wahrer Vorschmack je=
ner Freuden.

9. Drum sei dir Lob und Dank
gesungen Und deinem Namen
Ruhm gebracht! Und mit uns
preisen Engelzungen, Herr, deine
große Liebesmacht. Wird unser
Geist zu dir erhoben, So wird er
dich vollkommen loben.

Joh. Jac. Rambach, geb. 1693, † 1735.

246.

Mel. An Wasserflüssen Babylon.

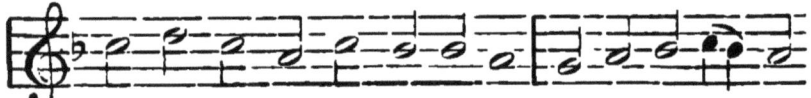

1. Ich kom=me, Herr, und su=che dich, Müh=se=lig und be-
Gott, mein Er=bar=mer! würdge mich Des Wunders dei=ner

la=den;
Gna=den.　Ich lie=ge hier vor dei=nem Thron, Sohn Got=

tes und des Menschen Sohn, Mich dei=ner zu ge=trös=ten;

Ich füh = le mei = ner Sün = den Müh, Ich su = che
Ruh und fin = de sie Im Glau=ben der Er = löf = ten.

2. Dich bet ich zuversichtlich an, Du bist das Heil der Sünder; Du hast die Handschrift abgethan, Und wir sind Gottes Kinder. Ich denk an deines Leidens Macht Und an dein Wort: Es ist vollbracht! Du hast mein Heil verdienet; Du hast für mich dich dargestellt; Gott war in dir und hat die Welt In dir mit sich versühnet.

3. So freue dich, mein Herz, in mir! Er tilget deine Sünden Und läßt in seinem Mahle hier Dich Gnad um Gnade finden. Du rufst, und er erhört dich schon, Spricht liebreich: „Sei getrost, mein Sohn, Die Schuld ist dir vergeben; Du bist in meinen Tod getauft, Und du wirst dem, der dich erkauft, Von ganzem Herzen leben.

4. Dein ist das Glück der Se= ligkeit; Bewahr es hier im Glau= ben, Und laß durch keine Sicher= heit Dir deine Krone rauben. Sieh, ich vereine mich mit dir; Ich bin der Weinstock, bleib an mir, So wirst du Früchte bringen. Ich helfe dir, ich stärke dich, Und durch die Liebe gegen mich Wird dir der Sieg gelingen.“

5. Ja, Herr! mein Glück ist dein Gebot, Ich will es treu erfüllen Und bitte dich durch deinen Tod Um Kraft zu meinem Willen. Laß mich von nun an würdig sein, Mein ganzes Herz dir, Herr, zu weihn Und deinen Tod zu preisen! Laß mich den Ernst der Heiligung Durch eine wahre Besserung Mir und der Welt erweisen!

Chr. F. Gellert, geb. 1715, † 1769.

247.

Mel. Herr Jesu Christ, meins Lebens Licht.

1. Herr, der du als ein stil = les Lamm Am mar=ter=

vol = len Kreuzesstamm Zur Tilgung mei = ner Sün=den=last

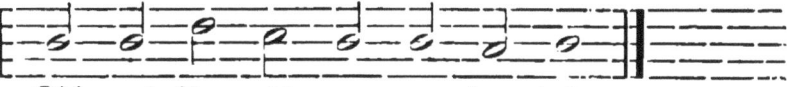

Dich auch für mich ge = op = fert hast:

2. Hier sei'r ich deinen Mittler=
tod, Hier nährst du mich mit Him=
melsbrot, Hier ist das unschätz=
bare Gut, Das du mir giebst, dein
Leib und Blut.

3. O Heiland! hilf mir, daß ich
ja Mit tiefer Ehrfurcht dir mich
nah. O Herr! mein Mund em=
pfahe nicht Des Lebens Speise
zum Gericht.

4. Mein Herr und Gott! ich
glaub an dich Und weiß gewiß, du
segnest mich. Wenn wir im Glau=
ben dir uns nahn, Willst du uns
gnädig nehmen an.

5. Ich Erd und Asche bin's nicht
wert, Daß so viel Heil mir wider=

fährt; Du willst, Erhabner, nicht
verschmähn, Zu meinem Herzen
einzugehn.

6. Mein Herz steht offen: richte
du Dir's selbst zu deiner Wohnung
zu; Wirf alle Laster ganz hinaus,
Schmück es mit jeder Tugend aus.

7. Du kommst, gesegnet seist du
mir! Du bleibst in mir, ich bleib
in dir; Ich end in dir einst meinen
Lauf; Du weckst mich von den To=
ten auf.

8. Und wenn du mich, o Le=
bensfürst, Zur Seligkeit vollenden
wirst, Erquick mit Freuden ohne
Zahl Mich dort dein ewges Abend=
mahl.

Joh. Ad. Schlegel, geb. 1721, † 1793.

248.

Mel. Schmücke dich, o liebe Seele.

1. Komm, mein Herz, in Je = su Lei = den Dei = nen Hun = ger
Stil = le hier dein sehnlich Dür = sten In dem Blut des

satt zu wei=den.
Le = bens=für=sten.　Daß ich ei = nen Heiland ha = be

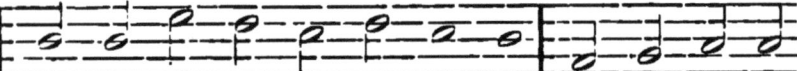

Und in sei = nem Heil mich la = ke Und in sein Ver=

dienst mich klei = de, Das ist mei=nes Her=zens Freu = de.

2. Zwar hab ich ihn alle Tage,
Wenn ich in sein Blut mich wage;
Er ist auf der Himmelsreise Täg=
lich mein Getränk und Speise.
Daß ich einen Heiland habe,
Bleibt mein alles bis zum Grabe,
Und ich mag nichts andres wis=
sen, Als sein Leiden zu genießen.

3. Dennoch will ich mit Verlan=
gen Auch sein Abendmahl empfan=
gen. Hier darf Seel und Leib ihn es=
sen; Und so kann ich's nicht verges=
sen, Daß ich einen Heiland habe, Der
am Kreuz und in dem Grabe, Wie
sein Wort mir sagt und schreibet,
Mein Erlöser war und bleibet.

4. Weil der Unglaub uns besessen, Kann man nichts so leicht vergessen, Als den Tilger unsrer Sünden. Ja, auch mir will's oft verschwinden, Daß ich einen Heiland habe. Und dann weiß ich keine Gabe Zur Versöhnung darzubringen; Meine Schuld muß mich verschlingen.

5. Ach, wie werd ich da so müde! Wie entweicht der süße Friede! Sünd und Welt kann mich verwunden, Wenn mir dieses Licht verschwunden, Daß ich einen Heiland habe, Der mit seinem Hirtenstabe, Sanft und mild und voll Vergeben, Mir nichts ist als Heil und Leben.

6. O ich Sünder, ich Verdammter Und von Sünden Abgestammter! Was wollt ich von Troste wissen, Wäre dieses weggerissen, Daß ich einen Heiland habe, Dessen Blut mich Sünder labe! Besser wär es, nie geboren, Als dies teure Wort verloren.

7. Sei gesegnet, ewge Liebe, Daß du mir aus treuem Triebe, Da das Mißtraun mich vergiftet, Solch ein Denkmal selbst gestiftet: Daß ich einen Heiland habe, Der den Gang zum Kreuz und Grabe, Ja, den Schritt in's Todes Rachen Gern gethan, mich loszumachen!

8. Heilges Brot, sei mir gesegnet, Weil er mir mit dir begegnet, Dessen Leichnam voller Wunden Die Erlösung ausgefunden! Daß ich einen Heiland habe, Der erblaßt und tot im Grabe Auch für meine Schuld gelegen, Will ich schmecken und erwägen.

9. Heilger Wein, sei mir gesegnet! Denn, wie Christi Blut geregnet Zur Vergebung aller Sünden, Das will ich in dir empfinden. Daß ich einen Heiland habe, Der die dürren Seelen labe, Wie kann mir das fremde dünken? Hab ich doch sein Blut zu trinken.

10. Er befiehlt's, mich satt zu essen, Meines Jammers zu vergessen. Er gebeut's, mich satt zu trinken, Ganz in Freude zu versinken: Daß ich einen Heiland habe, Der sich selbst zur Opfergabe, Ja, sein Opfer mir zum Leben, Mir zu Speis und Trank gegeben.

11. Gott, was brauch ich mehr zu wissen? Ja, was will ich mehr genießen? Wer kann nun mein Heil ermessen? Werd ich das nur nicht vergessen, Daß ich einen Heiland habe. Ich bin frei von Tod und Grabe. Wenn mich Sünd und Hölle schrecken, So wird mich mein Heiland decken.

12. Ja, mein Heiland, den ich nehme, Weil ich mich nicht knechtisch schäme, Nehmet hin! so rufst du allen; Darum soll es laut erschallen: Daß ich einen Heiland habe Und an ihm mich mutig labe. Trotz den Feinden, die mich hassen! Ich will mich nicht stören lassen.

13. Will hinfort mich etwas quälen, Oder wird mir etwas fehlen, Oder wird die Kraft zerrinnen: So will ich mich nur besinnen, Daß ich einen Heiland habe, Der vom Kripplein bis zum Grabe, Bis zum Thron, wo man ihn ehret, Mir, dem Sünder, zugehöret.

Ernst G. Woltersdorf, geb. 1725, † 1761.

249.

Mel. Nun laßt uns Gott, den Herren.

1. O Je=su, mei=ne Wonne, Du meiner See=len Sonne,

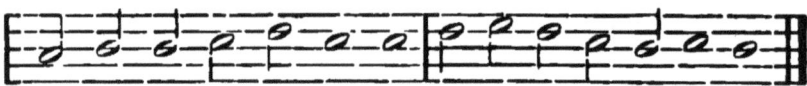

Du Freundlichster auf Er=den! Laß mich dir dankbar werden.

2. Wie kann ich gnugsam schät=
zen Dies himmelsüß Ergötzen Und
diese teuren Gaben, Die uns ge=
stärket haben?

3. Wie soll ich dir's verdanken,
O Herr, daß du mich Kranken Ge=
speiset und getränket, Ja, selbst
dich mir geschenket?

4. Ich lobe dich von Herzen Für
alle deine Schmerzen, Für deine
Schläg und Wunden, Der du so
viel empfunden.

5. Dir dank ich für dein Leiden,
Den Ursprung meiner Freuden;
Dir dank ich für dein Sehnen Und
heißvergoßne Thränen.

6. Dir dank ich für dein Lieben,
Das standhaft ist geblieben; Dir
dank ich für dein Sterben, Das
mich dein Reich läßt erben.

7. Jetzt schmecket mein Gemüte
Dein übergroße Güte; Dies teure
Pfand der Gnaden Tilgt allen
meinen Schaden.

8. Herr! laß mich nicht vergessen,
Daß du mir zugemessen Die kräft=
ge Himmelsspeise, Wofür mein
Herz dich preise.

9. Du wollest ja die Sünde, Die
ich annoch empfinde, Aus meinem
Fleische treiben Und kräftig in mir
bleiben.

10. Nun bin ich losgezählet Von
Sünden und vermählet Mit dir,
mein liebstes Leben! Was kannst
du Wertres geben?

11. Ach laß, Herr, meine Seele
In dieser Leibeshöhle Doch allzeit
mit Verlangen An deiner Liebe
hangen!

12. Laß mich die Sünde meiden,
Laß mich geduldig leiden, Laß mich
mit Andacht beten Und von der
Welt abtreten!

13. Nun kann ich nicht verderben.
Drauf will ich selig sterben Und
freudig auferstehen, O Jesu, dich zu
sehen!

Joh. Rist, geb. 1607, † 1667.

250.

1. Mein Je=sus lebt in mir; Nichts ist, das uns kann scheiden;
Es ist im Abendmahl Eins worden aus uns bei=den.

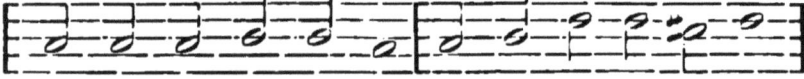

Ich hab ihn, er hat mich; Was sein ist, das ist mein;

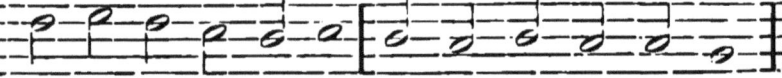

Sein Herz, mein Herz ein Herz; Was mein ist, das ist sein.

2. An Jesu hange ich; Er lebt und ich soll leben; Er hat mir des zum Pfand Sein Fleisch und Blut gegeben. Ich hab die rechte Speis, Ich hab den rechten Trank, Dadurch ich ewig leb, Herr, dir zum Lob und Dank.

3. Zum Leben hast du mich Gespeiset und getränket; Der Vater hat mit dir Auch alles mir geschenket. Auf diesen Trost leb ich Und fahr auch darauf hin, Weil du mein Leben bist Und Sterben mein Gewinn.

4. Sterb ich dem Leibe nach, So muß mir's doch gelingen; Ich werde durch den Tod Zu dir ins Leben dringen. Sag, Jesu, Amen drauf! Ich sage dazu Ja. Es bleibt dabei, ich leb. Amen! Halleluja!

Nach Emilie Jul., Gräfin von Schwarzburg-Rudolstadt, geb. 1637, † 1706.

251.

Mel. Schmücke dich, o liebe Seele.

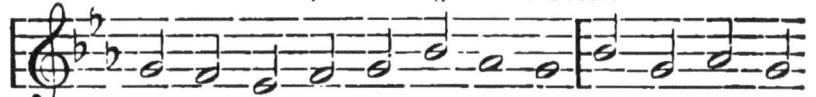

1. Je = su, Freund der Menschenkin=der, Hei=land der ver=
Der zur Süh=nung un=srer Schulden Kreuzesschmach hat

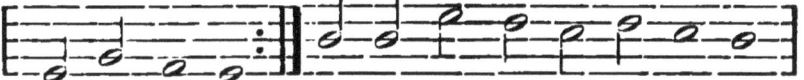

lor=nen Sün=der, Wer kann faf = fen das Er = bar=men,
wol=len dul = den!

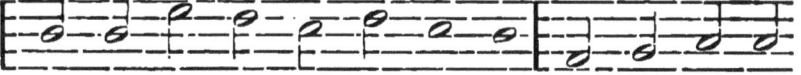

Das du trä = geft mit uns Ar = men? In der Schar er=

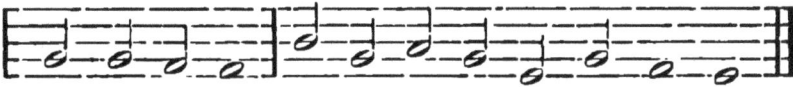

löf = ter Brü=der Fall ich dankend vor dir nie = der.

2. Ja, auch mir strömt Heil und Segen, Herr, aus deiner Füll entgegen; In dem Elend meiner Sünden Soll bei dir ich Hilfe finden. So gewiß ich Wein genossen, Ist dein Blut für mich geflossen; So gewiß ich Brot empfangen, Soll ich Heil in dir erlangen.

3. Ja, du kommst, dich mit den Deinen In dem Nachtmahl zu vereinen; Du, der Weinstock, giebst den Reben Mut und Kraft zum neuen Leben; Durch dich muß es mir gelingen, Reiche, gute Frucht zu bringen Und durch Frömmigkeit zu zeigen, Daß ich gänzlich sei dein eigen.

4. Nun, so sei der Bund erneuet Und mein Herz dir ganz geweihet! Auf dein Vorbild will ich sehen Und dir nach, mein Heiland, gehen; Was du hassest, will ich hassen, Stets von dir mich leiten lassen; Was du liebest, will ich lieben, Nie durch Untreu dich betrüben.

5. Gieb, daß ich und alle Christen Uns auf deine Zukunft rüsten,

Daß, wenn heut der Tag schon käme, Keinen, Herr, dein Blick beschäme. Schaff ein neues Herz den Sündern, Mache sie zu Gottes Kindern, Die dir leben, leiden, sterben, Deine Herrlichkeit zu erben.

6. Großes Abendmahl der Frommen, Tag des Heils, wann wirst du kommen, Daß wir mit den Engelchören, Herr, dich schaun und ewig ehren? Halleluja! welche Freuden Sind die Früchte deiner Leiden! Danket, danket, fromme Herzen, Ewig ihm für seine Schmerzen!

Nach Joh. Casp. Lavater, geb. 1741, † 1801.

VIII. Das christliche Leben.

1. Gebetslieder.

252.

Eigene Melodie.

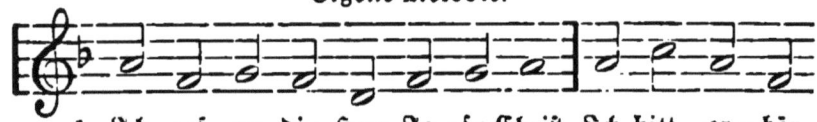

1. Ich ruf zu dir, Herr Je = su Christ, Ich bitt, er = hör
Ver=leih mir Gnad zu je = der Frist, Laß mich doch nicht

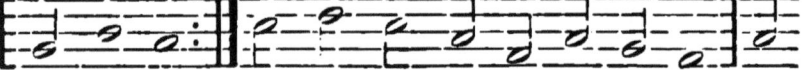

mein Kla=gen: Den rech = ten Glau=ben, Herr, ich mein, Den
ver = ja = gen.

wol = lest du mir ge = ben, Dir zu le = ben, Dem Näch=

sten nütz zu sein, Dein Wort zu hal = ten e = ben.

2. Ich bitt noch mehr, o Herre Gott, Du kannst es mir wohl geben: Daß ich werd nimmermehr zu Spott; Die Hoffnung gieb daneben, Voraus, wenn ich muß hie davon, Daß ich dir mög vertrauen Und nicht bauen Auf all mein eigen Thun; Sonst würd's mich ewig reuen.

3. Verleih, daß ich aus Herzensgrund Den Feinden mög vergeben. Verzeih mir auch zu dieser Stund, Schaff in mir neues Leben. Dein Wort mein Speis laß allweg sein, Damit mein Seel zu nähren, Mich zu wehren, Wenn Unglück geht daher, Das mich möcht bald verkehren.

4. Laß mich nicht Lust noch Furcht von dir In dieser Welt abwenden; Beständig sein ans End gieb mir; Du haft's allein in Händen. Und wem du's giebst, der hat's umsonst; Es mag niemand erwerben Noch ererben Durch Werke deine Gunst, Die uns errett vom Sterben.

5. Ich lieg im Streit und widerstreb; Hilf, o Herr Christ, dem Schwachen! An deiner Gnad allein ich kleb, Du kannst mich stärker machen. Kommt nun Anfechtung und Gefahr, Wollst du mich nicht verlassen, Fest mich fassen. Behüt mich immerdar; Ich weiß, du wirst's nicht lassen.

P. Speratus, geb. 1484, † 1554.

253.

Mel. Valet will ich dir geben.

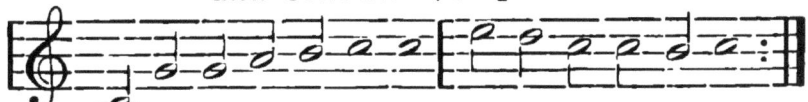

Laß mich dein sein und bleiben, Du treu=er Gott und Herr! Von dir laß mich nicht treiben, Halt mich bei dei=ner Lehr

Herr, laß mich nur nicht wanken, Gieb mir Be=stän=dig=keit!

Da=für will ich dir dan=ken In al=le E=wig=keit.

Nic. Selneccer, geb. 1532, † 1592.

254.

Mel. Aus tiefer Not schrei ich zu dir.

1. Herr, wie du willst, so schic's mit mir Im Le=ben und
Al=lein zu dir steht mein Be=gier; Laß mich, Herr, nicht

im Ster=ben!
ver = der=ben! Er=halt mich nur in dei=ner Huld, Sonst wie

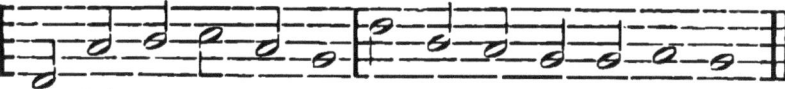

du willst; nur gieb Geduld. Dein Will der ist der bes=te.

2. Zucht, Ehr und Treu verleih mir, Herr, Und Lieb zu deinem Worte! Behüt mich, Herr, vor falſcher Lehr, Und gieb mir hier und dorte, Was dient zu meiner Seligkeit; Wend ab all Ungerechtigkeit In meinem ganzen Leben!

3. Wann ich einmal nach deinem Rat Von dieſer Welt ſoll ſcheiden, Verleih mir, Herr, nur deine Gnad, Daß es geſcheh mit Freuden! Mein Leib und Seel befehl ich dir. O Herr! ein ſelig End gieb mir Durch Jeſum Chriſtum! Amen.

Caſp. Bienemann, geb. 1540, † 1591.

255.

Eigene Melodie.

1. O Gott, du frommer Gott, Du Brunnquell guter Gaben, Ohn den nichts iſt, was iſt, Von dem wir alles haben!

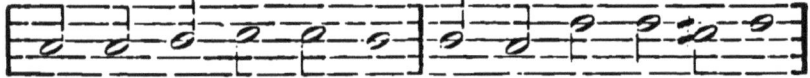

Geſunden Leib gieb mir, Und daß in ſolchem Leib

Ein unverletzte Seel Und rein Gewiſſen bleib.

2. Gieb, daß ich thu mit Fleiß, Was mir zu thun gebühret, Wozu mich dein Befehl In meinem Stande führet; Gieb, daß ich's thue bald Zu der Zeit, da ich ſoll; Und wann ich's thu, ſo gieb, Daß es gerate wohl.

3. Hilf, daß ich rede ſtets, Womit ich kann beſtehen; Laß kein unnützes Wort Aus meinem Munde gehen; Und wenn in meinem Amt Ich reden ſoll und muß, So gieb den Worten Kraft Und Nachdruck ohn Verdruß.

4. Find't ſich Gefährlichkeit: So laß mich nicht verzagen, Gieb einen Heldenmut; Das Kreuz hilf ſelber tragen. Gieb, daß ich meinen Feind Mit Sanftmut überwind, Und wenn ich Rat bedarf, Daß guten Rat ich find.

5. Laß mich mit jedermann In Fried und Freundſchaft leben, Soweit es chriſtlich iſt. Willſt du mir etwas geben An Reichtum, Gut und Geld, So gieb auch dies dabei, Daß von unrechtem Gut Nichts untermenget ſei.

6. Soll ich auf dieſer Welt Mein Leben höher bringen, Durch manchen ſauern Tritt Hindurch ins Alter dringen: So gieb Geduld, vor Sünd Und Schande mich bewahr, Auf daß ich tragen mag Mit Ehren graues Haar.

7. Laß mich an meinem End Auf Chriſti Tod abſcheiden; Die Seele nimm zu dir Hinauf zu deinen Freuden; Dem Leib ein Räumlein gönn Bei frommer Chriſten Grab, Auf daß er ſeine Ruh An ihrer Seite hab.

8. Wann du die Toten wirst
An jenem Tag erwecken: So
thu auch deine Hand Zu mei=
nem Grab ausstrecken; Laß hö=
ren deine Stimm, Ruf meinen
Leib hervor, Und führ ihn schön
verklärt Zum auserwählten Chor.
                    J. Heermann, geb. 1585, † 1647.

256.

Eigene Melodie.

1. Sieh, hier bin ich, Eh=ren=tö=nig, Le=ge mich vor dei=nen Thron; Schwa=che Thrä=nen, kind=lich Seh=nen Bring ich dir, du Menschensohn. Laß dich fin=den, laß dich fin=den Von mir, der ich Asch und Thon.

2. Sieh doch auf mich, Herr, ich bitt dich: Lenke mich nach deinem Sinn; Dich alleine ich nur meine, Dein erkaufter Erb ich bin. Laß dich finden, laß dich finden, Gieb dich mir, und nimm mich hin.

3. Ich begehre nichts, o Herre, Als nur deine freie Gnad, Die du giebest, wo du liebest Und man dich liebt in der That. Laß dich finden, laß dich finden! Der hat alles, wer dich hat.

4. Himmelssonne, Seelenwonne, Unbeflectes Gotteslamm, In der Höhle meine Seele Suchet dich, o Bräutigam! Laß dich fin= den, laß dich finden, Starker Held aus Davids Stamm!

5. Hör, wie kläglich, wie beweg= lich Dir die treue Seele singt; Wie demütig und wehmütig Deines Kindes Stimme klingt. Laß dich finden, laß dich finden, Denn mein Herze zu dir dringt!

6. Dieser Zeiten Eitelkeiten, Reichtum, Wollust, Ehr und Freud, Sind nur Schmerzen meinem Her= zen, Welches sucht die Ewigkeit. Laß dich finden, laß dich finden, Großer Gott, ich bin bereit!
                    Joach. Neander, geb. 1610, † 1680.

257.

Mel. Herr Christ, der einge Gott's sohn.

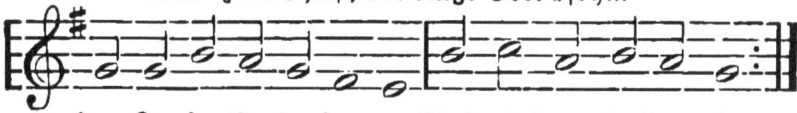

1. Herr Je=su, Gnadenson=ne, Wahr=haf=tes Le=bens=licht! Laß Leben, Licht und Wonne Mein blö=des An=ge=sicht

15

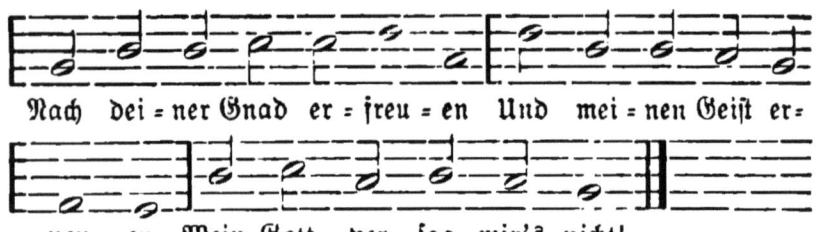

Nach dei = ner Gnad er = freu = en Und mei = nen Geist er =

neu = en. Mein Gott, ver = sag mir's nicht!

2. Vergieb mir meine Sünden, Und wirf sie hinter dich; Laß allen Zorn verschwinden, Und hilf mir gnädiglich; Laß deine Friedensgaben Mein armes Herze laben. Ach Herr, erhöre mich!

3. Vertreib aus meiner Seelen Des alten Adams Sinn, Und laß mich dich erwählen, Auf daß ich mich forthin Zu deinem Dienst ergebe Und dir zu Ehren lebe, Weil ich erlöset bin.

4. Beförddre dein Erkenntnis In mir, mein Seelenhort; Und öffne mein Verständnis Durch dein heiliges Wort, Damit ich an dich gläube Und in der Wahrheit bleibe Zu Trutz der Höllenpfört.

5. Leit mich in dieser Wüsten, Und kreuzge mein Begier Samt allen bösen Lüsten, Auf daß ich

für und für Der Sündenwelt absterbe Und nach dem Fleisch verderbe, Hingegen leb in dir.

6. Ach, zünde deine Liebe In meiner Seelen an, Daß ich aus innerm Triebe Dich ewig lieben kann Und dir zum Wohlgefallen Beständig möge wallen Auf rechter Lebensbahn!

7. Nun, Herr, verleih mir Stärke, Verleih mir Kraft und Mut; Denn das sind Gnadenwerke, Die dein Geist schafft und thut; Hingegen meine Sinnen, Mein Lassen und Beginnen Ist böse und nicht gut.

8. Darum, du Gott der Gnaden, Du Vater aller Treu, Wend allen Seelenschaden, Und mach mich täglich neu. Gieb, daß ich deinen Willen Stets suche zu erfüllen, Und steh mir kräftig bei.

Ludw. And. Gotter, geb. 1661, † 1735.

258.

Mel. Nun ruhen alle Wälder.

1. Herr, hö = re! Herr, er = hö = re! Breit dei = nes Na = mens

Eh = re An al = len Orten aus; Be = hü = te al = le Stän = de:

Durch dei = ner Allmacht Hände Be = schütze Kir = che, Land und Haus.

2. Ach, laß dein Wort uns allen Noch ferner reichlich schallen Zu unsrer Seelen Nutz! Bewahr uns vor den Rotten, Die deiner Wahrheit spotten, Beut allen deinen Feinden Trutz.

3. Gieb du getreue Lehrer Und unverdroßne Hörer, Die beide Thäter sein; Auf Pflanzen und Begießen Laß dein Gedeihen fließen Und Früchte reichlich ernten ein.

4. Du wollst uns hoch beglücken, Mit hellen Gnadenblicken Auf unser Land hinsehn, Es schützen und bewahren Vor allerlei Gefahren, In vollem Glanze lassen stehn.

5. Laß alle, die regieren, Ihr Amt getreulich führen! Schaff jedermann sein Recht, Daß Fried und Treu sich müssen In unserm Lande küssen; Ja, segne Mann, Weib, Herrn und Knecht.

6. Erhalt in jeder Ehe, Beim Glücke wie beim Wehe, Rechtschaffne Frömmigkeit. In Unschuld und in Tugend Gedeihe unsre Jugend, Zu deines Reiches Dienst bereit.

7. O Vater! wend in Gnaden Krieg, Feuer, Wasserschaden Und Sturm und Hagel ab; Bewahr des Landes Früchte, Und mache nicht zunichte, Was deine milde Hand uns gab.

8. Laß alle giftgen Seuchen Von unsern Grenzen weichen; Gieb uns gesunde Luft. Laß Mißwachs, teure Zeiten Sich nicht bei uns verbreiten, Da nach dem Brot der Hunger ruft.

9. Gedenke voll Erbarmen Der Leidenden und Armen, Verirrte bring herein. Die Witwen und die Waisen Wollst du mit Troste speisen, Wenn sie zu dir um Hilfe schrein.

10. Hilf, als ein Arzt, den Kranken; Und die im Glauben wanken, Laß nicht zu Grunde gehn. Die Alten heb und trage, Damit sie ihre Plage Geduldig können überstehn.

11. Die Reisenden beschütze, Bleib der Verfolgten Stütze; Die Sterbenden begleit Mit deinen Engelscharen, Daß sie im Frieden fahren Zu Zions Freud und Herrlichkeit.

12. Nun, Herr, du wirst erfüllen, Was wir nach deinem Willen In Demut jetzt begehrt. Wir sprechen gläubig Amen In unsers Jesu Namen, So wird das Flehen uns erhört.

Benj. Schmolk, geb. 1672, † 1737.

259.

Mel. Mache dich, mein Geist, bereit.

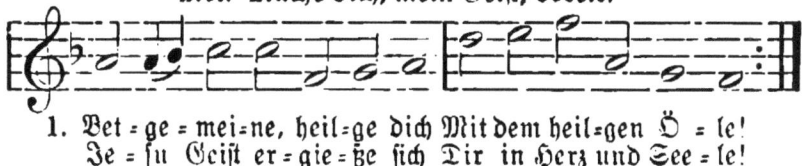

1. Bet = ge = mei = ne, heil = ge dich Mit dem heil = gen Ö = le!
Je = su Geist er = gie = ße sich Dir in Herz und See = le!

Laß den Mund Al = le Stund Von Ge = bet und Fle = hen

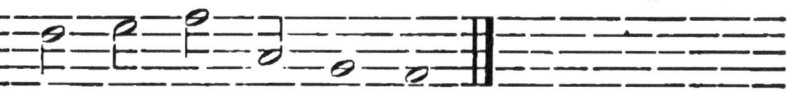

Hei = lig ü = ber = ge = hen.

2. Das Gebet der frommen Schar, Was ſie fleht und bittet, Das wird auf dem Rauchaltar Vor Gott ausgeſchüttet; Und da iſt Jeſus Chriſt Prieſter und Verſühner Aller ſeiner Diener.

3. Kann ein einziges Gebet Einer gläubgen Seelen, Wenn's zum Herzen Gottes geht, Seines Zwecks nicht fehlen: Was wird's thun, Wenn ſie nun Alle vor ihn treten Und vereinigt beten!

4. Wenn die Heiligen dort und hier, Große mit den Kleinen, Engel, Menſchen mit Begier Alle ſich vereinen, Und es geht Ein Gebet Aus von ihnen allen: Wie muß das erſchallen!

5. O ſo betet alle drauf, Betet immer wieder! Heilge Hände hebet auf, Heiligt eure Glieder! Bleibet ſtät Im Gebet, Das zu Gott ſich ſchwinget, Durch die Wolken dringet.

6. Betet, daß die letzte Zeit Wohl vorübergehe, Daß man Chriſti Herrlichkeit Offenbaret ſehe. Stimmet ein Insgemein Mit den Engelchören: Komm, du Herr der Ehren!

Nach Chr. C. L. v. Pfeil, geb. 1712, † 1784.

260.

Mel. Mein Herzens-Jeſu, meine Luſt.

1. Gott! dei=ne Gü = te reicht ſo weit, So=weit die Wol=ten
Du krönſt uns mit Barmher=zig=teit Und eilſt, uns bei = zu=

ge = ben;
ſte = hen.   Herr, meine Burg, mein Fels, mein Hort! Vernimm mein

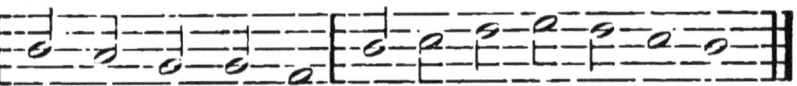

Flehn, merk auf mein Wort; Denn ich will vor dir be = ten.

2. Ich bitte nicht um Überfluß Und Schätze dieſer Erden; Laß mir, ſoviel ich haben muß, Nach deiner Gnade werden; Gieb mir nur Weisheit und Verſtand, Dich, Gott, und den, den du geſandt, Und mich ſelbſt zu erkennen.

3. Ich bitte nicht um Ehr und Ruhm, So ſehr ſie Menſchen rühren; Des guten Namens Eigentum Laß mich nur nie verlieren. Mein wahrer Ruhm ſei meine Pflicht, Der Ruhm vor deinem Angeſicht Und frommer Freunde Liebe.

4. So bitt ich dich, Herr Zebaoth, Auch nicht um langes Leben; Im Glücke Demut, Mut in Not, Das wolleſt du mir geben. In deiner Hand ſteht meine Zeit; Laß du mich nur Barmherzigteit Vor dir im Tode finden.

Chr. F. Gellert, geb. 1715, † 1769.

2. Bußlieder.

261.

Eigene Melodie.

1. Aus tie = fer Not schrei ich zu dir, Herr Gott, er = hör
Dein gnä = dig Ohr neig her zu mir, Und mei = ner Bitt

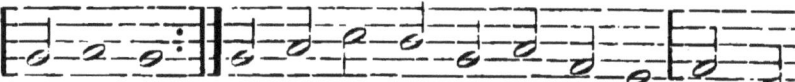

mein Ru = fen!
es öff = ne; Denn so du willst das se = hen an, Was Sünd

und Un = recht ist gethan, Wer kann, Herr, vor dir blei = ben?

2. Bei dir gilt nichts denn Gnad und Gunst, Die Sünde zu verge=ben; Es ist doch unser Thun umsonst Auch in dem besten Leben; Vor dir niemand sich rühmen kann; Des muß dich fürchten jedermann Und deiner Gnade leben.

3. Darum auf Gott will hoffen ich, Auf mein Verdienst nicht bau=en; Auf ihn will ich verlassen mich Und seiner Güte trauen, Die mir zusagt sein wertes Wort. Das ist mein Trost und treuer Hort, Des will ich allzeit harren.

4. Und ob es währt bis in die Nacht Und wieder an den Morgen, Doch soll mein Herz an Gottes Macht Verzweifeln nicht, noch sor=gen. So thu Israel rechter Art, Der aus dem Geist erzeuget ward, Und seines Gott's erharre.

5. Ob bei uns ist der Sünden viel, Bei Gott ist viel mehr Gnade; Sein Hand zu helfen hat kein Ziel, Wie groß auch sei der Schade. Er ist allein der gute Hirt, Der Israel erlösen wird Aus seinen Sünden allen.

M. Luther, geb. 1483, † 1546.

262.

Eigene Melodie.

1. Al = lein zu dir, Herr Je = su Christ, Mein Hoffnung steht
Ich weiß, daß du mein Tröster bist, Kein Trost mag mir

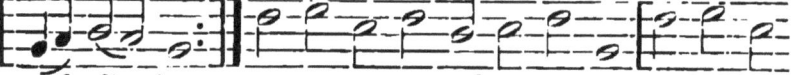

auf Er = den.
sonst wer = den. Von An = beginn ist nichts erkorn, Auf Er=den

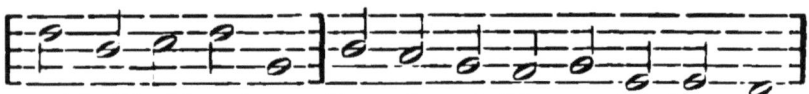

war kein Mensch ge=born, Der mir aus Nö=ten hel=fen kann;

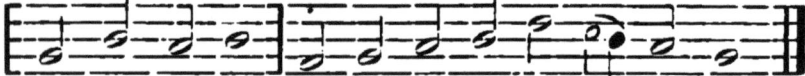

Ich ruf dich an, Du bist's, der hel=fen will und kann.

2. Mein Sünd sind schwer und übergroß Und reuen mich von Herzen; Derselben mach mich frei und los Durch deinen Tod und Schmerzen; Und zeig mich deinem Vater an, Daß du hast gnug für mich gethan, So werd ich los der Sünden Last: Mein Glaube faßt, Was du mir, Herr, verheißen hast.

3. Gieb mir nach dein'r Barmherzigkeit Den wahren Christenglauben, Auf daß ich deine Süßigkeit Mög innerlich anschauen, Vor allen Dingen lieben dich Und meinen Nächsten gleich als mich. Am letzten End dein Hilf mir send, Damit behend Des Teufels List sich von mir wend.

4. Ehr sei Gott in dem höchsten Thron, Dem Vater aller Güte, Und Jesu Christ, sein'm liebsten Sohn, Der uns allzeit behüte, Und Gott dem werten heilgen Geist, Der uns sein Hilfe allzeit leist't, Damit wir ihm gefällig sein Hier in der Zeit Und dorten in der Ewigkeit.

Joh. Schneesing, † 1567

263.

Mel. Aus tiefer Not schrei ich zu dir.

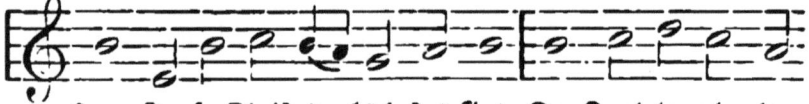

1. Herr Je=su Christ, Du höch=stes Gut, Du Quel=le al = ler
Sieh doch, wie ich in mei=nem Mut Mit Schmerzen bin be=

Gna = den!
la = den
Und in mir hab der Pfei=le viel, Die im Ge=

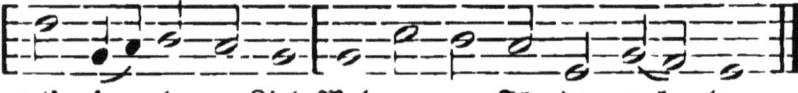

wis = sen oh = ne Ziel Mich ar = men Sün=der quä = len.

2. Erbarm dich mein bei solcher Last, Nimm sie von meinem Herzen, Dieweil du sie gebüßet hast Am Kreuz mit Todesschmerzen, Auf daß ich nicht vor großem Weh In meinen Sünden untergeh, Noch ewiglich verzage.

3. Fürwahr, wenn alles mir kommt ein, Was ich mein Tag begangen, So fällt mir auf das Herz ein Stein Und hält mich Furcht umfangen: Ja, ich weiß weder aus noch ein Und müßte gar verloren sein, Wenn ich dein Wort nicht hätte

4. Doch durch dein teures Wort erwacht Mein Herz zu neuem Leben; Erquickung hat es mir gebracht, Ich darf nicht trostlos beben, Dieweil es Gnade dem verheißt, Der sich mit tief zerknirschtem Geist Zu dir, o Jesu, wendet.

5. So komm ich jetzt zu dir allhie In meiner Not geschritten Und will dich mit gebeugtem Knie Von ganzem Herzen bitten: Vergieb es mir doch gnädiglich, Was ich mein Lebtag wider dich Auf Erden hab gesündigt!

6. Vergieb mir's doch, o Herr, mein Gott, Um deines Namens willen! Du wollst in mir die große Not Der Übertretung stillen, Daß sich mein Herz zufrieden geb Und dir hinfort zu Ehren leb In kindlichem Gehorsam.

7. Stärk mich mit deinem Freudengeist; Heil mich mit deinen Wunden; Wasch mich mit deinem Todesschweiß In meinen letzten Stunden; Und nimm mich einst, wann's dir gefällt, In wahrem Glauben aus der Welt Zu deinen Auserwählten.

Barth. Ringwaldt, geb. 1531, † 1598.

264.

Eigene Melodie.

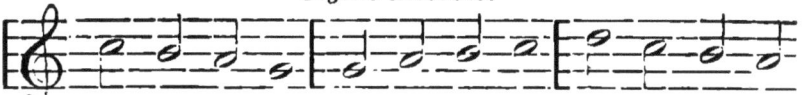

1. Ach Gott und Herr! Wie groß und schwer Sind mei-ne vie-

len Sünden. Da ist kein Mann, Der hel-fen kann, In

die-ser Welt zu fin-den.

2. Lief ich gleich weit In dieser Zeit Bis an des Weltalls Enden, Und wollt los sein Des Elends mein, Würd ich es doch nicht wenden.

3. Zu dir flieh ich; Verstoß mich nicht, Wie ich's wohl hab verdienet. Ach Gott! zürn nicht, Geh nicht ins G'richt, Dein Sohn hat mich versühnet.

4. Soll's ja so sein, Daß Straf und Pein Auf Sünde fol-

gen müssen: So fahr hier fort, Und schone dort, Und laß mich hier wohl büßen.

5. Gieb, Herr, Geduld, Vergiß die Schuld; Verleih ein folgsam Herze, Daß ich mein Heil, Mein bestes Teil, Durch Murren nicht verscherze.

6. Verfahr mit mir, Wie's dünket dir; Durch dein Gnad will ich's leiden. Doch lasse mich Nichts ewiglich Von deiner Liebe scheiden.

Nach M. Rutilius, geb. 1550, † 1618.

265.

Mel. Auf meinen lieben Gott.

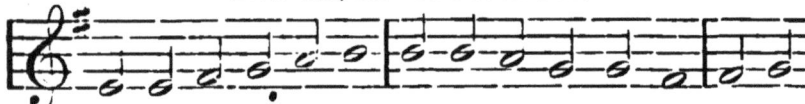

1. Wo ſoll ich fliehen hin, Weil ich be=ſchwe=ret bin Mit viel

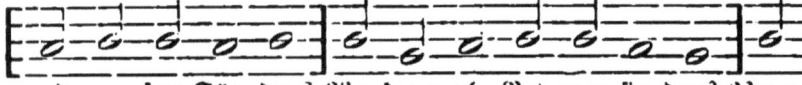

und gro=ßen Sün=den? Wo kann ich Ret=tung fin=den? Wenn

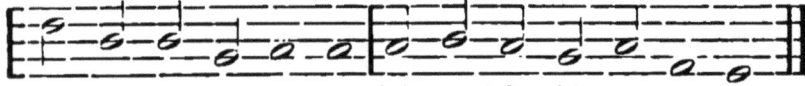

al = le Welt her = tä = me, Mein Angſt ſie nicht weg=näh=me.

2. O Jeſu, voller Gnad! Auf dein Gebot und Rat Kommt mein betrübt Gemüte Zu deiner großen Güte; Laß du auf mein Gewiſſen Ein Gnadentröpflein fließen.

3. Durch dein unſchuldig Blut, Vergoſſen mir zu gut, Waſch ab all meine Sünde, Mit Troſt mein Herz verbinde, Und ihr'r nicht mehr gedenke, Ins Meer ſie tief verſenke.

4. Du biſt der, der mich tröſt't, Weil du mich haſt erlöſt. Was ich geſündigt habe, Haſt du verſcharrt im Grabe; Da haſt du es verſchloſſen, Da wird's auch blei=ben müſſen.

5. Iſt meine Bosheit groß, So werd ich ihr'r doch los, Wenn ich dein Kreuz umfaſſe Und mich darauf verlaſſe, Wer ſich zu dir nur findet, All Angſt ihm bald verſchwindet.

6. Mir mangelt zwar ſehr viel: Doch was ich haben will, Iſt alles mir zu gute Erlangt mit deinem Blute, Damit ich überwinde Tod, Teufel, Höll und Sünde.

7. Und wenn des Satans Heer Mir ganz entgegen wär, Darf ich doch nicht verzagen, Mit dir kann ich ſie ſchlagen; Dein Blut darf ich nur zeigen, So muß ihr Trotz bald ſchweigen.

8. Dein Blut, der edle Saft, Hat ſolche Stärk und Kraft, Daß auch ein Tröpflein kleine Die ganze Welt kann reine, Ja, gar aus Teu=fels Rachen Frei, los und ledig machen.

9. Darum allein auf dich, Herr Chriſt, verlaß ich mich; Jetzt kann ich nicht verderben, Dein Reich muß ich ererben; Denn du haſt mir's er=worben, Da du für mich geſtorben.

10. Führ auch mein Herz und Sinn Durch deinen Geiſt dahin, Daß ich mög alles meiden, Was mich und dich kann ſcheiden, Und ich an deinem Leibe Ein Glied auf ewig bleibe.

Joh. Heermann, geb. 1585, † 1647.

266.

Mel. Es iſt gewißlich an der Zeit.

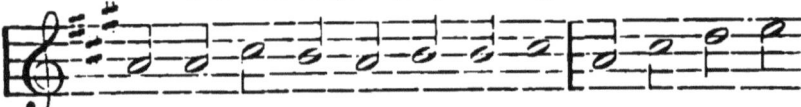

1. Ich will von mei=ner Miſ = ſe=that Mich zu dem Herrn Du wol=leſt ſelbſt mir Hilf und Rat Hie = zu, o Gott,

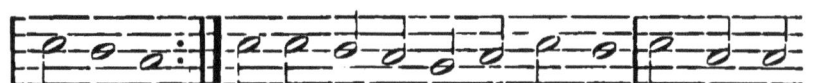

be = keh = ren;
be = sche = ren

Und dei=nes gu=ten Geif=tes Kraft, Der neu = e

Her = zen in uns schafft, Aus Gna=den mir ge = wäh=ren.

2. Der Mensch kann von Natur doch nicht Sein Elend selbst empfinden, Ist ohne deines Geistes Licht Blind, taub und tot in Sünden; Verkehrt ist Will, Verstand und Thun. Des großen Jammers wollst du nun, O Vater, mich entbinden!

3. Herr! klopf in Gnaden bei mir an, Und führ mir wohl zu Sinnen, Was Böses ich vor dir gethan. Du kannst mein Herz gewinnen, Daß ich aus Kummer und Beschwer Laß über meine Wangen her Viel heiße Thränen rinnen.

4. Wie hast du doch an mich gewandt Den Reichtum deiner Gnaden! Mein Leben dank ich deiner Hand; Du hast mich überladen Mit Ruh, Gesundheit, Ehr und Brot; Du machtest, daß mir keine Not Bisher hat können schaden.

5. Du hast in Christo mich erwählt Tief aus der Hölle Fluten; Es hat mir sonst auch nicht gefehlt An irgend einem Guten; Und daß ich ja dein eigen sei, Hast du mich auch aus Lieb und Treu Gestäupt mit Vaterruten.

6. Hab ich mich denn bis jetzt vor dir Der Dankbarkeit befliffen? Ach nein! ein andres saget mir

Mein Herz und mein Gewissen; Darin ist leider nichts gesund, An allen Orten ist es wund, Von Sünd und Reu zerrissen.

7. Ach, meine Greuel allzumal Schäm ich mich zu bekennen, Denn ihrer ist nicht Maß noch Zahl, Ich weiß sie nicht zu nennen; Und ihrer keiner ist so klein, Um welches willen nicht allein Ich ewig müßte brennen.

8. Dies alles jetzt zugleich erwacht, Mein Herz will mir zerspringen. Ich sehe deines Donners Macht, Dein Feuer auf mich dringen; Es regt sich wider mich zugleich Des Todes und der Hölle Reich, Die wollen mich verschlingen.

9. Herr Jesu! nimm mich zu dir ein, Ich flieh in deine Wunden; Laß mich in dir verbunden sein Und bleiben alle Stunden. Du hast getilgt, o Gotteslamm, Auch meine Schuld am Kreuzesstamm Und ewges Heil erfunden!

10. Ich will mich nun mein lebenlang Vor jeder Sünde scheuen Durch deines guten Geistes Zwang, Den du mir wollst verleihen, Daß er von aller Sündenlist Und dem, was dir zuwider ist, Mich ewig mög befreien.

Louise H., Kurfürstin v. Brandenburg, geb. 1617, † 1667.

267.

Mel. Es ist gewißlich an der Zeit.

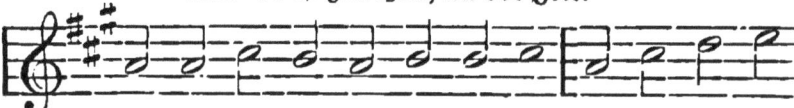

1. Schaff in mir, Gott, ein rei = nes Herz! Mein Herz ist ganz
Es fühlt von Sün=den großen Schmerz, Die ihm sind an=

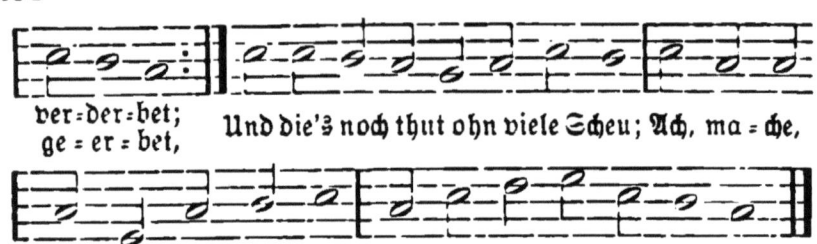

ver=der=bet;   Und die's noch thut ohn viele Scheu; Ach, ma = che,
ge = er = bet,

daß es wie = der sei, Wie du es einst er = schaf = fen.

2. Gieb mir auch einen neuen
Geist, Der wie du sei gesinnet,
Der dir anhänget allermeist, Und
was du willst, beginnet. Gieb,
daß ich hasse Fleisch und Blut,
Den Glauben üb in sanftem Mut,
Zucht, Demut, Hoffnung, Liebe.

3. Verwirf von deinem Ange=
sicht, Ob ich es gleich verdienet,
Mich, o getreuer Vater, nicht,
Weil Jesus mich versühnet! Laß
nimmer, nimmer, nimmermehr
Mich fallen als dein Kind so sehr,
Daß du es von dir werfest!

4. Den heilgen Geist nimm nicht
von mir; Den bösen Geist ver=
treibe, Daß ich, als nie entführt
von dir, Stets deine sei und

bleibe. Beherrsche du Herz, Sinn
und Mut Durch deinen Geist, so
geht es gut Im Leben und im
Sterben.

5. Mit deiner Hilfe tröste mich,
Hilf, und vergieb die Sünden;
Und sucht dann meine Seele dich,
So laß dich von ihr finden Und
dein Verdienst, Herr Jesu Christ,
Darinnen Trost und Leben ist
Trotz Sünde, Tod und Teufel!

6. Dein heilger Geist erquicke
mich Mit seinem Freudenöle, Da=
mit Verzweiflung ewiglich Fern sei
von meiner Seele. Sei du mein
Freund, o Herr, allein! Ach, laß
mich ganz dein eigen sein, Und
führe mich zum Himmel!

Lub. Elif., Gräfin zu Schwarzb.=Rudolstadt,
geb. 1640, † 1672.

268.

Mel. Aus tiefer Not schrei ich zu dir.

1. O Va = ter der Barmher=zig = keit! Ich fal = le dir
Ver=stoß den nicht, der zu dir schreit Und thut noch end=

zu Fu = ße;   Was ich be=gan=gen wi = der dich, Ver = zeih
lich Bu = ße.

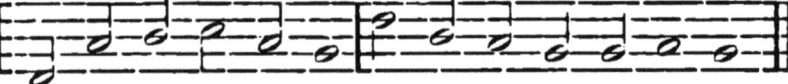

mir al = les gnä=dig = lich Durch dei = ne gro = ße Gü = te.

2. Durch deiner Allmacht Wunderthat Nimm von mir, was mich quälet; Durch deine Weisheit schaffe Rat, Worin es mir sonst fehlet; Gieb Willen, Mittel, Kraft und Stärk, Daß ich mit dir all meine Werk Anfange und vollende.

3. O Jesu Christe, der du hast Am Kreuze für mich Armen Getragen aller Sünden Last, Wollst meiner dich erbarmen! O wahrer Gott, o Davids Sohn! Erbarm dich mein und mein verschon, Sieh an mein kläglich Rufen.

4. Laß deiner Wunden teures Blut, Dein Todespein und Sterben Mir kommen kräftiglich zu gut, Daß ich nicht müss' verderben; Bitt du den Vater, daß er mir Im Zorn nicht lohne nach Gebühr, Wie ich es hab verschuldet.

5. O heilger Geist, du wahres Licht, Regierer der Gedanken! Wenn mich die Sündenlust anficht, Laß mich von dir nicht wanken; Verleih, daß nun und nimmermehr Begierd nach Wollust, Geld und Ehr In meinem Herzen herrsche.

6. Und wenn mein Stündlein kommen ist, So hilf mir treulich kämpfen, Daß ich des Satans Trutz und List Durch Christi Sieg mag dämpfen, Auf daß mir Krankheit, Angst und Not Und dann der letzte Feind, der Tod, Nur sei die Thür zum Leben.

Dav. Denike, geb. 1603, † 1680.

269.

Mel. Mache dich, mein Geist, bereit.

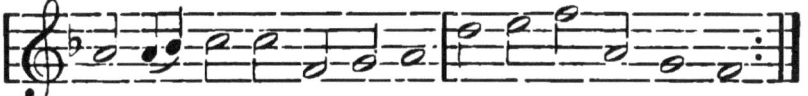

1. Straf mich nicht in deinem Zorn, Großer Gott, verscho-ne! Ach, laß mich nicht sein verlorn, Nach Verdienst nicht lohne!

Hat die Sünd Dich entzünd't, Lösch ab in dem Lam - me

Dei - nes Grim-mes Flam - me.

2. Herr, wer denkt im Tode dein? Wer dankt in der Hölle? Rette mich aus jener Pein, Der Verdammten Stelle, Daß ich dir Für und für Dort an jenem Tage, Höchster Gott, Lob sage.

3. Zeig mir deine Vaterhuld, Stärk mit Trost mich Schwachen. Ach, Herr, hab mit mir Geduld, Mein Gebeine zagen. Heil die Seel Mit dem Öl Deiner großen Gnaden; Wend ab allen Schaden.

4. Ach, sieh mein Gebeine an, Wie sie all erstarren! Meine Seele gar nicht kann Deiner Hilfe harren. Ich verschmacht; Tag und Nacht Muß mein Lager fließen Von den Thränengüssen.

5. Ach, ich bin so müd und matt Von den schweren Plagen! Mein

Herz iſt der Seufzer ſatt, Die nach Hilfe fragen. Wie ſo lang Machſt du bang Meine arme Seele In der Schwermutshöhle! 6. Weicht, ihr Feinde, weicht von mir! Gott erhört mein Beten. Nunmehr darf ich mit Begier Vor ſein Antlitz treten. Teufel, weich!

Hölle, fleuch! Was mich vor getränket, Hat mir Gott geſchenket. 7. Vater, dir ſei ewig Preis Hier und auch dort oben, Wie auch Chriſto gleicherweis, Der allzeit zu loben! Heilger Geiſt, Sei gepreiſt, Hochgerühmt, geehret, Daß du mich erhöret!

J. G. Albinus, geb. 1624, † 1679.

270.

Mel. Aus tiefer Not ſchrei ich zu dir.

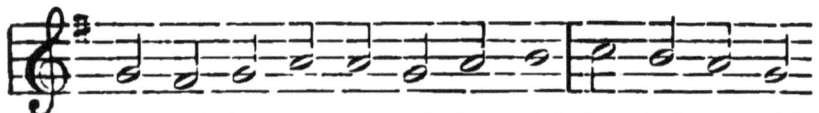

1. Wo ſoll ich hin, wer hil = fet mir? Wer füh = ret mich
Zu niemand, Herr, als nur zu dir, Will ich mich frei

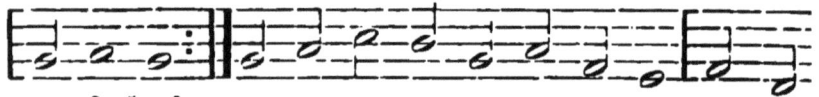

zum Le=ben?
be = ge=ben.   Du biſt's, der das Ver=lor = ne ſucht; Du ſeg=

neſt, was ſonſt war verflucht: Hilf, Je = ſu, dem E = len = den!

2. Herr! meine Sünden ängſten mich, Der Todesleib mich plaget; O Lebensgott! erbarme dich, Vergieb mir, was mich naget. Du weißt es wohl, was mir gebricht; Ich fühl's, doch ſagen kann ich's nicht: Hilf, Jeſu, dem Betrübten!

3. Du ſprichſt, ich ſoll mich fürch=ten nicht; Du rufſt: Ich bin das Leben. Drum iſt mein Troſt auf dich gericht't, Du kannſt mir alles geben. Im Tode kannſt du bei mir ſtehn, In Not als Herzog vor mir gehn: Hilf, Jeſu, dem Zer=kniſchten!

4. Du biſt der Arzt, der Kranke trägt, Auf dich will ich mich legen; Du biſt der Hirt, der Schwache pflegt, Erquicke mich mit Segen. Ich bin gefährlich krank und ſchwach, Heil und verbind, hör an die Klag: Hilf, Jeſu, dem Zerſchlagnen!

5. Ich thue nicht, Herr, was ich ſoll; Wie kann ich doch beſtehen? Es drücket mich, das weißt du wohl; Wie wird es endlich gehen? Elen=der ich! wer wird mich doch Erlöſen von des Todes Joch? Ich danke Gott durch Chriſtum.

Joach. Neander, geb. 1610, † 1680.

271.

Mel. Wer nur den lieben Gott läßt walten.

1. Wir lie = gen hier zu Dei = nen Fü = ßen, Ach Herr,
Und füh = len lei = der im Ge = wif = fen, Wie fehr

von gro = ßer Güt und Treu,
Dein Zorn ent = bren = net fei.   Das Maß der Sün = den

ift er = füllt; Ach weh uns, wenn du ftra = fen willft!

2. Du bift gerecht, wir lauter Sünder. Wie wollen wir vor dir beftehn? Wir find die ungerat= nen Kinder, Die Wege des Ver= derbens gehn, Die würdig, daß uns Peft und Schwert Und Hun= ger längftens aufgezehrt.

3. Doch, Vater, denk an deinen Namen, Gedenk an deinen lieben Sohn! Dein Wort ift immer Ja und Amen, Dein Eidfchwur zeuget felbft davon: Du willft den Tod des Sünders nicht; Drum geh mit uns nicht ins Gericht.

4. Wir liegen vor dir in dem Staube, O Vater, mit zerknirfch= tem Geift. Uns tröftet ganz al= lein der Glaube, Daß du doch der Erbarmer feift. Du haft ja noch ein Vaterherz, So fiehe denn auf unfern Schmerz.

5. Der Mittler felbft tritt in die Mitten, Ach, fchaue feine Wunden an; Schau das, was er für uns erlitten, Wodurch er dir fchon gnug gethan! Wirft du nicht auf fein Opfer fehn, So müffen wir verloren gehn.

6. Das teure Blut von deinem Sohne Schreit für uns um Barm= herzigkeit. Schau nieder von dem Gnadenthrone, Und denke doch der alten Zeit, Da du auch Gnad und Huld erzeigt, Dein Herz den Sündern zugeneigt.

7. Ach, laß die wohlverdiente Strafe Nicht über unfre Häupter gehn, Daß wir nicht als verlorne Schafe Von deiner Hut verlaffen ftehn! Ach, fammle uns in deinen Schoß, Und mach uns aller Pla= gen los!

8. Steck ein das Schwert, das uns follt freffen, Den Würger laß vorübergehn; Laß uns das Brot in Frieden effen; Laß keine folche Zeit entftehn, Die uns dein Wort fo teuer macht, Daß unfer Herz dabei verfchmacht't.

9. Gieb Fried im Land und im Gewiffen, Gefunde Luft, wohlfeile Zeit, Und laß uns deinen Schutz genießen; Beförde die Gerechtig= keit; Krön unfer Feld mit deinem Gut; Nimm Kirch und Haus in deine Hut.

10. So wollen wir dir Opfer bringen Und dein nur fein mit Leib und Seel. Es foll dein Lob gen Himmel dringen, Und dein erlöftes Ifrael Wird mit vereinten Stim= men fchrein: Der Herr foll mein Gott ewig fein!

Benj. Schmolk, geb. 1672, † 1737.

272.

Eigene Melodie.

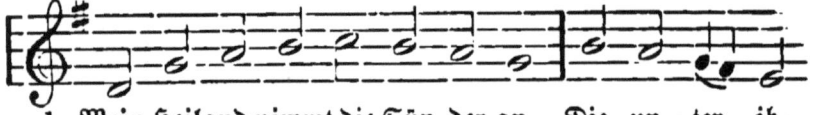

1. Mein Heiland nimmt die Sün=der an, Die un = ter ih=
Kein Mensch, kein Engel trö = ten kann, Die nirgends Ruh

rer Last der Sünden
und Rettung fin=den. Sie, de=nen selbst die Welt zu klein, Die

bang des Rich = ters Au = ge scheun, Sie, de = nen längst der Stab

ge = brochen, Die schon der Höl = le zu = ge = sprochen, Sehn die=

se Freistatt aufgethan: Mein Heiland nimmt die Sün=der an.

2. Sein mehr als mütterliches
Herz Trieb ihn von seinem Thron
zur Erden; Ihn drang der Sün=
der Weh und Schmerz, An ihrer
Statt ein Fluch zu werden; Er
senkte sich in ihre Not Und schmeck=
te für sie Angst und Tod. Nun,
da er denn sein eignes Leben Zur
teuren Zahlung hingegeben Und
seinem Vater gnug gethan, So
heißt's: er nimmt die Sünder an.

3. Nun findet man in seinem
Schoß Ein sicheres Schloß gejagter
Seelen; Er spricht sie von der
Strafe los Und tilgt ihr jammer=
volles Quälen. Es wird ihr gan=
zes Sündenheer Ins unergründ=
lich tiefe Meer Durch seinen Mitt=
lertod versenket, Und ihnen Got=
tes Geist geschenket, Durch den
man Vater! rufen kann. Mein
Heiland nimmt die Sünder an.

4. So bringt er sie zum Vater
hin In seinen blutbefloßnen Ar=
men. Und dieses neigt des Vaters
Sinn Zu lauter ewigem Erbar=
men. Er nimmt sie auf an Kin=
des Statt, Ja, alles, was er ist
und hat, Wird ihnen eigen über=
geben; Und selbst die Thür zum
ewgen Leben Wird ihnen huldreich
aufgethan. Mein Heiland nimmt
die Sünder an.

5. O könntest du sein Herz nur
sehn, Wie sich's nach armen Sün=
dern sehnet, Sowohl wenn sie noch
irre gehn, Als wenn ihr Auge vor
ihm thränet! Wie eilt er in Zachäus'
Haus Und streckt die Hand nach
Zöllnern aus! Wie stillt er jener
Magdalenen Den milden Guß er=
preßter Thränen, Denkt des nicht
mehr, was sie gethan! Mein Hei=
land nimmt die Sünder an.

6. Wie freundlich blickt er Pe=
trum an, Obgleich er noch so tief
gefallen! Und dies hat er nicht
nur gethan, Da er auf Erden
mußte wallen; Nein, er ist immer
einerlei, Gerecht und fromm und
ewig treu. Und wie er unter
Schmach und Leiden, So ist er auf
dem Thron der Freuden Den
Sündern liebreich zugethan. Mein
Heiland nimmt die Sünder an.

7. So komme denn, wer Sün=
der heißt, Und wen sein Sünden=
greul betrübet, Zu dem, der kei=
nen von sich weist, Der sich gebeugt
zu ihm begiebet! Wie, willst du
dir im Lichte stehn Und ohne Not
verloren gehn? Willst du der
Sünde länger dienen, Da, dich
zu retten, er erschienen? O nein,
verlaß die Sündenbahn! Mein
Heiland nimmt die Sünder an.

8. Komm nur mühselig und ge=
bückt, Komm nur, so gut du weißt
zu kommen! Wenngleich die Last
dich niederdrückt, Gebeugt wirst
du gern angenommen. Sieh, wie
sein Herz dir offen steht, Und wie
er dir entgegengeht! Wie oft hat er
nicht voll Verlangen Gesucht, dich
gnädig zu umfangen! So komm
denn, armes Herz, heran! Mein
Heiland nimmt die Sünder an.

9. Sprich nicht: Ich hab's zu
arg gemacht Und alle Güter seiner
Gnaden So lang und schändlich
durchgebracht, Er hat mich oft um=
sonst geladen. Wenn du es jetzt nur
redlich meinst Und deinen Fall mit
Ernst beweinst, So soll ihm nichts
die Hände binden, Und du sollst
jetzt noch Gnade finden. Er hilft,
wenn sonst nichts helfen kann. Mein
Heiland nimmt die Sünder an.

10. Doch sprich auch nicht: Es ist
noch Zeit, Ich muß erst diese Lust
genießen, Gott wird ja eben nicht
gleich heut Die offne Gnadenthür
verschließen. Nein, weil er ruft,
so höre du, Und greif mit Glau=
benshänden zu. Wer diesen Tag
sein Heil verträumet, Hat eine
Gnadenzeit versäumet, Die wohl
nie wiederkommen kann. Heut
komm, heut nimmt dich Jesus an.

11. Ja, zeuch du selbst uns recht
zu dir, Holdselig süßer Freund der
Sünder! Erfüll mit sehnender Be=
gier Auch uns und alle Adamskin=
der. Zeig uns bei unserm See=
lenschmerz Dein nur von Liebe
wallend Herz. Und wenn wir
unser Elend sehen, So laß uns ja
nicht stille stehen, Bis daß ein jeder
sagen kann: Gottlob, auch mich
nimmt Jesus an!

L. F. F. Lehr, geb. 1709, † 1744.

3. Glaubens- und Heilslieder.

273.

Eigene Melodie.

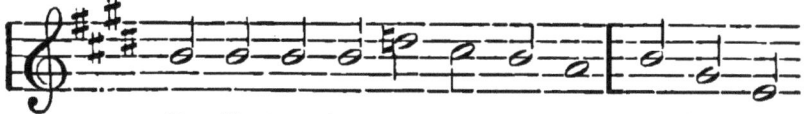

1. Es ist das Heil uns kom=men her Von Gnad und
Die Wer = te hel = sen nim=mermehr, Sie mö = gen

lau = ter Gü = te;
nicht be = hü = ten.   Der Glaub sieht Jesum Christum an, Der hat

gnug für uns all ge=than, Er iſt der Mitt=ler wor = den.

2. Was Gott in dem Geſetz ge=
bot, Das konnte niemand halten;
Darum erhob ſich Zorn und Not
Vor Gott ſo mannigfalten. Vom
Fleiſch wollt nicht heraus der
Geiſt, Vom G'ſetz erfordert aller=
meiſt; Es war mit uns verloren.
3. Es war ein falſcher Wahn
dabei, Gott hätt ſein G'ſetz drum
geben, Als ob wir könnten ſelber
frei Nach ſeinem Willen leben.
So iſt es nur ein Spiegel zart,
Der uns zeigt an die ſündge Art,
In unſerm Fleiſch verborgen.
4. Nicht möglich war's, dieſelbe
Art Aus eignen Kräften laſſen;
Wiewohl es oft verſuchet ward,
Doch mehrt ſich Sünd ohn Maßen;
Denn Gleisners Werk Gott hoch
verdammt, Und jedem Fleiſch der
Sünde Schand Allzeit war an=
geboren.
5. Doch mußt das G'ſetz erfül=
let ſein, Sonſt wär'n wir all ver=
dorben; Drum ſchickt Gott ſeinen
Sohn herein, Der ſelber Menſch iſt
worden; Das ganze G'ſetz hat er
erfüllt, Damit ſein's Vaters Zorn
geſtillt, Der über uns ging alle.
6. Und weil es nun erfüllet iſt
Durch den, der es kann halten,
So lerne jetzt ein frommer Chriſt
Des Glaubens rechte G'ſtalte.
Der ſpricht: „Du lieber Herre
mein, Dein Tod wird mir das
Leben ſein, Du haſt für mich
bezahlet'
7. Daran ich keinen Zweifel
trag, Dein Wort kann nicht be=
trügen. Nun ſagſt du, daß kein
Menſch verzag, Das wirſt du nim=
mer lügen: Wer glaubt an mich
und wird getauft, Dem iſt der
Himmel ſchon erkauft, Daß er
nicht werd verloren.“

8. Gerecht vor Gott ſind die al=
ein, Die dieſes Glaubens leben;
Doch wird des Glaubens heller
Schein Durch Werke kund ſich geben.
Der Glaub iſt wohl mit Gott dar=
an, Du mußt auch lieben jeder=
mann, Biſt du aus Gott geboren.
9. Die Sünd wird durchs Geſetz
erkannt, Schlägt das Gewiſſen nie=
der; Das Evangelium kommt zur
Hand Und ſtärkt den Sünder wie=
der. Es ſpricht: Eil nur zum Kreuz
herzu, Im G'ſetz iſt weder Raſt noch
Ruh Mit allen ſeinen Werken.
10. Die Werke kommen g'wiß=
lich her Aus einem rechten Glau=
ben; Denn das nicht rechter Glau=
be wär, Dem man die Werk wollt
rauben. Doch macht allein der
Glaub gerecht; Die Werke ſind des
Nächſten Knecht, Dran wir den
Glauben merken.
11. Die Hoffnung wart't der
rechten Zeit, Was Gottes Wort
zuſage; Wann das geſchehen ſoll
zur Freud, Setzt Gott kein Ziel
noch Tage. Er weiß wohl, wann's
am beſten iſt, Und braucht an uns
kein arge Liſt; Das ſoll'n wir ihm
vertrauen.
12. Ob ſich's anließ, als wollt er
nicht, Laß es dich nicht erſchrecken;
Denn wo er iſt am beſten mit,
Da will er's nicht entdecken. Sein
Wort laß dir gewiſſer ſein, Und ob
dein Herz ſpräch lauter Nein, So
laß dir doch nicht grauen!
13. Sei Lob und Ehr mit hohem
Preis Um dieſer Gutthat willen
Gott Vater, Sohn und heilgem
Geiſt! Der woll mit Gnad erfüllen,
Was er in uns begonnen hat, Zu
Ehren ſeiner Majeſtät! Geheiligt
ſei ſein Name!
14. Sein Reich zukomm, ſein

Will auf Erd G'scheh, wie im Himmelsthrone! Das täglich Brot noch heut uns werd! Wohl unsrer Schuld verschone, Als wir auch unsern Schuldnern thun! Laß uns nicht in Versuchung nun, Lös uns vom Übel! Amen.

Paul Speratus, geb. 1484, † 1554.

274.

Mel. Vater unser im Himmelreich.

1. So wahr ich le = be, spricht dein Gott, Mir ist nicht lieb des Sün=ders Tod; Vielmehr ist dies mein Wunsch und Will, Daß er von Sün=den hal = te still, Von sei = ner Bos=heit keh = re sich Und le = be mit mir e = wig = lich.

2. Dies Wort bedenk, o Menschenkind, Verzweifle nicht in deiner Sünd; Hier findest du Trost, Heil und Gnad, Die Gott dir zugesaget hat, Und zwar mit einem teuren Eid. O selig, dem die Sünd ist leid!

3. Heut lebst du, heut bekehre dich, Eh morgen kommt, kann's ändern sich; Wer heut ist frisch, gesund und rot, Ist morgen krank, ja wohl gar tot. So du nun stirbest ohne Buß, Dein Seel und Leib dort brennen muß.

4. Hilf, o Herr Jesu, hilf du mir, Daß ich noch heute komm zu dir Und Buße thu den Augenblick, Eh mich der schnelle Tod hinrück, Auf daß ich heut und jederzeit Zu meiner Heimfahrt sei bereit!

Joh. Heermann, geb. 1585, † 1647.

275.

Mel. Valet will ich dir geben.

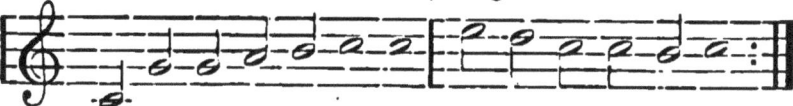

1. Ich bin bei Gott in Gnaden Durch Christi Blut und Tod. Was kann mir endlich schaden? Was acht ich al = le Not?

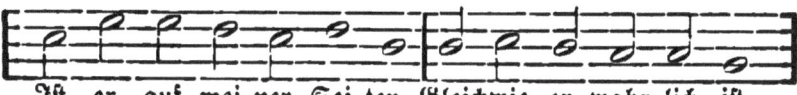

Ist er auf mei=ner Sei=ten, Gleichwie er wahr=lich ist,

16

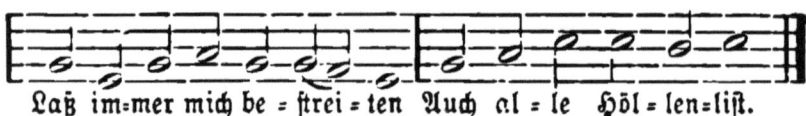

Laß im=mer mich be = ſtrei=ten   Auch al = le Höl = len=liſt.

2. Was wird mich können ſchei=
den Von Gottes Lieb und Treu?
Verfolgung, Armut, Leiden Und
Trübſal mancherlei? Laß Schwert
und Blöße walten, Man mag
durch tauſend Pein Mich für ein
Schlachtſchaf halten: Der Sieg
bleibt dennoch mein.

3. Ich kann um deſſentwillen,
Der mich geliebet hat, Gnug mei=
nen Unmut ſtillen Und faſſen
Troſt und Rat; Denn das iſt mein
Vertrauen, Der Hoffnung bin
ich voll, Die weder Drang noch
Grauen Mir ewig rauben ſoll:

4. Daß weder Tod noch Leben
Und keiner Engel Macht, Wie hoch
ſie möchte ſchweben, Kein Fürſten=
tum, kein Pracht, Nichts deſſen,
was zugegen, Nichts, was die
Zukunft hegt, Nichts, welches
hochgelegen, Nichts, was die Tiefe
trägt,

5. Noch ſonſt, was je erſchaffen,
Von Gottes Liebe mich Soll ſchei=
den oder raffen; Denn dieſe grün=
det ſich Auf Chriſti Tod und Ster=
ben. Ihn fleh ich gläubig an, Der
mich, ſein Kind und Erben, Nicht
laſſen will noch kann.

Simon Dach, geb. 1605, † 1659.

276.

Eigene Melodie.

1. Schwing dich auf zu dei = nem Gott, Du be=trüb=te
    War = um liegſt du Gott zum Spott In der Schwermuts=

See = le!
höh = le?   Mer = keſt du nicht Sa=tans Liſt? Er will

durch ſein Käm = pfen Dei = nen Troſt, den Je = ſus Chriſt

Dir er = wor=ben, däm = pfen.

2. Schüttle deinen Kopf und
ſprich: Fleuch, du alte Schlange!
Was erneuſt du deinen Stich,
Machſt mich angſt und bange? Iſt

ich bin durchs Leiden Meines Hei=
lands dir entrückt In den Saal
der Freuden.

3. Hab ich was nicht recht gethan,
Iſt mir's leid von Herzen; Dahin=

gegen nehm ich an Christi Blut und Schmerzen; Denn das ist das Lösegeld Meiner Missethaten, Damit ist der ganzen Welt Und auch mir geraten.

4. Christi Unschuld ist mein Ruhm, Sein Recht meine Krone, Sein Verdienst mein Eigentum, Da ich frei in wohne Als in einem festen Schloß, Das kein Feind kann fällen, Brächt er gleich davor Geschoß Und Gewalt der Höllen.

5. Stürme, Teufel, Welt und Tod! Was könnt ihr mir schaden? Deckt mich doch in meiner Not Gott mit seiner Gnaden, Der Gott, der mir seinen Sohn Selbst verehrt aus Liebe, Daß der ewge Spott und Hohn Mich nicht dort betrübe.

6. Nun auf diesen heilgen Grund Bau ich mein Gemüte; Sehe, wie der Feind zur Stund Zwar dawider wüte, Gleichwohl muß er lassen stehn, Was Gott aufgerichtet; Aber schändlich muß vergehn, Was er selber dichtet.

7. Ich bin Gottes, Gott ist mein; Wer ist, der uns scheide? Dringt das liebe Kreuz herein Mit dem bittern Leide, Laß es dringen, kommt es doch Von ge=

liebten Händen, Und geschwind zerbricht sein Joch, Wenn es Gott will enden.

8. Kinder, die der Vater soll Ziehn zu allem Guten, Die gedeihen selten wohl Ohne Zucht und Ruten; Bin ich denn nun Gottes Kind, Warum will ich fliehen, Wenn er mich von meiner Sünd Will aufs Gute ziehen?

9. Es ist herzlich gut gemeint Mit der Christen Plagen: Wer im Glauben hier geweint, Darf nicht ewig klagen, Sondern hat vollkommne Lust Einst in Christi Garten, Dem er einig recht bewußt, Endlich zu gewarten.

10. Gottes Kinder säen zwar Traurig und mit Thränen, Aber endlich kommt das Jahr, Wonach sie sich sehnen; Denn es kommt die Erntezeit, Da sie Garben machen; Da wird all ihr Gram und Leid Lauter Freud und Lachen.

11. Ei, so faß, o Christenherz, Alle deine Schmerzen, Wirf sie fröhlich hinterwärts, Laß des Trostes Kerzen Dich entzünden mehr und mehr! Gieb dem großen Namen Deines Gottes Preis und Ehr; Er wird helfen. Amen.

Paul Gerhard, geb. 1606, † 1676.

277.

Eigene Melodie.

1. Wie wohl ist mir, o Freund der Seelen, Wenn ich in Ich stei = ge aus den Schwermutshöhlen Und ei = le

dei = ner Lie = be ruh!
dei = nen Ar = men zu.   Da muß die Nacht des Trau=erns

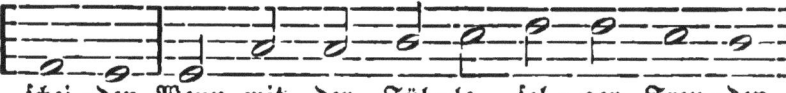

schei = den, Wenn mit der Fül = le sel = ger Freu = den

Die Lie = be strahlt aus dei = ner Brust. Hier ist mein

Him = mel schon auf Er = den. Wer woll = te nicht ver=gnü=

get wer = den, Der in dir su = chet Ruh und Lust?

2. Die Welt mag meine Feindin heißen: Es sei also; ich trau ihr nicht. Wenn sie mir gleich will Lieb erweisen Bei einem freundlichen Gesicht. In dir vergnügt sich meine Seele, Du bist mein Freund, den ich erwähle, Du bleibst mein Freund, wenn Freundschaft weicht. Der Welthaß kann mich doch nicht fällen, Weil in den stärksten Unglückswellen Mir deine Treu den Unter reicht.

3. Will mein Gewissen mich verdammen, Blitzt auf mich des Gesetzes Weh, Drohn mir des Zorns verdiente Flammen: So schau ich gläubig in die Höh Und flieh in deine heilgen Wunden; Da hab ich schon den Ort gefunden, Wo mich kein Fluchstrahl treffen kann. Tritt alles wider mich zusammen, Du bist mein Heil; wer will verdammen? Die Liebe nimmt sich meiner an.

4. Führst du mich in die Kreuzeswüsten, Ich folg und lehne mich auf dich; Du nährest aus den Wolkenbrüsten Und labest aus dem Felsen mich. Ich traue deinen Wunderwegen, Sie enden sich in Lieb und Segen; Genug, wenn ich dich bei mir hab. Ich weiß, wen du willst herrlich zieren Und über Sonn und Sterne führen, Den führest du zuvor hinab.

5. Der Tod mag andern düster scheinen, Mir nicht, weil Seele, Herz und Mut In dir, der du verlässest keinen, In dir, mein Licht und Leben, ruht. Wie sollt ich vor dem Ziel erzittern, Da ich aus Nacht und Ungewittern Eingehe in die Sicherheit? Mein Licht! so will ich denn mit Freuden Aus dieser finstern Wildnis scheiden Zu deiner Ruh der Ewigkeit.

6. Wie ist mir denn, o Freund der Seelen, So wohl, wenn ich mich lehn auf dich! Mich kann Welt, Not und Tod nicht quälen, Weil du, mein Gott, vergnügest mich. Laß solche Ruh in dem Gemüte Nach deiner unumschränkten Güte Des Himmels süßen Vorschmack sein. Weg, Welt, mit allen Schmeicheleien! Nichts kann, als Jesus, mich erfreuen. O reicher Trost: Mein Freund ist mein!

Wolfg. Chr. Deßler, geb. 1660, † 1722.

278.

Mel. Es ist das Heil uns kommen her.

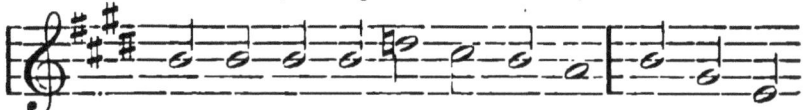

1. Der Glaub ist ei = ne Zu = ver=sicht Zu Got=tes
Der blo = ße Bei=fall thut es nicht, Es muß Herz

Gnad und Gü = te; Durch=aus zu Gott ge=rich=tet sein Und grün=
und Ge = mü = te

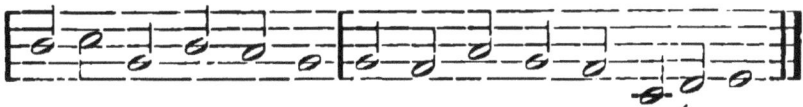

den sich auf ihn al = lein Ohn Wanken und ohn Zwei = fel.

2. Wer sein Herz also stärkt und steift Im völligen Vertrauen Und Jesum Christum recht ergreift, Auf sein Verdienst kann bauen, Der hat des Glaubens rechte Art Und kann zur seligen Heimfahrt Sich schicken ohne Grauen.

3. Das aber ist kein Menschenwerk, Gott muß es uns gewähren; Drum bitt, daß er den Glauben stärk Und in dir woll vermehren. Laß aber auch des Glaubens Schein In guten Werken an dir sein, Sonst ist dein Glaube eitel.

4. Es ist ein schädlich böser Wahn, Des Glaubens sich nur rühmen Und gehen auf der Sünder Bahn, Das Christen nicht kann ziemen. Wer das thut, der soll wissen frei, Daß sein Glaub nur sei Heuchelei Und werd zur Höll ihn bringen.

5. Drum lasse sich ein frommer Christ Mit Ernst sein angelegen, Daß er aufrichtig jeder Frist Sich halt in Gottes Wegen, Daß sein Glaub ohne Heuchelei, Vor Gott dem Herrn rechtschaffen sei Und vor dem Nächsten leuchte.

Ludw. And. Gotter, geb. 1661, † 1735.

279.

Eigene Melodie.

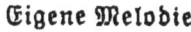

1. Es glänzet der Christen in=wen=di=ges Le=ben, Obgleich sie
Was ihnen der Kö = nig des Himmels ge=ge=ben, Ist keinem,

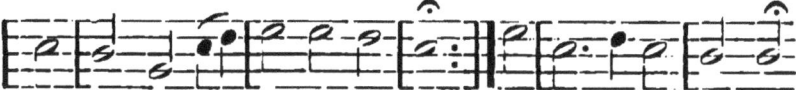

von au = ßen die Sonne verbrannt; Was niemand ver=spü=ret,
als ih = nen nur sel=ber, be = kannt.

Was niemand berühret, Hat ih = re er=leuch=te=ten Sin=ne ge=

zie=ret Und ſie zu der gött=li = chen Wür=de ge = füh=ret.

2. Sie ſcheinen von außen die ärmlichſten Leute, Ein Schauſpiel der Engel, ein Ekel der Welt; Doch innerlich ſind ſie die lieblich= ſten Bräute, Die Zierde und Kro= ne, die Jeſu gefällt, Das Wunder der Zeiten, Die hier ſich bereiten, Den König, der unter den Lilien weidet, Zu küſſen, in heiligem Schmucke gekleidet.

3. Sonſt ſind ſie noch Adams natürliche Kinder Und tragen das Bildniß des Irdiſchen auch; Sie leiden am Fleiſche wie andere Sünder, Sie eſſen und trinken nach nötigem Brauch. In leibli= chen Sachen, Im Schlafen und Wachen, Sieht man ſie vor an= dern nichts Sonderlichs machen, Nur daß ſie die Thorheit der Weltluſt verlachen.

4. Doch innerlich ſind ſie aus göttlichem Stamme, Geboren aus Gott durch ſein mächtiges Wort; Es lodert in ihnen die himmliſche Flamme, Entzündet von oben, genähret von dort. Die Engel ſind Brüder Und freun ſich der Lieder, Die hier von den Lippen der Hei= ligen klingen Und bis in das himmliſche Heiligtum dringen.

5. Sie wandeln auf Erden und leben im Himmel; Sie bleiben ohnmächtig und ſchützen die Welt; Sie ſchmeden den Frieden bei al=

lem Getümmel; Sie kriegen, die Ärmſten, was ihnen gefällt. Sie ſtehen in Leiden Und bleiben in Freuden; Sie ſcheinen ertötet den äußeren Sinnen Und führen das Leben des Glaubens von innen.

6. Wann Chriſtus, ihr Leben, wird offenbar werden, Wann er ſich einſt dar in der Herrlichkeit ſtellt, Dann werden ſie mit ihm als Für= ſten der Erden Auch herrlich erſchei= nen zum Wunder der Welt. Sie werden regieren, Mit ihm trium= phieren, Den Himmel als prächtige Lichter auszieren; Da wird man die Freude gar offenbar ſpüren.

7. Frohlocke, du Erde, und jauch= zet, ihr Hügel, Dieweil ihr ſolch göttlichen Samen geneußt! Denn das iſt des Ewigen göttliches Sie= gel, Zum Zeugnis, daß er euch noch Segen verheißt. Ihr ſollt noch mit ihnen Aufs prächtigſte grünen, Wann einſt ihr verborgenes Leben erſcheinet, Wonach ſich eu'r Seuf= zen mit ihrem vereinet.

8. O Jeſu, verborgenes Leben der Seelen, Du heimliche Zierde der inneren Welt! Laß deinen verborge= nen Weg uns erwählen, Wenngleich uns die Larve des Kreuzes entſtellt. Hier übel genennet Und wenig er= kennet, Hier heimlich mit Chriſto im Vater gelebet, Dort öffentlich mit ihm im Himmel geſchwebet!

Chr. Fr. Richter, geb. 1676, † 1711.

280.

Mel. Alles ist an Gottes Segen.

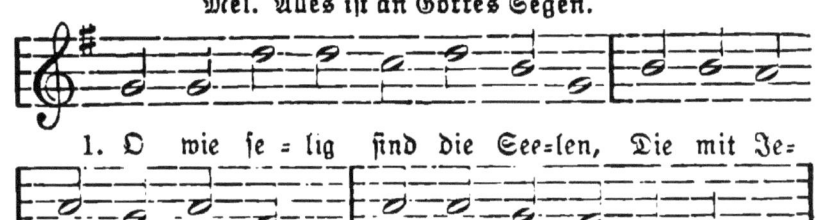

1. O wie se = lig sind die See = len, Die mit Je =

su sich ver = mäh = len, Die sein Lebenshauch durchweht,

Daß ihr Herz mit hei = ßem Trie = be Stünd = lich nur auf

sei = ne Lie = be Und auf sei = ne Nä = he geht!

2. O wer fasset ihre Würde, Die bei dieses Leibes Bürde Im Verborgnen schon sie schmückt! Alle Himmel sind zu wenig Für die Seele, der ihr König Solches Siegel aufgedrückt.

3. Wenn die Seraphim mit Schrecken Sich vor seinem Glanz bedecken, Spiegelt sich sein Angesicht In der Seele, die ihn kennet Und von seiner Liebe brennet, Hier schon mit enthülltem Licht.

4. Nach Jehovahs höchsten Ehren Wird in allen Himmelschören Nichts, das herrlicher, geschaut, Als ein Herz, das er erlesen, Und mit dem das höchste Wesen Sich zu einem Geist vertraut.

5. Drum wer wollte sonst was lieben Und sich nicht beständig üben, Dieses Königs Freund zu sein? Muß man gleich dabei was leiden, Sich von allen Dingen scheiden, Bringt's ein Tag doch wieder ein.

6. Schenke, Herr, auf meine Bitte Mir ein göttliches Gemüte, Einen königlichen Geist, Mich als dir verlobt zu tragen, Allem freudig abzusagen, Was nur Welt und irdisch heißt.

7. So will ich mich selbst nicht achten; Sollte gleich der Leib verschmachten, Bleib ich Jesu doch getreu. Sollt ich keinen Trost erblicken, Will ich mich damit erquicken, Daß ich meines Jesu sei.

8. Ohne Fühlen will ich trauen, Bis die Zeit kommt, ihn zu schauen, Und vorbei die letzte Nacht, da mein Geist zum obern Leben Aus der Tiefe darf entschweben Und nach seinem Bild erwacht.

Chr. Fr. Richter, geb. 1676, † 1711.

281.

Mel. Mein Salomo, dein freundliches Regieren.

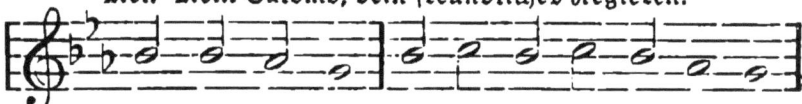

1. Mein Frie = de = fürst! Dein freundliches Re = gie = ren

Stillt al = les Weh, das meinen Geiſt beſchwert. Wenn ſich zu
dir mein blö = des Her = ze kehrt: So läßt ſich bald dein Frie=
dens geiſt ver=ſpü=ren, Dein Gnadenblick zerſchmel=zet mei=nen
Sinn Und nimmt die Furcht und Un=ruh von mir hin.

2. Gewiß, mein Freund Giebt ſolche edle Gaben, Die alle Welt mir nicht verſchaffen kann. Schau an die Welt, ſchau ihren Reichtum an, Er kann ja nicht die müden Seelen laben. Mein Jeſus kann's, er thut's im Überfluß, Wenn alle Welt zurücke ſtehen muß.

3. O ſüßer Freund! Wie wohl iſt dem Gemüte, Das im Geſetz ſich ſo ermüdet hat Und nun zu dir, dem Seelenleben, naht Und ſchmeckt in dir die ſüße Wundergüte, Die alle Angſt, die alle Not verſchlingt Und unſern Geiſt zu ſanfter Ruhe bringt!

4. Je mehr das Herz Sich zu dem Vater kehret, Je mehr es Kraft und Seligkeit genießt, Daß es dabei der Eitelkeit vergißt, Die ſonſt den Geiſt gedämpfet und beſchweret; Je mehr das Herz des Vaters Liebe ſchmeckt, Je mehr wird es zur Heiligkeit erweckt.

5. Der Gnadenquell, Der in die Seele fließet, Der wird in ihr ein Brunn des Lebens ſein, Der in das Meer des Lebens fließt hinein Und Lebensſtröme wieder von ſich gießet. Behält in dir dies Waſſer ſeinen Lauf, So geht in dir die Frucht des Geiſtes auf.

6. Wenn ſo in mir Sich deine Klarheit ſpiegelt Und deines Angeſichtes milder Schein: Dann wird das neue Leben recht gedeihn, Der Weisheit Tiefen werden mir entſiegelt, Es wird mein Herz in Gottes Bild verklärt, Und alle Kraft der Sünde abgewehrt.

7. Was dem Geſetz Unmöglich war zu geben, Das bringt nun deine Gnade ſelbſt herfür: Sie wirket Luſt zur Heiligkeit in mir Und ändert nach und nach mein ganzes Leben, Indem ſie mich aus Kraft in Kräfte führt Und mit Geduld und Langmut mich regiert.

8. Es müſſe doch Mein Herz nur Chriſtum ſchauen! Beſuche mich, du Aufgang aus der Höh, Daß ich das Licht in deinem Lichte ſeh Und könne ganz auf deine Gnade bauen! Kein Fehler ſei ſo groß und ſchwer in mir, Der mir die Thür verſchlöſſe, Herr, zu dir!

9. Wenn meine Schuld Vor dir mich niederſchläget Und deinen Geiſt der Kindſchaft in mir dämpft; Wenn das Geſetz mit meinem Glauben kämpft Und lauter Angſt und blöde Furcht erreget: So laß mich doch dein treues Herz noch ſehn Und neue Kraft und Zuverſicht erflehn.

10. So ruh ich nun, Mein Heil, in deinen Armen; Du selbst sollst mir mein ewger Friede sein! Ich hülle mich in deine Gnade ein, Mein Element ist einzig dein Erbarmen; Und weil du selbst mir Ein und Alles bist, So ist's genug, wenn dich mein Herz genießt.

Chr. Fr. Richter, geb. 1676, † 1711.

282.

Mel. O daß ich tausend Zungen hätte.

1. Ich ha = be nun den Grund ge=fun=den, Der mei=nen
   Wo anders, als in Je = su Wun=den, Da lag er

An=ker e = wig hält; Der Grund, der un = be=weg = lich steht,
vor der Zeit der Welt,

Wenn Erd und Him = mel un = ter = geht.

2. Es ist das ewige Erbarmen, Das alles Denken übersteigt; Es sind die offnen Liebesarme Des, der sich zu den Sündern neigt, Dem allemal das Herze bricht, Wir kommen oder kommen nicht.

3. Wir sollen nicht verloren werden, Gott will, uns soll geholfen sein; Deswegen kam sein Sohn auf Erden Und nahm hernach den Himmel ein, Deswegen klopft er für und für So start an unsers Herzens Thür.

4. O Abgrund, welcher alle Sünden Durch Christi Tod verschlungen hat! Das heißt die Wunde recht verbinden; Da findet kein Verdammen statt, Weil Christi Blut beständig schreit: Barmherzigkeit, Barmherzigkeit!

5. Darein will ich mich gläubig senken, Dem will ich mich getrost vertraun Und, wenn mich meine Sünden kränken, Nur bald nach Gottes Herze schaun; Da findet sich zu aller Zeit Unendliche Barmherzigkeit.

6. Wird alles andre weggerissen, Was Leib und Seel erquicken kann; Darf ich von keinem Troste wissen Und scheine völlig ausgethan, Ist die Errettung noch so weit: Mir bleibet doch Barmherzigkeit.

7. Beginnt das Irdische zu drüften, Und häuft sich Kummer und Verdruß, Daß ich mich noch in vielen Stücken Mit eitlen Dingen mühen muß, Werd ich dadurch oft sehr zerstreut: So hoff ich doch Barmherzigkeit.

8. Muß ich an meinen besten Werken, Darinnen ich gewandelt bin, Viel Unvollkommenheit bemerken: So fällt wohl alles Rühmen hin. Doch ist auch dieser Trost bereit: Ich hoffe auf Barmherzigkeit.

9. Es gehe mir nach deſſen Willen, Bei dem ſo viel Erbarmen iſt; Er wolle ſelbſt mein Herze ſtillen, Damit es dies nur nicht vergißt! So ſtehet es in Lieb und Leid In, durch und auf Barmherzigkeit.

10. Bei dieſem Grunde will ich bleiben, Solange mich die Erde trägt. Das will ich denken, thun und treiben, Solange ſich ein Glied bewegt. So ſing ich einſt auch nach der Zeit: O Abgrund der Barmherzigkeit!

Joh. And. Rothe, geb. 1688, † 1758.

283.

Mel. Wer nur den lieben Gott läßt walten.

1. Ich weiß von kei = nem an=dern Grunde, Als den der
Ich weiß von kei = nem an=dern Bun=de, Von kei = nem

Glaub in Chriſ=to hat.　Als daß man e = lend, arm
an=dern Weg und Rat,

und bloß Sich legt in ſei = nes Va = ters Schoß.

2. Ich bin zu meinem Heiland kommen Und eil ihm immer beſſer zu: Ich bin auch von ihm aufgenommen Und finde bei ihm wahre Ruh; Er iſt mein Kleinod und mein Teil, Und außer ihm weiß ich kein Heil.

3. Ich bleib in Chriſto nun erfunden Und bin in ihm gerecht und rein. Bleib ich mit ihm nur ſtets verbunden, So kann ich immer ſicher ſein; Gott ſieht auch mich in Chriſto an; Wer iſt's, der mich verdammen kann?

4. Ich fühle noch in mir die Sünde, Doch ſchaden kann ſie mir nicht mehr, Weil ich in Chriſto mich befinde; Wohl aber beuget ſie mich ſehr. Ich halte nichts gering und klein, Sonſt dringt ein ſichres Weſen ein.

5. Ich kämpfe gegen mein Verderben Im Glauben und in Chriſti Kraft; Der alte Menſch muß täglich ſterben, Der noch nicht tot am Kreuze haft't; Dies aber macht mich rein und klein Und lehrt zu Jeſu ernſtlich ſchrein.

6. Ich ſuche ſtets vor ihm zu ſtehen Und ſeh in allem ihn nur an, Nach ſeinem Wink einherzugehen, Daß nichts mein Ziel verrücken kann; Ich ſeufze ſtets: Herr, ſteh mir bei, Daß ich dein rechter Jünger ſei!

7. Und da ich ſo in Chriſto bleibe, Stets vor ihm wandelnd auf ihn ſeh, Das Wort des Friedens fröhlich treibe Und unabläſſig zu ihm fleh: So bleib ich ſtets im Grunde ſtehn; Da kann mein Wachstum vor ſich gehn.

8. Ich bleib im tiefſten Demutsgrunde Und will von Chriſto nim-

mer gehn; Ich bleib im allge= meinen Bunde, In allgemeiner Liebe stehn Und hang an Christo ganz allein; Dies soll mein Grund auf ewig sein.

9. O Jesu, laß mich in dir blei= ben; O Jesu, bleibe du in mir! Laß deinen guten Geist mich trei= ben, Daß ich im Glauben folge dir; Laß mich stets fromm und wachsam sein: So reißet nichts den Grund mir ein.

C. H. v. Bogatzky, geb. 1690, † 1774.

284.

Mel. Mein Freund zerschmilzt aus Lieb in seinem Blute.

1. Wie herrlich ist's, ein Schäflein Christi wer=den Und in Kein höhrer Stand ist auf der gan=zen Er=den, Als un=

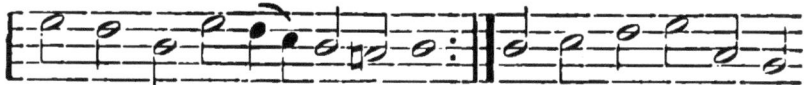

der Huld des treu=sten Hirten stehn!
ver=rückt dem Hei=land nach=zugehn. Was al = le Welt nicht ge=

ben kann, Das trifft ein solches Schaf Bei sei=nem Hir = ten an.

2. Hier findet es die angenehm= sten Auen, Hier wird ihm stets ein frischer Quell entdeckt; Kein Auge kann die Gnade überschauen, Die es allhier in reicher Fülle schmeckt; Hier wird ein Leben mitgeteilt, Das unaufhörlich ist Und nie vorübereilt.

3. Wie läßt sich's da so froh und ruhig sterben, Wenn hier das Schaf im Schoß des Hirten liegt! Es darf sich nicht vor Höll und Tod entfärben, Sein treuer Hirt hat Höll und Tod besiegt. Büßt gleich der Leib die Regung ein, So wird die Seele doch Kein Raub des Moders sein.

4. Das Schäflein bleibt in sei= nes Hirten Händen, Wenngleich vor Zorn der ganze Abgrund schnaubt; Es wird es ihm kein wilder Wolf entwenden, Weil der allmächtig ist, an den es glaubt. Es kommt nicht um in Ewigkeit Und wird im Todesthal Von Furcht und Fall befreit.

5. Wer leben will und gute Tage sehen, Der mache sich zu dieses Hir= ten Stab! Hier wird sein Fuß auf süßer Weide gehen, Da ihm die Welt vorhin nur Träber gab; Hier wird nichts Gutes je vermißt, Tie= weil der Hirt ein Herr Der Schätze Gottes ist.

6. Doch dies ist nur der Vor= schmack größrer Freuden, Es folget noch die lange Ewigkeit; Da wird das Lamm die Seinen herrlich wei= den, Wo der kristallne Strom das Wasser beut. Da siehet man erst klar und frei, Wie schön und aus= erwählt Ein Schäflein Jesu sei.

Joh. Jac. Rambach), geb. 1693, † 1735.

285.

Mel. Nun ruhen alle Wälder.

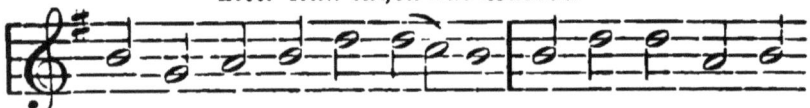

1. Die Sün=den ſind ver = ge = ben! Das iſt ein Wort zum

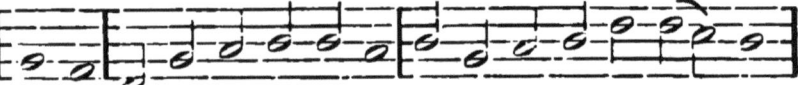

Le=ben Für den gequälten Geiſt; Sie ſind's in Jeſu Na = men,

In dem iſt Ja und Amen, Was Gott uns Sündern je verheißt.

2. Das iſt auch mir geſchrieben, Auch ich bin von den Lieben, Weil Gott die Welt geliebt; Auch ich kann für die Sünden Bei Gott noch Gnade finden; Ich glaube, daß er mir vergiebt.

3. Mein Hauptgeſuch auf Erden Soll die Vergebung werden, So wird mein Tod nicht ſchwer. O, in den Sünden ſterben Iſt ewiges Verderben, Denn Gott vergiebt Dort keine mehr.

4. Hier iſt die Zeit der Gna= den, Der Angſt ſich zu entladen, Auf Gottes Wort zu ruhn, Die Seele zu erretten, Zu glauben und zu beten, Und das in Jeſu Namen thun.

5. Ach Gott! laß meiner Seelen Es an dem Troſt nicht fehlen, Daß du die Schuld vergiebſt; Wenn ich mich betend beuge, So ſei dein Geiſt mein Zeuge, Daß du dein Kind in Chriſto liebſt.

6. Wenn ich von hinnen ſcheide, So mach mir das zur Freude, Daß ich begnadigt bin. Im Glau= ben der Vergebung, In Hoffnung der Belebung Geh ich alsdann im Frieden hin.

Ph. Fr. Hiller, geb. 1699, † 1769.

286.

Mel. O daß ich tauſend Zungen hätte.

1. Mir iſt Er=barmung wi = der=fah=ren, Er = bar=mung, Das zähl ich zu dem Wun=der=ba=ren, Mein ſtol = zes

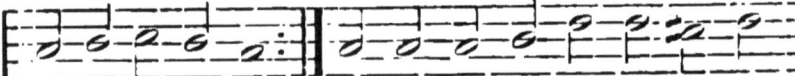

de = ren ich nicht wert:
Herz hat's nie be=gehrt. Nun weiß ich das und bin er = freut

Und rüh = me die Barm = her = zig = keit.

2. Ich hatte Gottes Zorn ver=
dienet Und soll bei Gott in Gna=
den sein; Er hat mich mit sich selbst
versühnet, Macht durch das Blut
des Sohns mich rein. Warum?
Ich war ja Gottes Feind. Er=
barmung hat's so treu gemeint!
3. Das muß ich dir, mein Gott,
bekennen, Das rühm ich, wenn
ein Mensch mich fragt; Ich kann
es nur Erbarmung nennen, So
ist mein ganzes Herz gesagt. Ich
beuge mich und bin erfreut Und
rühme die Barmherzigkeit.

4. Dies laß ich kein Geschöpf mir
rauben, Dies soll mein einzig Rüh=
men sein; Auf dies Erbarmen will
ich glauben, Auf dieses bet ich auch
allein, Auf dieses duld ich in der
Not, Auf dieses hoff ich noch im
Tod.
5. Gott, der du reich bist an Er=
barmen, Nimm dein Erbarmen
nicht von mir, Und führ einst durch
den Tod mich Armen Durch mei=
nes Heilands Tod zu dir! Da bin
ich ewig hocherfreut Und rühme die
Barmherzigkeit.

Ph. Fr. Hiller, geb. 1699, † 1769.

287.

Mel. Wer nur den lieben Gott läßt walten.

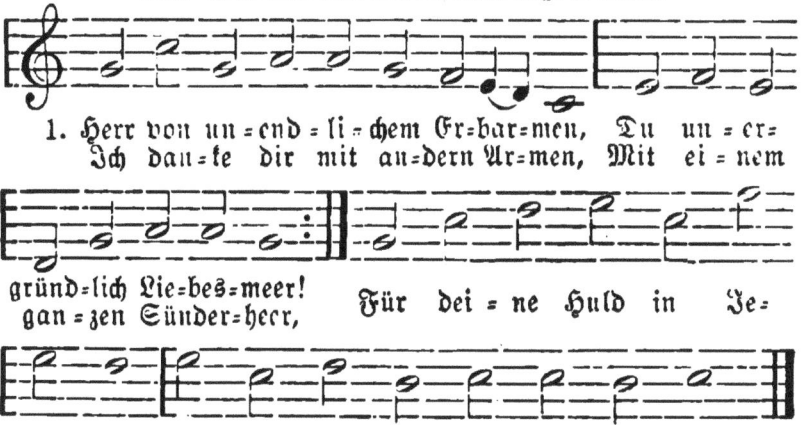

1. Herr von un = end = li = chem Er=bar=men, Du un = er=
Ich dan=ke dir mit an=dern Ar=men, Mit ei = nem

gründ=lich Lie=bes=meer!
gan = zen Sünder=heer,

Für dei = ne Huld in Je=

su Christ, Die vor der Welt ge = we = sen ist.

2. Für dein so allgemein Er=
lösen, Für die Bezahlung aller
Schuld, Für deinen Ruf an alle
Bösen Und für das Wort von
deiner Huld, Ja, für die Kraft
in deinem Wort Dankt dir mein
Herze hier und dort.
3. Für deinen heilgen Geist der
Liebe, Der Glauben wirkt in un=

serm Geist, Weil doch des Glau=
bens Kraft und Triebe Ein Werk
der Allmacht Gottes heißt, Für die
Befestigung darin Dankt dir mein
neu geschaffner Sinn;
4. Für dein so tröstliches Ver=
sprechen, Daß deine Gnade ewig sei;
Wenn Berge bersten, Hügel brechen,
So bleibt dein Bund und deine

Treu; Wenn Erd und Himmel weicht und fällt, So lebt doch Gott, der Glauben hält.

5. Für deine teuren Sakra=mente, Die Siegel deiner wahren Schrift, Wo Gott, damit ich glau=ben könnte, Ein Denkmal seiner Wunder ſtift't: Für dieſe Gnaden in der Zeit Dankt dir mein Herz in Ewigkeit.

6. Ja, Mund und Herze soll dir danken; Doch bittet auch mein Herz und Mund: Laß weder Mund noch Herze wanken, Und gründe mich auf dieſen Grund. Erhalte nur durch deine Treu Mich bis ans Ende auch dabei.

7. Und fechten Satan, Welt und Lüſte Mich in dem böſen Stünd=lein an, Gieb, daß ich mit dem Schild mich rüſte, Der ihre Pfeile löschen kann. Doch weil ich schwach, so lasse du Kein allzuſtark Ver=suchen zu.

8. Laß mir dein allgemein Er=barmen, Das allgemeine Löſegeld, Den allgemeinen Ruf der Armen, Den allgemeinen Troſt der Welt, Die Mittel, welche allgemein, Zum feſten Grund des Glaubens ſein.

9. Du gabſt ja mir auch solche Gnaden, Auch ich, ich habe teil daran; Ich lag ja mit in gleichem Schaden, Für mich iſt auch genug gethan; An deinen Worten, Troſt und Heil Gehört mir mein beſon=dres Teil.

10. Laß mich in Liebe heilig le=ben, Unſträflich dir zum Lobe ſein; Verſichere mein Herz daneben; Es reiße weder Luſt noch Pein Mich von der Liebe Gottes hin, Weil ich in Jeſu Chriſto bin.

11. Tod, Leben, Trübſal, Angſt und Leiden, Was Welt und Hölle in ſich ſchließt, Nichts ſoll mich von der Liebe ſcheiden, Die da in Chriſto Jeſu iſt. Ja, Amen! Vater aller Treu, Zähl mich den Auserwähl=ten bei!

Ph. Fr. Hiller, geb. 1699, † 1769.

288.

Mel. Valet will ich dir geben.

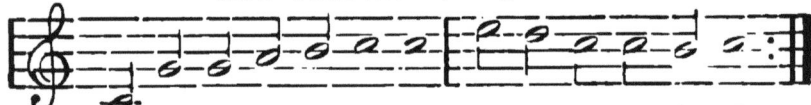

1. Vor Je=ſu Augen schweben, Iſt wah=re Se=lig=keit,
Iſt ew=ges Licht und Le=ben Schon in der Er=den=zeit.

Nichts kön=nen und nichts wiſ=ſen, Nichts wol=len und nichts thun,

Als Je=ſu fol=gen müſ=ſen, Das heißt im Frie=den ruhn.

2. Man ſteht von seinem Schlafe In Chriſti Freundſchaft auf; Man fürchtet keine Strafe Im ganzen Tageslauf; Man ißt und trinkt in Liebe Und hungerte wohl auch Und hält im Gnadentriebe Beſtän=dig einen Brauch. 3. Wenn dann der Tag vollen=

det, So legt man sich zur Ruh; Von Christo unverwendet, Thut man die Augen zu Und wün= schet auch den Träumen, Wenn's ja geträumt soll sein, Nichts an= dres einzuräumen, Als Christi Wiederschein.

4. Man geht in stiller Fassung Dahin bei Tag und Nacht Und ist auf die Verlassung Der gan= zen Welt bedacht. Man wirket,

spricht und höret Und zielt auf eins nur hin, Und auch kein Schmerz verstöret Den unverwandten Sinn.

5. Gewiß, wer erst die Sünde In Christi Blut ertränkt Und dann, gleich einem Kinde, Am Sünderfreunde hängt, Der wird auch heilig handeln Und kann dann anders nicht. Herr Jesu! lehr uns wandeln In deiner Au= gen Licht.

Nic. L. v. Zinzendorf, geb. 1700, † 1760.

289.

Mel. Herr Jesu Christ, dich zu uns wend.

1. Chri = sti Blut und Ge = rech = tig = keit, Das ist mein Schmuck und Eh = ren = kleid; Da = mit will ich vor Gott be = stehn, Wann ich zum Him = mel werd ein = gehn.

2. Ich glaub an Jesum, welcher spricht: Wer glaubt, der kommt nicht ins Gericht. Gottlob, ich bin schon absolviert, Und meine Schuld ist abgeführt.

3. Das heilige, unschuldge Lamm, Das an dem rauhen Kreuzesstamm Für meine Sünd gestorben ist, Erkenn ich für den Herrn und Christ.

4. Ich glaube, daß sein teures Blut Genug für alle Sünden thut, Und daß es Gottes Schätze füllt Und ewig in dem Himmel gilt.

5. Drum soll auch dieses Blut allein Mein Trost und meine Hoff= nung sein; Ich bau im Leben und im Tod Allein auf Jesu Wun= den rot.

6. Solang ich noch hienieden bin, So ist und bleibet das mein Sinn: Ich will die Gnad in Je= su Blut Bezeugen mit getrostem Mut.

7. Gelobet seist du, Jesu Christ, Daß du ein Mensch geboren bist Und hast für mich und alle Welt Bezahlt ein ewges Lösegeld!

Nic. L. v. Zinzendorf, geb. 1700, † 1760.

290.

Mel. Wer nur den lieben Gott läßt walten.

1. Ich bin im Him=mel an = ge=ſchrie=ben; Ich bin ein
Was kann die Sün = de mich be = trü=ben Und al = les

Kind der Se = lig=keit.
Lei = den die = ſer Zeit?   Ich weiß, daß ich von An=

be = ginn In Chriſ = to aus = er = wäh = let bin.

2. Das Lamm hat mich mit
ſeinem Blute Gezeichnet in des
Lebens Buch Und mir erlanget
alles Gute, Erlöſung von dem
Tod und Fluch. Was iſt's doch,
was mein Herze quält? Ich bin
zum Himmel auserwählt.

3. Obgleich im ſchwarzen Buch
der Sünden Viel Stunden aufge=
ſchrieben ſtehn, Läßt Jeſus mich
doch Gnade finden Und läßt das
Lebensbuch mich ſehn; Da ſchau
ich meine Gnadenwahl Und ſteh
in ſeiner Kinder Zahl.

4. Auf Jeſum will ich fröhlich
ſterben; Ich will des Glaubens
Hochzeitskleid Nur in des Lammes
Blute färben, So geh ich ein zur
Seligkeit Und zu dem großen
Abendmahl. O freudenvolle Gna=
denwahl!

5. Kein Teufel ſoll den Troſt mir
rauben, Daß ich erwählt von An=
beginn, Daß ich aus Gnaden durch
den Glauben An Chriſti Blut er=
löſet bin. So leb ich denn und
ſterbe drauf, Auf Chriſtum ſchließ
ich meinen Lauf.

J. E. Wenigk, geb. 1701, † 1745.

291.

Mel. Wer nur den lieben Gott läßt walten.

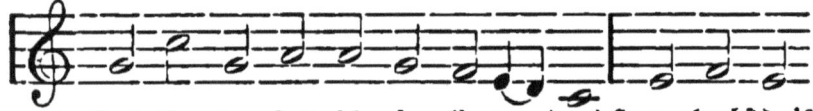

1. Aus Gna=den ſoll ich ſe = lig wer=den! Herz, glaubſt du's,
Was willſt du dich ſo blöd ge=bär=den? Iſt's Wahr=heit,

o = der glaubſt du's nicht?
was die Schrift ver=ſpricht,   So muß auch die = ſes Wahr=

heit sein: Aus Gna = den ist der Him = mel mein!

2. Aus Gnaden! hier gilt kein Verdienen, Die eignen Werke fallen hin. Der Mittler, der im Fleisch erschienen, Hat diese Ehre zum Gewinn, Daß uns sein Tod das Heil gebracht Und uns aus Gnaden selig macht.

3. Aus Gnaden! merk dies Wort: Aus Gnaden! So hart dich deine Sünde plagt, So schwer du immer bist beladen, So schwer dein Herz dich auch verklagt: Was die Vernunft nicht fassen kann, Das beut dir Gott aus Gnaden an.

4. Aus Gnaden kam sein Sohn auf Erden Und übernahm die Sündenlast. Was nötigt ihn, dein Freund zu werden? Sprich, wes du dich zu rühmen hast? Gab er sich nicht zum Opfer dar Und nahm dein Heil in Gnaden wahr?

5. Aus Gnaden! dieser Grund wird bleiben, Solange Gott wahr= haftig heißt. Was alle Knechte Jesu schreiben, Was Gott in sei= nem Worte preist, Worauf all unser Glaube ruht, Ist: Gnade durch des Lammes Blut.

6. Aus Gnaden! doch, du sichrer Sünder, Denk nicht: Wohlan, ich greise zu! Wahr ist's, Gott ruft verlorne Kinder Aus Gnaden zur verheißnen Ruh; Doch nimmt er nicht zu Gnaden an, Wer noch auf Gnade sündgen kann.

7. Aus Gnaden! wer dies Wort gehöret, Tret ab von aller Heuche= lei! Nur wenn der Sünder sich be= kehret, Dann lernt er erst, was Gnade sei; Beim Sündethun scheint sie gering, Dem Glauben ist's ein Wunderding.

8. Aus Gnaden bleibt dem blö= den Herzen Das Herz des Vaters aufgethan, Wenn's unter Angst und heißen Schmerzen Nichts sieht und nichts mehr hoffen kann. Wo nähm ich oftmals Stärkung her, Wenn Gnade nicht mein Anker wär?

9. Aus Gnaden! dies hör, Sünd und Teufel! Ich schwinge meine Glaubensfahn Und geh getrost trotz allem Zweifel Durchs rote Meer nach Kanaan. Ich glaub, was Jesu Wort verspricht, Ich fühl es, oder fühl es nicht.

Chr. Ludw. Scheidt, geb. 1709, † 1761.

292.

Mel. Wie schön leucht't uns der Morgenstern.

1. Wie groß ist un = sre Se = lig = keit, O Gott, Wenn un = ser Herz sich dir er = giebt Und Je=

schon in der Prüfungszeit, Selbst un=ter viel Be=schwerden, sum, sei=nen Heiland, liebt! Noch größer wird sie wer=den:

17

Je = nen Thrä = nen, Je = nen Pla = gen, Die wir tra = gen,

Bis wir ſchei = den, Fol = gen einſt des Himmels Freuden.

2. O wie erhaben iſt das Recht, Das du uns giebſt, Gott, dein Geſchlecht Und Bundesvolk zu heißen! Bei dir iſt unſer Vaterland; Und wer will deiner ſtarken Hand, Allmächtger, uns entreißen? Wenn wir Gleich hier Müſſen ſtreiten Und zuzeiten Schwach uns finden, Hilfſt du uns doch überwinden.

3. Du deckſt unſre Schulden zu, Schenkſt unſern Seelen wahre Ruh Und ſtärkeſt uns mit Freude. Dein Sohn iſt unſer Haupt und Ruhm. Wir ſein erkauftes Eigentum Und Schafe ſeiner Weide. Gutes Mutes Sind auf Erden In Beſchwerden Unſre Seelen: Herr! was kann bei dir uns fehlen?

4. Zwar während unſrer Lebenszeit Bleibt wahrer Chriſten Herrlichkeit Verborgen hier auf Erden; Doch wird ſie einſt vor aller Welt, Wann Jeſus ſein Gerichte hält, Geoffenbaret werden. Alsdann Sieht man Ihn mit Kronen Uns belohnen Und mit Ehren Für ſein treues Volk erklären.

5. Wie groß iſt dann der Chriſten Glück, Gott, wenn ſie mit verklärtem Blick Dein Antlitz ewig ſehen! Gieb, daß es uns vor Augen ſei, Damit wir, Herr, dir ewig treu, Im Glauben feſt beſtehen. Amen, Amen! Ewigs Leben Wirſt du geben Deinen Lieben, Welche hier getreu geblieben.

Joh. Euſeb. Schmidt, geb. 1670, † 1745.

293.

Mel. Wie groß iſt des Allmächtgen Güte.

1. Ver = laß mich nicht, bis ich er = kal = te! Er = leuch = te Stärk mich, daß ich dich gläu = big hal = te, O Herr, du

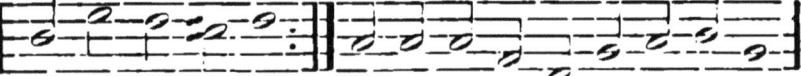

mich, mein Le = bens = licht! mei = ne Zu = ver = ſicht! Führ mich in mei = nen Prüfungsjahren

Den Weg, den ich nicht fin = den kann! Ich bin, wie mei =

ne Vä = ter wa = ren, Dein Bür = ger und Dein Wandersmann.

2. Erhör mich, wann ich zu dir
schreie, Gieb meiner Seele große
Kraft; Umgürte mich nach deiner
Treue Mit Waffen deiner Ritter=
schaft. Und wenn, gleich Löwen
nach dem Raube, Der Feind nach
meiner Seele brüllt: Dann sei
dein Wort, dein Geist, dein
Glaube Mein Schwert, mein Har=
nisch, Helm und Schild.

3. Ich suche dich, laß mich dich
finden! Laut seufzt mein durstig
Herz nach dir. Verbirg im Auf=
ruhr meiner Sünden Dein gnä=
dig Antlitz nicht vor mir. Was
willst du mit dem Staube rechten?
Du kennst mein sündiges Ge=
schlecht; Prüfst du, so ist von dei=
nen Knechten Kein einziger vor
dir gerecht.

4. Sollt ich vor deinem Fluche
beben? Mich tröstet er nicht, denn ich
bin rein; Mein Heiland starb, so
muß ich leben; Er überwand, der
Sieg ist mein. Was schaden mir
der Hölle Flammen? Ich erbe
meines Vaters Gut; Ich bin sein
Kind. Wer will verdammen? Ich
bin versöhnt durch Christi Blut.

5. O komm, du Blut des Men=
schensohnes. Mit aller deiner Se=
ligkeit! Gieb mir zur Rechten dei=
nes Thrones Das Erbe deiner

Herrlichkeit. Ich mag sie nicht, die
Erdenkronen, Sie sind für meinen
Wunsch zu klein. Weg, Staub! ich
soll bei Jesu wohnen, Ich soll wie
er unsterblich sein.

6. Zum selgen Anschaun Gottes
kommen, Den großen Bundesfür=
sten sehn, Mit Gottes Heer, mit
tausend Frommen Durch alle Him=
mel ihn erhöhn; Ohn Thränen,
Furcht, Gefahr und Leiden Mehr
Glück genießen, als ich weiß: Das,
Herr, sind deines Reiches Freuden
Und nach vollbrachtem Kampf der
Preis.

7. So gieb denn Glauben dei=
nem Streiter, Der durch die Liebe
thätig sei. Mach mich getrost, in
Hoffnung heiter, Demütig, keusch,
versöhnlich, treu, Gutthätig, weich
bei fremden Schmerzen, Heiß im
Gebet und still im Spott. Zum Tode
reif, voll Ruh im Herzen, Arm vor
der Welt und reich in Gott.

8. Und wird nun bald der Tag
erscheinen, Der Tag des Kampfes
und der Ruh: Dann lächle mir,
wenn Freunde weinen, Die Freude
jenes Lebens zu; Dann sei mein
Ende, wie dein Ende: Dann
schmück sich meine Seele schön, Um
im Triumph durch deine Hände Zu
deinen Wonnen einzugehn!

A. G. L. Hering, † 1770.

294.

Mel. Wie schön leucht't uns der Morgenstern

1. Wo ist ein sol = cher Gott, wie du? Du schaffst
Ein Ab=grund der Barm=her = zig = keit Verschlingt

den Mü=den sü = ße Ruh, Ruh, die nicht zu er=grün=den.
ein Meer von Her = ze = leid; Du, Herr, vergiebst die Sün=den.

Je = su, Ja, du Läßt dich wür = gen Als den Bür=gen,

Al = ler Sün=den Mich auf e = wig zu ent=bin=den.

2. Herr, unsere Gerechtigkeit!
Wie hoch wird dessen Geist erfreut,
Der dich im Glauben kennet! Du
bist sein Schmuck, die Gottespracht,
Die ihn vollkommen schöne macht,
Die ihm das Herz entbrennet.
Laß mich Ewig, Himmelssonne,
Seelenwonne, Dich genießen Und
in deinem Lob zerfließen!

3. Holdseliger süßer Friedefürst!
Wie hat dich nach dem Heil ge=
dürst't Der abgewichnen Kinder!
Du stellest dich als Mittler dar,
Verbindest, was getrennet war,
Gott und verlorne Sünder.
Freude! Beide Werden eines;
Ungemeines Werk der Güte! Je=
su, du bist unser Friede!

4. O süßes Lamm! dein treuer
Sinn Nimmt Schuld und Strafe
von mir hin; Sie liegt auf deinem
Rücken. Du blutest an des Kreu=
zes Pfahl, Da muß dich unerhörte
Qual Nach Leib und Seele drücken.
Diese Süße Flut der Gnaden Heilt
den Schaden; Durch die Wunden
Hab ich Heil und Frieden funden.

5. Mitleidender Immanuel! Es
ist mein Leben, Leib und Seel Voll
Mängel und Gebrechen; Doch ist
dein Herz auch voller Gnad, Willst
weder Sünd noch Missethat Am
armen Staube rächen. Deine
Reine Mutterliebe Fühlt die
Triebe, Hier im Leben Täglich
reichlich zu vergeben.

6. Die Gnade führt das Regi=
ment, Sie macht der Sklaverei ein
End, Besiegt Gesetz und Sünden.
Drum, willst du frei und fröhlich
sein, Laß Jesum und die Gnade
ein, So kannst du überwinden.
Seelen = Qualen, Sündenkräfte,
Nachtgeschäfte Und dergleichen Muß
der starken Gnade weichen.

7. Gieb, Jesu, Blut und Wasser
her, Und nimm dadurch je mehr
und mehr Die Schlacken recht her=
unter! Du hast mich dir, Imma=
nuel, Gar teur erkauft mit Leib
und Seel Zum Preise deiner Wun=
der. Kleiner, Reiner Muß ich wer=
den Noch auf Erden, Bis ich droben
Dich kann ohne Sünde loben.

J. Ludw. C. Allendorf, geb. 1693, † 1774.

295.

Mel. Nun bitten wir den heiligen Geist.

1. Ach, mein Jesu! dein Na = he=sein Bringt großen Frie=den

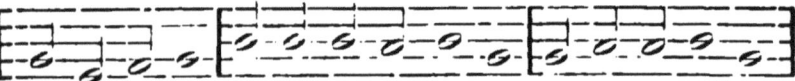

ins Herz hinein, Und dein Gnaden=anblick Macht uns so se = lig,

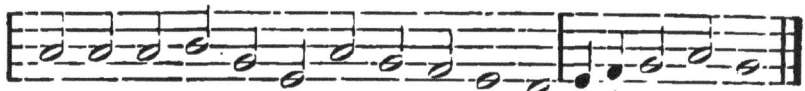

Daß Leib und See=le stets dar = ü=ber fröh=lich und dankbar wird.

2. Wir schaun dein freundlich Angesicht Voll Huld und Gnade zwar leiblich nicht; Aber unsre Seele kann dich gewahren, Und du kannst fühlbar dich ihr offen= baren, Auch ungesehn.

3. O wer nur immer, Tag und Nacht, Dein sich zu freuen recht wär bedacht! Der hätte ohn Ende Von Glück zu sagen, Und seine Seele müßt immer nur fragen: Wer ist wie du?

4. Barmherzig, gnädig, g'dul= dig sein, Uns täglich reichlich die Schuld verzeihn, Heilen, stillen, trösten, Erfreun und segnen Und unsren Seelen als Freund stets begegnen: Ist deine Lust.

5. Ach, gieb an deinem teuren Heil Uns alle Tage vollkommnern Teil; Und laß unsre Seele Sich immer schicken, Aus Not und Liebe nach dir nur zu blicken Ohn Un= terlaß.

6. Und wenn wir weinen, tröst uns bald Mit deiner Leidens= und Siegsgestalt; Laß dein Bild uns immer Vor Augen schweben, Daß an uns allen dein göttliches Leben Zu sehen sei.

7. Laß frohes Wesen, Kindlichkeit Uns immer schmücken in Freud und Leid. Muß man gleich die Wangen Noch manchmal netzen, Wenn nur an dir sich unser Herz ergötzen Und stillen kann.

8. Du reichst uns die durchgrabne Hand, Hast so viel Treue an uns gewandt, Daß wir alle Tage Be= schämt da stehen, Und oft unser Auge muß übergehen Vor Lob und Dank.

Chr. Gregor, geb. 1723, † 1801.

296.

Mel. O Ewigkeit, du Donnerwort.

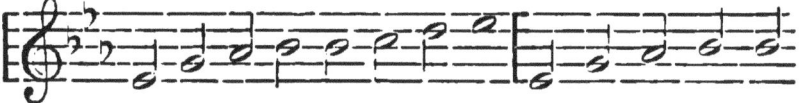

1. Mein Glaub ist meines Lebens Ruh Und führt mich dei=nem
Ach, gieb mir, Herr, Beständigkeit, Daß die = sen Trost der

Him = mel zu, O du, an den ich glau=be!
Sterblich=keit Nichts mei=ner See = le rau =be! Tief präg es

mei=nem Her=zen ein, Welch Glück es ist, ein Christ zu sein.

2. Du hast dem sterblichen Ge= schlecht Zur selgen Ewigkeit ein Recht Durch deinen Tod erworben. Zum Staube kehrt zurück der Staub, Der Geist wird nicht des Todes Raub, Du bist für mich ge= storben. Mir, der ich dein Erlöser bin, Ist dieses Leibes Tod Gewinn.

3. Ich bin erlöst, ich bin ein
Christ, Und mein beruhigt Herz
vergißt Der Schmerzen dieses Lebens. Ich dulde, was ich dulden
soll, Und bin des hohen Trostes
voll, Ich leide nicht vergebens.
Gott selber mißt mein Teil mir zu,
Hier kurzen Schmerz, dort ewge
Ruh.

4. Was seid ihr Leiden dieser
Zeit, Wenn ich auf jene Herrlichkeit Mit froher Hoffnung schaue?
Bald ruft mein Herr und Heiland
mich, Und er belohnt mich ewiglich, Weil ich ihm hier vertraue.
Bald, bald verschwindet aller
Schmerz, Und Himmelsfreuden
schmeckt mein Herz.

5. Bin ich gleich schwach, so
trag ich doch Nicht mehr der
Sünde schmählich Joch In mei-
nem Lauf auf Erden. Mit Freu-
den üb ich meine Pflicht; Doch
fühl ich wohl, ich bin noch nicht,
Was ich dereinst soll werden.
Mich beuget täglich meine Schuld;
Doch weiß ich auch: Gott trägt
Geduld.

6. Der du den Tod für mich be-
zwangst, Du hast mich, Mittler, aus
der Angst, In der ich lag, gerissen.
Nur dir verdank ich meine Ruh,
Denn meine Wunden heiltest du
Und stilltest mein Gewissen; Und
fall ich noch in meinem Lauf, Es
richtest du mich wieder auf.

7. Dank sei dir, Vater, Dank
und Ruhm, Daß mich dein Evange-
lium Lehrt glauben, hoffen, lieben!
Was mir schon jetzt in dieser Zeit
Den Vorschmack giebt der Seligkeit,
Wie sollt ich das nicht üben? Gott!
präg es meinem Herzen ein, Welch
Glück es ist, ein Christ zu sein.

Balth. Münter, geb. 1735, † 1793.

297.
Mel. Valet will ich dir geben.

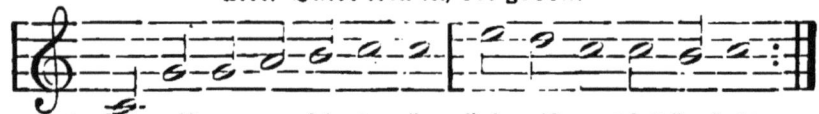

1. Ich weiß, an wen ich glau-be; Ich weiß, was fest be-steht,
Wenn al-les hier im Staube Wie Staub und Rauch verweht;

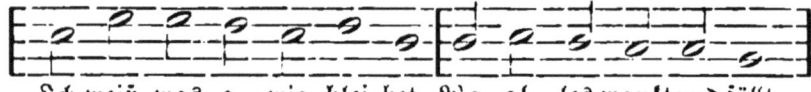

Ich weiß, was e-wig blei-bet, Wo al-les wankt und fällt,

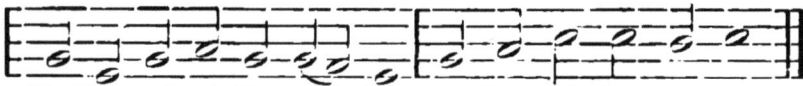

Wo Wahn die Weisen trei-bet Und Trug die Klu-gen hält.

2. Das ist das Licht der Höhe,
Das ist mein Jesus Christ, Der
Fels, auf dem ich stehe, Der dia-
manten ist, Der nimmermehr kann
wanken, Mein Heiland und mein
Hort. Die Leuchte der Gedanken,
Sie leuchtet hier und dort;

3. Er, den man blutbedeckt Am
Abend einst begrub; Er, der von
Gott erwecket Sich aus dem Grab
erhub; Der meine Schuld versöhnet, Der seinen Geist mir schenkt,
Der mich mit Gnade krönet Und
ewig mein gedenkt.

4. Drum weiß ich, was ich glaube; Ich weiß, was fest besteht Und in dem Erdenstaube Nicht mit zu Staub verweht. Es bleibet mir im Grauen Des Todes ungeraubt; Es schmückt auf Himmelsauen Mit Kronen einst mein Haupt.

Ernst Moritz Arndt, geb. 1769, † 1860.

298.

Mel. Wer nur den lieben Gott läßt walten.

1. Ein lieb = lich Los ist uns ge = fal = len, Ein schö = nes
Laßt Lob und Preis dem Herrn er=schal=len! Er ist es

Erb = teil uns be=schert.
wert, daß man ihn ehrt; Aus Gna = den hat er uns

er = wählt Und uns zu sei = nem Volk ge = zählt.

2. Er hat sich unser angenommen, Ihn jammert unser gar zu sehr; Weil wir zu ihm nicht konnten kommen, Kam er zu uns von oben her. Es war die wundervollste Lieb, Die ihn zu uns ins Elend trieb.

3. Er sah an uns nichts Ehrenwertes, Nicht Tugend und nicht Würdigkeit, Nein, nur Entstelltes und Verkehrtes, Nur Sünde, Krankheit, Schmach und Leid, Und Keinen, der in solcher Not Uns Hilfe und Erlösung bot.

4. Da nahm der Leiden unsers Falles Er selbst, der Herr, sich hilfreich an, Gab selbst sich uns und damit alles, Was unser Herz nur wünschen kann: Die Kindschaft und das Kindesteil, Im ewgen Leben ewges Heil.

5. O Herr! wir sind viel zu geringe Der Güte, die du uns gethan. Wir stehn und schauen solche Dinge Beschämt und mit Erstaunen an. Die Liebe, die mit Gnade krönt, Hat ewig uns mit Gott versöhnt.

6. Wir hoffen nichts als lauter Gutes Aus deiner reichen Liebeshand Und gehen nun getrosten Mutes Durch dieses trübe Nebelland, Als Kinder hier, als Erben einst Dort, wo du uns mit dir vereinst.

C. J. Ph. Spitta, geb. 1801, † 1859.

4. Lieder der Liebe.

299.

Eigene Melodie.

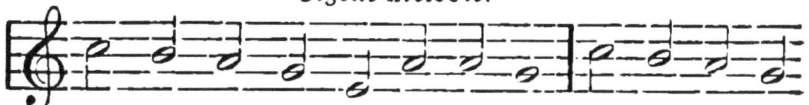

1. Herz = lich lieb hab ich dich, o Herr! Ich bitt: wollst sein
Die gan = ze Welt erfreut mich nicht, Nach Himm'l und Er=

von mir nicht fern Mit dei = ner Hilf und Gna=den.
den frag ich nicht, Wenn ich nur dich kann ha=ben.　Und wenn

mir gleich mein Herz zerbricht, So biſt du doch mein Zu = ver=ſicht,

Mein Teil und mei = nes Her=zens Troſt, Der mich durch ſein Blut

hat er = löſt. Herr Je = ſu Chriſt, Mein Gott und Herr, mein

Gott und Herr! In Schan=den laß mich nim = mer=mehr.

2. Es iſt ja, Herr, dein G'ſchenk und Gab Mein Leib und Seel und was ich hab In dieſem ar=men Leben; Damit ich's brauch zum Lobe dein, Zu Nutz und Dienſt des Nächſten mein, Wollſt mir dein Gnade geben. Behüt mich, Herr, vor falſcher Lehr, Des Satans Mord und Lügen wehr, In allem Kreuz erhalte mich, Auf daß ich's trag geduldiglich. Herr Jeſu Chriſt, Mein Herr und Gott, Mein Herr und Gott! Tröſt mir mein Seel in Todesnot.

3. Ach, Herr! laß einſt die En=gel dein An meinem End die Seele mein In Abrahams Schoß tragen. Den Leib in ſein Schlaf=kämmerlein Gar ſanft ohn alle Qual und Pein Ruhn bis zum jüngſten Tage. Alsdann vom Tod erwecke mich, Daß meine Au=gen ſehen dich In aller Freud, o Gottes Sohn, Mein Heiland und mein Gnadenthron! Herr Jeſu Chriſt! Erhöre mich, erhöre mich; Ich will dich preiſen ewiglich.
M. Schalling, geb. 1532, † 1608.

300.
Eigene Melodie.

1. Wie ſchön leucht't uns der Mor=gen=ſtern Voll Gnad
Du Da = vids Sohn aus Ja=kobs Stamm, Mein Kö=

und Wahrheit von dem Herrn! Du ſü = ße Wur=zel Jeſ=ſe,
nig und mein Bräu=ti=gam! Haſt mir mein Herz be = ſeſ=ſen:

Lieb = lich, Freund=lich, Schön und herr=lich, Groß und ehr = lich,

Reich von Ga = ben, Hoch und sehr präch=tig er = ha = ben!

2. O meine Perl und werte Kron, Wahr'r Gottes und Marien Sohn, Ein hochgeborner König! Du bist des Herzens schönste Blum; Dein süßes Evangelium Ist lauter Milch und Honig. Jesu, Jesu, Hosianna, Himmlisch Manna, Das wir essen, Deiner kann ich nicht vergessen!

3. Geuß sehr tief in mein Herz hinein, O du, mein Herr und Gott allein, Die Flamme deiner Liebe, Daß ich, o Herr, ein Gliedmaß bleib An deinem auserwählten Leib In frischem Lebenstriebe. In dir Laß mir Ohn Aufhören Sich vermehren Lieb und Freude, Daß der Tod uns selbst nicht scheide.

4. Von Gott kommt mir ein Freudenlicht, Wenn du mit deinem Angesicht Mich freundlich thust anbliden. O Herr Jesu, mein trautes Gut! Dein Wort, dein Geist, dein Leib und Blut Mich innerlich erquiden. Tröst mich Freundlich; Hilf mir Armen Aus Erbarmen, Hilf in Gnaden; Auf dein Wort komm ich geladen.

5. Herr Gott Vater, mein starker Held! Du hast mich ewig von der Welt In deinem Sohn geliebet; Dein Sohn hat mich ihm selbst vertraut, Er ist mein Freund, ich seine Braut, Drum mich auch nichts betrübet. Preis dir! Heil mir! Himmlisch Leben Wird er geben Mir dort oben; Ewig soll mein Herz ihn loben.

6. Spielt unserm Gott mit Saitenklang, Und laßt den süßesten Gesang Ganz freudenreich erschallen, Dem liebsten Jesu nur allein, Dem wunderschönen Bräutgam mein, Zu Ehren und Gefallen. Singet, Springet, Jubilieret, Triumphieret, Dankt dem Herren, Ihm, dem Könige der Ehren.

7. Wie bin ich doch so herzlich froh, Daß du, mein Freund, bist A und O, Der Anfang und das Ende! Du wirst mich auch zu deinem Preis Aufnehmen in das Paradeis; Des klopf ich in die Hände. Amen, Amen! Komm du schöne Freudenkrone, Bleib nicht lange! Deiner wart ich mit Verlangen.

Ph. Nicolai, geb. 1556, † 1608.

301.

Mel. Wie schön leucht't uns der Morgenstern.

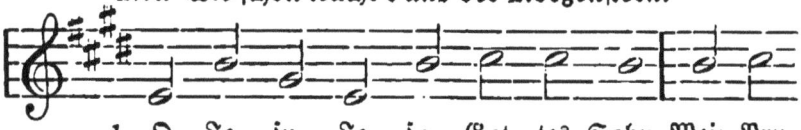

1. O Je = su, Je = su, Got = tes Sohn, Mein Bru-
Du weißt es, daß ich re = de wahr; Vor dir

der und mein Gnadenthron, Mein Schatz, mein Freud und Wonne!
ist al = les son=nen=klar Und kla = rer als die Son=ne.

Herz = lich Lieb ich Mit Ge = fal = len Dich vor al = len;

Nichts auf Er = den Kann und mag mir lie = ber wer=den.

2. Dies ist mein Schmerz, dies
tränket mich, Daß ich nicht gnug
kann lieben dich, Wie ich dich lie=
ben wollte. Ich werd von Tag zu
Tag entzünd't; Je mehr ich lieb,
je mehr ich find, Daß ich dich lie=
ben sollte. Von dir Laß mir Deine
Güte Ins Gemüte Lieblich fließen,
So wird sich die Lieb ergießen!

3. Gieb, Jesu, daß ich treff das
Ziel, Daß ich, soviel ich soll und
will, Dich allzeit lieben könne!
Nichts auf der ganzen weiten Welt,
Pracht, Wollust, Freude, Ehr und
Geld, Wenn ich mich recht besinne,
Kann mich Ohn dich Gnugsam la=
ben; Ich muß haben Reine Liebe,
Die tröst't, wenn ich mich betrübe.

4. Denn wer dich liebt, den lie=
best du, Schaffst seinem Herzen
Fried und Ruh, Erfreuest sein
Gewissen; Es geh ihm, wie es
woll, auf Erd, Wenn ihn gleich
ganz das Kreuz verzehrt, Soll
er doch dein genießen. Endlich
Wird sich Nach dem Leide Große
Freude Bei dir finden; Alles
Trauern muß verschwinden.

5. Kein Ohr hat jemals dies ge=
hört, Kein Mensch gesehen, noch ge=
lehrt, Es kann's niemand beschrei=
ben, Was denen dort für Herrlich=
keit Bei dir und von dir ist bereit't,
Die in der Liebe bleiben. Gründ=
lich Läßt sich Nicht erreichen, Noch
vergleichen Den Weltschätzen, Was
alsdann uns wird ergötzen.

6. Drum laß ich billig dies al=
lein, O Jesu, meine Sorge sein,
Daß ich dich herzlich liebe; Daß ich
in dem, was dir gefällt Und mir
dein Wort vor Augen hält, Aus
Liebe mich stets übe, Bis ich Endlich
Werd abscheiden Und mit Freuden
Zu dir kommen, Aller Trübsal
ganz entnommen.

7. Da werd ich deine Süßigkeit,
Das himmlisch Manna, allezeit In
reiner Liebe schmecken, Und sehn
dein liebreich Angesicht Mit unver=
wandtem Augenlicht Ohn alle
Furcht und Schrecken. Reichlich
Werd ich Dann erquicket Und ge=
schmücket Vor dein'm Throne Mit
der schönen Himmelskrone.
J. Heermann, geb. 1585, † 1647.

302.
Mel. Es ist gewißlich an der Zeit.

1. Such, wer da will, ein an = der Ziel, Die Se = lig = keit
Mein Herz al=lein be=dacht soll sein, Auf Christum sich

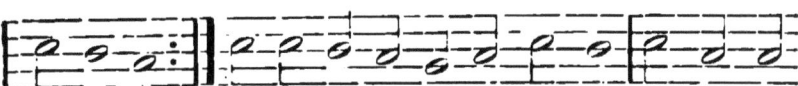

zu fin=den;
zu gründen. Sein Wort ist wahr, sein Wert ist klar; Sein heil=ger

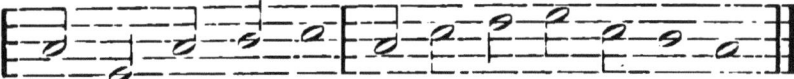

Mund hat Kraft und Grund, All Feind zu ü = ber = win=den.

2. Euch, wer da will, Nothel=fer viel, Die uns doch nichts er=worben; Hier ist der Mann, der helfen kann, Bei dem nie was verdorben. Uns wird das Heil durch ihn zuteil, Uns macht gerecht der treue Knecht, Der für uns ist gestorben.

3. Ach, sucht doch den, laßt alles stehn, Die ihr das Heil begehret! Er ist der Herr, und keiner mehr, Der euch das Heil gewähret. Sucht ihn all Stund von Herzensgrund, Sucht ihn allein; denn wohl wird sein Dem, der ihn herzlich ehret.

4. Mein's Herzens Kron, mein Freudensonn Sollst du, Herr Jesu, bleiben! Laß mich doch nicht von deinem Licht Durch Eitelkeit vertreiben! Bleib du mein Preis, dein Wort mich speis; Bleib du mein Ehr, dein Wort mich lehr, An dich stets fest zu glauben.

5. Wend von mir nicht dein Angesicht, Laß mich in Kreuz nicht zagen; Weich nicht von mir, mein höchste Zier, Hilf mir mein Leiden tragen; Hilf mir zur Freud nach diesem Leid; Hilf, daß ich mag nach dieser Klag Dir ewig dort Lob sagen!

Geo. Weiffel, geb. 1590, † 1635.

303.

Mel. Ich ruf zu dir, Herr Jesu Christ.

1. O Je = su Christ, mein schönstes Licht, Der du in dei=
    So hoch mich liebst, daß ich es nicht Aus=spre=chen kann

ner See = len
noch zäh = len: Gieb, daß mein Herz dich wie = der = um   Mit

Lie = ben und Ver = lan = gen   Mög um = fan=gen   Und als

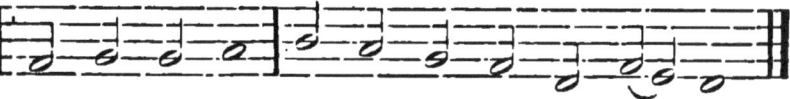

dein Ei = gen = tum   Nur ein = zig an dir han = gen!

2. Gieb, daß ſonſt nichts in meiner Seel Als deine Liebe wohne; Gieb, daß ich deine Lieb erwähl Als meinen Schatz und Krone. Stoß alles aus, nimm alles hin, Was mich und dich will trennen Und nicht gönnen, Daß all mein Thun und Sinn In deiner Liebe brennen.

3. Mein Heiland! du biſt mir zu gut In Not und Tod gegangen Und haſt am Kreuz in deinem Blut Verhöhnet dort gehangen. Ach, laß doch deines Blutes Kraft Mein hartes Herz bezwingen, Wohl durchdringen Und dieſen Lebensſaft Mir deine Liebe bringen!

4. Was iſt's, mein Heiland, daß ich nicht An deiner Liebe habe? Sie iſt mein Stern, mein Sonnenlicht, Mein Quell, da ich mich labe, Mein Lebenswein, mein Himmelsbrot, Mein Kleid vor Gottes Throne, Meine Krone, Mein Schutz in aller Not, Mein Haus, darin ich wohne.

5. Ach Jeſu! wenn du mir entweichſt, Was hilft mir ſein geboren? Wenn du mir deine Lieb entzeuchſt, Iſt all mein Gut verloren. So gieb, daß ich dich, meinen Gaſt, Wohl ſuch und beſtermaßen Möge faſſen, Und wenn ich dich gefaßt, In Ewigkeit nicht laſſen.

6. Du haſt mich je und je geliebt Und auch nach dir gezogen; Eh ich noch je was Guts geübt, Warſt du mir ſchon gewogen. Ach, laß doch ferner, edler Hort, Mich deine Liebe leiten Und begleiten, Daß ſie mir immerfort Beiſteh auf allen Seiten!

7. Laß meinen Stand, darin ich ſteh, Herr, deine Liebe zieren, Und wo ich etwa irre geh, Alsbald zurechte führen! Laß ſie mich allzeit guten Rat Und weiſe Werke lehren, Sünden wehren, Und wo ich Unrecht that, Bald wieder mich bekehren.

8. Sei du, Herr, meine Freud in Leid, In Schwachheit mein Vermögen; Und wenn ich nach vollbrachter Zeit Mich ſoll zur Ruhe legen, Alsdann laß deine Liebestreu Mir Himmelsluſt zuwehen, Bei mir ſtehen, Daß ich getroſt und frei Mög in dein Reich eingehen!

P. Gerhard, geb. 1606, † 1676.

304.

Eigene Melodie.

1. Mei-nen Je-ſum laß ich nicht. Weil er
    So er-for-dert mei-ne Pflicht, Un-ver-

ſich für mich ge-ge-ben,   Er iſt mei-
rückt nur ihm zu le-ben.

nes Le-bens Licht; Mei-nen Je-ſum laß ich nicht.

2. Jesum laß ich nimmer nicht, Weil ich soll auf Erden leben; Ihm hab ich voll Zuversicht, Was ich bin und hab, ergeben; Alles ist auf ihn gericht't. Meinen Jesum laß ich nicht.

3. Laß vergehen das Gesicht, Hören, Schmecken, Fühlen weichen, Laß das letzte Tageslicht Mich auf dieser Welt erreichen, Wenn der Lebensfaden bricht: Meinen Jesum laß ich nicht.

4. Ich werd ihn auch lassen nicht, Wenn ich nun dahin gelanget, Wo vor seinem Angesicht Meiner Väter Glaube pranget. Mich erfreut sein Angesicht; Meinen Jesum laß ich nicht.

5. Nicht nach Welt, nach Himmel nicht Meine Seele wünscht und sehnet; Jesum wünscht sie und sein Licht, Der mich hat mit Gott versöhnet Und befreiet vom Gericht. Meinen Jesum laß ich nicht.

6. Jesum laß ich nicht von mir, Geh ihm ewig an der Seiten; Christus läßt mich für und für Zu den Lebensbrunnen leiten. Selig, wer mit mir so spricht: Meinen Jesum laß ich nicht!

Chr. Keymann, geb. 1607, † 1662.

305.

Eigene Melodie.

1. Je = su, mei = ne Freu = de, Mei=nes Her=zens Wei = de,
Ach, wie lang, ach lan = ge Ist dem Her=zen ban = ge

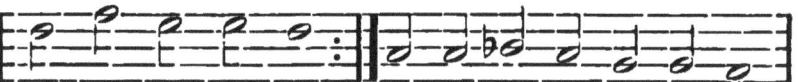

Je = su, mei = ne Zier! Und ver=langt nach dir! Got=tes Lamm, mein Bräuti=gam!

Au = ßer dir soll mir auf Er=den Nichts sonst Liebres werden.

2. Unter deinem Schirmen Bin ich vor den Stürmen Aller Feinde frei. Laß den Satan wittern Und die Welt erschüttern; Mir steht Jesus bei. Ob es jetzt gleich kracht und blitzt, Ob gleich Sünd und Hölle schrecken, Jesus will mich decken.

3. Trotz dem alten Drachen, Trotz dem Todesrachen, Trotz der Furcht dazu! Tobe, Welt, und springe, Ich steh hier und singe In gar sichrer Ruh. Gottes Macht hält mich in Acht; Erd und Abgrund muß sich scheuen, Ob sie noch so dräuen.

4. Weg mit allen Schätzen, Du bist mein Ergötzen, Jesu, meine Lust! Weg, ihr eitlen Ehren, Ich mag euch nicht hören, Bleibt mir unbewußt! Elend, Not, Kreuz, Schmach und Tod Soll mich, ob ich viel muß leiden, Nicht von Jesu scheiden.

5. Gute Nacht, o Wesen, Das die Welt erlesen, Mir gefällst du

nicht. Gute Nacht, ihr Sünden, Bleibet weit dahinten, Kommt nicht mehr ans Licht. Gute Nacht, du Stolz und Pracht, Dir sei ganz, du Sündenleben, Gute Nacht gegeben!

6. Weicht, ihr Trauergeister! Denn mein Freudenmeister, Jesus, tritt herein. Denen, die Gott lieben, Muß auch ihr Betrüben Lauter Freude sein. Duld ich schon hier Spott und Hohn, Dennoch bleibst du auch im Leide, Jesu, meine Freude!

Joh. Franck, geb. 1618, † 1677.

306.

Mel. Komm, o komm, du Geist des Lebens.

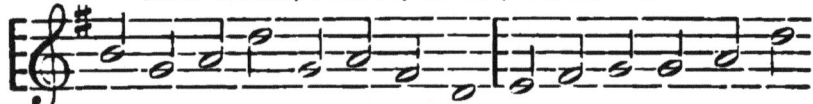

1. Lie = be, die du mich zum Bil = de Dei=ner Gottheit hast ge=
Lie = be, die du mich so mil = de Nach dem Fall hast wieder=

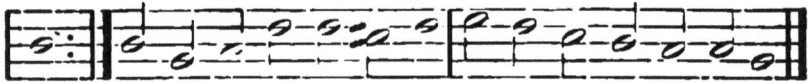

macht;
bracht: Lie = be, dir er = geb ich mich, Dein zu bleiben e = wig=lich.

2. Liebe, die mich hat erkoren, Eh ich noch geschaffen war: Liebe, die du Mensch geboren Und mir gleich wardst ganz und gar: Liebe, dir ergeb ich mich, Dein zu bleiben ewiglich.

3. Liebe, die für mich gelitten Und gestorben in der Zeit; Liebe, die mir hat erstritten Ewge Lust und Seligkeit: Liebe, dir ergeb ich mich, Dein zu bleiben ewiglich.

4. Liebe, die du Kraft und Leben, Licht und Wahrheit, Geist und Wort; Liebe, die sich dargegeben Mir zum Trost und Seelenhort: Liebe, dir ergeb ich mich, Dein zu bleiben ewiglich.

5. Liebe, die mich hat gebunden An ihr Joch mit Leib und Sinn; Liebe, die mich überwunden Und mein Herz hat ganz dahin: Liebe, dir ergeb ich mich, Dein zu bleiben ewiglich.

6. Liebe, die mich ewig liebet, Die mich führet Schritt vor Schritt; Liebe, die mir Frieden giebet Und mich kräftiglich vertritt: Liebe, dir ergeb ich mich, Dein zu bleiben ewiglich.

7. Liebe, die mich wird erweden Aus dem Grab der Sterblichkeit; Liebe, die mich einst wird schmüden Mit der Kron der Herrlichkeit: Liebe, dir ergeb ich mich, Dein zu bleiben ewiglich.

Joh. Scheffler, geb. 1624, † 1677.

307.

Mel. Wer nur den lieben Gott läßt walten.

1. Ich will dich lie=ben, mei=ne Stär=te, Ich will dich
Ich will dich lie=ben mit dem Wer=te Und im=mer=

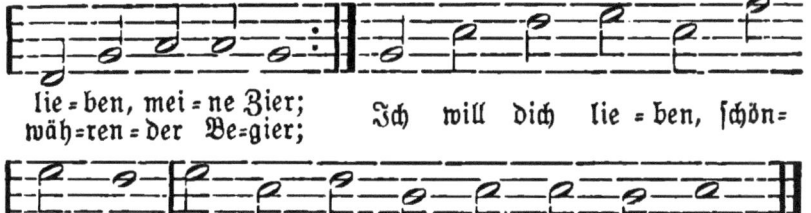

lie = ben, mei = ne Zier;
wäh=ren der Be=gier; Ich will dich lie = ben, schön=

stes Licht, Bis mir das Herz im Ster=ben bricht.

2. Ich will dich lieben, o mein Leben, Als meinen allerbesten Freund; Ich will dich lieben und erheben, Solange mich dein Glanz bescheint; Ich will dich lieben, Gotteslamm. Als meinen Seelenbräutigam.

3. Ach, daß ich dich so spät erkennet, Du hochgelobte Liebe du, Und dich nicht eher mein genennet, Du höchstes Gut und wahre Ruh! Es ist mir leid, ich bin betrübt, Daß ich dich hab so spät geliebt.

4. Ich lief verirrt und war verblendet, Ich suchte dich und fand dich nicht, Ich hatte mich von dir gewendet Und liebte das geschaffne Licht; Nun aber ist's durch dich geschehn, Daß ich dich endlich hab ersehn.

5. Ich danke dir, du wahre Sonne, Daß mir dein Glanz das Licht gebracht; Ich danke dir, du Himmelswonne, Daß du mich

froh und frei gemacht; Ich danke dir, du Gotteskraft, Die neues Leben in mir schafft.

6. Erhalte mich auf deinen Stegen, Und laß mich nicht mehr irre gehn; Laß meinen Fuß in deinen Wegen Nicht straucheln oder stille stehn; Erleuchte Leib und Seele ganz, Du ewig starker Himmelsglanz!

7. Den Augen gieb der Buße Thränen Und meinem Herzen keusche Brunst; Laß meine Seele sich gewöhnen Und üben in der Liebeskunst; Laß meinen Sinn, Geist und Verstand Stets sein zu dir, mein Heil, gewandt!

8. Ich will dich lieben, meine Wonne, Dich will ich lieben, meinen Gott; Ich will ohn Lohn, du Gnadensonne, Dich lieben in der größten Not; Ich will dich lieben, schönstes Licht, Bis mir das Herz im Sterben bricht.

Joh. Scheffler, geb. 1624, † 1677.

308.

Mel. O daß ich tausend Zungen hätte.

1. Ach, sagt mir nichts von Gold und Schätzen, Von Pracht und
   Es kann mich ja kein Ding er = göt=zen, Was mir die

Schönheit die=ser Welt!
Welt vor Augen stellt. Ein je = der lie = be, was er will;

Ich lie = be Je = ſum, der mein Ziel.

2. Er iſt alleine meine Freude, Mein Gold, mein Schatz, mein ſchönſtes Bild, An dem ich meine Augen weide Und finde, was mein Herze ſtillt. Ein jeder liebe, was er will; Ich liebe Jeſum, der mein Ziel.

3. Die Welt vergeht mit ihren Lüſten, Des Fleiſches Schönheit dauert nicht; Die Zeit kann alles das verwüſten, Was Menſchen=hände zugericht't. Drum lieb ein jeder, was er will; Nur Jeſus iſt allein mein Ziel.

4. Er iſt allein mein Licht und Leben, Die Wahrheit ſelbſt, das ewge Wort; Er iſt mein Stamm, und ich ſein Reben; Er iſt der Seelen Fels und Hort. Ein je=der liebe, was er will; Ich bleib bei Jeſu, meinem Ziel.

5. Er iſt der König aller Eh=ren, Er iſt der Herr der Herrlich=keit; Er kann mir ewges Heil gewähren Und retten mich aus allem Streit. Ein jeder liebe, was er will; Ich bleib bei Jeſu, meinem Ziel.

6. Sein Schloß kann keine Macht zerſtören, Sein Reich vergeht nicht mit der Zeit; Sein Thron bleibt ſtets in gleichen Ehren Von nun an bis in Ewigkeit. Ein jeder liebe, was er will; Mein Jeſus iſt mein höchſtes Ziel.

7. Sein Reichtum iſt nicht zu er=gründen; Sein allerſchönſtes An=geſicht, Und was von Schmuck an ihm zu finden, Verbleichet und ver=altet nicht. Ein jeder liebe, was er will; Nur Jeſus iſt und bleibt mein Ziel.

8. Er will mich über all's erhe=ben Und ſeiner Klarheit machen gleich; Er wird mir ſo viel Schätze geben, Daß ich werd unerſchöpf=lich reich. Ein jeder liebe, was er will; Mein Jeſus iſt mein höchſtes Ziel.

9. Muß ich gleich hier ſehr viel entbehren, Solang ich wandre in der Zeit, So wird er mir's doch wohl gewähren Im Reiche ſeiner Herrlichkeit. Drum lieb ich billig in der Still Nur Jeſum, meines Herzens Ziel.

Joh. Scheffler, geb. 1624, † 1677.

309.

Eigene Melodie.

1. See = len=bräu=ti=gam, Je = ſu, Gottes Lamm! Ha = be Dank für dei = ne Lie = be, Die mich zieht mit rei = nem Trie = be Aus der Sünden Schlamm, Je=ſu, Got = tes Lamm!

2. Deiner Liebe Glut Stärket Mut und Blut. Wenn du freund=lich mich anblickest Und an deine Brust mich drückest, Macht mich wohlgemut Deiner Liebe Glut.

3. Wahrer Mensch und Gott, Trost in Not und Tod! Du bist darum Mensch geboren, Zu er=setzen, was verloren, Durch dein Blut so rot, Wahrer Mensch und Gott!

4. Meines Glaubens Licht Laß verlöschen nicht; Salbe mich mit Freudenöle, Daß hinfort in mei=ner Seele Ja verlösche nicht Mei=nes Glaubens Licht.

5. So werd ich in dir Bleiben für und für; Deine Liebe will ich ehren Und in dir dein Lob ver=mehren, Weil ich für und für Bleiben werd in dir.

6. Held aus Davids Stamm! Deine Liebesflamm Mich ernähre und verwehre, Daß die Welt mich nicht versehre, Ob sie mir gleich gram, Held aus Davids Stamm!

7. Großer Friedefürst! Wie hast du gedürst't Nach der Men=schen Heil und Leben Und dich

in den Tod gegeben, Wie du riefst: Mich dürst't! Großer Frie=defürst!

8. Deinen Frieden gieb Aus so großer Lieb Uns, den Deinen, die dich kennen Und nach dir sich Chri=ten nennen; Denen du bist lieb, Deinen Frieden gieb.

9. Ich ergreife dich, Du mein ganzes Ich! Ich will nimmermehr dich lassen, Sondern gläubig dich umfassen, Weil im Glauben ich Nun ergreife dich.

10. Hier durch Spott und Hohn, Dort die Ehrentron; Hier im Hof=fen und im Glauben, Dort im Ha=ben und im Schauen; Denn die Ehrentron Folgt auf Spott und Hohn.

11. Jesu, hilf, daß ich Allhier ritterlich Alles durch dich überwinde Und in deinem Sieg empfinde, Wie so ritterlich Du gekämpft für mich!

12. Jesu, meine Ruh, Ewge Liebe du! Nichts als du soll mir gefallen, Dein ist all mein Thun und Wallen, Jesu, meine Ruh, Ewge Liebe du!

Adam Drese, geb. 1630, † 1718.

310.

Mel. Gott des Himmels und der Erden.

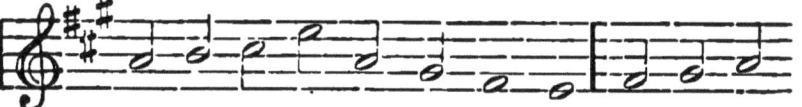

1. Je = sus, Je = sus, nichts als Je = sus Soll mein Wunsch
Jetzund mach ich ein Ver=bünd=nis, Daß ich will,

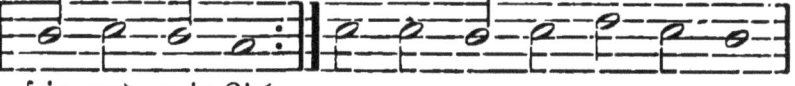

sein und mein Ziel.
was Je = sus will; Denn mein Herz, mit ihm er = füllt,

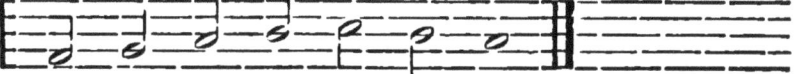

Ru = fet nur: Herr, wie du willt!

2. Einer ist es, dem ich lebe, Den ich liebe früh und spat; Jesus ist es, dem ich gebe, Was er mir gegeben hat. Ich bin in dein Blut verhüllt; Führe mich, Herr, wie du willt!

3. Scheinet, was es sei, mein Glücke Und ist doch zuwider dir, Ach, so nimm es bald zurücke; Jesu! gieb, was nützet mir. Gieb dich mir, Herr Jesu, mild; Nimm mich dir, Herr, wie du willt!

4. Und vollbringe deinen Willen In mir, durch mich, an mir, Gott; Deinen Willen laß erfüllen Mich im Leben, Freud und Not, Sterben als dein Ebenbild, Herr, wann, wo und wie du willt!

5. Sei auch, Jesu, stets gerriesen, Daß du dich und viel dazu hast geschenkt und mir erwiesen, Daß ich sing in selger Ruh: Es geschehe mir, mein Schild, Wie du willt, Herr, wie du willt!

Lud. Elis., Gräfin zu Schwarzb.-Rudolstadt, geb. 1640, † 1672.

311.

Mel. Es ist das Heil uns kommen her.

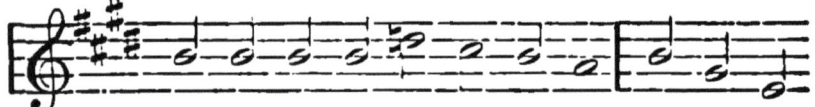

1. Halt im Ge-dächt-nis Je-sum Christ, Den Hei-land, Vom Himmel-thron ge-kom-men ist, Dein Bru-der

der auf Er - den hier zu wer - den. Ver-giß nicht, daß er dir zu gut Hat an-

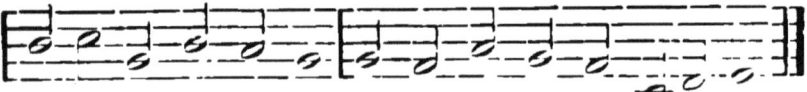

genommen Fleisch und Blut. Dank ihm für die-se Lie - be!

2. Halt im Gedächtnis Jesum Christ, Der für dich hat gelitten Und dir, da er gestorben ist, Am Kreuz das Heil erstritten. Besieget hat er Sünd und Tod Und dich erlöst aus aller Not. Dank ihm für diese Liebe!

3. Halt im Gedächtnis Jesum Christ, Der auch am dritten Tage Siegreich vom Tod erstanden ist, Befreit von Not und Plage. Bedenke, daß er Fried gemacht Und ewges Leben wiederbracht. Dank ihm für diese Liebe!

4. Halt im Gedächtnis Jesum Christ, Der nach den Leidenszeiten Gen Himmel aufgefahren ist, Die Stätte zu bereiten, Da du sollst bleiben allezeit Und sehen seine Herrlichkeit. Dank ihm für diese Liebe!

5. Halt im Gedächtnis Jesum Christ, Der einst wird wiederkommen, Zu richten, was auf Erden ist, Die Sünder und die Frommen. O sorge, daß du dann bestehst Und mit ihm in sein Reich eingehst, Ihm ewiglich zu danken.

6. Gieb, Jesu, daß ich dich fort=
an Mit wahrem Glauben fasse
Und nie, was du an mir gethan,
Aus meinem Herzen lasse; Daß

deſſen ich in aller Not Mich tröſten
mög und durch den Tod Zu dir ins
Leben dringe.

Chrianus Günther, geb. 1650, † 1704.

312.

Eigene Melodie.

1. Eins iſt not; ach Herr, dies Ei = ne Leh = re mich er=
Al = les an=dre, wie's auch ſchei=ne, Iſt ja nur ein

ken=nen doch!
ſchweres Joch,
Dar = un = ter das Her = ze ſich na = get und

pla = get Und den=noch kein wah = res Ver=gnü=gen er=

ja = get. Er=lang ich dies Ei = ne, das al = les er = ſetzt,

So werd ich mit Ei = nem in al = lem er = götzt.

2. Seele! willſt du dieſes finden, Such's bei keiner Kreatur; Laß, was irdiſch iſt, dahinten, Schwing dich über die Natur. Wo Gott und die Menſchheit in Einem vereinet, Wo alle vollkommene Fülle erſchei=net: Da, da iſt das beſte, notwen=digſte Teil, Mein Ein und mein Alles, mein ſeligſtes Heil.

3. Wie Maria war befliſſen Auf des Einigen Genieß, Da ſie ſich zu Jeſu Füßen Voller Andacht nie=derließ; Ihr Herze entbrannte, dies einzig zu hören, Was Jeſus, ihr Heiland, ſie wollte belehren; Ihr Alles war gänzlich in Jeſum

verſenkt, Es wurde ihr alles in Ei=nem geſchenkt:

4. Alſo ſteht auch mein Verlan=gen, Liebſter Jeſu, nur nach dir; Laß mich treulich an dir hangen, Schenke dich zu eigen mir! Ob viel auch umkehrten zum größeſten Hau=fen, So will ich dir dennoch in Liebe nachlaufen; Denn dein Wort, o Jeſu, iſt Leben und Geiſt. Was iſt wohl, das man nicht in Jeſu genießt?

5. Aller Weisheit höchſte Fülle In dir ja verborgen liegt. Gieb nur, daß ſich auch mein Wille Fein in ſolche Schranken fügt,

Worinnen die Demut und Einfalt regieret ünd mich zu der Weisheit, die himmlisch ist, führet. Ach, wenn ich nur Jesum recht kenne und weiß, So hab ich der Weisheit vollkommenen Preis.

6. Nichts kann ich vor Gott ja bringen, Als nur dich, mein höchstes Gut! Jesu, es muß mir gelingen Durch dein teures Opferblut. Die höchste Gerechtigteit ist mir erworben, Da du bist am Stamme des Kreuzes gestorben; Da hab ich die Kleider des Heiles erlangt, Worinnen mein Glaube in Ewigteit prangt.

7. Nun, so gieb, daß meine Seele Auch nach deinem Bild erwacht. Du bist ja, den ich erwähle, Mir zur Heiligung gemacht. Was dienet zum göttlichen Wandel und Leben, Ist in dir, mein Heiland, mir alles gegeben; Entreiße mich aller vergänglichen Lust, Dein Leben sei, Jesu, mir einzig bewußt!

8. Ja, was soll ich mehr verlangen? Mich beströmt die Gnadenflut. Du bist einmal eingegangen In das Heilge durch dein Blut. Da hast du die ewge Erlösung erfunden, Daß ich nun der höllischen Herrschaft entbunden; Dein Eingang die völlige Freiheit mir bringt, Im kindlichen Geiste das Abba nun klingt.

9. Volle G'nüge, Fried und Freude Jetzo meine Seel ergötzt, Weil auf eine frische Weide Mein Hirt, Jesus, mich gesetzt. Nichts Süßers kann also mein Herze erlaben, Als wenn ich nur, Jesu, dich immer soll haben; Nichts, nichts ist, das also mich innig erquickt, Als wenn ich dich, Jesu, im Glauben erblickt!

10. Drum auch, Jesu, du alleine Sollst mein Ein und Alles sein! Prüf, erfahre, wie ich's meine, Tilge allen Heuchelschein. Sieh, ob ich auf bösem, betrüglichem Stege, Und leite mich, Höchster, auf ewigem Wege! Gieb, daß ich hier alles nur achte für Kot Und Jesum gewinne: dies Eine ist not!

J. H. Schröder, geb. 1666, † 1728.

313.

Mel. Lobe den Herren, den mächtigen König der Ehren.

1. Chri = ste, mein Le = ben im Glau=ben, im Hof = fen
   Hei = li = ges Klein=od, das Chri=sten kann ein = zig
   und Wal = len!
   ge = fal = len! Rich = te den Sinn Mir, o mein Heiland, da = hin, Ruhm dir zu brin=gen vor al = len!

2. Einzige Quelle der Wonne! dich will ich erheben, Will mich auf ewig zum Eigentum ganz dir ergeben. Nimm mich dahin! Das ist mein höchster Gewinn; Nichts wird dann kränken mein Leben.

3. Laß nur das Eine, was not, in mir kräftig bestehen, Ruhe der Seele; laß alles, was eitel, vergehen! Himmlische Lust Gießest du mir in die Brust: Dies nur hab ich mir ersehen.

4. Herzog des Lebens! du wollest mich selber regieren, So daß mein Leben ich heilig und selig kann führen. Laß auch den Geist, Den du den Deinen verleihst, Reichlich im Herzen mich spüren!

5. Friedefürst! laß mich im Glauben dir treulich anhangen; Eile, zu stillen mein Wünschen, mein höchstes Verlangen. Dies und nichts mehr, Heiland, ist jetzt mein Begehr; Nimm mich dir gänzlich gefangen!

6. Zentnerschwer drücken die Lasten, wo du nicht hilfst tragen; Alles, was weltlich, vermag nur die Christen zu plagen; Aber laß sein: Leb ich in dir, Herr, allein, Dann werd ich nimmer verzagen.

7. Nun denn, so will ich auf ewig, was nichtig ist, haffen, Dich nur, o Jesu, du herrliches Kleinod, umfaffen! Du sollst allein Reichtum und alles mir sein. Herr, Herr, wer wollte dich laffen?

J. W. Kellner v. Zinnendorf, geb. 1665, † 1738.

314.

Mel. Seelenbräutigam.

1. Wer ist wohl wie du, Je = su, sü = ße Ruh? Un = ter

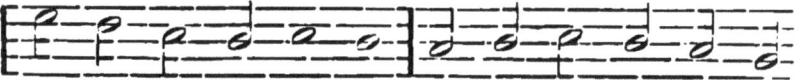

die = len aus = er = ko = ren, Le = ben de = rer, die ver=

lo = ren, Und ihr Licht da = zu, Je = su, sü = ße Ruh!

2. Leben, das den Tod, Mich aus aller Not Zu erlösen, hat geschmecket, Meine Schulden zugedecket Und mich aus der Not Hat geführt zu Gott!

3. Glanz der Herrlichkeit! Du bist vor der Zeit Zum Erlöser uns geschenket Und in unser Fleisch versenket In der Füll der Zeit, Glanz der Herrlichkeit!

4. Großer Siegesheld! Tod, Sünd, Höll und Welt, Alle Kraft des großen Drachen Haft du woll'n zu schanden machen Durch das Lösegeld Deines Bluts, o Held!

5. Höchste Majestät, König und Prophet! Deinen Zepter will ich küssen, Ich will sitzen dir zu Füßen, Wie Maria thät, Höchste Majestät!

6. Laß mich deinen Ruhm, Als dein Eigentum, Durch des Geistes Licht erkennen, Stets in deiner

Liebe brennen Als dein Eigen=
tum, Allerſchönſter Ruhm!
7. Deiner Sanftmut Schild,
Deiner Demut Bild Mir anlege,
in mich präge, Daß kein Zorn noch
Stolz ſich rege; Denn vor dir
nichts gilt Als dein eigen Bild.
8. Steure meinem Sinn, Der
zur Welt will hin, Daß ich nicht mög
von dir wanken, Sondern bleiben
in den Schranken; Sei du mein
Gewinn, Gieb mir deinen Sinn.
9. Wecke mich recht auf, Daß ich
meinen Lauf Unverrückt zu dir
fortſetze, Und mich nicht in ſeinem
Netze Satan halte auf; Fördre
meinen Lauf.
10. Deines Geiſtes Trieb In
die Seele gieb, Daß ich wachen

mög und beten, Freudig vor dein
Antlitz treten; Ungefärbte Lieb In
die Seele gieb.
11. Wenn der Wellen Macht In
der trüben Nacht Will des Herzens
Schifflein decken, Wollſt du deine
Hand ausſtrecken. Habe auf mich
acht, Hüter in der Nacht!
12. Einen Heldenmut, Der da
Gut und Blut Gern um deinet=
willen laſſe Und des Fleiſches Lüſte
haſſe, Gieb mir, höchſtes Gut,
Durch dein teures Blut.
13. Soll's zum Sterben gehn,
Wollſt du bei mir ſtehn, Mich
durchs Todesthal begleiten Und
zur Herrlichkeit bereiten, Daß ich
einſt mag ſehn Mich zur Rechten
ſtehn.

J. A. Freylinghauſen, geb. 1670, † 1739.

315.

Mel. Wie wohl iſt mir, o Freund der Seelen.

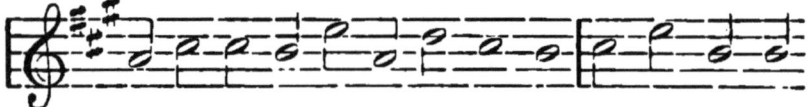

1. Ich will dich im=mer treu=er lie = ben, Mein Heiland, gieb
Die Welt hat mich lang umge=trie=ben; Nun ſchenkſt du mir

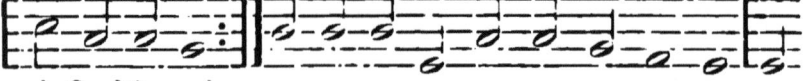

mir Kraft da=zu!
die wah=re Ruh, Die Ruh, mit der nichts zu ver=glei=chen, Der

al = le Kö=nigs=kro = nen wei=chen, Die uns den Him = mel of=

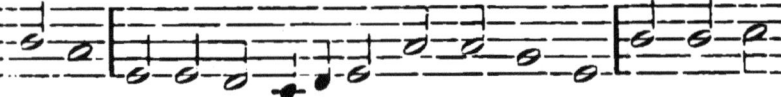

fen zeigt. Ach, daß ich ganz in Lieb zer = flöſ = ſe Vor dei = ner

Lie=be Wun=der=grö=ße, Die al = les Wiſ = ſen ü = ber=ſteigt!

2. Wie freundlich haft du mich gezogen, Wie ging mir dein Er= barmen nach! Ich flohe dich und griff betrogen Nach Herzeleid und Ungemach; Du aber nahmst ohn mein Verlangen In deiner Liebe mich gefangen Und wecktest meinen toten Sinn. Nimm, Seelenfreund, für diese Treue Mein ganzes Herz, Das ich dir weihe; Entreiß mir's doch und nimm's dir hin.

3. Ich hange nicht an deinen Gaben, Dich, Jesu, such ich ganz allein; Soll ich nichts zu genießen haben, Ich will auch so zufrieden sein. Vertausch den Trieb nach Süßigkeiten Mit der Begierde, still zu leiden, Und mach in allem mich getreu. Nimm hin mein Wollen, Denken, Richten, Mein eignes Laufen, Wirken, Dichten, Daß nichts denn du noch übrig sei.

4. Mir ist am seligften geraten, Wenn ich aus eigner Wahl nichts thu. Ein andrer sinn auf große Thaten; Mein Geist erblicket eine Ruh, Worin er leidend das voll= führet, Was von des Geistes Trie= ben rühret: Und das heißt recht in Gott gethan. O mischte sich doch in mein Lieben Nicht mehr von mei= nen eignen Trieben, So fing ich recht zu lieben an.

5. Getreuer Jesu! soll ich hoffen, Daß meine Liebe treuer werd? Ach ja, dein Herze steht noch offen Dem, welcher ernstlich Hilf be= gehrt; Ich flieh zum Reichtum dei= ner Güte. Durchleucht mein finfte= res Gemüte, Daß ich, was du nicht selber bist, Erkenn und haß und dämpf und töte: So schau ich nach der Morgenröte, Wie hell die Sonne selber ist.

J. Adam Fleffa, geb. 1694, † 1776.

316.

Mel. Jesu, meine Freude.

1. All = ge = nug=jam We = jen, Das ich hab er = le = jen
Du ver=gnügst al = lei = ne Völ=lig, in = nig, rei = ne

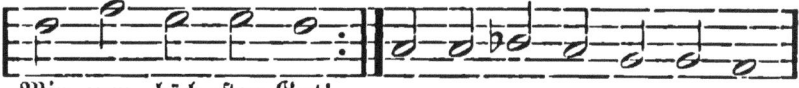

Mir zum höch = ften Gut!
See = le, Geist und Mut. Wer dich hat, ist still und satt:

Wer dir kann im Geist an = hangen, Darf nichts mehr verlangen.

2. Wem du dich gegeben, Kann im Frieden leben, Er hat, was er will. Wer im Herzensgrunde Mit dir steht im Bunde, Liebet und ist still. Bist du da und innig nah, Muß das Schönste bald erblei= chen Und das Beste weichen.

3. Höchstes Gut der Güter, Ruhe der Gemüter, Trost in aller Pein! Was Geschöpfe haben, Kann den Geist nicht laben; Du vergnügst al= lein. Was ich mehr als dich begehr, Kann mein Seligsein nur hindern Und den Frieden mindern.

4. Was genannt mag werden Droben und auf Erden, Alles reicht nicht zu. Einer nur kann geben Freude, Troſt und Leben; Eins iſt not: nur du. Hab ich dich nur weſentlich, So mag Leib und Seel verſchmachten, Ich will's doch nicht achten.

5. Komm, du ſelges Weſen, Daß ich mir erleſen, Werd mir offenbar! Meinen Hunger ſtille, Meinen Grund erfülle Mit dir selber gar. Komm, nimm ein mein Herz allein, Daß ich allem mich verſchließe Und nur dich genieße.

6. Laß von dir mich ſcheiden Freuden nicht noch Leiden, Keine Kreatur. Stets nach dir verlangen, Kindlich an dir hangen Sei mein Himmel nur. Bleib nur du mein Gut und Ruh, Bis du wirſt in jenem Leben Dich mir völlig geben.

Gerh. Terſteegen, geb. 1697, † 1769.

317.

Mel. Nun ruhen alle Wälder.

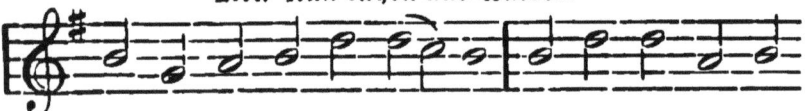

1. Du Glanz vom ew=gen Lich = te, Von Got = tes An=ge=

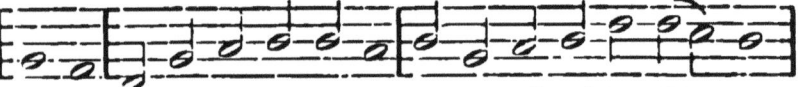

ſich = te, Du Herr der Herrlichkeit, Durch den Gott ſeine Mil = de

Im rein=ſten E=ben=bil = de Und al = le Gna=den an = er=beut!

2. In dir kann ich auf Erden Gerecht und heilig werden Und ewig ſelig ſein. Dir fern ſein iſt Verderben, Qual, Finſternis und Sterben, Unſeligkeit und Höllenpein.

3. Ich gehe oder ſtehe, Ich jauchze oder flehe, Ich ſei auch, wo ich bin: Wenn du nicht in mir bleibeſt, Nicht durch den Geiſt mich treibeſt, Sinkt alles zu dem Tode hin.

4. Komm, Jeſu, meine Liebe! Entflamme meine Triebe Vom Himmel her für dich. Ach komm, mein ewig Leben, Mir Geiſt und Kraft zu geben; Komm, o mein Licht, erleuchte mich!

5. Verbinde mein Gemüte Nach deiner Wundergüte Auf ewig, Herr, mit dir; Die Demut ſei die Würde, Die Sanftmut meine Zierde, Dein Bild mein reichſter Schmuck in mir.

6. Bei Freuden und bei Schmerzen Sprich du in meinem Herzen, Des Vaters ewig Wort! Und laß, wenn du willſt zeugen, Die Welt ganz in mir ſchweigen; Treib allen Lärm der Lüſte fort.

7. Wie gut iſt's, wo du wohneſt! Wie ſchön iſt's, wo du throneſt! Da bleibt kein Gram, kein Tod. Ach, meine Seele thränet, Mein Geiſt verlangt und ſehnet Sich hin zu dir, mein Herr und Gott!

8. Wohl denen, die dich ſehen In deinem Hauſe ſtehen Und Freu=

denopfer thun! Die loben dich beständig; Ihr Sabbat ist inwendig, Wo sie von allen Sorgen ruhn.

9. Wohl denen, die dich kennen, Dich ihre Stärke nennen, Die nimmermehr zerrinnt, Von Herzen dir nachwandeln, Nach deinem Worte handeln, Voll Glauben, Lieb und Hoffnung sind!

10. Dein heilig Angedenken Soll mich mit Freude tränken, Dein Lieben mach mich satt! Herr, wohn in meiner Seele, Damit ihr nichts mehr fehle! Du bist's, in dem man alles hat.

Ph. Fr. Hiller, geb. 1699, † 1769.

318.

Mel. Kommt und laßt uns Christum ehren.

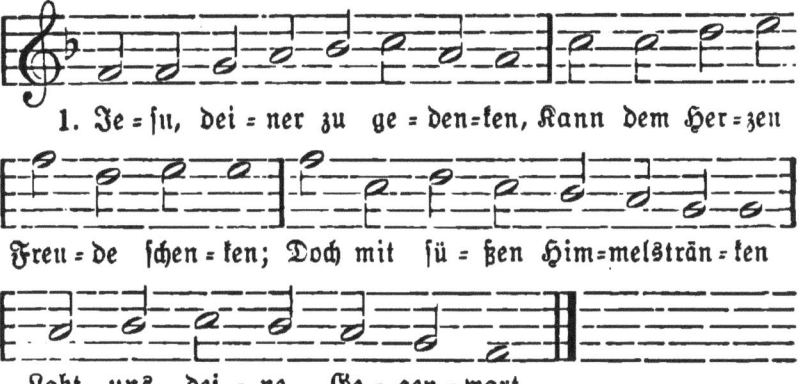

1. Je = su, dei = ner zu ge = den=ken, Kann dem Her=zen

Freu = de schen = ken; Doch mit sü = ßen Him=melstErän = ken

Labt uns dei = ne Ge = gen = wart.

2. Lieblicher hat nichts geklungen, Holder ist noch nichts gesungen, Sanfter nichts ins Herz gedrungen, Als mein Jesus, Gottes Sohn.

3. Tröstlich, wenn man reuig stehet; Herzlich, wenn man vor dir flehet; Lieblich, wenn man zu dir gehet; Unaussprechlich, wenn du da!

4. Du erquickst das Herz von innen, Lebensquell und Licht der Sinnen! Freude muß vor dir zerrinnen; Niemand sehnt sich g'nug nach dir.

5. Schweigt, ihr ungeübten Zungen! Welches Lied hat ihn besungen? Niemand weiß, als der's errungen, Was die Liebe Christi sei.

6. Jesu, wunderbarer König, Dem die Völker unterthänig! Alles ist vor dir zu wenig, An dem alles liebenswert.

7. Wenn du uns trittst vors Gesichte, Wird es in dem Herzen lichte, Alles Eitle wird zunichte, Und die Liebe glühet auf.

8. Ach, du hast für uns gelitten, Wolltest all dein Blut ausschütten, Hast vom Tod uns losgestritten Und zur Gottesschau gebracht!

9. König, würdig aller Kränze, Quell der Klarheit ohne Grenze, Komm der Seele näher, glänze! Komm, du längst Erwarteter!

10. Dich erhöhn des Himmels Heere, Dich besingen unsre Chöre; Du bist unsre Macht und Ehre, Du hast uns mit Gott versöhnt.

11. Jesus herrscht in großem Frieden; Er bewahrt sein Volk hienieden, Daß es, von ihm ungeschieden, Fröhlich ihn erwarten kann.

12. Himmelsbürger! kommt gezogen, Öffnet eurer Thore Bogen, Sagt den Siegern wohlgewogen: Holder König, ſei gegrüßt!

13. Jeſus, den wir jetzt mit Loben, Wunſch und Pſalmen hoch erhoben, Jeſus hat aus Gnaden droben Friedenshütten uns beſtellt.

Nic. L. v. Zinzendorf, geb. 1700, † 1760.

319.

Mel. Was Gott thut, das iſt wohlgethan.

1. Dich, Jeſum, laß ich   e = wig nicht; Dir bleibt mein
Du kennſt dies Herz, das   red = lich ſpricht: Nur ei = nem

Herz er = ge=ben!
will ich le=ben!   Du, du al = lein, Du ſollſt es ſein; Du ſollſt

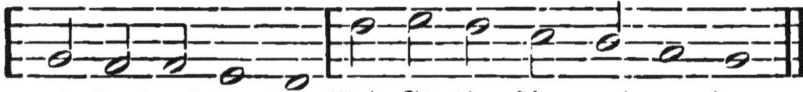

mein Troſt auf Er = den, Mein Glück im Him = mel wer = den.

2. Dich, Jeſum, laß ich ewig nicht; Ich halte dich im Glauben. Nichts kann mir meine Zuverſicht Und deine Gnade rauben. Der Glaubensbund Hat feſten Grund: Die deiner ſich nicht ſchämen, Die kann dir niemand nehmen.

3. Dich, Jeſum, laß ich ewig nicht; Aus göttlichem Erbarmen Gingſt du für Sünder ins Gericht Und büßteſt für mich Armen. Aus Dankbarkeit Will ich erfreut Um deines Leidens willen Die Pflicht der Treu erfüllen.

4. Dich, Jeſum, laß ich ewig nicht; Du ſtärkeſt mich von oben. Auf dich ſteht meine Zuverſicht, Wann meine Feinde toben. Ich

flieh zu dir, Du eilſt zu mir; Wenn mich die Feinde haſſen, Wirſt du mich nicht verlaſſen.

5. Dich, Jeſum, laß ich ewig nicht; Das Kreuz ſoll uns nicht ſcheiden. Es bleibet jedes Gliedes Pflicht, Mit ſeinem Haupt zu leiden. Doch all mein Leid Währt kurze Zeit; Bald iſt es überſtanden, Und Ruh iſt dann vorhanden.

6. Dich, Jeſum, laß ich ewig nicht, Nie ſoll mein Glaube wanken; Und wann des Leibes Hütte bricht, Sterb ich mit dem Gedanken: Mein Freund iſt mein, Und ich bin ſein; Er iſt mein Schutz, mein Tröſter, Und ich bin ſein Erlöſer.

Ehrenfried Liebig, geb. 1713, † 1780.

320.

Mel. Valet will ich dir geben.

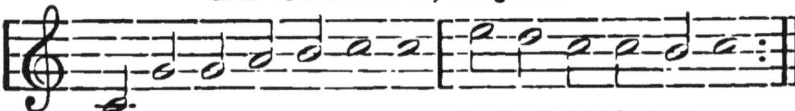

1. Wenn al = le un=treu werden, So bleib ich dir doch treu,
Daß Dankbarkeit auf Er=den Nicht aus=ge=ſtor=ben ſei.

Für mich um=fing dich Lei=den Und bitt=rer To=desschmerz;

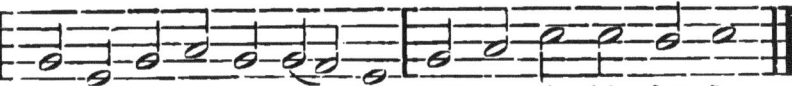

Drum geb ich dir mit Freu=den Auf e = wig die = ses Herz.

2. Oft möcht ich bitter weinen, Daß du gestorben bist Und man= cher von den Deinen Dich lebens= lang vergißt. Von Liebe nur durchdrungen, Hast du so viel ge= than, Hast Heil der Welt errun= gen; Und ach, wer denkt daran? 3. Du stehst voll treuer Liebe Noch immer jedem bei; Wenn kei= ner treu dir bliebe, So bleibst du dennoch treu. Die treuste Liebe sieget; Am Ende fühlt man sie, Weint bitterlich und schmieget Sich kindlich an dein Knie. 4. Ich habe dich empfunden; O laße nicht von mir! Laß innig mich verbunden Auf ewig sein mit dir! Einst schauen meine Brüder Auch wieder himmelwärts Und sinken liebend nieder Und fallen dir ans Herz.

Fr. Ludw. v. Hardenberg (Nova= lis), geb. 1772, † 1801.

321.

Mel. Valet will ich dir geben.

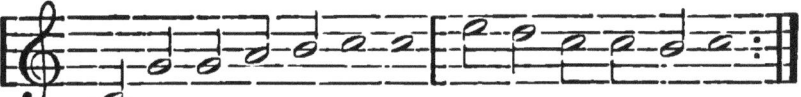

1. Wie könnt ich sein ver=ges=sen, Der mein noch nie ver=gaß? Kann ich die Lieb er=mes=sen, Da=durch mein Herz genas?

Ich lag in bit=tern Schmerzen: Er schafft mein Le=ben neu,

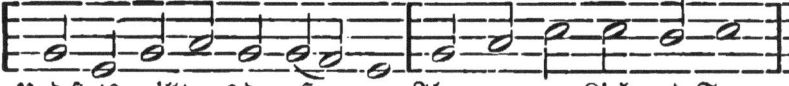

Und stets quillt aus dem Her=zen Ihm neu = e Lieb und Treu.

2. Wie sollt ich ihn nicht lieben, Der mir so hold sich zeigt? Wie jemals ihn betrüben, Der so zu mir sich neigt? Er, der ans Kreuz erhoben, Getragen meine Schmach, Ruft er mir nicht von oben: Komm, folge du mir nach? 3. Ihn will ich ewig lieben, Der mir aus Todesnacht, Von mei= nem Schmerz getrieben, Unsterblich= keit gebracht; Der noch zur letzten Stunde Mir reicht die treue Hand, Daß mich kein Feind verwunde Im Lauf zum Heimatland. 4. Er giebt zum heilgen Pfande Mir seinen Leib, sein Blut; Hebt mich aus Nacht und Schande, Füllt mich mit Himmelsmut; Will selber

in mir thronen Mit heilgem Gna= | Wie du, o Herz der Herzen, Ge=
denkſchein. Sollt ich bei ihm nicht | blutet haſt ſo mild! Mein Lieben
wohnen, In ihm nicht ſelig ſein? | und mein Hoffen, Mein Dulden
　　5. Bei Freuden und bei Schmer= | weih ich dir. Laß mir die Heimat
zen Durchleuchte mich dein Bild, | offen Und dein Herz für und für!
　　　　　　　　　　　　　　　Chr. G. Kern, geb. 1792, † 1835.

322.

Mel. Marter Chriſti, wer kann dein vergeſſen.

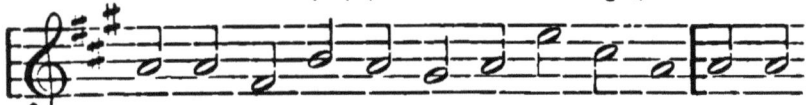

1. Ei = nes wünſch ich mir vor al = lem an=dern, Ei = ne
Se = lig läßt's im Thränen=thal ſich wandern, Wenn dies

Spei = ſe früh und ſpät;　　Un = ver = rückt auf ei = nen Mann
Ei = ne mit uns geht:

zu ſchau=en,　Der mit blutgem Schweiß und Todes=grau=en

Auf ſein Ant=litz nie=der=ſant Und den Kelch des Va = ters trank.

2. Ewig ſoll er mir vor Augen | duld; Hatteſt längſt nach deinem
ſtehen, Wie er als ein ſtilles Lamm | Schaf getrachtet, Eh es auf des
Dort ſo blutig und ſo bleich zu | Hirten Ruf geachtet, Und mit teu=
ſehen, Hängend an des Kreuzes | rem Löſegeld Mich erkauft von
Stamm; Wie er dürſtend rang | dieſer Welt.
um meine Seele, Daß ſie ihm zu | 　　4. Ich bin dein, Sprich du dar=
ſeinem Lohn nicht fehle, Und | auf dein Amen. Treuſter Jeſu!
dann auch an mich gedacht, Als | du biſt mein. Drücke deinen ſüßen
er rief: Es iſt vollbracht! | Jeſusnamen Brennend in mein
　　3. Ja, mein Jeſu, laß mich nie | Herz hinein. Mit dir alles thun und
vergeſſen Meine Schuld und deine | alles laſſen, In dir leben und in dir
Huld! Als ich in der Finſternis | erblaſſen: Das ſei bis zur letzten
geſeſſen, Trugeſt du mit mir Ge= | Stund Unſer Wandel, unſer Bund!
　　　　　　　　　　　　　　　A. Knapp, geb. 1798, † 1864.

323.

Mel. Sollt ich meinem Gott nicht ſingen.

1. Un = ter je = nen gro=ßen Gü=tern, Die uns Chriſtus
Iſt die Lieb in den Ge = mü=tern Wie ein Bal=ſam,

zu = ge = teilt, Wie ein Stern, der herr=lich blin=ket; Wie ein
der sie heilt;

Klein=od, des = sen Preis Nie=mand zu be = nen=nen weiß;

Wie die Schön=heit, die uns win=ket, Und die Lust, die

je = der=mann Zwin=gen und ver = gnü = gen kann.

2. Liebe kann uns alles geben, Was auf ewig nützt und ziert, Und zum höchsten Stand erheben, Der die Seelen aufwärts führt. Men= schen- oder Engelzungen, Wo sich keine Lieb erweist, Wie beredt man sonst sie preist, Wie beherzt sie an= gedrungen, Sind ein flüchtiger Gesang, Sind ein Erz= und Schellenklang.

3. Was ich von der Weisheit höre, Der Erkenntnis tiefer Blick, Die geheimnisvolle Lehre Und des Glaubens Meisterstück, So der Berge Grund versetzet, Und was sonst den Menschen ehrt, Das ver= lieret seinen Wert; Alles wird für nichts geschätzet, Wenn sich nicht dabei der Geist, Der die Liebe wirkt, erweist.

4. Hätt ich alle meine Habe Mild den Armen zugewandt, Opfert ich mich selbst dem Grabe, Scheut ich nicht der Flammen Brand, Gäb ich meinen Leib auf Erden Ihnen zu verzehren hin, Und behielte mei= nen Sinn: Würd ich doch nicht besser werden, Bis mich wahre Lieb erfüllt, Die aus Gottes Her= zen quillt.

5. Glaubenssieg und Hoffnungs= blüte Führt uns tröstend durch die Welt, Bis das irdische Gebiete Und der Schöpfungsbau zerfällt. Nur der Liebe weite Grenzen Strecken sich in Ewigkeit; Alle, die sich ihr geweiht, Werden unaufhör= lich glänzen. Glaub und Hoff= nung bleiben hier; Liebe währet für und für.

Ernst Lange, geb. 1650, † 1727.

324.

Mel. O du Liebe meiner Liebe.

1. Gott! dein Lie = ben ist ein Lie=ben, Das kein Mensch
Leh = re mich Er=bar=mung ü = ben, Wie du auch

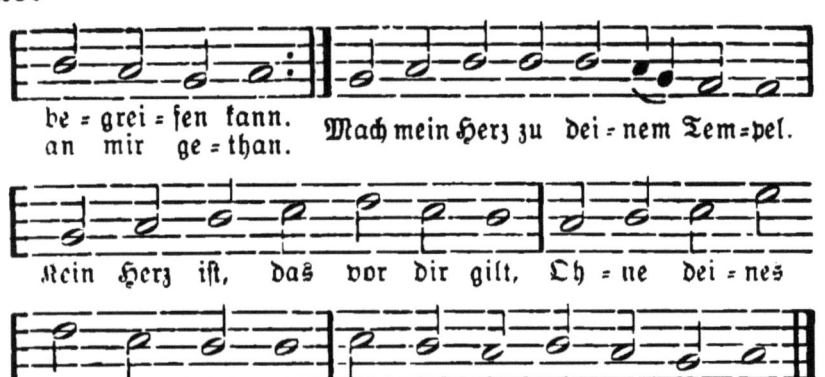

be = grei = fen kann.   Mach mein Herz zu dei = nem Tem = pel.
an mir ge = than.

Rein Herz iſt, das vor dir gilt, Oh = ne Dei = nes

Geiſ = tes Stem = pel, Oh = ne Dei = ner Lie = be Bild.

2. Feinde lieben, Sünder tra=
gen, Ohne Ausnahm gütig ſein,
Auch zu Fluchern Friede! ſagen,
Großen Schuldnern viel verzeihn,
Bös mit Gutem überwinden,
Gnad erzeigen ſtatt der Rach:
Das läßt du an dir uns finden.
Wer's erfährt, der ahmt es nach.)

3. Vater! werde ob mir Armen
Des Erbarmens ja nicht müd;
Lehr mich aber auch Erbarmen,
Wie dein Kind an dir es ſieht.

Werd ich irgend ungeduldig, Halt
mein Herz in deiner Zucht, Daß es
Brüder, die mir ſchuldig, Nicht im
Zorn zu würgen ſucht.

4. Laß mich auf dein Wort ſtets
ſehen: Unbarmherziges Gericht
Wird einſt über den ergehen, Der
ſein hartes Herz nicht bricht. Dar=
um gieb, wenn einſt im Lichte Du
als Richter kommſt heran, Daß ich
wider das Gerichte Dein Erbar=
men rühmen kann.

Ph. Fr. Hiller, geb. 1699, † 1769.

325.

Mel. Nun danket all und bringet Ehr.

1. Der du noch in der letz = ten Nacht, Eh du für

uns er=blaßt, Den Dei = nen von der Lie = be Macht

So ſchön ge = pre = digt haſt:

2. Erinnre deine kleine Schar,
Die ſich ſonſt leicht entzweit, Daß
deine letzte Sorge war Der Glie=
der Einigkeit.

3. Bezwinge unſern ſtolzen Sinn,
Der nichts von Demut weiß, Und
führ ihn in die Liebe hin Zu dei=
ner Liebe Preis.

Nic. L. v. Zinzendorf, geb. 1700, † 1760.

326.

Mel. Wunderbarer König.

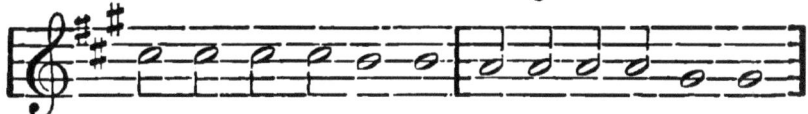

1. Kommt ins Reich der Lie = be, O ihr Got=tes=kin = der,
   Lernt von eu = rem Lam=me Eu = re Brü=der lie = ben

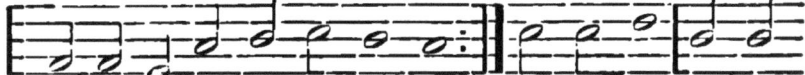

Ihr im Blut ge=wasch=nen Sünder!
Und euch recht dar = in = nen ü = ben.   Folgt dem Herrn; Traget

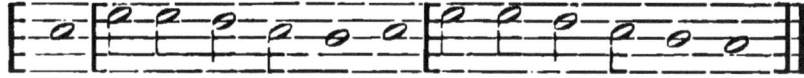

gern, Was nach Je = su fraget, Wenn's auch fällt und kla=get.

2. Sünde zu vergeben Und auch zu vergessen, Das hat keiner so besessen, Als der Freund der Sünder, Der mit eignem Blute Seinen Feinden selbst zu gute Alle Schuld, O der Huld! Ewiglich begraben, Völlig aufgehoben.

3. Wirft der Feind der Seelen Zwischen eure Herzen Streit, Verdacht und Haderschmerzen: O so seid nicht stille; Wartet nicht so lange Bis zum Sonnenuntergange! Tötet bald Die Gewalt Aller Zwistigkeiten, Die den Fall bereiten.

4. Bleibt nicht so beständig Auf dem eignen Rechte, Werdet gern der andern Knechte; Denn die süße Liebe Deckt der Sünden Menge, Duldet ohne Maß der Länge. Liebt euch sehr, Liebet mehr, Nährt das Liebesfeuer Alle Tage treuer.

5. Soll das Reich des Sohnes, Voll von großen Herden, Fest und reich gesegnet werden: O so laßt uns lieben Und in Liebe brennen! Jesu! hilf, daß wir es können; Satan wehrt, Denn das Schwert Fest verbundner Liebe Schlägt ihm tiefe Hiebe.

6. Abba, lieber Vater, Sohn und Geist der Gnaden! Heile allen unsern Schaden. Falschheit, Schein und Tücke, Stolz und Eigenliebe Kreuzige durch deine Triebe. Satans Macht Wird verlacht, Wenn wir dich nur kennen Und in Liebe brennen.

Ernst G. Woltersdorf, geb. 1725, † 1761.

327.

Mel. Es ist gewißlich an der Zeit.

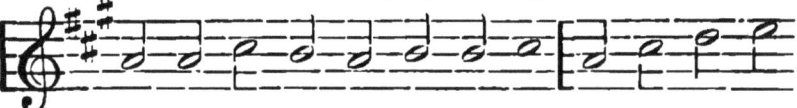

1. Ver = leih mir, Je = su, dei=nen Sinn, Dem Fein=de zu
   Laß mich, der ich dein Jün=ger bin, Nach Fried und Ein=

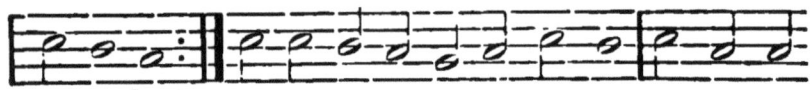

ver = ge=ben!
tracht ſtreben!   Wie könnt ich he = gen bit=tern Zorn, Da aus der

Gna = de   ſü = ßem Born Nur Heil mir quillt und Le = ben?

2. Ein Vater hat uns auser=
wählt Zu ſeines Hauſes Kindern;
Ein Heiland brachte, was uns
fehlt, Verſöhnung allen Sündern;
Ein Geiſt uns alleſamt regiert
Und zu des Himmels Erbe führt,
Wenn wir ihn nur nicht hindern.
3. Wie dürſt ich wegen kleiner
Schuld Den ſchwachen Bruder haſ=
ſen, Da Gottes Langmut und Ge=
duld Mir große Schuld erlaſſen?
Nein, immer ſei mein Herz bereit,
In wahrer Lieb und Einigkeit
Den Nächſten zu umfaſſen.

4. In einem Herrn ließ Got=
tes Rat Uns Heil und Gnade fin=
den, Ein gnadenreiches Waſſerbad
Macht rein uns von den Sünden,
Ein Abendmahl uns alle ſpeiſt:
Wie ſollte nicht ein Herz und Geiſt
Uns alleſamt verbinden?
5. Nimm hin, o Bruder, meine
Hand, Reich deine mir zum Frieden!
Aus unſerm Herzen ſei verbannt,
Was uns bisher geſchieden. Den
Seligen im Himmelreich Sind wir
durch wahre Liebe gleich Und ſelig
ſchon hienieden.   Munbiſch.

5. Heiligungslieder. Geiſtlicher Kampf und Sieg.

328.

Mel. Aus tiefer Not ſchrei ich zu dir.

1. Laß, Va = ter, dei = nen gu = ten Geiſt Mich in = ner = lich
   Daß ich all=zeit thu, was du heißt, Und mich nicht laß

re = gie = ren,
ver=ſüh=ren,   Daß ich dem Ar = gen wi = der=ſteh Und nicht

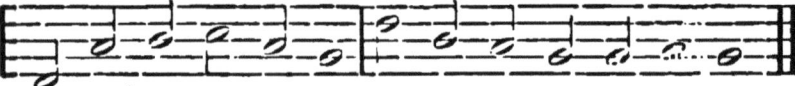

von dei=nem Weg ab = geh Zur Rech=ten o = der Lin = ken.

2. Ob böse Lust noch mannig=
falt Mich anficht, weil ich lebe: So
hilf, daß ich ihr alsobald Im An=
fang widerstrebe, Und daß ich da
vergesse nicht Die Todesstunde,
das Gericht, Den Himmel und
die Hölle.

3. Gieb, daß ich denke jederzeit
An diese letzten Dinge Und dadurch
alle Sündenfreud Aus meinem
Herzen bringe, Damit ich mög mein
lebenlang Dir dienen ohne Furcht
und Zwang In willigem Gehorsam.

4. Gott Vater, deine Kraft und
Treu Laß reichlich mich empfinden!
O Jesu Christe, steh mir bei, Daß
ich könn überwinden! Hilf, heilger
Geist, in diesem Krieg, Daß ich da
immer einen Sieg Erhalte nach
dem andern!

Dav. Denike, geb. 1603, † 1680.

329.

Mel. Mach's mit mir, Gott, nach deiner Gut.

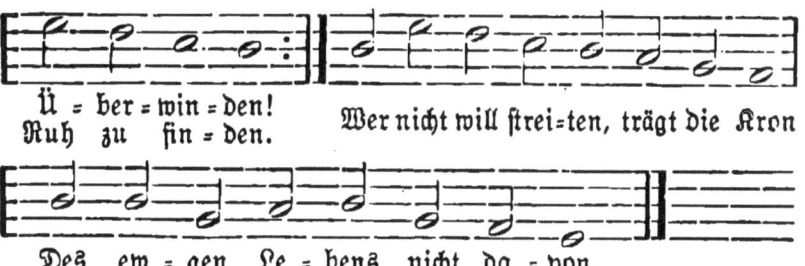

1. Auf, Christenmensch, auf, auf zum Streit! Auf, auf zum
In die=ser Welt, in die=ser Zeit Ist kei=ne
Ü=ber=win=den!
Ruh zu fin=den.
Wer nicht will strei=ten, trägt die Kron
Des ew=gen Le=bens nicht da=von.

2. Der Teufel kommt mit sei=
ner List, Die Welt mit Pracht und
Prangen, Das Fleisch mit Wol=
lust, wo du bist, Zu fällen dich
und fangen. Streitst du nicht wie
ein tapfrer Held, So bist du hin
und schon gefällt.

3. Gedenke, daß du zu der Fahn
Dein's Feldherrn hast geschworen;
Gedenke, daß du als ein Mann
Zum Streit bist auserkoren; Ja,
denke, daß ohn Streit und Sieg
Noch keiner zum Triumph aufstieg.

4. Wie schmählich ist's, wenn
ein Soldat Dem Feind den Rücken
kehret; Wie schmählich, wenn er
seine Statt Verläßt und sich nicht
wehret; Wie sträflich, wenn er gar

mit Fleiß Aus Zagheit wird dem
Feind zum Preis!

5. Bind an! der Teufel ist bald
hin, Die Welt wird leicht verjaget;
Das Fleisch muß endlich aus dem
Sinn, Wie sehr dich's immer plaget.
O ewge Schande, wenn ein Held
Vor diesen drei Erzfeinden fällt!

6. Wer überwindet und den
Raum Der Laufbahn wohl durch=
messen, Der wird im Paradies vom
Baum Des ewgen Lebens essen;
Er wird hinfort von keinem Leid
Noch Tod berührt in Ewigkeit.

7. Wer überwind't und seinen
Lauf Mit Ehren kann vollenden,
Dem wird der Herr alsbald dar=
auf Verborgnes Manna senden,

Ihm geben einen weißen Stein
Und einen neuen Namen drein.
8. Wer überwind't, bekommt
Gewalt, Wie Chriſtus zu regieren,
Mit Macht die Völker mannigfalt
Nach Gottes Rat zu führen. Wer
überwind't, bekommt vom Herrn
Zum Feldpanier den Morgen=
ſtern.
9. Wer überwind't, ſoll ewig
nicht Aus Gottes Tempel gehen,
Vielmehr drin als ein helles Licht
Und güldne Säule ſtehen; Der
Name Gottes, unſers Herrn, Soll
leuchten von ihm weit und fern.

10. Wer überwind't, ſoll auf
dem Thron Mit Chriſto Jeſu
ſitzen, Soll glänzen wie ein Got=
tesſohn Und wie die Sonne blit=
zen, Ja, ewig herrſchen und re=
giern Und immerdar den Himmel
ziern.
11. So ſtreit denn wohl, ſtreit
feck und kühn, Daß du mögſt über=
winden! Streng an die Kräfte,
Mut und Sinn, Daß du dies Gut
mögſt finden! Wer nicht will ſtrei=
ten um die Kron, Bleibt ewiglich
in Spott und Hohn.
Joh. Scheffler, geb. 1624, † 1677.

330.

Mel. Freu dich ſehr, o meine Seele.

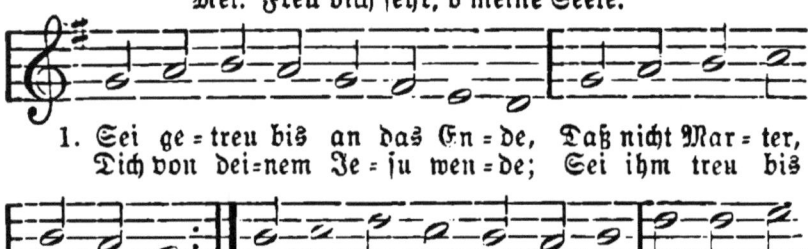

1. Sei ge = treu bis an das En = de, Daß nicht Mar = ter,
Dich von dei=nem Je = ſu wen = de; Sei ihm treu bis

Angſt und Not
in den Tod! Ach, das Lei = den die = ſer Zeit Iſt nicht wert

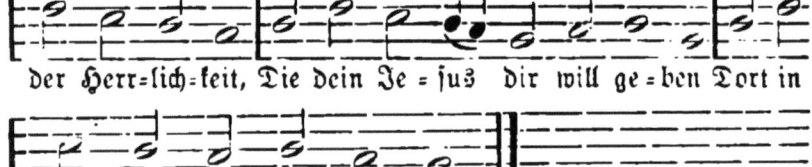

der Herr=lich=keit, Die dein Je = ſus dir will ge = ben Dort in

ſei = nem Freu = den = le = ben.

2. Sei getreu in deinem Glau=
ben! Laß dir deſſen feſten Grund
Ja nicht aus dem Herzen rauben;
Halte treulich deinen Bund, Den
dein Gott durchs Waſſerbad Feſt
mit dir geſchloſſen hat. Ach, du
gingeſt ja verloren, Wenn du
treulos ihm geſchworen!
3. Sei getreu in deiner Liebe
Gegen Gott, der dich geliebt; Auch

die Lieb am Nächſten übe, Wenn er
dich auch oft betrübt. Denke, was
dein Heiland that, Als er für die
Feinde bat! Du mußt, ſoll dir
Gott vergeben, Auch verzeihn und
liebreich leben.
4. Hat dich Kreuz und Not be=
troffen, Und Gott hilft nicht alſofort:
Bleibe treu in deinem Hoffen,
Traue feſt auf Gottes Wort; Hoff

auf Jesum festiglich. Sein Herz bricht ihm gegen dich, Seine Hilf ist schon vorhanden. Hoffnung machet nie zu schanden.

5. Sei getreu in deinem L e i d e n, Und laß dich kein Ungemach, Keine Not von Jesu scheiden; Murre nicht in Weh und Ach! Denn du machest deine Schuld Größer nur durch Ungeduld. Selig ist, wer willig träget, Was sein Gott ihm auferleget.

6. Sei getreu in Todesstunden, Halt dich glaubensvoll an Gott.

Flieh getrost zu Christi Wunden, Sei getreu bis in den T o d. Wer mit Jesu betend ringt Und das Sündenfleisch bezwingt, Dem will er in jenem Leben Seine Freudenkrone geben.

7. Nun wohlan, so bleib im Leiden Glaube, Liebe, Hoffnung fest! Ich will treu sein bis zum Scheiden, Weil mein Gott mich nicht verläßt. Herr, den meine Seele liebt, Dem sie sich im Kreuz ergiebt, Sieh, ich fasse deine Hände, Hilf mir treu sein bis ans Ende!

Nach Benj. Pistorius, um 1660.

331.

Mel. Herr Gott, dich loben alle wir.

1. Ein rei = nes Herz, Herr, schaff in mir, Schleuß zu der Sün = den Thor und Thür, Ver = trei = be sie, und laß nicht zu, Daß sie in mei = nem Her = zen ruh.

2. Dir öffn' ich, Jesu, meine Thür; Ach, komm und wohne du bei mir, Treib all Unreinigkeit hinaus Aus deinem Tempel und Wohnhaus.

3. Laß deines guten Geistes Licht Und dein hellglänzend Angesicht Erleuchten mein Herz und Gemüt, O Brunnen unerschöpfter Güt!

4. Und mache denn mein Herz zugleich An Himmelsgut und Segen reich; Gieb Weisheit, Stärke, Rat, Verstand aus deiner milden Gnadenhand.

5. So will ich deines Namens Ruhm Ausbreiten als dein Eigentum Und dieses achten für Gewinn, Wenn ich nur dir ergeben bin.

H. G. Neuß, geb. 1654, † 1716.

332.

Mel. Freu dich sehr, o meine Seele.

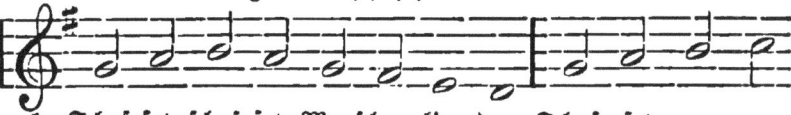

1. Schaf=fet, schaf=fet, Menschen=kin = der, Schaf = fet eu = re
Bau = et nicht, wie fre = che Sün=der, Auf die un = ge=

Se = lig = keit; wiſ = ſe Zeit, Sondern ſchau=et ü = ber euch, Rin=get nach

dem Himmelreich, Und be=müht euch hier auf Er = den, Wie ihr

mö = get ſe = lig wer = den.

2. Selig, wer im Glauben käm=
pfet; Selig, wer im Kampf beſteht.
Wer die Sünde in ſich dämpfet
Und die Luſt der Welt verſchmäht!
Unter Chriſti Kreuzesſchmach Ja=
get man dem Frieden nach; Wer
den Himmel will ererben, Muß
zuvor mit Chriſto ſterben.

3. Werdet ihr nicht treulich rin=
gen, Wollt ihr träg und läſſig
ſein, Eure Lüſte zu bezwingen, So
bricht eure Hoffnung ein. Ohne
tapfern Streit und Krieg Folget
niemals rechter Sieg; Nur dem
Sieger iſt die Krone Beigelegt
zum Gnadenlohne.

4. Schlagt ans Kreuz die Sün=
denglieder, Wenn ſich die Ver=
ſuchung regt; Kämpft die böſe Luſt
danieder, Bis ſich ihre Macht ge=

legt. Was euch hindert, werfet ab;
Was euch ärgert, ſenkt ins Grab.
Denket ſtets an Chriſti Worte:
Dringet durch die enge Pforte!

5. Zittern will ich vor der Sün=
de, Will allein auf Jeſum ſehn,
Bis ich ſeinen Beiſtand finde, In
der Gnade zu beſtehn. Ach mein
Heiland! geh doch nicht Mit mir
Armen ins Gericht; Gieb mir dei=
nes Geiſtes Waffen, Meine Selig=
keit zu ſchaffen.

6. Amen! es geſchehe, Amen!
Gott verſiegle dies in mir, Daß ich
ſo in Jeſu Namen Meinen Glau=
benskampf vollführ. Er, er gebe
Kraft und Stärk Und regiere ſelbſt
das Werk, Daß ich wache, bete, rin=
ge Und alſo zum Himmel dringe!
L. A. Gotter, geb. 1661, † 1735.

333.

Mel. Eins iſt not, ach Herr, dies Eine.

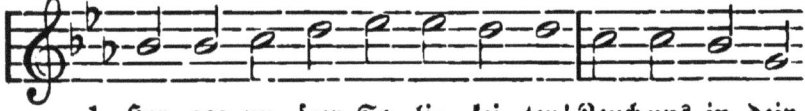

1. Her = zog un = ſrer Se = lig = kei = ten! Zeuch uns in dein
    Da du uns die Statt be = rei = ten Und zu dei=nes

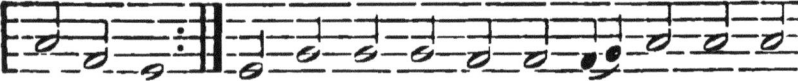

Hei=lig=tum, Namens Ruhm   Als dei = ne Er = löſ = ten ſieg=präch=tig willſt

füh=ren. Laß un=fe=re Bit=te dein Her=ze jetzt

rüh=ren; Wir wol=len dem Va=ter zum Op=fer da=stehn

Und mit dir durch Lei=den zur Herr=lich=keit gehn.

2. Er hat uns zu dir gezogen, Und du wieder zu ihm hin; Liebe hat uns überwogen, Daß an dir hängt Herz und Sinn. Nun wollen wir gerne mit dir auch absterben Dem ganzen natürlichen Sündenverderben; Ach, laß in dein Sterben versetzet uns sein, Sonst dringen wir nimmer ins Leben hinein!

3. Aber hier erdenkt die Schlange So viel Ausflucht überall; Bald macht sie den Willen bange, Bald bringt uns die Lust zu Fall. Es bleibet das Leben am Kleinsten oft kleben Und will sich nicht gänzlich zum Sterben ergeben; Es schützet die löblichsten Meinungen vor Und bauet so Höhen und Festung empor.

4. Drum, o Schlangentreter, eile, Führ das Todesurteil aus! Brich entzwei des Mörders Pfeile, Wirf den Drachen ganz hinaus. Ach, laß sich dein neues, erstandenes Leben In unsern erstorbenen Herzen erheben! Erzeig dich verkläret und herrlich noch hier, Und bringe ein neues Geschöpfe herfür.

5. Lebe denn, und lieb und labe In der neuen Kreatur, Lebensfürst, Durch deine Gabe Die genesene Natur. Erwecke dein Paradies wieder im Grunde Der Seelen, und bringe noch näher die Stunde, Da du dich in all deinen Gliedern verklärst Und ihnen das ewige Leben gewährst.

6. Gönne uns noch Frist auf Erden, Zeugen deiner Kraft zu sein, Deinem Bilde gleich zu werden Und im Tod zu nehmen ein Des Lebens vollkommne Freiheit und Rechte, Als eines vollendeten Heilands Geschlechte. Der Unglaub mag denken, wir bitten zu viel: Du hörst unsre Bitten, thust über ihr Ziel.

Gottfried Arnold, geb. 1666, † 1714.

334.

Mel. O du Liebe meiner Liebe.

1. O Durch=bre=cher al=ler Ban=de, Der du im=
Bei dem Schaden, Spott und Schan=de Lau=ter Lust

mer bei uns bist,
und Him=mel ist!   ü = ber fer=ner dein Ge=rich=te

Wi = der un = ſern A = dams=ſinn, Bis uns dein ſo
treu Ge = ſich = te Füh=ret aus dem Ker = ter hin.

2. Iſt's doch deines Vaters Wille, Daß du endeſt dieſes Werk. Hiezu wohnt in dir die Fülle Aller Weisheit, Lieb und Stärk, Daß du nichts von dem verliereſt, Was er dir geſchenket hat, Und es von dem Treiben führeſt Zu der ſüßen Ruheſtatt.

3. Ach, ſo mußt du uns vollenden, Willſt und kannſt ja anders nicht; Denn wir ſind in deinen Händen, Dein Herz iſt auf uns gericht't, Ob wir wohl vor allen Leuten Als gefangen ſind geacht't, Weil des Kreuzes Niedrigkeiten So verachtet uns gemacht.

4. Schau doch aber unſre Ketten, Da wir mit der Kreatur Seufzen, ringen, ſchreien, beten Um Erlöſung von Natur, Von dem Dienſt der Eitelkeiten, Der uns noch ſo harte drückt, Wenn auch unſer Geiſt in Zeiten Sich auf etwas Beßres ſchickt.

5. Ach, erheb die matten Kräfte, Daß ſie ganz ſich reißen los, Und durch alle Weltgeſchäfte Durchgebrochen, ſtehen bloß. Weg mit Menſchenfurcht und Zagen! Weich, Vernunft=Bedenklichkeit! Fort mit Scheu vor Schmach und Plagen! Weg des Fleiſches Zärtlichkeit!

6. Herr, zermalme und zerſtöre Alle Macht der Finſterniß! Der preiſt nicht mehr deine Ehre, Den die Sünd zum Tode riß. Heb uns aus dem Staub der Sünden, Wirf die Luſt der Welt hinaus; Laß uns ſelge Freiheit finden In des ewgen Vaters Haus.

7. Wir verlangen keine Ruhe Für das Fleiſch in Ewigkeit: Wie du's nötig findſt, ſo thue Noch vor unſrer Abſchiedszeit. Aber unſer Geiſt, der bindet Dich im Glauben, läßt dich nicht, Bis er die Erlöſung findet, Die dein teures Wort verſpricht.

8. Herrſcher, herrſche! Sieger, ſiege! König, brauch dein Regiment! Führe deines Reiches Kriege, Mach der Sklaverei ein End; Bring zur Freiheit unſre Seelen Durch des neuen Bundes Blut; Laß uns länger nicht ſo quälen, Denn du meinſt's mit uns ja gut!

9. Haben wir uns ſelbſt gefangen In Luſt und Gefälligkeit, Ach, ſo laß uns nicht ſtets hangen In dem Tod der Eitelkeit; Denn die Laſt treibt uns zu rufen, Alle ſchreien wir dich an: Zeig uns nur die erſten Stufen Der gebrochnen Freiheitsbahn!

10. Ach, wie teur ſind wir erworben, Nicht der Menſchen Knecht zu ſein! Drum, ſo wahr du biſt geſtorben, Mußt du uns auch machen rein, Rein und frei und ganz vollkommen, Nach dem beſten Bild gebild't. Der hat Gnad um Gnad genommen, Wer aus deiner Füll ſich füllt.

11. Liebe! zeuch uns in dein Sterben, Laß mit dir gekreuzigt ſein, Was dein Reich nicht kann ererben; Führ ins Paradies uns ein. Doch, wohlan, du wirſt nicht ſäumen, Laß uns nur nicht läſſig ſein! Werden wir doch als wie träumen, Wann die Freiheit bricht herein!

Gottfried Arnold, geb. 1666, † 1714.

335.

Mel. Großer Prophete, mein Herze.

1. Je=su, hilf sie=gen, du Für=ste des Lebens! Sieh, wie
Wie sie ihr höl=li=sches Heer nicht ver=ge=bens Mäch=tig

die Fin=ster=nis dringet her=ein,
auf=füh=ret, mir schädlich zu sein.   Sa=tan der sin=net auf al=

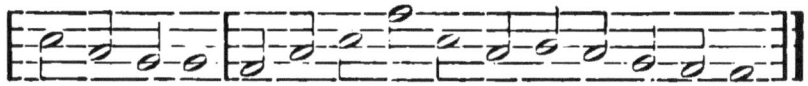

ler=lei Rän=te, Wie er mich sich=te, ver=stö=re und kränke.

2. Jesu, hilf siegen! Ach, wer muß nicht klagen: Herr, mein Ge=brechen ist immer vor mir! Hilf, wenn die Sünden der Jugend mich nagen, Die mein Gewissen mir täg=lich hält für! Ach, laß mich schmecken Dein kräftig Versühnen, Und dies zu meiner Demütigung dienen!

3. Jesu, hilf siegen, und lege ge=fangen In mir die Lüste des Flei=sches, und gieb, Daß in mir lebe des Geistes Verlangen, Aufwärts sich schwingend mit heiligem Trieb! Laß mich eindringen ins himmli=sche Wesen, So wird mein Geist, Leib und Seele genesen.

4. Jesu, hilf siegen, damit auch mein Wille Dir, Herr, sei gänzlich zum Opfer geschenkt, Und ich mich stets in dein Wollen verhülle, Wo sich die Seele zur Ruhe hinlenkt! Laß mich mir sterben und alle dem Meinen, Daß ich mich zählen darf unter die Deinen!

5. Jesu, hilf siegen! Wer mag sonst bestehen Wider den listigen, grimmigen Feind? Wer mag dem Vater der Lügen entgehen, Wenn

er als Engel des Lichtes erscheint? Herr! wenn du weichest, so muß ich verirren, Dann wird die Schlange durch List mich verwirren.

6. Jesu, hilf siegen im Wachen und Beten! Hüter! du schläfst ja und schlummerst nicht ein; Laß dein Gebet mich unendlich vertreten, Der du verheißen, Fürsprecher zu sein. Wenn mich die Nacht mit Ermü=dung will decken, Wollst du mich, Jesu, ermuntern und wecken!

7. Jesu, hilf siegen! Wenn alles verschwindet, Und ich mein Nichts und Verderben nur seh; Wenn kein Vermögen zu beten sich findet, Und ich bin wie ein verschüchtertes Reh: Ach, Herr, so wollst du im Grunde der Seelen Dich mit dem innersten Seufzen vermählen!

8. Jesu, hilf siegen, und laß mir's gelingen, Daß ich die Krone des Sieges erlang; So will ich ewig dir Lob und Dank singen, Jesu, mein Heiland, mit frohem Gesang! Wie wird dein Name da werden gepriesen, Wo du, o Held, dich so mächtig erwiesen!

9. Jeſu, hilf ſiegen, wann's nun kommt zum Sterben; Mache mich würdig und ſtetig bereit, Daß man mich nenne des Himmelreichs Erben, Dort in der Ewigkeit, hier in der Zeit! Jeſu, dir bleib ich auf ewig ergeben, Hilf du mir ſiegen, mein Heil, Troſt und Leben!

J. H. Schröder, geb. 1666, † 1728.

336.

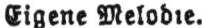
Eigene Melodie.

1. Rin = ge recht, wenn Got = tes Gna = de Dich nun zie=het und be = kehrt, Daß dein Geiſt ſich recht ent = la = de Von der Laſt, die ihn be=ſchwert.

2. Ringe, denn die Pfort iſt enge Und der Lebensweg iſt ſchmal. Hier bleibt alles im Gedränge, Was nicht zielt zum Himmelsſaal.

3. Kämpfe bis aufs Blut und Leben, Dring hinein in Gottes Reich. Will der Satan widerſtreben, Werde weder matt noch weich.

4. Ringe, daß dein Eifer glühe, Und die erſte Liebe dich Von der ganzen Welt abziehe; Halbe Liebe hält nicht Stich.

5. Ringe mit Gebet und Schreien, Halte damit feurig an: Laß dich keine Zeit gereuen, Wär's auch Tag und Nacht gethan.

6. Haſt du dann die Perl errungen, Denke ja nicht, daß du nun Alles Böse haſt bezwungen, Das uns Schaden pflegt zu thun.

7. Nimm mit Furcht ja deiner Seele. Deines Heils mit Zittern wahr; Hier in dieſer Leibeshöhle Schwebſt du täglich in Gefahr.

8. Halt ja deine Krone feſte;

Halte männlich, was du haſt: Recht beharren iſt das beſte, Rückfall iſt ein böſer Gaſt.

9. Laß dein Auge ja nicht gaffen Nach der ſchnöden Eitelkeit; Bleibe Tag und Nacht in Waffen, Fliehe Träg= und Sicherheit.

10. Laß dem Fleiſche nicht den Willen, Gieb der Luſt den Zügel nicht; Willſt du die Begierden ſtillen, So verliſcht das Gnadenlicht.

11. Wahre Treu führt mit der Sünde Bis ins Grab beſtändig Krieg, Richtet ſich nach keinem Winde, Sucht in jedem Kampf den Sieg.

12. Wahre Treu liebt Chriſti Wege, Steht beherzt auf ihrer Hut, Weiß von keiner Fleiſches=pflege, Hält ſich ſelber nichts zu gut.

13. Wahre Treu kommt dem Getümmel Dieſer Welt niemals zu nah; Denn ihr Schatz iſt in dem Himmel, Drum iſt auch ihr Herz allda.

14. Dies bedenket wohl, ihr Streiter! Streitet recht und fürchtet

euch; Geht doch alle Tage weiter, Bis ihr kommt ins Himmelreich.

15. Denkt bei jedem Augen= blicke, Ob's vielleicht der letzte sei. Bringt die Lampen ins Geschicke; Holt stets neues Öl herbei.

16. Eile, zähle Tag und Stun= den, Bis dein Bräutgam kommt und winkt, Und wenn du nun über= wunden, Dich zum Schauen Got= tes bringt.

J. J. Winkler, geb. 1670, † 1722.

337.

Eigene Melodie.

1. Es kos = tet viel, ein Christ zu sein Und nach dem Sinn des rei=nen Geis = tes le = ben; Denn der Na = tur geht es gar sau = er ein, Sich im=mer=dar in Christi Tod zu ge = ben; Und ist hier gleich ein Kampf wohl aus = ge = richt't, Das macht's noch nicht, Das macht's noch nicht.

2. Man muß hier stets auf Schlangen gehn, Die leicht ihr Gift in unsre Fersen bringen; Da kostet's Müh, auf seiner Hut zu stehn, Daß nicht das Gift kann in die Seele dringen. Wenn man's versucht, so spürt man mit der Zeit Die Wichtigkeit, Die Wich= tigkeit.

3. Doch ist es wohl der Mühe wert, Wenn man mit Ernst die Herrlichkeit betrachtet, Die ewiglich ein solcher Mensch erfährt, Der stets hier nach dem Himmlischen getrach= tet. Es hat wohl Müh; die Gnade aber macht, Daß man's nicht acht't, Daß man's nicht acht't.

4. Man soll ein Kind des Höch= sten sein, Ein reiner Glanz, ein Licht im großen Lichte. Wie wird der Christ so stark, so hell und rein, So herrlich sein, so lieblich im Ge= sichte, Dieweil ihn da die wesent= liche Pracht So schöne macht, So schöne macht!

5. Da wird das Kind den Vater sehn, Im Schauen wird es ihn mit Lust empfinden. Der lautre Strom wird es da ganz durchgehn Und es mit Gott zu einem Geist verbin= den. Wer weiß, was da im Geiste wird geschehn; Wer mag's ver= stehn, Wer mag's verstehn!

6. Da giebt sich ihm die Weisheit

ganz, Die es hier stets als Mut=
ter hat gespüret; Sie krönet es
mit ihrem Perlenkranz, Und wird
als Braut der Seele zugeführet.
Die Herrlichkeit wird da ganz of=
fenbar, Die in ihm war, Die in
ihm war.

7. Was Gott genießt, genießt
es auch; Was Gott besitzt, wird
ihm in Gott gegeben, Der Him=
mel steht bereit ihm zum Gebrauch.
Wie lieblich wird es doch mit Jesu
leben! Nichts wird an Kraft und
Würde höher sein, Als Gott allein.
Als Gott allein.

8. Auf, auf, mein Geist, ermüde
nicht, Dich von der Macht der
Finsterniß zu reißen! Was sor=
gest du, daß dir's an Kraft ge=
bricht? Bedenke, was für Kraft
uns Gott verheißen! Wie gut wird
sich's doch nach der Arbeit ruhn!
Wie wohl wird's thun, Wie wohl
wird's thun!

Chr. Fr. Richter, geb. 1676, † 1711.

338.

Mel. Es kostet viel, ein Christ zu sein.

1. Es ist nicht schwer, ein Christ zu sein Und nach dem Sinn des reinen

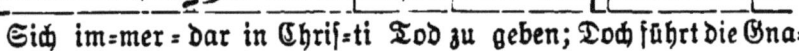

Geis=tes le=ben. Zwar der Na=tur geht es gar sau=er ein,

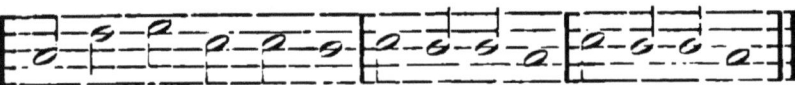

Sich im=mer=dar in Chris=ti Tod zu geben; Doch führt die Gna=

de selbst zu al=ler Zeit Den schweren Streit, Den schweren Streit.

2. Du darfst ja nur ein Kindlein
sein, Du darfst ja nur die leichte
Liebe üben. O blöder Geist, schau
doch, wie gut er's mein, Das
kleinste Kind kann ja die Mutter
lieben! Drum fürchte dich nur
ferner nicht so sehr; Es ist nicht
schwer, Es ist nicht schwer.

3. Dein Vater fordert nur das
Herz, Daß er es selbst mit reiner
Gnade fülle. Der fromme Gott
macht dir gar keinen Schmerz, Die
Unlust schafft in dir dein eigner
Wille; Drum übergieb ihn wil=
lig in den Tod, So hat's nicht
not, So hat's nicht not.

4. Wirf nur getrost den Kummer
hin, Der nur dein Herz vergeblich
schwächt und plaget; Erwecke nur
zum Glauben deinen Sinn, Wenn
Furcht und Weh dein schwaches
Herze naget. Sprich: Vater, schau
mein Elend gnädig an! So ist's
gethan, So ist's gethan.

5. Faß deine Seel nur in Ge=
duld, Wenn du nicht gleich des Va=
ters Hilfe merkest; Versiehst du's
oft und fehlst aus eigner Schuld,
So sieh, daß du dich durch die
Gnade stärkest; So ist dein Fehl
und kindliches Versehn Als nicht
geschehn, Als nicht geschehn.

6. Laß nur dein Herz im Glauben ruhn, Wenn dich will Nacht und Finsterniß bedecken. Dein Vater wird nichts Schlimmes mit dir thun, Vor keinem Wind und Sturm darfst du erschrecken; Ja, siehst du endlich ferner keine Spur, So glaube nur, So glaube nur.

7. So wird dein Licht aufs neu entstehn, Du wirst dein Heil mit großer Klarheit schauen; Was du geglaubt, wirst du dann vor dir sehn. Drum darfst du nur dem frommen Vater trauen. O Seele, sieh doch, wie ein wahrer Christ So selig ist, So selig ist!

8. Auf, auf, mein Geist! was säumest du, Dich deinem Gott ganz kindlich zu ergeben? Geh ein, mein Herz, genieß die süße Ruh, In Frieden sollst du vor dem Vater schweben! Die Sorg und Last wirf nur getrost und kühn Allein auf ihn, Allein auf ihn!

Chr. Fr. Richter, geb. 1676, † 1711.

339.

Eigene Melodie.

1. Ma = che dich, mein Geist, bereit, Wache, fleh und be = te,
Daß dich nicht die bö = se Zeit Un=ver=hofft be = tre = te;

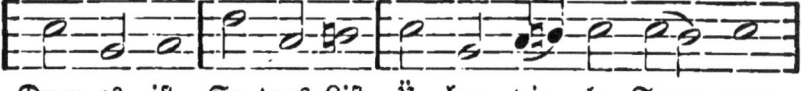

Denn es ist Sa=tans List Ü = ber vie = le From=men

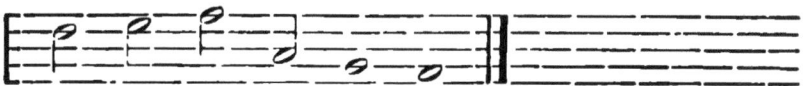

Zur Ver = su = chung kom = men.

2. Aber wache erst recht auf Von dem Sündenschlafe: Denn es folget sonst darauf Eine lange Strafe, Und die Not Samt dem Tod Möchte dich in Sünden Unvermutet finden.

3. Wache auf, sonst kann dich nicht Unser Herr erleuchten: Wache, sonsten wird sein Licht Dir noch ferne deuchten; Denn Gott will Für die Füll Seiner Gnadengaben Offne Augen haben.

4. Wache, daß dich Satans List Nicht im Schlaf mag finden; Er stürzt, wenn du sicher bist, Dich sehr leicht in Sünden; Und Gott giebt, Die er liebt, Oft in seine Strafen, Wenn sie sicher schlafen.

5. Wache, daß dich nicht die Welt Durch Gewalt bezwinge, Oder, wenn sie sich verstellt, Wieder an sich bringe; Wach und sieh, Daß dich nie Falsche Brüder fällen, Die dir Netze stellen.

6. Wache dazu auch für dich, Für dein Fleisch und Herze, Damit es nicht freventlich Gottes Gnad verscherze; Denn es ist Voller List Und kann bald sich heucheln Und in Hoffart schmeicheln.

7. Bete aber auch dabei, Bete bei dem Wachen; Denn der Herr nur kann dich frei Von dem allen machen, Was dich drückt Und bestrickt, Daß du schläfrig bleibest Und sein Werk nicht treibest.

8. Ja, er will gebeten ſein, Wenn er was ſoll geben; Er verlanget unſer Schrein, Wenn wir wollen leben Und durch ihn Unſern Sinn, Feind, Welt, Fleiſch und Sünden kräftig überwinden.

9. Doch wohl uns, es muß uns ſchon Alles glücklich gehen, Wenn wir ihn durch ſeinen Sohn Im Gebet anflehen; Denn er will Alle Füll Seiner Gunſt ausſchütten, Wenn wir glaubend bitten.

10. Drum ſo laßt uns immerdar Wachen, flehen, beten, Weil die Angſt, Not und Gefahr Immer näher treten; Denn die Zeit Iſt nicht weit, Da uns Gott wird richten Und die Welt vernichten.

Joh. Burkhart Freyſtein, † 1720.

340.

Mel. Wachet auf, ruft uns die Stimme.

1. Rüſtet euch, ihr Chriſtenleute! Die Feinde ſuchen euch
   Wappnet euch mit Gottes Worte, Und kämpfet friſch an je-

zur Beute, Ja, Satan ſelbſt hat eu'r begehrt.
dem Orte, Damit ihr bleibet unverſehrt.   Iſt euch der

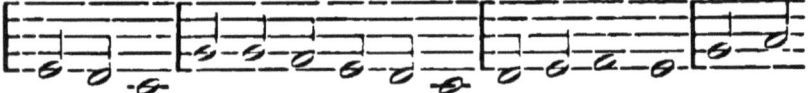

Feind zu ſchnell, Hier iſt Immanuel, Hoſianna! Der Star-

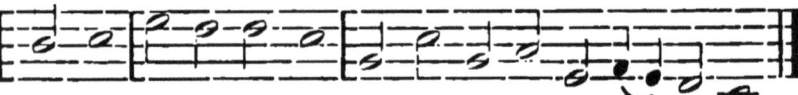

te fällt Durch dieſen Held, Und wir behalten mit das Feld.

2. Reinigt euch von euren Lüſten, Beſieget ſie, die ihr ſeid Chriſten, Und ſtehet in des Herren Kraft. Stärket euch in Jeſu Namen, Daß ihr nicht ſtrauchelt wie die Lahmen. Wo iſt des Glaubens Eigenſchaft? Wer hier ermüden will, Der ſchaue auf das Ziel; Da iſt Freude. Wohlan, ſo ſeid Zum Kampf bereit, So krönet euch die Ewigkeit.

3. Streitet recht die wenigen Jahre, Eh ihr kommt auf die Totenbahre; Kurz, kurz iſt unſer Lebenslauf. Wenn Gott wird die Toten wecken, Und Chriſtus wird die Welt erſchrecken, So ſtehen wir mit Freuden auf. Gottlob, wir ſind verſöhnt! Daß uns die Welt noch höhnt, Währt nicht lange; Und Gottes Sohn Hat längſtens ſchon Uns beigelegt die Ehrentron.

4. Jeſu! ſtärke deine Kinder, Und mach aus denen Überwinder, Die du erkauft mit deinem Blut. Schaffe

in uns neues Leben, Daß wir uns stets zu dir erheben, Wenn uns entfallen will der Mut. Geuß aus auf uns den Geist, Dadurch die Liebe fleußt In die Herzen, So halten wir Getreu an dir Im Tod und Leben für und für.

Wilh. Erasmus Arends, † 1721.

6. Kreuz=, Trost= und Vertrauenslieder.

341.

Eigene Melodie.

1. War = um be=trübst du dich, mein Herz, Bekümmerst dich

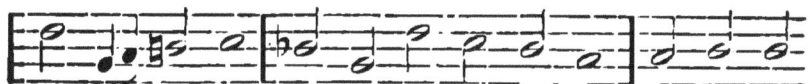

und trä = gest Schmerz Nur um das zeit = lich Gut? Ver=trau du

deinem Herrn und Gott, Der al = le Ding er = schaf=fen hat.

2. Er kann und will dich lassen nicht, Er weiß auch wohl, was dir gebricht, Himmel und Erd ist sein, Mein Vater und mein Herre Gott, Der mir beisteht in aller Not.

3. Weil du mein Gott und Vater bist, Wirst du dein Kind verlassen nicht, Du väterliches Herz! Ich bin ein armer Erdenkloß, Auf Erden weiß ich keinen Trost.

4. Der Reich' verläßt sich auf sein Gut; Ich trau dir, Gott, aus festem Mut. Ob ich gleich werd veracht't, So weiß ich und glaub festiglich: Wer dir vertraut, dem mangelt's nicht.

5. Du hast dein Kinder stets ernährt Und gnädig ihrem Leid gewehrt; Elias ward gespeist Von Raben in der Hungersnot, So bracht ihm auch dein Engel Brot.

6. Josephs hast du erbarmet dich Und seiner Brüder gnädiglich In schwerer, teurer Zeit; Hast Daniels, deines Knechts, gedacht, Ihn von den Löwen frei gemacht.

7. Ach Gott! du bist so reich noch heut, Als du es warst von Ewigkeit; Zu dir steht mein Vertraun. Sei du nur meiner Seele Hort, So hab ich Gnüge hier und dort!

8. Zeitlicher Ehr ich gern entbehr, Das Ewige mir nur gewähr, Das du erworben hast Durch deinen herben, bittern Tod; Das bitt ich dich, mein Herr und Gott!

9. Alles, was ist auf dieser Welt, Es sei Gold, Silber oder Geld, Reichtum und zeitlich Gut, Das währt nur eine kleine Zeit Und hilft doch nichts zur Seligkeit.

10. Ich dank dir, Christe, Gottes Sohn, Daß du mir dies hast kund gethan Durch dein göttliches Wort. Verleih mir auch Beständigkeit Zu meiner Seelen Seligkeit.

11. Lob, Ehr und Preis sei dir gesagt Für alle dein erzeigt Wohlthat. Ich bitt demütiglich: Laß mich von deinem Angesicht Verstoßen werden ewig nicht.

Hans Sachs, geb. 1494, † 1576.

342.

Mel. Herr Gott, dich loben alle wir.

1. Wenn wir in höch=ſten Nö=ten ſein Und wiſ=ſen nicht, wo aus noch ein, Und fin=den we=der Hilf noch Rat, Ob wir gleich ſor=gen früh und ſpat:

2. So iſt dies unſer Troſt allein, Daß wir zuſammen insgemein Anrufen dich, o treuer Gott, Um Rettung aus der Angſt und Not;

3. Und heben unſer Aug und Herz Zu dir in wahrer Reu und Schmerz Und bitten um Begnadigung Und aller Straſen Linderung,

4. Die du verheißeſt gnädiglich All denen, die drum bitten dich Im Namen deins Sohns Jeſu Chriſt, Der unſer Heil und Fürſprach iſt.

5. Drum kommen wir, o Herre Gott, Und klagen dir all unſre Not, Weil wir jetzt ſtehn verlaſſen gar In großer Trübſal und Gefahr.

6. Sieh nicht an unſre Sünden groß, Sprich uns davon aus Gnaden los; Steh uns in unſerm Elend bei, Mach uns von allen Plagen frei;

7. Auf daß von Herzen können wir Nochmals mit Freuden danken dir, Gehorſam ſein nach deinem Wort, Dich allzeit preiſen hier und dort. Paul Eber, geb. 1511, † 1569.

343.

Eigene Melodie.

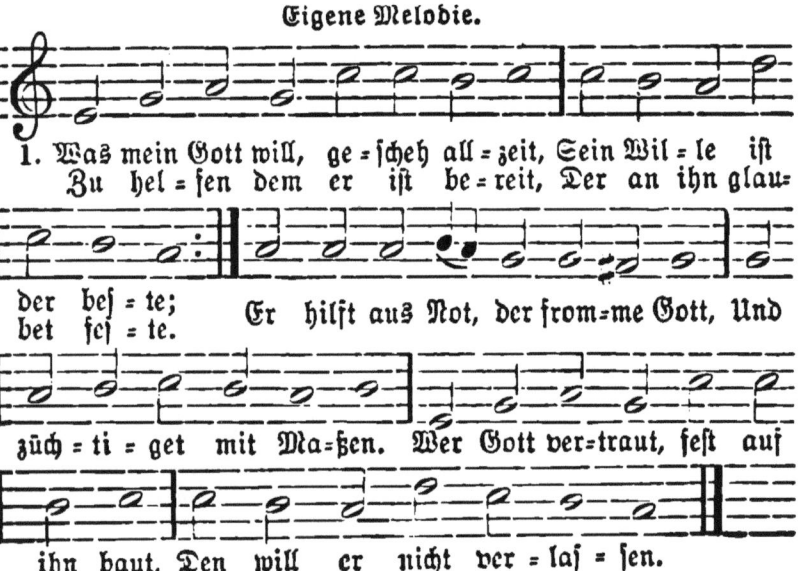

1. Was mein Gott will, ge=ſcheh all=zeit, Sein Wil=le iſt der beſ=te; Zu hel=fen dem er iſt be=reit, Der an ihn glau=bet ſeſ=te. Er hilft aus Not, der from=me Gott, Und züch=ti=get mit Ma=ßen. Wer Gott ver=traut, feſt auf ihn baut, Den will er nicht ver=laſ=ſen.

2. Gott iſt mein Troſt, mein Zuverſicht, Mein Hoffnung und mein Leben; Was mein Gott will, das mir geſchicht, Will ich nicht widerſtreben. Sein Wort iſt wahr, denn all mein Haar Er ſelber hat gezählet; Er hüt't und wacht, nimmt uns in acht, Auf daß uns gar nichts fehlet.

3. Und muß ich Sünder von der Welt Hinfahren nach Gottes Willen Zu meinem Gott, wenn's ihm gefällt: Ich will ihm halten ſtille.

Mein arme Seel ich Gott befehl In meinen letzten Stunden; Du frommer Gott! Sünd, Höll und Tod Haſt du mir überwunden.

4. Noch eins, Herr, will ich bitten dich, Du wirſt mir's nicht verſagen: Wenn mich der böſe Geiſt anficht, Laß mich, Herr, nicht verzagen; Hilf, ſteur und wehr, ach Gott, mein Herr, Zu Ehren deinem Namen! Wer das begehrt, dem wird's gewährt; Drauf ſprech ich fröhlich Amen!

Albrecht, Markgraf zu Brandenburg=Culmbach, geb. 1522, † 1557.

344.

Mel. Es iſt gewißlich an der Zeit.

1. Der Herr iſt mein ge=treu=er Hirt, Hält mich in Hut
Dar=um mir nie es mangeln wird An ir=gend ei=

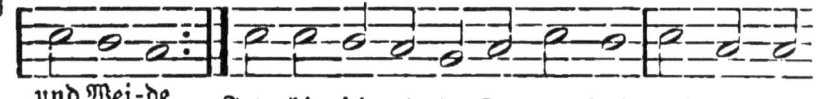

und Wei=de.
ner Freude. Jetzt bin ich al=ler Sor=gen frei, Weil Gottes

Sohn mir ſte=het bei, Mich ſchüt=zet und re=gie=ret.

2. Er weidet mich mit ſeinem Wort Auf einer grünen Auen Und läßt ſich bei mir fort und fort In wahrem Glauben ſchauen, Dazu mein Herz mit Troſt berührt Und mich an friſche Waſſer führt, Zum Brunnen ſeiner Gnaden.

3. In Angſt und Not er mich erquickt Mit ſeinem wahren Munde Und mir von oben Hilfe ſchickt Zur rechten Zeit und Stunde. Er führt mich auch ohn Unterlaß An ſeiner Hand auf rechter Straß Um ſeines Namens willen.

4. Er leitet mich bei Tag und Nacht Mit ſeinem Hirtenſtabe; Mit Fleiß er Leib und Seel bewacht, Treibt alles Unglück abe. Ich fürchte nichts im finſtern Thal, Denn Gott iſt bei mir überall Auf allen meinen Wegen.

5. Er deckt den Tiſch für meine Seel, Mag's auch den Feind verdrießen. Er ſalbet mich mit Freudenöl, Und bis zum Überfließen Schenkt er des Troſtes Becher voll, Auf daß ich ja nicht zweifeln ſoll An ſeiner Huld und Gnade.

6. Viel Gutes und Barmher=
zigkeit Wird über mir ſtets ſchwe=
ben, Und große Gnade jederzeit
Nachfolgen in dem Leben; Und
werd alſo ganz offenbar Im
Hauſe Gottes immerdar Hier
und dort ewig bleiben.

7. Das hilf mir, o Herr Jeſu
Chriſt, Durch deine große Güte,
Und mich vor's Teufels Macht
und Liſt Genädiglich behüte, Auf
daß ich, als dein liebes Schaf, Im
rechten Glauben ſanft einſchlaf
Und ewig mit dir lebe!

Barth. Ringwaldt, geb. 1531, † um 1600.

345.

Eigene Melodie.

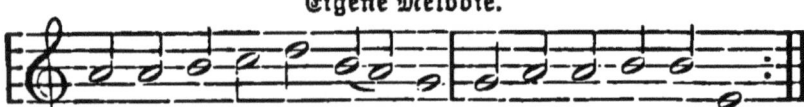

1. Von Gott will ich nicht laſ = ſen, Denn er läßt nicht von mir,
Führt mich auf rech=ter Straßen; Sonſt ging ich in der Irr.

Er reicht mir ſei = ne Hand, Den A=bend wie den Mor = gen

Thut er mich wohl ver = ſor = gen, Wo ich auch ſei im Land.

2. Wenn ſich der Menſchen
Treue Und Wohlthat all ver=
kehrt, So wird mir bald aufs
neue Die Huld des Herrn be=
währt. Er hilft aus aller Not,
Errett't von Sünd und Schan=
den, Von Ketten und von Ban=
den, Und wenn's gleich wär der
Tod.

3. Auf ihn will ich vertrauen
In meiner ſchweren Zeit. Es kann
mich nicht gereuen; Er wendet al=
les Leid. Ihm ſei es heimgeſtellt:
Mein Leib, mein Seel, mein Le=
ben Sei Gott dem Herrn ergeben;
Er mach's, wie's ihm gefällt.

4. Es kann ihm nichts gefallen,
Denn was mir nützlich iſt; Er
meint's gut mit uns allen Und
ſchenkt uns Jeſum Chriſt, Sein'n
allerliebſten Sohn; Durch ihn er
uns beſcheret, Was Leib und Seel
ernähret. Lobt ihn im Him=
melsthron!

5. Lobt ihn mit Herz und
Munde, Die er uns beide ſchenkt!
Das iſt ein ſelge Stunde, Darin
man ſein gedenkt. Sonſt iſt all
unſre Zeit Verloren hier auf Er=
den; Wir ſollen ſelig werden Und
bleib'n in Ewigkeit.

6. Wenn einſt die Welt vergehet
Mit ihrer ſtolzen Pracht, Nicht Ehr
noch Gut beſtehet, Das vor war
groß geacht't. Wir werden nach
dem Tod Tief in die Erd begra=
ben; Wenn wir geſchlafen haben,
Will uns erwecken Gott.

7. Die Seel bleibt unverloren,
Geführt in Abrams Schoß; Der
Leib wird neu geboren, Von allen
Sünden los, Ganz heilig, rein und
zart, Ein Kind und Erb des Her=
ren; Daran muß uns nicht irren
Des Teufels liſtge Art.

8. Darum, ob ich ſchon dulde
Hier Widerwärtigkeit, Wie ich auch
wohl verſchulde: Kommt doch die

Ewigkeit, Die aller Freuden voll Und ohne Schrank und Ende Durch Christi treue Hände Mein Erbteil werden soll.

9. Das ist des Vaters Wille, Der uns geschaffen hat; Sein Sohn giebt uns die Fülle Der Wahrheit und der Gnad; Und Gott, der heilge Geist, Im Glau=ben uns regieret, Zum Reich der Himmel führet. Ihm sei Lob, Ehr und Preis!

Ludw. Helmbold, geb. 1532, † 1598.

346.

Mel. Herr Jesu Christ, dich zu uns wend.

1. Hilf, Hel = fer, hilf in Angst und Not! Er = barm dich mein, o treu = er Gott! Ich bin ja doch dein lie=bes Kind Trotz Teu = fel, Höll und al = ler Sünd.

2. Ich trau auf dich, mein Gott und Herr; Wenn ich dich hab, was will ich mehr? Ich hab ja dich, Herr Jesu Christ, Du mein Gott und Erlöser bist.

3. Des freu ich mich von Herzen fein, Bin gutes Muts und harre dein, Verlaß mich gänzlich auf dein'n Nam'n. Hilf, Helfer, hilf! drauf sprech ich Am'n!

Martin Moller, geb. 1547, † 1606.

347.

Mel. Was mein Gott will, gescheh allzeit.

1. Wer Gott ver=traut, hat wohl=ge = baut Im Him = mel und auf Er = den; Wer sich ver = läßt auf Je=sum Christ, Dem muß der Him=mel wer=den. Dar = um auf dich all Hoffnung ich Ganz fest und steif thu set = zen. Herr Je = su Christ! mein Trost du bist In To = des=not und Schmer=zen.

2. Und wenn's gleich wär dem
Teufel ſehr Und aller Welt zuwi=
der, Dennoch ſo biſt du, Jeſu
Chriſt, Der ſie all ſchlägt danieder.
Und wenn ich dich nur hab um mich
Mit deinem Geiſt und Gnaden,
So kann fürwahr mir ganz und
gar Nicht Tod und Hölle ſchaden.

3. Dein tröſt ich mich ganz ſicher=
lich; Denn du kannſt mir wohl ge=
ben, Was mir iſt not, du treuer
Gott, Hier und in jenem Leben.
Gieb wahre Reu, mein Herz erneu,
Errette Leib und Seele. Ach höre,
Herr, dies mein Begehr, Und laß
mein Bitt nicht fehlen.

Joh. Mühlmann, geb. 1573, † 1613

348.

Mel. Herzliebſter Jeſu, was haſt du verbrochen.

1. Herr, un=ſer Gott! laß nicht zu ſchan=den wer=den Die, ſo

in ih=ren Nö=ten und Be=ſchwerden Bei Tag und Nacht

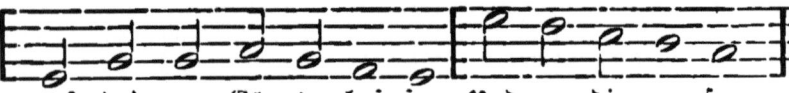

auf dei=ne Gü=te hof=fen Und zu dir ru=fen.

2. Mache zu ſchanden alle, die
dich haſſen, Die ſich allein auf
ihre Macht verlaſſen; Ach, kehre
dich mit Gnaden zu uns Armen,
Laß dich's erbarmen!

3. Und ſchaff uns Beiſtand wider
unſre Feinde; Wann du ein Wort
ſprichſt, werden ſie bald Freunde,
Sie müſſen Wehr und Waffen nie=
derlegen, Kein Glied mehr regen.

4. Wir haben niemand, dem wir
uns vertrauen, Vergebens iſt's,
auf Menſchenhilfe bauen; Mit dir
wir wollen Thaten thun und
kämpfen, Die Feinde dämpfen.

5. Du biſt der Held, der ſie kann
untertreten Und das bedrängte
kleine Häuflein retten; Wir traun
auf dich, wir ſchrein in Jeſu Na=
men: Hilf, Helfer! Amen.

J. Heermann, geb. 1585, † 1647.

349.

Mel. Von Gott will ich nicht laſſen.

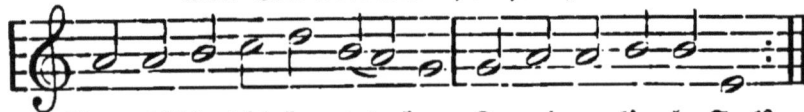

1. Was willſt du dich be = trü = ben, O mei=ne lie = be Seel?
Thu den nur herzlich lie = ben, Der heißt Im=ma=nu=el;

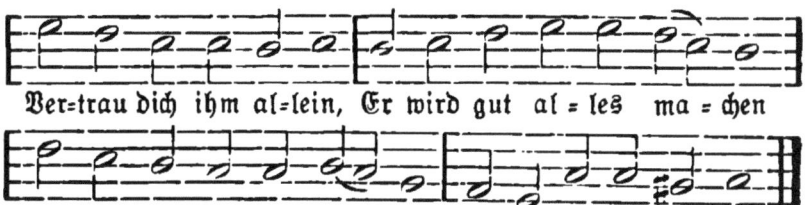

Ver=trau dich ihm al=lein, Er wird gut al = les ma = chen

Und för=dern dei = ne Sa=chen, Wie dir's wird ſe = lig ſein.

2. Denn Gott verläſſet keinen, Der ſich auf ihn verläßt; Er bleibt getreu den Seinen, Die ihm ver= trauen feſt. Läßt ſich's an wun= derlich, Laß du dir gar nicht grauen; Mit Freuden wirſt du ſchauen, Wie Gott wird retten dich.

3. Auf ihn magſt du es wagen Getroſt mit friſchem Mut; Mit ihm wirſt du erjagen, Was dir iſt nüß und gut. Denn was Gott ha= ben will, Das kann niemand ver= hindern Aus allen Menſchenkin= dern, So viel ihr'r ſind im Spiel.

4. Wenn auch ſelbſt aus der Höllen Der Satan troßiglich Mit ſeinen Rottgeſellen Sich ſeßet wider dich, So muß er doch mit Spott Von ſeinen Ränken laſſen, Damit er dich will faſſen; Denn dein Werk fördert Gott.

5. Er richt't's zu ſeinen Ehren Und deiner Seligkeit; Soll's ſein, kein Menſch kann's wehren, Wenn's ihm wär noch ſo leid. Will's denn Gott haben nicht, So kann's nie= mand forttreiben, Es muß zurücke= bleiben; Was Gott will, das ge= ſchicht.

6. Drum ich mich ihm ergebe, Ihm ſei es heimgeſtellt; Nach nichts ich mehr ſonſt ſtrebe, Denn nur, was ihm gefällt. Sein Will iſt mein Begier, Der iſt und bleibt der beſte, Das glaub ich ſtets und feſte. Wohl dem, der's glaubt mit mir.

Joh. Heermann, geb. 1585, † 1647.

350.

Eigene Melodie.

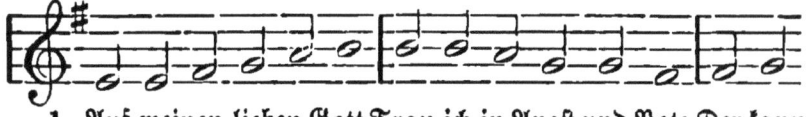

1. Auf meinen lieben Gott Trau ich in Angſt und Not; Der kann

mich all = zeit ret = ten Aus Trübſal, Angſt und Nö=ten, Mein

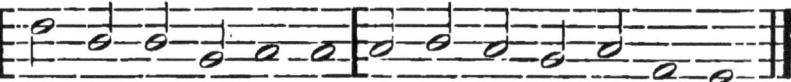

Un=glück kann er wen=den; Es ſteht in ſei = nen Hän=den.

2. Ob mich mein Sünd anficht, Will ich verzagen nicht; Auf Chriſ= tum will ich bauen Und ihm allein vertrauen, Ihm will ich mich erge= ben Im Tod und auch im Leben.

3. Ob mich der Tod nimmt hin, Iſt Sterben mein Gewinn, Und Chriſtus iſt mein Leben; Dem will ich mich ergeben. Ich ſterb heut oder morgen, Mein Seel wird er verſorgen.

4. Ach mein Herr Jeſu Chriſt,

Der du geduldig bift Für mich
am Kreuz geftorben, Haft mir das
Heil erworben Und bringft uns
all zugleiche Zum ewgen Himmelreiche:

5. Erhöre gnädig mich, Mein
Troft, das bitt ich dich! Hilf mir
am letzten Ende, Nimm mich in
deine Hände, Daß ich felig ab\|cheide
Zur ewgen Himmelsfreude.

6. Amen zu aller Stund Sprech
ich aus Herzensgrund. Du woll-
left felbft uns leiten, Herr Chrift,
zu allen Zeiten, Auf daß wir
deinen Namen Ewiglich preifen.
Amen.

Sigism. Weingärtner, um 1610.

351.

Mel. Herr Gott, dich loben alle wir.

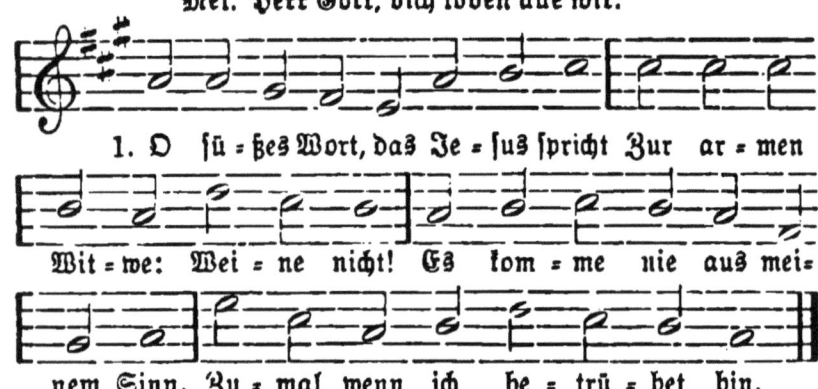

1. O fü = ßes Wort, das Je = fus fpricht Zur ar = men

Wit = we: Wei = ne nicht! Es kom = me nie aus mei =

nem Sinn, Zu = mal wenn ich be = trü = bet bin.

2. Es wird geredet nicht ins
Ohr Leis, fondern unter freiem
Thor Laut, daß es höret je=
dermann Und fich darüber freuen
kann.

3. Er redet's aber zu der Zeit,
Da Tod und Leben war im Streit;
Drum foll es auch erquicken mich
In Tod und Leben kräftiglich.

4. Wenn Not und Armut mich
anficht, fpricht doch mein Jefus:
Weine nicht; Gott ift dein Vater,
trau nur ihm, Erhört er doch der
Raben Stimm!

5. Bin ich fehr kraftlos, krank
und fchwach, Und ift nichts da,
denn Weh und Ach: So tröftet
Jefus mich und fpricht: Ich bin
dein Arzt, drum weine nicht!

6. Raubt mir der Feind mein
Gut und Hab, Daß ich muß fort
mit meinem Stab, Sagt Jefus
wieder: Weine nicht; Denk, was
dem Hiob dort gefchicht!

7. Vertreibt mich des Verfolgers
Hand, Gönnt er mir keinen Sitz
im Land, Ruft Jefus in mein
Herz und fpricht: Dein ift der Himmel, weine nicht!

8. Wenn um mich Band und
Ketten fchon, Wenn Feind und falfche Freunde drohn, Spricht Jefus:
Weine nicht und glaub, Dir kann
nicht fchaden Afch und Staub!

9. Reißt mir der Tod das
Liebfte hin, Sagt Jefus: Weine
nicht, ich bin, Der's wiedergiebt;
gedenke dran, Was ich zu Nain
hab gethan!

10. Muß ich felbft ringen mit
dem Tod, Ift Jefus da, ruft in
der Not: Ich bin das Leben, weine
nicht; wer an mich glaubt, wird
nicht gericht't!

11. O füßes Wort, das Jefus
fpricht In allen Nöten: Weine
nicht! Ach, klinge ftets in meinem
Sinn, So fähret alles Trauern hin!

Joh. Höfler, geb. 1600, † 1683.

352.

Mel. O Haupt voll Blut und Wunden.

1. Befiehl du dei=ne We=ge, Und was dein Her=ze kränkt,
Der al=ler=treu=ſten Pfle=ge Des, der den Himmel lenkt;

Der Wol=ken, Luft und Win=den Giebt We=ge, Lauf und Bahn,

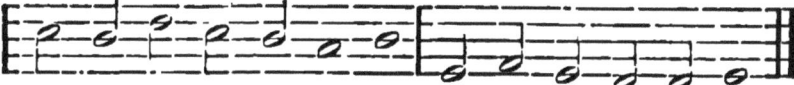

Der wird auch We=ge fin=den, Da dein Fuß ge=hen kann.

2. Dem Herren mußt du trauen, Wenn dir's ſoll wohl ergehn; Auf ſein Werk mußt du ſchauen, Wenn dein Werk ſoll beſtehn. Mit Sorgen und mit Grämen Und ſelbſtgemachter Pein Läßt Gott ihm gar nichts nehmen, Es muß erbeten ſein.

3. Dein ewge Treu und Gnade, O Vater, weiß und ſieht, Was gut ſei oder ſchade Dem ſterblichen Geblüt; Und was du dann erleſen, Das treibſt du, ſtarker Held, Und bringſt zum Stand und Weſen, Was deinem Rat gefällt.

4. Weg haſt du allerwegen, An Mitteln fehlt's dir nicht; Dein Thun iſt lauter Segen, Dein Gang iſt lauter Licht. Dein Werk kann niemand hindern, Dein Arbeit darf nicht ruhn, Wenn du, was deinen Kindern Erſprießlich iſt, willſt thun.

5. Und ob gleich alle Teufel Hier wollten widerſtehn, So wird doch ohne Zweifel Gott nicht zurücke gehn. Was er ſich vorgenommen Und was er haben will, Das muß doch endlich kommen Zu ſeinem Zweck und Ziel.

6. Hoff, o du arme Seele, Hoff und ſei unverzagt! Gott wird dich aus der Höhle, Da dich der Kummer plagt, Mit großen Gnaden rücken; Erwarte nur die Zeit, So wirſt du ſchon erblicken Die Sonn der ſchönſten Freud.

7. Auf, auf! gieb deinem Schmerze Und Sorgen gute Nacht; Laß fahren, was das Herze Betrübt und traurig macht. Biſt du doch nicht Regente, Der alles führen ſoll; Gott ſitzt im Regimente Und führet alles wohl.

8. Ihn, ihn laß thun und walten! Er iſt ein weiſer Fürſt Und wird ſich ſo verhalten, Daß du dich wundern wirſt, Wenn er, wie ihm gebühret, Mit wunderbarem Rat Die Sach hinausgeführet, Die dich bekümmert hat.

9. Er wird zwar eine Weile Mit ſeinem Troſt verziehn Und thun an ſeinem Teile, Als hätt in ſeinem Sinn Er deiner ſich begeben Und ſollſt du für und für In Angſt und Nöten ſchweben, Fragt er doch nichts nach dir.

10. Wird's aber ſich befinden, Daß du ihm treu verbleibſt, So wird er dich entbinden, Da du's am mindſten gläubſt. Er wird dein Herze löſen Von der ſo ſchweren

Last, Die du zu keinem Bösen Bisher getragen hast.

11. Wohl dir, du Kind der Treue! Du hast und trägst davon Mit Ruhm und Tanzgeschreie Den Sieg und Ehrenkron. Gott giebt dir selbst die Palmen In deine rechte Hand, Und du singst Freu=denpsalmen Dem, der dein Leid gewandt.

12. Mach End, o Herr, mach Ende An aller unsrer Not; Stärk unsre Füß und Hände, Und laß bis in den Tod Uns allzeit deiner Pflege Und Treu empfohlen sein: So gehen unsre Wege Gewiß zum Himmel ein.

Paul Gerhard, geb. 1606, † 1676.

353.

Mel. Valet will ich dir geben.

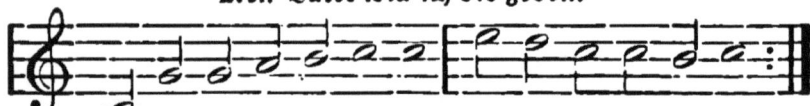

1. Ist Gott für mich, so tre = te Gleich al=les wi = der mich;
So oft ich ruf und be = te, Weicht al=les hin = ter sich.

Hab ich das Haupt zum Freunde Und bin ge = liebt bei Gott,

Was kann mir thun der Fein=de Und Wi = der = sa = cher Rott?

2. Nun weiß und glaub ich feste, Ich rühm's auch ohne Scheu, Daß Gott, der Höchst und Beste, Mein Freund und Vater sei, Und daß in allen Fällen Er mir zur Rechten steh Und dämpfe Sturm und Wellen Und was mir bringet Weh.

3. Der Grund, drauf ich mich gründe, Ist Christus und sein Blut; Das machet, daß ich finde Das ewge, wahre Gut. An mir und meinem Leben Ist nichts auf dieser Erd; Was Christus mir gegeben, Das ist der Liebe wert.

4. Mein Jesus ist mein Ehre, Mein Glanz und helles Licht; Wenn der nicht in mir wäre, Könnt ich bestehen nicht. In ihm kann ich mich freuen, Hab einen Heldenmut, Darf kein Gerichte scheuen, Wie sonst ein Sünder thut.

5. Sein Geist wohnt mir im Herzen, Regieret meinen Sinn, Vertreibt mir Sorg und Schmerzen, Nimmt allen Kummer hin, Giebt Segen und Gedeihen Dem, was er in mir schafft, Hilft mir das Abba schreien Aus aller meiner Kraft.

6. Und wenn an meinem Orte Sich Furcht und Schwachheit find't, So seufzt und spricht er Worte, Die unaussprechlich sind Mir zwar und meinem Munde, Gott aber wohl bewußt, Der an des Herzens Grunde Ersiehet seine Lust.

7. Sein Geist spricht meinem Geiste Manch süßes Trostwort zu, Wie Gott dem Hilfe leiste, Der bei ihm suchet Ruh; Und wie er hab erbauet Ein edle, neue Stadt, Da Aug und Herze schauet, Was es geglaubet hat.

8. Da ist mein Teil, mein Erbe Mir prächtig zugericht't; Wenn ich gleich fall und sterbe, Fällt doch mein Himmel nicht. Verseufz ich auch hienieden Mit Thränen manche Zeit, Mein Herr mit seinem Frieden Versüßet alles Leid.

9. Die Welt, die mag zerbrechen, Du stehst mir ewiglich; Kein Brennen, Hauen, Stechen Soll trennen mich und dich; Kein Hunger und kein Dürsten, Kein Armut, keine Pein, Kein Zorn des großen Fürsten Soll mir ein Hindrung sein.

10. Kein Engel, keine Freuden, Kein Thron, kein Herrlichkeit, Kein Lieben und kein Leiden, Kein Angst, kein Herzeleid, Was man nur kann erdenken, Es sei klein oder groß, Der keines soll mich lenken Aus deinem Arm und Schoß.

11. Mein Herze geht in Sprüngen Und kann nicht traurig sein, Ist voller Freud und Singen, Sieht lauter Sonnenschein. Die Sonne, die mir lachet, Ist mein Herr Jesus Christ; Das, was mich singen machet, Ist, was im Himmel ist.

P. Gerhard, geb. 1606, † 1676.

354.

Eigene Melodie.

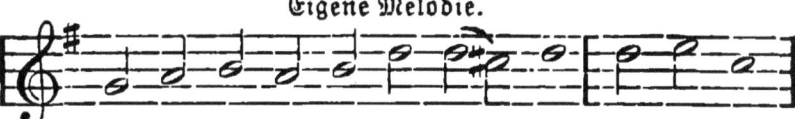

1. War=um sollt ich mich denn grä = men? Hab ich doch

Christum noch; Wer will mir den nehmen? Wer will mir den Himmel

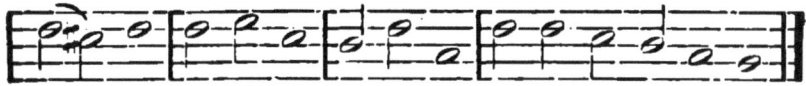

rau = ben, Den mir schon Gottes Sohn Beige=legt im Glauben?

2. Nackend lag ich auf dem Boden, Da ich kam, Da ich nahm Meinen ersten Odem; Nackend werd ich auch hinziehen, Wenn ich werd Von der Erd Als ein Schatten fliehen.

3. Gut und Blut, Leib, Seel und Leben Ist nicht mein, Gott allein Ist es, der's gegeben. Will er's wieder zu sich kehren, Nehm er's hin, Ich will ihn Dennoch fröhlich ehren.

4. Schickt er mir ein Kreuz zu tragen, Dringt herein Angst und Pein, Sollt ich drum verzagen? Der es schickt, der wird es wenden; Er weiß wohl, Wie er soll All mein Unglück enden.

5. Gott hat mich bei guten Tagen Oft ergötzt; Sollt ich jetzt Auch nicht etwas tragen? Fromm ist Gott und schärft mit Maßen Sein Gericht, Kann mich nicht Ganz und gar verlassen.

6. Satan, Welt und ihre Rotten Können mir Nichts mehr hier Thun, als meiner spotten. Laß sie spotten, laß sie lachen; Gott, mein Heil, Wird in Eil Sie zu schanden machen.

7. Unverzagt und ohne Grauen Soll ein Christ, Wo er ist, Stets sich lassen schauen; Wollt ihn auch der Tod aufreiben, Soll der Mut Dennoch gut Und fein stille bleiben.

8. Kann uns doch kein Tod nicht

töten, Sondern reißt Unsern Geist
Aus viel tausend Nöten, Schleußt
das Thor der bittern Leiden Und
macht Bahn, Da man kann Gehn
zu Himmelsfreuden.

9. Allda will in süßen Schätzen
Ich mein Herz Auf den Schmerz
Ewiglich ergötzen. Hier ist kein
recht Gut zu finden; Was die
Welt In sich hält, Muß im Nu
verschwinden.

10. Was sind dieses Lebens
Güter? Eine Hand Voller Sand,
Kummer der Gemüter. Dort,
dort sind die edlen Gaben, Da
mein Hirt, Christus, wird Mich
ohn Ende laben.

11. Herr, mein Hirt, Brunn al=
ler Freuden! Du bist mein, Ich bin
dein, Niemand kann uns scheiden.
Ich bin dein, weil du dein Leben
Und dein Blut Mir zu gut In den
Tod gegeben;

12. Du bist mein, weil ich dich
fasse Und dich nicht, O mein Licht,
Aus dem Herzen lasse. Laß mich,
laß mich hingelangen, Da du mich
Und ich dich Ewig werd umfangen!

Paul Gerhard, geb. 1606, † 1676.

355.

Mel. Nun ruhen alle Wälder.

1. In al=len mei=nen Tha=ten Laß ich den Höchsten ra=ten, Der al=les kann und hat; Er muß zu al=len Din=gen, Soll's anders wohlgelingen, Selbst ge=ben Se=gen, Rat und That.

2. Nichts ist es spät und frühe
Um alle meine Mühe, Mein Sor=
gen ist umsonst. Er mag's mit
meinen Sachen Nach seinem Wil=
len machen; Ich stell's in seine
Vatergunst.

3. Es kann mir nichts gesche=
hen, Als was er hat versehen,
Und was mir selig ist. Ich nehm
es, wie er's giebet; Und was sein
Rat beliebet, Dasselbe hab ich
auch erkiest.

4. Ich traue seiner Gnaden,
Die mich vor allem Schaden, Vor
allem Übel schützt. Leb ich nach
seinen Sätzen, So wird mich
nichts verletzen, Nichts fehlen,
was mir ewig nützt.

5. Er wolle meiner Sünden In
Gnaden mich entbinden, Durch=
streichen meine Schuld. Er wird
auf mein Verbrechen Nicht stracks
das Urteil sprechen Und mit mir
haben noch Geduld.

6. Sein Engel, der getreue,
Macht meine Feinde scheue, Tritt
zwischen mich und sie. Durch seinen
Zug, den frommen, Sind wir so
weit nun kommen Und wissen sel=
ber fast nicht wie.

7. Leg ich mich späte nieder, Er=
wach ich frühe wieder, Lieg oder
zieh ich fort, In Schwachheit und
in Banden, Und was mir stößt zu
handen: So tröstet mich sein kräf=
tig Wort.

8. Hat er es denn beschlossen, So will ich unverdrossen An mein Verhängnis gehn; Kein Unfall unter allen Wird je zu schwer mir fallen. Mit Gott will ich ihn überstehn.

9. Ihm hab ich mich ergeben, Zu sterben und zu leben, Sobald er mir gebeut; Es sei heut oder morgen, Dafür laß ich ihn sorgen, Er weiß allein die rechte Zeit.

10. So sei nun, Seele, seine, Und traue dem alleine, Der dich geschaffen hat! Es gehe, wie es gehe, Dein Vater in der Höhe, Der weiß zu allen Sachen Rat.

P. Flemming, geb. 1609, † 1640.

356.

Eigene Melodie.

1. Wer nur den lie = ben Gott läßt wal = ten Und hof=
Den wird er wun = der = bar er = hal = ten In al=

fet auf ihn al = le = zeit,
ler Not und Trau=rig = keit;
Wer Gott, dem Al = ler=

höch=sten, traut, Der hat auf kei = nen Sand ge = baut.

2. Was helfen uns die schweren Sorgen? Was hilft uns unser Weh und Ach? Was hilft es, daß wir alle Morgen Beseufzen unser Ungemach? Wir machen unser Kreuz und Leid Nur größer durch die Traurigkeit.

3. Man halte nur ein wenig stille Und sei doch in sich selbst vergnügt, Wie unsers Gottes Gnadenwille, Wie sein Allwissenheit es fügt; Gott, der uns ihm hat auserwählt, Der weiß auch sehr wohl, was uns fehlt.

4. Er kennt die rechten Freudenstunden, Er weiß wohl, wann es nützlich sei; Wenn er uns nur hat treu erfunden Und merket keine Heuchelei, So kommt Gott, eh wir's uns versehn, Und lässet uns viel Guts geschehn.

5. Denk nicht in deiner Drangsalshitze, Daß du von Gott verlassen seist, Und daß Gott der im Schoße sitze, Der sich mit stetem Glücke speist; Die Folgezeit verändert viel Und setzet jeglichem sein Ziel.

6. Es sind ja Gott sehr leichte Sachen, Und ist dem Höchsten alles gleich, Den Reichen klein und arm zu machen, Den Armen aber groß und reich; Gott ist der rechte Wundermann, Der bald erhöhn, bald stürzen kann.

7. Sing, bet und geh auf Gottes Wegen, Verricht das Deine nur getreu, Und trau des Himmels reichem Segen: So wird er bei dir werden neu; Denn welcher seine Zuversicht Auf Gott setzt, den verläßt er nicht.

Georg Neumark, geb. 1621, † 1681.

357.

Eigene Melodie.

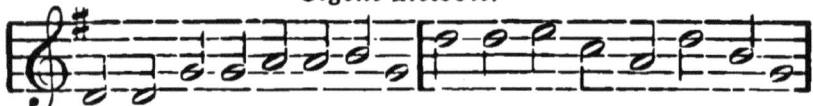

1. Sollt es gleich bisweilen ſcheinen, Als verlie=ße Gott die Seinen,

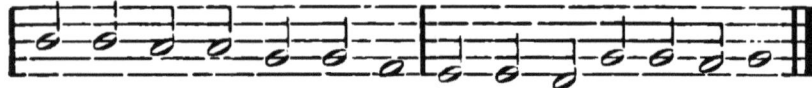

ſo glaub und weiß ich dies: Gott hilft end=lich doch ge=wiß.

2. Hilfe, die er aufgeſchoben, Hat er drum nicht aufgehoben; Hilft er nicht zu jeder Friſt, Hilft er doch, wenn's nötig iſt.

3. Gleichwie Väter nicht bald ge= ben, Wonach ihre Kinder ſtreben, So hält Gott auch Maß und Ziel; Er giebt, wie und wann er will.

4. Seiner kann ich mich getrö= ſten, Wenn die Not am allergröß= ten; Er iſt gegen mich, ſein Kind, Mehr als väterlich geſinnt.

5. Trotz dem Teufel! Trotz dem Drachen! Ich kann ihre Macht verlachen; Trotz dem ſchweren Kreuzesjoch! Gott, mein Vater, lebet noch.

6. Trotz des bittern Todes Zähnen! Trotz der Welt und al= len Denen, Die mir ſind ohn Ur= ſach feind! Gott im Himmel iſt mein Freund.

7. Laß die Welt nur immer nei= den; Will ſie mich nicht länger lei= den, Ei, ſo frag ich nichts danach; Gott iſt Richter meiner Sach.

8. Will ſie gleich mich von ſich treiben, Muß mir doch der Himmel bleiben; Stößt ſie feindlich mich hin= aus, Geh ich ein ins Vaterhaus.

9. Welt, ich will dich gerne laſ= ſen; Was du liebſt, das muß ver= blaſſen; Deine Güter bringen Not, Laſſe mir nur meinen Gott!

10. Ach, Herr! wenn ich dich nur habe, Wall ich fröhlich bis zum Grabe; Legt man mich gleich in das Grab, Gnug, Herr, wenn ich dich nur hab.

Chriſtoph Tietze, geb. 1641, † 1703.

358.

Eigene Melodie.

1. Was Gott thut, das iſt wohl ge=than! Es bleibt ge= Wie er fängt mei = ne Sa = chen an, Will ich ihm

recht ſein Wil=le. hal=ten ſtil=le.

Er iſt mein Gott. Der in der Not Mich wohl

weiß zu er = hal = ten; Drum laß ich ihn nur wal = ten.

2. Was Gott thut, das ist wohl gethan! Er wird mich nicht be= trügen, Er führet mich auf rech= ter Bahn. So laß ich mir genü= gen An seiner Huld Und hab Geduld; Er wird mein Unglück wenden, Es steht in seinen Hän= den.

3. Was Gott thut, das ist wohl gethan! Er wird mich wohl be= denken. Er ist der beste Arzt und kann Nicht Gift für Balsam schen= ken Zur Arzenei; Gott ist getreu, Drum will ich auf ihn bauen Und seiner Güte trauen.

4. Was Gott thut, das ist wohl gethan! Er ist mein Licht und Leben, Der mir nichts Böses gön= nen kann. Ich will mich ihm er=

geben In Freud und Leid; Es kommt die Zeit, Da öffentlich er= scheinet, Wie treulich er es meinet.

5. Was Gott thut, das ist wohl gethan! Muß ich den Kelch gleich schmecken, Der bitter ist nach mei= nem Wahn, Laß ich mich doch nicht schrecken, Weil doch zuletzt Ich werd ergötzt Mit süßem Trost im Herzen; Da weichen alle Schmerzen.

6. Was Gott thut, das ist wohl gethan! Dabei will ich verblei= ben. Es mag mich auf die rauhe Bahn Not, Tod und Elend treiben, So wird Gott mich Ganz väterlich In seinen Armen halten; Drum laß ich ihn nur walten.

Sam. Rodigast, geb. 1649, † 1708.

359.
Eigene Melodie.

1. Al = les ist an Got = tes Se = gen Und an sei=

ner Gnad ge = le = gen Ü = ber al = les Geld und Gut.

Wer auf Gott sein Hoff=nung set = zet, Der be = hält ganz

un = ver = let = zet Ei = nen frei = en Hel = den = mut.

2. Der mich hat bisher ernäh= ret Und so manches Glück beschee= ret, Ist und bleibet ewig mein; Der mich wunderlich geführet Und

noch leitet und regieret, Wird fort= hin mein Helfer sein.

3. Viel' bemühen sich um Sachen, Die nur Sorg und Unruh machen

Und ganz unbeftändig find; Ich begehr nach dem zu ringen, Was Vergnügung pflegt zu bringen, Und was jetzt man felten find't.

4. Hoffnung kann das Herz erquicken; Was ich wünfche, wird fich fchicken, So es anders Gott gefällt. Meine Seele, Leib und Leben Hab ich feiner Gnad ergeben Und ihm alles heimgeftellt.

5. Er weiß fchon nach feinem Willen Mein Verlangen zu erfüllen; Es hat alles feine Zeit. Ich hab ihm nichts vorzufchreiben; Wie Gott will, fo muß es bleiben, Wann Gott will, bin ich bereit.

6. Soll ich länger allhier leben, Will ich ihm nicht widerftreben. Ich verlaffe mich auf ihn; Ift doch nichts, das lang beftehet; Alles Irdifche vergehet Und fährt wie ein Strom dahin.

Unbekannt, zuerft 1673.

360.

Mel. Jefu, meine Freude.

1. Mei = ne Seel ift ftil = le Zu Gott, def = fen Wil = le
Mein Herz ift ver=gnü=get Mit dem, wie's Gott fü = get,

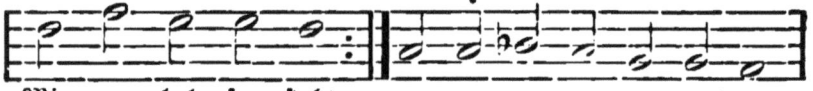

Mir zu hel = fen fteht; Geht es nur zum Himmel zu,
Nimmt's an, wie es geht;

Und bleibt Je=fus un = ge = fchie=den, So bin ich zu = frie=den.

2. Meine Seele hanget An dir und verlanget, Gott, bei dir zu fein Aller Ort und Zeiten, Und mag keinen leiden, Der ihr redet ein. Von der Welt, Ehr, Luft und Geld, Wonach fo viel find befliffen, Mag fie nichts mehr wiffen.

3. Nein, ach nein, nur einer, Sagt fie, und fonft keiner Wird von mir geliebt; Jefus, der Getreue, In dem ich mich freue, Sich mir ganz ergiebt. Er allein, er foll es fein, Dem ich wieder mich ergebe Und ihm einzig lebe.

4. Gottes Güt erwäge Und dich gläubig lege In des Vaters Schoß; Lerne ihm vertrauen, So wirft du bald fchauen, Wie die Ruh fo groß, Die da fleußt aus ftillem Geift. Wer fich weiß in Gott zu fchicken, Den kann er erquicken.

5. Meine Seele fenket Alles, was fie kränket, Tief in Jefu Bruft. Sie wird ftark durch Hoffen, Und was fie betroffen, Träget fie mit Luft. Faffet fich ganz männiglich Durch Geduld und Glauben fefte; Am End kommt das Befte.

6. Amen! es gefchiehet: Wer zu Jefu fliehet, Wird es recht erfahrn, Wie Gott feinen Kindern Pflegt das Kreuz zu mindern Und das Glück zu fparn Bis zu End; alsdann fich wend't Das zuerft geloft'te Leiden, Und gehn an die Freuden.

Joh. C. Schade, geb. 1666, † 1698.

361.

Mel. Wer nur den lieben Gott läßt walten.

1. Je grö=ßer Kreuz, je nä=her Him=mel; Wer oh=
   Bei Sün=den=lust und Welt=ge=tüm=mel Ver=gißt

ne Kreuz, ist oh=ne Gott.
man Höl=le, Fluch und Tod.   O se=lig ist der

Mensch ge=schätzt, Den Gott in Kreuz und Trüb=sal setzt.

2. Je größer Kreuz, je beßre Christen; Gott prüft uns mit dem Probestein. Wie mancher Garten muß gleich Wüsten Ohn einen Thränenregen sein! Das Gold wird auf dem Feuerherd, Ein Christ in mancher Not bewährt.

3. Je größer Kreuz, je stärkrer Glaube. Die Palme wächset bei der Last; Die Süßigkeit fleußt aus der Traube, Wenn du sie wohl gekeltert hast. Im Kreuze wächset uns der Mut, Wie Perlen in gesalzner Flut.

4. Je größer Kreuz, je größre Liebe. Der Wind bläst nur die Flammen auf; Und scheinet gleich der Himmel trübe, So lachet doch die Sonne drauf. Das Kreuz vermehrt der Liebe Glut, Gleich=wie das Öl im Feuer thut.

5. Je größer Kreuz, je mehr Gebete. Geriebne Kräuter duf=ten wohl; Wenn um das Schiff kein Sturmwind wehte, So fragte man nicht nach dem Pol; Wo kämen Davids Psalmen her, Wenn er nicht auch versuchet wär?

6. Je größer Kreuz, je mehr Verlangen. Im Thale steiget man bergan; Wer durch die Wüsten oft gegangen, Der sehnet sich nach Kanaan; Das Täublein findet hier nicht Ruh, So fleucht es nach der Arche zu.

7. Je größer Kreuz, je lieber Sterben; Man freut sich dann auf seinen Tod, Denn man entgehet dem Verderben, Es stirbt auf ein=mal alle Not. Das Kreuze, das die Gräber ziert, Bezeugt, man habe triumphiert.

8. Je größer Kreuz, je schönre Krone, Die Gottes Schatz uns bei=gelegt, Und die einmal vor seinem Throne Der Überwinder Scheitel trägt. Ach, dieses teure Kleinod macht, Daß man das größte Kreuz nicht acht't!

9. Gekreuzigter, laß mir dein Kreuze Je länger und je lieber sein! Daß mich die Ungeduld nicht reize, So pflanz ein solches Herz mir ein, Das Glaube, Liebe, Hoff=nung hegt, Bis dort mein Kreuz die Krone trägt.

Benj. Schmolk, geb. 1672, † 1737.

362.

Mel. Jeſu, meine Freude.

1. See = le, ſei zu = frie=den! Was dir Gott be = ſchie=den,
   Treib aus dei=nem Her=zen Un = ge=duld und Schmerzen,

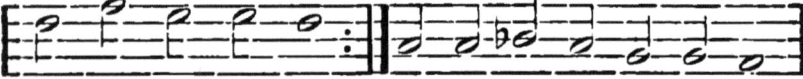

Das iſt al = les gut.
Faſ = ſe fri = ſchen Mut.   Iſt die Not dein täg = lich Brot,

Mußt du wei = nen mehr als lachen, Gott wird's doch wohl machen.

2. Scheint der Himmel trübe, Stirbt der Menſchen Liebe Dir auch ganz dahin, Kommt das Mißgeſchicke Faſt all Augenblicke Und quält deinen Sinn: Nur Geduld! Des Himmels Huld Sieht auf alle deine Sachen; Gott wird's doch wohl machen.

3. Ungeduld und Grämen Kann nichts von uns nehmen, Macht nur größern Schmerz; Wer ſich wider= ſetzet, Wird nur mehr verletzet. Drum Geduld, mein Herz! Wirf, mein Sinn, die Sorgen hin! Drük= ket gleich die Laſt den Schwachen, Gott wird's doch wohl machen.

4. Wer ein Chriſt will heißen, Muß ſich auch befleißen, Alles aus= zuſtehn. Mag in Ungewittern Erd und Himmel zittern, Ja, zu Grunde gehn: Der ſteht feſt, den Gott nicht läßt. Drum laß alle Wetter krachen; Gott wird's doch wohl machen.

5. Auf die Waſſerwogen Folgt ein Regenbogen, Und die Sonne blickt. So muß auf das Weinen Lauter Freude ſcheinen, Die das Herz erquickt. Laß es ſein, daß Angſt und Pein Mit dir ſchlafen, mit dir wachen; Gott wird's doch wohl machen.

6. Kronen ſollen tragen, Die des Kreuzes Plagen In Geduld beſiegt. Fröhlich ausgehalten Und Gott laſſen walten, Das macht recht ver= gnügt. Drum nimm dir, o Seele, für, Aller Not getroſt zu lachen; Gott wird's doch wohl machen.

7. Alſo ſoll es bleiben: Ich will mich verſchreiben, Gott getreu zu ſein. Beides, Tod und Leben, Blei= bet ihm ergeben; Ich bin ſein, er mein; Denn mein Ziel iſt, wie Gott will. Drum ſag ich in allen Sachen: Gott wird's doch wohl machen.

Benj. Schmolk, geb. 1672, † 1737.

363.

Mel. Meinen Jeſum laß ich nicht.

1. End = lich, end = lich muß es doch Mit der
   End = lich bricht das har = te Joch, End = lich

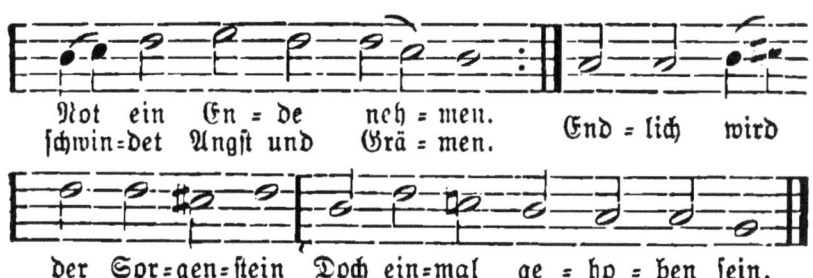

Not ein En=de neh=men.
schwin=det Angst und Grä=men. End=lich wird

der Sor=gen=stein Doch ein=mal ge=ho=ben sein.

2. Endlich bricht man Rosen an, Wenn der Ölberg überstiegen.
ab, Endlich kommt man durch die Endlich zieht ein Jakob ein, Wo
Wüsten. Endlich kann der Wan= kein Esau mehr wird sein.
derstab Sich zum Vaterhause rüs= 4. Endlich! O du schönes Wort!
ten. Endlich bringt die Thränen= Du kannst alles Kreuz versüßen.
saat, Was die Freudenernte hat. Wenn der Felsen ist durchbohrt,
3. Endlich sieht man Kanaan Läßt er endlich Wasser fließen. Ei,
Nach Ägyptens Diensthaus lie= mein Herz, drum merke dies: End=
gen. Endlich trifft man Tabor lich, endlich kommt gewiß!

Benj. Schmolk, geb. 1672, † 1737.

364.

Mel. Was Gott thut, das ist wohl gethan.

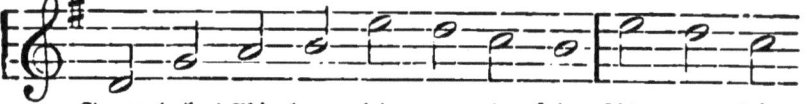

1. Gott lebt! Wie kann ich trau=rig sein, Als wär kein
Er weiß gar wohl von mei=ner Pein, Die ich hier

Gott zu finden?
muß em=pfinden. Er kennt mein Herz Und meinen Schmerz; Drum

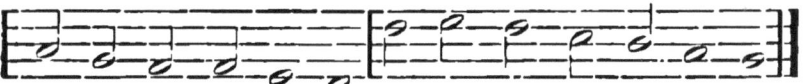

darf ich nicht ver=za=gen Und ihm nur al=les kla=gen.

2. Gott hört, wenn niemand mein Weinen? Vor ihm muß auch
hören will. Was will der Feind der tiefste Schmerz Ganz offenbar
dann sprechen, Als würde mei= erscheinen. Kein Thränlein fehlt,
ner Seufzer Ziel Nicht durch die Das er nicht zählt, Worauf sein
Wolken brechen? Ruf ich empor, Aug nicht blicket, Bis er uns hat
So hört sein Ohr, So steigt die erquicket.
Hilfe nieder, So schallt das Amen 4. Gott führt! Drum geh ich
wieder. ruhig fort Auf allen meinen We=
3. Gott sieht! Wie klaget gen; Und wenn die Welt bald hier,
denn mein Herz, Als säh er nicht bald dort Will ihre Stricke legen,

So pflegt er mich zwar wunder=
lich, Doch gnädig auch zu füh=
ren, Daß mich kein Fall kann
rühren.

5. Gott giebt! Und wär ich
noch ſo arm, Doch ſoll ich nicht
verderben. Was hilft mir denn
mein ſteter Harm, Als müßt ich
Hungers ſterben? Er hat ja
Brot, Und wenn die Not Uns

nach der Wüſte weiſet, So werden
wir geſpeiſet.

6. Gott lebt! wohlan, ich
merke das; Gott hört! ich will's
ihm ſagen; Gott ſieht! er hält
mein Thränenmaß; Gott führt!
ich darf nicht klagen. Nur nicht
betrübt! Gott giebt und liebt
Und wird mir endlich geben, Auch
dort mit ihm zu leben.

Benj. Schmolk, geb. 1672, † 1737.

365.

Mel. Mache dich, mein Geiſt, bereit.

1. Wei = ne nicht! Gott le = bet noch, Du be=trüb=te See = le!
Drückt dich gleich ein har=tes Joch In der Trauer=höh=le,

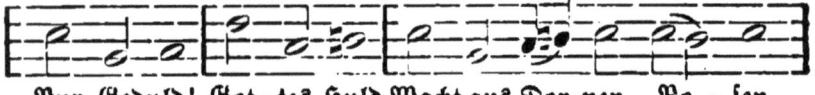

Nur Geduld! Got = tes Huld Macht aus Dor=nen Ro = ſen,

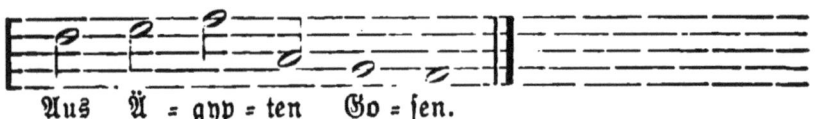

Aus Ä = gyp = ten Go = ſen.

2. Weine nicht! Gott denkt an
dich, Wenn dein ganz vergeſſen;
Es hat ſeine Treue ſich Dir ſo hoch
ermeſſen, Daß die Welt Eh'r zer=
fällt, Eh er dich wird haſſen, Oder
gar verlaſſen.

3. Weine nicht! Gott ſiehet dich,
Scheint er gleich verſtecket; Wenn
du nur geduldiglich Seinen Kelch
geſchmecket, Setzt er dir Labſal für
Und läßt nach dem Weinen Seine
Sonne ſcheinen.

4. Weine nicht! Gott höret dich,
Wenn dein Herze girret. Haſt du
dich gleich wunderlich In der Not
verirret: Ruf ihn an; Denn er
kann Deinen Unglückswellen Ihre
Grenzen ſtellen.

5. Weine nicht! Gott liebet dich,
Wenn die Welt gleich haſſet Und ſo
manchen Schlangenſtich Auf dein
Herze faſſet. Wen Gott liebt, Nichts
betrübt; Will gleich alles krachen,
Gott wird's doch wohl machen.

6. Weine nicht! Gott ſorgt für
dich; Ei, was kann dir fehlen?
Was willſt du dich ſtetiglich Mit den
Sorgen quälen? Wirf auf ihn
Alles hin; Er wird deine Sachen
Gut und beſſer machen.

7. Weine nicht! Gott tröſtet dich
Nach den Thränengüſſen. Endlich
wird der Kummer ſich In das Grab
verſchließen. Durch den Tod Stirbt
die Not, Und wenn der erſcheinet.
Haſt du ausgeweinet.

Benj. Schmolk, geb. 1672, † 1737.

366.

Mel. Was Gott thut, das ist wohlgethan.

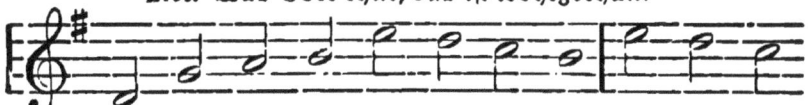

1. Ein Christ kann oh = ne Kreuz nicht sein. Drum laß dich's
Wenn Gott ver = sucht mit Kreuz und Pein Die Kin=der,

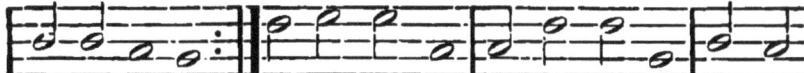

nicht be=trü=ben,
die ihn lie=ben. Je lie = ber Kind, Je ern = ster sind Des from=

men Va=ters Schlä=ge. Schau, das sind Got = tes We = ge!

2. Ein Christ kann ohne Kreuz nicht sein: Gott will's nicht anders haben; Auch dieses Lebens Not und Pein Sind deines Vaters Gaben. Soll's denn so sein, So geh es ein! Es kommt von Liebeshänden, Gott wird nichts Böses senden.

3. Ein Christ kann ohne Kreuz nicht sein: Das Kreuz lehrt fleißig beten, Zieht ab vom eitlen Trug und Schein Und lehrt zu Jesu treten. Drum wirf's nicht hin Mit sprödem Sinn, Wenn's nun zu dir gekommen; Es soll der Seele frommen.

4. Ein Christ kann ohne Kreuz nicht sein: Das muß uns immer weden, Wir schließen sonst in Sünden ein. Wie müßten wir erschrek=ken, Wenn unbereit Die Ewigkeit Und der Posaune Schallen Uns würde überfallen!

5. Ein Christ kann ohne Kreuz nicht sein: Es lehrt die Sünde hassen Und unsern lieben Gott allein Mit rechter Lieb umfassen. Die Welt vergeht, Und Gott besteht; Bedenk's, und laß dich üben, Das ewge Gut zu lieben.

6. Auch ich will ohne Kreuz nicht sein; Was Gott schickt, will ich tragen, Schickt's doch der liebe Vater mein, Sind's doch nur kurze Plagen Und wohlgemeint. Wer gläubig weint, Lebt dort in steten Freuden. Ich will mit Christo leiden.

David Nerreter, geb. 1649, † 1726.

367.

Mel. Ringe recht, wenn Gottes Gnade.

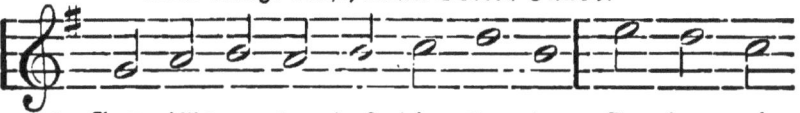

1. Gott will's ma=chen, daß die Sa = chen Ge = hen, wie

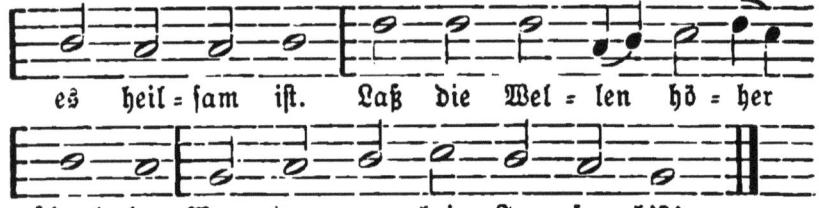

es heil = ſam iſt. Laß die Wel = len hö = her

ſchwel = len, Wenn du nur bei Je = ſu biſt!

2. Wer ſich kränket, weil er den=
ket, Jeſus liege in dem Schlaf,
Wird mit Klagen nur ſich plagen,
Drin der Unglaub leidet Straf.
3. Glaub nur feſte, daß das
Beſte über dich beſchloſſen ſei;
Wenn dein Wille nur iſt ſtille,
Wirſt du von dem Kummer frei.
4. Willſt du wanken in Gedan=
ken, Senk dich in Gelaſſenheit;
Laß den ſorgen, der auch morgen
Herr iſt über Leid und Freud.
5. Gottes Hände ſind ohn En=
de, Sein Vermögen hat kein Ziel.
Iſt's beſchwerlich, ſcheint's gefähr=
lich, Deinem Gott iſt nichts zu
viel.
6. Seine Wunder ſind der Zun=
der, Da der Glaube Feuer fängt.

Alle Thaten ſind geraten Jedes=
mal, wie er's verhängt.
7. Wann die Stunden ſich ge=
funden, Bricht die Hilf mit Macht
herein; Und dein Grämen zu
beſchämen, Wird es unverſehens
ſein.
8. Nun ſo trage deine Plage
Fein getroſt und mit Geduld. Wer
das Leiden will vermeiden, Häuſet
ſeine Sündenſchuld;
9. Aber denen, die mit Thränen
Küſſen ihres Jeſu Joch, Wird die
Krone vor dem Throne Ihres Hei=
lands werden noch.
10. Amen, Amen! In dem Na=
men Meines Jeſu halt ich ſtill.
Es geſchehe und ergehe, Wie und
wann und was er will.

Joh. D. Herrnſchmidt, geb. 1675, † 1723.

368.

Mel. Nun ruhen alle Wälder.

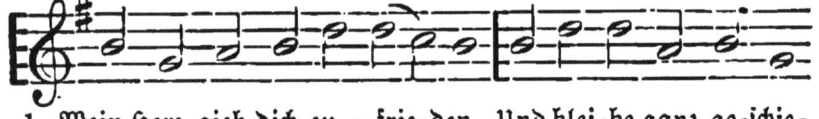

1. Mein Herz, gieb dich zu = frie=den, Und blei=be ganz ge=ſchie=

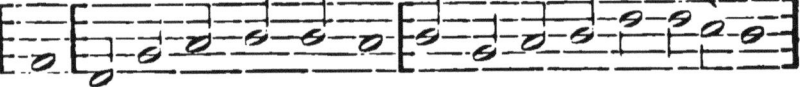

den Von Sorge, Furcht und Gram; Die Not, die dich jetzt drük = ket,

Hat Gott dir zu = ge=ſchik=ket. Sei ſtill, und halt dich wie ein Lamm.

2. Mit Sorgen und mit Zagen
und unmutsvollen Klagen Häuſſt
du nur deine Pein; Durch Stille=
ſein und Hoffen Wird, was dich

jetzt betroffen, Erträglich, ſanft
und lieblich ſein.
3. Kann's doch nicht ewig wäh=
ren; Oft hat Gott unſre Zähren

Eh man's meint, abgewiſcht.
Wenn's bei uns heißt: Wie lange
Wird mir ſo angſt und bange?
So hat er Leib und Seel erfriſcht.

4. Gott pflegt es ſo zu machen:
Nach Weinen ſchafft er Lachen,
Nach Regen Sonnenſchein; Nach
rauhen Wintertagen Muß uns
der Lenz behagen; Er führt aus
Höll in Himmel ein.

5. Wenn ich es recht erwäge,
Sind es nur Liebesſchläge, Womit er uns belegt; Nicht Schwerter, ſondern Ruten Sind's, damit Gott zum Guten Als Vater
ſeine Kinder ſchlägt.

6. Er will uns dadurch ziehen
Zu Kindern, die da fliehen Das,
was er unterſagt, Den alten
Menſchen ſchwächen, Den Eigenwillen brechen, Die Luſt ertöten,
die uns plagt.

7. Es kann uns doch nichts
ſcheiden Von Gott und ſeinen
Freuden, Dazu er uns verſehn.
Man lebe oder ſterbe, So bleibet
uns das Erbe Des Himmels ewiglich doch ſtehn.

8. Iſt Chriſtus unſer Leben,
So muß uns, ſeinen Reben, Der
Tod ſein ein Gewinn. Er mag die
Leibeshöhle Zerbrechen, doch die
Seele Fliegt auf zum Bau des
Himmels hin.

9. Drum gieb dich ganz zufrieden, Mein Herz, und bleib geſchieden Von Sorge, Furcht und Gram;
Vielleicht wird Gott bald ſenden,
Die dich auf ihren Händen Hintra-
gen zu dem Bräutigam.

J. A. Freylinghauſen, geb. 1670, † 1739.

369.

Mel. Was Gott thut, das iſt wohl gethan.

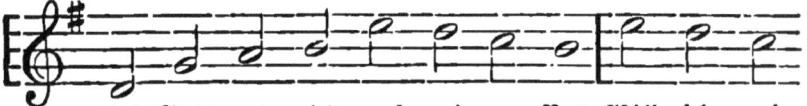

1. Auf Gott und nicht auf mei=nen Rat Will ich mein
Und dem, der mich er=ſchaf=fen hat, Mit gan=zer

Glüt=te bau=en
See=le trau=en. Er, der die Welt All=mäch=tig hält, Wird mich

in mei=nen Ta=gen Als Gott und Va=ter tra=gen.

2. Er ſah von aller Ewigkeit,
Wie viel mir nützen würde; Be-
ſtimmte meine Lebenszeit, Mein
Glück und meine Bürde. Was
zagt mein Herz? Iſt auch ein
Schmerz, Der zu des Glaubens
Ehre Nicht zu beſiegen wäre?

3. Gott kennet, was mein Herz
begehrt, Und hätte, was ich bitte,
Mir gnädig, eh ich's bat, gewährt,
Wenn's ſeine Weisheit litte. Er
ſorgt für mich Stets väterlich;
Nicht was ich mir erſehe, Se in
Wille der geſchehe.

4. Iſt nicht ein ungeſtörtes Glück der Seelen. Wer Gottes Rat Vor Augen hat, Dem wird ein gut Gewiſſen Die Trübſal auch verſüßen.

Glück Weit ſchwerer oft zu tragen, Als ſelbſt das widrige Geſchick, Bei deſſen Laſt wir klagen? Die größte Not Hebt doch der Tod; Und Ehre, Glück und Habe Verläßt mich doch im Grabe.

6. Was iſt des Lebens Herrlich= keit? Wie bald iſt ſie verſchwunden! Was iſt das Leiden dieſer Zeit? Wie bald iſt's überwunden! Hofft auf den Herrn! Er hilft uns gern. Seid fröhlich, ihr Gerechten! Der Herr hilft ſeinen Knechten.

5. An dem, was wahrhaft glücklich macht, Läßt Gott es keinem fehlen; Geſundheit, Ehre, Glück und Pracht Sind nicht das

Chr. F. Gellert, geb. 1715, † 1769.

370.

Mel. Wer nur den lieben Gott läßt walten.

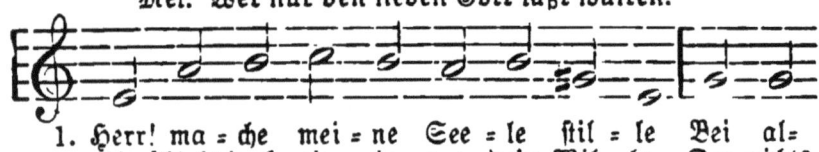

1. Herr! ma = che mei = ne See = le ſtil = le Bei al=
   Ge=ſchieht doch ein = zig nur dein Wil = le, Der nichts

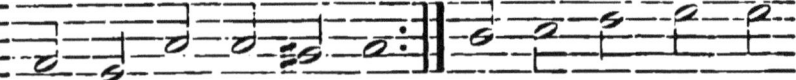

lem, was mich kränkt und drückt;
zu mei=nem Scha=den ſchickt.   Du biſt's, der al = les

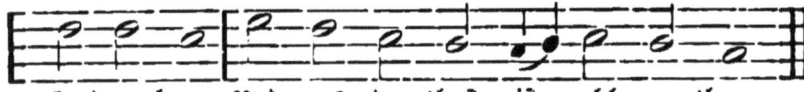

än=dern kann; Und was du thuſt, iſt wohl ge = than.

2. Auch auf den allerrauhſten Wegen Führt deine Hand zur Seligkeit. Aus Trübſal kommt der ewge Segen, Und Herrlich= keit aus kurzem Leid. Die Thränenſaat muß Freude ſein, Sieht's gleich der blöde Geiſt nicht ein.

3. Drum laß mich ſtille ſein und hoffen, Wenn du mir Prü= fung hart benimmſt. Dein Vater= herz ſteht dem noch offen, Der zu dir ſeine Zuflucht nimmt. Wer ſtill in deiner Fügung ruht, Mit dem machſt du es immer gut.

4. Gott! du nur kennſt und wählſt das Beſte. O Vater! mache ſelbſt mein Herz In dieſer Über=

zeugung feſte; So ehr ich dich im größten Schmerz Und ſpreche mit Gelaſſenheit: Was mein Gott will, geſcheh allzeit.

5. Die Stunde wird doch end= lich kommen, Da mich vollkommnes Glück erfreut: Denn einmal führſt du doch die Frommen Zur völli= gen Zufriedenheit, Und dann wird jedem offenbar, Daß, Gott, dein Rat der beſte war.

6. Dann wird von allen meinen Plagen Der ewge Nutzen mich er= freun; Dann wird mein Herz, ſtatt aller Klagen, Voll von dem Dank und Lobe ſein: Der Herr, der für mein Heil gewacht, Hat alles mit mir wohl gemacht!

Joh. Sam. Dieterich, geb. 1724, † 1797.

371.

Mel. Alles ist an Gottes Segen.

1. Fort = gekämpft und fort = ge = run = gen, Bis zum Lich=
te durch = ge = drun=gen Muß es, ban = ge See = le, sein!
Durch die tief = sten Dun = kel = hei = ten Kann dich Je = sus
hin = ge = lei = ten; Mut spricht er den Schwa=chen ein.

2. Bei der Hand will er dich fas= sen; Scheinst du gleich von ihm verlassen, Glaube nur, und zweifle nicht; Bete, kämpfe ohne Wanken! Bald wirst du voll Freude danken, Bald umgiebt dich Kraft und Licht.

3. Bald wird dir sein Antlitz fun= keln; Hoffe, harre, glaub im Dun= keln! Nie gereut ihn seine Wahl. Er will dich im Glauben üben; Gott, die Liebe, kann nur lieben, Wonne wird bald deine Qual.

4. Weg von aller Welt die Blicke! Schau nicht seitwärts, nicht zurücke, Nur auf Gott und Ewigkeit. Nur zu deinem Jesus wende Aug und Herz und Sinn und Hände, Bis er himmlisch dich erfreut.

5. Aus des Jammers wilden Wogen Hat dich oft herausgezo= gen Seiner Allmacht treue Hand.

Nie zu kurz ist seine Rechte; Wo ist einer seiner Knechte, Der bei ihm nicht Rettung fand?

6. Schließe dich in deine Kammer, Geh und schütte deinen Jammer Aus in Gottes Vaterherz. Kannst du gleich ihn nicht empfinden, Worte nicht, nicht Thränen finden, Klag ihm schweigend deinen Schmerz.

7. Kräftig ist dein tiefes Schwei= gen: Gott wird sich als Vater zei= gen, Glaube nur, daß er dich hört; Glaub, daß Jesus dich vertreten; Glaube, daß, was gebeten, Gott, sein Vater, ihm gewährt.

8. Drum, so will ich nicht ver= zagen, Mich vor Gottes Antlitz wa= gen, Flehen, ringen fort und fort. Durch ihn werd ich überwinden Allen Jammer, alle Sünden; Er beschwört's in seinem Wort.

J. C. Lavater, geb. 1741, † 1801.

372.

Mel. Alles ist an Gottes Segen.

1. End = lich bricht der hei = ße Tie=gel, Und der Glaub

em=pfängt ſein Sie=gel, Gleich dem Gold, im Feu'r bewährt;

Zu des Himmels höch=ſten Freu=den Wer=den nur durch

Zu=ſe Lei=den Got=tes Lieb=lin=ge ver=klärt.

2. Unter Leiden prägt der Meiſter In die Herzen, in die Geiſter Sein allgeltend Bildnis ein. Wie er dieſes Leibes Töpfer, Will er auch des künftgen Schöpfer Auf dem Weg der Leiden ſein.

3. Leiden bringt empörte Glieder Endlich zum Gehorſam wieder, Macht ſie Chriſto unterthan, Daß er die gebrochnen Kräfte Zu dem Heiligungsgeſchäfte Sanft und ſtill erneuern kann.

4. Leiden ſammelt unſre Sinne, Daß die Seele nicht zerrinne In den Bildern dieſer Welt; Iſt wie eine Engelwache, Die im innerſten Gemache Des Gemütes Ordnung hält.

5. Leiden ſtimmt des Herzens Saiten Für den Pſalm der Ewigkeiten, Lehrt mit Sehnſucht dorthin ſehn, Wo die ſelgen Palmenträger Mit dem Chor der Harfenſchläger Preiſend vor dem Throne ſtehn.

6. Leiden fördert unſre Schritte, Leiden weiht die Leibeshütte Zu dem Schlaf in kühler Gruft; Es gleicht einem frohen Boten Jenes Frühlings, der die Toten Zum Empfang des Lebens ruft.

7. Endlich, mit der Seufzer Fülle, Bricht der Geiſt durch jene Hülle, Und der Vorhang reißt entzwei. Wer ermiſſet dann hienieden, Welch ein Meer von Gottesfrieden Droben ihm bereitet ſei!

8. Jeſu! laß zu jenen Höhen Heller ſtets hinauf uns ſehen, Bis die letzte Stunde ſchlägt, Da auch uns nach treuem Ringen Heim zu dir auf lichten Schwingen Eine Schar der Engel trägt.

Nach C. Fr. Hartmann, geb. 1743, † 1815.

373.

Mel. Wie groß iſt des Allmächtgen Güte.

1. Ge=kreu=zig=ter! zu dei=nen Fü=ßen Hebt aus dem
Mein Herz, wenn es von Gram zer=riſ=ſen; Es ſucht dein

Stau=be ſich em=por Herz, dein Aug und Ohr:
Dein Herz, die Ru=he=ſtatt der Ar=men,

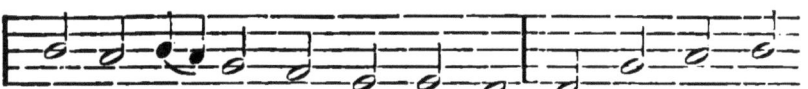

Die nie=mand ſonſt er = quik=ten kann; Dein Herz, das zärt=

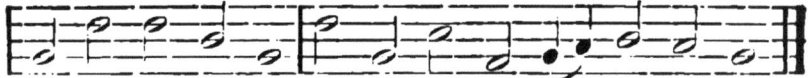

lich, voll Er = bar=men Den Lei=den=den iſt zu=ge=than.

2. Du, unſer heilger Blutsver=wandter, Der einſt ſo heiß für uns geweint! O du, mit jeder Not bekannter, Erfahrner Arzt und Seelenfreund! Eröffne du dein Herz dem Matten Als eine ſtille Felſenkluft, Wo Kühlungen ihn ſanft umſchatten, Wenn oft ein Schmerz den andern ruft.

3. Wie ſich aus deinen Todes=wunden Dein Blut zu meinem Heil ergießt: Das ſei's in meinen bängſten Stunden, Was mir den Leidenskelch verſüßt; Das gieb als Balſam deinem Kranken, Den Frieden Gottes flöß ihm ein; Und wenn des Glaubens Grund will wanken, So müß ihm das zur Stütze ſein!

4. Dein Aug mit jenem Blick voll Gnade, Das du dem Petrus zugewandt, Daß er, verirrt auf dunklem Pfade, Dich, guter Hirte, wiederfand, Dein Aug begegne meinem Sehnen, Das aufwärts ſeine Seufzer ſchickt! Denn milder fließen meine Thränen, Wenn du mich, Jeſu, angeblickt.

5. O du, mein freundlichſter Regierer, Seitdem ich wall im Pilgerland, Sei ferner noch mein treuer Führer Bis zu dem ſchönen Heimatland! Halt mir dein Ohr für alles offen, Was ich dir klag im Kämmerlein, Und laß mich ſtets voll Demut hoffen, Daß es ſoll Ja und Amen ſein.

6. Du ſaheſt ſegnend auf die Deinen, Herr, einſt vom blutgen Kreuz herab; So ſieh auch mich an und die Meinen In jeder Stunde bis zum Grab! Wie wird uns ſein, befreit vom Staube, Der oft den Geiſt mit Angſt beſchwert, Wann endlich Hoffnung, Lieb und Glaube Die kühnſten Bitten ſieht erhört!

Nach Chr. Ad. Dann, geb. 1758, † 1837.

374.

Mel. Freu dich ſehr, o meine Seele.

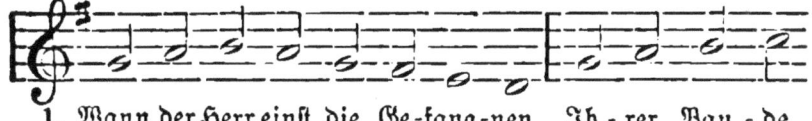

1. Wann der Herr einſt die Ge=fang=nen Ih = rer Ban = de
O dann ſchwinden die ver=gang=nen Lei = den, wie ein

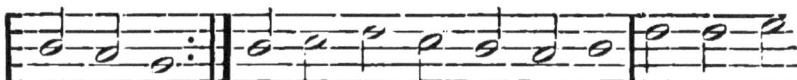

le = dig macht, Dann wird un=ſer Herz ſich freun, Un=ſer Mund
Traum der Nacht!

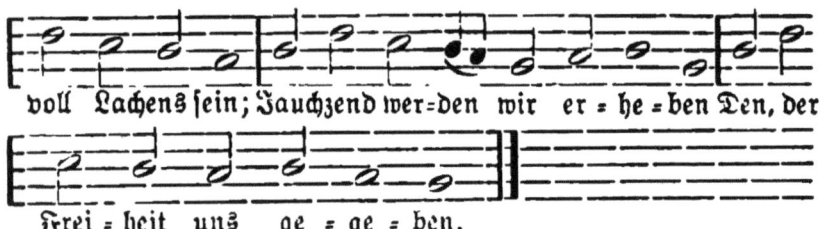

voll Lachens ſein; Jauchzend wer=den wir er = he = ben Den, der

Frei = heit uns ge = ge = ben.

2. Herr, erhebe deine Rechte,
Richt auf uns den Vaterblick;
Rufe die zerſtreuten Knechte
das Vaterhaus zurück. Ach, der
Pfad iſt ſteil und weit! Kürze
unſre Pilgerzeit; Führ uns, wenn
wir treu geſtritten, In des Frie=
dens ſtille Hütten.

3. Ernten werden wir mit Freu=
den, Was wir weinend ausgeſät;
Jenſeits reift die Frucht der Lei=
den, Und des Sieges Palme weht.
Unſer Gott auf ſeinem Thron, Er,
er ſelbſt iſt unſer Lohn; Die ihm
lebten, die ihm ſtarben, Bringen
jauchzend ihre Garben.

Chr. H. Zeller, geb. 1779, † 1860.

375.

Mel. Es iſt gewißlich an der Zeit.

1. Ich ſteh in mei=nes Her = ren Hand Und will drin ſte=
Nicht Er=den=not, nicht Er = den=tand Soll mich dar=aus

hen bleiben;
ver=trei=ben. Und wenn zerfällt die gan = ze Welt, Wer ſich an

ihm, und wen er hält, Wird wohl=be = hal = ten blei=ben.

2. Er iſt ein Fels, ein ſicher
Hort; Und Wunder ſollen ſchauen,
Die ſich auf ſein wahrhaftig Wort
Verlaſſen und ihm trauen; Er
hat's geſagt, und darauf wagt
Mein Herz es froh und unverzagt
Und läßt ſich gar nicht grauen.

3. Und was er mit mir ma=
chen will, Iſt alles mir gelegen.
Ich halte ihm im Glauben ſtill
Und hoff auf ſeinen Segen;
Denn was er thut, iſt immer gut,
Und wer von ihm behütet ruht,
Iſt ſicher allerwegen.

4. Ja, wenn's am ſchlimmſten
mit mir ſteht, Freu ich mich ſeiner
Pflege; Ich weiß, die Wege, die er
geht, Sind lauter Wunderwege.
Was böſe ſcheint, iſt gut gemeint;
Er iſt doch nimmermehr mein Feind
Und giebt nur Liebesſchläge.

5. Und meines Glaubens Un=
terpfand Iſt, was er ſelbſt verhei=
ßen: Daß nichts mich ſeiner ſtarken
Hand Soll je und je entreißen.
Was er verſpricht, das bricht er
nicht; Er bleibet meine Zuverſicht.
Ich will ihn ewig preiſen.

C. J. Ph. Spitta, geb. 1801, † 1859.

7. Lob= und Danklieder.

376.

Eigene Melodie.

Chor I.

Herr Gott, dich lo - ben wir,

Dich, Gott Va - ter in E - wig - keit,
Al - le En - gel und Himmelsheer,
Auch Che - ru - bim und Se - ra - phim

Hei - lig ist un - ser Gott!

Chor II.

Herr Gott, wir dan - ken dir.

Eh - ret der Weltkreis weit und breit.
Und was da die - net bei - ner Ehr,
Sin - gen im - mer mit ho - her Stimm:

Hei - lig ist un - ser Gott!

Beide Chöre.

Hei - lig ist un - ser Gott, der Her - re Ze - ba - oth!

Chor I.

Dein göttlich Macht und Herr - lich - keit

Der hei - li - gen zwölf Bo - ten Zahl,
Die teu - ren Märt'rer all - zu - mal
Die gan - ze wer - te Chris - ten - heit
Dich, Gott Va - ter, im höchsten Thron,
Den heil - gen Geist und Tröster wert

Du Kön'g der Eh - ren, Je - su Christ,
Du nah - mest an der Welt zu gut.

Du hast dem Tod zerstört sein Macht

Chor II.

Geht ü - ber Himmel und Erden weit.

Und die lie - ben Pro - phe - ten all,
Lo - ben dich, Herr, mit großem Schall.
Rühmt dich auf Er - ten al - le - zeit.
Dei - nen rech - ten ei - ni - gen Sohn,
Mit rech - tem Dienst sie lobt und ehrt.

Gott Va - ters ew - ger Sohn du bist,
Gleich Menschenkindern, Fleisch u. Blut;

Und al - le Christen zum Himmel bracht;

Chor I.

Du sitz'st zur Rech-ten Got-tes gleich
Ein Rich-ter du zu-künf-tig bist

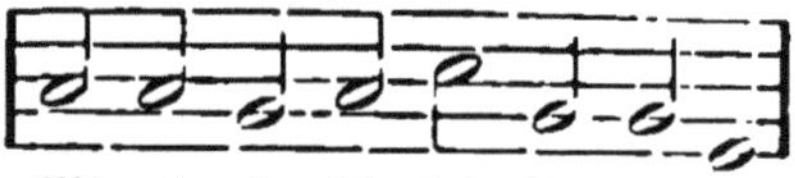

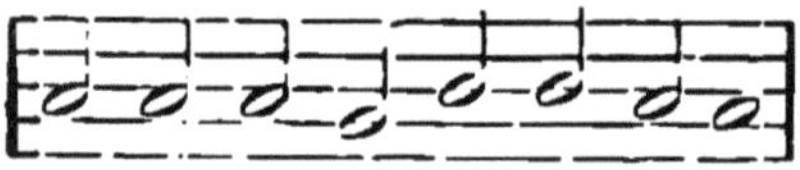

Nun hilf uns, Herr, den Dienern dein,

Laß uns im Him-mel ha-ben teil

Hilf dei-nem Volk, Herr Je-su Christ,

Wart und pfleg es zu al-ler Zeit.

Täg-lich, Herr Gott, wir lo-ben dich

Be-hüt uns heut, o treu-er Gott,
Sei uns gnä-dig, o Her-re Gott,
Zeig uns dei-ne Barm-her-zig-keit,

Auf dich hof-fen wir, lie-ber Herr,

Chor II.

Mit al-ler Ehr in's Vaters Reich;
Al-les, was tot und le-bend ist.

Die mit dein'm teuren Blut erlö-set sein.

Mit den Heilgen am ew-gen Heil.

Und seg-ne, was dein Erb-teil ist;

Und heb es hoch in E-wig-keit.

Und ehr'n deinen Namen ste-tig-lich.

Vor al-ler Sünd und Mis-se-that.
Sei uns gnä-dig in al-ler Not.
Wie un-sre Hoff-nung zu dir steht.

In Schanden laß uns nim-mermehr.

Beide Chöre.

A . . . . men!

(Te Deum laudamus.) M. Luther, geb. 1483, † 1546.

Eigene Melodie.

1. Nun lob, mein Seel, den Her = ren, Was in mir ist,
Sein Wohlthat thut er meh = ren, Ver=giß es nicht,
den Na = men sein!
o Her = ze mein! Hat dir dein Sünd ver = ge = ben
Und heilt dein Schwachheit groß, Er=rett't dein ar=mes Le = ben,
Nimmt dich in sei = nen Schoß, Mit rech=tem Trost be = schüt = tet,
Verjüngt dem Ad=ler gleich; Der Herr schafft Recht, be = hü = tet,
Die lei = den für sein Reich.

2. Er hat uns wissen lassen
Sein herrlich Recht und sein Ge=
richt, Dazu sein Gut ohn Maßen;
Es mangelt an Erbarmung nicht.
Sein'n Zorn läßt er wohl fahren,
Straft nicht nach unsrer Schuld,
Die Gnad thut er nicht sparen,
Den Blöden ist er hold; Sein Gut
ist hoch erhaben Ob den, die fürch=
ten ihn; So fern der Ost vom
Abend, Ist unsre Sünd dahin.

3. Wie Väter sich erbarmen
Ob ihrer jungen Kindelein, So
thut der Herr uns Armen,
Wenn wir ihn fürchten kindlich
rein; Er kennt das arm Ge=
schlechte Und weiß, wir sind nur

Staub, Gleichwie das Gras vom
Felde, Ein Blum und fallend
Laub; Der Wind nur drüber we=
het, So ist es nimmer da; Also
der Mensch vergehet, Sein Ende
ist ihm nah.

4. Nur Gottes Gnad alleine
Steht fest und bleibt in Ewigkeit;
Sie bleibt bei der Gemeine, Die,
stets in seiner Furcht bereit, Will
seinen Bund bewahren. Er herrscht
im Himmelreich. Lobt ihn, ihr
Engelscharen, Thut sein'n Befehl
zugleich Dem großen Herrn zu Eh=
ren Und treibt sein heilig Wort.
Mein Seel soll auch vermehren
Sein Lob an allem Ort.

Joh. Graumann, geb. 1487, † 1551.

378.

Eigene Melodie.

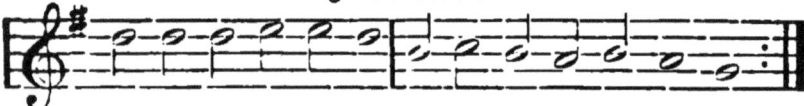

1. Nun dan-ket al - le Gott Mit Herzen, Mund und Händen,
   Der gro - ße Din-ge thut An uns und al - len En - den,

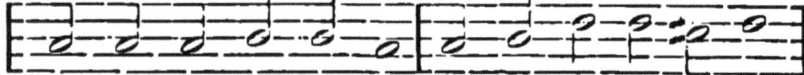

Der uns von Mut-ter-leib Und Kin-des-bei-nen an

Un-zäh-lig viel zu gut Und noch jetzund ge-than.

2. Der ewig reiche Gott Woll'
uns bei unserm Leben Ein immer fröhlich Herz Und edlen
Frieden geben, Und uns in seiner Gnad Erhalten fort und fort
Und uns aus aller Not Erlösen
hier und dort.

3. Lob, Ehr und Preis sei Gott,
Dem Vater und dem Sohne Und
dem, der beiden gleich, Im höchsten Himmelsthrone, Dem drei-
maleinen Gott, Als es anfänglich
war Und ist und bleiben wird
Jetzund und immerdar!

Mart. Rinkart, geb. 1586, † 1649.

379.

Mel. Herr Jesu Christ, dich zu uns wend.

1. Nun jauchzt dem Her-ren, al - le Welt! Kommt her, zu

sei - nem Dienst euch stellt! Kommt mit Froh - lo - ken, säu-

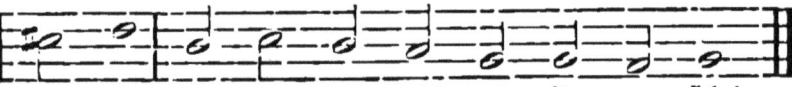

met nicht, Kommt vor sein heil - ges An - ge - sicht!

2. Erkennt, daß Gott ist unser
Herr, Der uns erschaffen ihm zur
Ehr, Und nicht wir selbst; durch
Gottes Gnad Ein jeder Mensch
sein Leben hat.

3. Er hat uns ferner wohlbe-
dacht Und uns zu seinem Volk
gemacht, Zu Schafen, die er ist
bereit Zu führen stets auf grüner
Weid.

4. Ihr, die ihr bei ihm wollet
sein, Kommt, geht zu seinen Tho-

ren ein Mit Loben durch der Psalmen Klang, Zu seinem Vorhof mit Gesang!

5. Dankt unserm Gott, lobsinget ihm, Lobsinget ihm mit hoher Stimm, Lobsingt und danket allesamt! Gott loben, das ist unser Amt.

6. Er ist voll Güt und Freund-

lichkeit, Voll Treu und Lieb zu jeder Zeit; Sein Gnade währet dort und hier, Und seine Wahrheit für und für.

7. Gott Vater in dem höchsten Thron Und Jesus Christ, sein einiger Sohn, Samt Gott dem werten heilgen Geist Sei nun und immerdar gepreist!

Dav. Denike, geb. 1603, † 1680.

380.

Eigene Melodie.

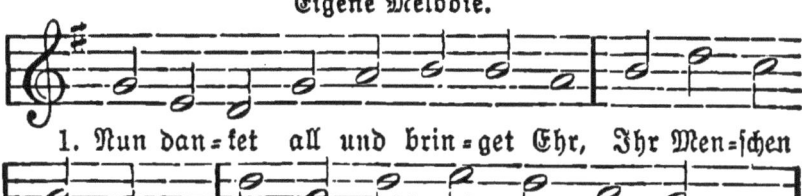

1. Nun dan-ket all und brin-get Ehr, Ihr Men-schen

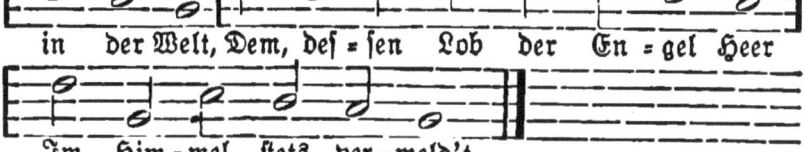

in der Welt, Dem, des-sen Lob der En-gel Heer

Im Him-mel stets ver-meld't.

2. Ermuntert euch und singt mit Schall Gott, unserm höchsten Gut, Der seine Wunder überall Und große Dinge thut;

3. Der uns von Mutterleibe an Frisch und gesund erhält, Und wo kein Mensch uns helfen kann, Sich selbst zum Helfer stellt;

4. Der, ob wir ihn gleich hoch betrübt, Doch bleibet gutes Muts, Die Straf erläßt, die Schuld vergiebt Und thut uns alles Gut's.

5. Er gebe uns ein fröhlich Herz, Erfrische Geist und Sinn Und werf all Angst, Furcht, Sorg und Schmerz In's Meeres Tiefe hin.

6. Er lasse seinen Frieden ruhn Auf seiner Christen Land, Er gebe Glück zu unserm Thun Und Heil in allem Stand.

7. Er lasse seine Lieb und Güt Um, bei und mit uns gehn, Was aber ängstet und bemüht, Gar ferne von uns stehn.

8. Solange dieses Leben währt, Sei er stets unser Heil Und bleib auch, wenn wir von der Erd Abscheiden, unser Teil.

9. Er drücke, wenn das Herze bricht, Uns unsre Augen zu Und zeig uns drauf sein Angesicht Dort in der ewgen Ruh.

Paul Gerhard, geb. 1606, † 1676.

381.

Eigene Melodie.

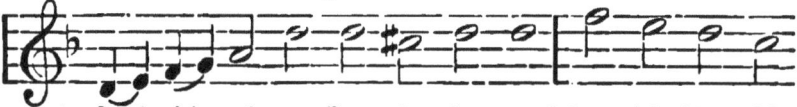

1. Sollt ich mei-nem Gott nicht sin-gen? Sollt ich ihm nicht Denn ich seh in al-len Din-gen, Wie so gut er's

dant=bar ſein?
mit mir mein;   Iſt's doch nichts als lau=ter Lie=ben, Das ſein

treu = es Her = ze regt, Das ohn En = de hebt und trägt,

Die in ſei = nem Dienſt ſich ü = ben. Al = les Ding währt

ſei = ne Zeit, Got = tes Lieb in E = wig = feit.

2. Wie ein Adler ſein Gefieder
Über ſeine Jungen ſtreckt, Alſo hat
auch hin und wieder Mich des
Höchſten Arm bedeckt, Alſobald im
Mutterleibe, Da er mir mein We=
ſen gab Und das Leben, das ich
hab Und noch dieſe Stunde trei=
be. Alles Ding währt ſeine Zeit,
Gottes Lieb in Ewigkeit.

3. Sein Sohn iſt ihm nicht zu
teuer; Nein, er giebt ihn für mich
hin, Daß er mich vom ewgen
Feuer Durch ſein teures Blut ge=
winn. O du unergründter Brun=
nen! Wie will doch mein ſchwacher
Geiſt, Ob er ſich gleich hoch be=
fleißt, Deine Tief ergründen kön=
nen? Alles Ding währt ſeine
Zeit, Gottes Lieb in Ewigkeit.

4. Seinen Geiſt, den edlen
Führer, Giebt er mir in ſeinem
Wort, Daß er werde mein Regie=
rer Durch die Welt zur Himmels=
pfort; Daß er mir mein Herz er=
fülle Mit dem hellen Glaubens=
licht, Das des Todes Macht zer=
bricht Und die Hölle ſelbſt macht
ſtille. Alles Ding währt ſeine
Zeit, Gottes Lieb in Ewigkeit.

5. Meiner Seele Wohlergehen
Hat er ja recht wohl bedacht; Will

dem Leibe Not entſtehen, Nimmt
er's gleichfalls wohl in acht. Wenn
mein Können, mein Vermögen
Nichts vermag, nichts helfen kann,
Kommt mein Gott und hebt mir an
Sein Vermögen beizulegen. Alles
Ding währt ſeine Zeit, Gottes Lieb
in Ewigkeit.

6. Himmel, Meer und ihre Heere
Hat er mir zum Dienſt beſtellt; Wo
ich nur mein Aug hinkehre, Find ich,
was mich nährt und hält: Tiere,
Kräuter und Getreide; In den
Gründen, in der Höh, In den Bü=
ſchen, in der See, Überall iſt mei=
ne Weide. Alles Ding währt ſeine
Zeit, Gottes Lieb in Ewigkeit.

7. Wenn ich ſchlafe, wacht ſein
Sorgen Und ermuntert mein Ge=
müt, Daß ich alle liebe Morgen
Schaue neue Lieb und Güt. Wäre
mein Gott nicht geweſen, Hätte
mich ſein Angeſicht Nicht geleitet,
wär ich nicht Aus ſo mancher Angſt
geneſen. Alles Ding währt ſeine
Zeit, Gottes Lieb in Ewigkeit.

8. Wie ſo manche ſchwere Plage
Wird vom Satan hergeführt, Die
mich doch mein Lebetage Niemals
noch bisher berührt! Gottes Engel,
den er ſendet, Hat das Böſe, das

der Feind Anzurichten war ge=
meint, In die Ferne weggewen=
det. Alles Ding währt seine
Zeit, Gottes Lieb in Ewigkeit.

9. Wie ein Vater seinem Kinde
Sein Herz niemals ganz entzeucht,
Ob es gleich bisweilen Sünde
Thut und aus der Bahne weicht:
Also hält auch mein Verbrechen
Mir mein frommer Gott zu gut,
Will mein Fehlen mit der Rut Und
nicht mit dem Schwerte rächen.
Alles Ding währt seine Zeit,
Gottes Lieb in Ewigkeit.

10. Seine Strafen, seine Schlä=
ge, Ob es gleich mir bitter scheint,
Sind doch, wenn ich's recht er=
wäge, Schläge nur vom treusten
Freund, Der mich liebet, mein
gedenket Und mich von der schnö=
den Welt, Die mich hart gefangen

hält, Durch das Kreuze zu sich len=
ket. Alles Ding währt seine Zeit,
Gottes Lieb in Ewigkeit.

11. Das weiß ich fürwahr und
lasse Mir's nicht aus dem Sinne
gehn: Christenkreuz hat seine Maße
Und muß endlich stille stehn. Wenn
der Winter ausgeschneiet, Tritt der
schöne Sommer ein; Also wird auch
nach der Pein, Wer's erwarten
kann, erfreuet. Alles Ding währt
seine Zeit, Gottes Lieb in Ewigkeit.

12. Weil denn weder Ziel noch
Ende Sich in Gottes Liebe find't,
Ei, so heb ich meine Hände Zu dir,
Vater, als dein Kind, Bitte: Wollst
mir Gnade geben, Dich aus aller
meiner Macht Zu umfangen Tag
und Nacht Hier in meinem ganzen
Leben, Bis ich dich nach dieser Zeit
Lieb und lob in Ewigkeit.

Paul Gerhard, geb. 1606, † 1676.

382.

Mel. Nun lob mein Seel den Herren.

1. Man lobt dich in der Stil = le, Du hoch = er = hab=
Des Rühmens ist die Fül = le Vor dir, o Herr

ner Zi = ons=gott.
Gott Ze = ba = oth. Du bist doch Herr auf Er = den,

Der Frommen Zu=ver=sicht; In Trüb=sal und Be=schwer=den

Läßt du die Dei=nen nicht. Drum soll dich stündlich eh = ren

Mein Mund vor je = dermann Und deinen Ruhm ver = meh = ren,

So = lang ich lal = len kann.

2. Dein müſſen, Herr, ſich freuen Die Gläubigen von ganzer Seel Und unaufhörlich ſchreien: Gelobt ſei der Gott Iſrael! Sein Name ſei geprieſen, Der große Wunder thut, Und der auch mir erwieſen Das, was mir nütz und gut! Nun, das iſt meine Freude, Daß ich an ihm ſtets kleb Und niemals von ihm ſcheide, Solang ich leb und ſchweb.

3. Herr! du haſt deinen Namen Sehr herrlich in der Welt gemacht; Denn als die Schwachen kamen, Haſt du gar bald an ſie gedacht. Du haſt mir Gnad erzeiget; Nun, wie vergelt ich's dir? Ach, bleibe mir geneiget, So will ich für und für Den Kelch des Heils erheben Und preiſen weit und breit Dich, Herr, mein Gott, im Leben Und dort in Ewigkeit.

Joh. Riſt, geb. 1607, † 1667.

383.

Mel. Es iſt das Heil uns kommen her.

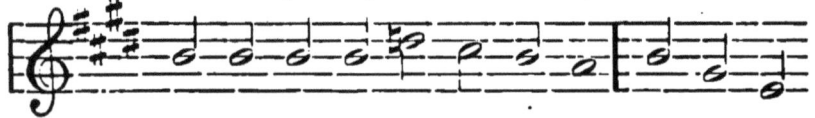

1. Sei Lob und Ehr dem höch=ſten Gut, Dem Va = ter Dem Gott, der al = le Wun=der thut, Dem Gott, der al = ler Gü = te, mein Ge = mü = te Mit ſeinem reichen Troſt erfüllt, Dem Gott, der al = ler Jammer ſtillt; Gebt un=ſerm Gott die Eh = re!

2. Es danken dir die Himmels=heer, O Herrſcher aller Thronen; Und die auf Erden, Luft und Meer In deinem Schatten wohnen, Die preiſen deine Schöpfer=macht, Die alles alſo wohl bedacht. Gebt unſerm Gott die Ehre!

3. Was unſer Gott geſchaffen hat, Das will er auch erhalten; Darüber will er früh und ſpat Mit ſeiner Gnade walten. In ſeinem ganzen Königreich Iſt alles recht, iſt alles gleich. Gebt unſerm Gott die Ehre!

4. Ich rief zum Herrn in meiner Not: O Gott, vernimm mein Schreien! Da half mein Helfer

mir vom Tod Und ließ mir Trost gedeihen. Drum dant, ach Gott, drum dank ich dir; Ach danket, danket Gott mit mir! Gebt unserm Gott die Ehre!

5. Der Herr ist noch und nimmer nicht Von seinem Volk geschieden; Er bleibet ihre Zuversicht, Ihr Segen, Heil und Frieden. Mit Mutterhänden leitet er Die Seinen stetig hin und her. Gebt unserm Gott die Ehre!

6. Wenn Trost und Hilf ermangeln muß, Die alle Welt erzeiget: So kommt und hilft der Überfluß, Der Schöpfer selbst, und neiget Die Vateraugen denen zu, Die sonsten nirgends finden Ruh. Gebt unserm Gott die Ehre!

7. Ich will dich all mein leben=

lang, O Gott, von nun an ehren; Man soll, Gott, deinen Lobgesang An allen Orten hören; Mein ganzes Herz ermuntre sich, Mein Geist und Leib erfreue dich! Gebt unserm Gott die Ehre!

8. Ihr, die ihr Christi Namen nennt, Gebt unserm Gott die Ehre! Ihr, die ihr Gottes Macht bekennt, Gebt unserm Gott die Ehre! Die falschen Götzen macht zu Spott; Der Herr ist Gott, der Herr ist Gott. Gebt unserm Gott die Ehre!

9. So kommet vor sein Angesicht Mit jauchzenvollem Springen; Bezahlet die gelobte Pflicht, Und laßt uns fröhlich singen: Gott hat es alles wohl bedacht Und alles, alles recht gemacht! Gebt unserm Gott die Ehre!

Joh. Jac. Schütz, geb. 1640, † 1690.

384.

Eigene Melodie.

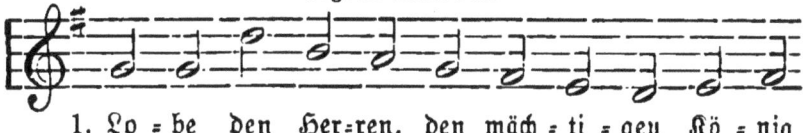

1. Lo = be den Her=ren, den mäch = ti = gen Kö = nig
   Lob ihn, o See=le, Ver=eint mit den himm = li=

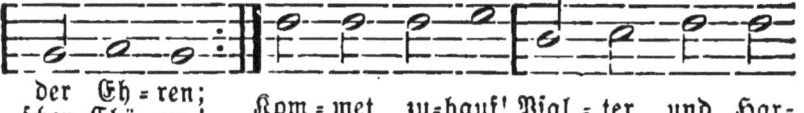

der Eh = ren;   Kom = met zu=hauf! Psal = ter und Har=
schen Chö = ren!

se, wacht auf! Las = set den Lob=ge = sang hö = ren!

2. Lobe den Herren, der alles so herrlich regieret, Der dich auf Adelers Fittigen sicher geführet, Der dich erhält, Wie es dir selber gefällt! Hast du nicht dieses verspüret?

3. Lobe den Herren, der künst=

lich und fein dich bereitet, Der dir Gesundheit verliehen, dich freundlich geleitet; In wie viel Not Hat nicht der gnädige Gott Über dir Flügel gebreitet!

4. Lobe den Herren, der deinen Stand sichtbar gesegnet, Der aus

22

dem Himmel mit Strömen der
Liebe geregnet; Denke daran,
Was der Allmächtige kann, Der
dir mit Liebe begegnet!
5. Lobe den Herren; was in

mir ift, lobe den Namen; Alles,
was Odem hat, lobe mit Abra=
hams Samen! Er ift dein Licht;
Seele, vergiß es ja nicht; Lob ihn
in Ewigkeit! Amen.

Joach. Neander, geb. 1610, † 1680.

385.

Eigene Melodie.

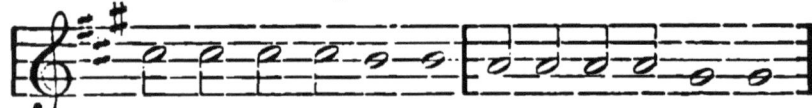

1. Wun=der=ba=rer Kö=nig, Herrscher von uns al=len,
   Dei=ne Va=ter=gü=te Haft du laf=fen trie=fen,

Laß dir un=fer Lob ge=fal=len!
Ob wir schon von dir weg=lie=fen.   Hilf uns noch, Stärk uns

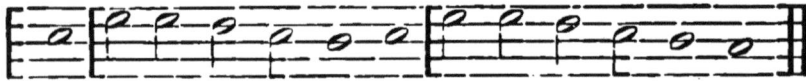

doch, Laß die Zun=ge fin=gen, Laß die Stimm er=klin=gen!

2. Himmel, lobe prächtig Dei=
nes Schöpfers Thaten Mehr, als
aller Menschen Staaten! Großes
Licht der Sonnen, Schieße deine
Strahlen, Die das große Rund
bemalen! Lobet gern, Mond und
Stern, Seid bereit, zu ehren Ei=
nen solchen Herren!
3. Wasser, Luft und Erde, Ja.
dein ganz Gebiete Ift ein Schau=
platz deiner Güte. Deiner Lang=
mut Ehre Wird durch neue Pro=
ben Immer herrlicher erhoben. O
wie weit, O wie breit über Berg
und Hügel Streckt sie ihre Flügel!

4. O du meine Seele, Singe
fröhlich, finge, Singe deine Glau=
benslieder! Was den Odem holet,
Jauchze, preife, klinge! Wirf dich
in den Staub danieder; Er ift
Gott Zebaoth, Er nur ift zu loben
Hier und ewig droben.
5. Halleluja bringe, Wer den
Herren kennet Und in Christo Va=
ter nennet! Halleluja finge, Wel=
cher Christum liebet, Ihm von
Herzen sich ergiebet! O, wohl dir!
Glaube mir, Endlich wirft du dro=
ben Ohne Sünd ihn loben.

Joach. Neander, geb. 1610, † 1680.

386.

Eigene Melodie.

1. O daß ich tau=fend Zun=gen hät=te   Und ei=nen
   So ftimmt ich da=mit um die Wet=te   Vom al=ler=

tau=send=fa=chen Mund!
tief=sten Herzens=grund   Ein Lob=lied nach dem an=dern an

Von dem, was Gott an mir ge = than.

2. O daß doch meine Stimme schallte Bis dahin, wo die Sonne steht! O daß mein Blut mit Jauch=zen wallte, Solang es noch im Laufe geht! Ach, wär ein jeder Puls ein Dank, Und jeder Odem ein Gesang!

3. Was schweigt ihr denn, ihr meine Kräfte? Auf, auf, braucht allen euren Fleiß, Und stehet munter im Geschäfte Zu Gottes, meines Herren, Preis! Mein Leib und Seele! schicke dich, Und lobe Gott herzinniglich.

4. Ihr grünen Blätter in den Wäldern, Bewegt und regt euch doch mit mir! Ihr schwanken Gräschen in den Feldern, Ihr Blumen, laßt doch eure Zier Zu Gottes Ruhm belebet sein, Und stimmet lieblich mit mir ein!

5. Ach alles, alles, was ein Leben Und einen Odem in sich hat, Soll sich mir zum Gehilfen geben; Denn mein Vermögen ist zu matt, Die großen Wunder zu erhöhn, Die allenthalben um mich stehn.

6. Wer überströmet mich mit Segen? Bist du es nicht, du rei=cher Gott? Wer schützet mich auf meinen Wegen? Du, du, o Herr Gott Zebaoth! Du trägst mit mei=ner Sündenschuld Unsäglich gnä=dige Geduld.

7. Auch hab ich es mein Lebe=tage Schon so manch liebes Mal gespürt, Daß du mich unter vieler Plage Zwar wunderbar, doch wohl geführt; Denn in der größesten Gefahr Ward ich dein Trostlicht stets gewahr.

8. Wie sollt ich nun nicht voller Freuden In deinem steten Lobe stehn? Wie sollt ich auch im tief=sten Leiden Nicht triumphierend einhergehn? Und fiele auch der Himmel ein, So will ich doch nicht traurig sein.

9. Ich will von deiner Güte singen, Solange sich die Zunge regt; Ich will dir Freudenopfer bringen, Solange sich mein Herz bewegt. Ja, wenn der Mund wird kraftlos sein, So stimm ich doch mit Seufzen ein.

10. Ach, nimm das arme Lob auf Erden, Mein Gott, in allen Gna=den hin! Im Himmel soll es besser werden, Wenn ich bei deinen Engeln bin; Da sing ich dir im höhern Chor Viel tausend Halleluja vor.

Joh. Mentzer, geb. 1658, † 1734.

387.

Eigene Melodie.

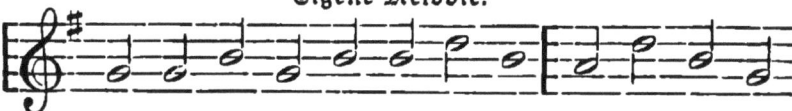

1. Wo = mit soll ich dich wohl lo = ben, Mäch = ti = ger Herr
Sen = de mir da = zu von o = ben Dei = nes Geistes

Ze = ba = oth?
Kraft, mein Gott! Denn ich kann mit nichts er = rei = chen Dei = ne

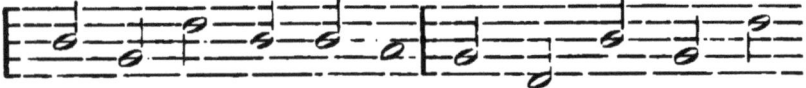

Gnad und Lie = bes = zei = chen. Tau=send=, tau = send = mal

sei dir, Gro = ßer Kö = nig, Dank da = für!

2. Herr! entzünde mein Gemü=
te, Daß ich deine Wundermacht,
Deine Gnade, Treu und Güte
Stets erhebe Tag und Nacht;
Denn von deinen Gnadengüssen
Leib und Seele zeugen müssen.
Tausend=, tausendmal sei dir,
Großer König, Dank dafür!

3. Denk ich, wie ich dich ver=
lassen, Wie ich häufte Schuld auf
Schuld: So möcht ich vor Scham
erblassen Vor der Langmut und
Geduld, Womit du, o Gott, mich
Armen Hast getragen mit Erbar=
men. Tausend=, tausendmal sei
dir, Großer König, Dank dafür!

4. Ach ja, wenn ich überlege,
Mit was Lieb und Gütigkeit Du
durch so viel Wunderwege Mich
geführt die Lebenszeit: So weiß
ich kein Ziel zu finden, Noch die
Tiefen zu ergründen. Tausend=,
tausendmal sei dir, Großer Kö=
nig, Dank dafür!

5. Du, Herr, bist mir nachge=
laufen, Mich zu reißen aus der
Glut; Denn da mit der Sünder
Haufen Ich nur suchte irdisch Gut,
Hießest du auf das mich achten,
Wonach man zuerst soll trachten.
Tausend=, tausendmal sei dir,
Großer König, Dank dafür!

6. O, wie hast du meine Seele
Stets gesucht zu dir zu ziehn, Daß

ich aus der Sündenhöhle Möchte
zu den Wunden fliehn, Die mich
ausgesöhnet haben Und mir Kraft
zum Leben gaben. Tausend=,
tausendmal sei dir, Großer König,
Dank dafür!

7. Ja, Herr, lauter Gnad und
Wahrheit Ist vor deinem Angesicht;
Du, du trittst hervor in Klarheit,
In Gerechtigkeit, Gericht, Daß man
soll aus deinen Werken Deine Güt
und Allmacht merken. Tausend=,
tausendmal sei dir, Großer König,
Dank dafür!

8. Wie du setzest jedem Dinge
Zeit, Zahl, Maß, Gewicht und
Ziel, Damit keinem zu geringe
Möcht geschehen, noch zu viel: So
hab ich auf tausend Weisen Deine
Weisheit auch zu preisen. Tausend=,
tausendmal sei dir, Großer König,
Dank dafür!

9. Bald mit Lieben, bald mit
Leiden Kamst du, Herr, mein Gott,
zu mir, Nur mein Herze zu berei=
ten, Sich ganz zu ergeben dir, Daß
mein gänzliches Verlangen Möcht
an deinem Willen hangen. Tau=
send=, tausendmal sei dir, Großer
König, Dank dafür!

10. Wie ein Vater nimmt und
giebet, Nachdem's Kindern nützlich
ist: So hast du mich auch geliebet,
Herr, mein Gott, zu jeder Frist Und

dich meiner angenommen, Wenn's
auch gleich aufs höchste kommen.
Tausend=, tausendmal sei dir,
Großer König, Dank dafür!

11. Mich hast du auf Adlers=
flügeln Oft getragen väterlich, In
den Thälern, auf den Hügeln
Wunderbar errettet mich. Schien
gleich alles zu zerrinnen, Ward
doch deiner Hilf ich innen. Tau=
send=, tausendmal sei dir, Großer
König, Dank dafür!

12. Fielen Tausend mir zur
Seiten Und zur Rechten zehnmal
mehr, Ließest du mich doch beglei=
ten Durch der Engel starkes Heer,
Daß den Nöten, die mich dran=
gen, Ich jedennoch bin entgangen.

Tausend=, tausendmal sei dir, Gro=
ßer König, Dank dafür!

13. Vater, du hast mir erzeiget
Lauter Gnad und Gütigkeit; Und
du hast zu mir geneiget. Jesu, deine
Freundlichkeit; Und durch dich, o
Geist der Gnaden, Werd ich stets
noch eingeladen. Tausend=, tau=
sendmal sei dir, Großer König,
Dank dafür!

14. Tausendmal sei dir gesun=
gen, Herr, mein Gott, Preis, Lob
und Dank, Daß es mir bisher ge=
lungen; Ach, laß meines Lebens
Gang Ferner doch durch Jesu Lei=
ten Nur gehn in die Ewigkeiten!
Da will ich, Herr, für und für,
Ewig, ewig danken dir.

Joh. Andr. Gotter, geb. 1661, † 1735.

388.

Eigene Melodie.

1. Dir, dir, Je = ho=vah, will ich sin=gen! Denn wo ist
Dir will ich mei = ne Lie = der bringen; Ach, gieb mir

doch ein solcher Gott, wie du?
dei=nes Geistes Kraft da=zu,

Daß ich es thu im Na = men

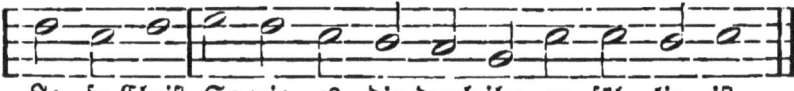

Je = su Christ, So wie es dir durch ihn ge = säl = lig ist.

2. Zeuch mich, o Vater, zu dem
Sohne, Damit dein Sohn mich
wieder zieh zu dir; Dein Geist in
meinem Herzen wohne Und mei=
ne Sinnen und Verstand regier,
Daß ich den Frieden Gottes
schmeck und fühl Und dir darob
im Herzen sing und spiel.

3. Verleih mir, Höchster, solche
Güte, So wird gewiß mein Sin=

gen recht gethan; So klingt es schön
in meinem Liede, Und ich bet dich
im Geist und Wahrheit an; So
hebt dein Geist mein Herz zu dir
empor, Daß ich dir Psalmen sing
im höhern Chor.

4. Denn der kann mich bei dir
vertreten Mit Seufzern, die ganz
unaussprechlich sind; Der lehret
mich recht gläubig beten, Giebt

Zeugnis meinem Geiſt, daß ich dein Kind Und ein Miterbe Jeſu Chriſti ſei, Daher ich „Abba, lie= ber Vater!" ſchrei.

5. Wenn dies aus meinem Her= zen ſchallet Durch deines heiligen Geiſtes Kraft und Trieb, So bricht dein Vaterherz und wallet Ganz brünſtig gegen mich vor heißer Lieb, Daß mir's die Bitte nicht verſagen kann, Die ich nach dei= nem Willen hab gethan.

6. Was mich dein Geiſt ſelbſt bitten lehret, Das iſt nach deinem Willen eingericht't Und wird ge= wiß von dir erhöret, Weil es im Namen deines Sohns geſchicht,

Durch welchen ich dein Kind und Erbe bin Und nehme von dir Gnad um Gnade hin.

7. Wohl mir, daß ich dies Zeug= nis habe! Drum bin ich voller Troſt und Freudigkeit Und weiß, daß alle gute Gabe, Die ich von dir verlanget jederzeit, Die giebſt du und thuſt überſchwenglich mehr, Als ich verſtehe, bitte und begehr.

8. Wohl mir! Ich bitt in Jeſu Namen, Der mich zu deiner Rechten ſelbſt vertritt. In ihm iſt alles Ja und Amen, Was ich von dir im Geiſt und Glauben bitt. Wohl mir! Lob dir jetzt und in Ewigkeit, Daß du mir ſchenkeſt ſolche Seligkeit!

Barthol. Craſſelius, geb. 1667, † 1724.

389.

Eigene Melodie.

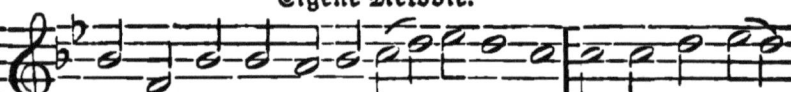

1. Lo = be den Herren, o mei = ne See = le! Ich will ihn lo=
Weil ich noch Stunden auf Erden zäh=le, Will ich lob=ſin=

ben bis zum Tod;
gen meinem Gott.   Der Leib und Seel ge = ge = ben hat, Werde

ge=prie=ſen früh und ſpät. Hal=le = lu = ja! Hal=le = lu = ja!

2. Fürſten ſind Menſchen, vom Weib geboren, Und kehren um zu ihrem Staub. Ihre Anſchläge ſind auch verloren, Wenn nun das Grab nimmt ſeinen Raub. Weil dann kein Menſch uns hel= fen kann, Rufe man Gott um Hilfe an. Halleluja! Halleluja!

3. Selig, ja ſelig iſt der zu nen= nen, Des Hilfe der Gott Jakobs iſt, Welcher vom Glauben ſich nichts läßt trennen Und hofft ge=

troſt auf Jeſum Chriſt. Wer die= ſen Herrn zum Beiſtand hat, Fin= det am beſten Rat und That. Hal= leluja! Halleluja!

4. Dieſer hat Himmel, Meer und die Erden, Und was darinnen iſt, gemacht; Alles muß pünktlich er= füllet werden, Was er uns einmal zugedacht. Er iſt's, der Herrſcher al= ler Welt, Welcher uns ewig Glau= ben hält. Halleluja! Halleluja!

5. Zeigen ſich welche, die Unrecht

leiden, Er ist's, der ihnen Recht verschafft; Hungrigen will er zur Speis bescheiden, Was ihnen dient zur Lebenskraft; Die hart Ge= bundnen macht er frei, Und sei= ner Gnad ist mancherlei. Halle= luja! Halleluja!

6. Sehende Augen giebt er den Blinden, Erhebt, die tief gebeu= get gehn; Wo er kann einige Fromme finden, Die läßt er seine Liebe sehn. Sein Aufsicht ist der Fremden Trutz, Witwen Und Waisen hält er Schutz. Hal= leluja! Halleluja!

7. Aber der Gottesvergeßnen Tritte kehrt er mit starker Hand zu= rück, Daß sie nur machen verkehrte Schritte Und fallen selbst in ihren Strick. Der Herr ist König ewiglich. Zion, dein Gott sorgt stets für dich. Halleluja! Halleluja!

8. Rühmet, ihr Menschen, den hohen Namen Des, der so große Wunder thut. Alles, was Odem hat, rufe Amen Und bringe Lob mit frohem Mut. Ihr Kinder Gottes, lobt und preist Vater und Sohn und heilgen Geist. Halleluja! Hal= leluja!

J. Dan. Herrnschmidt, geb. 1675, † 1723.

390.

Mel. Wachet auf, ruft uns die Stimme.

1. O Maj'=stät, wir fal = len nie = der! Zwar du be=darfst
Zu dein'm Lob sind wir ge = bo = ren, So teur er=kauft,

nicht un = srer Lie=der, Uns ziemt und frommt dein Lob so sehr;
so hoch er = ko=ren. O Se = lig=keit, dir ge = ben Ehr!

Zu dei=nem Lo = be nur Ist al = le Kre = a = tur,

Se = lig We = sen! Wir kom=men dann Und be = ten an;

Im Geist und Wahr=heit sei's ge = than!

2. Seraphim und Cherubinen Dir Tag und Nacht mit Ehrfurcht dienen, Der Engel Scharen ohne Zahl. Alle Geister, die dich ken= nen, Dich heilig! heilig! heilig! nennen, Sie fallen nieder allzu= mal. Ihr Seligsein bist du, Dir schreibt man alles zu. Amen!

Amen! Auch wir sind dein Und stimmen ein: Du, Gott, bist unser Gott allein!

3. Droben knien vor deinem Throne Die Ältesten mit goldner Krone; Der Erstlinge erwählte Schar Samt den unzählbaren Frommen, Die dort in weißen Kleidern kommen, Sie bringen dir ihr Loblied dar: Macht, Weisheit, Herrlichkeit, Lob, Dank in Ewigkeit! Amen! Amen! Auch wir sind dein Und stimmen ein: Du, Gott, bist unser Gott allein!

4. Sie lob'n deine Thaten prächtig, Daß du so groß, so gut, so mächtig, Höchstselig, würdig aller Ehr; Daß nur Weisheit, Lieb und Treue In allen deinen Wegen seie; Ihr Amen sagt unendlich mehr. Ihr Lob zu wenig ist, Dein Lob du selber bist. Amen! Amen! Auch wir sind dein Und stimmen ein: Du, Gott, bist unser Gott allein!

5. Durch dein'n Willen muß bestehen, Was wir durch dich geschaffen sehen; Dein Werk ist groß und wunderbar. Von all'm du gelobt mußt werden Im Himmel, Meer und auf der Erden: Es stellet deine Pracht uns dar, Dein Lob ist eingeprägt In allem, was sich regt. Amen! Amen! Auch wir sind dein Und stimmen ein: Du, Gott, bist unser Gott allein!

6. Die unt'r allen Nationen Von deinen Freunden hier noch wohnen, Erheben dich, du selges Gut! Dich vollkommen sie bekennen, Dich ihren Gott und Heiland nennen, Der sie erkauft durch Christi Blut. Du bist ihr selges Teil, Ihr Trost, ihr ganzes Heil. Amen! Amen! Auch wir sind dein Und stimmen ein: Du, Gott, bist unser Gott allein!

7. Komm, in uns dich zu verklären, Daß wir dich würdiglich verehren; Nimm unser Herz zum Heiligtum, Daß es, ganz mit dir erfüllet, Durch deine Gegenwart gestillet, Zerfließ in deiner Gottheit Ruhm! Dich, unser höchstes Gut, Erhebe Geist und Mut! Amen! Amen! Halleluja! Halleluja! Der Herr ist groß und gut und nah.

G. Tersteegen, geb. 1697, † 1769.

IX. Lieder für besondere Verhältnisse und Zeiten.

1. Vaterland und Obrigkeit.

391.

Mel. Vom Himmel hoch, da komm ich her.

1. Er-halt uns, Herr der Herr-lich-keit, Er-halt uns un-sre O-brig-keit, Die dei-ne treu-e Va-ter-hand Ge-set-zet hat in die-sen Stand.

2. Dein guter Geist sie leit und führ Und segn ihr Walten für und für, Daß sie voll Weisheit und Verstand Regiere christlich Leut und Land;

3. Damit wir führen unter ihr Ein still, geruhig Leben hier Und einst mit ihr, du höchster Hort, Bestehen wohl im Himmel dort.

Emilie Juliane, Gräfin von Schwarzburg-Rudolstadt, geb. 1637, † 1706.

392.

Mel. Allein Gott in der Höh sei Ehr.

1. O Gott voll Macht und Wunderthat! Es ist an al = len
All O = brig = keit aus wei=sem Rat Von dir ver=ord=net

Or = ten
wor = den. Drum krö = ne, Herr, die O=brigkeit, Die du uns

gabst für die = se Zeit, Mit Se=gen, Heil und Gna=de!

2. Laß unter ihrer Hand und Wacht Uns Heil und Wohlfahrt spüren, Daß wir durch deine Lieb und Macht Ein stilles Leben führen In Zucht und in Gerechtigkeit Und Gutes üben allezeit Nach rechter Christenweise.

3. Du wollest selbst ihr deinen Schutz, Kraft, Ehr und Ansehn gönnen, Daß weder Bosheit, List noch Trutz Ihr jemals schaden können. Halt selber aufrecht dein Gebot, Und wer sie ehrt, dem laß, o Gott, Es wohlgehn hier auf Erden!

4. Verleih dabei das große Gut, Daß wir durch ihr Regieren Mit Ehrfurcht, Lieb und sanftem Mut Selbst deine Herrschaft spüren. Gieb du ihr Weisheit und Geduld, Daß sie durch recht Gericht und Huld An deiner Statt uns leite.

5. Laß uns dein Volk und Erbe sein, Und hilf vor allen Dingen, Daß Obrigkeit und Volk gedeihn, Dir Lob und Ehre bringen. Führ sie an deiner Hand zugleich Der=einst in dein verklärtes Reich, Um ewig dir zu dienen.

Unbekannt.

393.

Mel. Nun ruhen alle Wälder.

1. Wir schwö=ren heut aufs neu = e Dir, un=serm Kö = nig,

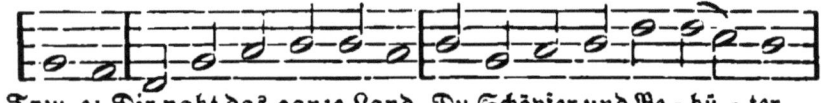

Treu=e; Dir naht das ganze Land. Du Schöpfer und Be = hü = ter,

Du Ge=ber al = ler Güter, Wir stehn in dei = ner treu=en Hand.

2. Du lässest uns hier wohnen, Wo ringsum herrlich thronen Die Wunder deiner Macht; Du lässest helle glänzen Dein Wort in un=sern Grenzen; Das hat uns frei und stark gemacht.

3. Du hast uns treu regieret Und wunderbar geführet Mit deiner Vaterhuld; Du hast uns hoch erhoben Durch tausend Liebesproben Trotz unsrer schweren Sünd und Schuld.

4. Du hast auf allen Seiten Uns von der Väter Zeiten Mit deinem Arm bewacht; Auch wo wir dein vergaßen, Hast du uns nicht verlassen Und uns mit Licht und Heil bedacht.

5. Drum laßt uns fröhlich sin=gen Und Dankeslieder bringen Dem Herren aller Herrn, Dem Vater unsrer Väter, Dem Heiland und Erretter; Frohlockt und dan=ket nah und fern!

6. Erhalt in unsern Hütten Den Segen frommer Sitten, Dein Evangelium; Laß Recht und Frie=de schalten, Gesetz und Freiheit walten Zu deines Namens Preis und Ruhm.

7. Hilf, daß wir treu dir blei=ben, Dir heut uns neu verschreiben Zum Volk des Eigentums; Laß, Hirte deiner Herden, Auch unsre Enkel werden Lebendge Zeugen deines Ruhms!

Phil. Schaff, geb. 1819, † 1893.

2. Allgemeine Landesangelegenheiten.

a. Jahreszeiten.

394.

Eigene Melodie.

1. Geh aus, mein Herz, und su = che Freud In die=ser lie=ben Som=mer=zeit An dei=nes Got = tes Ga=ben! Schau an der schö=nen Gärten Zier, Und sie=he, wie sie mir und dir Sich aus=ge=schmüt=tet ha = ben.

2. Die Bäume stehen voller Laub, Das Erdreich decket seinen Staub Mit einem grünen Kleide; Die Blümlein auf dem Wiesenplan, Die ziehen sich viel schöner an, Als Salomonis Seide.

3. Die Lerche schwingt sich in die Luft, Das Täublein fliegt aus seiner Kluft Und macht sich in die Wälder; Die sangbegabte Nachtigall Ergötzt und füllt mit ihrem Schall Berg, Hügel, Thal und Felder.

4. Die Gluck' führt ihr Völklein aus, Der Storch baut und bewohnt sein Haus, Das Schwälblein speist die Jungen; Der schnelle Hirsch, das leichte Reh Ist froh und kommt aus seiner Höh Ins tiefe Gras gesprungen.

5. Die Bächlein rauschen in dem Sand Und malen sich und ihren Rand Mit schattenreichen Myrten; Die Wiesen liegen hart dabei Und klingen ganz vom Lustgeschrei Der Schaf und ihrer Hirten.

6. Die unverdroßne Bienenschar Zeucht hin und her, sucht hier und dar Die edle Honigspeise; Der süße Weinstock steht im Saft Und wirket täglich neue Kraft In seinem schwachen Reise.

7. Der Weizen wächset mit Gewalt; Darüber jauchzet jung und alt Und rühmt die große Güte Des, der so überfließend labt Und mit so manchem Gut begabt Das menschliche Gemüte.

8. Ich selber kann und mag nicht ruhn, Des großen Gottes großes Thun Erweckt mir alle Sinnen; Ich singe mit, wenn alles singt, Und lasse, was dem Höchsten klingt, Aus meinem Herzen rinnen.

9. Ach, denk ich, bist du hier so schön, Und läßt du's uns so lieblich gehn Auf dieser armen Erden, Was will doch wohl nach dieser Welt Dort in dem reichen Himmelszelt Und Paradiese werden!

10. Welch hohe Lust, welch heller Schein Wird wohl in Christi Garten sein! Wie muß es da wohl klingen, Da so viel tausend Seraphim Mit unverdroßner Wonnestimm Ihr Halleluja singen!

11. O wär ich da! o stünd ich schon, Du reicher Gott, vor deinem Thron Und trüge meine Palmen: So wollt ich nach der Engel Weis Erhöhen deines Namens Preis Mit tausend schönen Psalmen.

12. Doch will ich gleichwohl, weil ich noch Hier trage dieses Leibes Joch, Auch nicht gar stille schweigen; Mein Herze soll sich fort und fort An diesem und an allem Ort Zu deinem Lobe neigen.

13. Hilf mir, und segne meinen Geist Mit Segen, der vom Himmel fleußt, Daß ich dir stetig blühe. Gieb, daß der Sommer deiner Gnad In meiner Seele früh und spat Viel Glaubensfrucht erziehe.

14. Mach in mir deinem Geiste Raum, Daß ich dir werd ein guter Baum, Und laß mich Wurzel treiben. Verleihe, daß zu deinem Ruhm Ich deines Gartens schöne Blum Und Pflanze möge bleiben.

15. Erwähle mich zum Paradies, Und laß mich, deines Heils gewiß, An Leib und Seele grünen; So will ich dir und deiner Ehr Allein, und keinem andern mehr, Hier und dort ewig dienen.

Paul Gerhard, geb. 1606, † 1676.

395.

Mel. Lobe den Herren, den mächtigen König der Ehren.

1. Hör ich euch wie=der, ihr Tö = ne des Frühlings,
Ju = beln = de Stimmen des Prei = ses sich him = mel=

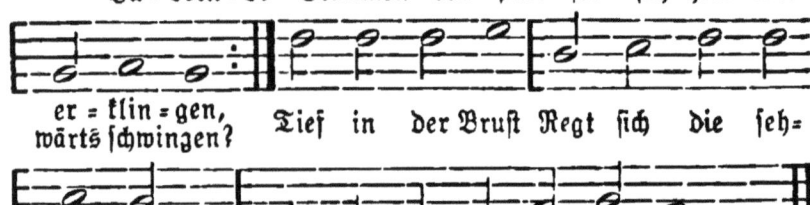

er = klin = gen,
wärts schwingen?   Tief in der Brust Regt sich die seh=

nen = de Lust, Mit euch ein Lob=lied zu sin = gen.

2. Soll mich die Amsel und soll
mich die Lerche beschämen? Sang
ist ihr Leben und freudiges Lob
ohne Grämen. Schweigest nur
du, Seele, berufen dazu, Gnade
um Gnade zu nehmen?

3. Ist nicht dein Frühling, der
himmlische, dir auch erschienen?
Sahst du die Auen der Hoffnung
in ihm nicht ergrünen, Der bis ins
Grab Stieg aus dem Himmel her=
ab, All deine Schuld zu versühnen?

4. König des Himmels und
Freund einer sündigen Seele!
Jeder Gedanke und jede Empfin=
dung erzähle, Was du mir bist;
Aus dir ein Lebensstrom fließt,
Daß ich mich nimmermehr quäle.

5. Laß mich dich loben! Ich
weinte dir lange nur Klagen;
Wähnte dich hart, wenn aus Liebe
du Wunden geschlagen; Habe die
Hand Ewiger Güte verkannt,
Irre von Sorgen und Zagen.

6. Doch wie der Winter von star=
renden, schneeigen Höhen Spurlos
zerrinnt, wenn sie Lüfte des Früh=
lings umwehen: Also entfliehn,
Giebst du dem Herzen dich hin, All
seine starrenden Wehen.

7. Gieb mir die Harfe, und laß
mich der Himmlischen Lieder Fern=
her vernehmen! Sie hallen im
Thränenthal wieder. Engelgesang
Und der Erlöseten Dank Schwebe
hinauf und hernieder!

8. Schön ist die Schöpfung, die,
ewiges Wort, du gegründet; Wun=
dervoll hast du die Berge und Thä=
ler gegründet; Frühlinges Pracht
Hat, wie der Tag und die Nacht,
Längst deinen Namen verkündet.

9. Jauchze, Natur, in des Früh=
lings beginnendem Wehen! Singe,
du Welt, die das Werk der Erlö=
sung gesehen! Jauchze, du Heer,
Dort am kristallenen Meer: Ehre
sei Gott in den Höhen!

Frau Meta Heuser=Schweizer, geb. 1797, † 1876.

396.

Mel. Ringe recht, wenn Gottes Gnade.

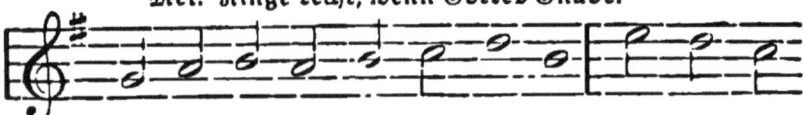

1. Freu = et euch der schö = nen Er = de, Denn sie ist

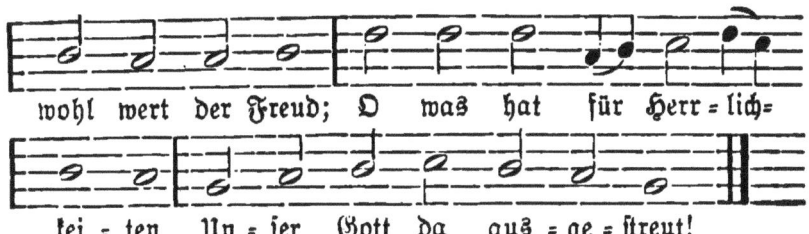

wohl wert der Freud; O was hat für Herr=lich=

tei = ten Un = ser Gott da aus = ge = streut!

2. Und doch ist sie seiner Füße
Reich geschmückter Schemel nur,
Ist nur eine schön begabte, Wun=
derreiche Kreatur.

3. Freuet euch an Mond und
Sonne Und den Sternen allzu=
mal, Wie sie wandeln, wie sie
leuchten Über unserm Erdenthal.

4. Und doch sind sie nur Geschöpfe
Von des höchsten Gottes Hand,
Hingesät auf seines Thrones Wei=
tes, glänzendes Gewand.

5. Wenn am Schemel seiner Füße
Und am Thron schon solcher Schein,
O was muß an seinem Herzen Erst
für Glanz und Wonne sein!

C. J. Ph. Spitta, geb. 1801, † 1859.

397.

Mel. Himmel, Erde, Luft und Meer.

1. In der stil = len Ein=sam=keit Fin = dest du

dein Lob be = reit; Gro = ßer Gott, er = hö = re mich;

Mei = ne See = le su = chet dich!

2. Der du alle Sterne führst
Und der Jahre Lauf regierst, Un=
veränderlich bist du, Nimmer still
und doch in Ruh.

3. Diese kalte Winterluft Kräf=
tig in die Herzen ruft: Seht, wo
ist der Sommer hin? Nur der
Herr erwecket ihn!

4. Gleichwie Wolle fällt der
Schnee Und bedecket Land und
See; Wehet aber Gottes Wind,
So zerfließet er geschwind.

5. Reif, wie Asche, nah und fern
Streuet aus die Hand des Herrn;

Wer kann bleiben vor dem Frost,
Wenn es weht von Nord und Ost?

6. O Beherrscher der Natur!
Allem zeigst du Zeit und Spur;
Frühling, Sommer, Herbst und Eis
Nahn und fliehn auf dein Geheiß.

7. Folgte deines Worts Befehl
Auch so willig meine Seel! O daß,
Jesu, deine Lieb In mir lenkte
jeden Trieb!

8. Friert da draußen alles ein,
Soll mein Herz doch brennend sein;
Leuchte, o mein Heil, in mir, O so
glüht und lebt es dir!

Joach. Neander, geb. 1610, † 1680.

398.

Mel. Geh aus, mein Herz, und suche Freud.

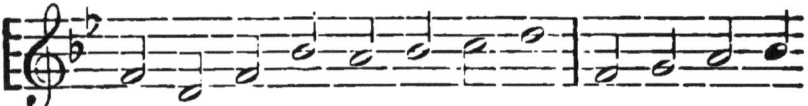

1. Des Jah=res schöner Schmuck entweicht, Die Flur wird kahl,

Der Wald er=bleicht, Der Vög=lein Lie = der schwei=gen. Ihr Got=

tes=kin=der, schweiget nicht, Und laßt hinauf zum ew = gen Licht

Des Her=zens Op = fer steigen!

2. Gott ließ der Erde Frucht gedeihn, Wir greifen zu, wir holen ein, Wir sammeln seinen Segen. Herr Jesu, laß uns gleichen Fleiß An deiner Liebe Ruhm und Preis Mit Herzensfreude legen!

3. Was Gottes Hand für uns gemacht, Das ist nun alles heim=gebracht, Hat Dach und Raum gefunden. So sammle dir zur Gnadenzeit, O Seele, was dein Herr dir beut, Für deine Kreu=zesstunden!

4. Denn wie die Felder öde stehn, Die Nebel kalt darüber wehn Und Reif entfärbt die Matten: So endet alle Lust der Welt, Des Lebens Glanz und Kraft zerfällt; Schnell wachsen seine Schatten.

5. Es braust der Sturm, der Wald erkracht, Der Wandrer eilt, um noch vor Nacht Zu flüchten aus den Wettern. O Jesu, sei uns Dach und Turm, Wenn oft des Lebens rauher Sturm Uns will zu Boden schmettern!

6. Es fällt der höchsten Bäume Laub Und mischt sich wieder mit dem Staub, Von dannen es gekommen. Ach Mensch, sei noch so hoch und wert: Du mußt hinunter in die Erd, Davon du bist genommen!

7. Doch wie der Landmann seine Saat Ausstreuet, eh der Winter naht, Um künftig Frucht zu sehen: So, treuer Vater, deckst du Auch unsern Leib mit Erde zu, Daß er soll auferstehen.

8. Indes, wie über Land und Meer Der Störche Zug, der Schwalben Heer Der Sonn entgegenstreben: So laß zu dir die Seelen fliehn, Zu deinem Para=diese ziehn, An deiner Sonne leben!

Victor Fr. Strauß, geb. 1809.

b. Jahresschluß. Neujahr.

399.

Mel. Vom Himmel hoch, da komm ich her.

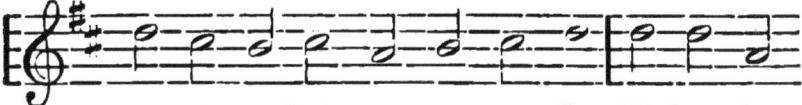

1. Das al = te Jahr ver = gan = gen ist; Wir dan = ken

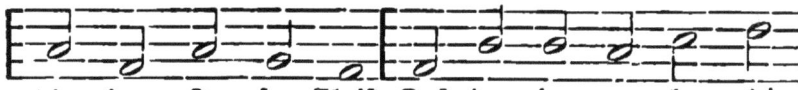

dir, Herr Je = su Christ, Daß du in man = cher = lei

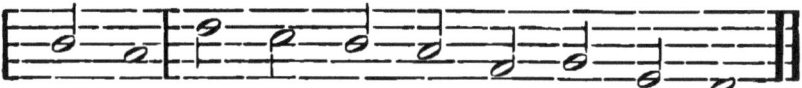

Ge = fahr Be = hü = tet uns auch die = ses Jahr.

2. Wir bitten dich, du ewger Sohn Des Vaters in dem höchsten Thron, Du wollst dein arme Christenheit Bewahren ferner allezeit.

3. Entzeuch uns nicht dein heilsam Wort, Es ist der Seelen höchster Hort. Vor falscher Lehr, Abgötterei Behüt uns, Herr, und steh uns bei.

4. Hilf, daß wir fliehn die breite Bahn Und fromm zu werden fangen an, Kein'r Sünd im alten Jahr gedenk. Ein gnadenreich Neujahr uns schenk.

5. Hilf christlich leben, seliglich Einst sterben und dann froh durch Dich Am jüngsten Tage auferstehn Und mit dir in den Himmel gehn,

6. Zu danken und zu loben dich Mit allen Engeln ewiglich. O Jesu, unsern Glauben mehr Zu deines Namens Lob und Ehr!

Joh. Steuerlein, geb. 1546, † 1613.

400.

Mel. Freu dich sehr, o meine Seele.

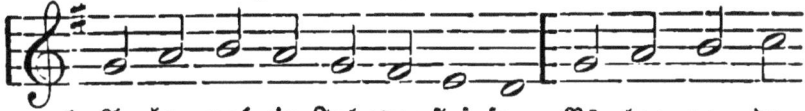

1. A = ber = mal ein Jahr ver=flof=fen, Nä = her zu der
Wie ein Pfeil wird ab = ge=schof=fen, So ver = ge = het

E = wig=keit!
mei = ne Zeit. O Je = ho = vah Ze = ba = oth, Un=ver=än=

der = li = cher Gott! Ach, was soll, was soll ich bringen, Deiner

Lang = mut Dank zu sin = gen?

2. Ich erschrecke, mächtges Wesen, Angst und Furcht bedecket mich; Denn ich bin noch nicht genesen, Noch nicht ganz gewandt auf dich. Heilger, heilger, heiliger, Großer Seraphinen-Herr! Wehe mir, ich muß vergehen; Denn wer kann vor dir bestehen?

3. Aber du bist auch sanftmütig, O getreues Vaterherz; In dem Bürgen bist du gütig, Der gefühlt des Todes Schmerz. Steh ich nicht in deiner Hand Angezeichnet als ein Pfand, So du ewig willst bewahren Vor des alten Drachen Scharen?

4. Auf, mein Herz, gieb dich nun wieder Ganz dem Friedensfürsten dar; Opfre dem des Dankes Lieder, Welcher krönet Tag

und Jahr; Fang ein neues Leben an, Das dich endlich führen kann, Wo du durch ein selig Sterben Wirst die Lebenskron ererben!

5. Soll ich denn in dieser Hütten Längerhin mich plagen noch, So wirst du mich überschütten Mit Geduld, das weiß ich doch. Trag auf deinem Herzen mich, Jesu Christe! Dir will ich Heut von neuem mich verschreiben, Dir auf ewig treu zu bleiben.

6. An dem Abend und am Morgen, O mein Rat, besuche mich; Laß der Heiden Nahrungssorgen Nimmer scheiden mich und dich; Prüf mich jeden Augenblick; Gieb, daß ich mein Haus beschick, Daß ich wache, bet und flehe, Ehe denn ich schnell vergehe!

Joach. Neander, geb. 1610, † 1680.

401.

Mel. Christus, der ist mein Leben.

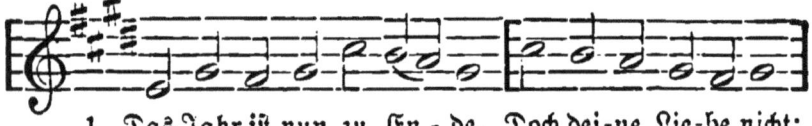

1. Das Jahr ist nun zu En = de, Doch dei=ne Lie=be nicht;

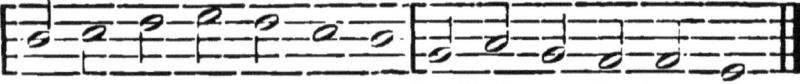

Noch seg = nen dei = ne Hän=de, Noch scheint dein Gnaden = licht.

2. Des Glückes Säulen wanken, Der Erde Gut zerstäubt, Die alten Freunde wanken; Doch deine Liebe bleibt.

3. Der Jugend Reiz vergehet, Des Mannes Kraft wird matt;

Doch innerlich erstehet, Wer dich zum Freunde hat.

4. Mein Tag ist hingeschwunden, Mein Abend bricht herein; Doch weil ich dich gefunden, So kann ich fröhlich sein.

5. Das Dunkel ist gelichtet, Das auf dem Grabe liegt; Das Kreuz steht aufgerichtet, An dem du hast gesiegt.

6. Erheben gleich die Sünden Des alten Jahres sich, Du lässest

Heil verkünden Und wirfst sie hinter dich.

7. Du heilest allen Schaden, Hilfst mir aus der Gefahr. Herr! sieh mich an in Gnaden Auch in dem neuen Jahr.

Chr. Aug. Bähr, 1846.

402.

Mel. Es ist gewißlich an der Zeit.

1. Gott=lob! ein Schritt zur E = wig = feit Ist a = ber=mals
Zu dir im Fort=gang die = fer Zeit Mein Herz sich sehn=

voll=en = det.
lich wen=det, O Quell, daraus mein Leben fließt Und al = le

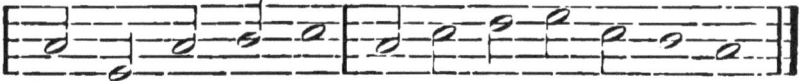

Gna = de sich er=gießt Zu mei = ner See = le Le = ben.

2. Ich zähle Stunden, Tag und Jahr, Und wird mir fast zu lange, Bis es erscheine, daß ich gar, O Leben, dich umfange, Damit, was sterblich ist an mir, Verschlungen werde ganz in dir Und ich unsterblich werde.

3. Vom Feuer deiner Liebe glüht Mein Herz, das du entzündet; Du bist's, mit dem sich mein Gemüt Aus aller Kraft verbindet. Ich leb in dir und du in mir; Doch möcht ich, o mein Heil, zu dir Noch immer näher dringen.

4. O daß du selber kämest bald! Ich zähl die Augenblicke; Ach, komm, eh mir das Herz erkalt't Und sich zum Sterben schicke! Komm doch in deiner Herrlichkeit; Schau her, die Lampe steht bereit, Die Lenden sind umgürtet.

5. Komm! ist die Stimme deiner Braut, Komm! rufet deine Fromme; Sie ruft und schreiet überlaut: Komm bald, ach Jesu, komme! So komme denn, mein Bräutigam! Du kennest mich, o Gotteslamm, Daß ich dir bin vertrauet.

6. Doch sei dir ganz anheimgestellt Die rechte Zeit und Stunde, Wiewohl ich weiß, daß dir's gefällt, Wenn ich mit Herz und Munde Dich kommen heiße und darauf Von nun an richte meinen Lauf, Daß ich dir komm entgegen.

7. Ich bin vergnügt, daß mich nichts kann Von deiner Liebe trennen, Und daß ich frei vor jedermann Dich meinen Freund darf nennen, Und daß du dort, o Lebensfürst, Dich ganz mit mir vereinen wirst Und mir dein Erbe schenken.

23

8. Drum preis ich dich in Dankbarkeit, Daß sich das Jahr geendet Und also auch von dieser Zeit Ein neuer Schritt vollendet. Ich schreite hurtig weiter fort, Bis ich gelange an die Pfort Jerusalems dort oben.

9. Geh, Seele, frisch im Glauben dran, Und sei nur unerschrocken; Laß dich nicht von der rechten Bahn Die Lust der Welt ablocken. So dir der Lauf zu langsam deucht, So eile, wie ein Adler fleugt, Mit Flügeln süßer Liebe.

10. O Jesu! meine Seele ist Zu dir schon aufgeflogen. Du hast, weil du voll Liebe bist, Mich ganz zu dir gezogen. Fahr hin, was heißet Stund und Zeit; Ich bin schon in der Ewigkeit, Weil ich in Jesu lebe!

Aug. Hermann Franke, geb. 1663, † 1727.

403.

Mel. Nun laßt uns Gott, dem Herren.

1. Nun laßt uns gehn und treten Mit Singen und mit Be=ten

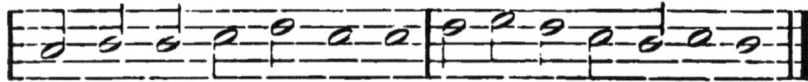

Zum Herrn, der un=serm Le = ben Bis hieher Kraft ge=ge=ben.

2. Wir gehn dahin und wandern Von einem Jahr zum andern, Wir leben und gedeihen Vom alten zu dem neuen.

3. Denn wie von treuen Müttern In schweren Ungewittern Die Kindlein hier auf Erden Mit Fleiß bewahret werden:

4. Also auch, und nicht minder, Läßt Gott ihm seine Kinder, Wenn Not und Trübsal blitzen, In seinem Schoße sitzen.

5. Ach, Hüter unsers Lebens! Fürwahr, es ist vergebens Mit unserm Thun und Machen, Wo nicht dein Augen wachen.

6. Gelobt sei deine Treue, Die alle Morgen neue! Lob sei den starken Händen, Die alles Herzeleid wenden!

7. Laß ferner dich erbitten, O Vater, und bleib mitten In unserm Kreuz und Leiden Ein Brunnen unsrer Freuden.

8. Gieb uns und allen denen, Die sich von Herzen sehnen Nach dir und deiner Treue, Ein Herz, das dein sich freue.

9. Sprich deinen milden Segen Zu allen unsern Wegen. Laß Großen und auch Kleinen Die Gnadensonne scheinen.

10. Sei der Verlaßnen Vater, Der Irrenden Berater, Der Unversorgten Gabe, Der Armen Gut und Habe.

11. Hilf gnädig allen Kranken, Gieb fröhliche Gedanken Den hochbetrübten Seelen, Die sich mit Schwermut quälen.

12. Und endlich, was das meiste: Füll uns mit deinem Geiste, Der uns hier herrlich ziere Und dort zum Himmel führe.

13. Das alles wollst du geben, Du, unsers Lebens Leben, Uns und der Christenschare Zum selgen neuen Jahre!

Paul Gerhard, geb. 1606, † 1676.

404.

Mel. Meinen Jesum laß ich nicht.

1. Je = sus soll die Lo = sung sein, Da ein
   Je = su Na = me soll al = lein De = nen

neu = es Jahr er = schie = nen; Die in sei =
zum Pa = nie = re die = nen,

nem Bun = de stehn Und auf sei = nen We = gen gehn.

2. Jesu Name, Jesu Wort Soll bei uns in Zion schallen; Und so oft wir an den Ort, Der nach ihm benannt ist, wallen, Mache seines Namens Ruhm Unser Herz zum Heiligtum.

3. Unsre Wege wollen wir Nur in Jesu Namen gehen. Geht uns dieser Leitstern für, So wird alles wohl bestehen, Und durch seinen Gnadenschein Alles voller Segen sein.

4. Alle Sorgen, alles Leid Soll sein Name uns versüßen, So wird alle Bitterkeit Uns zu Honig werden müssen. Jesu Nam ist Sonn und Schild, Welcher allen Kummer stillt.

5. Jesus, aller Bürger Heil, Unserm Ort ein Gnadenzeichen, Unsers Landes bestes Teil, Dem kein Kleinod zu vergleichen, Jesus sei uns Schutz und Trost: So ist uns gar wohl gelost.

Benj. Schmolk, geb. 1672, † 1737.

405.

Mel. Wie groß ist des Allmächtgen Güte.

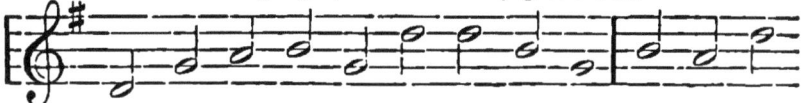

1. Kommt, laßt uns knien und nie = der = fal = len Vor dem, der
   Ihm müs = se Ruhm und Preis er = schal=len Für al = le

uns ge=schaf=fen hat!
sei = ne Wun=derthat!   Er läs = set Jahr und Monden ei=len;

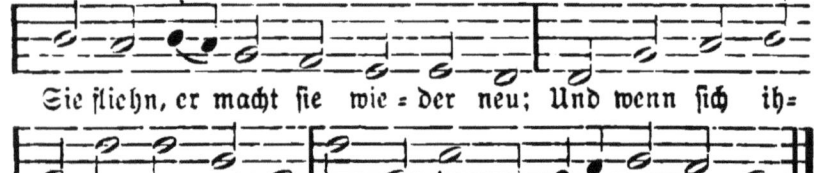

Sie fliehn, er macht sie wie=der neu; Und wenn sich ih=

re Stun=den tei=len, Bleibt er doch e=wig fromm und treu.

2. Herr! deine Güte, Treu und Gnade Ist ewig, wie du selber bist; Du leitest uns auf rechtem Pfade Und zeigst uns, was uns heilsam ist; Du wachst für unser Wohl und Leben Von unsrer Mutter Leibe an; Du hast uns väterlich gegeben, Was Seel und Leib beglücken kann.

3. Entzeuch mir doch um Jesu willen Dein Herz im neuen Jahre nicht; Laß diesen Trost mein Herze stillen, Daß mein Versöh=ner für mich spricht. Vergieb, o Herr, mir alle Sünde, Und stehe mir in Gnaden bei, Daß ich dich treuer such und finde; Schaff mich im neuen Jahre neu.

4. Gieb mir des Lebens Glück und Freuden, Wenn es dein Rat für nützlich hält; Und schickest du mir Kreuz und Leiden, So zeuch dadurch mich von der Welt. Laß mich ja nicht nach Gütern schmach=ten, Die, wie die Lust der Welt, vergehn; Laß mich nach jenen Schätzen trachten, Die ewig, wie mein Geist, bestehn.

5. Erhalt uns dein Gebot und Rechte, Und segne deine Christen=heit. Gieb deiner Kirche treue Knechte, Den Ländern Fried und Einigkeit. Sei der Verlassenen Be=rater, Der Kranken Arzt, der Ar=men Teil, Der Witwen Trost, der Waisen Vater, Den Sterbenden ihr Licht und Heil.

6. Und soll ich meinen Lauf voll=enden, So führe mich zum Him=mel ein, Und laß in deinen treuen Händen Mein Kleinod beigelegt mir sein. Erhöre mich um Jesu willen, Und eil, uns allen beizu=stehn. Ja, Amen, Herr! du willst erfüllen, Was wir in Christi Na=men flehn.

Chr. Gottl. Göz, geb. 1746, † 1803.

406.

Mel. Es ist gewißlich an der Zeit.

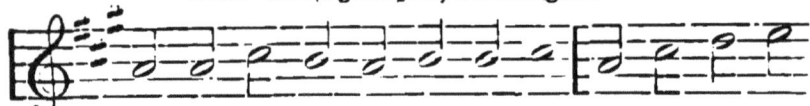

1. Das lie=be neu=e Jahr geht an, Das al=te hat
Drum freu=et sich heut je=dermann, Er=hebt sein Herz

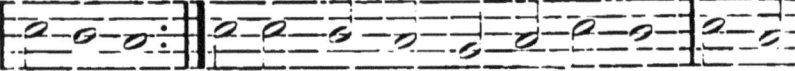

ein En=de.
und Hän=de Zu un=serm Gott in's Himmels Thron, Dankt ihm

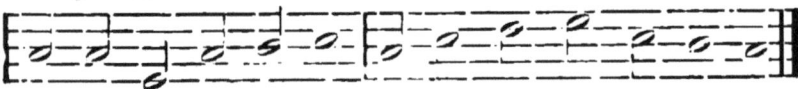

und sei=nem lie=ben Sohn, Auch Gott, dem heil=gen Geiste.

2. Gott Vater hat den Sohn gesandt, Gott Sohn ist Mensch geboren, Gott heilger Geist macht solchs bekannt Uns, die wir warn verloren; Im selgen, lieben Gottesmort Geschrieben ist's an manchem Ort Und wird uns klar verkündet.

3. Die reine Lehr und Sakrament Wir hab'n in unserm Lande, Fromm Obrigkeit, gut Regiment, Glück, Heil in allem Stande; Gott krönt das Jahr mit seinem Gut, Hält Kirch und Schul in guter Hut, Auch aller Christen Häuser.

4. Das danken wir dem lieben Herrn Und freun uns solcher Güte. Er woll den Feinden steurn und wehrn Und uns hinfort behüten. Er geb ein selges neues Jahr Und helf uns zu der Engel Schar; Da wolln wir ihn schön preisen.

Cyriacus Schneegaß, † 1597.

407.

Mel. Freu dich sehr, o meine Seele.

1. Hilf, Herr Je-su, laß ge-lin-gen, Hilf, das neu-e Jahr geht an! Laß es neu-e Kräf-te brin-gen, Daß aufs neu ich wandeln kann. Laß mich dir be-foh-len sein, Auch da-ne-ben all das Mein. Neues Heil und neu-es Le-ben Wollst du mir aus Gna-den ge-ben.

2. Laß es sein ein Jahr der Gnade: Laß mich hassen meine Sünd; Hilf, daß sie mir nimmer schade, Sondern bald Verzeihung find; Auch durch deine Gnad verleih, Daß ich herzlich sie bereu. Hilf mir, Herr! denn du, mein Leben, Kannst die Sünde mir vergeben.

3. Tröste mich mit deiner Liebe; Nimm, o Gott, mein Flehen hin, Weil ich mich so sehr betrübe Und voll Angst und Zagen bin. Wenn ich schlafe oder wach, Sieh du, Herr, auf meine Sach. Stärke mich in meinen Nöten, Daß mich Sünd und Tod nicht töten.

4. Herr! du wollest Gnade geben, Daß dies Jahr mir heilig sei, Und ich christlich möge leben, Ohne Trug und Heuchelei, Dich und meinen Nächsten lieb Und denselben nicht betrüb, Auf daß ich noch hier auf Erden Fromm und selig möge werden.

5. Jesu! laß mich fröhlich enden | in aller Not, Auch verlaß mich
Dieses angefangne Jahr. Trage nicht im Tod. Freudig will ich
mich auf deinen Händen, Halte | Dich umfassen, Wenn ich soll die
bei mir in Gefahr. Steh mir bei, | Welt verlassen.

Joh. Rist, geb. 1607, † 1667.

408.

Mel. Allein Gott in der Höh sei Ehr.

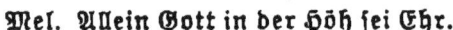

1. Wir tre = ten in das neu = e Jahr In Je = su heil=gem
In ihm ist, was ver = hei=ßen war, Den Sei=nen Ja und

Na = men.   Die Welt, und was sie hat, zerstiebt; Doch werden
A = men.

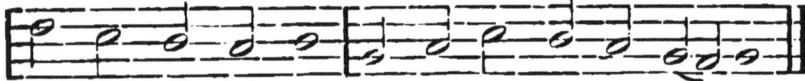

Na = men Je = su liebt, Der hat das ew = ge Le = ben.

2. Wir ziehen mit dem Volk des | 3. Wir legen auf den Hochal=
Herrn Und seines Reichs Geweih= | tar Des Herrn, in ihm verbun=
ten; Wir folgen unserm Morgen= | den, Das angetretne neue Jahr
stern Im Dunkel dieser Zeiten: | Und alle seine Stunden. Die
Denn über allen Nächten klar | Thränen alle, die es bringt, Die
Strahlt uns sein Name: Wunder= | Lieder alle, die es singt, Dem
bar, Rat, Kraft und Ewig=Vater. | Herrn sei alles heilig.

Sam. Preiswerk, geb. 1799.

c. Ernte.

409.

Mel. Unser Herrscher, unser König.

1. Herr im Him=mel, Gott auf Er = den, Herr = scher
Laß den Mund voll Lo = bes wer=den, Da man

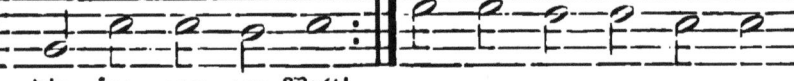

die = ser gan = zen Welt!   Für den rei = chen Ern = te=
dir zu Fu = ße fällt,

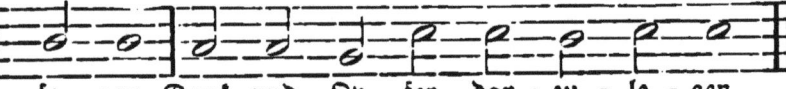

se = gen Dank und Op = fer dar = zu = le = gen.

2. Ach, wir haben's nicht ver=
dienet, Daß du uns so heimge=
sucht! Obgleich unser Feld gegrü=
net, Brachten wir doch keine
Frucht; Wolltest du nach Weizen
fragen, Unkraut haben wir ge=
tragen.

3. Vater! der du aus Erbar=
men Auch die bösen Kinder nährst,
Der du Reichen und auch Armen
Deinen Segen nun bescherst: Sei
gelobet, sei gepriesen, Daß du so
viel Guts erwiesen.

4. Du hast Sonnenschein und
Regen Uns zu rechter Zeit geschickt,
Und so hat man allerwegen Fel=
der voller Korn erblickt; Berg und
Thäler, Tiefen, Höhen Sahen
wir im Segen stehen.

5. Als das Feld nun reif zur
Ernte, Schlugen wir die Sichel
an, Da man erst recht kennen lern=
te, Was dein großer Arm gethan;
Werden bei des Segens Menge
Doch die Scheuern fast zu enge.

6. Ach, wer ist, der solche Güte
Dir genug verdanken kann? Nimm
ein dankbares Gemüte Für die
große Wohlthat an. Feld und
Haus soll laut erschallen: Gott
macht satt mit Wohlgefallen!

7. Gieb nun, daß wir deinen
Segen, Den so reichlich du beschert,
Also suchen anzulegen, Daß der
Fluch ihn nicht verzehrt. Bleiben
wir in alten Sünden, Kann das
Gute leicht verschwinden.

8. Schenk uns auch zufriedne
Herzen, Stolz und Geiz laß ferne
sein, Laß den Undank nichts ver=
scherzen; Flöß uns deine Liebe ein,
Daß von deinen reichen Gaben
Wir auch gern die Armen laben.

9. Laß dein Wort auch Früchte
bringen, Daß man reichlich ernten
kann, So wird man hier täglich
singen, Wie du uns so wohl ge=
than. Gieb auch nach dem Thrä=
nensamen Freudenernt im Him=
mel. Amen.

Joachim Neander, geb. 1610, † 1680.

410.

Mel. Wer nur den lieben Gott läßt walten.

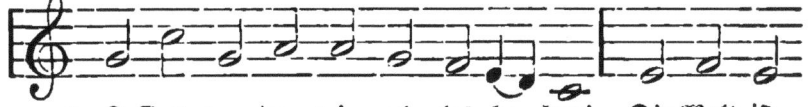

1. O Gott, von dem wir al = les ha = ben! Die Welt ist
   Du a = ber tei = lest dei = ne Ga = ben Recht wie ein

ein sehr gro = ßes Haus, Dein Se = gen macht uns al=
Va = ter drin=nen aus;

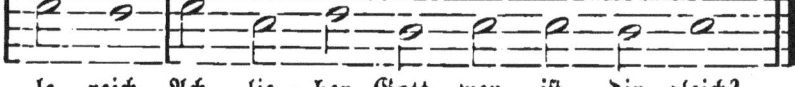

le reich. Ach lie = ber Gott, wer ist dir gleich?

2. Wer kann die Menschen alle
zählen, Die heut bei dir zu Tische
gehn? Doch darf die Notdurft
keinem fehlen, Denn du weißt

allen vorzustehn Und schaffest, daß
ein jedes Land Sein Brot empfängt
aus deiner Hand.

3. Du machst, daß man auf Hoff=

nung säet Und endlich auch die Frucht genießt. Der Wind, der durch die Felder wehet, Die Wolke, so das Land begießt, Des Himmels Tau, der Sonne Strahl Sind deine Diener allzumal.

4. Und also wächst des Menschen Speise, Der Acker reichet ihm das Brot; Es mehret sich vielfältiger Weise, Was anfangs schien, als wär es tot, Bis in der Ernte jung und alt Erlanget seinen Unterhalt.

5. Nun, Herr, wer kann's genug bedenken? Der Wunder sind hier gar zu viel. So viel als du kann niemand schenken, Und dein Erbarmen hat kein Ziel; Denn immer wird uns mehr beschert, Als wir zusammen alle wert.

6. Wir wollen's auch keinmal vergessen, Was uns dein Segen träget ein; Ein jeder Bissen, den wir essen, Soll deines Namens Denkmal sein, Und Herz und Mund soll lebenslang Für unsre Nahrung sagen Dank.

Casp. Neumann, geb. 1648, † 1715.

411.

Eigene Melodie.

1. Was Gott thut, das ist wohl ge=than! So den=ten
Er sie = het sie oft stra=fend an Und liebt sie

Got=tes Kin=der.
doch nicht minder. Er zieht ihr Herz Nur himmelwärts, Wenn

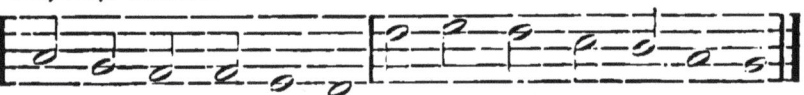

er sie läßt auf Er=den Ein Ziel der Pla=gen wer=den.

2. Was Gott thut, das ist wohl gethan! Giebt er, so kann man nehmen; Nimmt er, wir sind nicht übel dran, Wenn wir uns nur bequemen. Die Linke schmerzt, Die Rechte herzt, Und beide Hände müssen Wir doch in Demut küssen.

3. Was Gott thut, das ist wohl gethan! Er zeigt uns oft den Segen Und nimmt, eh man ihn ernten kann, Ihn fort in schweren Schlägen. Weil er allein Der Schatz will sein, Nimmt er uns Erdengüter Zum Heile der Gemüter.

4. Was Gott thut, das ist wohl gethan! Es geh nach seinem Willen. Läßt es sich auch zum Mangel an, Weiß er ihn doch zu stillen, Obgleich das Feld Nicht Ernte hält; Man kann auch beim Geringen Vergnügt sein und lobsingen.

5. Was Gott thut, das ist wohl gethan! Das Feld mag traurig stehen, Wir gehn getrost die Glaubensbahn Und wollen Gott erhöhen. Sein Wort ist Brot: So hat's nicht not; Die Welt muß eh verderben, Als wir vor Hunger sterben.

6. Was Gott thut, das ist wohl gethan! So wollen wir stets schließen. Ist gleich bei uns kein Kanaan, Wo Milch und Honig fließen: Der Herr bescheert, Was uns ernährt, Und ladet uns zum Mahle In seinem Himmelssaale.

Benj. Schmolk, geb. 1672, † 1737.

412.

Mel. O daß ich tausend Zungen hätte.

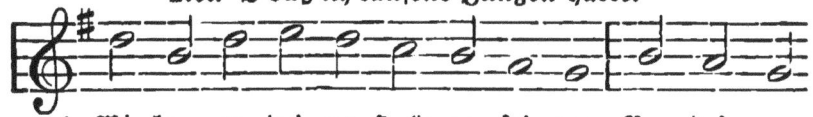

1. Wir kommen, dei = ne Huld zu fei = ern, Vor dei = nem
Bei reich=lich an = ge = füll = ten Scheuern Dir, Herr der

Ant=litz uns zu freun, Der du mit mil=der Va = ter=hand
Ern=te, Dank zu weihn,

Aufs neu ge = seg = net un = ser Land.

2. Dein Lob, das wir gerührt verkünden, Nimm es, o Vater, gnädig an, Und tiefer stets laß uns empfinden, Wie viel du Gutes uns gethan, Auf daß der Dank für deine Treu Ein dir geweihtes Leben sei.

3. Und wie du selber nur aus Liebe Uns schenktest unser täglich Brot, So weck in uns des Mitleids Triebe, Laß fühlen uns der Brüder Not; Und weil du Reich und Arme liebst, So dien auch beiden, was du giebst.

4. Durch dich ist alles wohl geraten Auf dem Gefild, das wir bestellt. Doch reifen auch des Glaubens Saaten Auf deines Sohnes Erntefeld? Sind wir auch, wenn er auf uns sieht, Ein Acker, der ihm grünt und blüht?

5. Der List des Feindes wollst du wehren, Wenn er geschäftig Unkraut streut; Die Frucht des Wortes laß sich mehren Zu deinem Ruhme weit und breit, Damit am großen Erntetag Ein jeder Garben bringen mag.

Nach Ehrenfried Liebich, geb. 1713, † 1780.

413.

Mel. Mach's mit mir, Gott, nach deiner Güt.

1. Lob=singt am fro = hen Ern = te = fest Dem Herrn mit
Der Saat in Hal=men sprie=ßen läßt, Mit Äh = ren

Freu = den = psal = men,
krönt die Hal = men   Und giebt, daß sie voll Frucht gedeihn,

Tau, Re = gen = guß und Son = nen = schein!

2. Im Wetterdunkel wandelt er, Sät Heil aus milden Händen Und fährt auf Blitz und Sturm einher, Um Segen auszuspenden; Und wenn sie gleich mit Donnern spricht, Spricht doch die Liebe: Zittert nicht!

3. Lobsingt! uns füllte Gottes Hand Die leeren Scheuern wieder. O du vom Herrn begabtes Land, Bring ihm des Dankes Lieder! Er dachte unsrer Schulden nicht, Voll Gnade schien sein Angesicht.

4. Des Erdensegens reichen Teil, Wer kann ihn messen, wägen? Doch welch unendlich größres Heil Beut Gott in Christi Segen! Vergeßt, wenn euch das Feld begabt, Nicht Jesum, der die Herzen labt!

5. O laßt uns guten Samen streun In stillen Glaubensthaten! Der Herr giebt Tau und Sonnenschein Zum Wachstum solcher Saaten. Dann ziehn wir einst im Jubelchor Zum Erntefest durch Salems Thor.

C. B. Garve, geb. 1763, † 1841.

d. Dürre, Nässe, Teurung, allgemeine Not.

414.

Mel. Es ist gewißlich an der Zeit.

1. Ach Her = re, du ge = rech = ter Gott! Wir haben's wohl
   Mit un = srer Sünd und Mis = se = that, Daß un = ser Feld

ver = die = net
nicht grü = net,   Daß Vieh und Menschen traurig sein; Wenn du zu=

schleußt den Him = mel dein, So müs = sen wir verschmachten.

2. Herr, unsre Sünd bekennen wir, Die wollst du uns verzeihen, All unsre Hoffnung steht zu dir, Trost, Hilf thu uns verleihen; Gieb Regen und den Segen dein, Um deines Namens willn allein, Herr, unser Gott und Tröster!

3. Gedenke, Herr, an deinen

Bund Um deines Namens willen; Wir bitten dich von Herzensgrund: Thu unfre Not doch stillen Vom Himmel mit dem Regen dein; Denn dein der Himmel ist allein, Ohn dich kann er nicht regnen.

4. Es steht in keines andern Hand, Daß er sollt Regen geben; Den Himmel haft du ausgespannt, Darinnen du willst schweben. All= mächtig ist der Name dein; Solchs kannst du alles thun allein, Herr, unser Gott und Tröster!

Unbekannt.

415.

Mel. Aus tiefer Not schrei ich zu dir.

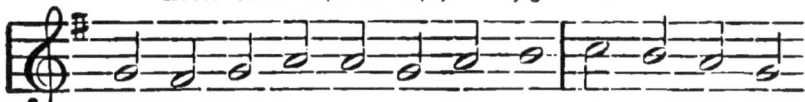

1. O Gott, der du das Fir=ma=ment Mit Wol=ken thuft
Und kannst hin=wie=der=um be=hend Das Son=nen=licht

be = dek=ten
er = wek=ken: Halt doch mit vie=lem Re=gen ein, Und gieb

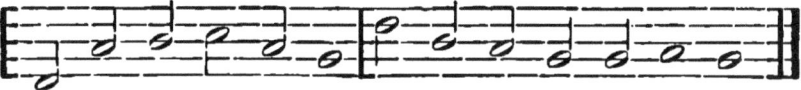

uns wie=der Sonnenschein, Daß un=fer Land sich freu=e.

2. Die Felder trauern weit und breit, Die Früchte leiden Schaden, Weil fie von vieler Feuchtigkeit Und Näffe find beladen; Dein Segen, Herr, den du gezeigt Uns Armen, sich zur Erde neigt Und will faft gar verschwinden.

3. Das machet unfre Missethat Und ganz verkehrtes Leben, So deinen Zorn entzündet hat, Daß wir in Nöten schweben. Du zeigest uns, was wir gesollt; Weil wir die Buße nicht gewollt, So muß der Himmel weinen

4. Doch denke wieder an die Treu, Die du uns haft versprochen, Und wohne uns in Gnaden bei, Die wir dich kindlich suchen. Wie hält so hart sich dieser Zeit Dein Herz und deine Freundlichkeit; Du bist ja unser Vater!

5. Gieb uns von deinem Him= melsfaal Dein klares Licht und Sonne, Und laß uns wieder über= all Empfinden Freud und Wonne, Daß alle Welt erkenne frei, Daß außer dir kein Segen sei Im Him= mel und auf Erden.

Unbekannt.

416.

Mel. Von Gott will ich nicht lassen.

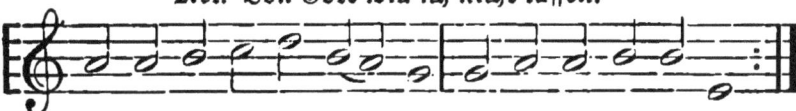

1. Du rei=cher Gott der Ar = men, Du Schöpfer al = ler Welt,
Der gern sich will er = bar = men Und e = wig Treu=e hält,

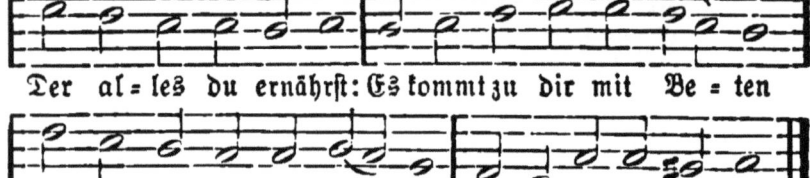

Der al = les du ernährst: Es kommt zu dir mit Be = ten

Auch al = les Fleisch ge = tre = ten, Weil du Ge=bet er=hörst.

2. Herr, unsre großen Sünden Verdienen diese Not, Daß wir mit Recht empfinden, Was uns dein Wort gedroht: Ein fruchtbar Erd= reich soll Um der Bewohner willen Nichts tragen, sie zu füllen; Das Sündenmaß ist voll.

3. Ach, unser böses Leben Drückt uns nun allzu hart! Du wollest uns vergeben Nach deiner Vater= art. Uns trägt die Sünde Frucht, Und ihre Frucht ist Schaden; Doch du vergiebst aus Gnaden, Wenn man dein Antlitz sucht.

4. Ach, habe du Erbarmen, Wir tragen herzlich Reu! Erhör uns, hilf uns Armen Nach deiner Wundertreu; Du bist die Zuver= sicht Von deinem Volk auf Erden. Herr! laß dein Heil uns werden. Ach, Herr! verstoß uns nicht.

5. Gott, unser Heil! ach wende Der Zeiten schweren Lauf; Thu deine milden Hände, Den Schatz der Allmacht, auf. Was nur ein Leben hat, Nährst du mit Wohl= gefallen; Ach, Vater von uns al= len, Mach wieder alles satt!

6. Herr! deine Brünnlein fließen, Mit Wasser angefüllt; Laß uns es auch genießen, Daß uns dein Se= gen quillt. Ja, segne, was man pflügt, Mit Sonnenschein und Re= gen, Daß sein Gewächs mit Segen Uns wiederum vergnügt.

7. Dein Gutes überschütte Und kröne Jahr und Zeit; Laß triefen deine Tritte Von lauter Gütigkeit! Laß alles, was da webt, Am Mor= gen wohlgedeihen, Am Abend sich erfreuen; Mach fröhlich, was da lebt!

Ph. Fr. Hiller, geb. 1699, † 1769.

417.

Mel. Großer Prophete, mein Herze.

1. Chris=ten er=war=ten in al=ler=lei Fäl=len Je=sum
Mit=ten in Stür=men und to=ben=den Wel=len Sind sie

mit sei=ner all=mäch=ti=gen Hand;
ge=bau=et auf fel=si=ges Land. Wenn sie die Näch=te der Trüb=

sal be=decken, Kann doch ihr Grauen sie we=nig er=schrek=ken.

2. Jauchzen die Feinde zur Rechten und Linken, Hauet und schneidet ihr blinkendes Schwert: Lassen doch Christen die Häupter nicht sinken, Denen sich Christus im Herzen verklärt. Wüten die Feinde mit Schnauben und Toben, Lernen sie Gottes Gerechtigkeit loben.

3. Geben die Felder den Samen nicht wieder, Bringen die Gärten und Auen nichts ein, Schlagen die Schloßen die Früchte danieder, Brennen die Berge vom hitzigen Schein: Kann doch ihr Herze den Frieden erhalten, Weil es den Schöpfer in allem läßt walten.

4. Viele verzehren in ängstlichen Sorgen Kräfte, Gesundheit und Kürze der Zeit, Da doch im Rate des Höchsten verborgen, Wann und wo jedem sein Ende bereit. Sind es nicht alles unnötige Schmerzen, Die ihr euch machet, o thörichte Herzen?

5. Zweifeln und Sorgen geziemt nicht den Frommen; Glauben und Hoffen bringt Ehre bei Gott. Seele, verlangst du zur Ruhe zu kommen, Hoffe dem höllischen Feinde zum Spott. Ob auch die göttliche Hilfe verborgen, Traue dem Höchsten, und meide die Sorgen.

6. Gutes und alle erbetenen Gaben Folgen dir, bis man dich leget ins Grab; Einst wirst du selbst auch den Himmel noch haben. Ei, warum sagst du den Sorgen nicht ab? Werde doch in dir recht ruhig und stille: Das ist des Vaters, des ewigen, Wille.

7. Freue dich, wenn du statt freundlichen Blicken Duldest viel Jammer, Anfechtung und Not; Wisse, was Gott will auf ewig erquicken, Muß erst mit Jesu durch Trübsal und Tod. Willst du mit leben, so mußt du mit sterben; Anders kann keiner den Himmel ererben.

8. Völlige Wonne, verklärete Freude, Himmlische Güter, undenkliches Heil Werden dir einstens auf ewiger Weide Unter den Engeln und Menschen zuteil, Wann Christus prächtig am Ende wird kommen Und zu sich sammeln die Herde der Frommen.

9. Seine allmächtige Stärke beweiset In den Ohnmächtigen mächtige Kraft; Dann wird alleine sein Name gepreiset, Wann er den Zagenden Freudigkeit schafft. Darum, o Jesu, gieb, daß ich dir traue, Wenn ich die Hilfe nicht sichtbarlich schaue.

Chr. Ludw. Edeling, geb. um 1680, † 1742.

e. Krieg und Frieden.

418.

Mel. Es ist gewißlich an der Zeit.

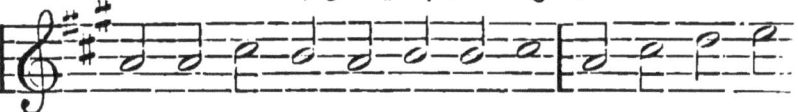

1. Herr, der du vormals hast dein Land Mit Gnaden angeblicket, Und wenn du Strafen ihm gesandt, Es wiederum erquicket;

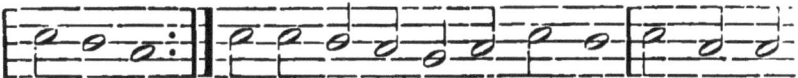

ge=blik=ket, er=quik=ket; Der du die Sünd und Missethat, Die alles

Volk be=gan=gen hat, Uns vä=ter=lich ver=zie=hen:

2. Willſt du, o Vater, uns denn
nicht Nun einmal wieder laben?
Und ſollen wir an deinem Licht
Nicht wieder Freude haben? Ach,
geuß von deines Himmels Haus,
Herr, deine Güt und Segen aus
Auf uns und unſre Häuſer.

3. Ach, daß ich hören ſollt das
Wort Erſchallen bald auf Erden,
Daß Friede ſollt an jedem Ort,
Wo Chriſten wohnen, werden!
Ach, daß uns doch Gott ſagte zu
Des Krieges Schluß, der Waffen
Ruh Und alles Unglücks Ende!

4. Ach, kehrte doch die böſe Zeit
Sich um zu guten Tagen, Damit
wir in dem großen Leid Nicht
möchten ganz verzagen! Doch iſt
ja Gottes Hilfe nah, Und ſeine
Gnade ſtehet da All denen, die
ihn fürchten.

5. Wenn wir nur fromm ſind,

wird ſich Gott Schon wieder zu uns
wenden, Den Krieg und alle andre
Not Nach Wunſch und alſo enden.
Daß ſeine Ehr in unſerm Land
Und allenthalben werd erkannt,
Ja ſtetig bei uns wohne.

6. Die Güt und Treue werden
ſchön Einander grüßen müſſen;
Das Recht wird durch die Lande
gehn Und wird den Frieden küſ=
ſen; Die Treue wird mit Luſt
und Freud Auf Erden blühn. Ge=
rechtigkeit Wird von dem Himmel
ſchauen.

7. Der Herr wird uns viel Gu=
tes thun, Das Land wird Früchte
geben, Und die in ſeinem Schoße
ruhn, Die werden davon leben;
Gerechtigkeit wird wohl beſtehn
Und ſtets in vollem Schwange gehn
Zur Ehre ſeines Namens.

P. Gerhard, geb. 1606, † 1676.

419.

Mel. Nun danket alle Gott.

1. Herr Gott, dich lo=ben wir! Regier, Herr, un=ſre Stimmen,
Laß dei=nes Geiſtes Glut In un=ſern Herzen glim=men!

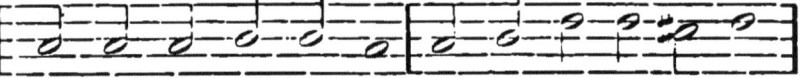

Komm, komm, o ed=le Flamm, Ach komm zu uns all=hier!

So ſin=gen wir mit Luſt: Herr Gott, dich lo=ben wir!

2. Herr Gott, dich loben wir!
Wir preiſen deine Güte, Wir rüh=
men deine Macht Mit herzlichem
Gemüte. Es ſteiget unſer Lied
Bis an die Himmelsthür Und

tönt mit großem Schall: Herr Gott,
Dich loben wir!

3. Herr Gott, dich loben wir Für
deine großen Gnaden, Daß du das
Vaterland Von Kriegeslaſt entladen,

Daß du uns bliden läßt Des gold=
nen Friedens Zier. Drum jauch=
zet alles Volk: Herr Gott, dich
loben wir!

4. Herr Gott, dich loben wir,
Die wir in bangen Tagen Der
Waffen schweres Joch Und frechen
Grimm getragen; Jetzt rühmet
unser Mund Mit herzlicher Be=
gier: Gottlob, wir sind in Ruh.
Herr Gott, wir danken dir!

5. Herr Gott, dich loben wir,
Daß du uns zwar gestrafet, Jedoch
in deinem Zorn Nicht gar hast
weggeraffet. Es hat die Vater=
hand Uns deine Gnadenthür

Jetzt wieder aufgethan; Herr Gott,
wir danken dir!

6. Herr Gott, wir danken dir,
Daß du Kirch, Land und Leute
Und unsre Obrigkeit Dem Feind
nicht gabst zur Beute, Daß dein
Arm mit ihr war. Gieb ferner Gnad
allhier, Daß auch die Nachwelt
sing: Herr Gott, wir danken dir!

7. Herr Gott, wir danken dir
Und bitten: du wollst geben, Daß
wir auch künftig stets In guter
Ruhe leben; Krön uns mit deinem
Gut. Erhöre für und für, O Vater,
unser Flehn. Herr Gott, wir
danken dir!

Nach Joh. Frank, geb. 1618, † 1677.

f. Seuchen.

420.

Mel. Aus tiefer Not schrei ich zu dir.

1. O from=mer und ge=treu=er Gott Al=ler, die auf
   Es hat uns ei=ne gro=ße Not Durch dei=ne Hand

dich hof=fen!
ge=trof=fen. Dein Zorn der drückt uns mit Ge=walt Und wirft

die Menschen, jung und alt, Mit schwe=rer Krankheit nie=der.

2. Du bist gerecht, und dein Ge=
richt Kann unser keiner strafen;
Von wegen unsrer Sünd geschicht,
Daß wir so schnell entschlafen.
Ja, unsre große Missethat Dich so
gar hoch bewogen hat, Dein Pfeil
in uns zu schießen.

3. O Herr! vergieb, und straf
uns nicht Im Zorn so gar ge=
schwinde; Kehr doch dein Vater=
angesicht Zu deinem lieben Kinde.

Laß fallen den gerechten Grimm,
Zu Gnaden uns aufs neu an=
nimm Um deines Namens willen.

4. Sieh, Herr, wie wir betrübet
gehn, Kraftlos, mit Furcht umge=
ben, In Angst und großen Sorgen
stehn Und in viel Kummer schwe=
ben. All unsre Nahrung welket sehr,
Lehramt und andre Ordnung mehr
Geht nicht in vollem Schwange.

5. Laß ab von uns mit deiner

Rut, Thu deinen Grimm auf= heben; Was haft du Nutz an un= ferm Blut? Du haft ja Luft zum Leben Und bift ein Gott von Wahrheit feft, Der feinen Zorn bald fahren läßt, Wenn man dich herzlich bittet.

6. Dein Will gescheh! Wir bit= ten all: In Not uns nicht ver= laffe, Hilf uns nach deinem Wohl= gefalln; Du weißt die rechte Maße Und wirft wohl deine Zeit erfehn, Wenn uns hierin foll Hilf geschehn. Drum wolln wir dir vertrauen.

7. O heilger Geift! mit deiner Kraft, Die fterben follen, ftärke, Daß man des Glaubens Ritter= schaft An ihrem End vermerke, Und fie alfo mit Fried und Freud Den Abschied nehmen aus der Zeit In Chrifto, unferm Herren.

Unbekannt.

421.

Mel. **Wer nur den lieben Gott läßt walten.**

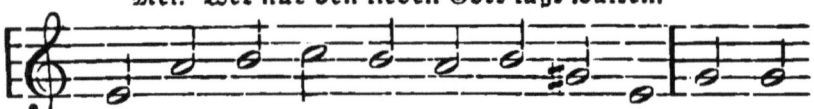

1. Nun wa = chen Got = tes Straf=ge = rich = te Bei ü=
Nun wer = den plötz=lich viel zu = nich = te Und schlie=

ber=häuf=ten Sün=den auf.
ßen ih = ren Le = bens=lauf.   Ach, zür = ne nicht, ge=

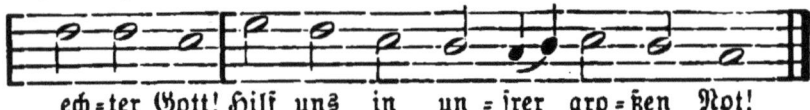

ech=ter Gott! Hilf uns in un = frer gro=ßen Not!

2. Du sprachft ja felbft: Ich bin geduldig Und will nicht zür= nen für und für, Wenn man fich giebt der Sünden schuldig Und reuig fie gefteht vor mir. Denk an die Wort, o Vater= herz, Sieh unfre Reue, unfern Schmerz!

3. Wir kommen, wie du uns geraten, Und fagen ohne Heu= chelschein, Daß unfre schweren Miffethaten, Wie Sand am Meer, unzählbar fein. Ach Gnad, ach Gnad, Herr Jefu Chrift, Der du der rechte Heiland bift!

4. Vor Wehmut will das Herz uns brechen, Die Augen weinen bitterlich, Der Mund kann nicht viel Worte sprechen, Der schwache Geift betrübet fich. Ach, tröft uns doch, Herr Jefu Chrift, Der du der rechte Tröfter bift!

5. Erlaß die wohlverdienten Strafen; Raff uns im Zorn nicht aus der Welt, Damit wir nicht im Tod entschlafen, Eh wir zuvor das Haus beftellt. O du, der im= mer gnädig war, Errett uns aus der Peftgefahr!

6. Laß, Herr, des Übels dich gereuen, Das uns schon hart be= troffen hat; Hör unfer Winseln, Klagen, Schreien; Erbarme dich der öden Stadt! Wir bitten dich durch Jefum Chrift, Der ja der Sünder Heiland ift.

7. Wir bitten dich bei feinen Wunden, Bei feiner Marter, Not

und Pein: Ach, laß doch unſre Lebensſtunden Nicht plötzlich abgekürzet ſein! Gieb Raum zur Buß, verſtoß uns nicht, Verſtoß uns arme Sünder nicht.

8. Laß unſre Seelen vor dir leben Und teuer ſein vor dir geacht't, So wollen wir dein Lob erheben Und rühmen deine Treu und Macht. Erhör, o Vater, unſer Flehn, Und laß uns deine Hilfe ſehn!　Unbekannt.

3. Schullieder.

422.

Mel. Nun danket all und bringet Ehr.

1. Ich bin ein klei=nes Kin=de=lein, Und mei=ne Kraft iſt ſchwach; Ich möch=te ger=ne ſe=lig ſein Und weiß nicht, wie ich's mach.

2. Mein Heiland! du warſt mir zu gut Ein armes, kleines Kind Und haſt mich durch dein teures Blut Erlöſt von Tod und Sünd.

3. Mein liebſter Heiland! rat mir nun, Was ich aus Dankbarkeit Dir ſoll für deine Liebe thun, Und was dein Herz erfreut.

4. Ach, nimm mein ganzes Herz dir hin, Nimm's, liebſter Jeſus, an! Ich weiß ja, daß ich deine bin, Du teurer Schmerzensmann!

5. Du haſt mich in der Taufe ja Zum Gotteskind geweiht, Und eh ich etwas wußt und ſah, Mich wunderbar erneut.

6. Ich will, wie man verſprochen hat, Mein Heiland, deine ſein; Von Eigenſinn und böſer That Will ich mich halten rein.

7. Ich armes Kindlein aber kann Nichts von mir ſelber thun; Drum hilf mir, o du ſtarker Mann! Herr Jeſu, hilf mir nun!

8. Bewahre mir mein Herzelein Vor allem, was befleckt; Du haſt's gewaſchen, halt es rein, Verhüllt und zugedeckt.

9. Nimmſt du mich früh aus dieſer Zeit, Dann iſt mir wohl geſchehn; Ich komm in jene Herrlichkeit, Wo Friedenspalmen wehn.

10. Doch ſoll ich länger hier noch ſein, Nehm ich an Jahren zu: So zeuch mich in dein Herz hinein, Daß ich viel Gutes thu.

11. Und ſchließ ich endlich meinen Lauf Im Glauben ſeliglich, So hebe mich zu dir hinauf; Dann freu ich ewig mich.

Nic. L. v. Zinzendorf, geb. 1700, † 1760.

423.

Eigene Melodie.

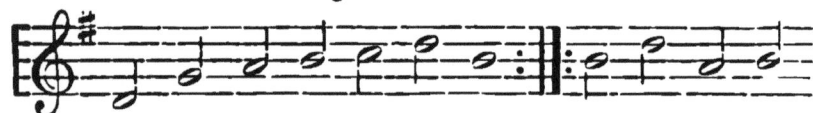

1. Weil ich Je = su Schäf=lein bin,
Freu ich mich nur im = mer=hin

Ü = ber mei=nen
Der mich wohl weiß

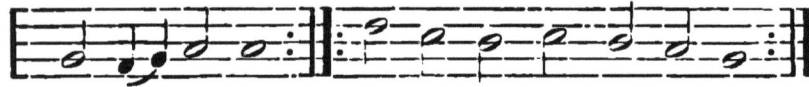

gu = ten Hir=ten,
zu be = wir=ten,

Der mich lie = bet, der mich kennt
Und bei mei=nem Na=men nennt.

2. Unter seinem sanften Stab
Geh ich aus und ein und hab Un=
aussprechlich süße Weide, Daß ich
keinen Mangel leide; Und so oft
ich durstig bin, Führt er mich zum
Brunnquell hin.

3. Sollt ich denn nicht fröhlich
sein, Ich beglücktes Schäfelein?
Denn nach diesen schönen Tagen
Werd ich endlich heimgetragen In
des Hirten Arm und Schoß; Amen,
ja, mein Glück ist groß!

Luise Henr. v. Hayn, geb. 1724, † 1784.

424.

Mel. Herr Jesu Christ, dich zu uns wend.

1. Sei hoch=ge = lobt, Herr Je = su Christ, Daß du der

Kin = der Hei = land bist, Und daß die klei = ne Läm=

mer = schar Dir, Kö = nig, nicht ver = ächt = lich war.

2. Gelobet sei des Vaters Rat
Für seiner Liebe Wunderthat;
Sein einger Sohn wird arm und
klein, Daß Kinder können selig
sein.

3. Gelobet sei der heilge Geist,
Der jedes Lamm zum Hirten
weist, Der Kindern zu erkennen
giebt, Wie brünstig sie der Hei=
land liebt.

4. Er macht durch seinen Gna=
denzug Ein kleines Kind zum Glau=
ben klug; Dann lernt's mit Freu=
den das verstehn, Was weise Män=
ner oft nicht sehn.

5. „Laßt doch die Kindlein her
zu mir!" So rufst du, Herr; drum
bin ich hier: „Für sie gehört mein
ganzes Reich, Drum ward ich selbst
den Kindern gleich."

6. Ach, lehre unsre Kinder-
schar, Daß sie zusammen immerdar Mit Herz und Lippen dich
erhöhn: So wird des Satans
Reich vergehn.

7. Sei hochgelobt, Herr Jesu
Christ, Daß du der Kinder Heiland bist, Und daß du, hocherhab-
ner Fürst, Der Kinder Heiland
bleibst wirst!

Ernst G. Woltersdorf, geb. 1725, † 1761.

425.

Mel. Jesu, meine Freude.

1. Schöp = fer mei = nes Le = bens! Laß mich nicht ver = ge = bens
Gie = ße dei = ne Lie = be, Dei = nes Geis = tes Trie = be

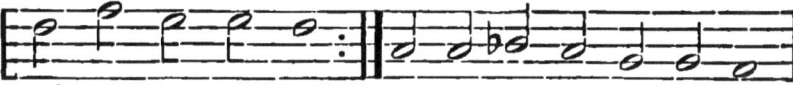

Auf der Er = de sein.
In mein Herz hin = ein,   Daß dein Bild, so rein und mild,

Schö = ner stets bei dei = ner Pfle = ge An mir leuchten mö = ge.

2. Einmal nur erblühet, Ach,
und bald entfliehet Meine Frühlingszeit. Sorglos sie verträu-
men Und dein Heil versäumen,
Bringt viel bittres Leid. Wirst
du nicht mein Lebenslicht, Werd
ich dir nicht neu geboren, Ist sie
mir verloren.

3. Dir allein zu leben Und mit
Ernst zu streben Nach der Heiligung, Thorheit zu verlassen, Sündenlust zu hassen, Bin ich nie zu
jung. Mache dies mir recht gewiß, Eh ich um verlorne Tage
Einst vergeblich klage.

4. Dort in deinen Höhen Werden viele stehen, Schön wie Himmelsglanz, Die hier Kinder waren Und in frühen Jahren Dir

sich weihten ganz; Drum sind sie
nun auch so früh Zu der Schar
der selgen Frommen Und zu dir
gekommen.

5. Jesu, Freund der Sünder,
Der auch für die Kinder Einst
auf Erden kam, O wie sanft und
stille War dein Herz und Wille,
Allem Bösen gram! Herr, auch
wir, wir sollen dir Nach Gedanken und Gebärden Gleichgestaltet
werden.

6. Selig, wer dich liebet! Selig,
wer sich übet, Gottes Kind zu sein!
Diese heilgen Triebe Gieß durch
deine Liebe Unsern Herzen ein,
Daß dein Bild, so rein und mild,
Dort im schönen Himmelssaale
Ewig an uns strahle.

A. Knapp, geb. 1798, † 1864

4. Häusliche Erbauung und Familienleben.

a. Morgenlieder.

426.

Mel. Vom Himmel hoch, da komm ich her.

1. Du Abglanz von des Va-ters Ehr, Des Lich-tes

Sohn, des Lich-tes Meer, Du je-des Lichtstroms heil-

ger Quell, Du Tag der Ta-ge, e-wig hell!

2. Du wahre Sonne! geh uns auf, Und strahl in ewgem Glanz und Lauf; Gieß du des heilgen Geistes Schein In unsre Herzen tief hinein.

3. Dir, Vater ewger Herrlichkeit, Sei unsre Bitte nun geweiht! Du Vater in der Gnade Macht, Dein Geist tilg unsrer Schulden Nacht!

4. Er lehr uns streiten durch sein Licht, Mach unsers Erbfeinds List zunicht, Steh uns in jeder Drangsal bei Und mach uns durch die Liebe frei.

5. Er lenke unsern Geist fortan In keuschem Leib auf rechter Bahn; Der Glaube flamm in hellem Zug, Getrübt durch keinen Herzenstrug.

6. Christus soll unsre Speise sein, Der Glaube unser Lebenswein, Und seines heilgen Geistes Glut Entflamme unser Herz und Mut.

7. Der Tag sei fröhlich, ohne Not, Das Auge keusch wie Morgenrot, Der Glaube wie der Mittag rein, Im Geist soll keine Dämmrung sein.

8. Es kommt der Morgenröte Glanz; Zeig, Seelenmorgenrot, dich ganz, Daß wir im Vater sehn den Sohn, Im ewgen Wort des Vaters Thron!

Nach dem Lat. des Ambrosius, † 397, übersetzt von
J. P. Lange, geb. 1802, † 1884.

427.

Eigene Melodie.

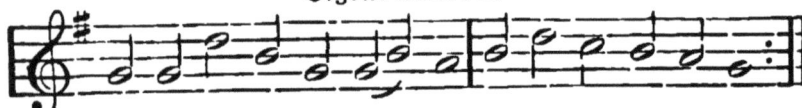

1. Aus meines Herzens Grun-de Sag ich dir Lob und Dank
In die-ser Morgen-stun-de, Da-zu mein le-ben-lang,

O Gott, in deinem Thron, Dir zu Lob, Preis und Eh = ren,

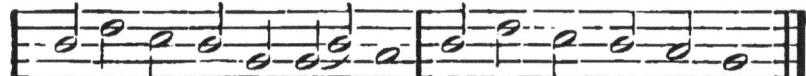

Durch Christum, unsern Her=ren, Dein'n ein=ge = bor=nen Sohn:

2. Daß du mich hast aus Gna=
den In der vergangnen Nacht
Vor G'fahr und allem Schaden
Behütet und bewacht. Ich bitt de=
mütiglich: Wollst mir mein Sünd
vergeben, Womit in diesem Leben
Ich hab erzürnet dich.

3. Du wollest auch behüten Mich
gnädig diesen Tag Vor's Teufels
List und Wüten, Vor Sünden und
vor Schmach, Vor Feu'r= und
Wassersnot, Vor Armut und vor
Schanden, Vor Ketten und vor
Banden, Vor bösem, schnellem Tod.

4. Mein Seel, mein'n Leib,
mein Leben, Mein Weib (Mann),
Gut, Ehr und Kind Sei dir,
Herr, übergeben, Dazu mein
Hausgesind, Als dein Geschenk
und Gab, Mein Eltern und Ver=
wandten, Geschwister und Bekann=
ten Und alles, was ich hab.

5. Laß deinen Engel bleiben
Und weichen nicht von mir, Den
Satan zu vertreiben, Auf daß der
bös Feind hier In diesem Jam=
merthal Sein Tück an mir nicht
übe, Leib und Seel nicht be=
trübe Und bring mich nicht zu
Fall.

6. Gott will ich lassen raten,
Der alle Ding vermag, Er segne
meine Thaten, Mein Vornehmen
und Sach. Dir sei es heimgestellt:
Leib, Seele, Geist und Leben, Und
was du mir gegeben; Mach's, wie
es dir gefällt.

7. Darauf so sprech ich Amen!
Und zweifle nicht daran, Gott führt
in Jesu Namen Mein Herz auf
ebner Bahn. Drauf streck ich aus
die Hand, Fang an mein Werk im
Frieden, Dazu mich Gott beschie=
den In meinem Pilgerstand.

Joh. Mathesius, geb. 1504, † 1565.

428.

Mel. Herr Jesu Christ, dich zu uns wend.

1. Die hel = le Sonn leucht't jetzt her = für, Fröh=lich vom

Schlaf auf = ste = hen wir; Gott Lob, der uns heut die=

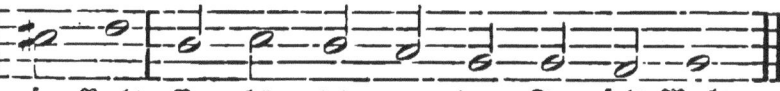

se Nacht Be = hü = tet vor des Teu = fels Macht.

2. Herr Christ! den Tag uns auch behüt Vor Sünd und Schand durch deine Güt; Laß deine lieben Engelein Unfre Hüter und Wächter fein;

3. Daß unfer Herz im G'horfam leb, Dein'm Wort und Will'n nicht widerstreb, Daß wir dich stets vor Augen han In allem, was wir fangen an.

4. Laß unfer Werk geraten wohl, Was ein jeder ausrichten foll, Daß unfre Arbeit, Müh und Fleiß Gereich zu deinem Lob und Preis

Nic. Hermann, † 1561.

429.

Eigene Melodie.

1. Gott des Himmels und der Er = den, Va = ter, Sohn
Ter es Tag und Nacht läßt wer = den, Sonn und Mond

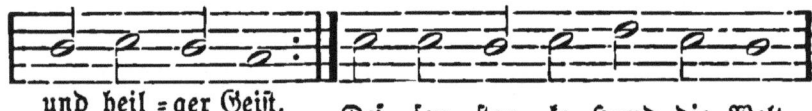

und heil = ger Geist, Def = fen star = te Hand die Welt,
uns schei = nen heißt,

Und was drin = nen ift, er = hält!

2. Gott! ich danke dir von Herzen, Daß du mich in diefer Nacht Vor Gefahr, Angst, Not und Schmerzen Haft behütet und bewacht, Daß des böfen Feindes Lift Mein nicht mächtig worden ift.

3. Laß die Nacht auch meiner Sünden Jetzt mit diefer Nacht vergehn. O Herr Jefu! laß mich finden Teine Wunden offen ftehn, Wo alleine Hilf und Rat Ift für meine Miffethat.

4. Hilf, daß ich auch diefen Morgen Geiftlich auferftehen mag Und für meine Seele forgen, Daß, wann einst dein großer Tag Uns erscheint und dein Gericht, Ich davor erschrecke nicht.

5. Führe mich, o Herr, und leite Meinen Gang nach deinem Wort; Sei und bleibe du auch heute Mein Befchützer und mein Hort. Nirgends, als in dir allein, Kann ich recht bewahret fein.

6. Meinen Leib und meine Seele Samt den Sinnen und Verstand, Großer Gott, ich dir befehle Unter deine ftarke Hand. Herr, mein Schild, mein Ehr und Ruhm! Nimm mich auf, dein Eigentum.

7. Teinen Engel zu mir fende, Ter des böfen Feindes Macht, Lift und Anfchlag von mir wende Und mich halt in guter Acht, Ter mich endlich auch zur Ruh Trage deinem Himmel zu.

Heinr. Albert, geb. 1604, † 1668.

430.

Mel. Nun laßt uns Gott, dem Herren.

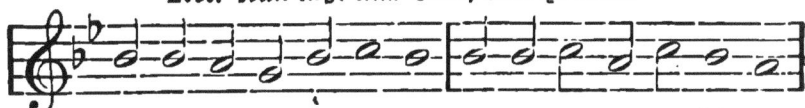

1. Wach auf, mein Herz, und singe Dem Schöpfer al=ler Din=ge,

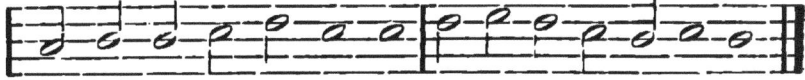

Dem Ge=ber al = ler Gü=ter, Dem frommen Menschenhüter!

2. Als mich die dunklen Schat=ten Der Nacht umfangen hatten, Hat Satan mein begehret; Gott aber hat's verwehret.

3. Du sprachst: Mein Kind, nun schlafe, Ich hüte meine Schafe; Schlaf wohl, laß dir nicht grauen, Du sollst die Sonne schauen.

4. Dein Wort, Herr, ist geschehen: Ich kann das Licht noch se=hen, Von Not bin ich befreiet, Dein Schutz hat mich erneuet.

5. Du willst ein Opfer haben; Hier bring ich meine Gaben: In Demut fall ich nieder Und bring Gebet und Lieder.

6. Die wirst du nicht verschmä=hen; Du kannst ins Herz mir se=hen Und weißt wohl, daß zur Gabe Ich ja nichts Beßres habe.

7. So wollst du nun vollenden Dein Werk an mir und senden, Der mich an diesem Tage Auf sei=nen Händen trage.

8. Sprich Ja zu meinen Thaten, Hilf selbst das Beste raten; Den Anfang, Mitt'l und Ende, Ach, Herr, zum Besten wende!

9. Mit Segen mich beschütte, Mein Herz sei deine Hütte, Dein Wort sei meine Speise, Bis ich gen Himmel reise.

Paul Gerhard, geb. 1606, † 1676.

431.

Eigene Melodie.

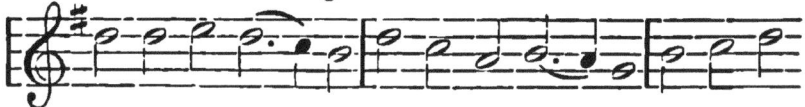

1. Die güldne Son = ne, Voll Freud und Wonne, Bringt unsern

Gren=zen Mit ih = rem Glän=zen Ein herz = er=quik=ken=des,

lieb = li = ches Licht. Mein Haupt und Glie=der die la = gen

da = nie=der; A = ber nun ſteh ich, bin mun=ter und fröh = lich,

Schau = e　den Him=mel mit mei=nem Ge = ſicht.

2. Mein Auge ſchauet, Was
Gott gebauet Zu ſeinen Ehren
Und uns zu lehren, Wie ſein Ver=
mögen ſei mächtig und groß, Und
wo die Frommen dann ſollen
hinkommen, Wenn ſie mit Frie=
den von hinnen geſchieden Aus
dieſer Erden vergänglichem Schoß.

3. Laſſet uns ſingen, Dem
Schöpfer bringen Güter und Ga=
ben, Was wir nur haben, Alles
ſei Gotte zum Opfer geſetzt. Die
beſten Güter ſind unſre Gemüter,
Dankbare Lieder ſind Weihrauch
und Widder, An welchen er ſich
am meiſten ergötzt.

4. Abend und Morgen Sind
ſeine Sorgen; Segnen und meh=
ren, Unglück verwehren, ſind ſei=
ne Werke und Thaten allein.
Wenn wir uns legen, ſo iſt er zu=
gegen; Wenn wir aufſtehen, ſo
läßt er aufgehen Über uns ſeiner
Barmherzigkeit Schein.

5. Ich hab erhoben Zu dir hoch
droben All meine Sinnen; Laß
mein Beginnen Ohn allen Anſtoß
und glücklich ergehn. Laſter und
Schande, des Satanas Bande,
Fallen und Tücke treib ferner zu=
rücke; Laß mich auf deinen Gebo=
ten beſtehn.

6. Laß mich mit Freuden, Ohn
alles Neiden, Sehen den Segen,
Den du wirſt legen In meines
Bruders und Nähesten Haus.
Geiziges Brennen, unchriſtliches
Rennen Nach Gut mit Sünde,
Das tilge geſchwinde Aus mei=
nem Herzen, und wirf es hinaus!

7. Menſchliches Weſen, Was iſt's
geweſen? In einer Stunde Geht
es zugrunde, Sobald die Lüfte des
Todes drein wehn. Alles in al=
lem muß brechen und fallen; Him=
mel und Erden die müſſen das
werden, Was ſie geweſen vor ih=
rem Beſtehn.

8. Alles vergehet, Gott aber ſte=
het Ohn alles Wanken; Seine Ge=
danken, Sein Wort und Wille hat
ewigen Grund. Sein Heil und
Gnaden, die nehmen nicht Scha=
den, Heilen im Herzen die töt=
lichen Schmerzen, Halten uns zeit=
lich und ewig geſund.

9. Gott, meine Krone! Ver=
gieb und ſchone, Laß meine Schul=
den In Gnad und Hulden Von
deinen Augen ſein abgewandt.
Sonſten regiere, mich lenke und
führe, Wie dir's gefället; ich habe
geſtellet Alles in deine Beliebung
und Hand.

10. Willſt du mir geben, Womit
mein Leben Ich kann ernähren,
So laß mich hören Allzeit im Her=
zen dies heilige Wort: Gott iſt das
Größte, das Schönſte und Beſte,
Gott iſt das Süß'ſte und Allerge=
wiſſ'ſte, Aus allen Schätzen der
edelſte Hort.

11. Willſt du mich tränken, Mit
Galle tränken, Und ſoll von Pla=
gen Ich auch was tragen, Wohlan,
ſo mach es, wie dir es beliebt.
Was gut und tüchtig, was ſchädlich
und nichtig Meinem Gebeine, das
weißt du alleine, Haſt keinen je=
mals zu bitter betrübt.

12. Kreuz und Elende, Das nimmt ein Ende; Nach Meeres Brausen Und Windes Sausen Leuchtet der Sonne gewünschtes Gesicht. Freude die Fülle und selige Stille Hab ich zu warten im himmlischen Garten; Dahin sind meine Gedanken gericht't.

P. Gerhard, geb. 1606, † 1676.

432.

Eigene Melodie.

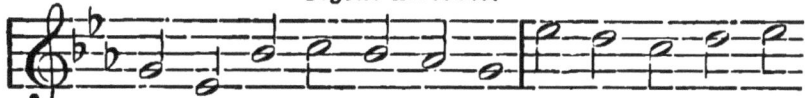

1. Mor=gen=glanz der E = wig=keit, Licht vom un = er=schöpf=
Schick uns die = se Mor=gen=zeit Dei = ne Strahlen ins

ten Lich=te!
Ge = sich = te, Und vertreib durch dei = ne Macht Un=sre Nacht.

2. Deiner Gnade Morgentau Fall auf unser matt Gewissen. Laß die dürre Lebensau Lauter süßen Trost genießen, Und erquick uns, deine Schar, Immerdar.

3. Gieb, daß deiner Liebe Glut Unsre kalten Werke töte, Und erweck uns Herz und Mut Bei erstandner Morgenröte, Daß wir, eh wir gar vergehn, Recht aufstehn.

4. Ach, du Aufgang aus der Höh! Gieb, daß auch am jüngsten Tage Unser Leichnam auftersteh, Und befreit von aller Plage, Einst in reiner Himmelszier Steh vor dir.

5. Leucht uns selbst in jene Welt, Du verklärte Gnadensonne! Führ uns durch das Thränenfeld In das Land der süßen Wonne, Wo die Lust, die uns erhöht, Nie vergeht.

Christ. Knorr v. Rosenroth, geb. 1636, † 1689.

433.

Mel. Freu dich sehr, o meine Seele.

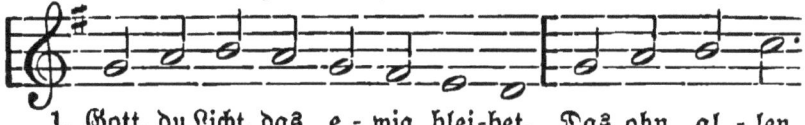

1. Gott, du Licht, das e = wig blei=bet, Das ohn al = len
Das die Fin=ster = nis ver = trei=bet, Der du blei = best

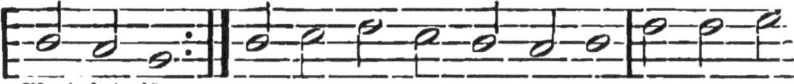

Wech=sel ist,
wie du bist: Ich ver = laf = se mei = ne Ruh; Ru = fe: Wer=

de Licht! mir zu, Daß ich, der ich Nacht und Er = de, Durch dein

Licht ver = klä = ret wer = de.

2. Wecke, da der Leib geschla=
fen, Auch die Seele geistlich auf;
Gieb ihr deines Lichtes Waffen,
Richt und leite ihren Lauf. Laß
mich sein des Lichtes Kind; Hilf
mir, weil ich geistlich blind, Jesu,
daß ich wieder sehe Und in dei=
nem Lichte gehe.

3. Schenke mir, Herr, und ge=
währe, Was die arme Seele stillt;
Ach, erneure und verkläre Stets
in mir dein Ebenbild! Sende
mir den Geist der Kraft, Der ein
neues Leben schafft, Daß ich himm=
lisch auf der Erde Und ein Geist
mit Christo werde.

4. Segne meiner Hände Werke,
Fördre mich in meiner Pflicht;
Bleibe meiner Schwachheit Stärke,
Meines Lebens Kraft und Licht;
Laß mein Lebensziel allein Deines
Namens Ehre sein; Hilf, daß ich
stets wahre Liebe Gegen meinen
Nächsten übe.

5. Führ mich einst zu jenem
Lichte Deiner höchsten Majestät,
Wo vor deinem Angesichte Die
verklärte Seele steht, Heller als
der Sonnenschein, Schön, unsterb=
lich, engelrein; Laß sie sein mit dir
vereinet, Wenn mein letzter Tag
erscheinet!

Sal. Frank, geb. 1659, † 1725.

434.

Mel. O Gott, du frommer Gott.

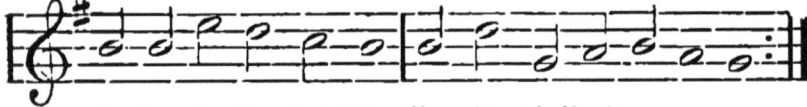

1. O Je = su, sü = ßes Licht! Nun ist die Nacht vergangen,
Nun hat dein Gnadenglanz Aufs neu = e mich umfangen;

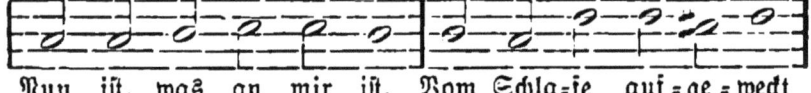

Nun ist, was an mir ist, Vom Schla=fe auf = ge = weckt

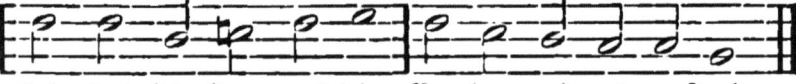

Und hat sich, Herr, nach dir Ver=lan=gend aus = ge=streckt.

2. Was soll ich dir denn nun,
Mein Gott, zum Opfer schenken?
Ich will mich ganz und gar In
Deine Gnade senken Mit Leib und
Seel und Geist An diesem ganzen
Tag; Das soll mein Opfer sein,
Weil ich sonst nichts vermag.

3. Drum siehe da, mein Gott:
Da hast du meine Seele; Sie sei
dein Eigentum, Daß sie nur dich

erwähle In deiner Liebe Kraft; Da hast du meinen Geist, Darinnen wollst du dich Verklären allermeist.

4. Da sei denn auch mein Leib Zum Tempel dir ergeben; Wähl ihn zur Wohnung dir, O allerliebstes Leben! Ach wohn, ach leb in mir, Beweg und rege mich, Daß Leib und Seel und Geist Mit dir vereinigt sich.

5. Dem Leibe hab ich jetzt Die Kleider angeleget; Laß meiner Seele sein Dein Bildnis eingepräget, Kleid mit der Demut mich Und mit der Sanftmut an: So bin ich wohlgeschmückt Und köstlich angethan.

6. Gieb, daß mir diesen Tag Stets vor den Augen schwebe, Daß dein Allgegenwart Mich wie die Luft umgebe, Damit mein ganzes Thun Durch Herz, durch Sinn und Mund Dich lobe inniglich, Mein Gott, zu aller Stund.

7. Ach, segne, was ich thu, Ja rede und gedenke! Durch deines Geistes Kraft Es also führ und lenke, Daß alles nur gescheh Zu deines Namens Ruhm, Und daß ich unverrückt Verbleib dein Eigentum.

Joach. Lange, geb. 1670, † 1744.

435.

Mel. Gott des Himmels und der Erden.

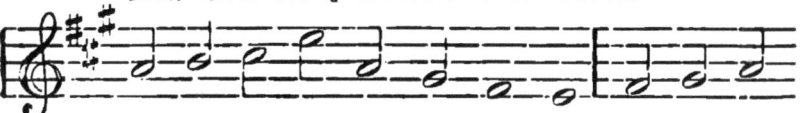

1. Höch=ster Gott! durch dei = nen Se = gen Konnt ich fröh=
Die = se Nacht zu=rük = ke le = gen; Da = für preist

lich und ge=sund
dich Herz und Mund, Denn du willst für al = le Treu

Nichts, als daß man dank=bar sei.

2. Segne heute mich von neuem, Weil du segnen kannst und mußt; Denn mit Wohlthun zu erfreuen, Das ist deines Herzens Lust. Und du machst die milde Hand Täglich aller Welt bekannt.

3. Segne mich mit deinem Geiste, Daß er heut mit seiner Kraft Meinem Glauben Beistand leiste, Daß er gute Werke schafft Und dem Bösen insgemein Mag ein wackrer Gegner sein.

4. Segne mich mit Christi Blute Bei verübter Missethat, Weil er das auch mir zu gute Mildiglich vergossen hat. Gläubig halt ich mich daran, Daß mich nichts verdammen kann.

5. Segne mich mit deinem Worte, Schreib es in mein Herz hinein, Daß es mag an jedem Orte Meines Wandels Richtschnur sein. Leuchtet mir dies Lebenslicht, O so fehl und fall ich nicht.

6. Segne mich in meinem Stan=
de, Zeuch mein Herz mit Klugheit
an, Daß ich solchen ohne Schande
Und mit Ehren führen kann. Gieb
dazu mein täglich Brot, Und was
irgend sonst mir not.

7. Segne mich in Kreuz und
Leiden Mit Vertrauen und Ge=
duld; Segne mich in Glück und

Freuden Mit dem Reichtum deiner
Huld, Daß ich dir im Kreuz getreu
Und im Glück voll Demut sei.

8. Dann will ich für allen Segen
Lob und Ehre, Preis und Dank
Dir zu deinen Füßen legen Und es
thun mein lebenlang, Bis ich mit
den Engeln dort Vor dir jauchze
fort und fort.

Erdm. Neumeister, geb. 1671, † 1756.

436.
Eigene Melodie.

1. Hü=ter! wird die Nacht der Sün=den Nicht verschwinden?

Hü = ter! ist die Nacht schier hin? Wird die Fin=ster = nis der

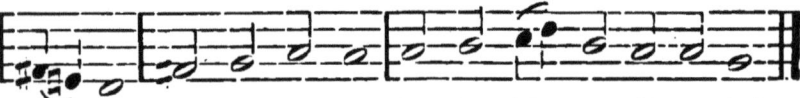

Sinnen Bald zer = rin=nen, Dar=in ich ver=wik=kelt bin?

2. Möcht ich wie das Rund der
Erden Lichte werden! Seelen=
sonne, gehe auf! Ich bin fin=
ster, kalt und trübe; Jesu Liebe,
Komm, beschleunige den Lauf!

3. Wir sind ja im neuen Bun=
de, Da die Stunde Der Erschei=
nung kommen ist; Und ich muß
mich stets im Schatten So ermat=
ten, Weil du mir so ferne bist.

4. Wir sind ja der Nacht ent=
nommen, Da du kommen, Aber
ich bin lauter Nacht. Darum
wollst du mir, dem Deinen, Auch
erscheinen, Der nach Licht und
Rechte tracht't.

5. Wie kann ich des Lichtes
Werke Ohne Stärke In der Fin=
sternis vollziehn? Wie kann ich
die Liebe üben, Demut lieben
Und der Nacht Geschäfte fliehn?

6. Hilf, daß länger meine Seele
Sich nicht quäle, Zünd dein Feuer
in mir an! Laß mich finstres Kind
der Erden Helle werden, Daß ich
Gutes wirken kann.

7. Das Vernunftlicht kann das
Leben Mir nicht geben; Jesus und
sein heller Schein, Jesus muß das
Herz anblicken Und erquicken; Je=
sus muß die Sonne sein.

8. Nur die Decke vor den Au=
gen Kann nicht taugen, Seine
Klarheit kann nicht ein; Wenn
sein helles Licht den Seinen Soll
erscheinen, Muß das Auge reine
sein.

9. Jesu! gieb gesunde Augen,
Die was taugen; Rühre meine
Augen an. Denn das ist die größte
Plage, Wenn am Tage Man das
Licht nicht sehen kann.

Chr. Fr. Richter, geb. 1676. † 1711.

437.

Mel. Ich dank dir schon durch deinen Sohn.

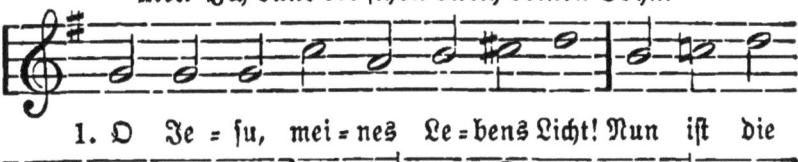

1. O Jesu, meines Lebens Licht! Nun ist die Nacht vergangen; Mein Geistes-aug zu dir sich richt't, Dein'n Anblick zu empfangen.

2. Du hast, da ich nicht sorgen konnt, Mich vor Gefahr bedecket Und auch vor andern mich gesund Nun aus dem Schlaf erwecket.

3. Mein Leben schenkst du mir aufs neu; Es sei auch dir verschrieben, Mit neuem Ernst, mit neuer Treu Dich diesen Tag zu lieben.

4. Dir, Jesu, ich mich ganz befehl; Im Geist dich mir verkläre, Dein Werkzeug nur sei meine Seel, Den Leib bewahr und nähre.

5. Durchdring mit deinem Lebenssaft Herz, Sinnen und Gedanken; Bekleide mich mit deiner Kraft, In Proben nicht zu wanken.

6. Mein treuer Hirte! sei mir nah, Steh immer mir zur Seiten, Und wenn ich irre, wollst du ja Mich wieder zu dir leiten.

7. Sei du alleine meine Lust, Mein Schatz, mein Trost und Leben; Kein andres Teil sei mir bewußt, Dir bleib ich ganz ergeben.

8. Zeig mir in jedem Augenblick, Wie ich dir soll gefallen; Zieh mich vom Bösen stets zurück, Regiere mich in allem.

9. Gieb, daß ich meinen Wandel führ Im Geist, in deinem Lichte, Und als ein Fremdling lebe hier Vor deinem Angesichte.

10. Ach, halt mich fest mit deiner Hand, Daß ich nicht fall noch weiche; Zeuch weiter durch der Liebe Band, Bis ich mein Ziel erreiche.

G. Tersteegen, geb. 1697, † 1769.

438.

Mel. Ich dank dir schon durch deinen Sohn.

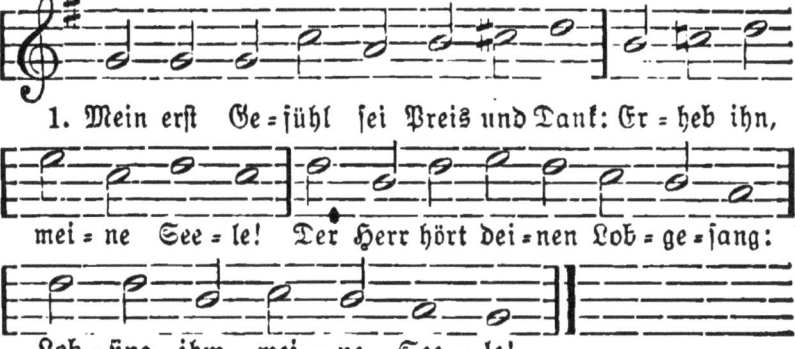

1. Mein erst Gefühl sei Preis und Dank: Erheb ihn, meine Seele! Der Herr hört deinen Lobgesang: Lobsing ihm, meine Seele!

2. Mich selbst zu schützen, ohne Macht, Lag ich und schlief in Frieden. Wer schafft die Sicherheit der Nacht Und Ruhe für die Müden?

3. Wer wacht, wenn ich von mir nichts weiß, Mein Leben zu bewahren? Wer stärkt mein Blut in seinem Kreis Und schützt mich vor Gefahren?

4. Wer lehrt das Auge seine Pflicht, Sich sicher zu bedecken? Wer ruft dem Tag und seinem Licht, Uns wieder aufzuwecken?

5. Du bist es, Herr und Gott der Welt, Und dein ist unser Leben; Du bist es, der es uns erhält Und mir's jetzt neu gegeben.

6. Gelobet seist du, Gott der Macht, Gelobt sei deine Treue, Daß ich nach einer sanften Nacht Mich dieses Tags erfreue!

7. Laß deinen Segen auf mir ruhn, Mich deine Wege wallen, Und lehre du mich selber thun Nach deinem Wohlgefallen.

8. Nimm meines Lebens gnädig wahr; Auf dich hofft meine Seele. Sei mir ein Retter in Gefahr, Ein Vater, wenn ich fehle.

9. Gieb mir ein Herz voll Zuversicht, Erfüllt mit Lieb und Ruhe, Ein weises Herz, das seine Pflicht Erkenn und willig thue.

10. Laß mich, als dein getreuer Knecht, Nach deinem Reiche streben, Gottselig, züchtig und gerecht Durch deine Gnade leben.

11. Laß mich, dem Nächsten beizustehn, Nicht Fleiß und Arbeit scheuen, Mich gern an andrer Wohlergehn Und ihrer Tugend freuen.

12. Laß mich das Glück der Lebenszeit In deiner Furcht genießen Und meinen Lauf mit Freudigkeit, Wenn du gebeutst, beschließen.

Chr. F. Gellert, geb. 1715, † 1769.

b. Abendlieder.

439.

Mel. Herr Jesu Christ, dich zu uns wend.

1. O sel = ges Licht, Drei = fal = tig = keit, Du hoch = ge= lob = te Ei = nig = keit! Die Son = ne weicht mit ih= rem Schein, Geuß dein Licht in das Herz hin = ein.

2. Schon zieht die stille Nacht heran; Sieh uns vom Himmel gnädig an, Vergieb die Schuld, nimm ab die Last, Und gieb den müden Seelen Rast.

3. Von allem Bösen mach uns frei, Der Sünde Ketten brich entzwei; So nimm dein Volk, Herr, klein und groß, Zur Ruh in deinen selgen Schoß!

4. Des Morgens, Herr, dich rühmen wir, Des Abends beten wir zu dir, Und preisen deine Herrlichkeit Von nun bis in Ewigkeit.

5. Gott Vater in dem höchsten Thron Und Jesus Christ, sein ewiger Sohn, Mitsamt dem werten heilgen Geist Sei nun und immerdar gepreist!

Nach dem Latein.: O lux beata Trinitas.

440.

Mel. Herr Gott, dich loben alle wir.

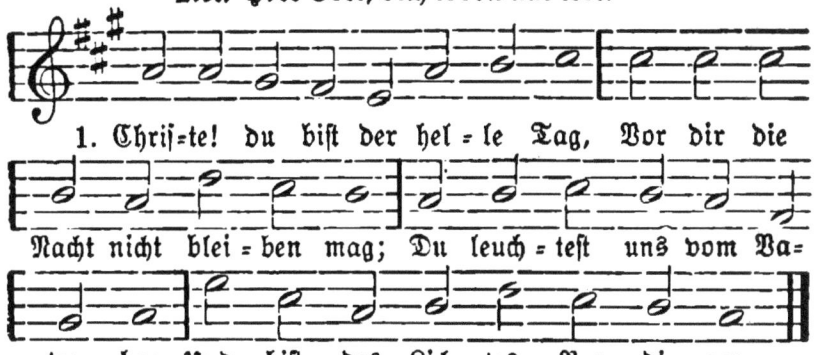

1. Chri=ste! du bist der hel=le Tag, Vor dir die Nacht nicht blei=ben mag; Du leuch=test uns vom Va=ter her Und bist des Lich=tes Pre=di=ger.

2. Ach, lieber Herr, behüt uns heut In dieser Nacht vorm bösen Feind, Und laß uns in dir ruhen fein Und vor dem Satan sicher sein.

3. Obschon die Augen schlafen ein, So laß das Herz doch wacker sein; Halt über uns dein rechte Hand, Daß wir nicht falln in Sünd und Schand.

4. Wir bitten dich, Herr Jesu Christ: Behüt uns vor des Teufels List, Der stets nach unsern Seelen tracht't, Daß er an uns hab keine Macht.

5. Sind wir doch dein ererbtes Gut, Erworben durch dein heilges Blut; Das war des ewgen Vaters Rat, Als er uns dir geschenket hat.

6. Befiehl dem Engel, daß er komm Und uns bewach, dein Eigentum; Gieb uns die lieben Wächter zu, Daß wir vorm Satan haben Ruh.

7. So schlafen wir im Namen dein, Dieweil die Engel bei uns sein. Du heilige Dreieinigkeit, Wir loben dich in Ewigkeit!

Erasm. Alberus, † 1553.

441.

Mel. Herr Jesu Christ, dich zu uns wend.

1. Hin=un=ter ist der Son=ne Schein, Die Fin=ster=nis der Nacht bricht ein; Leucht uns, Herr Christ, du wah=res Licht, So wan=deln wir im Fin=stern nicht.

2. Dir sei Dank, daß du uns den Tag Vor Schaden, G'fahr und mancher Plag Durch deine Engel hast behüt't Aus Gnad und väterlicher Güt.

3. Was wir gesündigt wider dich, Das, Herr, verzeih uns gnädiglich, Und rechn' es unsrer Sünd nicht zu, Laß schlafen uns in Fried und Ruh.

4. Nach deiner großen Güt und Macht Beschütz auch uns in dieser Nacht; Vor Schrecken, Angst und Feuersnot Behüt uns, o du treuer Gott!

Nach N. Hermann, † 1561.

442.

Eigene Melodie.

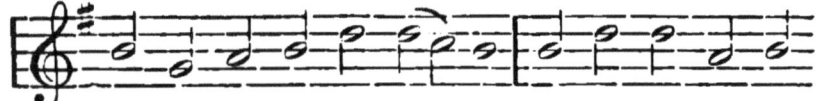

1. Nun ru-hen al-le Wäl-der, Vieh, Menschen, Städt und

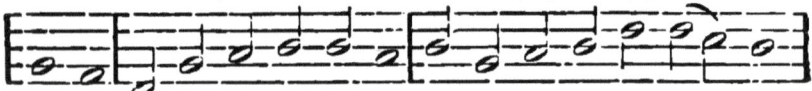

Felder, Es schläft die gan-ze Welt; Ihr a-ber, mei-ne Sin-nen,

Auf, auf! ihr sollt beginnen, Was eu-rem Schöpfer wohlge-fällt.

2. Wo bist du, Sonne, blieben? Die Nacht hat dich vertrieben, Die Nacht, des Tages Feind. Fahr hin! ein andre Sonne, Mein Jesus, meine Wonne, Gar hell in meinem Herzen scheint.

3. Der Tag ist nun vergangen, Die güldnen Sternlein prangen Am blauen Himmelssaal. Also werd ich auch stehen, Wann mich wird heißen gehen Mein Gott aus diesem Jammerthal.

4. Der Leib eilt nun zur Ruhe, Legt Kleider ab und Schuhe, Das Bild der Sterblichkeit; Die zieh ich aus, dagegen Wird Christus mir anlegen Das Kleid der Ehr und Herrlichkeit.

5. Das Haupt, die Füß und Hände Sind froh, daß nun zum Ende Die Arbeit kommen sei. Herz, freu dich! du sollst werden Vom Elend dieser Erden Und von der Sünden Arbeit frei.

6. Nun geht, ihr matten Glieder, Geht hin und legt euch nieder, Des Bettleins ihr begehrt. Es kommen Stund und Zeiten, Da man euch wird bereiten Zur Ruh ein Bettlein in der Erd.

7. Die Augen stehn verdrossen, Im Nu sind sie geschlossen; Wo bleibt dann Leib und Seel? Nimm sie zu deinen Gnaden, Sei gut für allen Schaden, Du Aug und Wächter Israel!

8. Breit aus die Flügel beide, O Jesu, meine Freude, Und nimm dein Küchlein ein! Will mich der Feind verschlingen, So laß die Engel singen: Dies Kind soll unverletzt sein!

9. Auch euch, ihr meine Lieben, Soll heute nicht betrüben Ein Unfall noch Gefahr. Gott laß euch ruhig schlafen, Stell euch die güldnen Waffen Ums Bett und seiner Engel Schar.

Paul Gerhard, geb. 1606, † 1676.

443.

Eigene Melodie.

1. Wer = de mun=ter, mein Ge = mü = te, Und ihr Sin=nen,
Daß ihr prei = set Got=tes Gü = te, Die er hat ge=

geht her=für, Da er mich den gan = zen Tag Vor so
than an mir,

man = cher schwe = ren Plag Durch sein gna = den = rei = ches

Wal = ten Hat be = schir = met und er = hal = ten.

2. Lob und Dank sei dir gesungen, Vater der Barmherzigkeit, Daß mir heut mein Werk gelungen, Daß du mich vor allem Leid Und vor Sünden mancher Art So getreulich hast bewahrt, Auch die Feind hinweggetrieben, Daß ich unversehrt geblieben.

3. Herr! ich bin von dir gewichen, Doch ich stell mich wieder ein, Denn dein Sohn hat ausgeglichen Meine Schuld durch seine Pein. Ich verleugne nicht die Schuld, Aber deine Gnad und Huld Ist viel größer als die Sünde, Die ich immer in mir finde.

4. O du Licht der frommen Seelen, O du Glanz der Herrlichkeit! Dir will ich mich ganz befehlen Diese Nacht und alle Zeit. Bleibe doch, mein Gott, bei mir, Weil es nunmehr dunkel hier; Daß ich nimmer mich betrübe, Tröste mich mit deiner Liebe.

5. Laß mich diese Nacht empfinden Eine sanfte, süße Ruh; Alles Übel laß verschwinden, Decke mich mit Segen zu. Leib und Seele, Mut und Blut, All die Meinen, Hab und Gut, Freunde, Feind und Hausgenossen Sein in deinen Schutz geschlossen!

6. Ach, bewahre mich vor Schrecken, Schütze mich vor Überfall; Laß mich Krankheit nicht aufwecken, Treibe weg des Krieges Schall; Wende Feu'r und Wassersnot, Pestilenz und schnellen Tod; Laß mich nicht in Sünden sterben, Noch an Leib und Seel verderben!

7. O du großer Gott! erhöre, Was dein Kind gebetet hat; Jesu, den ich stets begehre, Bleibe du mein Schutz und Rat; Und mein Hort, du werter Geist, Der du Freund und Tröster heißt, Höre doch mein sehnlich Flehen! Amen! ja, es soll geschehen!

Joh. Rist, geb. 1607, † 1667.

444.

Eigene Melodie.

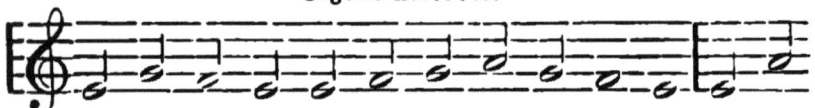

1. Der Tag ist hin; mein Je = fu, bei mir blei = be! O See=

lenlicht, der Sünden Nacht ver=trei=be! Geh auf in mir, Glanz der

Ge = red=tig=teit! Er=leud=te mich, o Herr! denn es ift Zeit.

2. Lob, Preis und Dank fei dir, mein Gott, gefungen; Dir fei die Ehr, wenn alles wohlgelungen Nach deinem Rat! ob ich's gleich nicht verfteh, Du bift geredt, es gehe, wie es geh.

3. Nur eines ift, das mich em= pfindlich quälet: Beftändigkeit im Guten mir noch fehlet; Das weißt du wohl, o Herzenskündiger, Ich ftraudle noch wie ein Unmün= diger.

4. Vergieb es, Herr! Mir fagt es mein Gewiffen, Daß Welt und Sünd mich oft von dir geriffen;

Es ift mir leid, ich ftell mich wie= der ein: Hier ift mein Herz; ich dein, Herr, und du mein!

5. Israels Schutz, mein Hüter und mein Hirte! Zu meinem Troft dein fieghaft Schwert umgürte, Be= wahre mich durch deine große Macht, Und halt um mich mit treuen Augen Wacht.

6. Du schlummerft nicht, wenn matte Glieder schlafen. Ach, laß die Seel im Schlaf auch Gutes schaf= fen! O Lebensfonn! erquice mei= nen Sinn. Dich laß ich nicht, mein Fels! der Tag ift hin.

Joach. Neander, geb. 1610, † 1680.

445.

Mel. Nun danket all und bringet Ehr.

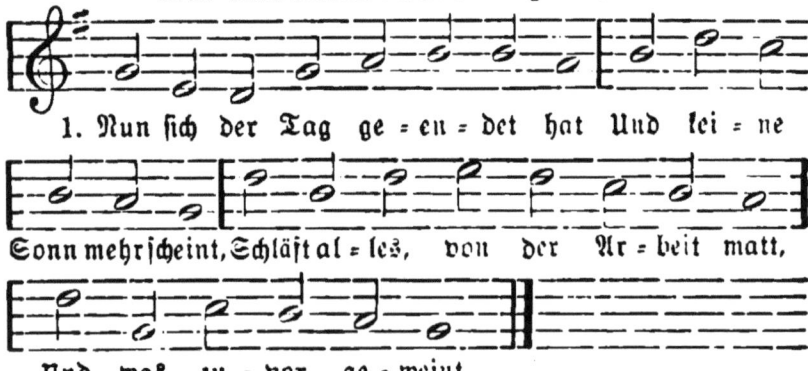

1. Nun fich der Tag ge = en = det hat Und kei = ne

Sonn mehr scheint, Schläft al = les, von der Ar = beit matt,

Und was zu = vor ge = weint.

2. Nur du, mein Gott, wachst für und für, Du schläfst noch schlummerst nicht; Die Finsternis ist nicht bei dir, Weil du bist selbst das Licht.

3. Gedenke, Herr, doch auch an mich In dieser dunkeln Nacht, Und schirme du mich gnädiglich Mit deiner Engel Wacht.

4. Zwar fühl ich wohl der Sünden Schuld, Die mich bei dir klagt an, Doch deines lieben Sohnes Huld Hat gnug für mich gethan.

5. Ten setz ich dir zum Bürgen ein, Wenn ich soll vors Gericht; Ich kann ja nicht verloren sein In solcher Zuversicht.

6. Trauf thu ich meine Augen zu Und schlafe fröhlich ein; Mein Gott wacht über meiner Ruh: Wer wollte traurig sein?

7. Soll diese Nacht die letzte sein In diesem Jammerthal, So führ mich in den Himmel ein Zur auserwählter Zahl.

8. Und also leb und sterb ich dir, Du Herr Gott Zebaoth! Im Tod und Leben hilfst du mir Aus aller Angst und Not.

Joh. F. Herzog, geb. 1647, † 1699.

446.

Mel. Jesu, meine Freude.

1. Hir = te dei = ner Scha = fe, Der von kei = nem Schla=fe
   Dei = ne Wunder = gü = te War mein Schild und Hü=te

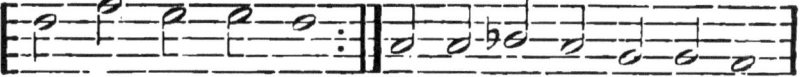

Et = was wis = sen mag:
Ten ver = gangnen Tag;
Sei die Nacht auch auf der Wacht,

Und laß mich von dei=nen Scharen Um und um be=wahren.

2. Decke mich von oben Vor der Feinde Toben Mit der Vaterhuld. Ein versöhnt Gewissen Sei mein Ruhekissen, Trum vergieb die Schuld; Tenn dein Sohn hat mich davon Turch die tiefgeschlagnen Wunden Gnädiglich entbunden.

3. Laß auch meine Lieben Keine Not betrüben; Sie sind mein und dein. Schließ uns mit Erbarmen In den Vaterarmen Ohne Sorgen ein. Du bei mir und ich bei dir; Also sind wir ungeschieden, Und ich schlaf in Frieden.

4. Komm, verschließ die Kammer, Und laß allen Jammer Ferne von uns sein. Sei du Schloß und Riegel; Unter deine Flügel Nimm dein Küchlein ein. Teck uns zu mit Schutz und Ruh, So wird uns kein Grauen wecken, Noch der Feind uns schrecken.

5. Wie, wenn ich mein Bette Bald im Grabe hätte? Wie bald rot, bald tot! Trum, hast du beschlossen. Taß mein Ziel verflossen, Kommt die Todesnot: So will ich nicht wider dich; Hab ich

Jeſum nur gefunden, Sterb ich alle Stunden.

6. Nun wohlan, ich thue In getroſter Ruhe Meine Augen zu. Seele, Leib und Leben Hab ich dir ergeben, Treuer Hüter du! In der Nacht nimm mich in acht; Und erlebe ich den Morgen, Wirſt du weiter ſorgen.

Benj. Schmolk, geb. 1672, † 1737.

447.

Mel. Sollt es gleich bisweilen ſcheinen.

1. Nur in Je=ſu Blut und Wun=den Hab ich wah=re Ruh ge=fun=den; Die=ſe ſol=len auch al=lein Heut mein Ru=he=bet=te ſein.

2. Tags umgiebt mich ſein Er= barmen, Nachts ruh ich in ſeinen Armen. Jeſu! ja, in deiner Hut Schläſt's ſich ſicher, wohl und gut.

Chr. C. L. v. Pfeil, geb. 1712, † 1784.

448.

Mel. Nun ruhen alle Wälder.

1. Herr, der du mir das Le=ben Bis die=ſen Tag ge= ge=ben, Dich bet ich kind=lich an. Ich bin viel zu ge=rin=ge Der Treue, die ich ſin=ge, Und die du heut an mir ge=than.

2. Mit dankendem Gemüte Freu ich mich deiner Güte, Ich freue mich in dir. Du giebſt mir Kraft und Stärke, Gedeihn zu meinem Werke Und ſchaffſt ein reines Herz in mir.

3. Gott, welche Ruh der Seelen, Nach deines Worts Befehlen Ein= her im Leben gehn, Auf deine Güte hoffen, Im Geiſt den Himmel of= fen Und dort den Preis des Glau= bens ſehn'

4. Ich weiß, an wen ich glaube, Und nahe mich im Staube Zu dir, o Gott, mein Heil. Ich bin der Schuld entladen; Ich bin bei dir in Gnaden, Und in dem Himmel ist mein Teil.

5. Bedeckt mit deinem Segen, Eil ich der Ruh entgegen; Dein Name sei gepreist! Mein Leben und mein Ende Ist dein; in deine Hände Befehl ich, Vater, meinen Geist.

Chr. F. Gellert, geb. 1715, † 1769.

449.

Mel. Nun ruhen alle Wälder.

1. Der Mond ist auf-ge = gan=gen, Die goldnen Sternlein pran=

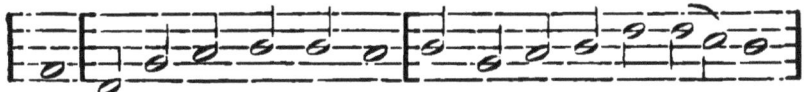

gen Am Himmel hell und klar; Der Wald steht schwarz und schweiget,

Und aus den Wiesen stei=get Der wei=ße Ne = bel wun=der=bar.

2. Wie ist die Welt so stille Und in der Dämmrung Hülle So traulich und so hold, Als eine stille Kammer, Wo ihr des Tages Jammer Verschlafen und vergessen sollt.

3. Wir stolzen Menschenkinder Sind eitel arme Sünder Und wissen gar nicht viel. Wir spinnen Luftgespinste Und suchen viele Künste Und kommen weiter von dem Ziel.

4. Gott! laß dein Heil uns schauen, Auf nichts Vergänglichs trauen, Nicht Eitelkeit uns freun.

5. Laß uns einfältig werden Und vor dir hier auf Erden, Wie Kinder, fromm und fröhlich sein.

5. Wollst endlich sonder Grämen Aus dieser Welt uns nehmen Durch einen sanften Tod; Und wenn du uns genommen, Laß uns in Himmel kommen, Du, unser Herr und unser Gott!

6. So legt euch denn, ihr Brüder, In Gottes Namen nieder, Kalt weht der Abendhauch. Verschon uns, Gott, mit Strafen, Und laß uns ruhig schlafen Und unsre kranken Brüder auch!

Matth. Claudius, geb. 1740, † 1815,

450.

Mel. Jesu, meiner Seelen Ruh.

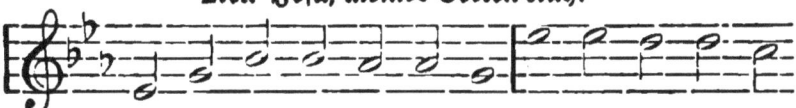

1. Mü = de bin ich, geh zur Ruh, Schließe mei = ne Au=

gen zu; Va=ter! laß die Augen dein Ü=ber meinem Bet=te sein.

2. Hab ich Unrecht heut gethan,
Sieh es, lieber Gott, nicht an.
Deine Gnad und Christi Blut
Machet allen Schaden gut.
3. Alle, die mir sind verwandt,
Schütze, Gott, mit deiner Hand;

Alle Menschen, groß und klein,
Laß dir, Herr, befohlen sein!
4. Kranken Herzen sende Ruh,
Nasse Augen trockne du, Laß in
deiner Engel Wacht Sanft uns
ruhn in dieser Nacht!

Luise Hensel, geb. 1798, † 1876.

451.

Mel. Wer nur den lieben Gott läßt walten.

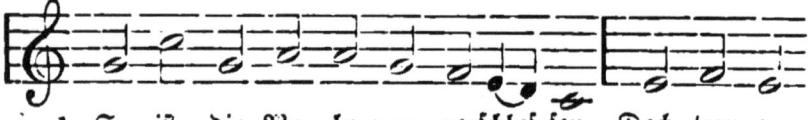

1. So ist die Wo=che nun ge=schlos=sen, Doch, treu=er
Wie sich dein Segensquell er=gos=sen, So bin ich

Gott, dein Her=ze nicht;
noch der Zu=ver=sicht,   Daß er sich wei=ter=hin

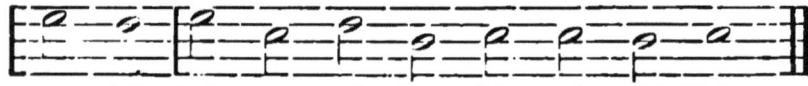

er=gießt Und un=auf=hör=lich auf mich fließt.

2. Ich preise dich mit Hand und Munde; Ich lobe dich, so hoch ich kann; Ich rühme dich von Her=zensgrunde Für alles, was du mir gethan, Und weiß, daß dir durch Jesum Christ Mein Dank ein süßer Weihrauch ist.
3. Hat mich bei meinen Wochen=tagen Das liebe Kreuz auch mit besucht, So gabst du auch die Kraft, zu tragen; Zudem ist es voll Heil und Frucht Durch deine Liebe, Herr, zu mir, Und darum dank ich dir dafür.
4. Nur eines bitt ich über alles, Ach, du versagst mir solches nicht: Gedenke keines Sündenfalles, Weil mich mein Jesus aufgericht't,

Mein Jesus, der die Missethat Auf ewig schon gebüßet hat.
5. Dein Schwur ist ja noch nicht gebrochen, Du brichst ihn nicht in Ewigkeit: Da du dem Sünder hast versprochen, Daß er, wenn ihm die Sünd ist leid, Nicht sterben, son=dern gnadenvoll Als ein Gerechter leben soll.
6. Mein Glaube hält an diesem Segen, Und so will ich den Wo=chenschluß Vergnügt und froh zu=rücklegen, Da mich der Trost er=heben muß, Daß ich in Christo solle dein Und schon in Hoffnung selig sein.
7. Doch da mein Leben zugenom=men, So bin ich auch der Ewigkeit

Um eine Woche näher kommen Und warte nun der letzten Zeit, Da du die Stunde hast bestimmt, Die mich zu dir in Himmel nimmt.

8. Und wenn ich morgen früh aufs neue Den Sonntag wieder sehen kann, So blickt die Sonne deiner Treue Mich auch mit neuen Gnaden an; Ach ja! da teilt dein Wort und Haus Den allerbesten Segen aus.

9. So will ich das im voraus preisen, Was du mir künftge Woche giebst. Du wirst es in der That beweisen, Daß du mich je und immer liebst; Und leitest mich nach deinem Rat, Bis Leid und Zeit ein Ende hat.

Erdm. Neumeister, geb. 1671, † 1756.

c. Berufslieder.

452.

Mel. Erschienen ist der herrlich Tag.

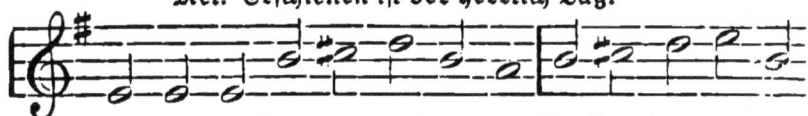

1. Das wal = te Gott, der helfen kann! Mit Gott fang ich die

Ar = beit an, Mit Gott nur geht sie glück = lich fort;

Drum ist auch dies mein er = stes Wort: Das wal = te Gott!

2. All mein Beginnen, Thun und Werk Erfordert Gottes Kraft und Stärk, Mein Herz ist stets zu Gott gericht't; Drum auch mein Mund mit Freuden spricht: Das walte Gott!

3. Wenn Gott nicht hilft, so kann ich nichts; Wo Gott nicht giebet, da gebricht's; Gott giebt und thut mir alles Gut's; Drum sprech ich nun auch gutes Muts: Das walte Gott!

4. Will Gott mir etwas geben hier, So will ich dankbar sein dafür; Auf sein Wort werf ich aus mein Netz Und sage bei der Arbeit stets: Das walte Gott!

5. Anfang und Mitte samt dem End Stell ich allein in Gottes Händ; Er gebe, was mir nützlich ist; Drum sprech ich auch zu jeder Frist: Das walte Gott!

6. Legt Gott mir seinen Segen bei Nach seiner großen Güt und Treu, So gnüget mir zu jeder Stund; Drum sprech ich auch von Herzensgrund: Das walte Gott!

7. Trifft mich ein Unglück: unverzagt! Ist doch mein Werk mit Gott gewagt; Er wird mir gnädig stehen bei; Drum dies auch meine Losung sei: Das walte Gott!

8. Ohn ihn ist all mein Thun umsonst, Nichts hilft Verstand, Witz

oder Kunft; Mit Gott geht's fort, gerät auch wohl, Daß ich kann fagen glaubensvoll: Das walte Gott!

9. Thu ich denn was mit Got-

tes Rat, Der mir beiftehet früh und fpat, Dann alles mir gelingen muß; Drum fprech ich nochmals zum Befchluß: Das walte Gott!

Johann Betichius, um 1700.

453.

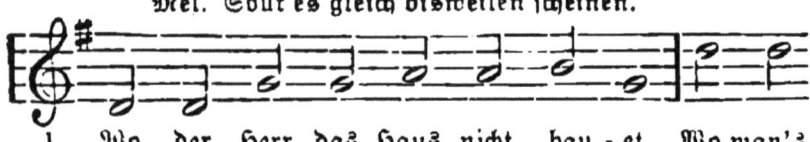

1. Wo der Herr das Haus nicht bau = et, Wo man's

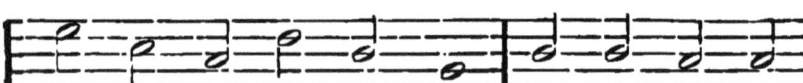

ihm nicht an = ver = trau = et, Wo man felbft fich

hel = fen will, Steht das Werk bei = zei = ten ftill.

2. Wenn der Herr die Stadt nicht hütet, Wo der Feind bald fchleicht, bald wütet, Wird fie trotz der Wächter Fleiß Flammen oder Mördern preis.

3. Alles Schaffen und Beftreben, Alles Sorgen, Rennen, Beben Thut es nicht, wenn's Gott nicht thut, Gott und feine treue Hut.

4. Springet früh aus eurem Bette, Ringt und wirket um die Wette, Sitzt kalt, hungrig, ausgewacht Bis zur fpäten Mitternacht:

5. Euer Rechnen, Sorgen, Ringen Wird euch doch kein Glück erzwingen; Wer fich felber Hilfe fchafft, Der verfchmähet Gottes Kraft.

6. Fleht den Herrn um feine Gnade, Suchet Licht auf feinem Pfade, Lebt und liebt in ihn euch ein, Dann wird euer Werk gedeihn.

7. Schlafend giebt er's feinen Freunden, Giebt noch Größres, als fie meinten, Daß fie ftaunen, wenn fie fehn So viel Vorrat um fich ftehn.

8. Sorgt nicht für den andern Morgen, Lernt für eure Seele forgen, Trachtet nach der Ewigkeit; Gott ift nahe jederzeit.

9. Scheint's, daß wenig Troft vorhanden: Nein, ihr werdet nicht zu fchanden. Nur der Sünder Haus zerfällt, Fromme bleiben Herrn der Welt.

Pfalm 127, bearbeitet von J. A. Lehmus, geb. 1707, † 1788.

d. Tischlieder.

454.

Mel. Herr Jesu Christ, dich zu uns wend.

1. Be = scher uns, Herr, das täg = lich Brot; Vor Teu=rung

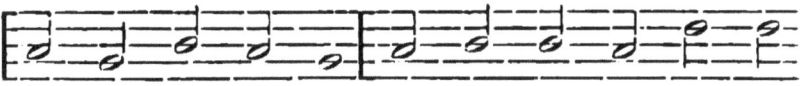

und vor Hun = gers = not Be = hüt uns durch dein'n lie=

ben Sohn, Gott Va = ter in dem höch = sten Thron!

2. O Herr! thu auf dein milde Hand, Mach uns dein Gnad und Güt bekannt, Ernähr uns, deine Kinderlein, Der du speis'st alle Vögelein.

3. Erhörst du doch der Raben Stimm, Drum unsre Bitt, Herr, auch vernimm; Denn aller Ding du Schöpfer bist Und allem Tier sein Futter giebst.

4. Gedenk nicht unsrer Misse= that, Die, Vater, dich erzürnet hat; Laß leuchten dein Barmher= zigkeit, Daß wir dich lob'n in Ewigkeit.

5. O Herr, gieb uns ein frucht= bar Jahr, Den Erntesegen uns bewahr; Vor Teurung, Seuchen, Krieg und Streit Behüt uns, Herr, zu dieser Zeit.

6. Unser lieber Vater du bist, Weil Christus unser Heiland ist; Drum trauen wir allein auf dich Und woll'n dich preisen ewiglich.

Nic. Hermann, † 1561.

455.

Mel. Schmücke dich, o liebe Seele.

1. Speis uns, o Gott, dei = ne Kin=der, Trös=te die be=
Sprich den Se=gen zu den Ga=ben, Die wir jetzt hier

trüb=ten Sün=der;
vor uns ha=ben,

Daß sie uns zu die=sem Le=ben

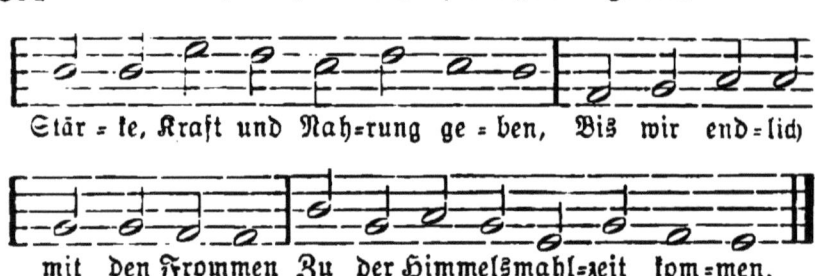

Stär = le, Kraft und Nah=rung ge = ben, Bis wir end = lich

mit den Frommen Zu der Himmelsmahl=zeit kom=men.

J. Heermann, geb. 1585, † 1647.

456.

Mel. Alles ist an Gottes Segen.

Je = su! wir gehn zu dem Ef =sen; Laß uns dei=

ner nicht ver = gef=sen, Denn du bist das Himmelsbrot;

Speis zu=gleich auch un = fre See = len, Die wir dir jetzt

an = be = feh = len; Steh uns bei in al = ler Not.

Unbekannt.

457.

Eigene Melodie.

1. Nun laßt uns Gott, dem Herren, Dank sagen und ihn eh=ren

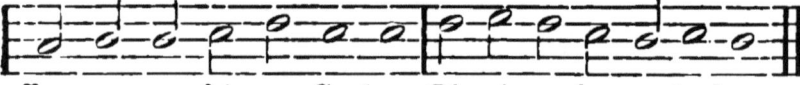

Von we = gen sei = ner Ga=ben, Die wir empfangen ha=ben.

2. Den Leib, die Seel, das Leben Hat er allein uns geben; Dieselben zu bewahren, Thut er nie etwas sparen.

3. Nahrung giebt er dem Leibe, Die Seele muß auch bleiben, Wiewohl tödliche Wunden Sind kommen von den Sünden.

4. Ein Arzt ist uns gegeben, Der selber ist das Leben; Christus, für uns gestorben, Der hat das Heil erworben.

5. Sein Wort, sein Tauf, sein Nachtmahl Dient wider allen Unfall; Der heilge Geist im Glauben Lehrt uns darauf vertrauen.

6. Durch ihn ist uns vergeben Die Sünd, geschenkt das Leben; Im Himmel solln wir haben, O Gott, wie große Gaben!

7. Wir bitten deine Güte, O treuer Gott, behüte Die Großen mit den Kleinen, Du kannst's nicht böse meinen.

8. Erhalt uns in der Wahrheit, Gieb ewigliche Freiheit, Zu preisen deinen Namen Durch Jesum Christum. Amen.

Ludw. Helmbold, geb. 1532, † 1598.

458.

Mel. Erhalt uns, Herr, bei deinem Wort.

1. Wir dan=ken Gott für sei = ne Gab'n, Die wir von

ihm em = pfan = gen hab'n; Wir bit = ten un=sern lie=

ben Herrn, Er woll uns hin = fort mehr be = schern,

2. Und speisen uns mit seinem Wort, Daß wir satt werden hier und dort. Ach, lieber Gott! du wollst uns geb'n Nach dieser Welt das ewge Leb'n.

3. Wir danken dir, Herr Jesu Christ, Daß du uns'r Gast gewesen bist. Bleib du bei uns, so hat's nicht not. Du bist das rechte Lebensbrot.

Mich. Prätorius, geb. 1571, † 1621.

e. Trauungslieder.

459.

Mel. Wie schön leucht't uns der Morgenstern.

1. Von dir, du Gott der Ei = nig = keit, Ward einst Die hier vor dei = nem An = ge = sicht Be = reit

der E = he Bund geweiht; O weih auch sie zum Se = gen.
stehn, dir den Schwur der Pflicht Und Eintracht ab=zu = le = gen.

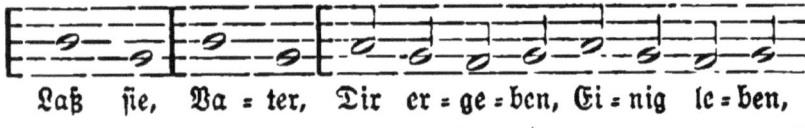

Laß sie, Va = ter, Dir er = ge=ben, Ei = nig le=ben,

Treu sich lie = ben, Treu die Pflicht der Christen ü = ben.

2. Gott, der du sie verbunden hast, Mach ihnen leicht des Lebens Last, Gieb, daß kein Gutes fehle. Den Ehbund laß sie nie entweihn, Keusch laß sie, friedsam, zärtlich sein, Ein Herz und eine Seele. Immer Laß sie, Dir ergeben, Einig leben, Einig handeln, Fromm und heilig vor dir wandeln.

3. O segne sie, der gern beglückt Und Segen uns von oben schickt, Auf allen ihren Wegen! Laß ihr Geschlecht sich deiner freun: Gieb selbst zu ihrem Fleiß Gedeihn, Und ihr Beruf sei Segen! Laß sie, Vater, Dir ergeben, Glücklich leben, Freudig sterben: So sind sie des Himmels Erben.

Georg E. Walbau, um 1780.

460.

Mel. Valet will ich dir geben.

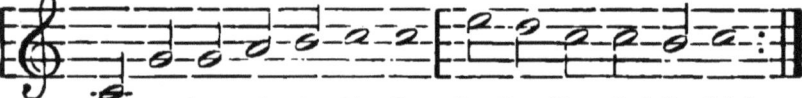

1. O we=sent=li = che Lie = be, Du Quell der Hei=lig=keit!
Du hast durch reine Trie=be Den Ehstand ein=geweiht;

Beim er = sten Hoch=zeits=fes = te Hast du die Braut ge=führt

Und auf das al = ler=bes = te Mit dei=nem Bild ge=ziert.

2. Du wollst auch diesen zweien, Die deine Hand vereint, Den Ehstand benedeien, Holdseliger Menschenfreund! Herr! wohn auch ihrem Feste, Wie dort in Kana, bei, Daß sie und ihre Gäste Dein Segenswort erfreu.

3. Ihr Herz wollst du erfüllen Mit deinem Gnadenschein, Daß sie nach deinem Willen Fruchtbare

Pflanzen sein. Laß sie die Kinder ziehen In deiner Furcht und Lehr, Damit sie ewig blühen Zu deines Namens Ehr.

4. Auf allen ihren Wegen Gieb ihnen, Herr, Gedeihn, Und kehr mit deinem Segen In ihrem Hause ein. Die schönste Hochzeitsgabe Sei du, dein Fried und Wort, Daß sie, eins bis zum Grabe, Sich freuen hier und dort.

Unbekannt.

f. Ehelieder.

461.

Mel. Wie schön leucht't uns der Morgenstern.

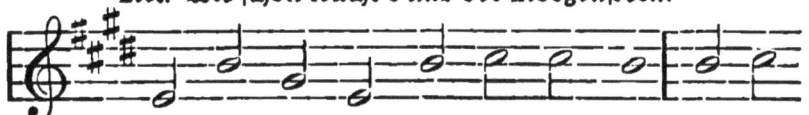

1. Wie schön ist's doch, Herr Jesu Christ, Im Stan-
Wie steigt und neigt sich dei-ne Gab Und al-

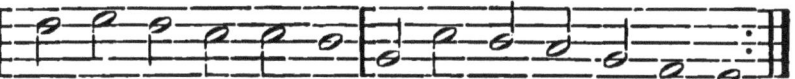

de, da dein Se-gen ist, Im Stan-de heil-ger E-he!
les Gut so mild her-ab Aus dei-ner heil-gen Hö-he,

Wenn sich An dich Flei-ßig hal-ten Jung und Al-ten,

Die im Or-den Ei-nes Le-bens ei-nig wor-den!

2. Wenn Mann und Weib sich wohl begehn Und unverrückt beisammen stehn Im Bunde reiner Treue: Da geht das Glück im vollen Lauf, Da sieht man, wie der Engel Hauf Im Himmel selbst sich freue. Kein Sturm, Kein Wurm Kann zerschlagen, Kann zernagen, Was Gott giebet Dem Paar, das in ihm sich liebet.

3. Der Mann wird einem Baume gleich, An Ästen schön, an Zweigen reich; Das Weib gleich einem Reben, Der seine Träublein trägt und nährt Und sich je mehr und mehr vermehrt Mit Früchten, die da leben. Wohl dir, O Zier, Mannessonne, Hauseswonne, Ehrenkrone! Gott denkt dein auf seinem Throne.

4. Den Kindersegen teilt er aus Und mehrt mit Freuden euer Haus, Sein Reich daraus zu bauen. Sein Wunderwerk geht immer fort, Und seines Mundes starkes Wort Läßt eure Augen schauen Freude, Weide, Wenn gleich Saaten Sie geraten, Und auf allen Ruhet Gottes Wohlgefallen.

5. Seid gutes Muts! Nicht Menschenhand Hat aufgerichtet diesen Stand, Es ist Gott, unser Vater; Der hat uns je und je geliebt

Und bleibt, wenn unsre Sorg uns trübt, Der beste Freund und Rater. Anfang, Ausgang Aller Sachen, Die zu machen Wir gedenken, Wird er wohl und weislich lenken.

6. Zwar bleibt's nicht aus, es kommt ja wohl Ein Stündlein, da man leidensvoll Die Thränen lässet fließen; Doch wer sich still und in Geduld Ergiebt, des Leid wird Gottes Huld In großen Freuden schließen. Wage, Trage Nur ein wenig; Unser König Wird behende Machen, daß die Angst sich wende.

7. Wohl denn, mein König, nah herzu, Gieb Rat im Kreuz, in Nöten Ruh, in Ängsten Trost und Freude! Des sollst du haben Ruhm und Preis; Wir wollen singen bester Weis Und danken alle beide, Bis wir Bei Dir, Deinen Willen Zu erfüllen, Deinen Namen Ewig loben werden. Amen.

P. Gerhard, geb. 1606, † 1676.

462.

Mel. Herr Gott, dich loben alle wir.

1. Wohl ei=nem Haus, wo Je=sus Christ Al=lein das All in al=lem ist! Ja, wenn er nicht dar=in=nen wär, Wie e=.lend wär's, wie arm und leer!

2. Heil, wenn sich Mann und Weib und Kind In einem Glaubenssinn verbind't, Zu dienen ihrem Herrn und Gott Nach seinem Willen und Gebot!

3. Heil, wenn ein solches Haus der Welt Ein Vorbild vor die Augen stellt, Daß ohne Gottesdienst im Geist Das äußre Werk nichts ist und heißt!

4. Heil, wenn das Räuchwerk und Gebet Beständig in die Höhe geht, Und man nichts treibet fort und fort, Als Gottes Werk und Gottes Wort!

5. Heil, wenn in äußerlichem Stand Mit fleißiger, getreuer Hand Ein jegliches nach seiner Art Im Glauben seinen Geist bewahrt!

6. Heil, wenn die Eltern gläubig sind, Und wenn sie Kind und Kindeskind Versäumen nicht am ewgen Glück! Dann bleibet ihrer keins zurück.

7. Wohl solchem Haus! denn es gedeiht, Die Eltern werden hoch erfreut, Und ihren Kindern sieht man's an, Wie Gott die Seinen segnen kann.

8. So mach ich denn zu dieser Stund Samt meinem Hause diesen Bund: Trät alles Volk von Jesu fern, Ich und mein Haus stehn bei dem Herrn!

Chr. C. L. v. Pfeil, geb. 1712, † 1789.

463.

Mel. Christus, der ist mein Leben.

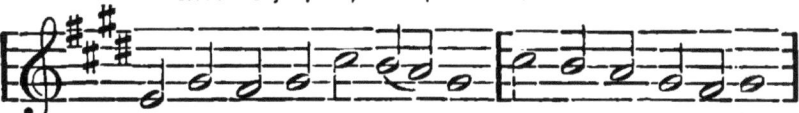

1. Wohl dem, der Gott ver=eh = ret, Oft be=tend vor ihm steht,

Auf sei = ne Stimme hö = ret, In sei = nen We=gen geht!

2. Er nähret sich vom Segen, Der auf der Arbeit ruht; Gott ist auf seinen Wegen. Wohl dir, du hast es gut!

3. Die Gattin, deine Freude, Wird wie ein Weinstock sein, Mit Frucht und Zierat beide, Dich und dein Haus, erfreun.

4. Gleich jungen Ölbaums=sprossen, Hast du auch jung und frisch Zu deinen Freudgenossen Die Kinder um den Tisch.

5. Seht, wie hier in der Stille Der Mann, der Gott verehrt, Genießt des Segens Fülle; Gott giebt, was er begehrt.

6. Aus Zion fließt ihm Leben, Aus Salem Friede zu, Und Erd und Himmel geben Sein lebenlang ihm Ruh.

7. Wer ganz auf Gott vertraut, Ihm bleibet treu gesinnt, Der sieht sein Haus gebauet Von Kind und Kindeskind.

8. Gott segnet ohn Ermüden Den, der sich zu ihm kehrt. Das Volk hab ewgen Frieden, Das unsern Gott verehrt!

Matthias Jorrissen, geb. 1739, † 1823.

464.

Mel. Wie schön leucht't uns der Morgenstern.

1. Ich und mein Haus, wir sind be = reit, Dir, Herr,
   Du sollst der Herr im Hau = se sein; Gieb dei=

die gan = ze Le=bens=zeit Mit Seel und Leib zu die = nen!
nen Se=gen nur dar=ein, Daß wir dir wil=lig die = nen.

Ei = ne Klei = ne From=me, rei = ne Haus=ge=mei = ne

Mach aus al = len; Dir nur soll sie wohl=ge=fal=len.

2. Es wirke durch dein kräftig Wort Dein guter Geift ftets fort und fort An unfer aller Seelen; Es leucht uns wie das Sonnenlicht, Damit's am rechten Lichte nicht Im Haufe möge fehlen. Reiche Gleiche Seelenfpeife Auch zur Reife Durch dies Leben Uns, die wir uns dir ergeben.

3. Gieß deinen Frieden auf das Haus Und alle, die drin wohnen, aus, Im Glauben uns verbinde. Laß uns in Liebe allezeit Zum Dulden, Tragen fein bereit, Voll Demut, fanft und linde. Liebe Übe Jede Seele; Keinem fehle, Dran man kennet Den, der fich den Deinen nennet.

4. Laß unfer Haus gegründet fein Auf deine Gnade ganz allein Und deine große Güte. Auch laß uns in der Nächte Graun Auf deine treue Hilfe fchaun Mit kindlichem Gemüte Selig, Fröhlich, Selbft mit Schmerzen In dem Herzen Dir uns laffen Und dann in Geduld uns faffen.

5. Giebft du uns irdfches Glück ins Haus, So fchließ den Stolz, die Weltluft aus, Des Reichtums böfe Gäfte; Denn wenn das Herz an Demut leer Und voll von eitler Weltluft wär, So fehlte uns das Befte: Jene Schöne, Tiefe, ftille Gnadenfülle, Die mit Schätzen Einer Welt nicht zu erfetzen.

6. Und endlich flehn wir allermeift, Daß in dem Haus kein andrer Geift, Als nur dein Geift, regiere. Der ift's, der alles wohl beftellt, Der gute Zucht und Ordnung hält, Der alles lieblich ziere. Sende, Spende Ihn uns allen, Bis wir wallen Heim und droben Dich in deinem Haufe loben.

C. J. Ph. Spitta, geb. 1801, † 1859.

g. Eltern- und Kindeslieder.

465.

Eigene Melodie.

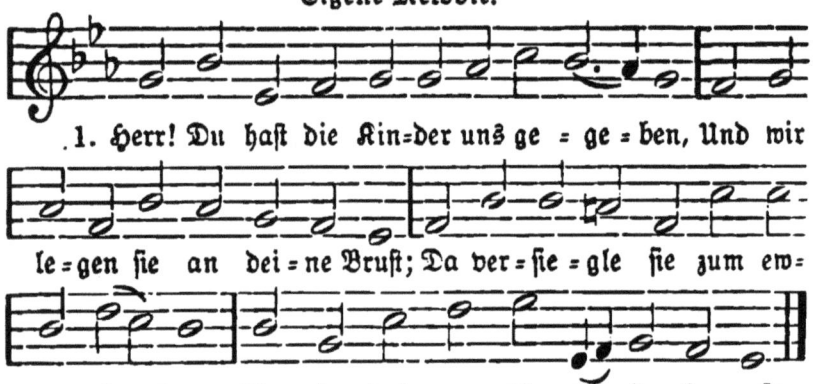

1. Herr! Du haft die Kin-der uns ge = ge = ben, Und wir le = gen fie an dei = ne Bruft; Da ver = fie = gle fie zum ew = gen Le = ben, Ma = che dei = ner Lie = be fie be = wußt.

2. Hätten wir nicht dich, du Troft der Sünder, Schauten wir des Lebens Klippen an: Weinen müßten wir für unfre Kinder; Doch du lebft und nimmft dich unfer an.

3. Birg fie, Herr, in deinen treuen Armen, Heile du der Sünde frühen Schmerz, Leite ihren Gang durch dein Erbarmen; Weißt ja um das arme Menfchenherz.

4. War der Eltern Irrsal und Verderben Mit dem ersten Herzensschlag ihr Teil, O, so laß von dir sie andres erben: Deiner Unschuld bluterrungnes Heil!

5. Schreib ins Buch des Lebens ihre Namen, Jene neuen, die die Welt nicht kennt; Halt im heilgen Bunde sie zusammen; Binde du, wenn je die Welt sie trennt.

6. Soll es auch für sie durch Nächte gehen, Rührt ihr Klagen schmerzlich einst das Ohr, O, so führe aus den bittern Wehen Schöner deines Lebens Sieg hervor!

7. Weide deine Lämmer; laß uns schauen, Daß sie nie auf fremder Weide gehn Und in deines Paradieses Auen Freudig einst um ihren Hirten stehn!

Nach Meta Heußer=Schweizer, geb. 1797, † 1876.

466.

Mel. Werde munter, mein Gemüte.

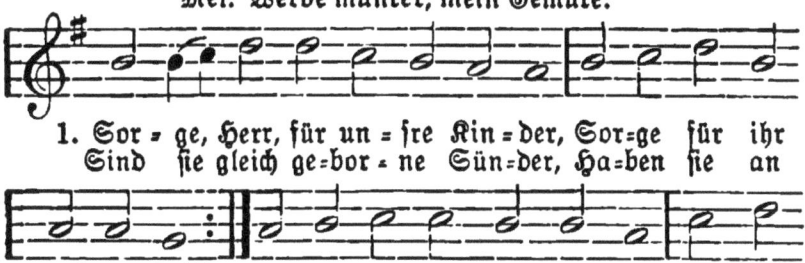

1. Sor = ge, Herr, für un = sre Kin = der, Sor=ge für ihr
Sind sie gleich ge=bor = ne Sün=der, Ha=ben sie an

wah=res Heil!
dir doch Teil.

Sie sind in der Tau = fe schon Dir ge=

weiht und dei = nem Sohn; Dar = um lei = te dei = ne

Gna = de Sie auf ih = rem Le = bens=pfa = de.

2. Der du sie bisher erhalten Bei so manchem Unglücksfall, Wollest über sie nun walten Immerdar und überall. Bricht Gefahr für sie herein, Wollst du ihr Beschützer sein; Wenn in Not sie zu dir flehen, Laß sie deine Hilfe sehen.

3. Dringt auf sie von allen Seiten Der Verführer Schar heran, Laß doch ihren Fuß nicht gleiten, Halte sie auf rechter Bahn. Regt in ihrer eignen Brust Sich mit Macht die böse Lust, Gieb dann, daß sie mutig kämpfen Und den Reiz der Sünde dämpfen.

4. Herr! erhalte deinem Reiche Unsre Kinder stets getreu. O daß keines von dir weiche Und dereinst verloren sei! Immer geh ihr frommer Sinn Und ihr Streben darauf hin, Christo ganz sich zu ergeben Und zur Ehre dir zu leben.

5. Gönne mir die Himmelsfreude, Daß ich einst am jüngsten Tag Nach so manchem Kampf und Leide Mit Frohlocken sprechen mag: Liebster Vater, siehe hier Meine Kinder all mit mir; Ihrer keines ist verloren, Alle für dein Reich erkoren!

Nach J. L. Schlosser, geb. 1702, † 1754.

467.

Mel. Herr Jesu Christ, dich zu uns wend.

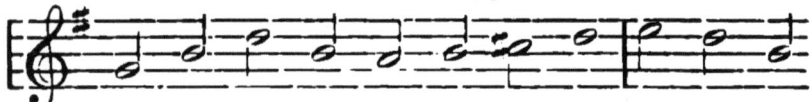

1. Ihr Kin=der! lernt von An=fang gern Der Weis=heit

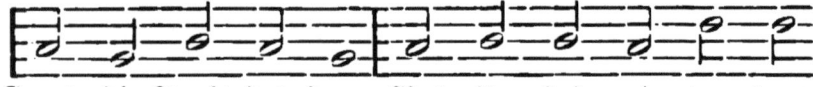

Grund, die Furcht des Herrn. Was ihr bei = zei = ten lernt

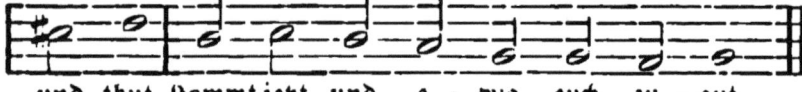

und thut, kommt jetzt und e = wig euch zu = gut.

2. Hört die Verheißung, welche Gott Als Vater legt auf sein Ge=bot, Wenn er den Himmelsweg euch weist Und euch gehorsam werden heißt:

3. Ehr deine Eltern spät und früh, Dank ihnen ihre Lieb und Müh, Dann wird dir's wohl auf Erden gehn, Dann wirst du Gottes Himmel sehn.

4. So war auf seiner Erdenbahn Den Eltern Jesus unterthan; Er, dessen Stuhl die Himmel sind, War einst gehorsam als ein Kind.

5. Des Vaters Segen baut ein Haus, Wo Kinder froh gehn ein und aus; Der Fluch der Mutter reißt es ein, Denn Gott will selbst der Rächer sein.

6. Ein Kind, das seinen Vater schmäht Und trotzig von der Mut=ter geht, Wird gleich dem Baume früh entlaubt Und ruft sich Not und Tod aufs Haupt.

7. Doch o wie süß, wenn Va=termund Und Mutterfreude ge=ben kund: Die liebste Blume, die ich find, Ist unser treues, from=mes Kind!

8. Den Vater lieb von Herzens=grund, Und ehre ihn mit That und Mund; Vergiß nicht, wie du lange Frist Der Mutter sauer wor=den bist.

9. Gott! sende deinen Segens=strahl Eltern und Kindern allzu=mal; Halt sie verbunden in der Zeit, Verbunden in der Ewigkeit.

A. Knapp, geb. 1798, † 1864.

h. Witwen= und Waisenlieder.

468.

Mel. Nun ruhen alle Wälder.

1. Auf Gott nur will ich se = hen, Er hört der Wit=wen

Flehen, Sieht ih=re Thränen an; In jedem Schmerz uud Lei=de

Ist Gott mir Trost u. Freude,Mein Fels, den ich um=faf=sen kann.

2. Wie viel, die in der Kam=mer Dir klagten ihren Jammer, O Gott, erhörtest du! Dein väter=licher Segen Hielt sie, auf ihren Wegen War Friede, Sicherheit und Ruh.

3. Wo seit viel tausend Jahren Betrübte Witwen waren, Die hast du treu gepflegt, Wenn sie dich nicht verließen Und gläubig dir zu Füßen Des Kummers schwere Last gelegt.

4. In dir will ich mich stärken; Dein Aug wird auf mich merken Und auf mein Flehn dein Ohr. Bei Tag und Nacht mit Flehen Will, Herr, vor dir ich stehen Und seufzen still zu dir empor.

5. Ich will mein Joch nun tra=gen; Dir, Vater, darf ich sagen, Was je mein Herz bedrückt. Bist du nicht in der Nähe, Du, den ich zwar nicht sehe, Und den mein Glaube doch erblickt?

6. Ja bis zum letzten Schritte, Ja wenn ich mehr noch bitte, Seh ich mit Lust auf dich. Dir, Hei=land, zu gefallen, Unsträflich hier zu wallen, Sei mein Bestreben; stärke mich.

7. Mit Ernst und frohen Mutes Will ich nach Kräften Gutes Vor deinen Augen thun, Will mich der Welt entziehen, Lärm, Tand und Thorheit fliehen Und nur in dei=nem Schoße ruhn.

8. Dann eilen meine Tage Mit jeder Not und Plage Leicht wie ein Traum dahin; Dann leg ich froh die Glieder Aufs Sterbebette nieder, Wenn ich zum Himmel reifer bin.

9. Dann find ich, den ich liebte, Des Tod mich einst betrübte, In meines Schöpfers Hand; Wo Freu=denquellen fließen, Werd ich ihn dann umschließen Im thränen=freien Vaterland.

10. Fort auf dem heißen Pfade! Mich kühlt des Vaters Gnade, Er träget meine Not. Nicht ewig werd ich weinen; Ich komme zu den Meinen, Bald seh ich sie bei meinem Gott.

J. C. Lavater, geb. 1741, † 1801.

469.

Mel. Schwing dich auf zu deinem Gott.

1. Ar = me Wit = we! wei = ne nicht; Je = sus will dich
Der dir Hilf und Trost verspricht, Wenn die Not am

trös=ten,
größ=ten.
Er sieht auch dein E = lend an, Dei = ne Thränen=

flu = ten. O wie weh wird ihm gethan, Wenn die Herzen bluten.

2. Arme Witwe! weine nicht; Laß die Sorgen fahren, Ob dir öfters Brot gebricht In betrübten Jahren. Jefus giebt dir Mehl ins Kad, Und dein Ölkrug quillet, Und durch Gottes weifen Rat Wird die Not geftillet.
3. Arme Witwe! weine nicht, Wenn du bift verlaffen. Der fein Aug auf dich gericht't, Kann dich ja nicht haffen. Der fich deinen Vater nennt, Weiß wohl, was dir fehlet, Und der deine Thränen kennt, Hat fie auch gezählet.
4. Arme Witwe! weine nicht; Wenn die Sorgen toben, Und der Satan dich anficht, Schützt dich Gott von oben. Jefus ift dein Schirm und Schild, Der dich treu wird decken. Sei das Wetter noch fo wild, Laß dich's nicht erfchrecken.

5. Arme Witwe! weine nicht, Wenn in ftiller Kammer Du vor Gottes Angeficht Klageft deinen Jammer. Witwenthränen fteigen hoch Bis zu Gottes Herzen; Hilft er nicht gleich, hilft er doch; Der kennt die Schmerzen.
6. Arme Witwe! weine nicht, Jefus hört dein Schreien; Er, der Armen Heil verfpricht, Wird dich bald erfreuen. Senk den Anker mit Geduld Nur in feine Wunden; Da wird lauter Fried und Huld, Lauter Troft gefunden.
7. Arme Witwe! weine nicht; Was willft du dich kränken? Denk an deine Chriftenpflicht, Gott wird an dich denken. Jefus fchließt den Himmel auf, Reichet dir die Krone; Auf und fördre deinen Lauf Zu des Heilands Throne!

Unbekannt.

470.

Mel. O Gott, du frommer Gott.

1. Ihr Waifen! wei=net nicht. Wie? könnt ihr euch nicht faffen? Ver=laf=fet euch auf Gott, Der wird euch nicht ver=laf=fen.

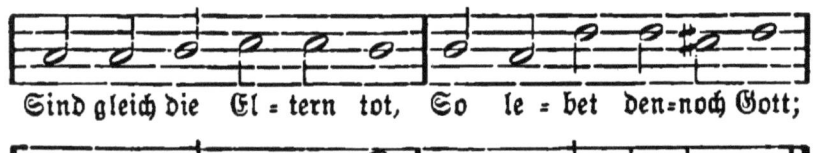

Sind gleich die El = tern tot, So le = bet den=noch Gott;

Weil a = ber Gott noch lebt, So habt ihr kei = ne Not.

2. Gott ift und bleibet ftets Ein Vater aller Waifen, Der will fie insgefamt Ernähren, kleiden, fpeifen; Demfelben traue nur, Der nimmt fich euer an; Seht, er ift euer Schutz Und euer Helfers= mann.
3. Gott ift ein reicher Gott, Er

wird euch wohl versorgen; Er weiß ja eure Not, Sie ist ihm nicht verborgen. Ob ihr schon wenig habt, Ist auch der Vorrat klein: So will fürs Künftige Gott der Versorger sein.

4. Habt einen guten Mut; Gott hat es ja verheißen, Er woll Verlassene Aus ihrer Trübsal reißen; Das Wort geht euch auch an, Ihr werdet es schon sehn, Wie auch an euch es wird In die Erfüllung gehn.

5. Ja, glaubet, bleibet fromm, Und geht auf Gottes Wegen, Erwartet mit Geduld Den euch verheißnen Segen, Und weichet nicht von Gott, Vertraut ihm allezeit: So werd't ihr glücklich sein In Zeit und Ewigkeit.

Unbekannt.

i. Lieder für Kranke.

471.

Eigene Melodie.

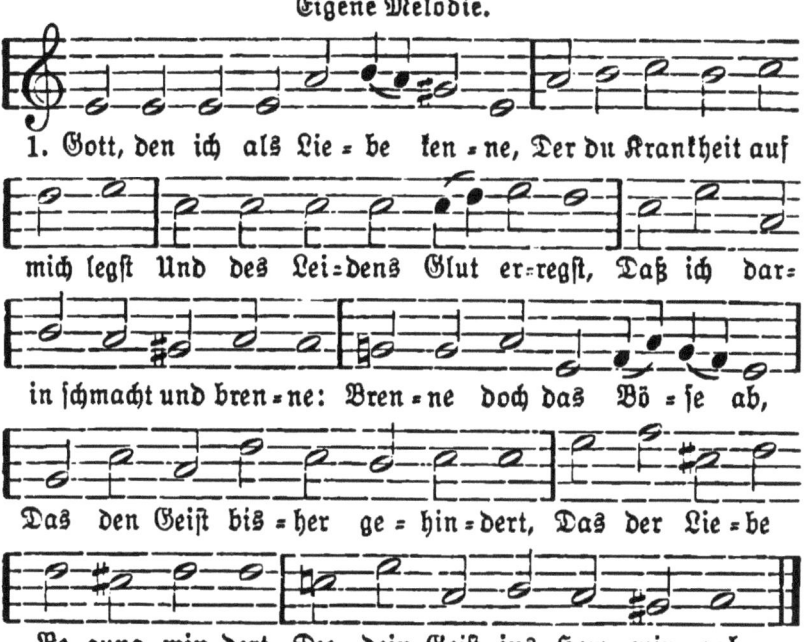

1. Gott, den ich als Lie = be ken = ne, Der du Krankheit auf mich legst Und des Lei=dens Glut er=regst, Daß ich dar=in schmacht und bren = ne: Bren = ne doch das Bö = se ab, Das den Geist bis = her ge = hin=dert, Das der Lie = be Re=gung min=dert, Die dein Geist ins Herz mir gab.

2 In der Schwachheit sei du kräftig, In den Schmerzen sei du süß; Schaffe, daß ich dich genieß, Wenn die Krankheit streng und heftig; Denn was jetzt mir Schmerz erregt, Was mir Fleisch und Mark verzehret, Was den Körper jetzt beschweret, Hast du liebend auferlegt.

3. Leiden ist jetzt mein Geschäfte; Andres kann ich jetzt nicht thun, Als nur in dem Leiden ruhn; Leiden müssen meine Kräfte; Leiden ist jetzt mein Gewinst; Das ist jetzt des Vaters Wille, Den verehr ich sanft und stille; Leiden ist mein Gottesdienst.

4. Gott! ich nehm's aus deinen Händen Als ein Liebeszeichen an, Denn in solcher Leidensbahn Willst du meinen Geist vollenden. Auch die Labung, die

man mir zu des Leibes Stär=
kung giebet, Kommt von dir, der
mich geliebet; Alles kommt, mein
Gott, von dir.

5. Laß nur nicht den Geist er=
müden Bei des Leibes Mattigkeit,
Daß er sich zu aller Zeit In dich
senk in Lieb und Frieden. Laß
des Leibes Angst und Schmerz
Nicht der Seelen Auffahrt hin=
dern Und die Ruhe in dir min=
dern; Unterstütze du das Herz.

6. Hilf mir, daß ich ganz be=
scheiden, Ganz in Ruh, mit

Freundlichkeit, Sanft und mit Zu=
friedenheit Mög auf meinem Bette
leiden; Denn wer hier am Fleische
leid't, Wird errettet von den Sün=
den, Die uns wider dich entzünden,
Und an seinem Geist erneut.

7. Dir empfehl ich nun mein Le=
ben Und dem Kreuze meinen Leib;
Gieb, daß ich mit Freuden bleib
An dich völlig übergeben. Dann
so weiß ich festiglich, Ich mag le=
ben oder sterben, Daß ich nimmer
kann verderben; Deine Liebe rei=
nigt mich.

Chr. Fr. Richter, geb. 1676, † 1711.

472.

Mel. Nun ruhen alle Wälder.

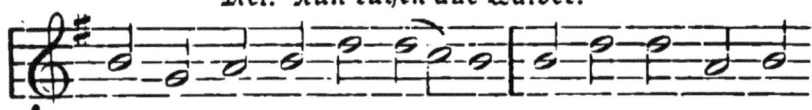

1. Ich hab in gu=ten Stunden Des Le=bens Glück em=

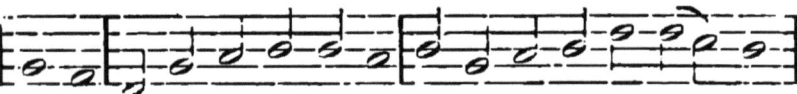

pfunden Und Freuden oh=ne Zahl; So will ich denn ge = laf = fen

Mich auch in Lei=den faffen; Welch Le=ben hat nicht fei = ne Qual?

2. Ja, Herr, ich bin ein Sün=
der, Und stets strafst du gelinder,
Als es der Mensch verdient. Wollt
ich, beschwert mit Schulden, Kein
zeitlich Weh erdulden, Das doch
zu meinem Besten dient?

3. Dir will ich mich ergeben,
Nicht meine Ruh, mein Leben
Mehr lieben als den Herrn. Dir,
Gott, will ich vertrauen Und nicht
auf Menschen bauen; Du hilfst,
und du errettest gern.

4. Laß du mich Gnade finden,
Mich alle meine Sünden Erkennen
und bereun. Jetzt hat mein Geist

noch Kräfte; Sein Heil laß mein
Geschäfte, Dein Wort mir Trost
und Leben sein.

5. Wenn ich in Christo sterbe,
Bin ich des Himmels Erbe. Was
schreckt mich Grab und Tod? Auch
auf des Todes Pfade Vertrau ich
deiner Gnade; Du, Herr, bist bei
mir in der Not!

6. Ich will dem Kummer wehren,
Gott durch Geduld verehren, Im
Glauben zu ihm flehn; Ich will
den Tod bedenken. Der Herr wird
alles lenken, Und was mir gut ist,
wird geschehn.

Chr. F. Gellert, geb. 1715, † 1769.

473.

Mel. Der du das Los von meinen Tagen.

1. Wie we=nig wird in gu=ten Stunden, Gott, dei=

ne Va=terhuld empfun=den! Wie leicht vergißt es un=fer Herz,

Dir, Va=ter, wenn wir nie er=franten, Für der Ge=sund=

heit Glück zu dan=ken! Drum fen=deft du uns weis=lich Schmerz.

2. Bei eignem Schmerz in dun= keln Tagen Lehrst du uns andre willig tragen, Geduldig, sanft und liebreich fein; Lehrst uns, wenn wir geduldig leiden, Die Eitel= keit der Erdenfreuden; Lehrst un= fre Sünden uns bereun.

3. Dann denken wir erst deinem Segen, Gott, deinem Rat und deinen Wegen, Wie väterlich du führst, nach, Wir lernen, Gott, zu dir hintreten, Mit Andacht, Ernst und Eifer beten: Sei unfre Stärke, wir sind schwach.

4. Ja, Vater! sei du meine Freude, Du mein Erbarmer, wenn ich leide; Mach Krankheit felbst mir zum Gewinn; Zieh mein und aller Kranken Herzen Durch jede Not und alle Schmerzen Zu deiner Liebe, zu dir hin.

5. Laß meine Hoffnung niemals wanken, Gott der Gesunden, Gott der Kranken! Stärk jedes Herz, das du betrübst. Du kannst die Leidenden nicht haffen, Kannst, die dich suchen, nicht verlassen; Du züchtigst uns, weil du uns liebst.

6. Dir, Krankenhelfer Jesus, eilet Mein Herz zu; du bist's, der uns heilet, Der Krankheit uns zum Segen macht. Das Schwerste kannst du möglich machen; Du bist die Zuflucht aller Schwachen, Du giebst auf unfre Thränen acht.

7. An dir soll fich mein Glaube halten, Laß meine Liebe nie er= kalten! Und bleib ich ferner schwach und frank: So kann kein Schmerz den Geist ermüden, So bin ich im= mer doch zufrieden, So ist mein Herz stets voll von Dank.

8 Und willst du, Gott, Gesund= heit schenken, So laß an alles mich gedenken, Was ich auf diesem Bett empfand: Ach, an die Kürze mei= ner Tage, Ans Ziel von jeder Not und Plage Und an mein himmlisch Vaterland!

9. Ach, nur auf Jesum hilf mir schauen, Ach, ihm nur folgen, ihm vertrauen, Krank und gesund ihm ähnlich fein! Du magst Gesundheit, Krankheit, Leben Alsdann mir nehmen oder geben, So darf ich deiner Huld mich freun.

J. Casp. Lavater, geb. 1741, † 1801.

474.

Mel. Schwing dich auf zu deinem Gott.

1. Herr! ein gan = zer Lei = dens = tag Ist nun ü = ber=
Ach, wie viel der Mensch vermag, Das hab ich em=

wun=den.
pfun=den! Wie ge=brech=lich ist die Kraft, Wie ver=zagt der

Glaube! Wenn der Herr nicht Hilfe schafft, Liegen wir im Stau=be.

2. Ach, wie könnt ich diese Nacht Ohne dich bestehen? Ohne deine Huld und Macht Müßt ich ganz vergehen. Trübe fällt der Abend ein, Stille wird's auf Erden; Doch in diesem Kämmerlein Wird's so still nicht werden.

3. Jedes Auge thut sich zu, Alles sucht den Schlummer; Doch hier ist noch keine Ruh, Denn es wacht der Kummer. O so komm und bleibe hier Bei dem armen Kranken; Liebster Jesu! schenke mir Tröstliche Gedanken.

4. Zeuch empor das matte Herz Aus der finstern Höhle. Salbe diesen Leib voll Schmerz Mit dem Lebensöle. Herr! du kannst die

Furcht und Pein In der Seele stil= len. Laß mich ganz ergeben sein In des Vaters Willen.

5. Wenn ich diese ganze Nacht Wachen muß und weinen, Herr! du bist's, der bei mir wacht; Du wirst mir erscheinen. Du wirst in der Dunkelheit Freundlich mit mir sprechen, Sollte gleich vor Traurigkeit Mir das Wort ge= brechen.

6. Wo ich auch gebettet bin, Lieg ich dir in Händen; Wo mein Auge siehet hin, Wird's zu dir sich wen= den. Mein Gebet bestärke du, Laß es nicht ermatten. Laß mich fin= den sanfte Ruh Unter deinem Schatten.

H. Puchta, geb. 1808, † 1858.

475.

Mel. Was mein Gott will, geschch allzeit.

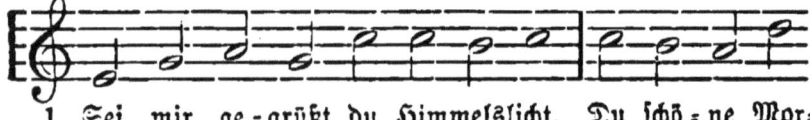

1. Sei mir ge = grüßt, du Himmelslicht, Du schö = ne Mor=
Wie bist du mei = nem An = ge = sicht So lieb=lich und

gen = son = ne!
voll Won = ne! Du führst mich aus der Dun=kel=heit, Aus

Angſt und To = des = grau=en; Du läſ=ſeſt mich die Freund=

ich = keit Des gro = ßen Got = tes ſchau = en

2. Mein Gott und Herr! ich danke dir, Daß du mich haſt bewahret Und unter großen Schmerzen hier Mein Leben noch geſparet. Dein Odem giebt den Müden Kraft, Dein Geiſt erquickt die Kranken. Nun kann ich in der engen Haft Lobſingen noch und danken.

3. Bin ich gleich ſchwach und ſeelenmatt, Neigt ſich mein Haupt zur Erden, So ſoll mir doch die Lagerſtatt Ein Tempel Gottes werden. Iſt auch mein Seufzen und Geſtöhn Den Menſchen nicht willkommen, So wird es droben in den Höhn Doch gnädig aufgenommen.

4. Drum gieb mir nur Geduld und Mut, Laß nicht mein Herz verzagen; Denn du biſt treu und meinſt es gut Und hilfſt uns alles tragen. Du wendeſt nicht dein Antlitz ab, Wenn ich im Elend liege, Du giebſt mir deinen Schild und Stab Und führeſt mich zum Siege.

5 Auf dieſen Platz bin ich geſtellt, Den guten Kampf zu kämpfen, Laß nicht die Luſt an dieſer Welt Den Glauben in mir dämpfen Wenn dieſer Tag mein letzter heißt, So laß mich fröhlich ſcheiden, Und nimm getröſtet meinen Geiſt Aus allen Erdenleiden.

6. Behüte du, Herr, ſegne du, Was ich zurück muß laſſen, Und laß mich in getroſter Ruh Dein heilig Wort umfaſſen Nimm weg die Sünde, Furcht und Pein Durch meines Heilands Namen, Und führe mich zum Frieden ein Durch Jeſum Chriſtum. Amen.

H. Puchta, geb. 1808, † 1858.

476.

Mel. Dir, dir Jehovah, will ich ſingen.

1. Gottlob' die Krankheit iſt be = zwun = gen, Die mich dem Mein Mittler, der den Tod verſchlungen, Nahm mich mit

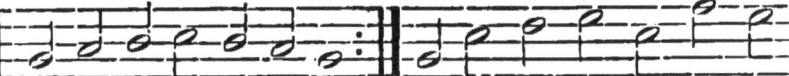

na=hen Tod zu ge = ben ſchien.
die = ſer meiner Krankheit hin; Er zeig = te ſei = ne Macht und

Mut=ter=treu, Und daß er Herr des Tods und Le=bens ſei

2. Ich lag von Angst und Not umhüllet, Es war mein Leib mit lauter Hitz und Glut Vom Haupte bis zum Fuß erfüllet, Das Feu'r durchwühlte mir mein ganzes Blut; Die Phantasie trieb ihr verworrnes Spiel, Daß mir und anderen der Mut entfiel.

3. Als ich voll Schwachheit sterbend schwebte, War mir doch selber völlig unbekannt, Ob ich nun stürbe oder lebte, Die Krankheit fesselte Sinn und Verstand; Und dies verdoppelte der Freunde Schmerz, Sie stürmten mit Gebet des Vaters Herz.

4. Des Höchsten Ausspruch ward gegeben Zu gleicher Zeit, da Tod und Leben rang: Versöhnte Seele, du sollst leben! Das war der Tag, da man mit Freuden sang: Der König kommt, der Tote wecken kann! Dies sagt der freien Seele freudig an!

5. Hier lieg ich, Herr, zu deinen Füßen, Ich preise deiner Liebe Wundermacht, Die mich aus Not und Tod gerissen Und mir ein neues Leben wiederbracht. Erfülle deinen Liebesplan an mir, Verbinde mich in Ewigkeit mit dir.

6. Belehre mich im Grund der Seelen, Verändre mir mein ganzes Herz und Sinn. Es müsse sich kein Bann verhehlen; Herr! nimm mich dir zum ganzen Opfer hin. Erfülle nun nach deiner Jesutreu An mir dein Wort: Ich mache alles neu!

7. An dir laß meine Seele hangen Und redlich alle Lust der Welt verschmähn; Mit deiner Gnade laß mich prangen Und dort vollendet dir zur Rechten stehn! Dein guter Geist mach mich hiezu bereit Zu deines Namens Ruhm in Ewigkeit!

Unbekannt.

X. Die letzten Dinge und die Vollendung des Heils.

1. Pilgerlieder.

Eitelkeit der Welt. Himmlischer Sinn und Vorbereitung zum Tode.

477.

Mel. Allein Gott in der Höh sei Ehr.

1. O Mensch! be-denk zu die = ser Frist, Was dein Ruhm ist auf Erden; Denn nicht all=hier dein Blei=ben ist, Du mußt zur Lei=che werden.

Es ist dein Le = ben wie ein Heu Und fleucht da-

hin gleich = wie die Spreu, Wel=che der Wind ver = ja = get.

2. Gedenk, du bist hier nur ein Gast Und kannst nicht länger blei=ben; Die Zeit läßt dir kein Ruh noch Rast, Bis sie dich thut ver=treiben. So eile zu dem Vater=land, Das Christus dir hat zuge=wandt Durch sein heiliges Leiden.

3. Daselbst wird rechte Bürger=schaft Den Gläubigen gegeben, Dazu der Engel Brüderschaft: Ein gar herrliches Leben Mit solcher Wonne, Freud und Lust, Die auch kein Mensch hat hier gekost't, Noch je ein Herz erfahren.

4. Nun laßt uns wachen alle Stund Und solches wohl betrach=ten. Die Lust der Welt geht bald zu Grund; Die sollen wir verach=ten Und warten auf das höchste Gut, Das ewig uns erfreuen thut. Das helf uns Christus. Amen.

Joh. Hesse, geb. 1490, † 1547.

478.

Mel. Vater will ich dir geben.

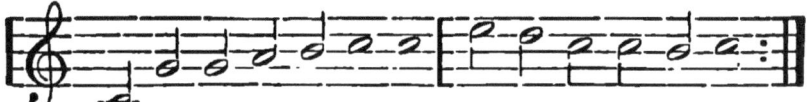

1. Ich bin ein Gast auf Er=den Und hab hier keinen Stand;
Der Himmel soll mir werden, Da ist mein Va=ter=land.

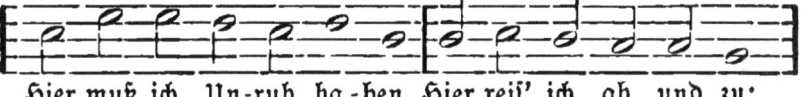

Hier muß ich Un=ruh ha=ben, Hier reis' ich ab und zu;

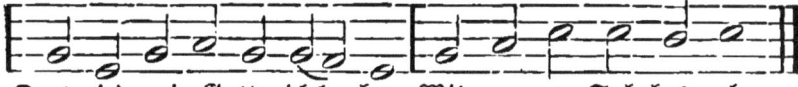

Dort wird mein Gott mich la=ben Mit ew=ger Sab=bat=ruh.

2. Was ist mein ganzes We=sen Von meiner Jugend an, Als Müh und Not gewesen? Solang ich denken kann, Hab ich so manchen Morgen, So manche liebe Nacht Mit Kummer und mit Sorgen Des Herzens zuge=bracht.

3. So ging's den lieben Al=ten, An deren Fuß und Pfad Wir uns noch täglich halten, Wenn's fehlt an gutem Rat. Wie mußten die sich plagen, In was für Weh und Schmerz, In was für Furcht und Zagen Sank oft ihr armes Herz!

4. Die frommen, heilgen Seelen, Die gingen fort und fort Und än=derten mit Quälen Den erst be=wohnten Ort; Sie zogen hin und wieder, Ihr Kreuz war immer groß, Bis daß der Tod sie nieder Legt in des Grabes Schoß.

5. Ich habe mich ergeben In

gleiches Glück und Leid; Was will ich besser leben In dieser Sterblichkeit? Es muß ja durchgedrungen, Es muß gelitten sein; Wer nicht hat wohl gerungen, Geht nicht zur Freude ein.

6. So will ich zwar nun treiben Mein Leben durch die Welt, Doch denk ich nicht zu bleiben In diesem fremden Zelt. Ich wandre meine Straßen, Die zu der Heimat führt, Da mich ohn alle Maßen Mein Vater trösten wird.

7. Mein Heimat ist dort oben, Da aller Engel Schar Den großen Herrscher loben, Der alles ganz und gar in seinen Händen träget Und für und für erhält, Auch alles hebt und leget, Nachdem's ihm wohlgefällt.

8. Zu dem steht mein Verlangen, Da wollt ich gerne hin. Die Welt bin ich durchgangen, Daß ich's fast müde bin; Je länger ich hier walle, Je wenger find ich Freud, Die meinem Geist gefalle; Das meist ist Eitelkeit.

9. Die Herberg ist zu böse, Der Trübsal ist zu viel. Ach komm, mein Gott, und löse Mein Herz, wenn dein Herz will! Komm, mach ein selig Ende An meiner Wanderschaft, Und was mich kränkt, das wende Durch deinen Arm und Kraft.

10. Wo ich bisher gesessen, Ist nicht mein rechtes Haus. Wenn mein Ziel ausgemessen, So tret ich dann hinaus; Und was ich hie gebrauchet, Das leg ich alles ab; Und wenn ich ausgehauchet, So scharrt man mich ins Grab.

11. Du aber, meine Freude, Du meines Lebens Licht, Du zeuchst mich, wenn ich scheide, Hin vor dein Angesicht, Ins Haus der ewgen Wonne, Da ich stets freudenvoll, Gleich als die helle Sonne, Mit andern leuchten soll.

12. Da will ich immer wohnen, Und nicht nur als ein Gast, Bei denen, die mit Kronen Du ausgeschmücket hast; Da will ich herrlich singen Von deinem großen Thun, Und frei von eitlen Dingen, In meinem Erbteil ruhn.

Paul Gerhard, geb. 1606, † 1676.

479.

Mel. O Gott, der du ein Heerfürst bist.

1. Mein Le=ben ist ein Pilgrimstand; Ich rei = se nach dem Va=ter=land, Nach dem Je=ru=sa=lem dort o=ben, Wo ei=ne ew=ge Ru=he=stadt Gott sel=ber mir ge=grün=det hat; Da werd ich ihn ohn En=de lo=ben. Mein Le=ben

ist ein Pil=grimstand, Ich rei = fe nach dem Va=ter=land

2. Wie Schatten vor der Sonne fliehn, So flieht mein Leben schnell dahin, Und was vorbei ist, kommt nicht wieder. Ich eile zu der Ewigkeit. Herr Jesu! mach mich nur bereit, Eröffne meine Augen= lider, Daß ich, was zeitlich ist, veracht Und nur nach dem, was ewig, tracht.

3. Kein Reisen ist ohn Unge= mach, Der Lebensweg hat auch sein Ach, Man wandelt nicht auf weichen Rosen; Der Steg ist eng, der Feinde viel, Die mich ab= wenden von dem Ziel; Ich muß mich oft in Dornen stoßen, Ich muß durch dürre Wüsten gehn Und kann oft keinen Ausweg sehn.

4. Auf meiner Pilgerbahn ge= bricht Mir oft der Sonne Gna= denlicht, Das unverfälschten Her= zen strahlet; Wind, Regen stür= men auf mich zu, Mein matter Geist hat nirgends Ruh; Doch alle Müh ist schon bezahlet, Wenn ich das goldne Himmelsthor Mir stell in Glaub und Hoffnung vor.

5. Israels Hüter, Jesu Christ, Der du ein Pilgrim worden bist, Da du mein Fleisch hast ange= nommen: Dein Wort bewahre meinen Tritt; Laß mich bei einem jeden Schritt Zu deinem Heil stets näher kommen! Mein Leben eilt; ach, eile du Mit deines Lebens Kraft herzu!

6. Dein heilger Geist sei mein Geleit; Gieb in Geduld Bestän= digkeit, Vor Straucheln meinen Fuß beschütze. Ich falle stündlich; hilf mir auf, Zeuch mich, damit ich dir nachlauf. Sei mir ein Schirm in Trübsalshitze. Laß deinen süßen Gnadenschein In Finsternis nie ferne sein.

7. Wenn mir mein Herz, o Gnadenfüll, Vor Durst nach dir verschmachten will, So laß mich dich zum Labsal finden; Und schließ ich meine Augen zu, So bring mich zu der Siegesruh, Wo Streit und alle Müh verschwinden. Laß mich dort sein in Abrams Schoß, Dein Liebling und dein Haus= genoß.

8. Bin ich in diesem fremden Land Der stolzen Welt gleich unbe= kannt, Dort sind die Freunde, die mich kennen; Dort werd ich mit der Himmelsschar Dir jauchzend dienen immerdar Und in der reinsten Liebe brennen. Mein Heiland! komm, o bleib nicht lang, Hier in der Wüste wird mir bang.

Fr. Ad. Lampe, geb. 1683, † 1729.

480.

Mel. Aus meines Herzens Grunde.

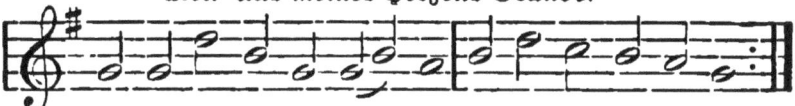

1. Kommt, Kinder, laßt uns ge = hen, Der Abend kommt herbei! Es ist ge = fähr=lich ste = hen In die=ser Wüs=te=nei.

Kommt, stär=ket eu = ren Mut, Zur E = wig=keit zu wan=dern

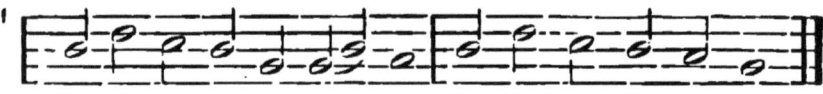

Von ei-ner Kraft zur an-dern; Es ist das En-de gut.

2. Es soll uns nicht gereuen Der schmale Pilgerpfad, Wir kennen ja den Treuen, Der uns gerufen hat. Kommt, folgt und trauet dem; Mit ganzer Wendung richte Ein jeder sein Gesichte Stets nach Jerusalem.

3. Der Ausgang, der geschehen, Ist uns fürwahr nicht leid; Es soll noch besser gehen Zur stillen Ewigkeit. Ihr Kinder, seid nicht bang, Verachtet tausend Welten, Ihr Locken und ihr Schelten, Und geht nur euren Gang!

4. Geht's der Natur entgegen, So geht's gerad und fein; Die Fleisch und Sinne pflegen, Noch schlechte Pilger sein. Verlaßt die Kreatur Und was euch sonst will binden, Laßt gar euch selbst dahinten; Es geht durchs Sterben nur.

5. Laßt uns wie Pilger wandeln, Geduldig, frei und leer; Viel Sammeln, Halten, Handeln Macht unsern Gang nur schwer. Wer will, der trag sich tot; Wir reisen abgeschieden, Mit wenigem zufrieden, Und brauchen's nur zur Not.

6. Schmückt euer Herz aufs beste, Sonst weder Leib noch Haus. Wir sind hier fremde Gäste Und ziehen bald hinaus. Gemach bringt Ungemach; Ein Pilger muß sich schicken, Sich dulden und sich bücken Den kurzen Pilgertag.

7. Ist gleich der Weg was enge, So einsam, krumm und schlecht, Der Dornen in der Menge Und manches Kreuzchen trägt: Es ist doch nur ein Weg. Laßt's sein! Wir gehen weiter, Wir folgen unserm Leiter Und brechen durchs Geheg.

8. Wir wandeln eingekehret, Veracht't und unbekannt; Man siehet, kennt und höret Uns kaum im fremden Land; Und höret man uns ja, So höret man uns singen Von unsern großen Dingen, Die auf uns warten da.

9. Kommt, Kinder, laßt uns gehen! Der Vater gehet mit; Er selbst will bei uns stehen In jedem sauren Tritt; Er will uns machen Mut, Mit süßen Sonnenblicken Uns locken und erquicken. Ach ja, wir haben's gut.

10. Ein jeder munter eile; Wir sind vom Ziel noch fern. Schaut auf die Feuersäule, Die Gegenwart des Herrn. Das Aug nur eingekehrt, Da uns die Liebe winket Und den, der folgt und sinket, Den wahren Ausgang lehrt.

11. Kommt, Kinder, laßt uns wandern! Wir gehen Hand an Hand; Eins freuet sich am andern In diesem fremden Land. Kommt, laßt uns kindlich sein, Uns auf dem Weg nicht streiten! Die Engel selbst begleiten Als Brüder unsre Reihn.

12. Und sollt ein Schwacher fallen, So greif der Stärkre zu; Man trag, man helfe allen Und pflanze Lieb und Ruh. Kommt, schließt euch fester an! Ein jeder sei der Kleinste, Und jeder gern der Reinste Auf unsrer Pilgerbahn.

13. Kommt, laßt uns munter wandern! Der Weg nimmt immer ab, Es folgt ein Tag dem andern, Bald fällt der Leib ins Grab. Nur noch ein wenig Mut, Nur noch ein wenig treuer, Von allen Dingen freier, Gewandt zum ewgen Gut!

14. Es wird nicht lang mehr währen, Harrt noch ein wenig aus!

Es wird nicht lang mehr währen, So kommen wir nach Haus. Da wird man ewig ruhn, Wenn wir mit allen Frommen Heim zu dem Vater kommen; Wie wohl, wie wohl wird's thun!

15. So wollen wir's denn wa= gen, Es ist wohl wagenswert, Und gründlich dem absagen, Was auf= hält und beschwert. Welt! du bist uns zu klein; Wir gehn durch Jesu Leiten Hin in die Ewigkeiten; Es soll nur Jesus sein!

G. Tersteegen, geb. 1697, † 1769.

481.

Mel. Jesus, meine Zuversicht.

1. Him = mel = an geht un = sre Bahn, Wir sind Gäs=
Bis wir dort nach Ka = na = an Durch die Wüs=

te nur auf Er = den,
te kom = men wer = den. Hier ist un = ser

Pil=grims=stand, Dro = ben un = ser Va = ter = land.

2. Himmelan schwing dich, mein Geist, Denn du bist ein himmlisch Wesen Und kannst das, was irdisch heißt, Nicht zu deinem Ziel erlesen. Ein von Gott erleucht'ter Sinn Kehrt zu seinem Ursprung hin.

3. Himmelan! ruft er mir zu, Wenn ich ihn im Worte höre. Das weist mir den Ort der Ruh, Wo ich einmal hingehöre. Hab ich dies sein Wort bewahrt, Halt ich eine Himmelfahrt.

4. Himmelan! denk ich allzeit, Wenn er seinen Tisch mir decket, Und mein Geist hier allbereit Eine Kraft des Himmels schmecket. Hier mein Prot im Thränenthal, Dort des Lammes Hochzeitsmahl.

5. Himmelan! Mein Glaube zeigt Mir das schöne Los von ferne, Daß mein Herz schon aufwärts steigt Über Sonne, Mond und Sterne; Denn ihr Licht ist viel zu klein Gegen jenen Glanz und Schein.

6. Himmelan wird mich der Tod In die rechte Heimat führen, da ich über alle Not Ewig werde trium= phieren; Jesus geht mir selbst vor= an, Daß ich freudig folgen kann.

7. Himmelan, ja, himmelan! Das soll meine Losung bleiben; Ich will allen eitlen Wahn Durch die Himmelsluft vertreiben. Him= melan steh nur mein Sinn, Bis ich in dem Himmel bin.

Benj. Schmolk, geb. 1672, † 1737.

482.

Mel. Ruhe ist das beste Gut.

1. Him=mel=an, nur him=mel=an Soll der Wandel gehn!
Was die Frommen wünschen, kann Dort erst ganz ge=schehn,

Auf Er = den nicht; Freu=de wech=selt hier mit Leid. Nicht hin=

auf zur Herr = lich = keit Dein An = ge = sicht!

2. Himmelan schwing deinen Geist Jeden Morgen auf; Kurz, ach kurz ist, wie du weißt, Unser Pilgerlauf. Fleh täglich neu: Gott, der mich zum Himmel schuf, Präg ins Herz mir den Beruf; Mach mich getreu!

3. Himmelan hat er dein Ziel Selbst hinaufgestellt. Sorg nicht mutlos, nicht zu viel Um den Tand der Welt; Flieh diesen Sinn. Nur was du dem Himmel lebst, Dir von Schätzen dort er= strebst, Das ist Gewinn.

4. Himmelan erheb dich gleich, Wenn dich Kummer drückt, Weil dein Vater, treu und reich, Stünd= lich auf dich blickt. Was quält dich so? Droben in dem Land des Lichts Weiß man von den Sorgen nichts; Sei himmlisch froh!

5. Himmelan wallt neben dir Alles Volk des Herrn. Trägt im Himmelsvorschmack hier Seine Lasten gern. O schließ dich an; Kämpfe frisch, wie sich's gebührt; Denke, auch durch Leiden führt Die Himmelsbahn.

6. Himmelan ging Jesus Christ Mitten durch die Schmach. Folg, weil du sein Jünger bist, Seinem Vorbild nach. Er litt und schwieg; Halt dich fest an Gott, wie er; Statt zu klagen, bete mehr. Er= kämpf den Sieg.

7. Himmelan führt seine Hand Durch die Wüste dich, Ziehet dich im Prüfungsstand Näher hin zu sich Im Himmelssinn. Von der Welt= luft freier stets Und mit ihm ver= trauter, geht's Zum Himmel hin.

8. Himmelan führt dich zuletzt Selbst die Todesnacht; Sei's, daß sie dir sterbend jetzt Kurze Schrecken macht: Harr aus, harr aus! Auf die Nacht wird's ewig hell; Nach dem Tod erblickst du schnell Des Vaters Haus.

9. Halleluja! himmelan Steig dein Dank schon hier. Einst wirst du mit Scharen nahn, Und Gott naht zu dir In Ewigkeit. Aller Jammer ist vorbei, Alles jauchzt verklärt und neu In Ewigkeit.

10. Halleluja singt auch du, Wenn du Jesum siehst, Unter Jubel einst zur Ruh In den Himmel ziehst. Gelobt sei er! Der vom Kreuz zum Throne stieg, Hilft dir auch zu diesem Sieg. Gelobt sei er!

J. Gottfr. Schöner, geb. 1749, † 1818.

483.

Mel. Christus, der ist mein Leben.

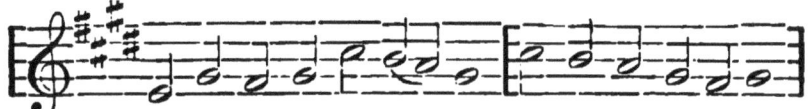

1. Herr! mei=ne Lei=bes=hüt = te Sinkt nach und nach zu Grab;

Ge=wäh=re mir die Bit = te, Und brich.sie stil = le ab.

2. Gieb mir ein ruhig Ende; Der Augen matten Schein Und die gefaltnen Hände Laß sanft entseelet sein.

3. Laß meine letzten Züge Nicht zu gewaltsam gehn, Und gieb, daß ich so liege, Wie die Entschlafenen.

4. Doch es gescheh dein Wille; Ich scheide gleich dahin In Käm= pfen oder stille: Wenn ich nur selig bin.

5. Bleibst du mir in dem Her= zen, Dein Name mir im Mund, So sind mir auch die Schmerzen Im Sterben noch gesund.

6. Dein Blut hat mich gereinigt; Trennt Leib und Seele sich, So werden sie vereinigt Zum Selig= sein durch dich.

7. Ich werde auferstehen, Da geht's zum Himmel ein; Ich werde Jesum sehen, Und er mir gnädig sein.

Ph. Fr. Hiller, geb. 1699, † 1769.

484.

Mel. Wer nur den lieben Gott läßt walten.

1. Mein Gott! ich weiß wohl, daß ich ster = be, Ich weiß,
   Und fin = de hier kein sich = res Er = be, Kein Gut,

wie bald der Mensch ver=geht, das e = wig = lich be = steht; Drum zei = ge mir in

Gna=den an, Wie ich recht se = lig ster = ben kann.

2. Mein Gott! ich weiß nicht, wann ich sterbe, Ob es nicht heute noch geschieht, Daß mich des To= des Hauch entfärbe, Der Blume gleich, die schnell verblüht; Drum mache täglich mich bereit Zum Hingang in die Ewigkeit.

3. Mein Gott! ich weiß nicht, wie ich sterbe, Wie mich des Todes Hand berührt. Dem einen wird das Scheiden herbe, Sanft wird der andre heimgeführt. Doch wie du willst! nur das verleih, Daß ich getrost im Scheiden sei.

27

4. Mein Gott! ich weiß nicht, wo ich sterbe, Und welcher Hügel einst mich deckt; G'nug, wenn ich dieses nur ererbe, Daß ich zum Leben werd erweckt. Wo dann mein Grab auch möge sein, Die Erd ist allenthalben dein.

5. Nun, teurer Vater, wenn ich sterbe, So nimm du meinen Geist zu dir; Ich weiß, daß ich dann nicht verderbe, Lebt Christus und sein Geist in mir. Darum erwart ich glaubensvoll, Wo, wie und wann ich sterben soll.

Benj. Schmolk, geb. 1672, † 1737.

485.

Mel. Jesus, meine Zuversicht.

1. Mei = ne Le = bens = zeit verstreicht, Stünd = lich eil
Und wie we = nig ist's viel = leicht, Das ich noch

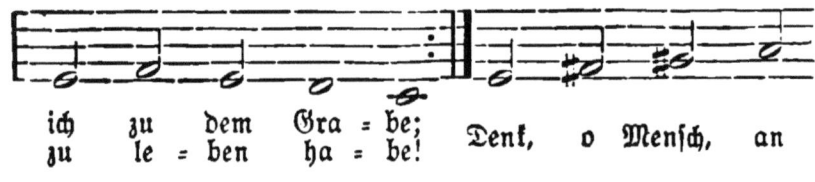

ich zu dem Gra = be;
zu le = ben ha = be!   Denk, o Mensch, an

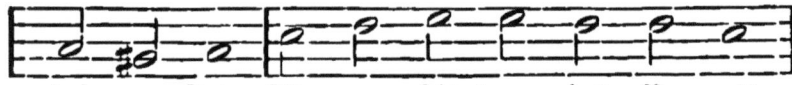

dei = nen Tod; Säu = me nicht, denn eins ist not!

2. Lebe, wie du, wann du stirbst, Wünschen wirst, gelebt zu haben! Güter, die du hier erwirbst, Würden, die dir Menschen gaben, Nichts wird dich im Tod erfreun; Diese Güter sind nicht dein.

3. Nur ein Herz, das Jesum liebt, Nur ein ruhiges Gewissen, Das vor Gott dir Zeugnis giebt, Wird dir deinen Tod versüßen; Dieses Herz, von Gott erneut, Giebt im Tode Freudigkeit.

4. Wenn in deiner letzten Not Freunde hilflos um dich beben, Dann wird über Welt und Tod Dich dies reine Herz erheben; Dann erschreckt dich kein Gericht, Gott ist deine Zuversicht.

5. Daß du dieses Herz erwirbst,

Fürchte Gott, und bet und wache. Sorge nicht, wie früh du stirbst; Deine Zeit ist Gottes Sache. Lerne nur den Tod nicht scheun, Lerne seiner dich erfreun.

6. Überwind ihn durch Vertraun; Sprich: Ich weiß, an wen ich glaube, Und ich weiß, ich werd ihn schaun; Denn er weckt mich aus dem Staube. Er, der rief: Es ist vollbracht! Nahm dem Tode seine Macht.

7. Tritt im Geist zum Grab oft hin, Siehe dein Gebein versenken; Sprich: Herr! daß ich Erde bin, Lehre du selbst mich bedenken; Lehre du mich's jeden Tag, Daß ich weiser werden mag.

Chr. F. Gellert, geb. 1715, † 1769.

2. Sterbelieder.

486.

Eigene Melodie.

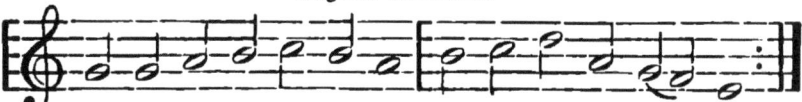

1. Mit=ten wir im Le=ben find Mit dem Tod um=fan=gen.
Wer ist's, der uns Hil=fe thut, Daß wir Gnad er=lan=gen?

Das bist du, Herr, al = lei = ne. Uns reu=et un=fre Mif=

fethat, Die dich, Herr, er=zür=net hat. Hei = li = ger Her=re Gott!

Hei = li = ger, ftar = fer Gott! Hei = li = ger, barmher=zi = ger

Hei=land! Du e = wi = ger Gott! Laß uns nicht ver = fin = fen

In des bit = tern To = des Not. Er=barm dich un=fer.

2. Mitten in dem Tod anficht Uns der Höllen Rachen; Wer will uns aus folcher Not Frei und le=dig machen? Das thuft du, Herr, alleine. Es jammert dein Barm=herzigkeit Unfre Sünd und großes Leid. Heiliger Herre Gott! Hei=liger, ftarfer Gott! Heiliger, barmherziger Heiland! Du ewi=ger Gott! Laß uns nicht verzagen Vor der tiefen Höllen Glut. Er=barm dich unfer.

3. Mitten in der Höllen Angft Unfre Sünd uns treiben; Wo folln wir denn fliehen hin, Da wir mö=gen bleiben? Zu dir, Herr Chrift, alleine. Vergoffen ift dein teures Blut, Das g'nug für die Sünde thut. Heiliger Herre Gott! Hei=liger, ftarfer Gott! Heiliger, barm=herziger Heiland! Du ewiger Gott! Laß uns nicht entfallen Von des rechten Glaubens Troft. Erbarm dich unfer.

Nach dem Latein. des Notfer Balbulus um 900, überfetzt und vermehrt von M. Luther.

487.

Mel. Nun ruhen alle Wälder.

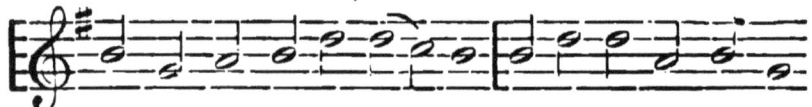

1. O Welt! ich muß dich las = sen, Ich fahr dahin mein Stra=

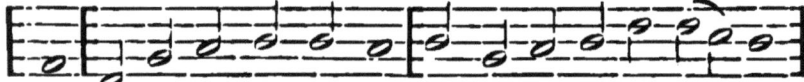

ßen Ins ew = ge Va=terland; Mein'n Geist ich will auf=ge = ben,

Ich le = ge Leib und Le=ben In Got=tes gnäd=ge Va=ter=hand.

2. Mein Zeit ist nun vollendet, Der Tod das Leben endet, Sterben ist mein Gewinn. Kein Bleiben ist auf Erden; Was ewig, muß mir werden, Mit Fried und Freud ich fahr dahin.

3. Ob mich die Welt betrogen Und oft von Gott gezogen Durch Sünden mancherlei, Will ich doch nicht verzagen, Sondern mit Glauben sagen, Daß mir mein Sünd vergeben sei.

4. Auf Gott steht mein Vertrauen; Sein Antlitz will ich schauen Gewiß durch Jesum Christ, Der für mich ist gestorben, Des Vaters Huld erworben, Und der mein Mittler worden ist.

5. Die Sünd kann mir nicht schaden. Ich bin erlöst aus Gnaden Umsonst durch Christi Blut; Mein Werk kann mich nicht retten Aus Sünd und Satansketten, Sein Tod allein kommt mir zu gut.

6. Ich bin ein unnütz Knechte, Mein Thun ist viel zu schlechte, Denn daß ich ihm bezahl Damit das ewge Leben; Umsonst will er mir's geben, Und nicht nach mein'm Verdienst und Wahl.

7. Drauf will ich fröhlich sterben, Das Himmelreich ererben, Wie er mir's hat bereit't; Hier mag ich nicht mehr bleiben, Der Tod thut mich vertreiben, Mein Seele sich vom Leibe scheid't.

8. Ich fahre denn von hinnen. O möchte sich besinnen Die arme Sündenwelt! O daß sie Jesum hörte Und sich zu Gott bekehrte, Eh sie zu Asch und Staub zerfällt!

9. Die Zeit ist schon vorhanden; Hör auf von Sünd und Schanden, Und richt dich auf die Bahn Mit Beten und mit Wachen. Laß fahr'n all irdsche Sachen, Und fang ein göttlich Leben an.

Joh. Hesse, geb. 1490, † 1547.

488.

Mel. Vater unser im Himmelreich.

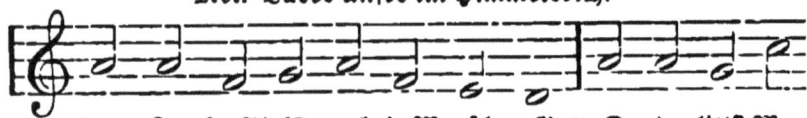

1. Herr Je = su Christ, wahr'r Mensch u. Gott, Der du littst Mar=

ter, Angſt und Spott, Für mich am Kreuz auch end = lich ſtarbſt

Und mir dein's Va = ters Huld erwarbſt: Ich bitt durch's bitt=re

Lei = den dein, Du wollſt mir Sün = der gnä = dig ſein.

2. Wann ich nun komm in Sterbensnot Und ringen werde mit dem Tod, Wann mir vergeht all mein Geſicht, Und meine Ohren hören nicht, Wann meine Zunge nicht mehr ſpricht, Und mir vor Angſt mein Herz zerbricht,

3. Wann mein Verſtand ſich nichts beſinnt, Und mir all menſch=lich Hilf zerrinnt: So komm, Herr Chriſte, mir behend Zu Hilf an meinem letzten End, Und führ mich aus dem Jammerthal, Ver=kürz mir auch des Todes Qual.

4. Die böſen Geiſter von mir treib, Mit deinem Geiſt ſtets bei mir bleib; Wann ſich die Seel vom Leibe trennt, So nimm ſie, Herr, in deine Händ. Der Leib hab in der Erde Ruh, Bis naht der jüngſte Tag herzu.

5. Ein fröhlich Auferſtehn ver=leih, Am jüngſten G'richt mein Fürſprech ſei, Und meiner Sünd

nicht mehr gedenk, Aus Gnaden mir das Leben ſchenk; Wie du haſt zugeſaget mir In deinem Wort, das trau ich dir:

6. „Fürwahr, fürwahr, euch ſage ich: Wer mein Wort hält und glaubt an mich, Der wird nicht kommen ins Gericht Und den Tod ewig ſchmecken nicht; Und ob er gleich hier zeitlich ſtirbt, Mit nich=ten er drum gar verdirbt.

7. Sondern ich will mit ſtarker Hand Ihn reißen aus des Todes Band Und zu mir nehmen in mein Reich; Da ſoll er dann mit mir zugleich In Freuden leben ewig=lich!" Dazu hilf uns ja gnädig=lich.

8. Ach, Herr, vergieb all unſre Schuld; Hilf, daß wir warten mit Geduld, Bis unſer Stündlein kommt herbei; Auch unſer Glaub ſtets wacker ſei, Dein'm Wort zu trauen feſtiglich, Bis wir entſchla=fen ſeliglich!

Paul Eber, geb. 1511, † 1569.

489.

Mel. Herr Jeſu Chriſt, meins Lebens Licht.

1. In Chriſ = ti Wun = den ſchlaf ich ein, Die ma = chen

mich von Sünden rein; Christi Blut und Ge=rech=tig = keit,

Das ist mein Schmuck und Eh = ren = kleid.

2. Damit will ich vor Gott be=
stehn, Wenn ich zum Himmel werd
eingehn; Mit Fried und Freud
ich fahr dahin, Ein Gotteskind
ich allzeit bin.

3. Dank hab, o Tod! du förderst
mich, Ins ewge Leben wandre ich,
Mit Christi Blut gereinigt sein;
Herr Jesu! stärk den Glauben
mein.

Paul Eber, geb. 1511, † 1569.

490.

Mel. Es ist das Heil uns kommen her.

1. Wenn mein Stündlein vorhan = den ist, Und soll hin=
So g'leit du mich, Herr Je = su Christ, Mit Hilf mich

fahrn mein Stra=ße:
nicht ver laß = se! Mein Seel an meinem letz=ten End Be = fehl

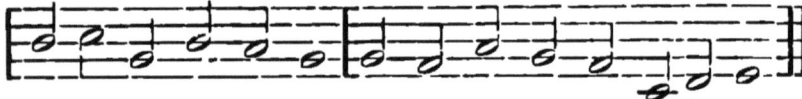

ich dir in dei = ne Händ, Du wollst sie mir be = wah = ren.

2. Die Sünde wird mich krän=
ten sehr Und das Gewissen na=
gen, Der Schuld ist viel, wie
Sand am Meer, Doch will ich
nicht verzagen; Gedenken will ich
an dein'n Tod, Herr Jesu! deine
Wunden rot, Die werden mich
erhalten.

3. Ich bin ein Glied an dei=
nem Leib, Des tröst ich mich von
Herzen; Von dir ich ungeschieden
bleib In Todesnot und Schmer=

zen. Wenn ich gleich sterb, so
sterb ich dir; Ein ewges Leben
hast du mir Mit deinem Tod er=
worben.

4. Weil du vom Tod erstanden
bist, Werd ich im Grab nicht blei=
ben; Mein höchster Trost dein Auf=
fahrt ist, Todsfurcht kann sie ver=
treiben; Denn wo du bist, da
komm ich hin, Daß ich stets bei dir
leb und bin; Drum fahr ich hin
mit Freuden.

Nic. Hermann, † 1561.

491.

Eigene Melodie.

1. Herr Je = fu Chrift, mein's Le=bens Licht, Mein Hort, mein

Troft, mein Zu=ver=ficht! Auf Er = den bin ich nur ein Gaft,

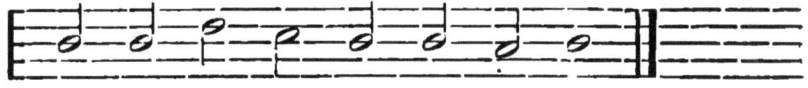

Mich drük = ket sehr der Sün = den Laft.

2. Ein schwere Reif' hab ich vor mir Ins himmlisch Paradies zu dir; Da ist mein rechtes Vaterland, Daran du hast dein Blut gewandt.

3. Zur Reif' ist mir mein Herz sehr matt, Der Leib gar wenig Kräfte hat; Doch meine Seele schreit in mir: Herr, hol mich heim, nimm mich zu dir!

4. Drum stärk mich durch das Leiden dein In meiner letzten Todespein; Dein Dornenkranz, dein Spott und Hohn Sei meine Ehr und Freudentron.

5. Dein Durst und Gallentrank mich lab, Wenn ich sonst keine Stärkung hab; Dein Angstgeschrei komm mir zu gut und schütz mich vor der Höllen Glut.

6. Wenn mein Mund nicht kann reden frei, Dein Geist in meinem Herzen schrei; Hilf, daß mein Seel den Himmel find, Wann meine Augen werden blind.

7. Dein letztes Wort laß sein mein Licht, Wenn mir das Herz im Tode bricht; Dein Kreuz das sei mein Wanderstab, Mein Ruh und Rast dein heilig Grab.

8. Laß mich in deiner Nägel Mal Erbliden meine Gnadenwahl; Durch deine aufgespaltne Seit Mein arme Seele heimgeleit.

9. Auf deinen Abschied, Herr, ich trau, Darauf ich meine Heimfahrt bau; Thu mir die Thür des Himmels auf, Wann ich beschließe meinen Lauf.

10. Am jüngsten Tag erweck den Leib; Hilf, daß ich dir zur Rechten bleib, Daß mich nicht treffe dein Gericht, Das aller Welt ihr Urteil spricht.

11. Dann meinen Leib erneure ganz, Daß er leucht, wie der Sonne Glanz Und ähnlich deinem klaren Leib, Auch gleich den lieben Engeln bleib.

12. Wie werd ich dann so fröhlich sein, Werd singen mit den Engeln dein Und mit der Auserwählten Schar Dein Antlitz schauen ewig klar!

Martin Behemb (Böhme), geb. 1557, † 1622.

492.

Eigene Melodie.

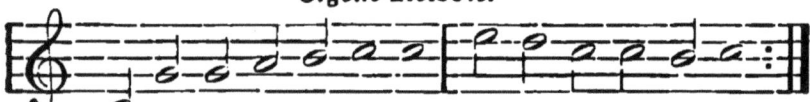

1. Va=let will ich dir ge=ben, Du ar=ge, fal=sche Welt!
Dein sündlich, bö=ses Le=ben Durchaus mir nicht ge=fällt.

Im Him=mel ist gut wohnen, Hin=auf steht mein Be=gier;

Da wird Gott e=wig loh=nen Dem, der ihm dient all=hier.

2. Rat mir nach deinem Her=
zen, O Jesu, Gottes Sohn! Soll
ich hier dulden Schmerzen, Hilf
mir, Herr Christ, davon; Ver=
kürz mir alles Leiden, Stärk
meinen blöden Mut; Laß selig
mich abscheiden, Setz mich in dein
Erbgut.

3. In meines Herzens Grunde
Dein Nam und Kreuz allein Fun=
kelt all Zeit und Stunde; Drauf
kann ich fröhlich sein. Erschein
mir in dem Bilde Zum Trost in
meiner Not, Wie du dich, Herr, so
milde Geblutet hast zu Tod.

4. Verbirg mein Seel aus Gna=
den In deiner offnen Seit, Nimm
sie aus allem Schaden Zu deiner
Herrlichkeit. Der ist wohl hier ge=
wesen, Wer kommt in's Himmels
Schloß; Ja, ewig ist genesen, Wer
bleibt in deinem Schoß.

5. Schreib meinen Nam'n aufs
beste Ins Buch des Lebens ein,
Und bind mein Seel fein feste
Ins Lebensbündelein Der'r, die
im Himmel grünen Und vor
dir leben frei; So will ich ewig
rühmen, Daß dein Herz treue
sei.

Val. Herberger, geb. 1562, † 1627.

493.

Mel. O Haupt voll Blut und Wunden.

1. Herz=lich thut mich ver=lan=gen Nach ei=nem sel=gen End,
Weil ich hier bin um=fan=gen Mit Trüb=sal und E=lend.

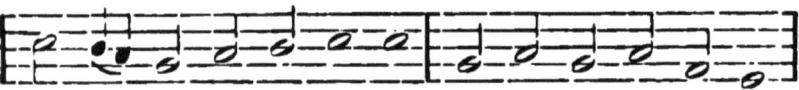

Ich hab Lust ab=zu=schei=den Von die=ser ar=gen Welt,

Sehn mich nach ew = gen Freuden; O Je = su, komm nur bald.

2. Du haft mich ja erlöfet Von Sünd, Tod, Teufel, Höll; Es hat dein Blut gekoftet, Drauf ich mein Hoffnung ftell. Warum follt mir denn grauen Vor Hölle, Tod und Sünd? Weil ich auf dich thu bauen, Bin ich ein felges Kind.

3. Wenngleich füß ift das Leben, Der Tod fehr bitter mir, Will ich mich doch ergeben, Zu fterben willig dir. Ich weiß ein beßres Leben, Da meine Seel fährt hin; Das wird mit Jefus geben, Sterben ift mein Gewinn.

4. Der Leib zwar in der Erden Von Würmern wird verzehrt, Doch auferwecket werden Durch Chriftum, fchön verklärt; Wird leuchten als die Sonne Und leben ohne Not In ewger Freud und Wonne; Was fchadet mir der Tod?

5. Ob mich die Welt auch reizet, Zu leben länger hier, Und mir auch immer zeiget Ehr, Geld, Gut, all ihr Zier: Ich's dennoch gar nicht achte. Es währt nur kurze Zeit. Das Gut, wonach ich trachte, Das bleibt in Ewigkeit.

6. Wenn ich auch gleich nun fcheide Von meinen Freunden gut. Das mir und ihn'n bringt Leide: Doch tröft't mir meinen Mut, Daß wir in felgem Frieden Zufammenkommen fchon Und bleiben ungefchieden Dort vor des Vaters Thron.

7. Muß ich auch hinterlaffen Betrübte Kinder klein, Gott wird fie nicht verlaffen, Ihr Troft und Helfer fein. Drum will ich gerne fterben Und trauen meinem Gott; Er läßt fie nicht verderben, Er hilft aus aller Not.

8. Was wollet ihr verzagen, Daß ihr fo früh verwaift? Gott kann euch nichts verfagen, Der junge Raben fpeift. Die Witwen und die Waifen Schützt er mit Vatertreu; Ihr werdet ihn noch preifen, Daß er ein Vater fei.

9. Gott geb euch feinen Segen, Ihr Vielgeliebten mein! Ihr follet meinetwegen Nicht allzu traurig fein. Beftändig bleibt im Glauben! Wir werd'n in kurzer Zeit Einander wieder fchauen Dort in der Ewigkeit.

10. Nun ich mich völlig wende Zu dir, Herr Chrift, allein: Gieb mir ein felges Ende, Send mir die Engel dein; Führ mich ins ewge Leben, Das du erworben haft, Als du dich hingegeben Für meine Sündenlaft.

11. Hilf, daß ich ja nicht weiche Von dir, Herr Jefu Chrift! Dem Glauben Stärke reiche In mir zu aller Frift. Hilf ritterlich mir ringen, Halt mich durch deine Macht, Daß ich mög fröhlich fingen: Gottlob, es ift vollbracht!

Chriftoph Knoll, geb. 1563, † 1621.

494.

Eigene Melodie.

1. Mach's mit mir, Gott, nach dei = ner Güt, Hilf mir in
Ver = ſag mir's nicht, was ich dich bitt: Wenn mei = ne

mei = nem Lei = den;
Seel ſoll ſchei = den,　　　So nimm ſie, Herr, in dei = ne Händ!

Iſt al = les gut, wenn gut das End.

2. Gern will ich folgen, lieber
Herr! Du wirſt mich nicht verder=
ben, Denn du biſt ja von mir
nicht fern, Ob ich gleich hie muß
ſterben, Verlaſſen meine lieben
Freund, Die's herzlich gut mit
mir gemeint.

3. Ruht doch der Leib ſanft in
der Erd, Die Seel zu dir ſich
ſchwinget, In deine Huld ſie un=
verſehrt Durch Tod ins Leben
dringet. Hier iſt doch nur ein
Thränenthal, Angſt, Not und
Trübſal überall.

4. Tod, Teufel, Höll, die Welt
und Sünd Mir können nichts mehr
ſchaden; Bei dir, o Herr, ich Ret=
tung find, Ich tröſt mich deiner
Gnaden. Dein einger Sohn aus
Lieb und Huld Für mich bezahlt
hat alle Schuld.

5. Warum ſollt ich denn trau=
rig ſein, Weil ich ſo wohl beſtehe,
Bekleid't mit Chriſti Unſchuld
rein, Wie eine Braut hergehe?
Gehab dich wohl, du ſchnöde
Welt! Bei Gott zu leben mir
gefällt.

J. Herm. Schein, geb. 1587, † 1630.

495.

Eigene Melodie.

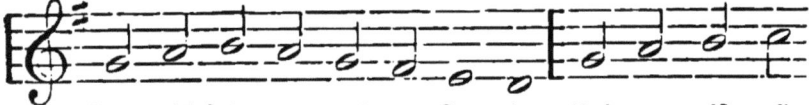

1. Freu dich ſehr, o mei = ne See = le, Und ver = giß all
Weil dich Chriſtus nun, dein Her = re, Ruft aus die = ſem

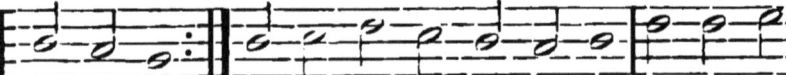

Not und Qual,
Jammer=thal.　　Aus Trüb=ſal und gro=ßem Leid Sollſt du fah=

ren in die Freud, Die kein Ohr je hat ge = hö = ret, Die in

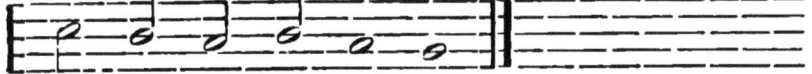

E = wig = keit auch wäh = ret.

2. Tag und Nacht hab ich ge=rufen Zu dem Herren, meinem Gott, Weil mich stets viel Kreuz betroffen, Daß er mir hülf aus der Not. Wie sich sehnt ein Wan=dersmann Nach dem Ende seiner Bahn, So hab ich gewünschet eben, Daß sich enden mög mein Leben.

3. Denn gleichwie die Rosen stehen Unter Dornen spitzig gar, Also auch die Christen gehen Durch viel Angst, Not und Gefahr. Wie die Meereswellen sind Und der ungestüme Wind, Also ist allhier auf Erden Unsre Wallfahrt voll Beschwerden.

4. Welt und Teufel, Sünd und Hölle, Unser eigen Fleisch und Blut Plagen stets hier unsre Seele, Lassen uns bei keinem Mut. Wir sind voller Angst und Plag, Und sein Kreuz hat jeder Tag; Wie wir nur geboren wer=den, Find't sich Jammer gnug auf Erden.

5. Wenn die Morgenröt auf=gehet Und der Schlaf sich von uns wend't, Sorg und Kummer uns umfähet, Müh find't sich an allem End; Unsre Thränen sind das Brot, So wir essen früh und spat; Wenn die Sonn nicht mehr thut scheinen, So ist nichts denn Klag und Weinen.

6. Drum, Herr Christ, du Mor=gensterne, Der du ewiglich auf=gehst, Sei von mir jetzund nicht ferne, Weil dein Blut mich hat erlöst; Hilf, daß ich mit Fried und Freud Mög von hinnen fahren heut! Ach, sei du mein Licht und Straße, Mich mit Beistand nicht verlasse!

7. In dein Seite will ich fliehen Auf dem bittern Todesgang; Durch dein Wunden will ich ziehen In mein himmlisch Vaterland. In das schöne Paradies, Drein dein Wort den Schächer wies, Wirst du mich, Herr Christ, einführen Und mit ewger Klarheit zieren.

8. Ob mir schon die Augen bre=chen, Das Gehör mir ganz ver=schwind't, Meine Zung nichts mehr kann sprechen, Mein Verstand sich nicht besinnt: Bist du doch mein Licht, mein Hort, Leben, Weg und Himmelspfort; Du wirst selig mich regieren Und die Bahn zum Him=mel führen.

9. Laß einst mit Elias' Wagen Deine Engel bei mir sein Und wie Lazarum mich tragen In den schö=nen Himmel ein, Wo die Seel in deinem Schoß Ruht erquickt und leidenslos, Bis der Leib kommt aus der Erde Und er auch verkläret werde.

10. Freu dich sehr, o meine Seele, Und vergiß all Not und Qual, Weil dich Christus nun, dein Herre, Ruft aus diesem Jam=merthal. Seine Freud und Herr=lichkeit Sollst du sehn in Ewigkeit, Mit den Engeln jubilieren Und mit Christo triumphieren.

Simon Graf, † 1659.

496.

Eigene Melodie.

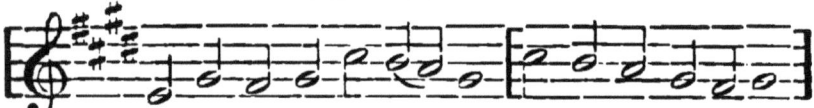

1. Christus, der ist mein Le = ben, Sterben ist mein Gewinn;

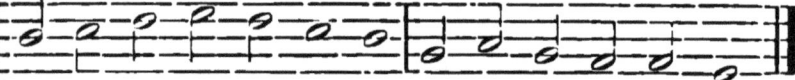

Ihm hab ich mich er = ge = ben, Mit Freud fahr ich da = hin.

2. Mit Freud fahr ich von dannen Zu Christ, dem Bruder mein, Daß ich mög zu ihm kommen Und ewig bei ihm sein.

3. Nun hab ich überwunden Kreuz, Leiden, Angst und Not; Durch seine heilgen Wunden Bin ich versöhnt mit Gott.

4. Wenn meine Kräfte brechen, Mein Odem geht schwer aus, Und kann kein Wort mehr sprechen: Herr! nimm mein Seufzen auf.

5. Wenn mein Herz und Ge= danken Zergehn als wie ein Licht, Das hin und her thut wanken, Wenn ihm die Flamm gebricht:

6. Alsdann fein sanft und stille Laß mich, Herr, schlafen ein Nach deinem Rat und Willen, Wann kommt mein Stündelein.

7. Ach laß mich, gleich den Re= ben, Anhangen dir allzeit Und ewig bei dir leben In deiner Him= melsfreud!

Anna, Gräfin v. Stolberg, geb. 1638, † 1683.

497.

Mel. Es ist genug.

1. Es ist vollbracht! Gottlob, es ist vollbracht! Mein Hei=
Fahr hin, o Welt! Ihr Freunde, gu = te Nacht! Ich en=

land nimmt mich auf.
de mei = nen Lauf   Bei Je = su Kreuz mit tausend Freu=den

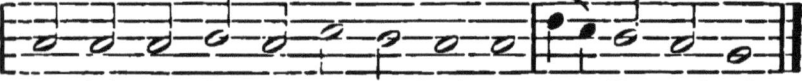

Und seh = ne mich, von hier zu schei=den. Es ist vollbracht!

2. Es ist vollbracht! Mein Je= sus hat auf sich Genommen meine Schuld, Gebüßt hat er Am Kreu= zesstamm für mich, O unermeßne Huld! Und ich hab in des Heilands Wunden Die rechte Freistatt nun gefunden. Es ist vollbracht!

3. Es ist vollbracht! Hinweg all

Angst und Pein, Weg Sorg und Überdruß! Sein Golgatha Soll mir ein Tabor sein, Mein matter, müder Fuß Wird hier auf diesen Friedenshöhen Frei von der Erde Banden gehen. Es ist vollbracht!

4. Es ist vollbracht! Hier schweb ich frei von Not; Wie wohl, wie wohl ist mir! Hier speiset mich Der Herr mit Himmelsbrot Und zeigt mir Salems Zier; Hier hör ich mit der Selgen Singen Den süßen Ton der Engel klingen. Es ist vollbracht!

5. Es ist vollbracht! Der Leib mag immerhin Raub der Verwesung sein. Ich weiß ja, daß Ich Staub und Asche bin, Doch Jesus ist ja mein; Der wird mich sanft im Grabe decken Und einst in Klarheit auferwecken. Es ist vollbracht!

6. Es ist vollbracht! Gottlob, es ist vollbracht! Mein Heiland nimmt mich auf. Fahr hin, o Welt! Ihr Lieben, gute Nacht! Ich ende meinen Lauf Und alle Not, die mich getroffen; Wohl mir, ich seh den Himmel offen! Es ist vollbracht!

Andr. Gryphius (Greiff), geb. 1616, † 1664.

498.

Eigene Melodie.

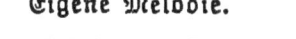

1. Al = le Men=schen müs=sen ster=ben, Al = les Fleisch
Was da le = bet, muß ver=der=ben, Soll es an=

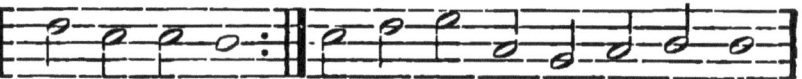

ver=geht wie Heu; ders wer=den neu. Die = ser Leib, der muß ver = we = sen,

Wenn er an=ders soll ge = ne = sen Zu der gro=

ßen Herr=lich=keit, Die den From=men ist be = reit.

2. Drum so will ich dieses Leben, Weil es meinem Gott beliebt, Auch ganz willig von mir geben, Bin darüber nicht betrübt; Denn in meines Jesu Wunden Hab ich schon Erlösung funden, Und mein Trost in Todesnot Ist es Herren Jesu Tod.

3. Jesus ist für mich gestorben, Und sein Tod ist mein Gewinn; Er hat mir das Heil erworben. Drum fahr ich mit Freuden hin, Hin aus diesem Weltgetümmel In den schönen Gotteshimmel, Da ich werde allezeit Schauen die Dreieinigkeit.

4. Da wird sein das Freudenleben, Wo viel tausend Seelen schon Sind mit Himmelsglanz umgeben, Dienen Gott vor seinem

Thron; Wo die Seraphinen
prangen Und das hohe Lied an=
fangen: Heilig, heilig, heilig
heißt Gott der Vater, Sohn und
Geist!

5. Wo die Patriarchen wohnen,
Die Propheten allzumal; Wo
auf ihren Ehrenthronen Sitzet
der Apostel Zahl; Wo in so viel
tausend Jahren Alle Frommen
hingefahren; Wo dem Herrn,
der uns versöhnt, Ewig Halle=
luja tönt.

6. O Jerusalem, du Schöne, Ach

wie helle glänzest du! Ach, wie lieb=
lich Lobgetöne Hört man da in
sanfter Ruh! O der großen Freud
und Wonne! Jetzo gehet auf die
Sonne, Jetzo gehet an der Tag,
Der kein Ende nehmen mag.

7. Ach, ich habe schon erblicket
Diese große Herrlichkeit; Jetzo
werd ich schön geschmücket Mit dem
weißen Himmelskleid, Mit der
güldnen Ehrenkrone, Stehe da
vor Gottes Throne, Schaue solche
Freude an, Die kein Ende neh=
men kann.

Joh. Georg Albinus, geb. 1624, † 1679.

499.

Eigene Melodie.

1. Wer weiß, wie na = he mir mein En = de! Hin geht
Ach, wie ge=schwin=de und be = hen = de Kann kom=

die Zeit, her kommt der Tod;
men mei = ne To = des=not!   Mein Gott, mein Gott! Ich bitt

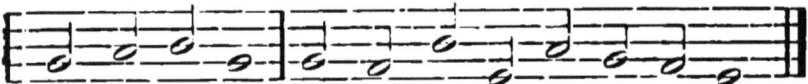

durch Chris=ti Blut: Mach's nur mit mei=nem En = de gut!

2. Es kann vor Nacht leicht an=
ders werden, Als es am frühen
Morgen war; Denn weil ich leb
auf dieser Erden, Leb ich in steter
Todsgefahr. Mein Gott! Mein
Gott! Ich bitt durch Christi
Blut: Mach's nur mit meinem
Ende gut!

3. Herr! lehr mich stets mein
End bedenken, Und wenn ich ein=
stens sterben muß, Die Seel in
Jesu Wunden senken Und ja nicht
sparen meine Buß. Mein Gott!
Mein Gott! Ich bitt durch Christi
Blut: Mach's nur mit meinem
Ende gut!

4. Laß mich beizeit mein Haus
bestellen, Daß ich bereit sei für
und für Und sage frisch in al=
len Fällen: Herr, wie du willst,
so schick's mit mir! Mein Gott!
Mein Gott! Ich bitt durch Christi
Blut: Mach's nur mit meinem
Ende gut!

5. Mach immer süßer mir den
Himmel Und immer bitterer diese
Welt; Gieb, daß mir in dem Welt=
getümmel Die Ewigkeit sei vor=
gestellt. Mein Gott! Mein Gott!
Ich bitt durch Christi Blut
Mach's nur mit meinem Ende
gut!

6. Ach, Vater! deck all meine Sünde Mit dem Verdienste Jesu zu, Darein ich mich festgläubig winde; Das giebt mir recht erwünschte Ruh. Mein Gott! Mein Gott! Ich bitt durch Christi Blut: Mach's nur mit meinem Ende gut!

7. Nichts ist, das mich von Jesu scheide, Nichts, es sei Leben oder Tod; Ich leg die Hand in seine Seite Und sage: Mein Herr und mein Gott! Mein Gott! Mein Gott! Ich bitt durch Christi Blut: Mach's nur mit meinem Ende gut!

8. Ich habe Jesum angezogen Schon längst in meiner heilgen Tauf; Du bist mir auch daher gewogen, Hast mich zum Kind genommen auf. Mein Gott! Mein Gott! Ich bitt durch Christi Blut: Mach's nur mit meinem Ende gut!

9. Ich habe Jesu Fleisch gegessen, Ich hab sein Blut getrunken hier; Nun kannst du meiner nicht vergessen, Ich bleib in ihm, und er in mir. Mein Gott! Mein Gott! Ich bitt durch Christi Blut: Mach's nur mit meinem Ende gut!

10. So komm mein End heut oder morgen, Ich weiß, daß mir's mit Jesu glückt; Ich bin und bleib in deinen Sorgen, Mit Jesu Blut schön ausgeschmückt. Mein Gott! Mein Gott! Ich bitt durch Christi Blut: Mach's nur mit meinem Ende gut!

11. Ich leb indes mit dir vergnüget Und sterb ohn alle Kümmernis. Mir gnüget, wie mein Gott es füget; Ich glaub und bin es ganz gewiß: Mein Gott! Mein Gott! In Gnad durch Christi Blut Machst du's mit meinem Ende gut.

Emilie Juliane, Gräfin zu Schwarzburg-Rudolstadt, geb. 1637, † 1706.

500.

Mel. Jesus, meine Zuversicht.

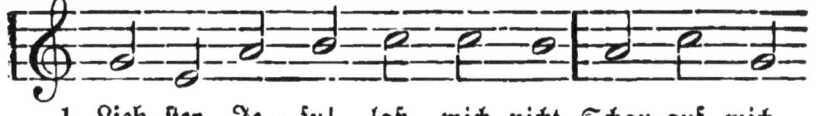

1. Lieb-ster Je = su! laß mich nicht, Schau auf mich,
   Wenn der Tod die Glie = der bricht, Hilf, daß ich

wenn ich muß käm = pfen;   Und durch dei = nen
ihn mö = ge däm = pfen

Kreu = zes = tod Ü = ber = win = den al = le Not.

2. Treuer Jesu! laß mich nicht, Denn du bist ein Arzt der Schwachen; Ja, du hast dich mir verpflicht't, Daß du mich willst selig machen. Meine Kräfte neigen sich, O mein Jesu, laß mich nicht!

3. Starker Jesu! laß mich nicht, Weil ich doch an dir nur hange; Mich erschreckt zwar das Gericht, Und die Sünde macht mir Bange, Aber dein Verdienst und Huld Decket alle meine Schuld.

4. Süßer Jesu! laß mich nicht, Wenn du siehst, ich soll gesegnen; Führe mich, du bist mein Licht; Laß die Engel mir begegnen, Daß sie mich zur süßen Ruh Tragen nach dem Himmel zu.

5. Treuer Jesu! laß mich nicht, Denn ohn dich will ich nicht sterben; Niemand, wie dein Mund selbst spricht, Kann ohn dich den Himmel erben. Darum bleib, ab bleib in mir, Daß ich selig sterb in dir!

Zachar. Herrmann, geb. 1643, † 1716.

501.

Mel. Christus, der ist mein Leben.

1. Wie Si=me=on ver=schie=den, Das liegt mir oft im Sinn;

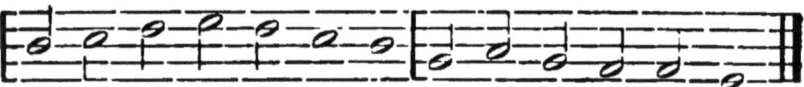

Ich füh=re gern im Frie=den Aus die=sem Le=ben hin.

2. Ach, laß mir meine Bitte, Mein treuer Gott, geschehn: Laß mich aus dieser Hütte In deine Wohnung gehn!

3. Dein Wort ist uns geschehen, An diesem nehm ich teil: Wer Jesum werde sehen, Der sehe Gottes Heil.

4. Ich seh ihn nicht mit Augen, Doch an der Augen Statt Kann nun mein Glaube taugen, Der ihn zum Heiland hat.

5. Ich hab ihn nicht in Armen, Wie jener Fromme da; Doch ist er voll Erbarmen Auch meiner Seele nah.

6. Mein Herz hat ihn gefunden, Es rühmt: Mein Freund ist mein! Auch in den letzten Stunden Ist meine Seele sein.

7. Ich kenn ihn als mein Leben; Er wird mir nach dem Tod Bei sich ein Leben geben, Dem nie der Tod mehr droht.

8. Mein Glaube darf ihn fassen, Sein Geist giebt Kraft dazu; Er wird auch mich nicht lassen, Er führt mich ein zur Ruh.

9. Wann Aug und Arm erkalten, Hängt sich mein Herz an ihn. Wer Jesum nur kann halten, Der fährt im Frieden hin.

Ph. Fr. Hiller, geb. 1699, † 1769.

502.

Mel. Christus, der ist mein Leben.

1. Ich weiß, an wen ich glau=be, Und daß mein Heiland lebt,

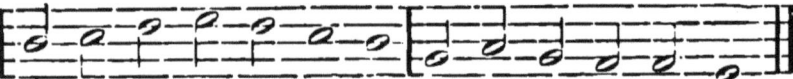

Der aus dem To=des=stau=be Den Geist zu sich er=hebt.

2. Ich weiß, an wem ich hange,
Wenn alles wankt und weicht,
Der, wenn dem Herzen bange,
Die Retterhand mir reicht.

3. Ich weiß, wem ich vertraue,
Und wenn mein Auge bricht, Daß
ich ihn ewig schaue, Ihn selbst von
Angesicht.

4. Er trocknet alle Thränen So
tröstend und so mild, Und mein
unendlich Sehnen Wird nur durch
ihn gestillt.

5. Ich weiß, beim Auferstehen,
Wann ich verkläret bin, Werd ich
mit Jesu gehen Durch Ewigkeiten
hin.

A. H. Niemeyer, geb. 1754, † 1828; Vers 5 von A. Knapp.

503.

Mel. Jesus, meine Zuversicht.

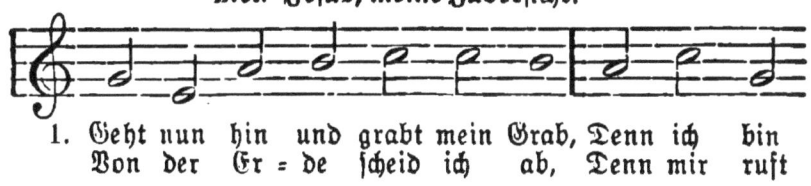

1. Geht nun hin und grabt mein Grab, Denn ich bin
Von der Er = de scheid ich ab, Denn mir ruft

des Wan = derns mü = de.
des Him = mels Frie = de, Denn mir ruft die

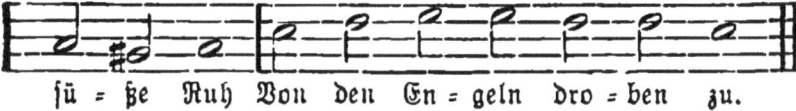

sü = ße Ruh Von den En = geln dro = ben zu.

2. Geht nun hin und grabt
mein Grab; Meinen Lauf hab ich
vollendet, Lege nun den Wander=
stab Hin, wo alles Irdsche endet;
Lege selbst mich nun hinein In
das Bette sonder Pein.

3. Was soll ich hienieden noch
In dem dunkeln Thale machen?
Denn wie mächtig, stolz und hoch
Wir auch stellen unsre Sachen,
Muß es doch wie Sand zergehn,
Wann die Winde drüber wehn.

4. Darum, Erde, fahre wohl,
Laß mich nun in Frieden scheiden!
Deine Hoffnung, ach, ist hohl,
Deine Freuden sind nur Leiden,
Deine Schönheit Unbestand, Eitel
Wahn und Trug und Tand.

5. Darum letzte gute Nacht,
Sonn und Mond und liebe Sterne!
Fahret wohl mit eurer Pracht;
Denn ich reis' in weite Ferne, Reise
hin zu jenem Glanz, Worin ihr
verbleichet ganz.

6. Ihr, die nun in Trauer geht,
Fahret wohl, ihr lieben Freunde!
Was von oben niederweht, Tröstet
ja des Herrn Gemeinde; Weint
nicht ob dem eitlen Schein, Droben
nur kann's ewig sein.

7. Weinet nicht, daß ich nun will
Von der Welt den Abschied nehmen,
Daß ich aus dem Irrtum will, Aus
dem Schatten, aus dem Schemen,
Aus dem Eitlen, aus dem Nichts
Hin ins Land des ewgen Lichts.

8. Weinet nicht! Mein süßes Heil, Meinen Heiland hab ich funden, Und ich habe auch mein Teil In den warmen Herzenswunden, Woraus einst sein heiliges Blut Floß der ganzen Welt zu gut.

9. Weint nicht! Mein Erlöser lebt. Hoch vom finstern Erdenstaube Hell empor die Hoffnung schwebt Und der Himmelsheld, der Glaube; Und die ewge Liebe spricht: Kind des Vaters, zittre nicht!

Ernst Moritz Arndt, geb. 1769, † 1860.

504.

Mel. Es ist gewißlich an der Zeit.

1. Wenn mei-ne letz = te Stunde schlägt, Mein Herz hört auf
   Wenn man ins stil = le Grab mich legt Nach all den lau-

zu schlagen,
en Ta=gen: Was wär ich dann, was hätt ich dann, Wär mir die

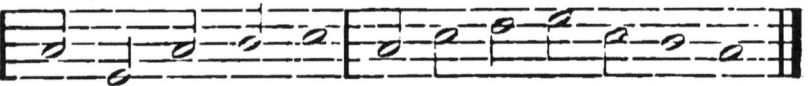

Thür nicht auf = ge = than Zum sel = gen Him=mel = rei = che!

2. Wie flieht der eitlen Freuden Schwarm, Wenn sich der Tod läßt schauen! Sie überlassen, schwach und arm, Den Menschen seinem Grauen. Das Blendwerk irdischer Eitelkeit Verschwindet vor der Wirklichkeit Im Angesicht des Todes.

3. In unverhüllter Schreckgestalt Tritt vor uns unsre Sünde, Und von den Augen fällt alsbald Der Selbstverblendung Binde; Wir sind dann ganz auf uns beschränkt, Und alles in und an uns lenkt Den Blick auf unser Elend.

4. Wenn du dann nicht mein eigen bist In meiner letzten Stunde, Wenn du dann nicht, Herr

Jesu Christ, Mich labst mit froher Kunde, Daß du für den, der an dich glaubt, Dem Tode seine Macht geraubt: So muß ich ja verzagen.

5. Nun aber, weil du mein, ich dein, Kann ich getrost entschlafen; Dein heiliges Verdienst ist mein, Schützt mich vor allen Strafen; Du hast ja meinen Tod gebüßt Und dadurch meinen Tod versüßt Zu einem selgen Heimgang.

6. Drum bei dem letzten Glockenklang Sei du mir, Herr, zur Seite, Und gieb mir bei dem Todesgang Dein freundliches Geleite, Damit die letzte Erdennot Nicht eine Krankheit sei zum Tod, Vielmehr zum ewgen Leben!

C. J. Ph. Spitta, geb. 1801, † 1859.

3. Begräbnislieder.

505.

Mel. Ringe recht, wenn Gottes Gnade.

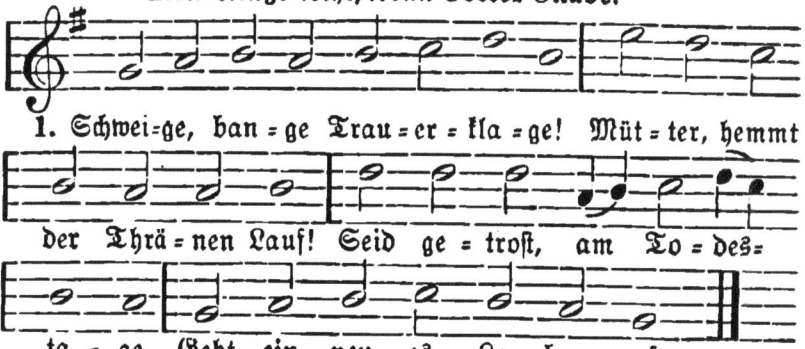

1. Schwei=ge, ban = ge Trau=er = kla = ge! Müt = ter, hemmt der Thrä = nen Lauf! Seid ge = trost, am To = des= ta = ge Geht ein neu = es Le = ben auf.

2. Über diesen Felsenklüften Schwebt des Kreuzes Siegspanier. Diese Leiber in den Grüften Sind nicht tot, sie schlafen hier.

3. Diese Hülle, die wir sehen In dem Schlafgemach entseelt, Wird bald wieder auferstehen, Mit dem Geiste neu vermählt.

4. Diesen Leichnam, kalt und träge, Sinkend in die Modergruft, Werden selge Flügelschläge Aufwärts tragen in die Luft.

5. Also ringt aus dunkler Erde Sich das Weizenkorn empor; Daß es einst zur Ähre werde, Muß es untergehn zuvor.

6. Nimm denn, Erde, diese Leiche Sanft in deinen Mutterschoß; Als ein Glied in Christi Reiche Schläft sie hier zu schönerm Los.

7. Einst war diese teure Hülle Von des Schöpfers Hauch beseelt Und von Christi Gnadenfülle Als ein Tempel auserwählt.

8. Laßt uns nun den Leib versenken In die kühle Ruhestatt; Gott wird dessen wohl gedenken, Der sein Bild getragen hat.

9. Bald wird kommen jene Stunde, Die schon jetzt der Hoffnung winkt, Wo der Ruf aus Gottes Munde Leben, Heil und Wonne bringt.

Nach dem Latein. des Prudentius, † 405. Übersetzung von Phil. Schaff, geb. 1819, † 1893.

506.

Eigene Melodie.

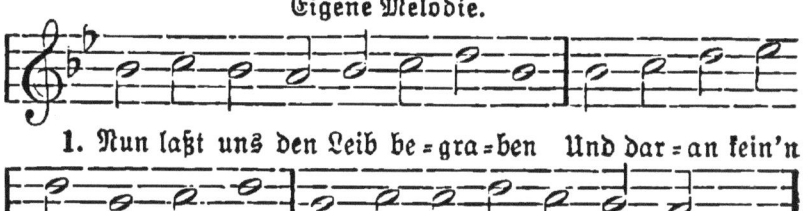

1. Nun laßt uns den Leib be=gra=ben Und dar=an kein'n Zwei=fel ha=ben, Er wird am jüng=sten Tag auf=stehn

Und un = ver=wes=lich her = vor=gehn.

2. Erd ist er und von der Erden, Wird auch zu Erd wieder
werden Und von der Erd wieder
aufstehn, Wenn Gottes Posaun
wird angehn.

3. Sein Seele lebt ewig in
Gott, Der sie allhier aus lauter
Gnad Von aller Sünd und Missethat Durch seinen Sohn erlöset
hat.

4. Sein Armut, Trübsal und
Elend Ist komm'n zu einem selgen
End; Er hat getragen Christi
Joch, Ist gestorben und lebet noch.

5. Die Seele lebt ohn alle
Klag, Der Leib schläft bis zum
jüngsten Tag, An welchem Gott

ihn verklären Und ewge Freud
wird gewähren.

6. Hier ist er in Angst gewesen,
Dort aber wird er genesen In herrlicher Freud und Wonne, Leuchten
wie die helle Sonne.

7. Nun lassen wir ihn hier schlafen Und gehn all heim unsre
Straßen, Schicken uns auch mit
allem Fleiß; Denn der Tod kommt
uns gleicherweis.

8. Das helf uns Christus, unser
Trost, Der uns durch sein Blut hat
erlöst Von's Teufels G'walt und
ewger Pein. Ihm sei Lob, Preis
und Ehr allein!

Michael Weiß. um 1530.

507.

Eigene Melodie.

1. Ru-het wohl, ihr To-ten-bei-ne, In der stil-len Ein-
sam-keit! Ru-het, bis das End er-schei-ne, Da der Herr euch
zu der Freud Ru-fen wird aus eu-ren Grüf-ten Zu den
frei-en Him-mels-lüf-ten.

2. Nur getrost, ihr werdet le-
ben, Weil das Leben, euer Hort,
Die Verheißung hat gegeben
Durch sein teuer wertes Wort:
Die in seinem Namen sterben,
Sollen nicht im Tod verderben.

3. Und wie sollt im Grabe
bleiben, Der ein Tempel Gottes
war, Den der Herr ließ ein-
verleiben Seiner auserwählten
Schar, Die er selbst durch Blut

und Sterben Hat gemacht zu Himmelserben?

4. Nein, die kann der Tod nicht
halten, Die des Herren Glieder
sind! Muß der Leib im Grab erkalten, Da man nichts als Asche
find't: Wann des Herren Hauch
drein bläset, Grünet neu, was hier
verweset.

5. Jesus wird, wie er erstanden,
Auch die Seinen einst mit Macht

Führen aus des Todes Banden, Führen aus des Grabes Nacht Zu dem ewgen Himmelsfrieden, Den er seinem Volk beschieden.

6. Ruht, ihr Toten, sanft im Kühlen, Ruht noch eine kurze Zeit! Es läßt sich schon nahe fühlen Die so frohe Ewigkeit. Da sollt ihr mit neuem Leben Euch vor Jesu Thron erheben.

Fr. Conr. Hiller, geb. 1662, † 1726.

508.

Mel. Gott sei Dank in aller Welt.

1. Al = ler Gläub=gen Sam=mel = platz Ist da, wo ihr Herz und Schatz, Wo ihr Hei = land Je=sus Christ Und ihr Le = ben hier schon ist.

2. Eins geht da, das andre dort In die ewge Heimat fort, Ungefragt, ob die und der Uns nicht hier noch nützlich wär.

3. Hätt er uns darob gefragt, Ach, was hätten wir gesagt? Heiß mit Thränen bäten wir: Laß die teure Seele hier!

4. Doch der Herr kann nichts versehn; Und wenn es nun doch geschehn, Haben wir sonst nichts zu thun, Als zu schweigen und zu ruhn.

5. Manches Herz, das nicht mehr da, Geht uns freilich innig nah; Doch, o Liebe, wir sind dein, Und du willst uns alles sein!

Nach Nic. L. v. Zinzendorf, geb. 1700, † 1760.

509.

Mel. Nun danket all und bringet Ehr.

1. Ei, wie so se = lig schlä=fest du Nach man=chem schwe = ren Stand Und liegst nun da in sü = ßer Ruh In dei = nes Hei=lands Hand!

2. Sein Leiden hat dich frei gemacht Von aller Angst und Pein; Sein letztes Wort: Es ist vollbracht! Das singt dich lieb= lich ein.

3. Du läßt dich zur Verwande= lung In diese Felder sä'n Mit Hoffnung und Versicherung, Viel schöner aufzustehn.

4. Verbirg dein liebes Angesicht Im kühlen Erdenschoß; Du hast das Deine ausgericht't, Empfängst ein selig Los.

5. Wir hoffen, daß dein Seelen= freund, Der ewig treue Hirt, Der's hier so wohl mit dir gemeint, Dich schön empfangen wird.

6. Er führe, was ihm lieb und wert, Und was zu ihm sich hält, Als seine auserwählte Herd Auch vollends durch die Welt.

Gottfr. Neumann, um 1736.

510.

Mel. Nun laßt uns den Leib begraben.

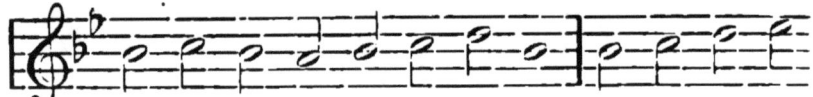

1. Nun brin=gen wir den Leib zur Ruh Und det = ten ihn

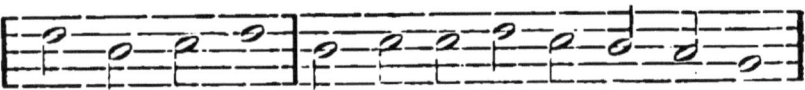

mit Er = de zu, Den Leib, der nach des Schöpfers Schluß

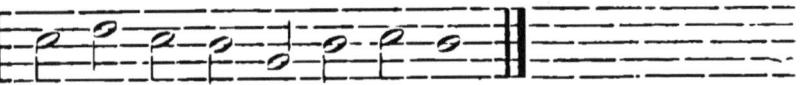

Zu Staub und Er = de wer=den muß.

2. Er bleibt nicht immer Asch und Staub, Nicht immer der Verwesung Raub; Er wird, wann Christus einst erscheint, Mit sei= ner Seele neu vereint.

3. Hier, Mensch, hier lerne, was du bist; Lern hier, was unser Le= ben ist. Nach Sorge, Furcht und mancher Not Kommt endlich noch zuletzt der Tod.

4. Schnell schwindet unsre Le= benszeit, Aufs Sterben folgt die Ewigkeit; Wie wir die Zeit hier angewandt, So folgt der Lohn aus Gottes Hand.

5. Hier, wo wir bei den Gräbern stehn, Soll jeder zu dem Vater flehn: Ich bitt, o Gott, durch Christi Blut: Mach's einst mit meinem Ende gut!

6. Wann unser Lauf vollendet ist, So sei uns nah, Herr Jesu Christ! Mach uns das Sterben zum Gewinn, Zeuch unsre Seelen zu dir hin.

7. Und wann du einst, o Lebens= fürst, Die Gräber mächtig öffnen wirst, Dann laß uns fröhlich auf= erstehn Und ewiglich dein Antlitz sehn!

Ehrenfried Liebig, geb. 1713, † 1780.

511.

Mel: Wachet auf, ruft uns die Stimme.

1. Hal = le = lu = ja! A = men, A = men! Entschlaf in je=
Sieh, an dei = ner Lauf=bahn En = de Bist du; er nimmt

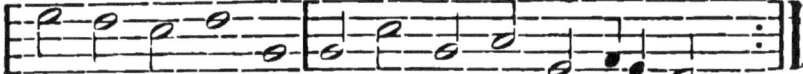

nem gro=ßen Na=men, Vor dem sich Erd und Him=mel beugt.
in sei = ne Hän=de Die Seel auf, die der Erd ent=fleucht.

Hör, o er = löf = ter Geist, Der bald am Thron ihn preist:

Je = fus Chrif=tus Hat dich ver=föhnt; Von ihm ge=frönt,

em=pfängst du nun der Er = ben Lohn.

2. Welcher Glanz wird dich um=
fangen, Ist dir der Tag nun auf=
gegangen Des Lebens nach des
Todes Nacht! Sei gesegnet,
Amen, Amen! Entschlaf in Jesu
Christi Namen, Denn auch für
dich hat er's vollbracht. Nicht
du, der Herr allein Macht dich
von Sünden rein, Und du sün=
digst Nun nimmermehr. Der
Brüder Heer, Der himmlischen,
nimmt nun dich auf.

3. Dich wird nicht der Tod ver=
sehren, Verwesung nicht dein Bild
verheeren, Dich birgt dein Gott,
sie hält dich nicht. Zwar wir wan=
deln hin und säen Dich irdisch
aus; doch auferstehen Sollst du
mit jenes Tages Licht. Geh ein
zu deiner Ruh; Der Herr schleußt
nach dir zu. Halleluja! Nach
kurzer Ruh Wirst einst auch
du Zum ewgen Leben aufer=
stehn.

Fr. G. Klopstock, geb. 1724, † 1803.

Bei Kinderleichen

512.

Mel. Gott ist getreu.

1. Zeuch hin, mein Kind! Gott fel = ber for = dert dich Aus die=
Ich wei = ne zwar, Dein Tod be = trü = bet mich; Doch weil

ser ar=gen Welt.
es Gott ge=fällt,   So un=ter=laß ich al=les Kla=gen

Und will mit stil=lem Gei=ste sa=gen: Zeuch hin, mein Kind!

2. Zeuch hin, mein Kind! Der Schöpfer hat dich mir Nur in der Welt geliehn. Die Zeit ist aus; Darum befiehlt er dir, Nun wieder heimzuziehn. Zeuch hin; Gott hat es so versehen; Was Gott beschließt, das muß geschehen. Zeuch hin, mein Kind!

3. Zeuch hin, mein Kind! Im Himmel findest du, Was dir die Welt versagt; Denn nur bei Gott Ist wahre Freud und Ruh, Kein Schmerz, der Seelen plagt. Hier müssen wir in Ängsten schweben, Dort kannst du ewig fröhlich leben. Zeuch hin, mein Kind!

4. Zeuch hin, mein Kind! Wir folgen alle nach, Sobald es Gott gefällt. Du eiltest fort, Eh dir das Ungemach Verbittert diese Welt. Wer lange lebt, steht lang im Leide; Wer frühe stirbt, kommt bald zur Freude. Zeuch hin, mein Kind!

5. Zeuch hin, mein Kind! Die Engel warten schon Auf deinen zarten Geist. Nun siehest du, Wie Gottes lieber Sohn Dir schon die Krone weist. Nun wohl, dein Seelchen ist entbunden, Du hast durch Jesum überwunden. Zeuch hin, mein Kind!

Gottfr. Hoffmann, geb. 1658, † 1712.

513.

Mel. Nun ruhen alle Wälder.

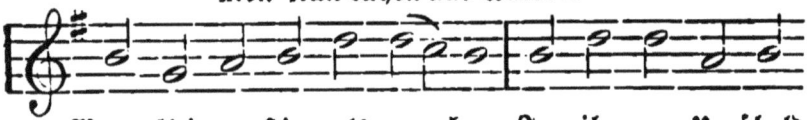

1. Wenn klei=ne Himmels=er=ben In ih=rer Un=schuld

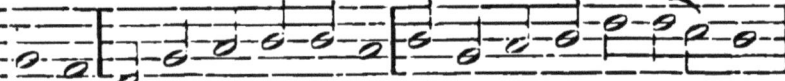

ster=ben, So büßt man sie nicht ein; Sie werden nur dort o = ben

Vom Va=ter auf=ge=ho=ben, Da=mit sie un=ver=lo=ren sein.

2. Sie sind ja in der Taufe Zu ihrem Christenlaufe Für Jesum eingeweiht Und noch bei Gott in Gnaden; Was sollt es ihnen schaden, Wenn er nun über sie gebeut?

3. Der Unschuld Glück ver-

scherzen, Stets kämpfen mit den Schmerzen, Mit so viel Seelennot, Im Angstgefühl der Sünden Das Sterben schwer empfinden: Davor bewahrt ein früher Tod.

4. Ist einer alt an Jahren, So

hat er viel erfahren, Das ihn noch
heute kränkt, Und unter so viel
Stunden Oft wenige gefunden,
Daran er mit Vergnügen denkt.

5. Wie leicht geht auch bei Kin=
dern Von uns erwachsnen Sün=
dern Das fremde Feuer an!
Sind sie der Erd entrissen, Dann

können wir erst wissen, Daß sie die
Welt nicht fällen kann.

6. O wohl auch diesem Kinde!
Es starb nicht zu geschwinde. Zeuch
hin, du liebes Kind! Du gehest
ja nur schlafen Und bleibest bei
den Schafen, Die ewig unsers
Jesu sind!

Joh. Andr. Rothe, geb. 1688, † 1758.

514.

Mel. Christus, der ist mein Leben.

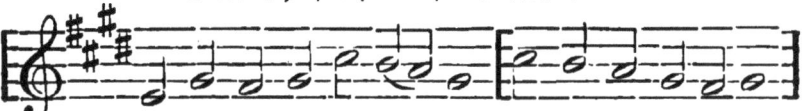

1. Die Lie=be darf wohl weinen, Wenn sie ihr Fleisch begräbt;

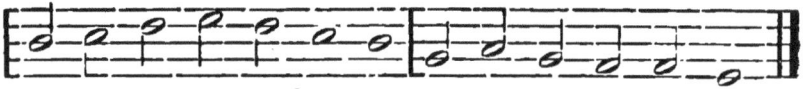

Kein Christ muß fühllos schei=nen, So=lang er hier noch lebt.

2. Doch lässet gleich der Glaube
Sein Aug gen Himmel gehn;
Was uns der Tod hier raube,
Soll herrlich auferstehn.

3. So ist's uns um die Herzen,
Die Gnade macht uns so; Uns ist
noch wohl in Schmerzen, Im
Trauern sind wir froh.

4. Was tröstet uns? das Hof=
fen; Wie gut ist's, Christi sein!
Man sieht den Himmel offen,
Und nicht das Grab allein.

5. Herr Jesu, unser Leben! In
Thränen dankt man dir, Daß du
uns Trost gegeben; Denn davon
leben wir.

6. Was wir in Schwachheit säen,
Das wird in Herrlichkeit Auf dein
Wort auferstehen; Das ist's, was
uns erfreut.

7. Herr! bild aus unserm Stau=
be Den neuen Leib, der dort, Nicht
mehr dem Tod zum Raube, Dich
schauet immerfort.

Ph. Fr. Hiller, geb. 1699, † 1769.

4. Auferstehung und Weltgericht.

515.

Eigene Melodie.

1. Je - sus, mei = ne Zu = ver = sicht Und mein Hei=
Die = ses weiß ich, sollt ich nicht Dar = um mich

land, ist im Le = ben. Was die lan = ge
zu = frie = den ge = ben.

To = des = nacht Mir auch für Ge = en macht?

2. Jesus, er, mein Heiland, lebt; Ich werd auch das Leben schauen, Sein, wo mein Erlöser schwebt; Warum sollte mir denn grauen? Lässet auch ein Haupt sein Glied, Welches es nicht nach sich zieht?

3. Ich bin durch der Hoffnung Band Zu genau mit ihm verbunden; Meine starke Glaubenshand Wird in ihn gelegt befunden, Daß mich auch kein Todesbann Ewig von ihm trennen kann.

4. Ich bin Fleisch und muß daher Auch einmal zu Asche werden; Dieses weiß ich, doch wird er Mich erwecken aus der Erden, Daß ich in der Herrlichkeit Um ihn sein mög allezeit.

5. Dann wird diese meine Haut Mich umgeben, wie ich gläube; Gott wird werden angeschaut Dann von mir in diesem Leibe, Und in diesem Fleisch werd ich Jesum sehen ewiglich.

6. Dieser meiner Augen Licht Wird ihn, meinen Heiland, kennen; Ich, ich selbst, ein Frem= der nicht, Werd in seiner Liebe brennen; Nur die Schwachheit um und an Wird von mir sein abge= than.

7. Was hier kränkelt, seufzt und fleht, Wird dort frisch und herrlich gehen; Irdisch werd ich ausgesät, Himmlisch werd ich auferstehen; Hier geh ich natürlich ein, Dort da werd ich geistlich sein.

8. Seid getrost und hoch erfreut, Jesus trägt euch, meine Glieder! Gebt nicht Raum der Traurigkeit; Sterbt ihr, Christus ruft euch wie= der, Wann einst die Posaun er= klingt, Die durch alle Gräber dringt.

9. Lacht der finstern Erdenkluft, Lacht des Todes und der Höllen, Denn ihr sollt euch aus der Gruft Eurem Heiland zugesellen. Dann wird Schwachheit und Verdruß Liegen unter eurem Fuß.

10. Nur daß ihr den Geist er= hebt Von den Lüsten dieser Erden Und euch dem schon jetzt ergebt, Dem ihr beigefügt sollt werden! Schickt das Herze da hinein, Wo ihr ewig wünscht zu sein.

Luise Henriette, Kurfürstin von Brandenburg, geb. 1617, † 1667.

516.

Mel. Was Gott thut, das ist wohl gethan.

1. Ich freu = e mich der fro = hen Zeit, Da ich werd
Dann werd ich in der Herr=lich = keit Dich, Gott, mein

auf = er = ste=hen.
Heiland, se=hen. Dann werd auch ich, O Herr, durch dich, Vereint

mit al = len Frommen, Zur ew = gen Ru = he kom=men.

2. Ja, Herr, du führst sie einst heran, Die Stunde der Erlö=sung, Die Stunde, da ich hof=fen kann Trost, Freiheit und Genesung, Da Engeln gleich Im Himmelreich Mich Ruhe, Lust und Leben In Ewigkeit um=geben.

3. Der du die Auferstehung bist, Du bist's, an den ich gläube. Ich weiß, daß ich durch dich, Herr Christ, Im Tod nicht ewig bleibe. Auch werd ich nicht Vor dein Ge=richt, Wie die, die dich verschmäh=ten, Mit Angst und Schrecken treten.

4. Ich hoffe dann mit Freudig=keit Vor dir, mein Haupt, zu stehen Und mit dir in die Herrlich=keit Frohlockend einzugehen. O, hilf mir doch Aus Gnaden noch, Zum Glück der Ewigkeiten Mich würdig zu bereiten!

Peter Busch, geb. 1682, † 1744.

517.

Eigene Melodie.

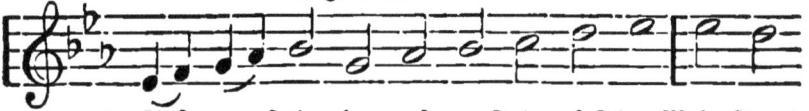

1. Auf = er=stehn, ja auf=er=stehn wirst du, Mein Staub,

nach kur=zer Ruh! Un = sterb=lichs Le = ben Wird, der

dich schuf, dir ge = ben. Hal = le = lu = ja!

2. Wieder aufzublühn, werd ich gesät; Der Herr der Ernte geht Und sammelt Garben Uns ein, die in ihm starben. Halleluja!

3. Tag des Danks, der Freu=denthränen Tag, Du meines Gottes Tag! Wann ich im Grabe Genug geschlummert habe, Er=weckst du mich.

4. Wie den Träumenden wird's dann uns sein. Mit Jesu gehn wir ein Zu seinen Freuden; Der müden Pilger Leiden Sind dann nicht mehr.

5. Ach, ins Allerheiligste führt mich Mein Mittler; dann leb ich Im Heiligtume Zu seines Namens Ruhme. Halleluja!

F. G. Klopstock, geb. 1724, † 1803.

518.

Eigene Melodie.

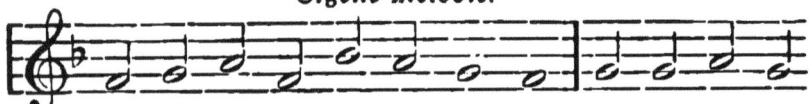

1. An dem Tag der Zor=nes=flam=men Stürzt die Welt in

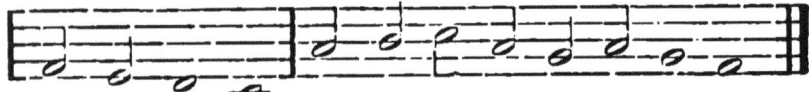

Staub zu = sam=men, Nach dem Wort, das Ja und A = men.

2. Welch ein Grauen bei der Kunde, Daß der Richter naht zur Stunde Mit dem Flammen=schwert im Munde.

3. Die Posaun im Wundertone Dröhnt durch Gräber jeder Zone, Nötigt alle zu dem Throne.

4. Erd und Hölle werden zittern In des Weltgerichts Gewittern, Die das Totenreich erschüttern.

5. Und ein Buch wird aufgeschlagen, Drinnen alles eingetragen, Des die Sünder anzuklagen.

6. Also wird der Richter sitzen, Das Verborgenste durchblitzen, Nichts vor seiner Rache schützen.

7. Was soll dann ich Armer sagen, Wen um Schutz und Hilfe fragen, Wo Gerechte fast verzagen?

8. König, furchtbar hoch erhaben! Brunnquell aller Gnadengaben! Laß mich dein Erbarmen laben.

9. Milder Jesu! wollst bedenten, Daß du kamst, den Zorn zu lenten, Ewges Heil auch mir zu schenten.

10. Du hast ja für mich gerungen, Sünd und Tod am

Kreuz bezwungen; Solch ein Sieg ist dir gelungen.

11. Richter der gerechten Rache! Aller Schuld mich ledig mache, Eh zum Zorntag ich erwache.

12. Sieh, ich seufze schuldbeladen, Schamrot über schweren Schaden; Hör mein Flehn, o Gott, in Gnaden!

13. Der du lossprachst einst Marien Und dem Schächer selbst verziehen, Hast auch Hoffnung mir verliehen.

14. Zwar unwürdig ist mein Flehen; Doch laß Gnad für Recht ergehen, Mich die ewge Glut nicht sehen.

15. Wollst mich von den Böden trennen, Deinen Schafen zuerkennen, Platz zu deiner Rechten gönnen.

16. Wenn die Bösen ins Verderben Stürzen zu dem ewgen Sterben: Ruf mich mit den Himmelserben.

17. Tief im Staub ring ich die Hände Und den Seufzer zu dir sende: Gieb mir, Herr, ein selig Ende!

———

Jesu, Allerbarmer du, Schenke uns die ewge Ruh! Amen.

Das Dies irae, dies illa des Thomas v. Celano, 1250, übersetzt von Ph. Schaff, geb. 1819, † 1893.

519.

Eigene Melodie.

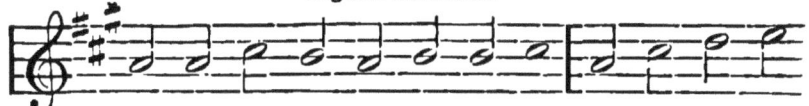

1. Es ist ge=wiß=lich an der Zeit, Daß Christ, der Herr,
In sei=ner gro=ßen Herr=lich=keit, Zu rich=ten Bös

wird kom=men
und Frommen. Wer wird alsdann vor ihm bestehn, Wenn al=les

wird durchs Feu'r ver=gehn, Wie uns sein Wort be=zeu=get.

2. Posaunen wird man hören gehn An aller Welten Ende; Dann werden alsbald auferstehn Die Toten gar behende. Da wird der Tod erschrecken sehr, Wann er wird hören neue Mär, Daß alles Fleisch soll leben.

3. Ein Buch wird dann gelesen bald, Darinnen steht geschrieben, Was alle Menschen, jung und alt, Auf Erden je getrieben. Da wird ein jeder seinen Lohn Empfahen, wie er hat gethan In seinem gan=zen Leben.

4. Was werd ich armer Sün=der dann Vor deinem Richtstuhl sagen? Was werd ich für ein'n Fürsprech hab'n, Der meine Sach austrage? Das wirst du thun, Herr Jesu Christ, Weil du zuvor gekommen bist, All Sünder zu er=lösen.

5. Wann ich, Herr, meine Sünd bedenk, Mein Augen müssen wei=nen; Wann ich die ewge Freud be=denk, Mein Herz thut sich erfreuen. Herr, hilf, daß ich dein Angesicht Mög sehn mit meinem Augenlicht Dort in dem ewgen Leben!

6. Herr Jesu Christ! du machst es lang In diesen bösen Tagen; Den Leuten wird auf Erden bang, Laß sie doch nicht verzagen. Gieb ihnen deinen heilgen Geist, Der sie in alle Wahrheit leit. Durch Je=sum Christum: Amen.

B. Ringwaldt (?), geb. 1531, † um 1600.

520.

Eigene Melodie.

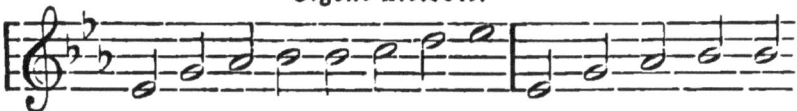

1. O E=wig=keit, du Donnerwort! O Schwert, das durch die
O E=wig=keit, Zeit oh=ne Zeit! Ich weiß vor gro=ßer

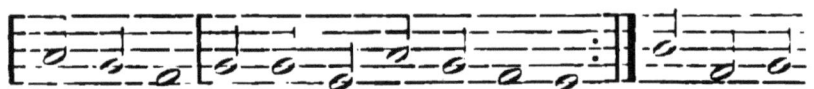

See = le bohrt! O An=fang son=der En = de!
Trau=rig=teit Nicht, wo ich mich hin=wen=de.

Mein ganz er=

schrocknes Herz er=bebt, Wenn mir dies Wort im Sin = ne schwebt.

2. Kein Elend ist in aller Welt, Das endlich mit der Zeit nicht fällt, Nicht endlich muß vergehen. Die Ewigkeit nur hat kein Ziel, Sie treibet fort und fort ihr Spiel. Bleibt unverändert stehen; Ja, wie mein Heiland selber spricht: Ihr Wurm und Feuer stirbet nicht.

3. Wenn der Verdammten große Qual So manches Jahr, als an der Zahl Hier Menschen sich ernähren, Als manchen Stern der Himmel hegt, Als manches Laub das Erdreich trägt, Noch endlich sollte währen: So wäre doch der Pein zuletzt Ein Ende und ein Ziel gesetzt.

4. Doch solang Gott im Him=mel lebt Und über allen Wol=ten schwebt, Wird solche Marter währen; Wie frißt der grimmgen Flamme Strahl, So plaget sie die ewge Qual Und kann sie nicht verzehren. Dann wird sich enden diese Pein, Wann Gott nicht mehr wird ewig sein.

5. Ach Gott, wie bist du so ge=recht, Wie strafest du den bösen Knecht So hart im Pfuhl der Schmerzen! Auf kurze Lüste dieser Welt Hast du so lange Pein gestellt. O Mensch! nimm dies zu Herzen; Belehr dich in der Gnadenzeit, Eh dich der schnelle Tod erreicht.

6. Ach, fliehe doch des Teufels Strick! Die Wollust kann ein'n Augenblick, Und länger nicht, er=gözen; Dafür willst du dein arme Seel Hernachmals in des Teufels Höhl, O Mensch, zum Pfande sezen? Ach, tausche nicht für kurze Freud Die lange Pein der Ewig=teit!

7. Wach auf, o Mensch, vom Sündenschlaf; Ermuntre dich, ver=lornes Schaf, Und beßre bald dein Leben! Wach auf, es ist sehr hohe Zeit, Es kommt heran die Ewigkeit, Dir deinen Lohn zu ge=ben. Vielleicht ist heut der letzte Tag! Wer weiß doch, wie man sterben mag?

8. O Ewigkeit, du Donner=wort! O Schwert, das durch die Seele bohrt! O Anfang sonder Ende! O Ewigkeit, Zeit ohne Zeit! Ich weiß vor großer Trau=rigteit Nicht, wo ich mich hin=wende. Herr Jesu! wann es dir gefällt, Nimm mich zu dir ins Himmelszelt.

Nach Joh. Rist, geb. 1607, † 1667.

521.

Mel. O Ewigkeit, du Donnerwort.

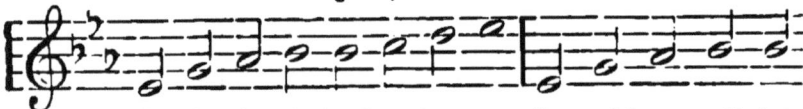

1. O E=wig=teit, du Freudenwort, Das mich er = quit=tet
   O E=wig=teit, Freud ohne Leid! Ich weiß vor Herzens=

fort und fort! O An=fang fon=der En=de! Weil mir ver=
fröh=lich=teit Nichts von dem Welt=e = len=de,

füßt die E = wig=teit, Was uns be=trü=bet in der Zeit.

2. Kein Glanz ist in der armen Welt, Der endlich mit der Zeit nicht fällt Und gänzlich muß ver= gehen. Die Ewigteit nur hat tein Ziel, Ihr Licht, ihr felges Freudenspiel Bleibt unverändert stehen; Ja, Gott in feinem Worte spricht: Sie tennet die Verwesung nicht!

3. Was ist doch aller Christen Qual, Die Pein der Märtrer all= zumal, So vieles Kreuz und Lei= den? Wenn man es gleich zu= fammenträgt Und alles auf die Wage legt, So wird sich's schnell entscheiden: Des ewgen Lebens Herrlichteit, Die überwiegt dies alles weit.

4. Im Himmel lebt der Selgen Schar Bei ihrem Gott unwandel= bar Mit stetem Freudenliede; Sie wandeln in dem ewgen Licht, Sie schauen Gottes Angesicht, Ihr Erb ist goldner Friede, Weil Jesus sie, wie er verheißt, Mit Lebens= brot und Manna speist.

5. Ach, wie verlanget doch in mir Mein mattes, armes Herz nach dir, Du unaussprechlich Leben! Wann werd ich doch einmal dahin Gelangen, wo mein schwacher Sinn Sich übet hinzustreben? Ich will der Welt vergessen ganz, Mich strecken nach des Himmels Glanz.

6. Fahr hin, du schnöde Sucht und Pracht, Du Putz und eitle Kleiderpracht! Fahr hin, du fünd= lich Wesen! Fahr hin, du falsche Liebesbrunst, Du armer Stolz und Goldesdunst, Und was die Welt erlesen! Fahr hin, du machst mir schlechten Mut! Die Ewigteit, die ist mein Gut.

7. O Ewigteit, du Freuden= wort, Das mich erquictet fort und fort! O Anfang fonder Ende! O Ewigteit, Freud ohne Leid! Ich weiß von teiner Traurigteit, Wenn ich zu dir mich wende. Erhalt mir, Jesu, diesen Sinn, Bis ich bei dir im Himmel bin!

Caspar Heunisch.

522.

Mel. O Haupt voll Blut und Wunden.

1. Ich dent an dein Ge=rich = te, Du Rich=ter al = ler Welt,
Das nur für ein Ge=dich = te Manch ro=hes Weltkind hält.

Dein Wort und mein Ge = wif=fen Zeigt mir es deut=lich an,

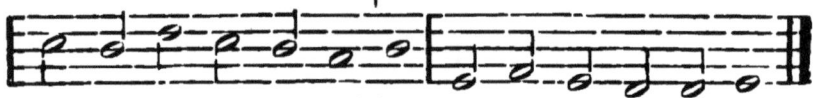

Daß du wirst rich = ten müs=sen, Was je = der Mensch ge=than.

2. Ich höre die Posaunen In meinem Geiste schon Und sehe mit Erstaunen Den großen Richterthron, Auf welchem du wirst sitzen In deiner Herrlichkeit, Wenn des Gerichtes Blitzen Der Welt das Ende dräut.

3. Mein Geist erblickt die Scharen Vor deinen Stuhl gestellt, So viel als Menschen waren Vom Anbeginn der Welt. Da geht es an ein Scheiden; Da muß den Urteilsspruch Von dir ein jeder leiden Zum Segen oder Fluch.

4. O ihr zur rechten Seiten! Wie süß ruft Jesus euch: Kommt, ihr Gebenedeiten, Erbt meines Vaters Reich! Ihr habet mich ge=speiset, Mit Trank und Kleid ver=sehn: Was andern ihr erweiset, Das ist an mir geschehn.

5. Doch was für Blitze schießen Auf die zur linken Hand! Sie wer=den gehen müssen In jenes Feuers Brand, Da niemand löscht das Brennen, Denn Jesus will sie nicht Aus ihrem Glauben kennen, Dem Liebe doch gebricht.

6. Laß, Jesu, dies Gerichte Mir stets vor Augen sein; Und daß dein Angesichte Mich einstmals könn erfreun: So gieb mir so ein Leben, Das Glaubensfrüchte weist; Laß nach dem Heil mich streben, Das mir dein Mund verheißt.

7. Und wenn der Tag vorhan=den, Die Welt soll untergehn, So laß mich nicht mit Schanden Vor deinem Thron bestehn! Laß mich von allen Strafen Befrein dein teures Blut; Nimm mich zu deinen Schafen In deine treue Hut!

Benj. Schmolk, geb. 1672, † 1737.

523.

Mel. Nun ruhen alle Wälder.

1. Die Welt kommt einst zu = sam = men Im Glanz der ew = gen

Flammen Vor Christi Richterthron. Dann muß sich offen = ba = ren,

Wer die und je = ne waren; Sie kennt und prüft des Menschen Sohn.

2. Der Greul in Finsternissen, Das Brandmal im Gewissen, Die Hand, die blutvoll war, Das Aug voll Ehebrüche, Das freche Maul voll Flüche, Das Herz des Schalks wird offenbar.

3. Das Flehn der armen Sün=der, Das Thun der Gotteskinder, Die Hand, die milde war, Das Aug voll edler Zähren, Der Mund voll Lob und Lehren, Des Christen Herz wird offenbar.

4. Wo wird man sich verstecken? Was will die Blöße decken? Wer schminkt sich da geschwind? Wen kann die Lüge schützen? Was wird ein Weltruhm nützen? — Da sind wir alle, wie wir sind!

5. Herr! diese Offenbarung Drück du mir zur Bewahrung Beständig in den Sinn, Daß ich auf das nur sehe, Ich gehe oder stehe, Wie ich vor deinen Augen bin.

Ph. Fr. Hiller, geb. 1699, † 1769.

5. Die ewige Seligkeit.

524.

Eigene Melodie.

1. Je = ru = sa = lem, Du hoch=ge=bau=te Stadt, Wollt Gott, Mein sehn=lich Herz So groß Ver=lan=gen hat Und ist

ich wär in dir!
nicht mehr bei mir.
Weit ü = ber Thal und Hü = gel,

Weit ü=ber Flur und Feld Schwingt es die Glau=bens=flü = gel

Und eilt aus die = ser Welt.

2. O schöner Tag, Und noch viel schönre Stund! Wann bist du endlich hier, Da ich mit Lust Und lobererfülltem Mund Die Seele geb von mir In Gottes treue Hände Zum auserwählten Pfand, Daß sie mit Heil anlände In jenem Vaterland?

3. Im Augenblick Wird sie erheben sich Hoch übers Firmament, Wenn sie verläßt So sanft, so wunderlich Die Stätt der Elemente; Fährt auf Eliä Wagen, Mit heilger Engel Schar. Die sie auf Händen tragen, Umgeben ganz und gar.

4. O Ehrenburg, Sei nun gegrüßet mir, Thu auf der Gnaden Pfort! Wie lange schon Hat mich verlangt nach dir, Eh ich bin kommen fort Aus jenem bösen Leben, Aus jener Nichtigkeit, Und mir Gott hat gegeben Das Erb der Ewigkeit!

5. Was für ein Volk, Was für ein edle Schar Kommt dort gezogen schon? Was in der Welt Von Auserwählten war, Trägt nun die Ehrenkron, Die Jesus mir voll Gnade Von ferne zugesandt Auf meinem letzten Pfade In meinem Thränenland.

29

6. Propheten groß Und Patri=
archen hoch, Auch Christen insge=
mein, Die weiland dort trugen
des Kreuzes Joch Und der Tyran=
nen Pein, Schau ich in Ehren
schweben, In Freiheit überall,
Mit Klarheit hell umgeben, Mit
sonnenlichtem Strahl.

7. Wenn dann zuletzt Ich an=
gelanget bin Im schönen Para=
deis, Von höchster Freud Erfüllet
wird der Sinn, Der Mund von

Lob und Preis; Das Halleluja
schallet In reiner Heiligkeit, Das
Hosianna wallet Ohn End in
Ewigkeit.

8. Der Jubel klingt Von Gottes
hohem Thron In Chören ohne
Zahl, Daß von dem Schall Und
von dem süßen Ton Sich regt der
Freudensaal Mit hunderttausend
Zungen, Mit Stimmen noch viel
mehr, Wie von Anfang gesungen
Des Himmels heilig Heer.

Joh. Matth. Meyfart, geb. 1590, † 1636.

525.
Eigene Melodie.

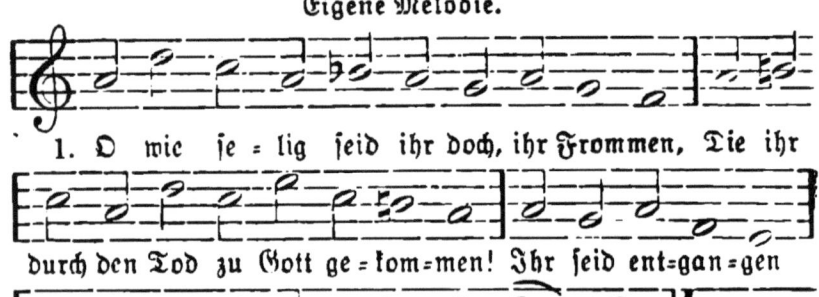

1. O wie se = lig seid ihr doch, ihr Frommen, Die ihr
durch den Tod zu Gott ge = kom=men! Ihr seid ent=gan=gen
Al = ler Not, die uns noch hält ge = fan = gen.

2. Muß man hier doch wie im
Kerker leben, Da nur Angst und
Sorgen uns umschweben; Was
wir hier kennen, Ist nur Müh
und Herzeleid zu nennen.
3. Ihr dagegen ruht in einer
Kammer, Sicher und befreit von
allem Jammer; Kein Kreuz und
Leiden Störet eure Ruh und eure
Freuden.
4. Christus wischet ab euch alle
Thränen; Ihr habt schon, wonach
wir uns noch sehnen; Euch wird

gesungen, Was durch keines Ohr
allhier gedrungen.
5. Ach, wer wollte denn nicht
gerne sterben Und den Himmel für
die Welt ererben? Wer hier noch
weilen Und nicht freudig in die
Heimat eilen?
6. Komm, o Christe, komm, uns
zu erlösen Von der Erde Last und
allem Bösen! Bei dir, o Sonne,
Ist der frommen Seelen Freud
und Wonne!

Simon Dach, geb. 1605, † 1659.

526.
Mel. Alle Menschen müssen sterben.

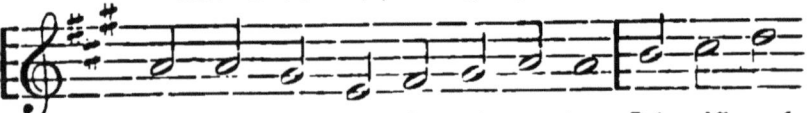

1. Welt, hin = weg! ich bin dein mü=de, Ich will nach
Da wird sein der rech = te Frie=de Und die stol=

dem Him=mel zu; Welt! bei dir ist Krieg und Streit,
ze See=len=ruh

Nichts denn lau=ter Ei=tel=keit; In dem Him=

mel al=le=zeit Frie=de, Ruh und Se=lig=keit.

2. Wenn ich werde dahin kommen, Bin ich aller Krankheit los Und der Traurigkeit entnommen, Ruhe sanft in Gottes Schoß. In der Welt ist Angst und Not, Endlich gar der bittre Tod; Aber dort ist allezeit Friede, Freud und Seligkeit.

3. Was ist hier die Erdenfreude? Nebel, Dunst und Herzeleid; Hier auf dieser schwarzen Heide Sind die Laster ausgestreut. Welt! bei dir ist Krieg und Streit, Nichts denn lauter Eitelkeit; In dem Himmel allezeit Friede, Ruh und Seligkeit.

4. Unaussprechlich schöne singet Gottes auserwählte Schar. Heilig! Heilig! Heilig! klinget In dem Himmel immerdar. Welt! bei dir ist Spott und Hohn Und ein steter Jammerton; Aber dort ist allezeit Friede, Freud und Seligkeit.

5. Nichts ist hier denn lauter Weinen, Keine Freude bleibet nicht; Will uns gleich die Sonne scheinen, So verbemmt die Nacht das Licht. Welt! bei dir ist Angst und Not, Sorgen und der bittre Tod; In dem Himmel allezeit Friede, Ruh und Seligkeit.

6. Nun, es wird dennoch geschehen, Daß ich auch in kurzer Zeit Meinen Heiland werde sehen In der großen Herrlichkeit. Denn bei uns ist lauter Not, Müh und Furcht, zuletzt der Tod; Aber dort ist allezeit Friede, Freud und Seligkeit.

7. O, wer nur dahin gelanget, Wo der schöne, große Chor In vergüld'ten Kronen pranget Und die Stimme schwingt empor! Denn die Welt hat Krieg und Streit, All ihr Thun ist Eitelkeit; In dem Himmel allezeit Friede, Ruh und Seligkeit.

8. Zeit, wann wirst du doch anbrechen? Stunden, o wann schlaget ihr, Daß ich dann mit dem kann sprechen, Der mich liebte für und für? Welt! du hast nur Krieg und Streit, Lauter Qual und Traurigkeit; Aber dort ist allezeit Friede, Freud und Seligkeit.

9. Jetzt will ich mich fertig machen, Daß mein Thun vor Gott besteh, Daß, wenn alles wird zerkrachen, Es heißt: Komme! und nicht: Geh! Welt, bei dir ist Angstgeschrei, Sorge, Furcht und Heuchelei; In dem Himmel allezeit Friede, Ruh und Seligkeit.

J. Geo. Albinus, geb. 1624, † 1679.

527.

Mel. Wie schön leucht't uns der Morgenstern.

1. Mein Geist, o Gott, wird ganz ent = zückt, Wenn er
   Wo dei = ne mil = de Va = ter = hand Aus neu =

nach je = nem Himmel blickt, Den du für uns be = rei = tet,
en Wundern wird erkannt, Die du daselbst ver = brei = tet.

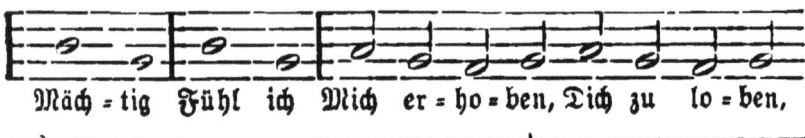

Mäch = tig Fühl ich Mich er = ho = ben, Dich zu lo = ben,

Der zum Le = ben, Das dort ist, mich will er = ge = ben.

2. Was sind die Freuden die=ser Zeit, Herr, gegen jene Herr=lichkeit, Die dort bei dir zu fin=den! Du stellst uns hier auf Er=den zwar Viel Wunder deiner Güte dar Zum fröhlichen Empfin=den; Doch hier Sind wir Bei den Freuden Noch mit Leiden Stets umgeben. Dort nur ist voll=kommnes Leben.

3. Kein Tod ist da mehr und kein Grab. Dort wischest du die Thränen ab Von deiner Kinder Wangen. Da ist kein Leid mehr, kein Geschrei; Denn du, o Herr, machst alles neu; Das Alte ist vergangen. Hinfort Sind dort Von gerechten Gottesknechten Keine Plagen Mehr zur Prüfung zu ertragen.

4. In unsers Gottes Heiligtum Schallt seines Namens hoher Ruhm Von lauter frohen Zun=gen. Dort strahlt die Herrlichkeit Des Herrn, Dort schaut man sie nicht mehr von fern. Dort wird

sie ganz besungen. Völlig Giebt sich, Sie zu trösten, Den Erlösten Zu erkennen Der, den sie schon Vater nennen.

5. Vor seinem Antlitz wandeln sie, Auf ewig frei von aller Müh, Und schmecken seine Güte. Dort stört den Frieden ihrer Brust Und ihre tausendfache Lust Kein feindliches Gemüte. Kein Neid, Kein Streit Hemmt die Triebe Reiner Liebe Unter Seelen, Die nun ewig nicht mehr fehlen.

6. Gott, welche Schar ist dort vereint! Die Frommen, die ich hier beweint, Die find ich droben wieder. Dort sammelt deine Va=terhand, Die deine Liebe hier ver=band, Herr, alle deine Glieder. Ewig Werd ich, Frei von Män=geln, Selbst mit Engeln Freund=schaft pflegen. O ein Umgang voller Segen!

7. Dort ist mein Freund, des Höchsten Sohn, Der mich geliebt. Wie glänzt sein Thron In jenen

Himmelshöhen! Da werd ich dich, Herr Jesu Christ, Der du die Lebenssonne bist, Mir zum Entzüden sehen. Da wird, Mein Hirt, Von den Freuden Nichts mich scheiden, Die du droben Deinen Freunden aufgehoben.

8. Wie herrlich ist die neue Welt, Die Gott den Frommen vorbehält! Kein Mensch kann sie erwerben. O Jesu, Herr der Herrlichkeit, Du hast die Stätt auch mir bereit't; Hilf sie mir auch ererben! Laß mich Eifrig Danach streben Und so leben Auf der Erde, Daß ich dort dein Erbe werde.

Joh. Sam. Dieterich, geb. 1721, † 1797.
Nach Ahasverus Fritsch, geb. 1629, † 1701.

528.

Mel. Alle Menschen müssen sterben.

1. O wie fröh=lich, o wie se=lig Wer=den wir
Dro=ben ern = ten wir un=zäh=lig Un=sre Freu=

im Him=mel sein!
den=gar=ben ein.
Ge = hen wir hier hin und wei = nen,

Dor = ten wird die Son = ne schei = nen, Dort ist Tag

und kei = ne Nacht, Wo man nach den Thrä = nen lacht.

2. Es ist doch um dieses Leben Nur ein jämmerliches Thun, Und die Not, die uns umgeben, Läßet uns gar selten ruhn. Von dem Abend bis zum Morgen Kämpfen wir mit lauter Sorgen, Und die überhäufte Not Heißet unser täglich Brot.

3. Ach, wer sollte sich nicht sehnen, Bald auf Zions Höhn zu stehn Und aus diesem Thal der Thränen In den Freudenort zu gehn, Wo sich unser Kreuz in Palmen, Unser Klagelied in Psalmen, Unsre Last in Lust verkehrt Und das Jauchzen ewig währt.

4. Da wird unser Aug erbliden, Was ganz unvergleichlich ist; Da wird unsern Mund erquiden, Was aus Gottes Herzen fließt; Da wird unser Ohr nur hören, Was die Freude kann vermehren; Da empfindet unser Herz Lauter Wonne ohne Schmerz.

5. O wie werden wir so schöne Bei der Klarheit Gottes sein! Wie wird da das Lobgetöne Seiner Engel uns erfreun! Wie wird unsre Krone glänzen Bei so vielen Siegeskränzen! Wie wird unser Kleid so rein, Heller als die Sonne sein!

6. Manna wird uns dorten tauen, Wo Gott selbst den Tisch gedeckt, Auf den immer grünen Auen, Die kein Gifthauch mehr befleckt. Wonne wird in Strömen fließen, Und wir werden mit den Füßen Nur auf lauter Rosen gehn, Die in Edens Garten stehn.

7. Ach, wann werd ich dahin kommen, Daß ich Gottes Antlitz schau? Werd ich nicht bald aufgenommen In den schönen Himmels-bau, Dessen Grund den Perlen gleichet, Dessen Glanz die Sonne weichet, Dessen wundervolle Pracht Alles Gold beschämet macht?

8. Nun, so stille mein Verlangen, O du großer Lebensfürst; Laß mich bald dahin gelangen, Wo du mich recht trösten wirst! Unterdessen laß auf Erden Schon mein Herz recht himmlisch werden, Bis mein Los in jener Welt Auf das allerschönste fällt!

Benj. Schmolk, geb. 1672, † 1737.

529.

Mel. Gott des Himmels und der Erden.

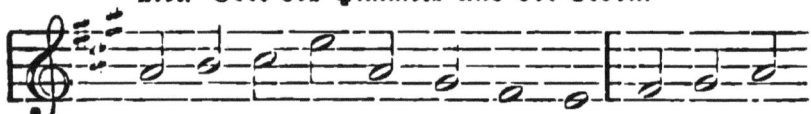

1. Wer sind die vor Got-tes Thro-ne? Was ist das
Je-der trä-get ei-ne Kro-ne, Glän-zen gleich

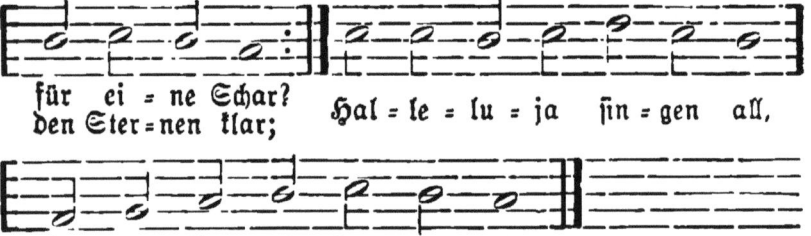

für ei-ne Schar?
den Ster-nen klar;   Hal-le-lu-ja sin-gen all,

Lo-ben Gott mit fro-hem Schall.

2. Wer sind die, die Palmen tragen, Wie ein Sieger, in der Hand, Welcher seinen Feind geschlagen Und gestreckt hat in den Sand? Welcher Streit und welcher Krieg Hat gezeuget diesen Sieg?

3. Wer sind die in reiner Seide, Welche ist Gerechtigkeit, Angethan mit weißem Kleide, Das zerreibet keine Zeit Und veraltet nimmermehr? Wo sind diese kommen her?

4. Es sind die, die wohl gekämpfet Für des großen Gottes Ehr, Haben Fleisch und Blut gedämpfet, Nicht gefolgt des Satans Heer; Die erlanget auf den Krieg Durch des Lammes Blut den Sieg.

5. Es sind die, die viel erlitten, Trübsal, Schmerzen, Angst und Not, Im Gebet auch oft gestritten Mit dem hochgelobten Gott; Nun hat dieser Kampf ein End, Gott hat all ihr Leid gewendt.

6. Es sind Zweige eines Stammes, Der uns Huld und Heil gebracht; Haben in dem Blut des Lammes Ihre Kleider hell gemacht, Sind geschmückt mit Heiligkeit, Prangen nun im Ehrenkleid.

7. Es sind die, so stets erschienen

Hier als Priester vor dem Herrn,
Tag und Nacht bereit zu dienen,
Leib und Seel geopfert gern;
Nun stehn alle sie herum Vor dem
Stuhl im Heiligtum.

8. Wie ein Hirsch am Mittag
lechzet Nach dem Strom, der frisch
und hell, So hat ihre Seel ge=
ächzet Nach dem rechten Lebens=
quell; Nun ihr Durst gestillet ist,
Da sie sind bei Jesu Christ.

9. Auf dem Zionsberg sie wei=
det Gottes Lamm; die Lebens=
sonn Mitten in dem Stuhl sie
leitet Zu dem rechten Lebens=
bronn; Hirt und Lamm, das
ewge Gut, Lieblich sie erquicken
thut.

10. Ach, Herr Jesu! meine
Hände Ich zu dir nun strecke
aus; Mein Gebet zu dir ich
wende, Der ich noch in deinem
Haus Hier auf Erden steh im
Streit: Treibe, Herr, die Feinde
weit!

11. Hilf mir Fleisch und Blut
besiegen, Teufel, Sünde, Höll und
Welt; Laß mich nicht danieder
liegen, Wenn ein Sturm mich über=
fällt. Führe mich aus aller Not,
Herr mein Fels, mein treuer
Gott!

12. Gieb, daß ich sei neu gebo=
ren, An dir als ein grünes Reis
Wachse und sei auserkoren, Durch
dein Blut gewaschen weiß, Meine
Kleider halte rein, Meide allen
falschen Schein:

13. Daß mein Teil sei bei den
Frommen, Welche, Herr, dir ähn=
lich sind Und aus großer Trübsal
kommen. Hilf, daß ich auch über=
wind Alle Trübsal, Not und Tod,
Bis ich komm zu meinem Gott.

14. O wie groß wird sein die
Wonne, Wenn wir werden aller=
meist Schauen auf dem hohen
Throne Vater, Sohn und heilgen
Geist! Amen, Lob sei dir bereit,
Dank und Preis in Ewigkeit!

H. Theob. Schenk. † 1727.

530.

Mel. Gott des Himmels und der Erden.

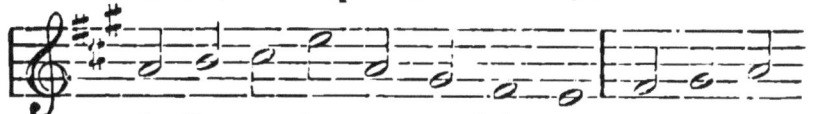

1. O Je = ru = sa = lem, du Schö = ne, Da man Gott
Und das himm=li = sche Ge = tö = ne Hei = lig! Hei=

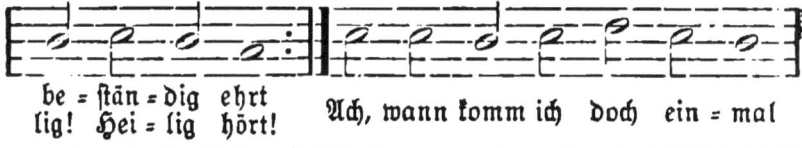

be = stän = dig ehrt
lig! Hei = lig hört! Ach, wann komm ich doch ein = mal

Hin zu dei = ner Bür = ger Zahl?

2. Muß ich nicht in Pilgerhüt=
ten Unter strengem Kampf und
Streit, Da so mancher Christ ge=
litten, Führen meine Lebenszeit,
Da oft wird die beste Kraft Durch
die Thränen weggerafft?

3. Ach, wie wünsch ich dich zu
schauen, Jesu, liebster Seelenfreund,
Tort auf deinen Salemsauen, Wo
man nicht mehr klagt und weint,
Sondern in dem höchsten Lie
Schauet Gottes Angesicht!

4. Komm doch, führe mich mit Freuden Aus der Fremde hartem Stand; Hol mich heim nach vielem Leiden In das rechte Vaterland, Wo dein Lebenswasser quillt, Das den Durst auf ewig stillt!

5. O der auserwählten Stätte, Voller Wonne, voller Zier! Ach, Daß ich doch Flügel hätte, Mich zu schwingen bald von hier Nach der neuerbauten Stadt, Welche Gott zur Sonne hat!

6. Soll ich aber länger bleiben Auf dem ungestümen Meer, Wo mich Sturm und Wellen treiben Durch so mancherlei Beschwer: Ach, so laß in Kreuz und Pein Hoffnung meinen Anker sein!

7. Laß mir nur dein Antlitz winken, Dann ist Wind und Meer gestillt! Christi Schifflein kann nicht sinken, Wär das Meer auch noch so wild. Ob auch Mast und Segel bricht, Läßt doch Gott die Seinen nicht.

Fr. Conr. Hiller, geb. 1662, † 1726.

531.

Mel. Wie wohl ist mir, o Freund der Seelen.

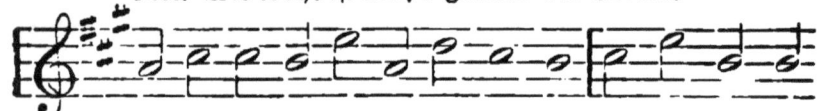

1. Die See-le ruht in Je-su Ar-men, Der Leib schläft sanft Am Her-zen darf das Herz er-warmen. Die Ruh ist un-

im Er-den-schoß; aussprechlich groß, Die sie nach we-nig Kampfes-stunden Bei

ih-rem hol-den Freund ge-funden: Sie schwimmt im stil-len Frie-

Densmeer. Gott hat die Thrä-nen ab-ge-wi-schet, Ihr Geist wird

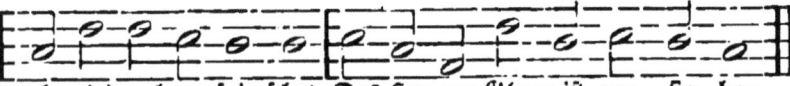

Durch und durch er-fri-schet, Des Her-ren Glanz ist um sie her.

2. Sie ist nun aller Not entnommen, Ihr Schmerz und Seufzen ist dahin; Sie ist zur Freudenkrone kommen, Sie steht als Braut und Königin Im Golde ewger Herrlichkeiten Dem großen König an der Seiten, Sie sieht sein klares Angesicht. Sein freudenvolles, lieblich Wesen Macht sie nun durch und durch genesen; Sie ist ein Licht im großen Licht.

3. Sie jauchzt den Sterblichen entgegen: Ja, ja, nun ist mir ewig wohl! Ich bin durch meines Mittlers Segen Des Lebens, Lichts und Freuden voll; Mein schönes

Erbteil ist mir worden, Viel Tausend aus der Selgen Orden Bewundern jauchzend meine Pracht. Man kann in allen Himmelschören Gleichwie mit Donnerstimmen hören: Der Herr hat alles wohl gemacht!

4. Ja, wohl gemacht durchs ganze Leben, Recht wohl in meiner Todespein! Sein mütterliches Tragen, Heben Bracht mich heraus, hindurch, hinein: Heraus aus dieser Erde Lüsten, Hindurch durch die Versuchungswüsten, Hinein ins schöne Kanaan, Wo ich auf ewig grünen Auen Darf meinen treuen Führer schauen, Der große Ding an mir gethan.

5. Das war ein Tag der süßen Wonne, Das war ein langgewünschtes Heut, Da Jesus, meine Lebenssonne, Den ersten Blick der Herrlichkeit Zum freudenvollen Übergehen Ließ meinen Geist durchdringen sehen; Der eilte

seinem Freunde zu Und schwang sich mit den Engelscharen, Die um mein Sterbebette waren, Ins Vaterhaus zur stolzen Ruh.

6. Nun kann das Kind den Vater sehen, Es fühlt den sanften Liebestrieb; Nun kann es Jesu Wort verstehen: Er selbst, der Vater, hat dich lieb! Ein unergründlich Meer des Guten, Ein Abgrund ewger Segensfluten Entdeckt sich dem verklärten Geist; Er schauet Gott von Angesichte Und weiß, was Gottes Erb im Lichte Und ein Miterbe Christi heißt.

7. Der matte Leib ruht in der Erden, Er schläft, bis Jesus ihn erweckt; Da wird der Staub zur Sonne werden, Den jetzt die finstre Gruft bedeckt; Da werden wir mit allen Frommen Beim großen Mahl zusammenkommen Und bei dem Herrn sein allezeit; Da werden wir ihn ewig sehen. Wie wohl, wie wohl wird uns geschehen! Herr Jesu, komm, mach uns bereit!

Joh. Ludw. Conr. Allendorf, geb. 1693, † 1773.

532.

Mel. Wie wohl ist mir, o Freund der Seelen.

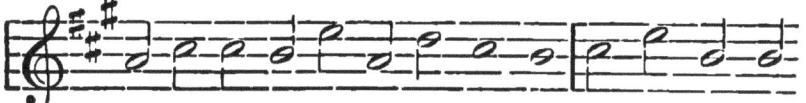

1. Es ist noch ei = ne Ruh vor=han=den; Auf, mü = des Herz, Du seuf=zest hier in dei=nen Ban=den, Und dei = ne Son=

und wer=de licht!
ne scheinet nicht. Sieh auf das Lamm, das dich mit Freuden Dort

wird vor sei=nem Stuhle wei=den; Wirf hin die Last und eil

her=zu! Bald ist der schwe=re Kampf voll=en=det, Bald, bald der

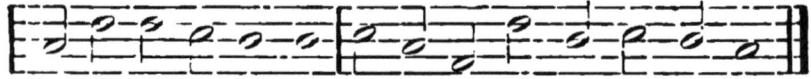

saure Lauf ge = en = det. Dann gehst du ein zu dei = ner Ruh.

2. Die Ruhe hat Gott auserkoren, Die Ruhe, die kein Ende nimmt; Es hat, da noch kein Mensch geboren, Die Liebe sie uns schon bestimmt. Das Gotteslamm, es wollte sterben, Uns diese Ruhe zu erwerben; Es ruft, es locket weit und breit: Ihr müden Seelen und ihr Frommen, Versäumet nicht, heut einzukommen Zu meiner Ruhe Lieblichkeit!

3. So kommet denn, ihr matten Seelen, Die manche Last und Bürde drückt! Eilt, eilt aus euren Kummerhöhlen, Geht nicht mehr seufzend und gebückt! Ihr habt des Tages Last getragen, Dafür läßt euch der Heiland sagen: Ich selbst will eure Ruhstatt sein; Ihr seid mein Volk, gezeugt von oben; Ob Sünde, Welt und Teufel toben, Seid nur getrost und gehet ein!

4. Was mag wohl einen Kranken laben Und einen müden Wandersmann? Wenn jener nur ein Bettlein haben Und sanfte darauf ruhen kann, Wenn dieser sich darf niedersetzen, An einem frischen Trunk ergötzen: Wie sind sie beide so vergnügt! Doch dies sind kurze Ruhestunden; Es ist noch eine Ruh erfunden, Da man auf ewig stille liegt.

5. Da wird man Freudengarben bringen, Denn unsre Thränensaat ist aus. O welch ein Jubel wird erklingen Und süßer Ton im Vaterhaus! Schmerz, Seufzen, Leid muß von uns weichen, Es kann kein Tod uns mehr erreichen; Wir werden unsern Heiland sehn; Er wird beim Brunnquell uns erfrischen, Die Thränen von den Augen wischen. Wer weiß, was sonst noch wird geschehn!

6. Kein Durst noch Hunger wird uns schwächen, Denn die Erquickungszeit ist da; Die Sonne wird uns nicht mehr stechen, Der Herr ist seinem Volke nah. Er will selbst unter ihnen wohnen Und ihre Treue wohl belohnen Mit Licht und Trost, mit Ehr und Preis. Es werden die Gebeine grünen; Der große Sabbat ist erschienen, Da man von keiner Arbeit weiß.

7. Da ruhen wir und sind im Frieden Und leben ewig sorgenlos. Ach, fasset dieses Wort, ihr Müden, Legt euch dem Heiland in den Schoß! Ach, Flügel her! wir müssen eilen Und uns nicht länger hier verweilen; Dort wartet schon die frohe Schar. Fort, fort, mein Geist, zum Jubilieren, Begürte dich zum Triumphieren! Auf, auf, es kommt das Ruhejahr!

Joh. Sigism. Kunth, geb. 1700, † 1779.

533.

Eigene Melodie.

1. Nach ei = ner Prü=fung kur=zer Ta = ge Führst du
   Dort en = det sich der Dei=nen Kla = ge In himm=

uns, Gott, zur E = wig = keit.
li = scher Zu = frie = den = heit.　Hier übt der Glau=be

sei = nen Fleiß, Und dort reichst du ihm selbst den Preis.

2. Du schenkst dem Frommen zwar auf Erden Schon manchen selgen Augenblick; Doch alle Freuden, die ihm werden, Sind ihm noch kein vollkommnes Glück. Er bleibt ein Mensch, Und seine Ruh Nimmt in der Seele ab und zu.

3. Bald stören ihn des Körpers Schmerzen, Bald das Geräusche dieser Welt; Bald kämpft in seinem eignen Herzen Ein Feind, der öfter siegt, als fällt; Bald sinkt er durch des Nächsten Schuld In Kummer und in Ungeduld.

4. Hier, wo der Fromme öfters leidet, Der Böse öfters glücklich ist, Wo man die Glücklichen beneidet Und des Bekümmerten vergißt, Hier kann der Mensch nie frei von Pein, Nie frei von eigner Schwachheit sein.

5. Hier such ich's nur, dort werd ich's finden; Dort werd ich heilig und verklärt Des Glaubens ganzen Wert empfinden, Den unaussprechlich großen Wert. Dich, Gott der Liebe, werd ich sehn, Dich lieben, ewig dich erhöhn.

6. Da wird, o Herr, dein heilger Wille Mein Will und meine Wohlfahrt sein, Und lieblich Wesen, Heil die Fülle An deinem Throne mich erfreun; Dann läßt Gewinn stets auf Gewinn Mich fühlen, daß ich ewig bin.

7. Da werd ich das im Licht erkennen, Was ich auf Erden dunkel sah, Das wunderbar und heilig nennen, Was unerforschlich hier geschah; Da denkt mein Geist mit Preis und Dank Die Schickung im Zusammenhang.

8. Da werd ich zu dem Throne dringen, Wo Gott, mein Heil, sich offenbart, Ein Heilig! Heilig! Heilig! singen Dem Lamme, das erwürget ward; Und Cherubim und Seraphim Und alle Himmel jauchzen ihm.

9. Da werd ich in der Engel Scharen Mich ihnen gleich und heilig sehn, Das nie gestörte Glück erfahren, Mit Frommen stets fromm umzugehn. Da wird in jedem Augenblick Ihr Heil mein Heil, mein Glück ihr Glück.

10. Da werd ich dem den Dank bezahlen, Der Gottes Weg mich gehen hieß, Und ihn zu millionen Malen Noch segnen, daß er mir ihn wies; Da find ich, Herr, in deiner Hand Den Freund, den ich auf Erden fand.

11. Da ruft (o möchtest du es geben!) Vielleicht auch mir ein Selger zu: Heil sei dir, denn du hast mein Leben, Die Seele mir gerettet, du! O Gott, wie muß das Glück erfreun, Der Retter einer Seele sein!

12. Was seid ihr Leiden dieser Erden Doch gegen jene Herrlichkeit, Die an uns offenbar soll werden Von Ewigkeit zu Ewigkeit! Wie nichts, wie gar nichts gegen sie Ist doch ein Augenblick voll Müh!

Chr. F. Gellert, geb. 1715, † 1769.

534.

Mel. Wachet auf, ruft uns die Stimme.

1. Se = lig sind des Him=mels Er = ben, Die To = ten, die
Nach den letz=ten Au=gen=blik = ken Des To=des=schlum=

im Her=ren ster=ben, Zur Auf = er = ste=hung ein = ge=weiht!
mers folgt Ent=zük=ten, Folgt Wonne der Un = sterb=lich=keit.

Im Frie=den ru = hen sie, Los von der Er = de Müh.

Ho = si = an = na! Vor Got=tes Thron, Zu sei=nem Sohn

Be = glei = ten ih = re Wer = ke sie.

2. Dank, Anbetung, Preis und Ehre Sei dir durch alle Himmelsheere, O Weltversöhner, Jesu Christ! Ihr, der Überwin=der Chöre, Bringt Dank, Anbe=tung, Preis und Ehre Dem Lamme, das geopfert ist! Er sank, wie wir, ins Grab, Wischt unsre Thränen ab, Alle Thränen. Er hat's vollbracht. Nicht Tag, nicht Nacht Wird an des Lammes Throne sein.

3. Nicht der Mond, nicht mehr die Sonne Scheint uns alsdann; er ist uns Sonne, Der Sohn, die Herrlichkeit des Herrn. Heil, nach dem wir weinend rangen, Nun bist du, Heil, uns aufgegangen, Nicht mehr im Dunkeln, nicht von fern. Nun weinen wir nicht mehr; Das Alte ist nicht mehr. Halleluja! Er sank hinab, Wie wir, ins Grab. Er ging zu Gott: wir fol=gen ihm.

Fr. G. Klopstock, geb. 1724, † 1803.

535.

Mel. Wie schön leucht't uns der Morgenstern.

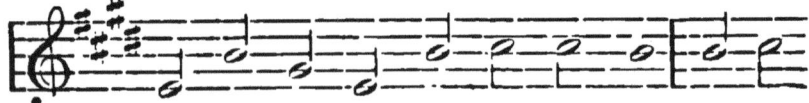

c. Wie wird mir dann, mein Heiland, sein, Wenn ich
Dann, See = le, wirst du, ganz be = freit Von Sü...

mich dei = ner ganz zu freun, In dir ent=schla=fen wer=de!
de und von Sterblich=keit, Ent=flie=hen die=ser Er=de.

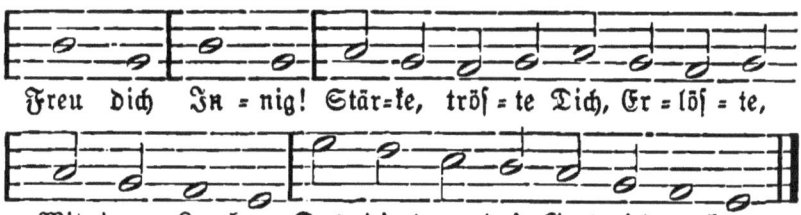

Freu dich In = nig! Stär=ke, trö=te Dich, Er = lös = te,

Mit dem Le = ben, Daß dir dann dein Gott wird ge=ben.

2. Ich freue mich und bebe doch! So drückt mich meines Elends Joch, Der Fluch der Sünde, nie= der. Doch du, o Herr, erleichterst mir Dies Joch; mein Herz stärkt sich in mir, Glaubt und erhebt sich wieder. Jesus Christus! Laß mich streben, Dir zu leben, Dir zu sterben Und dein Himmelreich zu erben.

3. Verachte denn des Todes Graun, Mein Geist! er ist ein Weg zum Schaun In jenem bessern Le= ben. Er sei dir nicht mehr fürchter= lich; Zum Allerheiligsten wird dich Der Herr dadurch erheben. Hier wird Dein Hirt Nach den Thränen, Nach dem Sehnen Dich Erlösten Völlig und auf immer trösten.

4. Herr, Herr! ich weiß die Stunde nicht, Die mich, wenn nun mein Auge bricht, Zu deiner Toten sammelt. Vielleicht um= giebt mich ihre Nacht, Eh ich dies Flehen noch vollbracht, Mein Lob dir ausgestammelt. Mach mich Fer= tig! Ich befehle Meine Seele Dei= nen Händen. Laß mich meinen Lauf gut enden!

5. Vielleicht sind meiner Tage viel; Ich bin vielleicht noch fern vom Ziel, An dem die Krone schim= mert. Bin ich von meinem Ziel noch weit, So sei mein Leben dir geweiht, Bis einst mein Leib zer= trümmert. Hilf mir, Herr, dir Ganz mein Leben Zu ergeben, Daß ich droben Dich unendlich könne loben!

6. Wie wird mir dann, mein Heiland, sein, Wenn ich mich dei= ner ganz erfreun, Dich dort anbe= ten werde! Dann bin ich frei von Sünd und Leid, Ein Mitgenoß der Herrlichkeit, Nicht mehr ein Mensch von Erde. Preis dir, Daß mir Durch dein Leiden Jene Freuden Offen stehen; Ewig will ich dich erhöhen.

Fr. G. Klopstock, geb. 1724, † 1803.

ANHANG.

A. Responsorium zur Liturgie.

I. (Nach dem ersten Gebet.)

A = = = = men.

II. (Nach dem Sündenbekenntnis.)

Herr, er = barm dich un = ser.
Chri = te, er = barm dich un = ser.
Herr, er = barm dich un = ser.

oder:

Chri=te, du Lamm Gottes, Der du trägst die Sünd der Welt,
Chri=te, du Lamm Gottes, Der du trägst die Sünd der Welt,

Erbarm dich un=ser.
Erbarm dich un=ser. Christe, du Lamm Gottes, Der du trägst die

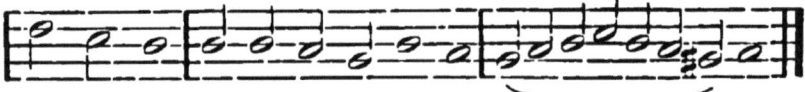

Sünd der Welt, Gieb uns deinen Frieden. A = = = = = = = = = men.

III. (Nach der Gnadenversicherung.)

Al = lein Gott in der Höh sei Ehr Und Dank für sei = ne
Dar=um, daß nun und nim=mermehr Uns rüh=ren kann kein

Gna = de,
Scha = de.   Ein Wohl = ge =fall'n Gott an uns hat, Nun ist groß

Fried ohn Un = ter = laß, All Fehd hat nun ein En = de.

IV. (Nach den Worten: Der Herr sei mit euch.)

Und mit dei = nem Geif = te.

V. (Nach den Worten: Erhebet eure Herzen.)

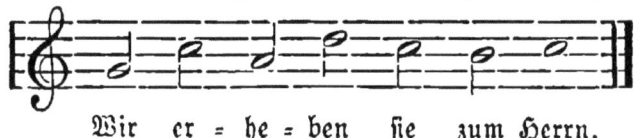

Wir er = he = ben sie zum Herrn.

VI. (Nach dem Gebet.)

A = men, A = men, A = = = = men.

VII. (Nach der Bibellektion und den Worten: Selig sind u.f.w.)

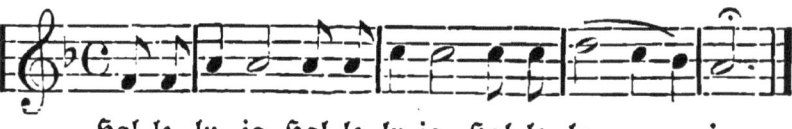

Hal=le = lu = ja, Hal=le=lu=ja, Hal=le = lu = = = = = ja.

VIII. (Nach dem Glaubensbekenntnis.)

Eh = re sei dem Va = ter und dem Soh = ne

und dem hei = li=gen Geis = te, wie es war im

An = fang, jetzt und im = mer=dar und von E = wig=keit zu

E = wig=keit. A = men, A = men, A = = = = = men.

oder:

Hei = lig, Hei = lig, Hei = lig ist der

Herr, und al = le Lan = de, Und al = le Lan = de sind

sei = ner Eh = re voll.

oder:

Ehr sei dem Va = ter und dem Sohn, Dem heil = gen

Geist in ei = nem Thron; Der hei = li = gen Drei = fal-

tig = keit Sei Lob und Preis in E = wig = keit.

B. Schluß= oder Ausgangsverse.

1. Un=fern Ausgang feg = ne Gott, Un=fern Ein=gang
Seg=ne un = fer täg = lich Brot, Seg=ne un = fer

glei=cher=ma=ßen;
Thun und Laf=fen;
Seg=ne uns mit fel=gem Ster=ben

Und mach uns zu Him=mels=er=ben.

2. Ehr sei dem Vater — (siehe vorige Seite).

3. Die Gna=de un=fers Herrn Je = fu Chrif = ti

Und die Lie = be Got = tes Und die Ge = mein=schaft

des heil = gen Geif = tes Sei mit uns al = len,

Mit uns al = len, A = men.

30

Episteln und Evangelien

—für die—

Sonn= und Festtage des Kirchenjahrs.

Am 1. Sonntage des Advents.

Epistel. Röm. 13, 11—14.

Weil wir solches wissen, nämlich die Zeit, daß die Stunde da ist, aufzustehen vom Schlaf, sintemal unser Heil jetzt näher ist, denn da wir's glaubten, die Nacht ist vergangen, der Tag aber herbei gekommen: so laßt uns ablegen die Werke der Finsternis und anlegen die Waffen des Lichts. Laßt uns ehrbarlich wandeln, als am Tage, nicht in Fressen und Saufen, nicht in Kammern und Unzucht, nicht in Hader und Neid; sondern ziehet an den Herrn Jesum Christum, und wartet des Leibes, doch also, daß er nicht geil werde.

Evangelium. Matth. 21, 1—9.

Da sie nun nahe bei Jerusalem kamen gen Bethphage an den Ölberg, sandte Jesus seiner Jünger zween und sprach zu ihnen: Gehet hin in den Flecken, der vor euch liegt, und bald werdet ihr eine Eselin finden angebunden und ein Füllen bei ihr; löset sie auf, und führet sie zu mir. Und so euch jemand etwas wird sagen, so sprecht: Der Herr bedarf ihrer! sobald wird er sie euch lassen. Das geschah aber alles, auf daß erfüllet würde, das gesagt ist durch den Propheten, der da spricht: Saget der Tochter Zion: Siehe, dein König kommt zu dir sanftmütig und reitet auf einem Esel und auf einem Füllen der lastbaren Eselin. Die Jünger gingen hin und thaten, wie ihnen Jesus befohlen hatte; und brachten die Eselin und das Füllen und legten ihre Kleider darauf und setzten ihn darauf. Aber viel Volks breitete die Kleider auf den Weg. Die andern hieben Zweige von den Bäumen und streuten sie auf den Weg. Das Volk aber, das vorging und nachfolgte, schrie und sprach: Hosianna dem Sohn Davids! Gelobet sei, der da kommt in dem Namen des Herrn! Hosianna in der Höhe!

Am 2. Sonntage des Advents.

Epistel. Röm. 15, 4—13.

Was aber zuvor geschrieben ist, das ist uns zur Lehre geschrieben, auf daß wir durch Geduld und Trost der Schrift Hoffnung haben. Gott aber der Geduld und des Trostes gebe euch, daß ihr einerlei gesinnet seid unter einander, nach Jesu Christo, auf daß ihr einmütiglich mit e i n e m Munde lobet Gott und den Vater unsers Herrn Jesu Christi. Darum nehmet euch unter einander auf, gleichwie euch

Christus hat aufgenommen zu Gottes Lobe. Ich sage aber, daß Je=
sus Christus sei ein Diener gewesen der Beschneidung um der Wahrheit
willen Gottes, zu bestätigen die Verheißung, den Vätern geschehen;
daß die Heiden aber Gott loben um der Barmherzigkeit willen, wie
geschrieben stehet: Darum will ich dich loben unter den Heiden und
deinem Namen singen. Und abermal spricht er: Freuet euch, ihr
Heiden, mit seinem Volk! Und abermal: Lobet den Herrn, alle Hei=
den, und preiset ihn, alle Völker! Und abermal spricht Jesaias: Es
wird sein die Wurzel Jesse, und der auferstehen wird, zu herrschen
über die Heiden, auf den werden die Heiden hoffen. Gott aber der
Hoffnung erfülle euch mit aller Freude und Friede im Glauben, daß
ihr völlige Hoffnung habet durch die Kraft des heiligen Geistes.

Evangelium. Luk. 21, 25—36.

Und es werden Zeichen geschehen an der Sonne und Mond und
Sternen, und auf Erden wird den Leuten bange sein, und werden
zagen. Und das Meer und die Wasserwogen werden brausen, und
die Menschen werden verschmachten vor Furcht und vor Warten der
Dinge, die da kommen sollen auf Erden; denn auch der Himmel
Kräfte sich bewegen werden. Und alsdann werden sie sehen des Men=
schen Sohn kommen in der Wolke mit großer Kraft und Herrlichkeit.
Wenn aber dieses anfängt zu geschehen: so sehet auf, und hebet eure
Häupter auf, darum, daß sich eure Erlösung nahet. Und er sagte
ihnen ein Gleichnis: Sehet an den Feigenbaum und alle Bäume;
wenn sie jetzt ausschlagen, so sehet ihr's an ihnen und merket, daß
jetzt der Sommer nahe ist. Also auch ihr, wenn ihr dies alles sehet
angehen, so wisset, daß das Reich Gottes nahe ist. Wahrlich, ich sage
euch: Dies Geschlecht wird nicht vergehen, bis daß es alles geschehe.
Himmel und Erde werden vergehen, aber meine Worte vergehen nicht.
Aber hütet euch, daß eure Herzen nicht beschweret werden mit Fressen
und Saufen und mit Sorgen der Nahrung, und komme dieser Tag
schnell über euch; denn wie ein Fallstrick wird er kommen über alle, die
auf Erden wohnen. So seid nun wacker allezeit, und betet, daß ihr
würdig werden möget, zu entfliehen diesem allen, das geschehen soll,
und zu stehen vor des Menschen Sohn.

Am 3. Sonntage des Advents.

Epistel. 1 Kor. 4, 1—5.

Dafür halte uns jedermann, nämlich für Christi Diener und
Haushalter über Gottes Geheimnisse. Nun sucht man nicht mehr an
den Haushaltern, denn daß sie treu erfunden werden. Mir aber ist
es ein Geringes, daß ich von euch gerichtet werde, oder von einem
menschlichen Tage; auch richte ich mich selbst nicht. Ich bin mir wohl
nichts bewußt, aber darinnen bin ich nicht gerechtfertigt. Der Herr
ist's aber, der mich richtet. Darum richtet nicht vor der Zeit, bis der
Herr komme, welcher auch wird ans Licht bringen, was im Finstern
verborgen ist, und den Rat der Herzen offenbaren; alsdann wird
einem jeglichen von Gott Lob widerfahren.

Evangelium. Matth. 11, 2—10.

Da aber Johannes im Gefängnis die Werke Christi hörte, sandte er seiner Jünger zween und ließ ihm sagen: Bist du, der da kommen soll, oder sollen wir eines andern warten? Jesus antwortete und sprach zu ihnen: Gehet hin, und saget Johanni wieder, was ihr sehet und höret: Die Blinden sehen, und die Lahmen gehen, die Aussätzigen werden rein, und die Tauben hören, die Toten stehen auf, und den Armen wird das Evangelium gepredigt. Und selig ist, der sich nicht an mir ärgert. Da die hingingen, fing Jesus an zu reden zu dem Volk von Johanne: Was seid ihr hinausgegangen in die Wüste zu sehen? Wolltet ihr ein Rohr sehen, das der Wind hin und her wehet? Oder was seid ihr hinausgegangen zu sehen? Wolltet ihr einen Menschen in weichen Kleidern sehen? Siehe, die da weiche Kleider tragen, sind in der Könige Häusern. Oder was seid ihr hinausgegangen zu sehen? Wolltet ihr einen Propheten sehen? Ja, ich sage euch, der auch mehr ist, denn ein Prophet. Denn dieser ist's, von dem geschrieben stehet: Siehe, ich sende meinen Engel vor dir her, der deinen Weg vor dir bereiten soll.

Am 4. Sonntage des Advents.

Epistel. Phil. 4, 4—7.

Freuet euch in dem Herrn allewege, und abermal sage ich: Freuet euch! Eure Lindigkeit lasset kund sein allen Menschen. Der Herr ist nahe. Sorget nichts, sondern in allen Dingen lasset eure Bitte im Gebet und Flehen mit Danksagung vor Gott kund werden. Und der Friede Gottes, welcher höher ist denn alle Vernunft, bewahre eure Herzen und Sinne in Christo Jesu.

Evangelium. Joh. 1, 19—28.

Und dies ist das Zeugnis Johannis, da die Juden sandten von Jerusalem Priester und Leviten, daß sie ihn fragten: Wer bist du? Und er bekannte und leugnete nicht; und er bekannte: Ich bin nicht Christus. Und sie fragten ihn: Was denn? Bist du Elias? Er sprach: Ich bin es nicht. Bist du ein Prophet? Und er antwortete: Nein. Da sprachen sie zu ihm: Was bist du denn? daß wir Antwort geben denen, die uns gesandt haben; was sagst du von dir selbst? Er sprach: Ich bin eine Stimme eines Predigers in der Wüste: Richtet den Weg des Herrn, wie der Prophet Jesaias gesagt hat. Und die gesandt waren, die waren von den Pharisäern, und fragten ihn und sprachen zu ihm: Warum taufest du denn, so du nicht Christus bist, noch Elias, noch ein Prophet? Johannes antwortete ihnen und sprach: Ich taufe mit Wasser; aber er ist mitten unter euch getreten, den ihr nicht kennet. Der ist's, der nach mir kommen wird, welcher vor mir gewesen ist, des ich nicht wert bin, daß ich seine Schuhriemen auflöse. Dies geschah zu Bethabara jenseit des Jordans, da Johannes taufte.

Am erften Chriftfefttage.

Epiftel. Tit. 2, 11—14.

Es ift erfchienen die heilfame Gnade Gottes allen Menfchen und züchtiget uns, daß wir follen verleugnen das ungöttliche Wefen und die weltlichen Lüfte, und züchtig, gerecht und gottfelig leben in diefer Welt, und warten auf die felige Hoffnung und Erfcheinung der Herrlichkeit des großen Gottes und unfers Heilandes Jefu Chrifti, der fich felbft für uns gegeben hat, auf daß er uns erlöfete von aller Ungerechtigkeit und reinigte ihm felbft ein Volk zum Eigentum, das fleißig wäre zu guten Werken.

Evangelium. Luk. 2, 1—14.

Es begab fich aber zu der Zeit, daß ein Gebot vom Kaifer Auguftus ausging, daß alle Welt gefchätzet würde. Und diefe Schatzung war die allererfte und gefchah zu der Zeit, da Cyrenius Landpfleger in Syrien war. Und jedermann ging, daß er fich fchätzen ließe, ein jeglicher in feine Stadt. Da machte fich auch auf Jofeph aus Galiläa, aus der Stadt Nazareth, in das jüdifche Land zur Stadt Davids, die da heißt Bethlehem, darum, daß er von dem Haufe und Gefchlechte Davids war, auf daß er fich fchätzen ließe mit Maria, feinem vertrauten Weibe; die war fchwanger. Und als fie dafelbft waren, kam die Zeit, daß fie gebären follte. Und fie gebar ihren erften Sohn und wickelte ihn in Windeln und legte ihn in eine Krippe; denn fie hatten fonft keinen Raum in der Herberge. Und es waren Hirten in derfelbigen Gegend auf dem Felde bei den Hürden, die hüteten des Nachts ihre Herde. Und fiehe, des Herrn Engel trat zu ihnen, und die Klarheit des Herrn leuchtete um fie, und fie fürchteten fich fehr. Und der Engel fprach zu ihnen: Fürchtet euch nicht; fiehe, ich verkündige euch große Freude, die allem Volke widerfahren wird; denn euch ift heute der Heiland geboren, welcher ift Chriftus, der Herr, in der Stadt Davids. Und das habt zum Zeichen: Ihr werdet finden das Kind in Windeln gewickelt und in einer Krippe liegen. Und alsbald war da bei dem Engel die Menge der himmlifchen Heerfcharen, die lobeten Gott und fprachen: Ehre fei Gott in der Höhe, und Friede auf Erden, und den Menfchen ein Wohlgefallen!

Am zweiten Chriftfefttage.

Epiftel. Ap.-Gefch. 6, 8—7,2; 51—59.

Stephanus aber, voll Glaubens und Kräfte, that Wunder und große Zeichen unter dem Volk. Da ftanden etliche auf von der Schule, die da heißt der Libertiner und der Cyrener und der Alexandrier, und derer, die aus Cilicien und Afien waren, und befragten fich mit Stephano; und fie vermochten nicht zu widerftehen der Weisheit und dem Geifte, aus welchem er redete. Da richteten fie zu etliche Männer, die fprachen: Wir haben ihn gehöret Läfterworte reden wider Mofen und wider Gott. Und bewegten das Volk und die Älteften und die Schriftgelehrten; und traten herzu und riffen ihn hin und führten ihn vor den Rat; und ftelleten falfche Zeugen dar, die fprachen: Diefer Menfch höret nicht auf, zu reden Läfterworte wider diefe heilige Stätte und das Gefetz. Denn wir haben ihn hören sagen: Jesus von Nazareth wird diese Stätte zerstören und ändern die Sitten, die uns Moses gegeben hat. Und sie sahen auf ihn alle, die im Rate saßen, und sahen sein Angesicht, wie eines Engels Angesicht. Da sprach der Hohepriester: Ist dem also? Er aber sprach: Liebe Brüder und Väter, höret zu: — Ihr Halsstarrigen und Unbeschnittenen an Herzen und Ohren, ihr widerstrebet allezeit dem heiligen Geist, wie eure Väter, also auch ihr. Welche Propheten haben eure Väter nicht verfolget und sie getötet, die da zuvor verkündigten die Zukunft dieses Gerechten, welches ihr nun Verräter und Mörder geworden seid? Ihr habt das Gesetz empfangen durch der Engel Geschäfte, und habt es nicht gehalten. Da sie solches höreten, ging es ihnen durchs Herz, und bissen die Zähne zusammen über ihn. Als er aber voll heiligen Geistes war, sahe er auf gen Himmel und sahe die Herrlichkeit Gottes und Jesum stehen zur Rechten Gottes, und sprach: Siehe, ich sehe den Himmel offen und des Menschen Sohn zur Rechten Gottes stehen. Sie schrieen aber laut und hielten ihre Ohren zu und stürmten einmütiglich zu ihm ein, stießen ihn zur Stadt hinaus und steinigten ihn. Und die Zeugen legten ab ihre Kleider zu den Füßen eines Jünglings, der hieß Saulus, und steinigten Stephanum, der anrief und sprach: Herr Jesu, nimm meinen Geist auf! Er kniete aber nieder und schrie laut: Herr, behalte ihnen diese Sünde nicht! Und als er das gesagt, entschlief er.

Evangelium. Luk. 2, 15—20.

Und da die Engel von ihnen gen Himmel fuhren, sprachen die Hirten untereinander: Laßt uns nun gehen gen Bethlehem und die Geschichte sehen, die da geschehen ist, und die uns der Herr kund gethan hat. Und sie kamen eilend und fanden beide, Mariam und Joseph, dazu das Kind in der Krippe liegend. Da sie es aber gesehen hatten, breiteten sie das Wort aus, welches zu ihnen von diesem Kinde gesagt war. Und alle, vor die es kam, wunderten sich der Rede, die ihnen die Hirten gesagt hatten. Maria aber behielt alle diese Worte und bewegte sie in ihrem Herzen. Und die Hirten kehrten wieder um, priesen und lobten Gott um alles, das sie gehöret und gesehen hatten, wie denn zu ihnen gesagt war.

Am Sonntage nach dem Christfesttage.

Epistel. Gal. 4, 1—7.

Ich sage aber: Solange der Erbe ein Kind ist, so ist unter ihm und einem Knechte kein Unterschied, ob er wohl ein Herr ist aller Güter, sondern er ist unter den Vormündern und Pflegern bis auf die bestimmte Zeit vom Vater. Also auch wir, da wir Kinder waren, waren wir gefangen unter den äußerlichen Satzungen. Da aber die Zeit erfüllet ward, sandte Gott seinen Sohn, geboren von einem Weibe und unter das Gesetz gethan, auf daß er die, so unter dem Gesetz waren, erlösete, daß wir die Kindschaft empfingen. Weil ihr denn Kinder seid, hat Gott gesandt den Geist seines Sohnes in eure Herzen, der schreiet: Abba, lieber Vater! Also ist nun hier kein Knecht mehr, sondern eitel Kinder; sind es aber Kinder, so sind es auch Erben Gottes durch Christum.

Evangelium. Luk. 2, 33—40.

Und sein Vater und Mutter wunderten sich des, das von ihm geredet ward. Und Simeon segnete sie und sprach zu Maria, seiner Mutter: Siehe, dieser wird gesetzt zu einem Fall und Auferstehen vieler in Israel und zu einem Zeichen, dem widersprochen wird, (und es wird ein Schwert durch deine Seele dringen) auf daß vieler Herzen Gedanken offenbar werden. Und es war eine Prophetin, Hanna, eine Tochter Phanuels, vom Geschlecht Asers, die war wohl betaget, und hatte gelebt sieben Jahre mit ihrem Manne nach ihrer Jungfrauschaft, und war eine Witwe bei vier und achtzig Jahren; die kam nimmer vom Tempel, diente Gott mit Fasten und Beten Tag und Nacht. Dieselbige trat auch hinzu zu derselbigen Stunde und pries den Herrn und redete von ihm zu allen, die auf die Erlösung zu Jerusalem warteten. Und da sie es alles vollendet hatten nach dem Gesetz des Herrn, kehrten sie wieder in Galiläam zu ihrer Stadt Nazareth. Aber das Kind wuchs und ward stark im Geist, voller Weisheit, und Gottes Gnade war bei ihm.

Am Neujahrstage.

Epistel. Gal. 3, 23—29.

Ehe denn aber der Glaube kam, wurden wir unter dem Gesetz verwahret und verschlossen auf den Glauben, der da sollte geoffenbaret werden. Also ist das Gesetz unser Zuchtmeister gewesen auf Christum, daß wir durch den Glauben gerecht würden. Nun aber der Glaube gekommen ist, sind wir nicht mehr unter dem Zuchtmeister. Denn ihr seid alle Gottes Kinder durch den Glauben an Christum Jesum. Denn wie viele euer getauft sind, die haben Christum angezogen. Hier ist kein Jude noch Grieche, hier ist kein Knecht noch Freier, hier ist kein Mann noch Weib; denn ihr seid allzumal einer in Christo Jesu. Seid ihr aber Christi, so seid ihr ja Abrahams Samen und nach der Verheißung Erben.

Evangelium. Luk. 2, 21.

Und da acht Tage um waren, daß das Kind beschnitten würde, da ward sein Name genannt Jesus, welcher genannt war von dem Engel, ehe denn er im Mutterleibe empfangen ward.

Am Sonntage nach Neujahr.

Epistel. Tit. 3, 4—8.

Da aber erschien die Freundlichkeit und Leutseligkeit Gottes, unsers Heilandes: nicht um der Werke willen der Gerechtigkeit, die wir gethan hatten, sondern nach seiner Barmherzigkeit machte er uns selig durch das Bad der Wiedergeburt und Erneuerung des heiligen Geistes, welchen er ausgegossen hat über uns reichlich durch Jesum Christum, unsern Heiland, auf daß wir durch desselbigen Gnade gerecht und Erben seien des ewigen Lebens, nach der Hoffnung. Das ist je gewißlich wahr.

Evangelium. Matth. 2, 13—23.

Da sie aber hinweg gezogen waren, siehe, da erschien der Engel des Herrn dem Joseph im Traum und sprach: Stehe auf, und nimm das Kindlein und seine Mutter zu dir, und fliehe in Ägyptenland, und bleibe allda, bis ich dir sage; denn es ist vorhanden, daß Herodes das Kindlein suche, dasselbe umzubringen. Und er stand auf und nahm das Kindlein und seine Mutter zu sich bei der Nacht und entwich in Ägyptenland, und blieb allda bis nach dem Tode Herodis, auf daß erfüllet würde, das der Herr durch den Propheten gesagt hat, der da spricht: Aus Ägypten habe ich meinen Sohn gerufen. Da Herodes nun sahe, daß er von den Weisen betrogen war, ward er sehr zornig und schickte aus und ließ alle Kinder zu Bethlehem töten und an ihren ganzen Grenzen, die da zweijährig und darunter waren, nach der Zeit, die er mit Fleiß von den Weisen erlernt hatte. Da ist erfüllet, das gesagt ist von dem Propheten Jeremia, der da spricht: Auf dem Gebirge hat man ein Geschrei gehöret, viel Klagens, Weinens und Heulens; Rahel beweinte ihre Kinder und wollte sich nicht trösten lassen, denn es war aus mit ihnen. Da aber Herodes gestorben war, siehe, da erschien der Engel des Herrn dem Joseph im Traum in Ägyptenland und sprach: Stehe auf, und nimm das Kindlein und seine Mutter zu dir, und ziehe hin in das Land Israel; sie sind gestorben, die dem Kinde nach dem Leben standen. Und er stand auf und nahm das Kindlein und seine Mutter zu sich und kam in das Land Israel. Da er aber hörete, daß Archelaus im jüdischen Lande König war anstatt seines Vaters Herodes, fürchtete er sich, dahin zu kommen. Und im Traum empfing er Befehl von Gott und zog in die Örter des galiläischen Landes. Und kam und wohnete in der Stadt, die da heißet Nazareth; auf daß erfüllet würde, das da gesagt ist durch die Propheten: Er soll Nazarenus heißen.

Am Feste der Erscheinung Christi, oder Epiphanias.

Epistel. Jesaia 60, 1—6.

Mache dich auf, werde Licht; denn dein Licht kommt, und die Herrlichkeit des Herrn gehet auf über dir! Denn siehe, Finsternis bedecket das Erdreich, und Dunkel die Völker. Aber über dir gehet auf der Herr, und seine Herrlichkeit erscheinet über dir. Und die Heiden werden in deinem Lichte wandeln, und die Könige im Glanz, der über dir aufgehet. Hebe deine Augen auf, und siehe umher: diese alle versammelt kommen zu dir. Deine Söhne werden von ferne kommen, und deine Töchter zur Seite erzogen werden. Dann wirst du deine Lust sehen und ausbrechen, und dein Herz wird sich wundern und ausbreiten, wenn sich die Menge am Meer zu dir bekehret, und die Macht der Heiden zu dir kommt. Denn die Menge der Kamele wird dich bedecken, die Läufer aus Midiam und Epha. Sie werden aus Saba alle kommen, Gold und Weihrauch bringen und des Herrn Lob verkündigen.

Evangelium. Matth. 2, 1—12.

Da Jesus geboren war zu Bethlehem im jüdischen Lande zur Zeit des Königs Herodes, siehe, da kamen die Weisen vom Morgenlande

gen Jerusalem und sprachen: Wo ist der neugeborne König der Ju=
den? Wir haben seinen Stern gesehen im Morgenlande und sind ge=
kommen, ihn anzubeten. Da das der König Herodes hörete, erschrak
er, und mit ihm das ganze Jerusalem; und ließ versammeln alle
Hohenpriester und Schriftgelehrten unter dem Volk und erforschte von
ihnen, wo Christus sollte geboren werden. Und sie sagten ihm: Zu
Bethlehem im jüdischen Lande. Denn also stehet geschrieben durch
den Propheten: Und du, Bethlehem im jüdischen Lande, bist mit
nichten die kleinste unter den Fürsten Juda; denn aus dir soll mir
kommen der Herzog, der über mein Volk Israel ein Herr sei. Da
berief Herodes die Weisen heimlich und erlernte mit Fleiß von ihnen,
wann der Stern erschienen wäre, und wies sie gen Bethlehem und
sprach: Ziehet hin, und forschet fleißig nach dem Kindlein; und wenn
ihr es findet, so saget mir's wieder, daß ich auch komme und es an=
bete. Als sie nun den König gehöret hatten, zogen sie hin. Und
siehe, der Stern, den sie im Morgenlande gesehen hatten, ging vor
ihnen her, bis daß er kam und stand oben über, da das Kindlein
war. Da sie den Stern sahen, wurden sie hocherfreut, und gingen in
das Haus und fanden das Kindlein mit Maria, seiner Mutter, und
fielen nieder und beteten es an, und thaten ihre Schätze auf und
schenkten ihm Gold, Weihrauch und Myrrhen. Und Gott befahl
ihnen im Traum, daß sie sich nicht sollten wieder zu Herodes lenken.
Und zogen durch einen andern Weg wieder in ihr Land.

Am 1. Sonntage nach der Erscheinung Christi.

Epistel. Röm. 12, 1—6.

Ich ermahne euch, liebe Brüder, durch die Barmherzigkeit Got=
tes, daß ihr eure Leiber begebet zum Opfer, das da lebendig, heilig
und Gott wohlgefällig sei, welches sei euer vernünftiger Gottesdienst.
Und stellet euch nicht dieser Welt gleich, sondern verändert euch durch
Verneuerung eures Sinnes, auf daß ihr prüfen möget, welches da sei
der gute, der wohlgefällige und der vollkommene Gotteswille. Denn
ich sage durch die Gnade, die mir gegeben ist, jedermann unter euch,
daß niemand weiter von sich halte, denn sich's gebühret zu halten,
sondern daß er von ihm mäßiglich halte, ein jeglicher, nachdem Gott
ausgeteilet hat das Maß des Glaubens. Denn gleicherweise als wir
in e i n e m Leibe viele Glieder haben, aber alle Glieder nicht einerlei
Geschäfte haben: also sind wir viele e i n Leib in Christo, aber unter=
einander ist einer des andern Glied, und haben mancherlei Gaben,
nach der Gnade, die uns gegeben ist.

Evangelium. Luk. 2, 41—52.

Und seine Eltern gingen alle Jahre gen Jerusalem auf das Oster=
fest. Und da er zwölf Jahre alt war, gingen sie hinauf gen Je=
rusalem, nach Gewohnheit des Festes. Und da die Tage vollendet
waren, und sie wieder zuhause gingen, blieb das Kind Jesus zu Je=
rusalem, und seine Eltern wußten es nicht. Sie meinten aber, er
wäre unter den Gefährten, und kamen eine Tagereise und suchten ihn
unter den Gefreundeten und Bekannten. Und da sie ihn nicht fan=
den, gingen sie wiederum gen Jerusalem und suchten ihn. Und es

begab sich, nach dreien Tagen fanden sie ihn im Tempel sitzen mitten unter den Lehrern, daß er ihnen zuhörete und sie fragte. Und alle, die ihm zuhöreten, verwunderten sich seines Verstandes und seiner Antwort. Und da sie ihn sahen, entsetzten sie sich. Und seine Mut= ter sprach zu ihm: Mein Sohn, warum hast du uns das gethan? Siehe, dein Vater und ich haben dich mit Schmerzen gesucht. Und er sprach zu ihnen: Was ist es, daß ihr mich gesucht habt? Wisset ihr nicht, daß ich sein muß in dem, das meines Vaters ist? Und sie ver= standen das Wort nicht, das er mit ihnen redete. Und er ging mit ihnen hinab und kam gen Nazareth und war ihnen unterthan. Und seine Mutter behielt alle diese Worte in ihrem Herzen. Und Jesus nahm zu an Weisheit, Alter und Gnade bei Gott und den Menschen.

Am 2. Sonntage nach der Erscheinung Christi.

Epistel. Röm. 12, 6—16.

Wir haben mancherlei Gaben nach der Gnade, die uns gegeben ist. Hat jemand Weissagung, so sei sie dem Glauben ähnlich. Hat jemand ein Amt, so warte er des Amtes. Lehret jemand, so warte er der Lehre. Ermahnet jemand, so warte er des Ermahnens. Giebt jemand, so gebe er einfältiglich. Regieret jemand, so sei er sorgfältig. Übet jemand Barmherzigkeit, so thue er es mit Lust. Die Liebe sei nicht falsch. Hasset das Arge, hanget dem Guten an. Die brüderliche Liebe untereinander sei herzlich. Einer komme dem andern mit Ehrerbietung zuvor. Seid nicht träge, was ihr thun sollt. Seid brünstig im Geist. Schicket euch in die Zeit. Seid fröh= lich in Hoffnung, geduldig in Trübsal. Haltet an am Gebet. Neh= met euch der Heiligen Notdurft an. Herberget gerne. Segnet, die euch verfolgen; segnet, und fluchet nicht. Freuet euch mit den Fröh= lichen, und weinet mit den Weinenden. Habt einerlei Sinn unter einander. Trachtet nicht nach hohen Dingen, sondern haltet euch herunter zu den Niedrigen.

Evangelium. Joh. 2, 1—11.

Und am dritten Tage ward eine Hochzeit zu Kana in Galiläa, und die Mutter Jesu war da. Jesus aber und seine Jünger wurden auch auf die Hochzeit geladen. Und da es an Wein gebrach, spricht die Mutter Jesu zu ihm: Sie haben nicht Wein. Jesus spricht zu ihr: Weib, was habe ich mit dir zu schaffen? Meine Stunde ist noch nicht gekommen. Seine Mutter spricht zu den Dienern: Was er euch saget, das thut. Es waren aber allda sechs steinerne Wasserkrüge gesetzt, nach der Weise der jüdischen Reinigung, und gingen je in einen zwei oder drei Maß. Jesus spricht zu ihnen: Füllet die Wasserkrüge mit Wasser. Und sie füllten sie bis oben an. Und er spricht zu ihnen: Schöpfet nun, und bringet es dem Speisemeister. Und sie brachten es. Als aber der Speisemeister kostete den Wein, der Was= ser gewesen war, (und wußte nicht, von wannen er kam; die Diener aber wußten es, die das Wasser geschöpft hatten,) rufet der Speise= meister den Bräutigam und spricht zu ihm: Jedermann giebt zum ersten guten Wein, und wenn sie trunken worden sind, alsdann den geringeren; du hast den guten Wein bisher behalten. Das ist das erste Zeichen, das Jesus that, geschehen zu Kana in Galiläa, und offenbarte seine Herrlichkeit. Und seine Jünger glaubten an ihn.

Am 3. Sonntage nach der Erscheinung Christi.

Epistel. Röm. 12, 17—21.

Haltet euch nicht selbst für klug. Vergeltet niemand Böses mit Bösem. Fleißiget euch der Ehrbarkeit gegen jedermann. Ist es möglich, soviel an euch ist, so habt mit allen Menschen Frieden. Rächet euch selbst nicht, meine Liebsten, sondern gebet Raum dem Zorn; denn es stehet geschrieben: Die Rache ist mein, ich will vergelten, spricht der Herr. So nun deinen Feind hungert, so speise ihn; dürstet ihn, so tränke ihn. Wenn du das thust, so wirst du feurige Kohlen auf sein Haupt sammeln. Laß dich nicht das Böse überwinden, sondern überwinde das Böse mit Gutem.

Evangelium. Matth. 8, 1—13.

Da Jesus vom Berge herabging, folgte ihm viel Volks nach. Und siehe, ein Aussätziger kam und betete ihn an und sprach: Herr, so du willst, kannst du mich wohl reinigen. Und Jesus streckte seine Hand aus, rührete ihn an und sprach: Ich will es thun, sei gereiniget. Und alsobald ward er von seinem Aussatz rein. Und Jesus sprach zu ihm: Siehe zu, sage es niemand; sondern gehe hin, und zeige dich dem Priester, und opfere die Gabe, die Moses befohlen hat, zu einem Zeugnis über sie. Da aber Jesus einging zu Kapernaum, trat ein Hauptmann zu ihm, der bat ihn und sprach: Herr, mein Knecht liegt zuhause und ist gichtbrüchig und hat große Qual. Jesus sprach zu ihm: Ich will kommen und ihn gesund machen. Der Hauptmann antwortete und sprach: Herr, ich bin nicht wert, daß du unter mein Dach gehest; sondern sprich nur ein Wort, so wird mein Knecht gesund. Denn ich bin ein Mensch, dazu der Obrigkeit unterthan und habe unter mir Kriegsknechte; noch wenn ich sage zu einem: Gehe hin! so geht er, und zum andern: Komm her! so kommt er, und zu meinem Knechte: Thue das! so thut er's. Da das Jesus hörete, verwunderte er sich und sprach zu denen, die ihm nachfolgten: Wahrlich, ich sage euch, solchen Glauben habe ich in Israel nicht gefunden! Aber ich sage euch: Viele werden kommen vom Morgen und vom Abend und mit Abraham und Isaak und Jakob im Himmelreich sitzen. Aber die Kinder des Reichs werden ausgestoßen in die äußerste Finsternis hinaus; da wird sein Heulen und Zähnklappen. Und Jesus sprach zu dem Hauptmann: Gehe hin; dir geschehe, wie du geglaubet hast. Und sein Knecht ward gesund zu derselbigen Stunde.

Am 4. Sonntage nach der Erscheinung Christi.

Epistel. Röm. 13, 8—10.

Seid niemand nichts schuldig, denn daß ihr euch untereinander liebet; denn wer den andern liebet, der hat das Gesetz erfüllet. Denn das da gesagt ist: Du sollst nicht ehebrechen; du sollst nicht töten; du sollst nicht stehlen; du sollst nicht falsch Zeugnis reden; dich soll nichts gelüsten, und so ein ander Gebot mehr ist, das wird in diesem Worte verfasset: Du sollst deinen Nächsten lieben als dich selbst. Die Liebe thut dem Nächsten nichts Böses. So ist nun die Liebe des Gesetzes Erfüllung.

Evangelium. Matth. 8, 23—27.

Und Jesus trat in das Schiff, und seine Jünger folgten ihm. Und siehe, da erhob sich ein groß Ungestüm im Meer, also, daß auch das Schifflein mit Wellen bedeckt ward; und er schlief. Und die Jünger traten zu ihm und weckten ihn auf und sprachen: Herr, hilf uns, wir verderben! Da sagte er zu ihnen: Ihr Kleingläubigen, warum seid ihr so furchtsam? Und stand auf und bedrohete den Wind und das Meer; da ward es ganz stille. Die Menschen aber verwunderten sich und sprachen: Was ist das für ein Mann, daß ihm Wind und Meer gehorsam ist?

Am 5. Sonntage nach der Erscheinung Christi.

Epistel. Kol. 3, 12—17.

So ziehet nun an, als die Auserwählten Gottes, Heilige und Geliebte, herzliches Erbarmen, Freundlichkeit, Demut, Sanftmut, Geduld. Und vertrage einer den andern, und vergebet euch untereinander, so jemand Klage hat wider den andern; gleichwie Christus euch vergeben hat, also auch ihr. Über alles aber ziehet an die Liebe, die da ist das Band der Vollkommenheit. Und der Friede Gottes regiere in euren Herzen, zu welchem ihr auch berufen seid in e i n e m Leibe, und seid dankbar. Lasset das Wort Christi unter euch reichlich wohnen in aller Weisheit; lehret und vermahnet euch selbst mit Psalmen und Lobgesängen und geistlichen, lieblichen Liedern; und singet dem Herrn in eurem Herzen. Und alles, was ihr thut mit Worten oder mit Werken, das thut alles in dem Namen des Herrn Jesu, und danket Gott und dem Vater durch ihn.

Evangelium. Matth. 13, 24—30.

Jesus legte ihnen ein anderes Gleichnis vor und sprach: Das Himmelreich ist gleich einem Menschen, der guten Samen auf seinen Acker säete. Da aber die Leute schliefen, kam sein Feind, und säete Unkraut zwischen den Weizen und ging davon. Da nun das Kraut wuchs und Frucht brachte, da fand sich auch das Unkraut. Da traten die Knechte zu dem Hausvater und sprachen: Herr, hast du nicht guten Samen auf deinen Acker gesäet? Woher hat er denn das Unkraut? Er sprach zu ihnen: Das hat der Feind gethan. Da sprachen die Knechte: Willst du denn, daß wir hingehen und es ausjäten? Er sprach: Nein, auf daß ihr nicht zugleich den Weizen mit ausraufet, so ihr das Unkraut ausjätet. Lasset beides mit einander wachsen bis zu der Ernte; und um die Erntezeit will ich zu den Schnittern sagen: Sammelt zuvor das Unkraut, und bindet es in Bündlein, daß man es verbrenne; aber den Weizen sammelt mir in meine Scheuern.

Am 6. Sonntage nach der Erscheinung Christi.

Epistel. 2 Petr. 1, 16—21.

Wir haben nicht den klugen Fabeln gefolget, da wir euch kund
gethan haben die Kraft und die Zukunft unsers Herrn Jesu Christi,
sondern wir haben seine Herrlichkeit selber gesehen, da er empfing von
Gott dem Vater Ehre und Preis durch eine Stimme, die zu ihm ge=
schah von der großen Herrlichkeit, dermaßen: Dies ist mein lieber
Sohn, an dem ich Wohlgefallen habe! Und diese Stimme haben
wir gehöret, vom Himmel gebracht, da wir mit ihm waren auf dem
heiligen Berge. Wir haben ein festes prophetisches Wort; und ihr
thut wohl, daß ihr darauf achtet, als auf ein Licht, das da scheinet in
einem dunklen Ort, bis der Tag anbreche und der Morgenstern auf=
gehe in euren Herzen. Und das sollt ihr für das erste wissen, daß
keine Weissagung in der Schrift geschiehet aus eigner Auslegung.
Denn es ist noch nie eine Weissagung aus menschlichem Willen her=
vorgebracht, sondern die heiligen Menschen Gottes haben geredet,
getrieben von dem heiligen Geist.

Evangelium. Matth. 17, 1—9.

Und nach sechs Tagen nahm Jesus zu sich Petrum und Jakobum
und Johannem, seinen Bruder, und führete sie beiseits auf einen
hohen Berg. Und ward verkläret vor ihnen, und sein Angesicht
leuchtete wie die Sonne, und seine Kleider wurden weiß als ein Licht.
Und siehe, da erschienen ihnen Moses und Elias, die redeten mit ihm.
Petrus aber antwortete und sprach zu Jesu: Herr, hier ist gut sein;
willst du, so wollen wir hier drei Hütten machen, dir eine, Mose eine,
und Elias eine. Da er noch also redete, siehe, da überschattete sie
eine lichte Wolke. Und siehe, eine Stimme aus der Wolke sprach:
Dies ist mein lieber Sohn, an welchem ich Wohlgefallen habe, den
sollt ihr hören! Da das die Jünger höreten, fielen sie auf ihr An=
gesicht und erschraken sehr. Jesus aber trat zu ihnen, rührete sie an
und sprach: Stehet auf, und fürchtet euch nicht. Da sie aber ihre
Augen aufhoben, sahen sie niemand, denn Jesum allein. Und da sie
vom Berge herabgingen, gebot ihnen Jesus und sprach: Ihr sollt dies
Gesicht niemand sagen, bis des Menschen Sohn von den Toten auf=
erstanden ist.

Am Sonntage Septuagesimä.

Epistel. 1 Kor. 9, 24—10,5.

Wisset ihr nicht, daß die, so in den Schranken laufen, die laufen
alle, aber einer erlanget das Kleinod? Laufet nun also, daß ihr es
ergreifet. Ein jeglicher aber, der da kämpfet, enthält sich alles Dinges,
jene also, daß sie eine vergängliche Krone empfangen, wir aber eine
unvergängliche. Ich laufe aber also, nicht als aufs Ungewisse; ich
fechte also, nicht als der in die Luft streichet. Sondern ich betäube mei=
nen Leib und zähme ihn, daß ich nicht den andern predige und selbst
verwerflich werde. Ich will euch aber, liebe Brüder, nicht verhalten,
daß unsere Väter sind alle unter der Wolke gewesen und sind alle durch
das Meer gegangen, und sind alle unter Mose getauft mit der Wolke
und mit dem Meer; und haben alle einerlei geistliche Speise gegessen

und haben alle einerlei geistlichen Trank getrunken; sie tranken aber von dem geistlichen Fels, der mitfolgte, welcher war Christus. Aber an ihrer vielen hatte Gott kein Wohlgefallen; denn sie sind niedergeschlagen in der Wüste.

Evangelium. Matth. 20, 1—16.

Jesus sprach zu seinen Jüngern: Das Himmelreich ist gleich einem Hausvater, der am Morgen ausging, Arbeiter zu mieten in seinen Weinberg. Und da er mit den Arbeitern eins ward um einen Groschen zum Tagelohn, sandte er sie in seinen Weinberg. Und ging aus um die dritte Stunde und sahe andere an dem Markte müßig stehen und sprach zu ihnen: Gehet ihr auch hin in den Weinberg; ich will euch geben, was recht ist. Und sie gingen hin. Abermal ging er aus um die sechste und neunte Stunde und that gleich also. Um die elfte Stunde aber ging er aus und fand andere müßig stehen und sprach: Was stehet ihr hier den ganzen Tag müßig? Sie sprachen zu ihm: Es hat uns niemand gedinget. Er sprach zu ihnen: Gehet ihr auch hin in den Weinberg; und was recht sein wird, soll euch werden. Da es nun Abend ward, sprach der Herr des Weinberges zu seinem Schaffner: Rufe die Arbeiter, und gib ihnen den Lohn, und hebe an an den letzten bis zu den ersten. Da kamen, die um die elfte Stunde gedinget waren, und empfing ein jeglicher seinen Groschen. Da aber die ersten kamen, meinten sie, sie würden mehr empfangen, und sie empfingen auch ein jeglicher seinen Groschen. Und da sie den empfingen, murrten sie wider den Hausvater und sprachen: Diese letzten haben nur eine Stunde gearbeitet, und du hast sie uns gleich gemacht, die wir des Tages Last und Hitze getragen haben! Er antwortete aber und sagte zu einem unter ihnen: Mein Freund, ich thue dir nicht unrecht. Bist du nicht mit mir eins geworden um einen Groschen? Nimm, was dein ist, und gehe hin. Ich will aber diesem letzten geben, gleich wie dir. Oder habe ich nicht Macht zu thun, was ich will, mit dem Meinen? Siehest du darum scheel, daß ich so gütig bin? Also werden die letzten die ersten, und die ersten die letzten sein. Denn viele sind berufen, aber wenige sind auserwählt.

Am Sonntage Sexagesimä.

Epistel. 2 Kor. 11, 19—12,9.

Ihr vertraget gern die Narren, dieweil ihr klug seid. Ihr vertraget, so euch jemand zu Knechten machet, so euch jemand schindet, so euch jemand nimmt, so euch jemand trotzet, so euch jemand in das Angesicht streichet. Das sage ich nach der Unehre, als wären wir schwach geworden. Worauf nun jemand kühn ist, (ich rede in Thorheit) darauf bin ich auch kühn. Sie sind Ebräer, ich auch. Sie sind Israeliten, ich auch. Sie sind Abrahams Samen, ich auch. Sie sind Diener Christi, (ich rede thöricht) ich bin wohl mehr. Ich habe mehr gearbeitet, ich habe mehr Schläge erlitten, ich bin öfter gefangen, oft in Todesnöten gewesen. Von den Juden habe ich fünfmal empfangen vierzig Streiche weniger eins. Ich bin dreimal gestäupet, einmal gesteiniget, dreimal habe ich Schiffbruch erlitten, Tag und

Nacht habe ich zugebracht in der Tiefe des Meeres. Ich habe oft gereiset; ich bin in Gefahr gewesen zu Wasser, in Gefahr unter den Mördern, in Gefahr unter den Juden, in Gefahr unter den Heiden, in Gefahr in den Städten, in Gefahr in der Wüste, in Gefahr auf dem Meer, in Gefahr unter den falschen Brüdern, in Mühe und Arbeit, in viel Wachen, in Hunger und Durst, in viel Fasten, in Frost und Blöße, ohne was sich sonst zuträgt, nämlich daß ich täglich werde angelaufen und trage Sorge für alle Gemeinen. Wer ist schwach, und ich werde nicht schwach? Wer wird geärgert, und ich brenne nicht? So ich mich je rühmen soll, will ich mich meiner Schwachheit rühmen. Gott und der Vater unsers Herrn Jesu Christi, welcher sei gelobet in Ewigkeit, weiß, daß ich nicht lüge. Zu Damaskus, der Landpfleger des Königs Areta verwahrete die Stadt der Damasker und wollte mich greifen, und ich ward in einem Korbe zum Fenster aus durch die Mauer niedergelassen und entrann aus seinen Händen. Es ist mir ja das Rühmen nichts nütze, doch will ich kommen auf die Gesichte und Offenbarungen des Herrn. Ich kenne einen Menschen in Christo, vor vierzehn Jahren (ist er in dem Leibe gewesen, so weiß ich es nicht, oder ist er außer dem Leibe gewesen, so weiß ich es auch nicht, Gott weiß es,) derselbe ward entzückt bis in den dritten Himmel. Und ich kenne denselbigen Menschen (ob er in dem Leibe oder außer dem Leibe gewesen ist, weiß ich nicht, Gott weiß es); er ward entzückt in das Paradies und hörte unaussprech= liche Worte, welche kein Mensch sagen kann. Davon will ich mich rühmen, von mir selbst aber will ich mich nichts rühmen ohne meiner Schwachheit. Und so ich mich rühmen wollte, thäte ich darum nicht thöricht; denn ich wollte die Wahrheit sagen. Ich enthalte mich aber des, auf daß nicht jemand mich höher achte, denn er an mir siehet, oder von mir höret. Und auf daß ich mich nicht der hohen Offen= barung überhebe, ist mir gegeben ein Pfahl ins Fleisch, nämlich des Satans Engel, der mich mit Fäusten schlage, auf daß ich mich nicht überhebe. Dafür ich dreimal den Herrn geflehet habe, daß er von mir weiche; und er hat zu mir gesagt: Laß dir an meiner Gnade ge= nügen, denn meine Kraft ist in den Schwachen mächtig. Darum will ich mich am allerliebsten rühmen meiner Schwachheit, auf daß die Kraft Christi bei mir wohne.

Evangelium. Luk. 8, 4—15.

Da nun viel Volks beieinander war und aus den Städten zu ihm eileten, sprach er durch ein Gleichnis: Es ging ein Säemann aus, zu säen seinen Samen; und indem er säete, fiel etliches an den Weg und ward vertreten, und die Vögel unter dem Himmel fraßen es auf. Und etliches fiel auf den Fels; und da es aufging, verdorrete es, darum, daß es nicht Saft hatte. Und etliches fiel mitten unter die Dornen; und die Dornen gingen mit auf und erstickten es. Und etliches fiel auf ein gutes Land; und es ging auf und trug hundert= fältige Frucht. Da er das sagte, rief er: Wer Ohren hat zu hören, der höre. Es fragten ihn aber seine Jünger und sprachen, was dieses Gleichnis wäre? Er aber sprach: Euch ist gegeben, zu wissen das Ge= heimnis des Reiches Gottes, den andern aber in Gleichnissen, daß sie es nicht sehen, ob sie es schon sehen, und nicht verstehen, ob sie es schon hören. Das ist aber das Gleichnis: Der Same ist das Wort Gottes. Die aber an dem Wege sind, das sind, die es hören; danach kommt der Teufel und nimmt das Wort von ihren Herzen, auf daß sie nicht glauben und selig werden. Die aber auf dem Fels sind die: wenn sie es hören, nehmen sie das Wort mit Freuden an, und die haben nicht Wurzel; eine Zeitlang glauben sie, und zur Zeit der Anfechtung fallen sie ab. Das aber unter die Dornen fiel, sind die, so es hören und gehen hin unter den Sorgen, Reichtum und Wollust dieses Lebens und ersticken und bringen keine Frucht. Das aber auf dem guten Lande sind, die das Wort hören und behalten in einem feinen guten Herzen und bringen Frucht in Geduld.

Am Sonntage Quinquagesimä oder Estomihi.

Epistel. 1 Kor. 13.

Wenn ich mit Menschen- und mit Engelzungen redete und hätte der Liebe nicht: so wäre ich ein tönendes Erz oder eine klingende Schelle. Und wenn ich weissagen könnte und wüßte alle Geheimnisse und alle Erkenntnis und hätte allen Glauben, also, daß ich Berge versetzte, und hätte der Liebe nicht: so wäre ich nichts. Und wenn ich alle meine Habe den Armen gäbe und ließe meinen Leib brennen und hätte der Liebe nicht: so wäre es mir nichts nütze. Die Liebe ist langmütig und freundlich, die Liebe eifert nicht, die Liebe treibet nicht Mutwillen. Sie blähet sich nicht, sie stellet sich nicht ungebärdig, sie suchet nicht das Ihre, sie läßet sich nicht erbittern, sie trachtet nicht nach Schaden, sie freuet sich nicht der Ungerechtigkeit, sie freuet sich aber der Wahrheit. Sie verträget alles, sie glaubet alles, sie hoffet alles, sie duldet alles. Die Liebe höret nimmer auf, so doch die Weissagungen aufhören werden und die Sprachen aufhören werden und das Erkenntnis aufhören wird. Denn unser Wissen ist Stückwerk, und unser Weissagen ist Stückwerk. Wenn aber kommen wird das Vollkommene, so wird das Stückwerk aufhören. Da ich ein Kind war, da redete ich wie ein Kind und war klug wie ein Kind und hatte kindische Anschläge; da ich aber ein Mann ward, that ich ab, was kindisch war. Wir sehen jetzt durch einen Spiegel in einem dunkeln Wort, dann aber von Angesicht zu Angesicht. Jetzt erkenne ich es stückweise, dann aber werde ich es erkennen, gleichwie ich erkannt bin. Nun aber bleibet Glaube, Hoffnung, Liebe, diese drei; aber die Liebe ist die größeste unter ihnen.

Evangelium. Luk. 18, 31—43.

Jesus nahm zu sich die Zwölfe und sprach zu ihnen: Sehet, wir gehen hinauf gen Jerusalem, und es wird alles vollendet werden, das geschrieben ist durch die Propheten von des Menschen Sohn. Denn er wird überantwortet werden den Heiden, und er wird verspottet und geschmähet und verspeiet werden; und sie werden ihn geißeln und töten, und am dritten Tage wird er wieder auferstehen. Sie aber vernahmen der keines, und die Rede war ihnen verborgen, und wußten nicht, was das gesagt war.

Es geschah aber, da er nahe zu Jericho kam, saß ein Blinder am Wege und bettelte. Da er aber hörete das Volk, das durchhinging, forschete er, was das wäre. Da verkündigten sie ihm, Jesus von Nazareth ginge vorüber. Und er rief und sprach: Jesu, du Sohn Davids, erbarme dich mein! Die aber vornean gingen, bedroheten ihn, er sollte schweigen; er aber schrie viel mehr: Du Sohn Davids, erbarme dich mein! Jesus aber stand stille und hieß ihn zu sich führen. Da sie ihn aber nahe bei ihn brachten, fragte er ihn und sprach: Was willst du, daß ich dir thun soll? Er sprach: Herr, daß ich sehen möge! Und Jesus sprach zu ihm: Sei sehend, dein Glaube hat dir geholfen! Und alsobald ward er sehend und folgte ihm nach und pries Gott. Und alles Volk, das solches sahe, lobete Gott.

Am 1. Sonntage in den Fasten, Invocavit.

Epistel. 2 Kor. 6, 1—10.

Wir ermahnen euch als Mithelfer, daß ihr nicht vergeblich die Gnade Gottes empfahet. Denn er spricht: Ich habe dich in der an= genehmen Zeit erhöret und habe dir am Tage des Heils geholfen. Sehet, jetzt ist die angenehme Zeit, jetzt ist der Tag des Heils. Lasset uns aber niemand irgend ein Ärgernis geben, auf daß unser Amt nicht verlästert werde, sondern in allen Dingen lasset uns beweisen als die Diener Gottes, in großer Geduld, in Trübsalen, in Nöten, in Ängsten, in Schlägen, in Gefängnissen, in Aufruhren, in Arbeit, in Wachen, in Fasten, in Keuschheit, in Erkenntnis, in Langmut, in Freundlichkeit, in dem heiligen Geist, in ungefärbter Liebe, in dem Worte der Wahrheit, in der Kraft Gottes, durch Waffen der Ge= rechtigkeit zur Rechten und zur Linken; durch Ehre und Schande, durch böse Gerüchte und gute Gerüchte; als die Verführer, und doch wahr= haftig; als die Unbekannten und doch bekannt; als die Sterbenden, und siehe, wir leben; als die Gezüchtigten, und doch nicht ertötet; als die Traurigen, aber allezeit fröhlich; als die Armen, aber die doch viele reich machen; als die nichts inne haben, und doch alles haben.

Evangelium. Matth. 4, 1—11.

Da ward Jesus vom Geist in die Wüste geführt, auf daß er vom Teufel versucht würde. Und da er vierzig Tage und vierzig Nächte gefastet hatte, hungerte ihn. Und der Versucher trat zu ihm und sprach: Bist du Gottes Sohn, so sprich, daß diese Steine Brot werden. Und er antwortete und sprach: Es stehet geschrieben: Der Mensch lebet nicht vom Brot allein, sondern von einem jeglichen Wort, das durch den Mund Gottes gehet. Da führte ihn der Teufel mit sich in die heilige Stadt und stellete ihn auf die Zinne des Tempels und sprach zu ihm: Bist du Gottes Sohn, so laß dich hinab; denn es stehet geschrieben: Er wird seinen Engeln über dir Befehl thun, und sie werden dich auf den Händen tragen, auf daß du deinen Fuß nicht an einen Stein stoßest. Da sprach Jesus zu ihm: Wiederum stehet auch geschrieben: Du sollst Gott, deinen Herrn, nicht versuchen. Wiederum führte ihn der Teufel mit sich auf einen sehr hohen Berg und zeigte ihm alle Reiche der Welt und ihre Herrlichkeit und sprach zu ihm: Dies alles will ich dir geben, so du niederfällst und mich anbetest. Da sprach Jesus zu ihm: Hebe dich weg von mir, Satan; denn es stehet geschrieben: Du sollst anbeten Gott, deinen Herrn, und ihm allein dienen. Da verließ ihn der Teufel, und siehe, da traten die Engel zu ihm und dieneten ihm.

Am 2. Sonntage in den Fasten, Reminiscere.

Epistel. 1 Theff. 4, 1—7.

Wir bitten euch und ermahnen in dem Herrn Jesu, nachdem ihr von uns empfangen habt, wie ihr sollt wandeln und Gott gefallen, daß ihr immer völliger werdet. Denn ihr wisset, welche Gebote wir euch gegeben haben durch den Herrn Jesum. Denn das ist der Wille Gottes, eure Heiligung, daß ihr meidet die Hurerei, und ein jeglicher unter euch wisse sein Faß zu behalten in Heiligung und Ehren, nicht in der Lustseuche, wie die Heiden, die von Gott nichts wissen. Und daß niemand zu weit greife, noch vervorteile seinen Bruder im Handel; denn der Herr ist der Rächer über das alles, wie wir euch zuvor gesagt und bezeuget haben. Denn Gott hat uns nicht berufen zur Unreinigkeit, sondern zur Heiligung.

Evangelium. Matth. 15, 21—28.

Und Jesus ging aus von dannen und entwich in die Gegend von Tyrus und Sidon. Und siehe, ein kananäisches Weib ging aus derselbigen Grenze und schrie ihm nach und sprach: Ach Herr, du Sohn Davids, erbarme dich mein! Meine Tochter wird vom Teufel übel geplaget. Und er antwortete ihr kein Wort. Da traten zu ihm seine Jünger, baten ihn und sprächen: Laß sie doch von dir, denn sie schreiet uns nach. Er antwortete aber und sprach: Ich bin nicht gesandt denn nur zu den verlorenen Schafen von dem Hause Israel. Sie kam aber und fiel vor ihm nieder und sprach: Herr, hilf mir! Er antwortete aber und sprach: Es ist nicht fein, daß man den Kindern ihr Brot nehme und werfe es vor die Hunde. Sie sprach: Ja, Herr! aber doch essen die Hündlein von den Brosamen, die von ihrer Herren Tische fallen. Da antwortete Jesus und sprach zu ihr: O Weib, dein Glaube ist groß; dir geschehe, wie du willst! Und ihre Tochter ward gesund zu der selbigen Stunde.

Am 3. Sonntage in den Fasten, Oculi.

Epistel. Eph. 5, 1—9.

So seid nun Gottes Nachfolger als die lieben Kinder, und wandelt in der Liebe, gleichwie Christus uns hat geliebet und sich selbst dargegeben für uns zur Gabe und Opfer, Gott zu einem süßen Geruch. Hurerei aber und alle Unreinigkeit, oder Geiz lasset nicht von euch gesagt werden, wie den Heiligen zustehet; auch schandbare Worte und Narrenteidinge, oder Scherz, welche euch nicht ziemen, sondern vielmehr Danksagung. Denn das sollt ihr wissen, daß kein Hurer, oder Unreiner, oder Geiziger, welcher ist ein Götzendiener, Erbe hat an dem Reich Christi und Gottes. Lasset euch niemand verführen mit vergeblichen Worten; denn um dieser willen kommt der Zorn Gottes über die Kinder des Unglaubens. Darum seid nicht ihre Mitgenossen; denn ihr waret weiland Finsterniß, nun aber seid ihr ein Licht in dem Herrn. Wandelt wie die Kinder des Lichts. Die Frucht des Geistes ist allerlei Gütigkeit und Gerechtigkeit und Wahrheit.

Evangelium. Luk. 11, 14—28.

Jesus trieb einen Teufel aus, der war stumm. Und es geschah, da der Teufel ausfuhr, da redete der Stumme; und das Volk verwunderte sich. Etliche aber unter ihnen sprachen: Er treibet die Teufel aus durch Beelzebub, den Obersten der Teufel. Die andern aber versuchten ihn und begehrten ein Zeichen von ihm vom Himmel. Er aber vernahm ihre Gedanken und sprach zu ihnen: Ein jegliches Reich, so es mit ihm selbst uneins wird, das wird wüste, und ein Haus fällt über das andere; ist denn der Satanas mit ihm selbst uneins, wie will sein Reich bestehen? dieweil ihr saget, ich treibe die Teufel aus durch Beelzebub. So ich aber die Teufel durch Beelzebub austreibe, durch wen treiben sie eure Kinder aus? Darum werden sie eure Richter sein. So ich aber durch Gottes Finger die Teufel austreibe, so kommt je das Reich Gottes zu euch. Wenn ein starker Gewappneter seinen Palast bewahret, so bleibt das Seine mit Frieden. Wenn aber ein Stärkerer über ihn kommt und überwindet ihn, so nimmt er ihm seinen Harnisch, darauf er sich verließ, und teilet den Raub aus. Wer nicht mit mir ist, der ist wider mich, und wer nicht mit mir sammelt, der zerstreuet. Wenn der unsaubere Geist von dem Menschen ausfähret, so durchwandelt er dürre Stätten, suchet Ruhe und findet sie nicht. So spricht er: Ich will wieder umkehren in mein Haus, daraus ich gegangen bin. Und wenn er kommt, so findet er es mit Besemen gekehret und geschmücket. Dann gehet er hin und nimmt sieben Geister zu sich, die ärger sind denn er selbst. Und wenn sie hineinkommen, wohnen sie da, und wird hernach mit demselbigen Menschen ärger denn vorhin.

Und es begab sich, da er solches redete, erhob ein Weib im Volk die Stimme und sprach zu ihm: Selig ist der Leib, der dich getragen hat, und die Brüste, die du gesogen hast! Er aber sprach: Ja, selig sind, die Gottes Wort hören und bewahren!

Am 4. Sonntage in den Fasten, Lätare.

Epistel. Gal. 4, 21—31.

Saget mir, die ihr unter dem Gesetz sein wollt, habt ihr das Gesetz nicht gehöret? Denn es stehet geschrieben, daß Abraham zwei Söhne hatte, einen von der Magd, den andern von der Freien. Aber der von der Magd war, ist nach dem Fleisch geboren; der aber von der Freien ist durch die Verheißung geboren. Die Worte bedeuten etwas. Denn das sind die zwei Testamente, eines von dem Berge Sinai, das zur Knechtschaft gebieret, welches ist die Agar, (denn Agar heißt in Arabien der Berg Sinai) und langet bis gen Jerusalem, das zu dieser Zeit ist, und ist dienstbar mit seinen Kindern.

Aber das Jerusalem, das droben ist, das ist die Freie, die ist unser aller Mutter. Denn es stehet geschrieben: Sei fröhlich, du Unfrucht= bare, die du nicht gebierest, und brich hervor und rufe, die du nicht schwanger bist; denn die Einsame hat viel mehr Kinder, denn die den Mann hat. Wir aber, lieben Brüder, sind, Isaak nach, der Ver= heißung Kinder. Aber gleichwie zu der Zeit, der nach dem Fleisch geboren war, verfolgte den, der nach dem Geist geboren war, also gehet es jetzt auch. Aber was spricht die Schrift? Stoß die Magd hinaus mit ihrem Sohne; denn der Magd Sohn soll nicht erben mit dem Sohne der Freien. So sind wir nun, lieben Brüder, nicht der Magd Kin= der, sondern der Freien.

Evangelium. Joh. 6, 1—15.

Danach fuhr Jesus weg über das Meer, an der Stadt Tiberias in Galiläa. Und es zog ihm viel Volks nach, darum, daß sie die Zeichen sahen, die er an den Kranken that. Jesus aber ging hinauf auf einen Berg und setzte sich daselbst mit seinen Jüngern. Es war aber nahe die Ostern, der Juden Fest. Da hob Jesus seine Augen auf und siehet, daß viel Volks zu ihm kommt, und spricht zu Phi= lippo: Wo kaufen wir Brot, daß diese essen? Das sagte er aber, ihn zu versuchen; denn er wußte wohl, was er thun wollte. Philippus antwortete ihm: Zweihundert Pfennige wert Brots ist nicht genug unter sie, daß ein jeglicher unter ihnen ein wenig nehme. Spricht zu ihm einer seiner Jünger, Andreas, der Bruder Simonis Petri: Es ist ein Knabe hier, der hat fünf Gerstenbrote und zwei Fische; aber was ist das unter so viele? Jesus aber sprach: Schaffet, daß sich das Volk lagere. Es war aber viel Gras an dem Orte. Da lagerten sich bei fünftausend Mann. Jesus aber nahm die Brote, dankete und gab sie den Jüngern, die Jünger aber denen, die sich ge= lagert hatten; desselbigengleichen auch von den Fischen, wieviel er wollte. Da sie aber satt waren, sprach er zu seinen Jüngern: Sammelt die übrigen Brocken, daß nichts umkomme. Da sammelten sie und fülleten zwölf Körbe mit Brocken von den fünf Gerstenbroten, die über= blieben denen, die gespeiset worden. Da nun die Menschen das Zeichen sahen, das Jesus that, sprachen sie: Das ist wahrlich der Prophet, der in die Welt kommen soll. Da Jesus nun merkte, daß sie kommen würden und ihn haschen, daß sie ihn zum Könige machten, entwich er abermal auf den Berg, er selbst allein.

Am 5. Sonntage in den Fasten, Judica.

Epistel. Hebr. 9, 11—15.

Christus aber ist gekommen, daß er sei ein Hoherpriester der zu= künftigen Güter, durch eine größere und vollkommnere Hütte, die nicht mit der Hand gemacht ist, das ist, die nicht also gebauet ist. Auch nicht durch der Böcke oder Kälber Blut, sondern er ist durch sein eigenes Blut einmal in das Heilige eingegangen und hat eine ewige Erlösung erfunden. Denn so der Ochsen und der Böcke Blut und die Asche, von der Kuh gesprenget, heilet die Unreinen zu der leiblichen Reinig=

teit: wieviel mehr wird das Blut Christi, der sich selbst ohne allen
Wandel durch den heiligen Geist Gott geopfert hat, unser Gewissen
reinigen von den toten Werken, zu dienen dem lebendigen Gott.
Und darum ist er auch ein Mittler des neuen Testaments, auf daß
durch den Tod, so geschehen ist zur Erlösung von den Übertretungen,
die unter dem ersten Testament waren, die, so berufen sind, das ver-
heißene ewige Erbe empfangen.

Evangelium. Joh. 8, 46—59.

Jesus sprach zu den Juden: Welcher unter euch kann mich einer
Sünde zeihen? So ich euch aber die Wahrheit sage, warum glaubet
ihr mir nicht? Wer von Gott ist, der höret Gottes Wort; darum
höret ihr nicht, denn ihr seid nicht von Gott. Da antworteten die
Juden und sprachen zu ihm: Sagen wir nicht recht, daß du ein Samariter bist und hast den Teufel? Jesus antwortete: Ich habe keinen
Teufel, sondern ich ehre meinen Vater, und ihr unehret mich. Ich
suche nicht meine Ehre; es ist aber einer, der sie suchet und richtet.
Wahrlich, wahrlich, ich sage euch: So jemand mein Wort wird halten,
der wird den Tod nicht sehen ewiglich. Da sprachen die Juden zu
ihm: Nun erkennen wir, daß du den Teufel hast. Abraham ist gestorben und die Propheten, und du sprichst: So jemand mein Wort
hält, der wird den Tod nicht schmecken ewiglich? Bist du mehr, denn
unser Vater Abraham, welcher gestorben ist, und die Propheten sind
gestorben; was machst du aus dir selbst? Jesus antwortete: So ich
mich selber ehre, so ist meine Ehre nichts. Es ist aber mein Vater,
der mich ehret, welchen ihr sprecht, er sei euer Gott, und kennet ihn
nicht. Ich aber kenne ihn; und so ich würde sagen, ich kenne ihn
nicht, so würde ich ein Lügner, gleichwie ihr seid. Aber ich kenne ihn
und halte sein Wort. Abraham, euer Vater, war froh, daß er meinen
Tag sehen sollte; und er sahe ihn und freuete sich. Da sprachen die
Juden zu ihm: Du bist noch nicht fünfzig Jahre alt und hast Abraham
gesehen? Jesus sprach zu ihnen: Wahrlich, wahrlich, ich sage euch:
Ehe denn Abraham ward, bin ich. Da hoben sie Steine auf, daß sie
auf ihn würfen. Aber Jesus verbarg sich und ging zum Tempel
hinaus, mitten durch sie hinstreichend.

Am Palmsonntage.

Epistel. Phil. 2, 5—11.

Ein jeglicher sei gesinnet, wie Jesus Christus auch war; welcher,
ob er wohl in göttlicher Gestalt war, hielt er es nicht für einen Raub,
Gott gleich sein, sondern äußerte sich selbst und nahm Knechtsgestalt
an, ward gleich wie ein anderer Mensch und an Gebärden als ein
Mensch erfunden. Er erniedrigte sich selbst und ward gehorsam bis
zum Tode, ja zum Tode am Kreuz. Darum hat ihn auch Gott
erhöhet und hat ihm einen Namen gegeben, der über alle Namen ist,
daß in dem Namen Jesu sich beugen sollen aller derer Kniee, die im
Himmel und auf Erden und unter der Erde sind, und alle Zungen
bekennen sollen, daß Jesus Christus der Herr sei, zur Ehre Gottes,
des Vaters.

(Das Evangelium siehe am ersten Sonntage des Advents.)

Am heiligen Osterfest.

Epistel. 1 Kor. 5, 6—8.

Euer Ruhm ist nicht fein. Wisset ihr nicht, daß ein wenig Sauer=
teig den ganzen Teig versäuert? Darum feget den alten Sauerteig
aus, auf daß ihr ein neuer Teig seid, gleichwie ihr ungesäuert seid.
Denn wir haben auch ein Osterlamm, das ist Christus, für uns ge=
opfert. Darum lasset uns Ostern halten, nicht im alten Sauerteig,
auch nicht im Sauerteig der Bosheit und Schalkheit, sondern in dem
Süßteig der Lauterkeit und der Wahrheit.

Evangelium. Mark. 16, 1—8.

Und da der Sabbat vergangen war, kauften Maria Magdalena
und Maria Jakobi und Salome Spezerei, auf daß sie kämen und
salbeten ihn. Und sie kamen zum Grabe an einem Sabbater sehr
frühe, da die Sonne aufging. Und sie sprachen unter einander:
Wer wälzet uns den Stein von des Grabes Thür? Und sie sahen
dahin und wurden gewahr, daß der Stein abgewälzet war; denn er
war sehr groß. Und sie gingen hinein in das Grab und sahen einen
Jüngling zur rechten Hand sitzen, der hatte ein langes weißes Kleid
an; und sie entsetzten sich. Er aber sprach zu ihnen: Entsetzet euch
nicht. Ihr suchet Jesum von Nazareth, den Gekreuzigten; er ist auf=
erstanden und ist nicht hier. Siehe da die Stätte, da sie ihn hin=
legten. Gehet aber hin, und saget es seinen Jüngern und Petro,
daß er vor euch hingehen wird in Galiläam; da werdet ihr ihn sehen,
wie er euch gesaget hat. Und sie gingen schnell heraus und flohen
von dem Grabe; denn es war sie Zittern und Entsetzen angekommen,
und sagten niemand nichts; denn sie fürchteten sich.

Am Ostermontag.

Epistel. Apostelg. 10, 34—41.

Petrus aber that seinen Mund auf und sprach: Nun erfahre ich
mit der Wahrheit, daß Gott die Person nicht ansiehet; sondern in
allerlei Volk, wer ihn fürchtet und recht thut, der ist ihm angenehm.
Ihr wisset wohl von der Predigt, die Gott zu den Kindern Israel ge=
sandt hat, und verkündigen lassen den Frieden durch Jesum Christum
(welcher ist ein Herr über alles), die durch das ganze jüdische Land
geschehen ist und angegangen in Galiläa nach der Taufe, die Jo=
hannes predigte: wie Gott denselben Jesum von Nazareth gesalbet
hat mit dem heiligen Geist und Kraft, der umhergezogen ist und hat
wohl gethan und gesund gemacht alle, die vom Teufel überwältigt
waren; denn Gott war mit ihm. Und wir sind Zeugen alles des,
das er gethan hat im jüdischen Lande und zu Jerusalem. Den
haben sie getötet und an ein Holz gehänget. Denselbigen hat Gott
auferwecket am dritten Tage und ihn lassen offenbar werden, nicht
allem Volk, sondern uns, den vorerwählten Zeugen von Gott, die
wir mit ihm gegessen und getrunken haben, nachdem er auferstanden
ist von den Toten.

Evangelium. Luk. 24, 13—35.

Und siehe, zween aus ihnen gingen an demselbigen Tage in einen Flecken, der war von Jerusalem sechzig Feldweges weit, des Name heißt Emmaus. Und sie redeten mit einander von allen diesen Geschichten. Und es geschah, da sie so redeten und befragten sich mit einander, nahete Jesus zu ihnen und wandelte mit ihnen. Aber ihre Augen wurden gehalten, daß sie ihn nicht kannten. Er sprach aber zu ihnen: Was sind das für Reden, die ihr zwischen euch handelt unterweges, und seid traurig? Da antwortete einer mit Namen Kleophas und sprach zu ihm: Bist du allein unter den Fremdlingen zu Jerusalem, der nicht wisse, was in diesen Tagen darinnen geschehen ist? Und er sprach zu ihnen: Welches? Sie aber sprachen zu ihm: Das von Jesu von Nazareth, welcher war ein Prophet, mächtig von Thaten und Worten vor Gott und allem Volk, wie ihn unsere Hohenpriester und Obersten überantwortet haben zur Verdammniß des Todes und gekreuziget. Wir aber hofften, er sollte Israel erlösen. Und über das alles ist heute der dritte Tag, daß solches geschehen ist. Auch haben uns erschreckt etliche Weiber der Unsern, die sind frühe bei dem Grabe gewesen, haben seinen Leib nicht gefunden, kommen und sagen, sie haben ein Gesicht der Engel gesehen, welche sagen, er lebe. Und etliche unter uns gingen hin zum Grabe und fanden es also, wie die Weiber sagten, aber ihn fanden sie nicht. Und er sprach zu ihnen: O ihr Thoren und trägen Herzens, zu glauben alle dem, was die Propheten geredet haben! Mußte nicht Christus solches leiden und zu seiner Herrlichkeit eingehen? Und fing an von Mose und allen Propheten und legte ihnen alle Schrift aus, die von ihm gesagt war. Und sie kamen nahe zu dem Flecken, da sie hingingen. Und er stellte sich, als wollte er weitergehen. Und sie nötigten ihn und sprachen: Bleibe bei uns; denn es will Abend werden, und der Tag hat sich geneiget. Und er ging hinein, bei ihnen zu bleiben. Und es geschah, da er mit ihnen zu Tische saß, nahm er das Brot, dankte, brach es und gab es ihnen. Da wurden ihre Augen geöffnet, und erkannten ihn. Und er verschwand vor ihnen. Und sie sprachen unter einander: Brannte nicht unser Herz in uns, da er mit uns redete auf dem Wege, als er uns die Schrift öffnete? Und sie standen auf zu derselbigen Stunde, kehrten wieder gen Jerusalem und fanden die Elfe versammelt, und die bei ihnen waren, welche sprachen: Der Herr ist wahrhaftig auferstanden und Simoni erschienen. Und sie erzählten ihnen, was auf dem Wege geschehen war, und wie er von ihnen erkannt wäre an dem, da er das Brot brach.

Am 1. Sonntage nach Ostern, Quasimodogeniti.

Epistel. 1. Joh. 5, 4—10.

Alles, was von Gott geboren ist, überwindet die Welt; und unser Glaube ist der Sieg, der die Welt überwunden hat. Wer ist aber, der die Welt überwindet, ohne der da glaubet, daß Jesus Gottes Sohn ist? Dieser ist es, der da kommt mit Wasser und Blut, Jesus Christus, nicht mit Wasser allein, sondern mit Wasser und Blut. Und der Geist ist's, der da zeuget, daß Geist Wahrheit ist. Denn drei sind, die da zeugen im Himmel: der Vater, das Wort und der heilige

Geist, und diese drei sind eins. Und drei sind, die da zeugen auf
Erden: der Geist und das Wasser und das Blut, und die drei sind
beisammen. So wir der Menschen Zeugniß annehmen, so ist Gottes
Zeugniß größer. Denn Gottes Zeugniß ist das, das er gezeuget hat
von seinem Sohne. Wer da glaubet an den Sohn Gottes, der hat
solches Zeugniß bei ihm.

Evangelium. Joh. 20, 19—31.

Am Abend aber desselbigen Sabbats, da die Jünger versammelt
und die Thüren verschlossen waren aus Furcht vor den Juden, kam
Jesus und trat mitten ein und spricht zu ihnen: Friede sei mit euch!
Und als er das sagte, zeigte er ihnen die Hände und seine Seite.
Da wurden die Jünger froh, daß sie den Herrn sahen. Da sprach
Jesus abermal zu ihnen: Friede sei mit euch! Gleichwie mich der
Vater gesandt hat, so sende ich euch. Und da er das sagte, blies er
sie an und sprach zu ihnen: Nehmet hin den heiligen Geist. Welchen
ihr die Sünden erlasset, denen sind sie erlassen, und welchen ihr sie
behaltet, denen sind sie behalten. Thomas aber, der Zwölfen einer,
der da heißet Zwilling, war nicht bei ihnen, da Jesus kam. Da
sagten die andern Jünger zu ihm: Wir haben den Herrn gesehen.
Er aber sprach zu ihnen: Es sei denn, daß ich in seinen Händen sehe
die Nägelmale, und lege meine Finger in die Nägelmale, und lege
meine Hand in seine Seite, will ich's nicht glauben. Und über acht
Tage waren abermal seine Jünger darinnen, und Thomas mit ihnen.
Kommt Jesus, da die Thüren verschlossen waren, und tritt mitten
ein und spricht: Friede sei mit euch! Danach spricht er zu Thoma:
Reiche deinen Finger her, und siehe meine Hände; und reiche deine
Hand her und lege sie in meine Seite, und sei nicht ungläubig, sondern
gläubig. Thomas antwortete und sprach zu ihm: Mein Herr und
mein Gott! Spricht Jesus zu ihm: Dieweil du mich gesehen hast,
Thoma, so glaubest du. Selig sind, die nicht sehen und doch glauben.
Auch viele andere Zeichen that Jesus vor seinen Jüngern, die nicht
geschrieben sind in diesem Buch. Diese aber sind geschrieben, daß ihr
glaubet, Jesus sei Christ, der Sohn Gottes, und daß ihr durch den
Glauben das Leben habt in seinem Namen.

Am 2. Sonntage nach Ostern, Misericordias Domini.

Epistel. 1 Petr. 2, 21—25.

Denn dazu seid ihr berufen; sintemal auch Christus gelitten hat
für uns und uns ein Vorbild gelassen, daß ihr sollt nachfolgen seinen
Fußstapfen; welcher keine Sünde gethan hat, ist auch kein Betrug in
seinem Munde erfunden; welcher nicht wieder schalt, da er gescholten
ward, nicht drohete, da er litt; er stellete es aber dem heim, der da
recht richtet; welcher unsere Sünden selbst geopfert hat an seinem Leibe
auf dem Holz, auf daß wir, der Sünde abgestorben, der Gerechtigkeit
leben; durch welches Wunden ihr seid heil geworden. Denn ihr
waret wie die irrenden Schafe; aber ihr seid nun bekehret zu dem
Hirten und Bischof eurer Seelen.

Evangelium. Joh. 10, 12—16.

Ich bin ein guter Hirte. Ein guter Hirte lässet sein Leben für
die Schafe. Ein Mietling aber, der nicht Hirte ist, des die Schafe

nicht eigen sind, siehet den Wolf kommen und verläffet die Schafe und fliehet; und der Wolf erhaschet und zerstreuet die Schafe. Der Miet= ling aber fliehet, denn er ist ein Miethling und achtet der Schafe nicht. Ich bin ein guter Hirte und erkenne die Meinen und bin bekannt den Meinen, wie mich mein Vater kennet, und ich kenne den Vater, und ich lasse mein Leben für die Schafe. Und ich habe noch andere Schafe, die sind nicht aus diesem Stalle; und dieselbigen muß ich herführen, und sie werden meine Stimme hören, und wird e i n e Herde und e i n Hirte werden.

Am 3. Sonntage nach Oftern, Jubilate.

Epistel. 1 Petri 2, 11—20.

Ich ermahne euch, als die Fremdlinge und Pilgrime: Enthaltet euch von fleischlichen Lüsten, welche wider die Seele streiten; und führet einen guten Wandel unter den Heiden, auf daß die, so von euch afterreden als von Übelthätern, eure guten Werke sehen und Gott preisen, wenn es nun an den Tag kommen wird. Seid unter= than aller menschlichen Ordnung um des Herrn willen, es sei dem Könige als dem Obersten, oder den Hauptleuten als den Gesandten von ihm zur Rache über die Übelthäter und zu Lobe den Frommen. Denn das ist der Wille Gottes, daß ihr mit Wohlthun verstopfet die Unwissenheit der thörichten Menschen, als die Freien, und nicht als hättet ihr die Freiheit zum Deckel der Bosheit, sondern als die Knechte Gottes. Thut Ehre jedermann. Habt die Brüder lieb. Fürchtet Gott. Ehret den König. Ihr Knechte, seid unterthan mit aller Furcht den Herren, nicht allein den gütigen und gelinden, sondern auch den wunderlichen. Denn das ist Gnade, so jemand um des Gewissens willen zu Gott das Übel verträgt und leidet das Unrecht. Denn was ist das für ein Ruhm, so ihr um Missethat willen Streiche leidet? Aber wenn ihr um Wohlthat willen leidet und erduldet, das ist Gnade bei Gott.

Evangelium. Joh. 16, 16—23.

Über ein Kleines, so werdet ihr mich nicht sehen, und aber über ein Kleines, so werdet ihr mich sehen; denn ich gehe zum Vater. Da sprachen etliche unter seinen Jüngern untereinander: Was ist das, daß er saget zu uns: Über ein Kleines, so werdet ihr mich nicht sehen, und aber über ein Kleines, so werdet ihr mich sehen, und daß ich zum Vater gehe? Da sprachen sie: Was ist das, daß er saget: Über ein Kleines? Wir wissen nicht, was er redet. Da merkte Jesus, daß sie ihn fragen wollten, und er sprach zu ihnen: Davon fraget ihr unter= einander, daß ich gesagt habe: Über ein Kleines, so werdet ihr mich nicht sehen, und aber über ein Kleines, so werdet ihr mich sehen. Wahrlich, wahrlich, ich sage euch: Ihr werdet weinen und heulen, aber die Welt wird sich freuen; ihr aber werdet traurig sein, doch eure Traurigkeit soll in Freude verkehret werden. Ein Weib, wenn sie gebieret, so hat sie Traurigkeit, denn ihre Stunde ist gekommen; wenn sie aber das Kind geboren hat, denket sie nicht mehr an die Angst um der Freude willen, daß der Mensch zur Welt geboren ist. Und ihr habt auch nun Traurigkeit; aber ich will euch wiedersehen, und euer Herz soll sich freuen, und eure Freude soll niemand von euch nehmen. Und an demselbigen Tage werdet ihr mich nichts fragen.

Am 4. Sonntage nach Ostern, Cantate.

Epistel. Jak. 1, 17—21.

Alle gute Gabe und alle vollkommene Gabe kommt von oben herab, von dem Vater des Lichts, bei welchem ist keine Veränderung, noch Wechsel des Lichts und der Finsterniß. Er hat uns gezeuget nach seinem Willen durch das Wort der Wahrheit, auf daß wir wären Erstlinge seiner Kreaturen. Darum, liebe Brüder, ein jeglicher Mensch sei schnell zu hören, langsam aber zu reden und langsam zum Zorn. Denn des Menschen Zorn thut nicht, was vor Gott recht ist. Darum so leget ab alle Unsauberkeit und alle Bosheit; und nehmet das Wort an mit Sanftmut, das in euch gepflanzet ist, welches kann eure Seelen selig machen.

Evangelium. Joh. 16, 5—15.

Nun aber gehe ich hin zu dem, der mich gesandt hat; und niemand unter euch fraget mich: wo gehest du hin? Sondern, dieweil ich solches zu euch geredet habe, ist euer Herz voll Trauerns geworden. Aber ich sage euch die Wahrheit: Es ist euch gut, daß ich hingehe; denn so ich nicht hingehe, so kommt der Tröster nicht zu euch; so ich aber hingehe, will ich ihn zu euch senden. Und wenn derselbige kommt, der wird die Welt strafen um die Sünde und um die Gerechtigkeit und um das Gericht; um die Sünde, daß sie nicht glauben an mich; um die Gerechtigkeit aber, daß ich zum Vater gehe, und ihr mich hinfort nicht sehet; um das Gericht, daß der Fürst dieser Welt gerichtet ist. Ich habe euch noch viel zu sagen, aber ihr könnt es jetzt nicht tragen. Wenn aber jener, der Geist der Wahrheit, kommen wird, der wird euch in alle Wahrheit leiten. Denn er wird nicht von ihm selber reden, sondern was er hören wird, das wird er reden, und was zukünftig ist, wird er euch verkündigen. Derselbige wird mich verklären; denn von dem Meinen wird er es nehmen und euch verkündigen. Alles, was der Vater hat, das ist mein; darum habe ich gesagt, er wird es von dem Meinen nehmen und euch verkündigen.

Am 5. Sonntage nach Ostern, Rogate.

Epistel. Jak. 1, 22—27.

Seid aber Thäter des Worts, und nicht Hörer allein, damit ihr euch selbst betrüget. Denn so jemand ist ein Hörer des Worts und nicht ein Thäter, der ist gleich einem Manne, der sein leibliches Angesicht in einem Spiegel beschauet. Denn, nachdem er sich beschauet hat, geht er von Stund an davon und vergisset, wie er gestaltet war. Wer aber durchschauet in das vollkommene Gesetz der Freiheit und darinnen beharret, und ist nicht ein vergeßlicher Hörer, sondern ein Thäter, derselbige wird selig sein in seiner That.

So aber sich jemand unter euch läßt dünken, er diene Gott und hält seine Zunge nicht im Zaum, sondern verführet sein Herz, des Gottesdienst ist eitel. Ein reiner und unbefleckter Gottesdienst vor Gott dem Vater ist der, die Waisen und Witwen in ihrer Trübsal besuchen und sich von der Welt unbefleckt behalten.

Evangelium. Joh. 16, 23—30.

Wahrlich, wahrlich ich sage euch: So ihr den Vater etwas bitten werdet in meinem Namen, so wird er es euch geben. Bisher habt ihr nichts gebeten in meinem Namen. Bittet, so werdet ihr nehmen, daß eure Freude vollkommen sei. Solches habe ich zu euch durch Sprichwort geredet. Es kommt aber die Zeit, daß ich nicht mehr durch Sprichwort mit euch reden werde, sondern euch frei heraus verkündigen von meinem Vater. An demselbigen Tage werdet ihr bitten in meinem Namen. Und ich sage euch nicht, daß ich den Vater für euch bitten will; denn er selbst, der Vater, hat euch lieb, darum, daß ihr mich liebet und glaubet, daß ich von Gott ausgegangen bin. Ich bin vom Vater ausgegangen und gekommen in die Welt; wiederum verlasse ich die Welt und gehe zum Vater. Sprechen zu ihm seine Jünger: Siehe, nun redest du frei heraus und sagest kein Sprichwort. Nun wissen wir, daß du alle Dinge weißt und bedarfst nicht, daß dich jemand frage. Darum glauben wir, daß du von Gott ausgegangen bist.

Am Feste der Himmelfahrt Christi.

Epistel. Apostelg. 1, 1—11.

Die erste Rede habe ich zwar gethan, lieber Theophile, von alle dem, das Jesus anfing, beides zu thun und zu lehren, bis an den Tag, da er aufgenommen ward, nachdem er den Aposteln, welche er hatte erwählet, durch den heiligen Geist Befehl gethan hatte; welchen er sich nach seinem Leiden lebendig erzeiget hatte durch mancherlei Erweisungen, und ließ sich sehen unter ihnen vierzig Tage lang und redete mit ihnen vom Reich Gottes. Und als er sie versammelt hatte, befahl er ihnen, daß sie nicht von Jerusalem wichen, sondern warteten auf die Verheißung des Vaters, welche ihr habt gehört — sprach er — von mir. Denn Johannes hat mit Wasser getauft, ihr aber sollt mit dem heiligen Geist getauft werden nicht lange nach diesen Tagen. Die aber, so zusammengekommen waren, fragten ihn und sprachen: Herr, wirst du auf diese Zeit wieder aufrichten das Reich Israel? Er aber sprach zu ihnen: Es gebühret euch nicht, zu wissen Zeit oder Stunde, welche der Vater seiner Macht vorbehalten hat; sondern ihr werdet die Kraft des heiligen Geistes empfangen, welcher auf euch kommen wird, und werdet meine Zeugen sein zu Jerusalem und in ganz Judäa und Samaria und bis an das Ende der Erde. Und da er solches gesagt, ward er aufgehoben zusehends, und eine Wolke nahm ihn auf vor ihren Augen weg. Und als sie ihm nachsahen gen Himmel fahrend, siehe, da standen bei ihnen zween Männer in weißen Kleidern, welche auch sagten: Ihr Männer von Galiläa, was stehet ihr und sehet gen Himmel? Dieser Jesus, welcher von euch ist aufgenommen gen Himmel, wird kommen, wie ihr ihn gesehen habt gen Himmel fahren.

Evangelium. Mark. 16, 14—20.

Zuletzt, da die Elfe zu Tische saßen, offenbarte sich Jesus und schalt ihren Unglauben und ihres Herzens Härtigkeit, daß sie nicht geglaubt hatten denen, die ihn gesehen hatten auferstanden; und sprach zu ihnen: Gehet hin in alle Welt, und prediget das Evange-

lium aller Kreatur. Wer da glaubet und getauft wird, der wird
selig werden; wer aber nicht glaubet, der wird verdammet werden.
Die Zeichen aber, die da folgen werden denen, die da glauben,
sind die: In meinem Namen werden sie Teufel austreiben, mit
neuen Zungen reden, Schlangen vertreiben, und so sie etwas Töt=
liches trinken, wird es ihnen nicht schaden; auf die Kranken werden
sie die Hände legen, so wird es besser mit ihnen werden. Und der
Herr, nachdem er mit ihnen geredet hatte, ward er aufgehoben gen
Himmel und sitzet zur rechten Hand Gottes. Sie aber gingen aus
und predigten an allen Orten; und der Herr wirkte mit ihnen und
bekräftigte das Wort durch mitfolgende Zeichen.

Am 6. Sonntage nach Ostern, Exaudi.

Epistel. 1. Petri 4, 8—11.

So seid nun mäßig und nüchtern zum Gebet. Vor allen Dingen
aber habt untereinander eine brünstige Liebe; denn die Liebe decket
auch der Sünden Menge. Seid gastfrei untereinander ohne Mur=
meln; und dienet einander, ein jeglicher mit der Gabe, die er
empfangen hat, als die guten Haushalter der mancherlei Gnade
Gottes. So jemand redet, daß er es rede als Gottes Wort. So
jemand ein Amt hat, daß er es thue als aus dem Vermögen, das
Gott darreichet, auf daß in allen Dingen Gott gepriesen werde durch
Jesum Christum, welchem sei Ehre und Gewalt von Ewigkeit zu
Ewigkeit. Amen.

Evangelium. Joh. 15, 26—16,4.

Wenn aber der Tröster kommen wird, welchen ich euch senden
werde vom Vater, der Geist der Wahrheit, der vom Vater ausgehet,
der wird zeugen von mir. Und ihr werdet auch zeugen; denn ihr seid
von Anfang bei mir gewesen. Solches habe ich zu euch geredet, daß
ihr euch nicht ärgert. Sie werden euch in den Bann thun. Es kommt
aber die Zeit, daß, wer euch tötet, wird meinen, er thue Gott einen
Dienst daran. Und solches werden sie euch darum thun, daß sie
weder meinen Vater noch mich erkennen. Aber solches habe ich zu
euch geredet, auf daß, wenn die Zeit kommen wird, daß ihr daran
gedenket, daß ich es euch gesagt habe. Solches aber habe ich euch von
Anfang nicht gesagt; denn ich war bei euch.

Am heiligen Pfingstfest.

Epistel. Apostelg. 2, 1—13.

Und als der Tag der Pfingsten erfüllet war, waren sie alle ein=
mütig bei einander. Und es geschah schnell ein Brausen vom Himmel,
als eines gewaltigen Windes, und erfüllte das ganze Haus, da sie
saßen. Und man sahe an ihnen die Zungen zerteilet, als wären sie
feurig. Und er setzte sich auf einen jeglichen unter ihnen. Und wurden
alle voll des heiligen Geistes und fingen an, zu predigen mit andern
Zungen, nachdem der Geist ihnen gab auszusprechen. Es waren
aber Juden zu Jerusalem wohnend, die waren gottesfürchtige Männer
aus allerlei Volk, das unter dem Himmel ist. Da nun diese Stimme

geschah, kam die Menge zusammen, und wurden verstürzt, denn es hörte ein jeglicher, daß sie mit seiner Sprache redeten. Sie entsetzten sich aber alle, verwunderten sich und sprachen untereinander: Siehe, sind nicht diese alle, die da reden, aus Galiläa? Wie hören wir denn ein jeglicher seine Sprache, darinnen wir geboren sind? Parther und Meder und Elamiter, und die wir wohnen in Mesopotamien und in Judäa und Kappadocien, Pontus und Asien, Phrygien und Pamphylien, Ägypten und an den Enden der Libyen bei Kyrene, und Ausländer von Rom, Juden und Judengenossen, Kreter und Araber: wir hören sie mit unsern Zungen die großen Thaten Gottes reden. Sie entsetzten sich aber alle und wurden irre und sprachen einer zu dem andern: Was will das werden? Die andern aber hatten es ihren Spott und sprachen: Sie sind voll süßen Weins.

Evangelium. Joh. 14, 23—31.

Wer mich liebet, der wird mein Wort halten; und mein Vater wird ihn lieben, und wir werden zu ihm kommen und Wohnung bei ihm machen. Wer aber mich nicht liebet, der hält meine Worte nicht. Und das Wort, das ihr höret, ist nicht mein, sondern des Vaters, der mich gesandt hat. Solches habe ich zu euch geredet, weil ich bei euch gewesen bin. Aber der Tröster, der heilige Geist, welchen mein Vater senden wird in meinem Namen, derselbige wird euch alles lehren und euch erinnern alles des, das ich euch gesagt habe. Den Frieden lasse ich euch, meinen Frieden gebe ich euch. Nicht gebe ich euch, wie die Welt giebt. Euer Herz erschrecke nicht und fürchte sich nicht. Ihr habt gehört, daß ich euch gesagt habe: Ich gehe hin und komme wieder zu euch. Hättet ihr mich lieb, so würdet ihr euch freuen, daß ich gesagt habe: Ich gehe zum Vater; denn der Vater ist größer denn ich. Und nun habe ich es euch gesagt, ehe denn es geschieht, auf daß, wenn es nun geschehen wird, daß ihr glaubet. Ich werde hinfort nicht mehr viel mit euch reden; denn es kommt der Fürst dieser Welt und hat nichts an mir. Aber auf daß die Welt erkenne, daß ich den Vater liebe und ich also thue, wie mir der Vater geboten hat: Stehet auf, und lasset uns von hinnen gehen.

Am Pfingstmontag.

Epistel. Apostelg. 10, 42—48.

Der Herr hat uns geboten, zu predigen dem Volk und zu zeugen, daß er ist verordnet von Gott ein Richter der Lebendigen und der Toten. Von diesem zeugen alle Propheten, daß durch seinen Namen alle, die an ihn glauben, Vergebung der Sünden empfangen sollen. Da Petrus noch diese Worte redete, fiel der heilige Geist auf alle, die dem Worte zuhöreten. Und die Gläubigen aus der Beschneidung, die mit Petro gekommen waren, entsetzten sich, daß auch auf die Heiden die Gabe des heiligen Geistes ausgegossen ward. Denn sie höreten, daß sie mit Zungen redeten und Gott hoch priesen. Da antwortete Petrus: Mag auch jemand das Wasser wehren, daß diese nicht getauft werden, die den heiligen Geist empfangen haben, gleichwie auch wir? Und befahl, sie zu taufen in dem Namen des Herrn.

Evangelium. Joh. 3, 16—21.

Jesus sprach zu Nikodemus: Also hat Gott die Welt geliebet, daß er seinen eingebornen Sohn gab, auf daß alle, die an ihn glau= ben, nicht verloren werden, sondern das ewige Leben haben. Denn Gott hat seinen Sohn nicht gesandt in die Welt, daß er die Welt richte, sondern daß die Welt durch ihn selig werde. Wer an ihn glaubet, der wird nicht gerichtet; wer aber nicht glaubet, der ist schon gerichtet, denn er glaubet nicht an den Namen des eingebornen Sohnes Gottes. Das ist aber das Gericht, daß das Licht in die Welt gekommen ist und die Menschen liebten die Finsterniß mehr denn das Licht; denn ihre Werke waren böse. Wer Arges thut, der hasset das Licht und kommt nicht an das Licht, auf daß seine Werke nicht gestraft werden. Wer aber die Wahrheit thut, der kommt an das Licht, daß seine Werke offenbar werden; denn sie sind in Gott gethan.

Am Sonntage Trinitatis, oder am Feste der heiligen Dreieinigkeit.

Epistel. Röm. 11, 33—36.

O welch eine Tiefe des Reichtums, beide der Weisheit und Er= kenntniß Gottes! Wie gar unbegreiflich sind seine Gerichte und un= erforschlich seine Wege! Denn wer hat des Herrn Sinn erkannt, oder wer ist sein Ratgeber gewesen? Oder wer hat ihm etwas zuvor ge= geben, das ihm werde wieder vergolten? Denn von ihm und durch ihn und in ihm sind alle Dinge. Ihm sei Ehre in Ewigkeit. Amen.

Evangelium. Joh. 3, 1—15.

Es war ein Mensch unter den Pharisäern, mit Namen Nikode= mus, ein Oberster unter den Juden. Der kam zu Jesu bei der Nacht und sprach zu ihm: Meister, wir wissen, daß du bist ein Lehrer von Gott gekommen; denn niemand kann die Zeichen thun, die du thust, es sei denn Gott mit ihm. Jesus antwortete und sprach zu ihm: Wahrlich, wahrlich, ich sage dir: Es sei denn, daß jemand von neuem geboren werde, kann er das Reich Gottes nicht sehen. Nikodemus spricht zu ihm: Wie kann ein Mensch geboren werden, wenn er alt ist? Kann er auch wiederum in seiner Mutter Leib gehen und geboren werden? Jesus antwortete: Wahrlich, wahrlich, ich sage dir: Es sei denn, daß jemand geboren werde aus dem Wasser und Geist, so kann er nicht in das Reich Gottes kommen. Was vom Fleisch geboren wird, das ist Fleisch, und was vom Geist geboren wird, das ist Geist. Laß dich's nicht wundern, daß ich dir gesagt habe: Ihr müsset von neuem geboren werden. Der Wind bläset, wo er will, und du hörest sein Sausen wohl; aber du weißt nicht, von wannen er kommt und wohin er fährt. Also ist ein jeglicher, der aus dem Geist geboren ist. Nikodemus antwortete und sprach zu ihm: Wie mag solches zugehen? Jesus antwortete und sprach zu ihm: Bist du ein Meister in Israel und weißt das nicht? Wahrlich, wahrlich, ich sage dir: Wir reden, das wir wissen, und zeugen, das wir gesehen haben, und ihr nehmt unser Zeugnis nicht an. Glaubet ihr nicht, wenn ich euch von irdiſchen Dingen ſage, wie würdet ihr glauben, wenn ich euch von himmliſchen Dingen ſagen würde? Und niemand fähret gen Himmel, denn der vom Himmel hernieder gekommen iſt, nämlich des Menſchen Sohn, der im Himmel iſt. Und wie Moſes in der Wüſte eine Schlange erhöhet hat, alſo muß des Menſchen Sohn erhöhet werden, auf daß alle, die an ihn glauben, nicht verloren werden, ſondern das ewige Leben haben.

Am 1. Sonntage nach Trinitatis.

Epiſtel. 1. Joh. 4, 16—21

Gott iſt die Liebe, und wer in der Liebe bleibet, der bleibet in Gott, und Gott in ihm. Daran iſt die Liebe völlig bei uns, auf daß wir eine Freudigkeit haben am Tage des Gerichts; denn gleichwie er iſt, ſo ſind auch wir in dieſer Welt. Furcht iſt nicht in der Liebe, ſondern die völlige Liebe treibet die Furcht aus; denn die Furcht hat Pein; wer ſich aber fürchtet, der iſt nicht völlig in der Liebe. Laſſet uns ihn lieben; denn er hat uns erſt geliebet. So jemand ſpricht: Ich liebe Gott, und haſſet ſeinen Bruder, der iſt ein Lügner. Denn wer ſeinen Bruder nicht liebet, den er ſiehet. wie kann er Gott lieben, den er nicht ſiehet? Und dies Gebot haben wir von ihm, daß wer Gott liebet, daß der auch ſeinen Bruder liebe.

Evangelium. Luk. 16, 19—31.

Es war ein reicher Mann, der kleidete ſich mit Purpur und köſt= licher Leinwand und lebte alle Tage herrlich und in Freuden. Es war aber ein Armer, mit Namen Lazarus, der lag vor ſeiner Thür voller Schwären und begehrte, ſich zu ſättigen von den Broſamen, die von des Reichen Tiſche fielen. Doch kamen die Hunde und leckten ihm ſeine Schwären. Es begab ſich aber, daß der Arme ſtarb und ward getragen von den Engeln in Abrahams Schoß. Der Reiche aber ſtarb auch und ward begraben. Als er nun in der Hölle und in der Qual war, hob er ſeine Augen auf und ſah Abraham von ferne und Lazarum in ſeinem Schoß, rief und ſprach: Vater Abraham, erbarme dich mein, und ſende Lazarum, daß er das Äußerſte ſeines Fingers ins Waſſer tauche und kühle meine Zunge; denn ich leide Pein in dieſer Flamme! Abraham aber ſprach: Gedenke, Sohn, daß du dein Gutes empfangen haſt in deinem Leben, und Lazarus dage= gen hat Böſes empfangen; nun aber wird er getröſtet, und du wirſt gepeiniget. Und über das alles iſt zwiſchen uns und euch eine große Kluft befeſtiget, daß, die da wollten von hinnen hinabfahren zu euch, können nicht, und auch nicht von dannen zu uns herüberfahren. Da ſprach er: So bitte ich dich, Vater, daß du ihn ſendeſt in meines Vaters Haus; denn ich habe noch fünf Brüder, daß er ihnen bezeuge, auf daß ſie nicht auch kommen an dieſen Ort der Qual. Abraham aber ſprach zu ihm: Sie haben Moſen und die Propheten, laß ſie die= ſelbigen hören. Er aber ſprach: Nein, Vater Abraham, ſondern wenn einer von den Toten zu ihnen ginge, ſo würden ſie Buße thun. Er ſprach zu ihm: Hören ſie Moſen und die Propheten nicht, ſo wer= den ſie auch nicht glauben, ob jemand von den Toten auferſtände.

Am 2. Sonntage nach Trinitatis.

Epistel. 1. Joh. 3, 13—18.

Verwundert euch nicht, meine Brüder, ob euch die Welt hasset. Wir wissen, daß wir aus dem Tode in das Leben gekommen sind; denn wir lieben die Brüder. Wer den Bruder nicht liebet, der bleibet im Tode. Wer seinen Bruder hasset, der ist ein Totschläger; und ihr wisset, daß ein Totschläger nicht hat das ewige Leben bei ihm bleibend. Daran haben wir erkannt die Liebe, daß er sein Leben für uns gelassen hat; und wir sollen auch das Leben für die Brüder lassen. Wenn aber jemand dieser Welt Güter hat und siehet seinen Bruder darben und schließt sein Herz vor ihm zu, wie bleibet die Liebe Gottes bei ihm? Meine Kindlein, lasset uns nicht lieben mit Worten noch mit der Zunge, sondern mit der That und mit der Wahrheit.

Evangelium. Luk. 14, 16—24.

Es war ein Mensch, der machte ein großes Abendmahl und lud viele dazu. Und sandte seinen Knecht aus zur Stunde des Abendmahls, zu sagen den Geladenen: Kommet; denn es ist alles bereit. Und sie fingen an alle nacheinander, sich zu entschuldigen. Der erste sprach zu ihm: Ich habe einen Acker gekauft und muß hinausgehen und ihn besehen; ich bitte dich, entschuldige mich. Und der andere sprach: Ich habe fünf Joch Ochsen gekauft, und ich gehe jetzt hin, sie zu besehen; ich bitte dich, entschuldige mich. Und der dritte sprach: Ich habe ein Weib genommen, darum kann ich nicht kommen. Und der Knecht kam und sagte das seinem Herrn wieder. Da ward der Hausherr zornig und sprach zu seinem Knechte: Gehe aus bald auf die Straßen und Gassen der Stadt, und führe die Armen und Krüppel und Lahmen und Blinden herein. Und der Knecht sprach: Herr, es ist geschehen, was du befohlen hast; es ist aber noch Raum da. Und der Herr sprach zu dem Knechte: Gehe aus auf die Landstraßen und an die Zäune, und nötige sie hereinzukommen, auf daß mein Haus voll werde. Ich sage euch aber, daß der Männer keiner, die geladen sind, mein Abendmahl schmecken wird.

Am 3. Sonntage nach Trinitatis.

Epistel. 1. Petr. 5, 6—11.

So demütiget euch nun unter die gewaltige Hand Gottes, daß er euch erhöhe zu seiner Zeit. Alle eure Sorge werfet auf ihn, denn er sorget für euch. Seid nüchtern und wachet; denn euer Widersacher, der Teufel, gehet umher wie ein brüllender Löwe und suchet, welchen er verschlinge. Dem widerstehet fest im Glauben, und wisset, daß eben dieselbigen Leiden über eure Brüder in der Welt gehen. Der Gott aber aller Gnade, der uns berufen hat zu seiner ewigen Herrlichkeit in Christo Jesu, derselbige wird euch, die ihr eine kleine Zeit leidet, vollbereiten, stärken, kräftigen, gründen. Demselbigen sei Ehre und Macht von Ewigkeit zu Ewigkeit. Amen.

32

Es naheten aber zu ihm allerlei Zöllner und Sünder, daß sie ihn höreten. Und die Pharisäer und Schriftgelehrten murreten und sprachen: Dieser nimmt die Sünder an und isset mit ihnen. Er aber sagte zu ihnen dies Gleichnis und sprach: Welcher Mensch ist unter euch, der hundert Schafe hat, und so er deren eins verlieret, der nicht lasse die neun und neunzig in der Wüste und hingehe nach dem ver= lornen, bis daß er's finde? Und wenn er es gefunden hat, so legt er es auf seine Achseln mit Freuden. Und wenn er heimkommt, ruft er seine Freunde und Nachbarn und spricht zu ihnen: Freuet euch mit mir; denn ich habe mein Schaf gefunden, das verloren war. Ich sage euch: Also wird auch Freude sein im Himmel über einen Sün= der, der Buße thut, vor neun und neunzig Gerechten, die der Buße nicht bedürfen. Oder welches Weib ist, die zehn Groschen hat, so sie deren einen verlieret, die nicht ein Licht anzünde und kehre das Haus und suche mit Fleiß, bis daß sie ihn finde? Und wenn sie ihn gefun= den hat, ruft sie ihre Freundinnen und Nachbarinnen und spricht: Freuet euch mit mir; denn ich habe meinen Groschen gefunden, den ich verloren hatte. Also auch, sage ich euch, wird Freude sein vor den Engeln Gottes über einen Sünder, der Buße thut.

Am 4. Sonntage nach Trinitatis.

Epistel. Röm. 8, 18—23.

Ich halte es dafür, daß dieser Zeit Leiden der Herrlichkeit nicht wert sei, die an uns soll geoffenbaret werden. Denn das ängstliche Harren der Kreatur wartet auf die Offenbarung der Kinder Gottes. Sintemal die Kreatur unterworfen ist der Eitelkeit ohne ihren Wil= len, sondern um deswillen, der sie unterworfen hat auf Hoffnung. Denn auch die Kreatur frei werden wird von dem Dienst des ver= gänglichen Wesens zu der herrlichen Freiheit der Kinder Gottes. Denn wir wissen, daß alle Kreatur sehnet sich mit uns und ängstiget sich noch immerdar; nicht allein aber sie, sondern auch wir selbst. die wir haben des Geistes Erstlinge, sehnen uns auch bei uns selbst nach der Kindschaft und warten auf unsers Leibes Erlösung.

Evangelium. Luk. 6, 36—42.

Darum seid barmherzig, wie auch euer Vater barmherzig ist. Richtet nicht, so werdet ihr auch nicht gerichtet. Verdammet nicht, so werdet ihr auch nicht verdammet. Vergebet, so wird euch vergeben. Gebet, so wird euch gegeben. Ein voll, gedrückt, gerüttelt und über= flüssig Maß wird man in euren Schoß geben; denn eben mit dem Maß, da ihr mit messet, wird man euch wieder messen. Und er sagte ihnen ein Gleichnis: Mag auch ein Blinder einem Blinden den Weg weisen? Werden sie nicht alle beide in die Grube fallen? Der Jünger ist nicht über seinen Meister; wenn der Jünger ist wie sein Meister, so ist er vollkommen. Was siehest du aber einen Splitter in deines Bru= ders Auge, und den Balken in deinem Auge wirst du nicht gewahr? Oder wie kannst du sagen zu deinem Bruder: Halt still, Bruder, ich will den Splitter aus deinem Auge ziehen; und du siehest selbst nicht den Balken in deinem Auge? Du Heuchler, ziehe zuvor den Balken aus deinem Auge, und besehe dann, daß du den Splitter aus deines Bruders Auge ziehest.

Am 5. Sonntage nach Trinitatis.

Epistel. 1. Petr. 3, 8—15.

Endlich aber seid allesamt gleich gesinnet, mitleidig, brüderlich, barmherzig, freundlich. Vergeltet nicht Böses mit Bösem, oder Scheltwort mit Scheltwort; sondern dagegen segnet, und wisset, daß ihr dazu berufen seid, daß ihr den Segen ererbet. Denn wer leben will und gute Tage sehen, der schweige seine Zunge, daß sie nicht Böses rede, und seine Lippen, daß sie nicht trügen. Er wende sich vom Bösen und thue Gutes, er suche Frieden und jage ihm nach. Denn die Augen des Herrn sehen auf die Gerechten, und seine Ohren auf ihr Gebet. Das Angesicht aber des Herrn siehet auf die, so Böses thun. Und wer ist, der euch schaden könnte, so ihr dem Guten nach=kommt? Und ob ihr auch leidet um der Gerechtigkeit willen, so seid ihr doch selig. Fürchtet euch aber vor ihrem Trotze nicht, und erschrecket nicht. Heiliget aber Gott den Herrn in euren Herzen.

Evangelium. Luk. 5, 1—11.

Es begab sich aber, da sich das Volk zu ihm drang, zu hören das Wort Gottes, und er stand am See Genezareth und sahe zwei Schiffe am See stehen; die Fischer aber waren ausgetreten und wuschen ihre Netze. Trat er in der Schiffe eines, welches Simonis war, und bat ihn, daß er es ein wenig vom Lande führete. Und er setzte sich und lehrete das Volk aus dem Schiffe. Und als er hatte aufgehört zu reden, sprach er zu Simon: Fahre auf die Höhe, und werfet eure Netze aus, daß ihr einen Zug thut. Und Simon antwortete und sprach zu ihm: Meister, wir haben die ganze Nacht gearbeitet und nichts gefan=gen; aber auf dein Wort will ich das Netz auswerfen. Und da sie das thaten, beschlossen sie eine große Menge Fische, und ihr Netz zer=riß. Und sie winkten ihren Gesellen, die im andern Schiffe waren, daß sie kämen und hülfen ihnen ziehen; und sie kamen und fülleten beide Schiffe voll, also daß sie sanken. Da das Simon Petrus sah, fiel er Jesu zu den Knieen und sprach: Herr, gehe von mir hinaus; ich bin ein sündiger Mensch. Denn es war ihn ein Schrecken ange=kommen und alle, die mit ihm waren, über diesen Fischzug, den sie miteinander gethan hatten. Desselbigengleichen auch Jakobum und Johannem, die Söhne Zebedäi, Simonis Gesellen. Und Jesus sprach zu Simon: Fürchte dich nicht; denn von nun an wirst du Menschen fangen. Und sie führeten die Schiffe zu Lande und verließen alles und folgten ihm nach.

Am 6. Sonntage nach Trinitatis.

Epistel. Röm. 6, 3—11.

Wisset ihr nicht, daß alle, die wir in Jesum Christ getauft sind, die sind in seinen Tod getauft? So sind wir je mit ihm begraben durch die Taufe in den Tod, auf daß, gleichwie Christus ist auferwecket von den Toten durch die Herrlichkeit des Vaters, also sollen auch wir in einem neuen Leben wandeln. So wir aber samt ihm gepflanzet wer= den zu gleichem Tode, so werden wir auch der Auferstehung gleich sein; dieweil wir wissen, daß unser alter Mensch samt ihm gekreuziget ist, auf daß der sündliche Leib aufhöre, daß wir hinfort der Sünde nicht dienen. Denn wer gestorben ist, der ist gerechtfertigt von der Sünde. Sind wir aber mit Christo gestorben, so glauben wir, daß wir auch mit ihm leben werden, und wissen, daß Christus, von den Toten erwecket, hinfort nicht stirbt; der Tod wird hinfort über ihn nicht herrschen. Denn das er gestorben ist, das ist er der Sünde gestorben zu einem Mal; das er aber lebet, das lebet er Gott. Also auch ihr, haltet euch dafür, daß ihr der Sünde gestorben seid und lebet Gott in Christo Jesu, unserm Herrn.

Evangelium. Matth. 5, 20—26.

Ich sage euch: Es sei denn eure Gerechtigkeit besser, denn der Schriftgelehrten und Pharisäer, so werdet ihr nicht in das Himmel= reich kommen. Ihr habt gehört, daß zu den Alten gesagt ist: Du sollst nicht töten; wer aber tötet, der soll des Gerichts schuldig sein. Ich aber sage euch: Wer mit seinem Bruder zürnet, der ist des Gerichts schuldig; wer aber zu seinem Bruder sagt: Racha, der ist des Rats schuldig. Wer aber sagt: Du Narr, der ist des höllischen Feuers schuldig. Darum, wenn du deine Gabe auf dem Altar opferst und wirst allda eindenken, daß dein Bruder etwas wider dich habe: so laß allda vor dem Altar deine Gabe, und gehe zuvor hin und versöhne dich mit deinem Bruder, und alsdann komm und opfere deine Gabe. Sei willfährig deinem Widersacher bald, dieweil du noch bei ihm auf dem Wege bist, auf daß dich der Widersacher nicht dermaleinst über= antworte dem Richter, und der Richter überantworte dich dem Diener, und werdest in den Kerker geworfen. Ich sage dir: Wahrlich, du wirst nicht von dannen herauskommen, bis du auch den letzten Heller bezahlest.

Am 7. Sonntage nach Trinitatis.

Epistel. Röm. 6, 19—23.

Ich muß menschlich davon reden, um der Schwachheit willen eures Fleisches. Gleichwie ihr eure Glieder begeben habt zum Dienste der Unreinigkeit und von einer Ungerechtigkeit zu der andern, also begebet nun auch eure Glieder zum Dienste der Gerechtigkeit, daß sie heilig werden. Denn da ihr der Sünde Knechte waret, da waret ihr frei von der Gerechtigkeit. Was hattet ihr nun zu der Zeit für Frucht? Welcher ihr euch jetzt schämet; denn das Ende derselben ist der Tod. Nun ihr aber seid von der Sünde frei und Gottes Knechte geworden, habt ihr eure Frucht, daß ihr heilig werdet; das Ende aber das ewige Leben. Denn der Tod ist der Sünden Sold, aber die Gabe Gottes ist das ewige Leben in Christo Jesu, unserm Herrn.

Evangelium. Mark. 8, 1—9.

Zu der Zeit, da viel Volks da war und hatten nichts zu essen, rief Jesus seine Jünger zu sich und sprach zu ihnen: Mich jammert des Volks; denn sie haben nun drei Tage bei mir verharret und haben nichts zu essen, und wenn ich sie ungegessen von mir heim ließe gehen, würden sie auf dem Wege verschmachten. Denn etliche waren von ferne gekommen. Seine Jünger antworteten ihm: Woher nehmen wir Brot hier in der Wüste, daß wir sie sättigen? Und er fragte sie: Wieviel habt ihr Brote? Sie sprachen: Sieben. Und er gebot dem Volke, daß sie sich auf die Erde lagerten. Und er nahm die sieben Brote und dankete und brach sie und gab sie seinen Jüngern, daß sie dieselbigen vorlegten; und sie legten dem Volke vor. Und hatten ein wenig Fischlein; und er dankete und hieß dieselbigen auch vortragen. Sie aßen aber und wurden satt und hoben die übrigen Brocken auf, sieben Körbe. Und ihrer waren bei viertausend, die da gegessen hatten. Und er ließ sie von sich.

Am 8. Sonntage nach Trinitatis.

Epistel. Röm. 8, 12—17.

So sind wir nun, liebe Brüder, Schuldner, nicht dem Fleisch, daß wir nach dem Fleische leben; denn wo ihr nach dem Fleische lebet, so werdet ihr sterben müssen; wo ihr aber durch den Geist des Fleisches Geschäfte tötet, so werdet ihr leben. Denn welche der Geist Gottes treibet, die sind Gottes Kinder. Denn ihr habt nicht einen knechtischen Geist empfangen, daß ihr euch abermal fürchten müßtet, sondern ihr habt einen kindlichen Geist empfangen, durch welchen wir rufen: Abba, lieber Vater! Derselbige Geist giebt Zeugnis unserm Geist, daß wir Gottes Kinder sind. Sind wir denn Kinder, so sind wir auch Erben, nämlich Gottes Erben und Miterben Christi, so wir anders mit leiden, auf daß wir auch mit zur Herrlichkeit erhoben werden.

Evangelium. Matth. 7, 15—23.

Sehet euch vor vor den falschen Propheten, die in Schafskleidern zu euch kommen, inwendig aber sind sie reißende Wölfe. An ihren Früchten sollt ihr sie erkennen. Kann man auch Trauben lesen von den Dornen, oder Feigen von den Disteln? Also ein jeglicher guter Baum bringet gute Früchte, aber ein fauler Baum bringet arge Früchte. Ein guter Baum kann nicht arge Früchte bringen, und ein fauler Baum kann nicht gute Früchte bringen. Ein jeglicher Baum, der nicht gute Früchte bringet, wird abgehauen und ins Feuer geworfen. Darum an ihren Früchten sollt ihr sie erkennen. Es werden nicht alle, die zu mir sagen: Herr, Herr! in das Himmelreich kommen, sondern die den Willen thun meines Vaters im Himmel. Es werden viele zu mir sagen an jenem Tage: Herr, Herr! haben wir nicht in deinem Namen geweissagt? Haben wir nicht in deinem Namen Teufel ausgetrieben? Haben wir nicht in deinem Namen viele Thaten gethan? Dann werde ich ihnen bekennen: Ich habe euch noch nie erkannt; weichet alle von mir, ihr Übelthäter!

Am 9. Sonntage nach Trinitatis.

Epistel. 1. Kor. 10, 6—13.

Das ist aber uns zum Vorbilde geschehen, daß wir uns nicht gelüsten lassen des Bösen, gleichwie jene gelüstet hat. Werdet auch nicht Abgöttische, gleichwie jener etliche wurden, als geschrieben stehet: Das Volk setzte sich nieder, zu essen und zu trinken, und stand auf zu spielen. Auch lasset uns nicht Hurerei treiben, wie etliche unter jenen Hurerei trieben und fielen auf einen Tag drei und zwanzig tausend. Lasset uns aber auch Christum nicht versuchen, wie etliche von jenen ihn versuchten und wurden von den Schlangen umgebracht. Murret auch nicht, gleichwie jener etliche murreten und wurden umgebracht durch den Verderber. Solches alles widerfuhr ihnen zum Vorbilde. Es ist aber geschrieben uns zur Warnung, auf welche das Ende der Welt gekommen ist. Darum, wer sich lässet dünken, er stehe, mag wohl zusehen, daß er nicht falle. Es hat euch noch keine denn menschliche Versuchung betreten. Aber Gott ist getreu, der euch nicht läßt versuchen über euer Vermögen, sondern macht, daß die Versuchung so ein Ende gewinne, daß ihr es könnet ertragen.

Evangelium. Luk. 16, 1—9.

Jesus sprach zu seinen Jüngern: Es war ein reicher Mann, der hatte einen Haushalter; der ward vor ihm berüchtigt, als hätte er ihm seine Güter umgebracht. Und er forderte ihn und sprach zu ihm: Wie höre ich das von dir? Thue Rechnung von deinem Haushalten; denn du kannst hinfort nicht mehr Haushalter sein. Der Haushalter sprach bei sich selbst: Was soll ich thun? Mein Herr nimmt das Amt von mir; graben mag ich nicht, so schäme ich mich zu betteln. Ich weiß wohl, was ich thun will, wenn ich nun von dem Amt gesetzt werde, daß sie mich in ihre Häuser nehmen. Und er rief zu sich alle Schuldner seines Herrn und sprach zu dem ersten: Wieviel bist du meinem Herrn schuldig? Er sprach: Hundert Tonnen Öls. Und er sprach zu ihm: Nimm deinen Brief, setze dich und schreibe flugs fünfzig. Danach sprach er zu dem andern: Du aber, wieviel bist du schuldig? Er sprach: Hundert Malter Weizen. Und er sprach zu ihm: Nimm deinen Brief und schreibe achtzig. Und der Herr lobte den ungerechten Haushalter, daß er klüglich gethan hätte; denn die Kinder dieser Welt sind klüger, denn die Kinder des Lichts in ihrem Geschlechte. Und ich sage euch auch: Machet euch Freunde mit dem ungerechten Mammon, auf daß, wenn ihr nun darbet, sie euch aufnehmen in die ewigen Hütten.

Am 10. Sonntage nach Trinitatis.

Epistel. 1. Kor. 12, 1—11.

Von den geistlichen Gaben aber will ich euch, liebe Brüder, nicht verhalten. Ihr wisset, daß ihr Heiden seid gewesen und hingegangen zu den stummen Götzen, wie ihr geführet wurdet. Darum thue ich euch kund, daß niemand Jesum verfluchet, der durch den Geist Gottes redet. Und niemand kann Jesum einen Herrn heißen ohne durch den heiligen Geist. Es sind mancherlei Gaben, aber es ist e i n Geist. Und es sind mancherlei Ämter, aber es ist e i n Herr. Und es sind mancherlei Kräfte, aber es ist e i n Gott, der da wirket alles in allem. In einem jeglichen erzeigen sich die Gaben des Geistes zum gemeinen Nutzen. Einem wird gegeben durch den Geist, zu reden von der Weisheit; dem andern wird gegeben, zu reden von der Erkenntnis, nach demselbigen Geist; einem andern der Glaube, in demselbigen Geist; einem andern die Gabe, gesund zu machen, in demselbigen Geist; einem andern, Wunder zu thun, einem andern Weissagung, einem andern Geister zu unterscheiden, einem andern mancherlei Sprachen, einem andern, die Sprachen auszulegen. Dies aber alles wirket derselbige einige Geist und teilet einem jeglichen seines zu, nachdem er will.

Evangelium. Luk. 19, 41—49.

Als Jesus nahe hinzukam, sah er die Stadt an und weinte über sie und sprach: Wenn du es wüßtest, so würdest du auch bedenken zu dieser deiner Zeit, was zu deinem Frieden dienet. Aber nun ist es vor deinen Augen verborgen. Denn es wird die Zeit über dich kommen, daß deine Feinde werden um dich und deine Kinder mit dir eine Wagenburg schlagen, dich belagern und an allen Orten ängsten; und werden dich schleifen und keinen Stein auf dem andern lassen, darum, daß du nicht erkannt hast die Zeit, darinnen du heimgesucht bist. — Und er ging in den Tempel und fing an auszutreiben, die darinnen verkauften und kauften, und sprach zu ihnen: Es stehet geschrieben: Mein Haus ist ein Bethaus; ihr aber habt es gemacht zur Mördergrube. Und er lehrete täglich im Tempel. Aber die Hohenpriester und Schriftgelehrten und die Vornehmsten im Volk trachteten ihm nach, daß sie ihn umbrächten, und fanden nicht, wie sie ihm thun sollten; denn alles Volk hing ihm an und hörete ihn.

Am 11. Sonntage nach Trinitatis.

Epistel. 1. Kor. 15, 1—10.

Ich erinnere euch, liebe Brüder, des Evangelii, das ich euch verkündiget habe, welches ihr auch angenommen habt, in welchem ihr auch stehet, durch welches ihr auch selig werdet, welchergestalt ich es euch verkündiget habe, so ihr es behalten habt; es wäre denn, daß ihr es umsonst geglaubet hättet. Denn ich habe euch zuvörderst gegeben, welches ich auch empfangen habe, daß Christus gestorben sei für unsere Sünden nach der Schrift; und daß er begraben sei, und daß er auferstanden sei am dritten Tage nach der Schrift; und daß er gesehen worden ist von Kephas, darnach von den Zwölfen. Darnach ist er gesehen worden von mehr denn fünfhundert Brüdern auf einmal, deren noch viele leben, etliche aber sind entschlafen. Darnach ist er gesehen worden von Jakobo, darnach von allen Aposteln. Am letzten nach allen ist er auch von mir, als einer unzeitigen Geburt, gesehen worden. Denn ich bin der Geringste unter den Aposteln, als der ich nicht wert bin, daß ich ein Apostel heiße, darum, daß ich die Gemeine Gottes verfolget habe. Aber von Gottes Gnaden bin ich, das ich bin, und seine Gnade an mir ist nicht vergeblich gewesen, sondern ich habe viel mehr gearbeitet, denn sie alle; nicht aber ich, sondern Gottes Gnade, die mit mir ist

Evangelium. Luk. 18, 9—14.

Der Herr sagte zu etlichen, die sich selbst vermaßen, daß sie fromm wären, und verachteten die andern, ein solches Gleichniß: Es gingen zween Menschen hinauf in den Tempel zu beten, einer ein Pharisäer, der andere ein Zöllner. Der Pharisäer stand und betete bei sich selbst also: Ich danke dir, Gott, daß ich nicht bin wie andere Leute, Räuber, Ungerechte, Ehebrecher, oder auch wie dieser Zöllner. Ich faste zweimal in der Woche und gebe den Zehnten von allem, das ich habe Und der Zöllner stand von ferne, wollte auch seine Augen nicht aufheben gen Himmel, sondern schlug an seine Brust und sprach: Gott, sei mir Sünder gnädig! Ich sage euch: Dieser ging hinab gerechtfertigt in sein Haus vor jenem. Denn wer sich selbst erhöhet, der wird erniedriget werden, und wer sich selbst erniedriget, der wird erhöhet werden.

Am 12. Sonntage nach Trinitatis.

Epistel. 2. Kor. 3, 4—9.

Ein solches Vertrauen aber haben wir durch Christum zu Gott. Nicht daß wir tüchtig sind von uns selber, etwas zu denken, als von uns selber; sondern daß wir tüchtig sind, ist von Gott, welcher uns auch tüchtig gemacht hat, das Amt zu führen des neuen Testaments, nicht des Buchstabens, sondern des Geistes. Denn der Buchstabe tötet, aber der Geist macht lebendig. So aber das Amt, das durch die Buchstaben tötet und in die Steine ist gebildet, Klarheit hatte, also daß die Kinder Israel nicht konnten ansehen das Angesicht Mosis um der Klarheit willen seines Angesichts, die doch aufhöret: wie sollte nicht vielmehr das Amt, das den Geist giebt, Klarheit haben? Denn so das Amt, das die Verdammniß prediget, Klarheit hat, vielmehr hat das Amt, das die Gerechtigkeit prediget, überschwengliche Klarheit.

Evangelium. Mark. 7, 31—37.

Da Jesus wieder ausging von den Grenzen von Tyrus und Sidon, kam er an das galiläische Meer, mitten unter die Grenze der zehn Städte. Und sie brachten zu ihm einen Tauben, der stumm war, und sie baten ihn, daß er die Hand auf ihn legte. Und er nahm ihn von dem Volke besonders und legte ihm die Finger in die Ohren und spützete und rührete seine Zunge und sah auf gen Himmel, seufzete und sprach zu ihm: Hephata! das ist, thue dich auf! Und alsobald thaten sich seine Ohren auf, und das Band seiner Zunge ward los, und redete recht. Und er verbot ihnen, sie sollten es niemand sagen. Je mehr er aber verbot, je mehr sie es ausbreiteten. Und verwunderten sich über die Maße und sprachen: Er hat alles wohlgemacht; die Tauben macht er hörend und die Sprachlosen redend!

Am 13. Sonntage nach Trinitatis.

Epistel. Gal. 3, 15—22.

Liebe Brüder, ich will nach menschlicher Weise reden: Verachtet man doch eines Menschen Testament nicht, wenn es bestätigt ist, und thut auch nichts dazu. Nun ist je die Verheißung Abraham und seinem Samen zugesagt. Er spricht nicht, durch die Samen, als durch viele, sondern als durch einen, durch deinen Samen, welcher ist Christus. Ich sage aber davon: das Testament, das von Gott zuvor bestätiget ist auf Christum, wird nicht aufgehoben, daß die Verheißung sollte durch das Gesetz aufhören, welches gegeben ist über vierhundert und dreißig Jahre hernach. Denn so das Erbe durch das Gesetz erworben würde, so würde es nicht durch Verheißung gegeben. Gott aber hat es Abraham durch Verheißung frei geschenkt. Was soll denn das Gesetz? Es ist dazugekommen um der Sünde willen, bis der Same käme, dem die Verheißung geschehen ist, und ist gestellet von den Engeln durch die Hand des Mittlers. Ein Mittler aber ist nicht eines Einigen Mittler, Gott aber ist einig. Wie? Ist denn das Gesetz wider Gottes Verheißungen? Das sei ferne. Wenn aber ein Gesetz gegeben wäre, das da könnte lebendig machen, so käme die Gerechtigkeit wahrhaftig aus dem Gesetz. Aber die Schrift hat es alles beschlossen unter die Sünde, auf daß die Verheißung käme durch den Glauben an Jesum Christum, gegeben denen, die da glauben.

Evangelium. Luk. 10, 23—37.

Jesus wandte sich zu seinen Jüngern und sprach insonderheit: Selig sind die Augen, die da sehen, das ihr sehet. Denn ich sage euch: Viele Propheten und Könige wollten sehen, das ihr sehet, und haben es nicht gesehen, und hören, das ihr höret, und haben es nicht gehöret. Und siehe, da stand ein Schriftgelehrter auf, versuchte ihn und sprach: Meister, was muß ich thun, daß ich das ewige Leben ererbe? Er aber sprach zu ihm: Wie stehet im Gesetz geschrieben? Wie liesest du? Er antwortete und sprach: Du sollst Gott, deinen Herrn, lieben von ganzem Herzen, von ganzer Seele, von allen Kräften und von ganzem Gemüte und deinen Nächsten als dich selbst. Er aber sprach zu ihm: Du hast recht geantwortet; thue das, so wirst du leben. Er aber wollte sich selbst rechtfertigen und sprach zu Jesu: Wer ist denn mein Nächster? Da antwortete Jesus und sprach: Es war ein Mensch, der ging von Jerusalem hinab gen Jericho und fiel unter die Mörder, die zogen ihn aus und schlugen ihn und gingen davon und ließen ihn halbtot liegen. Es begab sich aber ungefähr, daß ein Priester dieselbige Straße hinabzog, und da er ihn sahe, ging er vorüber. Desselbigengleichen auch ein Levit, da er kam bei die Stätte und sahe ihn, ging er vorüber. Ein Samariter aber reisete und kam dahin; und da er ihn sahe, jammerte ihn sein, ging zu ihm, verband ihm seine Wunden und goß darein Öl und Wein und hob ihn auf sein Tier und führete ihn in die Herberge und pflegete sein. Des andern Tages reisete er, und zog heraus zween Groschen und gab sie dem Wirt und sprach zu ihm: Pflege sein, und so du was mehr wirst dar-

thun, will ich dir's bezahlen, wenn ich wiederkomme. Welcher dün=
ket dich, der unter diesen dreien der Nächste sei gewesen dem, der unter
die Mörder gefallen war? Er sprach: Der die Barmherzigkeit an ihm
that. Da sprach Jesus zu ihm: So gehe hin und thue desgleichen!

Am 14. Sonntage nach Trinitatis.

Epistel. Gal. 5, 16—24.

Ich sage aber: Wandelt im Geist, so werdet ihr die Lüste des
Fleisches nicht vollbringen. Denn das Fleisch gelüstet wider den
Geist, und den Geist wider das Fleisch; dieselbigen sind wider einan=
der, daß ihr nicht thut, was ihr wollt. Regieret euch aber der Geist,
so seid ihr nicht unter dem Gesetz. Offenbar sind aber die Werke des
Fleisches, als da sind Ehebruch, Hurerei, Unreinigkeit, Unzucht, Ab=
götterei, Zauberei, Feindschaft, Hader, Neid, Zorn, Zank, Zwie=
tracht, Rotten, Haß, Mord, Saufen, Fressen und dergleichen; von
welchen ich euch habe zuvor gesagt und sage noch zuvor, daß, die sol=
ches thun, werden das Reich Gottes nicht ererben. Die Frucht aber
des Geistes ist Liebe, Freude, Friede, Geduld, Freundlichkeit, Gütig=
keit, Glaube, Sanftmut, Keuschheit. Wider solche ist das Gesetz nicht.
Welche aber Christo angehören, die kreuzigen ihr Fleisch samt den
Lüsten und Begierden.

Evangelium. Luk. 17, 11—19.

Und es begab sich, da Jesus reisete gen Jerusalem, zog er mitten
durch Samaria und Galiläa. Und als er in einen Markt kam, be=
gegneten ihm zehn aussätzige Männer, die standen von ferne und
erhoben ihre Stimme und sprachen: Jesu, lieber Meister, erbarme
dich unser! Und da er sie sahe, sprach er zu ihnen: Gehet hin und
zeiget euch den Priestern. Und es geschah, da sie hingingen, wurden
sie rein. Einer aber unter ihnen, da er sah, daß er gesund geworden
war, kehrete er um und pries Gott mit lauter Stimme und fiel auf
sein Angesicht zu seinen Füßen und dankte ihm. Und das war ein
Samariter. Jesus aber antwortete und sprach: Sind ihrer nicht zehn
rein geworden? Wo sind aber die neune? Hat sich sonst keiner gefun=
den, der wieder umkehrete und gäbe Gott die Ehre, denn dieser Fremd=
ling? Und er sprach zu ihm: Stehe auf, gehe hin, dein Glaube hat
dir geholfen!

Am 15. Sonntage nach Trinitatis.

Epistel. Gal. 5, 25—6,10.

So wir im Geiste leben, so lasset uns auch im Geiste wandeln.
Lasset uns nicht eitler Ehre geizig sein, unter einander zu entrüsten
und zu hassen. Liebe Brüder, so ein Mensch etwa von einem Feh=
ler übereilet würde, so helfet ihm wieder zurecht mit sanftmütigem
Geist, die ihr geistlich seid: und siehe auf dich selbst, daß du nicht auch
versuchet werdest. Einer trage des andern Last, so werdet ihr das
Gesetz Christi erfüllen. So aber jemand sich lässet dünken, er sei
etwas, so er doch nichts ist, der betrüget sich selbst. Ein jeglicher aber

prüfe ſein ſelbſt Werk, und alsdann wird er an ihm ſelber Ruhm haben
und nicht an einem andern. Denn ein jeglicher wird ſeine Laſt tra=
gen. Der aber unterrichtet wird mit dem Worte, der teile mit allerlei
Gutes dem, der ihn unterrichtet. Irret euch nicht, Gott läßt ſich nicht
ſpotten. Denn was der Menſch ſäet, das wird er ernten. Wer auf
ſein Fleiſch ſäet, der wird von dem Fleiſch das Verderben ernten; wer
aber auf den Geiſt ſäet, der wird von dem Geiſt das ewige Leben ern=
ten. Laſſet uns aber Gutes thun und nicht müde werden; denn zu
ſeiner Zeit werden wir auch ernten ohne Aufhören. Als wir denn
nun Zeit haben, ſo laſſet uns Gutes thun an jedermann, allermeiſt
aber an des Glaubens Genoſſen.

Evangelium. Matth. 6, 24—34.

Jeſus ſprach zu ſeinen Jüngern: Niemand kann zween Herren
dienen; entweder er wird einen haſſen und den andern lieben, oder er
wird einem anhangen und den andern verachten. Ihr könnt nicht
Gott dienen und dem Mammon. Darum ſage ich euch: Sorget nicht
für euer Leben, was ihr eſſen und trinken werdet, auch nicht für euren
Leib, was ihr anziehen werdet. Iſt nicht das Leben mehr denn die
Speiſe, und der Leib mehr denn die Kleidung? Sehet die Vögel unter
dem Himmel an: ſie ſäen nicht, ſie ernten nicht, ſie ſammeln nicht in
die Scheuern, und euer himmliſcher Vater nähret ſie doch. Seid ihr
denn nicht viel mehr denn ſie? Wer iſt unter euch, der ſeiner Länge
eine Elle zuſetzen möge, ob er gleich darum ſorget? Und warum ſorget
ihr für die Kleidung? Schauet die Lilien auf dem Felde, wie ſie wach=
ſen; ſie arbeiten nicht, auch ſpinnen ſie nicht. Ich ſage euch, daß auch
Salomo in aller ſeiner Herrlichkeit nicht bekleidet geweſen iſt, als der=
ſelbigen eins. So denn Gott das Gras auf dem Felde alſo kleidet,
das doch heute ſtehet und morgen in den Ofen geworfen wird, ſollte
er das nicht vielmehr euch thun? O ihr Kleingläubigen! Darum ſollt
ihr nicht ſorgen und ſagen: Was werden wir eſſen? Was werden wir
trinken? Womit werden wir uns kleiden? Nach ſolchem allen trachten
die Heiden. Denn euer himmliſcher Vater weiß, daß ihr des alles
bedürfet. Trachtet am erſten nach dem Reiche Gottes und nach ſeiner
Gerechtigkeit, ſo wird euch ſolches alles zufallen. Darum ſorget nicht
für den andern Morgen; denn der morgende Tag wird für das Seine
ſorgen. Es iſt genug, daß ein jeglicher Tag ſeine eigene Plage habe.

Am 16. Sonntage nach Trinitatis.

Epiſtel. Epheſ. 3, 13—21.

Darum bitte ich, daß ihr nicht müde werdet um meiner Trübſal
willen, die ich für euch leide, welche euch eine Ehre ſind. Derhalben
beuge ich meine Kniee gegen den Vater unſers Herrn Jeſu Chriſti, der
der rechte Vater iſt über alles, was da Kinder heißt im Himmel und
auf Erden, daß er euch Kraft gebe nach dem Reichtum ſeiner Herrlich=
keit, ſtark zu werden durch ſeinen Geiſt an dem inwendigen Menſchen,
und Chriſtum zu wohnen durch den Glauben in euren Herzen, und
durch die Liebe eingewurzelt und gegründet zu werden, auf daß ihr
begreifen möget mit allen Heiligen, welches da ſei die Breite und die

Länge und die Tiefe und die Höhe, auch erkennen, daß Christum lieb haben viel besser ist denn alles Wissen, auf daß ihr erfüllet werdet mit allerlei Gottesfülle. Dem aber, der überschwenglich thun kann über alles, das wir bitten und verstehen, nach der Kraft, die da in uns wirket, dem sei Ehre in der Gemeine, die in Christo Jesu ist, zu aller Zeit, von Ewigkeit zu Ewigkeit. Amen.

Evangelium. Luk. 7, 11—17.

Es begab sich darnach, daß Jesus in eine Stadt mit Namen Nain ging, und seiner Jünger gingen viele mit ihm und viel Volks. Als er aber nahe an das Stadtthor kam, siehe, da trug man einen Toten heraus, der ein einiger Sohn war seiner Mutter, und sie war eine Witwe, und viel Volks aus der Stadt ging mit ihr. Und da sie der Herr sahe, jammerte ihn derselbigen und sprach zu ihr: Weine nicht! Und trat hinzu und rührete den Sarg an; und die Träger standen. Und er sprach: Jüngling, ich sage dir, stehe auf! Und der Tote richtete sich auf und fing an zu reden. Und er gab ihn seiner Mutter. Und es kam sie alle eine Furcht an und priesen Gott und sprachen: Es ist ein großer Prophet unter uns aufgestanden, und Gott hat sein Volk heimgesucht. Und diese Rede von ihm erscholl in das ganze jüdische Land und in alle umliegenden Länder.

Am 17. Sonntage nach Trinitatis.

Epistel. Ephes. 4, 1—6.

So ermahne nun euch ich Gefangener in dem Herrn, daß ihr wandelt, wie sich's gebühret eurem Beruf, darinnen ihr berufen seid, mit aller Demut und Sanftmut, mit Geduld, und vertraget einer den andern in der Liebe; und seid fleißig, zu halten die Einigkeit im Geist durch das Band des Friedens. Ein Leib und ein Geist, wie ihr auch berufen seid auf einerlei Hoffnung eures Berufs. Ein Herr, ein Glaube, eine Taufe, ein Gott und Vater unser aller, der da ist über euch alle und durch euch alle und in euch allen.

Evangelium. Luk. 14, 1—11.

Und es begab sich, daß Jesus kam in ein Haus eines Obersten der Pharisäer auf einen Sabbat, das Brot zu essen; und sie hielten auf ihn. Und siehe, da war ein Mensch vor ihm, der war wassersüchtig. Und Jesus antwortete und sagte zu den Schriftgelehrten und Phari= säern und sprach: Ist es auch recht, auf den Sabbat heilen? Sie aber schwiegen stille. Und er griff ihn an und heilte ihn und ließ ihn gehen; und antwortete und sprach zu ihnen: Welcher ist unter euch, dem sein Ochse oder Esel in den Brunnen fällt und er nicht alsobald ihn herausziehet am Sabbattage? Und sie konnten ihm darauf nicht wieder Antwort geben. Er sagte aber ein Gleichnis zu den Gästen, da er merkte, wie sie erwählten obenan zu sitzen, und sprach zu ihnen: Wenn du von jemand geladen wirst zur Hochzeit, so setze dich nicht obenan, daß nicht etwa ein Ehrlicherer denn du von ihm geladen sei, und so dann kommt, der dich und ihn geladen hat, spreche zu dir: Weiche diesem; und du müssest dann mit Scham untenan sitzen. Sondern wenn du geladen wirst, so gehe hin, und setze dich untenan,

auf daß, wenn da kommt, der dich geladen hat, spreche zu dir: Freund,
rücke hinauf; dann wirst du Ehre haben vor denen, die mit dir zu
Tische sitzen. Denn wer sich selbst erhöhet, der soll erniedriget werden;
und wer sich selbst erniedriget, der soll erhöhet werden.

Am 18. Sonntage nach Trinitatis.

Epistel. 1. Kor. 1, 4—9.

Ich danke meinem Gott allezeit eurethalben für die Gnade Got=
tes, die euch gegeben ist in Christo Jesu, daß ihr seid durch ihn an allen
Stücken reich gemacht, an aller Lehre und in aller Erkenntnis, wie
denn die Predigt von Christo in euch kräftig geworden ist, also, daß
ihr keinen Mangel habt an irgend einer Gabe und wartet nur auf
die Offenbarung unsers Herrn Jesu Christi, welcher auch wird euch
festbehalten bis ans Ende, daß ihr unsträflich seid auf den Tag unsers
Herrn Jesu Christi. Denn Gott ist getreu, durch welchen ihr berufen
seid zur Gemeinschaft seines Sohnes Jesu Christi, unsers Herrn.

Evangelium. Matth. 22, 34—46.

Da aber die Pharisäer hörten, daß er den Sadduzäern das Maul
gestopfet hatte, versammelten sie sich; und einer unter ihnen, ein
Schriftgelehrter, versuchte ihn und sprach: Meister, welches ist das
vornehmste Gebot im Gesetz? Jesus aber sprach zu ihm: Du sollst
Gott, deinen Herrn, lieben von ganzem Herzen, von ganzer Seele
und von ganzem Gemüte; dies ist das vornehmste und größeste Gebot.
Das andere aber ist dem gleich: Du sollst deinen Nächsten lieben als
dich selbst. In diesen zweien Geboten hanget das ganze Gesetz und
die Propheten. Da nun die Pharisäer bei einander waren, fragte
sie Jesus und sprach: Wie dünket euch um Christo? Wes Sohn ist er?
Sie sprachen: Davids. Er sprach zu ihnen: Wie nennet ihn denn
David im Geist einen Herrn, da er sagt: Der Herr hat gesagt zu mei=
nem Herrn: Setze dich zu meiner Rechten, bis daß ich lege deine
Feinde zum Schemel deiner Füße? So nun David ihn einen Herrn
nennt, wie ist er denn sein Sohn? Und niemand konnte ihm ein Wort
antworten, und durfte auch niemand von dem Tage an hinfort ihn
fragen.

Am 19. Sonntage nach Trinitatis.

Epistel. Ephes. 4, 22—28.

So leget nun von euch ab nach dem vorigen Wandel den alten
Menschen, der durch Lüste in Irrtum sich verderbet. Erneuert euch
aber im Geist eures Gemüts, und ziehet den neuen Menschen an, der
nach Gott geschaffen ist in rechtschaffener Gerechtigkeit und Heiligkeit.
Darum leget die Lügen ab, und redet die Wahrheit, ein jeglicher mit
seinem Nächsten, sintemal wir untereinander Glieder sind. Zürnet,
und sündiget nicht. Lasset die Sonne nicht über eurem Zorne unter=
gehen. Gebet auch nicht Raum dem Lästerer. Wer gestohlen hat,
der stehle nicht mehr, sondern arbeite und schaffe mit den Händen etwas
Gutes, auf daß er habe zu geben dem Dürftigen.

Evangelium. Matth. 9, 1—8.

Da trat Jesus in das Schiff und fuhr wieder herüber und kam in seine Stadt. Und siehe, da brachten sie zu ihm einen Gichtbrüchigen, der lag auf einem Bette. Da nun Jesus ihren Glauben sah, sprach er zu dem Gichtbrüchigen: Sei getrost, mein Sohn, deine Sünden sind dir vergeben! Und siehe, etliche unter den Schriftgelehrten sprachen bei sich selbst: Dieser lästert Gott. Da aber Jesus ihre Gedanken sahe, sprach er: Warum denket ihr so Arges in euren Herzen? Welches ist leichter, zu sagen: Dir sind deine Sünden vergeben, oder zu sagen: Stehe auf und wandle? Auf daß ihr aber wisset, daß des Menschen Sohn Macht habe, auf Erden die Sünden zu vergeben, sprach er zu dem Gichtbrüchigen: Stehe auf, hebe dein Bett auf und gehe heim! Und er stand auf und ging heim. Da das Volk das sah, verwunderte es sich und pries Gott, der solche Macht den Menschen gegeben hat.

Am 20. Sonntage nach Trinitatis.

Epistel. Ephes. 5, 15—21.

So sehet nun zu, wie ihr vorsichtiglich wandelt, nicht als die Unweisen, sondern als die Weisen, und schicket euch in die Zeit; denn es ist böse Zeit. Darum werdet nicht unverständig, sondern verständig, was da sei des Herrn Wille. Und saufet euch nicht voll Weins, daraus ein unordentliches Wesen folget; sondern werdet voll Geistes, und redet untereinander von Psalmen und Lobgesängen und geistlichen Liedern. Singet und spielet dem Herrn in eurem Herzen, und saget Dank allezeit für alles Gott und dem Vater in dem Namen unsers Herrn Jesu Christi, und seid untereinander unterthan in der Furcht Gottes.

Evangelium. Matth. 22, 1—14.

Und Jesus antwortete und redete abermal durch Gleichnisse zu ihnen und sprach: Das Himmelreich ist gleich einem Könige, der seinem Sohne Hochzeit machte und sandte seine Knechte aus, daß sie die Gäste zur Hochzeit riefen; und sie wollten nicht kommen. Abermal sandte er andere Knechte aus und sprach: Saget den Gästen: Siehe, meine Mahlzeit habe ich bereitet, meine Ochsen und mein Mastvieh ist geschlachtet und alles bereit; kommt zur Hochzeit. Aber sie verachteten das und gingen hin, einer auf seinen Acker, der andere zu seiner Hantierung. Etliche aber griffen seine Knechte, höhneten und töteten sie. Da das der König hörte, ward er zornig und schickte seine Heere aus und brachte diese Mörder um und zündete ihre Stadt an. Da sprach er zu seinen Knechten: Die Hochzeit ist zwar bereitet, aber die Gäste waren es nicht wert. Darum gehet hin auf die Straßen, und ladet zur Hochzeit, wen ihr findet. Und die Knechte gingen aus auf die Straßen und brachten zusammen, wen sie fanden, Böse und Gute; und die Tische wurden alle voll. Da ging der König hinein, die Gäste zu beschen, und sah allda einen Menschen, der hatte kein hochzeitliches Kleid an, und er sprach zu ihm: Freund, wie bist du hereingekommen, und hast doch kein hochzeitliches Kleid an? Er aber verstummete. Da sprach der König zu seinen Dienern: Bindet ihm Hände und Füße, und werfet ihn in die äußerste Finsternis hinaus, da wird sein Heulen und Zähnklappen. Denn viele sind berufen, aber wenige sind auserwählet.

Am 21. Sonntage nach Trinitatis.

Epistel. Ephes. 6, 10—17.

Zuletzt, meine Brüder, seid stark in dem Herrn und in der Macht seiner Stärke. Ziehet an den Harnisch Gottes, daß ihr bestehen könnet gegen die listigen Anläufe des Teufels. Denn wir haben nicht mit Fleisch und Blut zu kämpfen, sondern mit Fürsten und Gewaltigen, nämlich mit den Herren der Welt, die in der Finsternis dieser Welt herrschen, mit den bösen Geistern unter dem Himmel. Um deßwillen so ergreifet den Harnisch Gottes, auf daß ihr an dem bösen Tage Widerstand thun und alles wohl ausrichten und das Feld behalten möget. So stehet nun, umgürtet eure Lenden mit Wahrheit und angezogen mit dem Krebs der Gerechtigkeit und an Beinen gestiefelt, als fertig zu treiben das Evangelium des Friedens, damit ihr bereitet seid. Vor allen Dingen aber ergreifet den Schild des Glaubens, mit welchem ihr auslöschen könnet alle feurigen Pfeile des Bösewichts. Und nehmet den Helm des Heils und das Schwert des Geistes, welches ist das Wort Gottes.

Evangelium. Joh. 4, 47—54.

Und es war ein Königischer, des Sohn lag krank zu Kapernaum. Dieser hörte, daß Jesus kam aus Judäa in Galiläa, und ging hin zu ihm und bat ihn, daß er hinabkäme und hülfe seinem Sohn; denn er war totkrank. Und Jesus sprach zu ihm: Wenn ihr nicht Zeichen und Wunder sehet, so glaubet ihr nicht. Der Königische sprach zu ihm: Herr, komm hinab, ehe denn mein Kind stirbt! Jesus spricht zu ihm: Gehe hin, dein Sohn lebet! Der Mensch glaubete dem Wort, das Jesus zu ihm sagte, und ging hin. Und indem er hinabging, begegneten ihm seine Knechte, verkündigten ihm und sprachen: Dein Kind lebet! Da forschte er von ihnen die Stunde, in welcher es besser mit ihm geworden war. Und sie sprachen zu ihm: Gestern um die siebente Stunde verließ ihn das Fieber. Da merkte der Vater, daß es um die Stunde wäre, in welcher Jesus zu ihm gesagt hatte: Dein Sohn lebet. Und er glaubte mit seinem ganzen Hause. Das ist nun das andere Zeichen, das Jesus that, da er aus Judäa in Galiläa kam.

Am 22. Sonntage nach Trinitatis.

Epistel. Phil. 1, 3—11

Ich danke meinem Gott, so oft ich euer gedenke, (welches ich allezeit thue in allem meinem Gebet für euch alle, und thue das Gebet mit Freuden) über eurer Gemeinschaft am Evangelio vom ersten Tage an bisher. Und bin desselben in guter Zuversicht, daß, der in euch angefangen hat das gute Werk, der wird es auch vollführen bis an den Tag Jesu Christi. Wie es denn mir billig ist, daß ich dermaßen von euch allen halte, darum, daß ich euch in meinem Herzen habe in diesem meinem Gefängnis, darinnen ich das Evangelium verantworte und bekräftige, als die ihr alle mit mir der Gnade teilhaftig seid. Denn Gott ist mein Zeuge, wie mich nach euch allen verlanget von Herzensgrund in Christo Jesu. Und darum bete ich, daß eure Liebe je mehr und mehr reich werde in allerlei Erkenntnis und Erfahrung, daß ihr prüfen möget, was das beste sei, auf daß ihr seid lauter und unanstößig bis auf den Tag Christi, erfüllet mit Früchten der Gerechtigkeit, die durch Jesum Christum geschehen (in euch) zur Ehre und Lobe Gottes.

Evangelium. Matth. 18, 23—35.

Das Himmelreich ist gleich einem Könige, der mit seinen Knechten rechnen wollte. Und als er anfing zu rechnen, kam ihm einer vor, der war ihm zehntausend Pfund schuldig. Da er es nun nicht hatte zu bezahlen, hieß der Herr verkaufen ihn und sein Weib und seine Kinder und alles, was er hatte, und bezahlen. Da fiel der Knecht nieder und betete ihn an und sprach: Herr, habe Geduld mit mir, ich will dir alles bezahlen. Da jammerte den Herrn desselbigen Knechts und ließ ihn los, und die Schuld erließ er ihm auch.

Da ging derselbige Knecht hinaus und fand einen seiner Mitknechte, der war ihm hundert Groschen schuldig. Und er griff ihn an und würgete ihn und sprach: Bezahle mir, was du mir schuldig bist. Da fiel sein Mitknecht nieder und bat ihn und sprach: Habe Geduld mit mir, ich will dir alles bezahlen. Er wollte aber nicht, sondern ging hin und warf ihn ins Gefängnis, bis daß er bezahlte, was er schuldig war.

Da aber seine Mitknechte solches sahen, wurden sie sehr betrübt und kamen und brachten vor ihren Herrn alles, was sich begeben hatte. Da forderte ihn sein Herr vor sich und sprach zu ihm: Du Schalksknecht, alle diese Schuld habe ich dir erlassen, dieweil du mich batest; solltest du denn dich nicht auch erbarmen über deinen Mitknecht, wie ich mich über dich erbarmet habe? Und sein Herr ward zornig und überantwortete ihn den Peinigern, bis daß er bezahlete alles, was er ihm schuldig war. Also wird euch mein himmlischer Vater auch thun, so ihr nicht vergebet von euren Herzen, ein jeglicher seinem Bruder seine Fehler.

Am 23. Sonntage nach Trinitatis.

Epistel. Phil. 3, 17—21.

Folget mir, liebe Brüder, und sehet auf die, die also wandeln, wie ihr uns habt zum Vorbilde. Denn viele wandeln, von welchen ich euch oft gesagt habe, nun aber sage ich auch mit Weinen, die Feinde des Kreuzes Christi; welcher Ende ist die Verdammnis, welchen der Bauch ihr Gott ist und ihre Ehre zu schanden wird, derer, die irdisch gesinnet sind. Unser Wandel aber ist im Himmel, von dannen wir auch warten des Heilandes Jesu Christi, des Herrn, welcher unsern nichtigen Leib verklären wird, daß er ähnlich werde seinem verklärten Leibe, nach der Wirkung, damit er kann auch alle Dinge ihm unterthänig machen.

Evangelium. Matth. 22, 15—22.

Da gingen die Pharisäer hin und hielten einen Rat, wie sie ihn fingen in seiner Rede. Und sandten zu ihm ihre Jünger samt Hero= dis Dienern und sprachen: Meister, wir wissen, daß du wahrhaftig bist und lehrest den Weg Gottes recht, und du fragest nach niemand; denn du achtest nicht das Ansehen der Menschen. Darum sage uns, was dünket dich? Ist es recht, daß man dem Kaiser Zins gebe, oder nicht? Da nun Jesus merkte ihre Schalkheit, sprach er: Ihr Heuchler, was versuchet ihr mich? Weiset mir die Zinsmünze. Und sie reichten ihm einen Groschen dar. Und er sprach zu ihnen: Wes ist das Bild und die Überschrift? Sie sprachen zu ihm: Des Kaisers. Da sprach er zu ihnen: So gebet dem Kaiser, was des Kaisers ist, und Gott, was Gottes ist. Da sie das hörten, verwunderten sie sich und ließen ihn und gingen davon.

Am 24. Sonntage nach Trinitatis.

Epistel. Kol. 1, 9—14.

Derhalben auch wir von dem Tage an, da wir es gehöret haben, hören wir nicht auf, für euch zu beten und zu bitten, daß ihr erfüllet werdet mit Erkenntnis seines Willens in allerlei geistlicher Weisheit und Verstand; daß ihr wandelt würdiglich dem Herrn zu allem Ge= fallen, und fruchtbar seid in allen guten Werken, und wachset in der Erkenntnis Gottes, und gestärket werdet mit aller Kraft nach seiner herrlichen Macht in aller Geduld und Langmütigkeit mit Freuden, und danksaget dem Vater, der uns tüchtig gemacht hat zu dem Erbteil der Heiligen im Licht; welcher uns errettet hat von der Obrigkeit der Finsternis und hat uns versetzet in das Reich seines lieben Sohnes, an welchem wir haben die Erlösung durch sein Blut, nämlich die Ver= gebung der Sünden.

Evangelium. Matth. 9, 18—26.

Da Jesus solches mit ihnen redete, siehe, da kam der Obersten einer und fiel vor ihm nieder und sprach: Herr, meine Tochter ist jetzt gestorben; aber komm, und lege deine Hand auf sie, so wird sie leben= dig. Und Jesus stand auf und folgte ihm nach und seine Jünger. Und siehe, ein Weib, das zwölf Jahre den Blutgang gehabt, trat von hinten zu ihm und rührete seines Kleides Saum an; denn sie sprach bei sich selbst: Möchte ich nur sein Kleid anrühren, so würde ich gesund. Da wandte sich Jesus um und sahe sie und sprach: Sei getrost, meine Tochter, dein Glaube hat dir geholfen! Und das Weib ward gesund zu derselbigen Stunde. Und als er in des Obersten Haus kam und sahe die Pfeifer und das Getümmel des Volks, sprach er zu ihnen: Weichet; denn das Mägdlein ist nicht tot, sondern es schläft. Und sie verlachten ihn. Als aber das Volk ausgetrieben war, ging er hinein und ergriff sie bei der Hand. Da stand das Mägdlein auf. Und dies Gerücht erscholl in dasselbige ganze Land.

Am 25. Sonntage nach Trinitatis.

Epistel. 1. Theff. 4, 13—18.

Wir wollen euch aber, liebe Brüder, nicht verhalten von denen, die da schlafen, auf daß ihr nicht traurig seid wie die andern, die keine Hoffnung haben. Denn so wir glauben, daß Jesus gestorben und auferstanden ist, also wird Gott auch, die da entschlafen sind durch Jesum, mit ihm führen. Denn das sagen wir euch als ein Wort des Herrn, daß wir, die wir leben und überbleiben in der Zukunft des Herrn, werden denen nicht vorkommen, die da schlafen. Denn er selbst, der Herr, wird mit einem Feldgeschrei und Stimme des Erz= engels und mit der Posaune Gottes herniederkommen vom Himmel, und die Toten in Christo werden auferstehen zuerst; danach wir, die wir leben und überbleiben, werden zugleich mit denselbigen hingerückt werden in den Wolken, dem Herrn entgegen in der Luft, und werden also bei dem Herrn sein allezeit. So tröstet euch nun mit diesen Wor= ten untereinander.

Evangelium. Matth. 24, 15—28.

Wenn ihr nun sehen werdet den Greuel der Verwüstung, davon gesagt ist durch den Propheten Daniel, daß er stehe an der heiligen Stätte, (wer das lieset, der merke darauf!) alsdann fliehe auf die Berge, wer im jüdischen Lande ist. Und wer auf dem Dache ist, der steige nicht hernieder, etwas aus seinem Hause zu holen. Und wer auf dem Felde ist, der kehre nicht um, seine Kleider zu holen. Wehe aber den Schwangern und Säugern zu der Zeit! Bittet aber, daß eure Flucht nicht geschehe im Winter, oder am Sabbat; denn es wird als= dann eine große Trübsal sein, als nicht gewesen ist von Anfang der Welt bisher, und als auch nicht werden wird. Und wo diese Tage nicht würden verkürzet, so würde kein Mensch selig; aber um der Aus= erwählten willen werden die Tage verkürzet. So alsdann jemand zu euch wird sagen: Siehe, hier ist Christus, oder da: so sollt ihr es nicht glauben. Denn es werden falsche Christi und falsche Propheten aufstehen und große Zeichen und Wunder thun, daß verführet wer= den in den Irrtum (wo es möglich wäre) auch die Auserwählten. Siehe, ich habe es euch zuvor gesagt. Darum, wenn sie euch sagen werden: Siehe, er ist in der Wüste, so gehet nicht hinaus; siehe, er ist in der Kammer, so glaubet es nicht. Denn gleichwie der Blitz aus= gehet vom Aufgang und scheinet bis zum Niedergang, also wird auch sein die Zukunft des Menschensohnes. Wo aber ein Aas ist, da sam= meln sich die Adler.

Am 26. Sonntage nach Trinitatis.

Epistel. 2. Petri 3, 3—14.

Und wisset das aufs erste, daß in den letzten Tagen kommer wer= den Spötter, die nach ihren eigenen Lüsten wandeln und sagen: Wo ist die Verheißung seiner Zukunft? Denn nachdem die Väter entschla= fen sind, bleibt es alles, wie es von Anfang der Kreatur gewesen ist. Aber mutwillens wollen sie nicht wissen, daß der Himmel vorzeiten auch war, dazu die Erde aus Wasser und im Wasser bestanden durch Gottes Wort; dennoch ward zu der Zeit die Welt durch dieselbigen mit der

Sündflut verderbet. Also auch der Himmel jetzt und die Erde werden durch sein Wort gesparet, daß sie zum Feuer behalten werden am Tage des Gerichts und Verdammnis der gottlosen Menschen. Eins aber sei euch unverhalten, ihr Lieben, daß ein Tag vor dem Herrn ist wie tausend Jahre, und tausend Jahre wie ein Tag. Der Herr verziehet nicht die Verheißung, wie es etliche für einen Verzug achten; sondern er hat Geduld mit uns und will nicht, daß jemand verloren werde, sondern daß sich jedermann zur Buße kehre. Es wird aber des Herrn Tag kommen als ein Dieb in der Nacht, in welchem die Himmel zergehen werden mit großem Krachen, die Elemente aber werden vor Hitze zerschmelzen, und die Erde und die Werke, die darinnen sind, werden verbrennen. So nun das alles soll zergehen, wie sollt ihr denn geschickt sein mit heiligem Wandel und gottseligem Wesen, daß ihr wartet und eilet zu der Zukunft des Tages des Herrn, in welchem die Himmel vom Feuer zergehen und die Elemente vor Hitze zerschmelzen werden! Wir warten aber eines neuen Himmels und einer neuen Erde nach seiner Verheißung, in welchen Gerechtigkeit wohnet. Darum, meine Lieben, dieweil ihr darauf warten sollet, so thut Fleiß, daß ihr vor ihm unbefleckt und unsträflich im Frieden erfunden werdet.

Evangelium. Matth. 25, 31—46.

Wenn aber des Menschen Sohn kommen wird in seiner Herrlichkei.. und alle heiligen Engel mit ihm, dann wird er sitzen auf dem Stuhl seiner Herrlichkeit, und werden vor ihm alle Völker versammelt werden, und er wird sie von einander scheiden, gleich als ein Hirte die Schafe von den Böcken scheidet, und wird die Schafe zu seiner Rechten stellen und die Böcke zur Linken. Da wird dann der König sagen zu denen zu seiner Rechten: Kommet her, ihr Gesegneten meines Vaters, ererbet das Reich, das euch bereitet ist von Anbeginn der Welt. Denn ich bin hungrig gewesen, und ihr habt mich gespeiset. Ich bin durstig gewesen, und ihr habt mich getränket. Ich bin ein Gast gewesen, und ihr habt mich beherberget. Ich bin nackend gewesen, und ihr habt mich bekleidet. Ich bin krank gewesen, und ihr habt mich besucht. Ich bin gefangen gewesen, und ihr seid zu mir gekommen. Dann werden ihm die Gerechten antworten und sagen: Herr, wann haben wir dich hungrig gesehen und haben dich gespeiset? oder durstig und haben dich getränket? Wann haben wir dich einen Gast gesehen und beherberget? oder nackend und haben dich bekleidet? Wann haben wir dich krank oder gefangen gesehen und sind zu dir gekommen? Und der König wird antworten und sagen zu ihnen: Wahrlich, ich sage euch: Was ihr gethan habt einem unter diesen meinen geringsten Brüdern, das habt ihr mir gethan! Dann wird er auch sagen zu denen zur Linken: Gehet hin von mir, ihr Verfluchten, in das ewige Feuer, das bereitet ist dem Teufel und seinen Engeln! Ich bin hungrig gewesen, und ihr habt mich nicht gespeiset. Ich bin durstig gewesen, und ihr habt mich nicht getränket. Ich bin ein Gast gewesen, und ihr habt mich nicht beherberget. Ich bin nackend gewesen, und ihr habt mich nicht bekleidet. Ich bin krank und gefangen gewesen, und ihr habt mich nicht besucht.

Da werden sie ihm auch antworten und sagen: Herr, wann haben wir dich gesehen hungrig oder durstig, oder einen Gast, oder nackend, oder krank, oder gefangen, und haben dir nicht gedienet? Dann wird er ihnen antworten und sagen: Wahrlich, ich sage euch: Was ihr nicht gethan habt einem unter diesen Geringsten, das habt ihr mir auch nicht gethan! Und sie werden in die ewige Pein gehen, aber die Gerechten in das ewige Leben.

Am 27. Sonntage nach Trinitatis.

Epistel. 1. Theff. 5, 1—11.

Von den Zeiten aber und Stunden, liebe Brüder, ist nicht not euch zu schreiben. Denn ihr selbst wisset gewiß, daß der Tag des Herrn wird kommen wie ein Dieb in der Nacht. Denn wenn sie werden sagen: Es ist Friede, es hat keine Gefahr! so wird sie das Verderben schnell überfallen, gleichwie der Schmerz ein schwangeres Weib, und werden nicht entfliehen. Ihr aber, liebe Brüder, seid nicht in der Finsternis, daß euch der Tag wie ein Dieb ergreife. Ihr seid allzumal Kinder des Lichts und Kinder des Tages; wir sind nicht von der Nacht, noch von der Finsternis. So lasset uns nun nicht schlafen wie die andern, sondern lasset uns wachen und nüchtern sein. Denn die da schlafen, die schlafen des Nachts, und die da trunken sind, die sind des Nachts trunken. Wir aber, die wir des Tages sind, sollen nüchtern sein, angethan mit dem Krebs des Glaubens und der Liebe und mit dem Helm der Hoffnung zur Seligkeit. Denn Gott hat uns nicht gesetzt zum Zorn, sondern die Seligkeit zu besitzen, durch unsern Herrn Jesum Christum, der für uns gestorben ist, auf daß, wir wachen oder schlafen, wir zugleich mit ihm leben sollen. Darum ermahnet euch untereinander, und bauet einer den andern, wie ihr denn thut.

Evangelium. Matth. 25, 1—13.

Dann wird das Himmelreich gleich sein zehn Jungfrauen, die ihre Lampen nahmen und gingen aus dem Bräutigam entgegen. Aber fünf unter ihnen waren thöricht, und fünf waren klug. Die thörichten nahmen ihre Lampen, aber sie nahmen nicht Öl mit sich. Die klugen aber nahmen Öl in ihren Gefäßen samt ihren Lampen. Da nun der Bräutigam verzog, wurden sie alle schläfrig und entschliefen. Zur Mitternacht aber ward ein Geschrei: Siehe, der Bräutigam kommt, gehet aus ihm entgegen! Da standen die Jungfrauen alle auf und schmückten ihre Lampen. Die thörichten aber sprachen zu den klugen: Gebet uns von eurem Öl; denn unsere Lampen verlöschen. Da antworteten die klugen und sprachen: Nicht also, auf daß nicht uns und euch gebreche; gehet aber hin zu den Krämern, und kaufet für euch selbst. Und da sie hingingen zu kaufen, kam der Bräutigam; und welche bereit waren, gingen mit ihm hinein zur Hochzeit, und die Thür ward verschlossen. Zuletzt kamen auch die andern Jungfrauen und sprachen: Herr, Herr, thue uns auf! Er antwortete aber und sprach: Wahrlich, ich sage euch, ich kenne euch nicht! Darum wachet, denn ihr wisset weder Tag noch Stunde, in welcher des Menschen Sohn kommen wird!

Die Leidensgeschichte Jesu Christi,

aus den vier Evangelien zusammengezogen.

1. Eingang.

Sechs Tage vor Ostern kam Jesus gen Bethanien, da Lazarus war, der Verstorbene, welchen Jesus auferwecket hatte von den Toten. Daselbst machten sie ihm ein Abendmahl in dem Hause Simonis des Aussätzigen, und Martha dienete; Lazarus war aber der einer, die mit ihm zu Tische saßen. Da trat zu ihm Maria, die hatte ein Glas mit einem Pfund Salbe von ungefälschter, köstlicher Narde. Und sie zerbrach das Glas, goß es auf sein Haupt und salbete seine Füße und trocknete mit ihrem Haare seine Füße; das Haus aber ward voll vom Geruch der Salbe. Da sprach seiner Jünger einer, Judas, Simonis Sohn, Ischariotes, der ihn hernach verriet: Warum ist diese Salbe nicht verkauft um dreihundert Groschen und den Armen gegeben? Das sagte er aber nicht, daß er nach den Armen fragte, sondern er war ein Dieb und hatte den Beutel und trug, was gegeben ward. Es waren auch etliche der andern Jünger, die wurden unwillig und sprachen: Was soll doch dieser Unrat? Dieses Wasser hätte mögen teuer verkauft und den Armen gegeben werden. Und sie murreten über sie. Da das Jesus merkte, sprach er zu ihnen: Lasset sie mit Frieden, was bekümmert ihr das Weib? Sie hat ein gut Werk an mir gethan. Denn Arme habt ihr allezeit bei euch, und wann ihr wollt, könnet ihr ihnen Gutes thun; mich aber habt ihr nicht allezeit. Sie hat gethan, was sie konnte. Daß sie dies Wasser hat auf meinen Leib gegossen, ist sie zuvorgekommen, meinen Leib zu salben zu meinem Begräbnis. Wahrlich, ich sage euch: Wo dies Evangelium geprediget wird in aller Welt, da wird man auch das sagen zu ihrem Gedächtnis, das sie jetzt gethan hat.*)

Des andern Tages, da viel Volks, das auf das Fest gekommen war, hörete, daß Jesus kommt gen Jerusalem, nahmen sie Palmzweige und gingen hinaus ihm entgegen und schrieen: Hosianna! Gelobet sei, der da kommt in dem Namen des Herrn, ein König von Israel! Jesus aber überkam ein Eselein und ritt darauf, wie denn geschrieben stehet: Fürchte dich nicht, du Tochter Zion; siehe, dein König kommt, reitend auf einem Eselsfüllen. Das Volk aber, das mit ihm war, da er Lazarum aus dem Grabe rief und von den Toten auferweckete, rühmte die That. Darum ging ihm auch das Volk ent=

---

*) Joh. 12, 1—8. Matth. 26, 6—13. Mark. 14, 3—9.

gegen, da sie höreten, er hätte solches Zeichen gethan. Die Pharisäer aber sprachen unter einander: Ihr sehet, daß ihr nichts ausrichtet; siehe, alle Welt läuft ihm nach.*)

Es war aber nahe das Fest der süßen Brote, das da Ostern heißet. Und Jesus sprach zu seinen Jüngern: Ihr wisset, daß nach zween Tagen Ostern wird, und des Menschen Sohn wird überantwortet werden, daß er gekreuziget werde. Damals versammelten sich die Hohenpriester und Schriftgelehrten und die Ältesten im Volke in dem Palaste des Hohenpriesters, der da hieß Kaiphas, und hielten Rat, wie sie Jesum mit List griffen und tödteten. Sie sprachen aber: Ja nicht auf das Fest, auf daß nicht ein Aufruhr werde im Volk! Und fürchteten sich vor dem Volk.**)

Da ging hin der Zwölfen einer, mit Namen Judas Ischariot, und redete mit den Hohenpriestern und Hauptleuten, wie er ihn wollte ihnen überantworten und sprach: Was wollt ihr mir geben? Ich will ihn euch verraten. Da sie das höreten, wurden sie froh und gelobten ihm Geld zu geben, und sie boten ihm dreißig Silberlinge. Und er versprach sich, und von dem an suchte er Gelegenheit, daß er ihn überantwortete ohne Rumor. †)

2. Das letzte Mahl Jesu mit seinen Jüngern.

Aber am ersten Tage der süßen Brote, da man mußte opfern das Osterlamm, traten die Jünger zu Jesu und sprachen zu ihm: Wo willst du, daß wir dir bereiten das Osterlamm zu essen? Und er sandte seiner Jünger zween, Petrum und Johannem, und sprach zu ihnen: Gehet in die Stadt. Siehe, wann ihr hineinkommt, wird euch ein Mensch begegnen, der trägt einen Krug mit Wasser; folget ihm nach in das Haus, da er hineingeht, und saget dem Hausherrn: Der Meister läßt dir sagen: meine Zeit ist hie, ich will bei dir Ostern halten mit meinen Jüngern: wo ist die Herberge, darin ich das Osterlamm essen möge? Und er wird euch einen großen Saal zeigen, der bereitet ist; daselbst richtet für uns zu. Und die Jünger gingen aus und kamen in die Stadt und fanden es, wie er ihnen gesagt hatte, und bereiteten das Osterlamm. ††)

Am Abend aber kam er mit den Zwölfen, setzte sich nieder und die zwölf Apostel mit ihm. Und er sprach zu ihnen: Mich hat herzlich verlanget, dies Osterlamm mit euch zu essen, ehe denn ich leide. Denn ich sage euch, daß ich hinfort nicht mehr davon essen werde, bis daß es erfüllet werde im Reiche Gottes. Und er nahm den Kelch, dankete und sprach: Nehmet denselbigen und teilet ihn unter euch; denn ich sage euch: Ich werde nicht trinken von dem Gewächse des Weinstocks, bis das Reich Gottes komme. †††)

Es erhub sich auch ein Zank unter ihnen, welcher unter ihnen sollte für den Größesten gehalten werden. Er aber sprach zu ihnen: Die weltlichen Könige herrschen, und die Gewaltigen heißet man gnädige

---

*) Joh. 12, 12—15 und 17—19.
**) Matth. 26, 1—5. Mark. 14, 1. 2. Luk. 22, 1. 2.
†) Matth. 26, 14—16. Mark. 14, 10. 11. Luk. 22, 4—6.
††) Matth. 26, 17—19. Mark. 14, 12—16. Luk. 22, 7—13.
†††) Luk. 22, 14—18. Matth. 26, 20. Mark. 14, 17.

Herren. Ihr aber nicht also; sondern der Größeste unter euch soll
sein wie der Jüngste, und der Vornehmste wie ein Diener. Denn
welcher ist der Größeste, der zu Tische sitzet, oder der da dienet? Ist's
nicht also, daß der zu Tische sitzet? Ich aber bin unter euch wie ein
Diener. Ihr aber seid's, die ihr beharret habt bei mir in meinen
Anfechtungen. Und ich will euch das Reich bescheiden, wie mir's mein
Vater beschieden hat. Daß ihr essen und trinken sollt über meinem Tisch
in meinem Reich und sitzen auf Stühlen und richten die zwölf Ge=
schlechter Israels.*)

Und Jesus, da er erkannte, daß seine Zeit gekommen war, daß
er aus dieser Welt ginge zum Vater, wie er hatte geliebet die Seinen,
die in der Welt waren, so liebete er sie bis ans Ende. Und nach dem
Abendessen, da schon der Teufel hatte dem Juda Simonis Ischariot
ins Herz gegeben, daß er ihn verriete, wußte Jesus, daß ihm der
Vater hatte alles in seine Hände gegeben und daß er von Gott gekom=
men war und zu Gott ging; stund er vom Abendmahl auf, legte seine
Kleider ab und nahm einen Schurz und umgürtete sich. Danach goß
er Wasser in ein Becken, hub an, den Jüngern die Füße zu waschen,
und trocknete sie mit dem Schurz, damit er umgürtet war. Da kam
er zu Simon Petro, und derselbige sprach zu ihm: Herr, solltest du
mir meine Füße waschen? Jesus antwortete und sprach zu ihm: Was
ich thue, das weißt du jetzt nicht, du wirst es aber hernach erfahren.
Da sprach Petrus zu ihm: Nimmermehr sollst du mir die Füße waschen!
Jesus antwortete ihm: Werde ich dich nicht waschen, so hast du kein
Teil mit mir! Spricht zu ihm Simon Petrus: Herr, nicht die Füße
allein, sondern auch die Hände und das Haupt! Spricht Jesus zu ihm:
Wer gewaschen ist, der darf nicht, denn die Füße waschen, sondern er
ist ganz rein. Und ihr seid rein, aber nicht alle. Denn er wußte sei=
nen Verräter wohl; darum sprach er: Ihr seid nicht alle rein. Da
er nun ihre Füße gewaschen hatte, nahm er seine Kleider und setzte sich
wieder nieder und sprach abermal zu ihnen: Wisset ihr, was ich euch
gethan habe? Ihr heißet mich Meister und Herr und saget recht daran,
denn ich bin's auch; so nun ich, euer Herr und Meister, euch die Füße
gewaschen habe, so sollt ihr auch euch unter einander die Füße waschen.
Ein Beispiel habe ich euch gegeben, daß ihr thut, wie ich euch gethan
habe. Wahrlich, wahrlich ich sage euch: Der Knecht ist nicht größer,
denn sein Herr, noch der Apostel größer, denn der ihn gesandt hat.
So ihr solches wisset, selig seid ihr, so ihr's thut. Nicht sage ich von
euch allen — ich weiß, welche ich erwählet habe — sondern daß die
Schrift erfüllet werde: Der mein Brot isset, der tritt mich mit Füßen.
Jetzt sage ich's euch, ehe denn es geschiehet, auf daß, wann es geschehen
ist, ihr glaubet, daß ich es bin. Wahrlich, wahrlich, ich sage euch: Wer
aufnimmt, so ich jemand senden werde, der nimmt mich auf; wer aber
mich aufnimmt, der nimmt den auf, der mich gesandt hat.**)

Da Jesus solches gesagt hatte, ward er betrübt im Geist und zeu=
gete und sprach: Wahrlich, wahrlich, ich sage euch: Einer unter euch
wird mich verraten! Da sahen sich die Jünger unter einander an, und
ward ihnen bange, von welchem er redete. Und sie wurden sehr

---

*) Luk. 22, 24—30.
**) Joh. 13, 1—20.

betrübt und huben an, ein jeglicher unter ihnen, und sagten zu ihm: Herr, bin ich's? und der andere: Bin ich's? Er antwortete und sprach: Einer aus den Zwölfen, der mit mir in die Schüssel tauchet. Da sie aber aßen, nahm Jesus das Brot, dankete und brach's und gab's den Jüngern und sprach: Nehmet, esset, das ist mein Leib, der für euch gegeben wird, das thut zu meinem Gedächtnis. Desselbigengleichen nahm er auch den Kelch nach dem Abendmahl, dankete und gab ihnen den und sprach: Trinket alle daraus! Das ist mein Blut des neuen Testamentes, welches für euch und für viele vergossen wird zur Ver= gebung der Sünden. Solches thut, so oft ihr's trinket, zu meinem Gedächtnis. Und sie tranken alle daraus. Und er sprach zu ihnen: Wahrlich, ich sage euch, daß ich hinfort nicht trinken werde von diesem Gewächs des Weinstocks bis auf den Tag, da ich's neu trinken werde mit euch in meines Vaters Reich.*) Es war aber einer unter seinen Jüngern, der zu Tische saß an der Brust Jesu, welchen Jesus lieb hatte; den winkete Simon Petrus, daß er forschen sollte, wer es wäre, von dem er sagte, daß er ihn verriete. Derselbige aber, der an der Brust Jesu lag, sprach zu ihm: Herr, wer ist's? Jesus antwortete: Der ist's, dem ich den Bissen eintauche und gebe. Und er tauchte den Bissen ein und gab ihn Juda Simonis Ischariot. Und er sprach: Zwar des Menschen Sohn gehet dahin, wie es beschlossen ist und wie von ihm geschrieben stehet; doch wehe demselbigen Menschen durch welchen des Menschen Sohn verraten wird! Es wäre demselben Men= schen besser, daß er nie geboren wäre. Da antwortete Judas, der ihn verriet, und sprach: Bin ich's, Rabbi? Er sprach zu ihm: Du sagest es. Und nach dem Bissen fuhr der Satan in ihn. Da sprach Jesus zu ihm: Was du thust, das thue bald. Dasselbige aber wußte nie= mand über dem Tische, wozu er's ihm sagte. Etliche meinten, die= weil Judas den Beutel hatte, Jesus spräche zu ihm: Kaufe, was uns not ist auf das Fest, oder daß er den Armen etwas gäbe. Da er nun den Bissen genommen hatte, ging er sobald hinaus. Und es war Nacht.**)

Da aber Judas hinausgegangen war, spricht Jesus: Nun ist des Menschen Sohn verkläret, und Gott ist verkläret in ihm. Ist Gott verkläret in ihm, so wird ihn Gott auch verklären in ihm selbst und wird ihn bald verklären.†)

Liebe Kindlein, ich bin noch eine kleine Weile bei euch. Ihr wer= det mich suchen, und wie ich zu den Juden sagte, wo ich hingehe, da könnet ihr nicht hinkommen. Und ich sage euch nun, ein neu Gebot gebe ich euch, daß ihr euch unter einander liebet, wie ich euch geliebet habe, auf daß auch ihr einander lieb habet. Dabei wird jedermann erkennen, daß ihr meine Jünger seid, so ihr Liebe unter einander habet. Spricht Simon Petrus zu ihm: Herr, wo gehest du hin? Jesus antwortete ihm: Da ich hingehe, kannst du mir diesmal nicht folgen; aber du wirst mir hernachmals folgen. Petrus spricht zu ihm: Herr, warum kann ich dir diesmal nicht folgen? Ich will mein Leben für dich lassen! Jesus antwortete ihm: Solltest du dein Leben für mich

---

*) Matth. 26, 26—29. Mark. 14, 22—25. Luk. 22, 19. 20.
**) Joh. 13, 21-30. Matth. 26, 21-25. Mark. 14, 18-21. Luk. 22, 21. 22.
†) Joh. 13, 31. 32.

laffen? Simon, Simon, siehe, Satanas hat euer begehret, daß er
euch möchte sichten wie den Weizen! Ich aber habe für dich gebeten,
daß dein Glaube nicht aufhöre; und wenn du dermaleinst dich bekeh=
rest, so stärke deine Brüder. Er sprach aber zu ihm: Herr, ich bin
bereit, mit dir ins Gefängnis und in den Tod zu gehen. Er aber
sprach: Petrus, ich sage dir, der Hahn wird heute nicht krähen, ehe
denn du dreimal verleugnet hast, daß du mich kennest!*)

3. Kampf in Gethsemane und Gefangennehmung.

Und da sie den Lobgesang gesprochen, und Jesus noch vieles (Joh.
Kap. 14—17) zu ihnen geredet hatte, ging er hinaus über den Bach
Kidron an den Ölberg nach seiner Gewohnheit. Es folgten ihm aber
seine Jünger nach an denselbigen Ort. Da sprach Jesus zu ihnen:
Ihr werdet euch in dieser Nacht alle an mir ärgern. Denn es stehet
geschrieben: Ich werde den Hirten schlagen, und die Schafe der Herde
werden sich zerstreuen. Wann ich aber auferstehe, will ich vor euch
hingehen in Galiläam. Petrus aber antwortete und sprach zu ihm:
Wenn sie auch alle sich an dir ärgerten, so will ich doch mich nimmer=
mehr ärgern! Und Jesus sprach zu ihm: Wahrlich, ich sage dir: Heute
in dieser Nacht, ehe der Hahn zweimal krähet, wirst du mich dreimal
verleugnen! Petrus aber redete noch weiter: Ja wenn ich mit dir auch
sterben müßte, wollte ich dich nicht verleugnen! Desselbigengleichen
sagten auch alle Jünger.**)

Und er sprach zu ihnen: So oft ich euch gesandt habe ohne Beutel,
ohne Tasche und ohne Schuhe, habt ihr auch je Mangel gehabt? Sie
sprachen: Nie keinen. Da sprach er zu ihnen: Aber nun, wer einen
Beutel hat, der nehme ihn, desselbigengleichen auch die Tasche; wer
aber nicht hat, verkaufe sein Kleid und kaufe ein Schwert. Denn ich
sage euch: Es muß auch das noch vollendet werden an mir, das
geschrieben stehet: Er ist unter die Übelthäter gerechnet. Denn was
von mir geschrieben ist, das hat ein Ende. Sie sprachen aber: Herr,
siehe, hier sind zwei Schwerter. Er aber sprach zu ihnen: Es ist
genug!†)

Da kam Jesus mit ihnen zu einem Hofe, der hieß Gethsemane;
da war ein Garten, darein ging Jesus und seine Jünger. Judas
aber, der ihn verriet, wußte den Ort auch; denn Jesus versammelte
sich oft daselbst mit seinen Jüngern. Und als er dahin kam, sprach
er zu ihnen: Setzet euch hier, bis ich dorthin gehe und bete. Betet,
auf daß ihr nicht in Anfechtung fallet! Und nahm zu sich Petrum und
Jakobum und Johannem, die zween Söhne Zebedäi, und fing an zu
trauern, zu zittern und zu zagen, und sprach zu ihnen: Meine Seele
ist betrübt bis in den Tod. Bleibet hier und wachet mit mir! Und
ging hin und riß sich von ihnen einen Steinwurf weit und kniete
nieder, fiel nieder auf sein Angesicht und betete, daß, so es möglich
wäre, die Stunde vorüberginge, und sprach: Abba, mein Vater! es
ist dir alles möglich: willst du, so nimm diesen Kelch von mir; doch

---

*) Joh. 13, 33—38. Luk. 22, 31—34.
**) Matth. 26, 30—35. Mark. 14, 26—31. Luk. 22, 39. Joh. 18, 1.
†) Luk. 22, 35—38.

nicht wie ich will, sondern wie du willst! Und er kam zu seinen Jün=
gern und fand sie schlafend, und sprach zu Petro: Simon, schläfst du?
Könnt ihr denn nicht eine Stunde mit mir wachen? Wachet und betet,
daß ihr nicht in Versuchung fallet; der Geist ist willig, aber das Fleisch
ist schwach. Zum andern Mal ging er wieder hin, betete und sprach:
Mein Vater, ist's nicht möglich, daß dieser Kelch von mir gehe, ich
trinke ihn denn: so geschehe dein Wille! Es erschien ihm aber ein
Engel vom Himmel und stärkte ihn. Und es kam, daß er mit dem
Tode rang und betete heftiger. Es war aber sein Schweiß wie Bluts=
tropfen, die fielen auf die Erde. Und er kam wieder und fand sie
abermals schlafend vor Traurigkeit; denn ihre Augen waren voll
Schlafs, und wußten nicht, was sie ihm antworteten. Und er ließ sie
und ging abermal hin und betete zum dritten Mal und redete diesel=
bigen Worte. Und er stand auf von dem Gebet und kam zum dritten
Mal zu seinen Jüngern und sprach zu ihnen: Ach, wollt ihr nun
schlafen und ruhen? Es ist genug! Siehe, die Stunde ist hie, daß des
Menschen Sohn in der Sünder Hände überantwortet wird. Stehet
auf, lasset uns gehen; siehe, der mich verrät, er ist da.*)

Und alsbald, da er noch redete, siehe, da kam Judas, der Zwölfen
einer, welcher zu sich genommen hatte die Schar und der Hohenpriester
und Pharisäer Diener mit Fackeln und Lampen, mit Schwertern und
mit Stangen, und ging vor ihnen her. Als nun Jesus wußte alles,
was ihm begegnen sollte, ging er hinaus und sprach zu ihnen: Wen
suchet ihr? Sie antworteten ihm: Jesum von Nazareth. Jesus spricht
zu ihnen: Ich bin's! Judas aber, der ihn verriet, stand auch bei ihnen.
Als nun Jesus zu ihnen sprach: Ich bin's, wichen sie zurück und fielen
zu Boden. Da fragte er sie abermal: Wen suchet ihr? Sie aber spra=
chen: Jesum von Nazareth. Jesus antwortete: Ich habe es euch
gesagt, daß ich's sei. Suchet ihr denn mich, so lasset diese gehen! Auf
daß das Wort erfüllet würde, welches er sagte: Ich habe derer keinen
verloren, die du mir gegeben hast. Der Verräter aber hatte ihnen ein
Zeichen gegeben und gesagt: Welchen ich küssen werde, der ist's, den
greifet und führet ihn gewiß! Und alsbald trat er zu Jesu und sprach:
Gegrüßest seist du Rabbi, Rabbi! und küssete ihn. Jesus aber sprach
zu ihm: Mein Freund, warum bist du gekommen? Juda, verrätst du
des Menschen Sohn mit einem Kuß?**)

Da traten sie hinzu und legten die Hände an Jesum und griffen
ihn. Da aber sahen, die um ihn waren, was da werden wollte, spra=
chen sie zu ihm Herr, sollen wir mit dem Schwert drein schlagen?
Und einer aus ihnen, Simon Petrus, hatte ein Schwert und zog es
aus und schlug nach des Hohenpriesters Knecht und hieb ihm sein rech=
tes Ohr ab Und der Knecht hieß Malchus. Jesus aber antwortete
und sprach: Lasset sie doch so ferne machen. Und er rührete sein Ohr
an und heilete ihn. Und zu Petro sprach er: Stecke dein Schwert in
die Scheide; denn wer das Schwert nimmt, der soll durchs Schwert
umkommen. Soll ich den Kelch nicht trinken, den mir mein Vater
gegeben hat? Oder meinest du, daß ich nicht könnte meinen Vater

---

*) Joh. 18, 1. 2. Matth. 26, 36–46. Mark. 14, 32–42. Luk. 22, 40–46.
**) Joh. 18, 3–9. Matth. 26, 47–50. Mark. 14, 43–45. Luk. 22, 47. 48.

bitten, daß er mir zuschickte mehr denn zwölf Legionen Engel? Wie
würde aber die Schrift erfüllet? Es muß also gehen!*)
Zu der Stunde sprach Jesus zu den Hohenpriestern und Haupt=
leuten des Tempels und den Ältesten, die über ihn gekommen waren:
Ihr seid ausgegangen als zu einem Mörder mit Schwertern und mit
Stangen, mich zu fangen. Bin ich doch täglich gesessen bei euch und
habe gelehret im Tempel, und ihr habt mich nicht gegriffen und keine
Hand an mich gelegt. Aber dies ist eure Stunde und die Macht der
Finsterniß. Dies ist alles geschehen, daß erfüllet würden die Schrif=
ten der Propheten.
Da verließen ihn alle Jünger und flohen. Und es war ein
Jüngling, der folgte ihm nach, der war mit Leinwand bekleidet auf
der bloßen Haut, und die Jünglinge griffen ihn. Er aber ließ die
Leinwand fahren und flohe bloß von ihnen.**)

4. Jesu Verhör vor dem hohen Rate.—Petri Verleugnung.

Die Schar aber und der Oberhauptmann und die Diener der
Juden nahmen Jesum und banden ihn und führten ihn aufs erste
zu Hannas, der war Kaiphas Schwäher, welcher des Jahres Hoher=
priester war. Es war aber Kaiphas, der den Juden riet, es wäre gut,
daß ein Mensch würde umgebracht für das Volk. Aber der Hoheprie=
ster fragte Jesum um seine Jünger und um seine Lehre. Jesus ant=
wortete ihm: Ich habe frei öffentlich geredet vor der Welt. Ich habe
allezeit gelehret in der Schule und in dem Tempel, da alle Juden
zusammen kommen, und habe nichts im Verborgenen geredet. Was
fragest du mich darum? Frage die darum, die gehöret haben, was ich
zu ihnen geredet habe: siehe, dieselbigen wissen, was ich gesagt habe.
Als er aber solches redete, gab der Diener einer, die dabei standen,
Jesu einen Backenstreich und sprach: Sollst du dem Hohenpriester also
antworten? Jesus antwortete: Habe ich übel geredet, so beweise es,
daß es böse sei; habe ich aber recht geredet, was schlägest du mich?†)
Und Hannas sandte ihn gebunden zu dem Hohenpriester Kaiphas,
dahin zusammenkommen waren alle Hohenpriester und Ältesten und
Schriftgelehrten. Simon Petrus aber folgete Jesu nach und ein
anderer Jünger. Derselbige Jünger war dem Hohenpriester bekannt
und ging mit Jesu hinein in des Hohenpriesters Palast. Petrus aber
stand draußen vor der Thür. Da ging der andere Jünger, der dem
Hohenpriester bekannt war, hinaus und redete mit der Thürhüterin
und führete Petrum hinein. Und er ging hinein und setzte sich bei den
Knechten, auf daß er sähe, wo es hinaus wollte. Da sprach die Magd,
die Thürhüterin, zu Petro: Bist du nicht auch dieses Menschen Jünger
einer? Er leugnete aber und sprach: Ich bin's nicht, ich kenne ihn
nicht, weiß auch nicht, was du sagest! Und er ging hinaus in den Vor=
hof, und der Hahn krähete. Es standen aber die Knechte und Diener

---

*) Joh. 18, 10. 11. Matth. 26, 50–54. Marc. 14, 46, 47. Luc. 22, 49–51.
*) Matth. 26, 55. 56. Marc. 14, 48—52. Luc. 22, 52. 53.
†) Joh. 18, 19—23.

und hatten ein Kohlenfeuer gemacht mitten im Palast (denn es war kalt) und wärmeten sich. Petrus aber stand bei ihnen und wärmete sich.*)

Die Hohenpriester aber und Ältesten und der ganze Rat suchten falsch Zeugnis wider Jesum, auf daß sie ihn zum Tode brächten; und fanden keines. Und wiewohl viele falsche Zeugen hinzutraten, fanden sie doch keines; ihr Zeugnis stimmte nicht überein. Zuletzt traten herzu zween falsche Zeugen und sprachen: Wir haben gehört, daß er sagte: Ich will den Tempel, der mit Händen gemacht ist, abbrechen und in dreien Tagen einen andern bauen, der nicht mit Händen gemacht sei. Aber ihr Zeugnis stimmte noch nicht überein.

Da stand der Hohepriester auf unter sie und fragte Jesum und sprach: Antwortest du nichts zu dem, das diese wider dich zeugen? Aber Jesus schwieg stille und antwortete nichts. Und die Ältesten des Volkes, die Hohenpriester und Schriftgelehrten sprachen: Bist du Christus, so sage es uns! Er aber sprach zu ihnen: Sage ich's euch, so glaubet ihr's nicht; frage ich aber, so antwortet ihr nicht und lasset mich doch nicht los. Da fragte ihn der Hohepriester abermal und sprach: Ich beschwöre dich bei dem lebendigen Gott, daß du uns sagest, ob du seiest Christus, der Sohn Gottes, des Hochgelobten? Jesus sprach zu ihm: Du sagest es, denn ich bin's! Doch ich sage euch: Von nun an wird's geschehen, daß ihr sehen werdet des Menschen Sohn sitzen zur rechten Hand der Kraft Gottes und kommen in den Wolken des Himmels. Da zerriß der Hohepriester seine Kleider und sprach: Er hat Gott gelästert! Was bedürfen wir weiter Zeugnis? Siehe, jetzt habt ihr seine Gotteslästerung gehört. Was dünket euch? Sie aber verdammten ihn alle und sprachen: Er ist des Todes schuldig!**)

Simon Petrus aber stand und wärmte sich. Da sah ihn eine andere Magd und sprach zu denen, die da waren: Dieser war auch mit dem Jesu von Nazareth. Da sprachen sie zu ihm: Bist du nicht seiner Jünger einer? Und er leugnete abermal und schwur dazu: Ich kenne des Menschen nicht! Und über eine kleine Weile traten hinzu, die da standen, und sprachen zu Petro: Wahrlich, du bist auch einer von denen, ein Galiläer; denn deine Sprache verrät dich und lautet gleich also. Spricht des Hohenpriesters Knechte einer, ein Gefreundter des, dem Petrus das Ohr abgehauen hatte: Sah ich dich nicht im Garten bei ihm? Da verleugnete Petrus abermal, hub an, sich zu verfluchen und zu schwören, und sprach: Ich kenne des Menschen nicht, von dem ihr saget! Und alsobald krähete der Hahn zum andernmal. Und der Herr wandte sich und sahe Petrum an. Da gedachte Petrus an die Worte Jesu, da er zu ihm sagte: Ehe der Hahn zweimal krähet, wirst du mich dreimal verleugnen. Und Petrus ging hinaus, hub an zu weinen und weinte bitterlich.†)

Die Männer aber, die Jesum hielten, verspotteten ihn, speieten aus in sein Angesicht und schlugen ihn mit Fäusten. Etliche aber schlugen ihn ins Angesicht, verdeckten ihn und sprachen: Weissage uns,

---

*) Joh. 18, 12—14. 24, 15—18. Matth. 26, 57. 58. 69—70. Marc. 14, 53. 54. 68. Luc. 22, 54—56.
**) Matth. 26, 59—66. Marc. 14, 55—64. Luc. 22, 67—71.
†) Joh. 18, 25—27. Matth. 26, 71—75. Marc. 14, 69—72. Luc. 22, 58—63.

Christe, wer ist's, der dich schlug? Und viele andere Lästerungen sagten sie wider ihn.*)

Des Morgens aber hielten alle Hohenpriester und die Ältesten des Volks einen Rat über Jesum, daß sie ihn töteten.**) Da das sahe Judas, der ihn verraten hatte, daß er verdammet war zum Tode, gereuete es ihn und brachte her wieder die dreißig Silberlinge den Hohenpriestern und den Ältesten und sprach: Ich habe übel gethan, daß ich unschuldig Blut verraten habe! Sie sprachen: Was geht uns das an? da siehe du zu! Und er warf die Silberlinge in den Tempel, hub sich davon, ging hin und erhenkte sich selbst. Aber die Hohenpriester nahmen die Silberlinge und sprachen: Es taugt nicht, daß wir sie in den Gotteskasten legen; denn es ist Blut= geld! Sie aber hielten einen Rat und kauften einen Töpfersacker darum zum Begräbnis der Pilger. Daher ist derselbige Acker ge= nannt der Blutacker bis auf den heutigen Tag. Da ist erfüllet, das gesagt ist durch den Propheten Jeremia, da er spricht: Sie haben genommen dreißig Silberlinge, damit bezahlt ward der Verkaufte, welchen sie kauften von den Kindern Israel; und haben sie gegeben um einen Töpfersacker, als mir der Herr befohlen hat.†)

5. Verhandlungen vor Pilatus.

Und der ganze Haufe stand auf und banden Jesum und führeten ihn von Kaiphas vor das Richthaus und überantworteten ihn dem Landpfleger Pontius Pilatus. Und es war frühe.††) Die Juden gingen aber nicht in das Richthaus, auf daß sie nicht unrein würden, sondern Ostern essen möchten. Da ging Pilatus zu ihnen heraus und sprach: Was bringet ihr für Klage wider diesen Menschen? Sie antworteten und sprachen zu ihm: Wäre dieser nicht ein Übelthäter, wir hätten dir ihn nicht überantwortet. Da sprach Pilatus zu ihnen: So nehmet ihr ihn hin und richtet ihn nach eurem Gesetz. Da sprachen die Juden zu ihm: Wir dürfen niemand töten; auf daß erfüllet würde das Wort Jesu, welches er sagte, da er deutete, welches Todes er sterben würde.†††) Und die Hohenpriester und Ältesten fingen an, ihn zu verklagen, und sprachen: Diesen finden wir, daß er das Volk abwendet und ver= bietet, den Schoß dem Kaiser zu geben, und spricht, er sei Christus, ein König. Da ging Pilatus wieder hinein in das Richthaus und rief Jesum und sprach zu ihm: Bist du der Juden König? Jesus antwortete: Redest du das von dir selbst, oder haben's dir andere von mir gesagt? Pilatus antwortete: Bin ich ein Jude? Dein Volk und die Hohenpriester haben dich mir überantwortet; was hast du gethan? Jesus antwortete: Mein Reich ist nicht von dieser Welt; wäre mein Reich von dieser Welt, meine Diener würden darob kämpfen, daß ich den Juden nicht überantwortet würde; aber nun ist

---

*) Matth. 26, 67. 68. Mark. 14, 65. Luk. 22, 63—65.
**) Matth. 27, 1. Mark. 15, 1.
†) Matth. 27, 3—10.
††) Joh. 18, 28. Matth. 27, 2. Mark. 15, 1. Luk. 23, 1.
†††) Joh. 18, 28—32.

mein Reich nicht von dannen. Da sprach Pilatus zu ihm: So bist
du dennoch ein König? Jesus antwortete: Du sagst es, ich bin ein
König. Ich bin dazu geboren und in die Welt gekommen, daß ich
die Wahrheit zeugen soll. Wer aus der Wahrheit ist, der höret meine
Stimme. Spricht Pilatus zu ihm: Was ist Wahrheit? Und da er
das gesagt, ging er wieder hinaus zu den Juden und spricht zu ihnen:
Ich finde keine Schuld an diesem Menschen.*)
          Die Hohenpriester aber und Ältesten beschuldigten ihn hart. Und
da er verklagt ward von ihnen, antwortete er nichts. Da fragte ihn
Pilatus abermal und sprach zu ihm: Antwortest du nichts? Hörst du
nicht, wie hart sie dich verklagen? Und er antwortete ihm nicht auf
ein Wort, also daß sich auch der Landpfleger sehr verwunderte.**)
          Sie aber hielten an und sprachen: Er hat das Volk erreget da=
mit, daß er gelehrt hat hin und her im ganzen jüdischen Lande, und
hat in Galiläa angefangen, bis hierher. Da aber Pilatus Galiläa
hörete, fragte er, ob er aus Galiläa wäre? Und als er vernahm,
daß er unter Herodis Obrigkeit gehörete, übersandte er ihn zu Herode,
welcher in denselbigen Tagen auch zu Jerusalem war. Da aber
Herodes Jesum sah, ward er sehr froh, denn er hätte ihn längst gerne
gesehen; denn er hatte viel von ihm gehöret und hoffte, er würde ein
Zeichen von ihm sehen. Und er fragte ihn mancherlei; er antwortete
ihm aber nichts. Die Hohenpriester aber und Schriftgelehrten standen
und verklagten ihn hart. Aber Herodes mit seinem Hofgesinde ver=
achtete und verspottete ihn, legte ihm ein weiß Kleid an und sandte
ihn wieder zu Pilato. Auf den Tag wurden Pilatus und Herodes
Freunde mit einander; denn zuvor waren sie einander feind.†)
          Pilatus aber rief die Hohenpriester und Obersten und das Volk
zusammen und sprach zu ihnen: Ihr habt diesen Menschen zu mir
gebracht, als der das Volk abwende. Und siehe, ich habe ihn vor
euch verhöret und finde an dem Menschen der Sachen keine, der ihr
ihn beschuldiget. Herodes auch nicht; denn ich habe euch zu ihm ge=
sandt, und siehe, man hat nichts auf ihn gebracht, das des Todes
wert sei. Darum will ich ihn züchtigen und loslassen.††)
          Auf das Osterfest aber hatte der Landpfleger die Gewohnheit, dem
Volke einen Gefangenen loszugeben, welchen sie begehreten. Es war
aber zu der Zeit ein Gefangener, genannt Barrabas, ein sonderlicher
vor andern, welcher war um des Aufruhrs willen, so in der Stadt
geschehen war, und um eines Mordes willen ins Gefängnis geworfen.
Und das Volk ging hinauf und bat, daß er thäte, wie er pflegte.
Und da sie versammelt waren, sprach Pilatus zu ihnen: Ihr habt eine
Gewohnheit, daß ich euch einen auf Ostern losgebe; welchen wollet
ihr, daß ich euch losgebe, Barrabam oder Jesum, von dem gesagt
wird, er sei Christus, der Juden König? Denn er wußte wohl, daß
ihn die Hohenpriester aus Neid überantwortet hatten.

Und da er auf dem Richtstuhl saß, schickte sein Weib zu ihm und
ließ ihm sagen: Habe du nichts zu schaffen mit diesem Gerechten; ich
habe heute viel erlitten im Traum von seinetwegen.*)

Aber die Hohenpriester und Ältesten überredeten und reizten das
Volk, daß sie um Barrabas bitten sollten und Jesum umbrächten.
Da antwortete der Landpfleger und sprach zu ihnen: Welchen wollt
ihr unter diesen zween, den ich euch soll losgeben? Da schrie der ganze
Haufe und sprach: Hinweg mit diesem, und gieb uns Barrabam
los! Barrabas aber war ein Mörder. Da rief Pilatus abermal zu
ihnen und wollte Jesum loslassen und sprach: Was soll ich denn
machen mit Jesu, von dem gesagt wird, er sei Christus? Sie riefen
alle und schrieen: Kreuzige, kreuzige ihn! Er aber sprach zum dritten=
mal zu ihnen: Was hat denn dieser Übels gethan? Ich finde keine
Ursach des Todes an ihm. Darum will ich ihn züchtigen und los=
lassen. Aber sie schrieen noch vielmehr: Kreuzige ihn! Und ihr und
der Hohenpriester Geschrei nahm überhand.**)

Da nahm Pilatus Jesum und geißelte ihn. Und die Kriegs=
knechte des Landpflegers nahmen Jesum zu sich und führeten ihn
hinein in das Richthaus und sammelten über ihn die ganze Schar.
Und zogen Jesum aus und legten ihm einen Purpurmantel an und
flochten eine Krone von Dornen und setzten sie auf sein Haupt und
ein Rohr in seine rechte Hand. Und beugten die Kniee vor ihm und
spotteten ihn und sprachen: Sei gegrüßet, lieber Judenkönig, und
gaben ihm Backenstreiche und speieten ihn an und nahmen das Rohr
und schlugen damit sein Haupt.†)

Da ging Pilatus wieder heraus und sprach zu ihnen: Sehet, ich
führe ihn heraus zu euch, daß ihr erkennet, daß ich keine Schuld an
ihm finde. Also ging Jesus heraus und trug eine Dornenkrone und
Purpurkleid. Und er spricht zu ihnen: Sehet, welch ein Mensch!
Da ihn die Hohenpriester und die Diener sahen, schrieen sie und
sprachen: Kreuzige, kreuzige ihn! Pilatus spricht zu ihnen: Nehmet
ihr ihn hin und kreuziget ihn; denn ich finde keine Schuld an ihm.
Die Juden antworteten ihm: Wir haben ein Gesetz, und nach dem
Gesetz soll er sterben; denn er hat sich selbst zu Gottes Sohn gemacht.
Da Pilatus das Wort hörete, fürchtete er sich noch mehr und ging
wieder hinein in das Richthaus und spricht zu Jesu: Von wannen bist
du? Aber Jesus gab ihm keine Antwort. Da sprach Pilatus zu ihm:
Redest du nicht mit mir? Weißt du nicht, daß ich Macht habe, dich zu
kreuzigen, und Macht habe, dich los zu geben? Jesus antwortete: Du
hättest keine Macht über mich, wenn sie dir nicht wäre von oben herab
gegeben; darum, der mich dir überantwortet hat, der hat's größere
Sünde. Von dem an trachtete Pilatus, wie er ihn los ließe. Die
Juden aber schrieen und sprachen: Lässest du diesen los, so bist du des
Kaisers Freund nicht; denn wer sich zum Könige macht, der ist wider
den Kaiser!

Da Pilatus das Wort hörete, führete er Jesum heraus und setzte
sich auf den Richtstuhl an der Stätte, die da heißet Hochpflaster, auf

*) Matth. 27, 15–19. Marf. 15, 6–14. Luf. 23, 17–19. Joh. 18, 39.
**) Matth. 27, 20–23. Marf. 15, 11–14. Luf. 23, 19–23. Joh. 18, 40.
†) Joh. 19, 1—3. Matth. 27, 27-30. Marf. 15, 16–19.

ebräisch aber Gabbatha. Es war aber der Rüsttag in Oftern. Und
er spricht zu den Juden: Sehet, das ist euer König! Sie schrieen aber:
Weg, weg mit dem, kreuzige ihn! Spricht Pilatus zu ihnen: Soll ich
euren König kreuzigen? Die Hohenpriester antworteten: Wir haben
keinen König, denn den Kaiser.*)

Da aber Pilatus sahe, daß er nichts schaffete, sondern daß viel
ein größer Getümmel ward, nahm er Wasser und wusch die Hände vor
dem Volk und sprach: Ich bin unschuldig an dem Blut dieses Gerech=
ten; sehet ihr zu! Da antwortete das ganze Volk und sprach: Sein
Blut komme über uns und über unsere Kinder! Pilatus aber gedachte
dem Volke genug zu thun und gab ihnen Barrabam los, der um Auf=
ruhrs und Mordes willen war ins Gefängnis geworfen, um welchen sie
baten; Jesum aber, den er hatte geißeln lassen, übergab er ihrem
Willen, daß er gekreuziget würde.**)

6. Kreuzigung und Tod Jesu.

Und da sie ihn verspottet hatten, zogen sie ihm den Purpurmantel
aus und zogen ihm seine eigenen Kleider an, nahmen ihn und führe=
ten ihn hin, daß sie ihn kreuzigten. Und er trug sein Kreuz und ging
hinaus zur Stätte, die da heißet Schädelstatte, auf ebräisch Golgatha.
Und als sie ihn hinführten, ergriffen sie einen Menschen, der vorüber=
ging, mit Namen Simon von Kyrene, der vom Felde kam, der ein
Vater war Alexandri und Rufi; den zwangen sie, daß er Jesu sein
Kreuz trüge, und legten das Kreuz auf ihn. †)

Es folgte ihm aber nach ein großer Haufe Volks und Weiber, die
klagten und beweineten ihn. Jesus aber wandte sich um zu ihnen und
sprach: Ihr Töchter von Jerusalem, weinet nicht über mich, sondern
weinet über euch selbst und über eure Kinder! Denn siehe, es wird die
Zeit kommen, in welcher man sagen wird: Selig sind die Unfrucht=
baren und die Leiber, die nicht geboren haben, und die Brüste, die
nicht gesäuget haben! Dann werden sie anfangen, zu sagen zu den
Bergen: Fallet über uns! und zu den Hügeln: Decket uns! Denn so
man das thut am grünen Holz, was will am dürren werden?

Es wurden aber auch hingeführt zween andere Übelthäter, daß sie
mit ihm abgethan würden. ††)

Und da sie an die Stätte kamen mit Namen Golgatha, gaben sie
ihm Myrrhen in Wein zu trinken; und da er's schmeckte, wollte er's
nicht trinken und nahm's nicht zu sich. †††)

Allda kreuzigten sie ihn und mit ihm zween Mörder, einen zu seiner
Rechten und einen zur Linken, Jesum aber mitten inne. Da ward
die Schrift erfüllet, die da sagt: Er ist unter die Übelthäter gerechnet.
Und es war um die dritte Stunde, da sie ihn kreuzigten.[1]

Jesus aber sprach: Vater! vergieb ihnen; denn sie
wissen nicht, was sie thun.[2]

---

*) Joh. 19, 4—15.
**) Matth. 27, 24—26. Mark. 15, 15. Luk. 23, 24. 25. Joh. 19, 16.
†) Matth. 27, 31. 32. Mark. 15, 20. 21. Luk. 23, 26. Joh. 19, 16. 17.
††) Luk. 23, 27—32.   †††) Matth. 27, 33. 34. Mark. 15, 23.
[1]) Matth. 27, 38. Luk. 23. 33. Joh. 19, 18. Mark. 15, 25. 27. 28.
[2]) Luk. 23, 34.

Die Kriegsknechte aber, da sie Jesum gekreuziget hatten, nahmen sie seine Kleider und machten vier Teile, einem jeglichen Kriegsknechte ein Teil, dazu auch den Rock. Der Rock aber war ungenäht, von oben an gewirket durch und durch. Da sprachen sie unter einander: Lasset uns den nicht zerteilen, sondern darum losen, wes er sein soll, auf daß erfüllet würde die Schrift, die da sagt: Sie haben meine Kleider unter sich geteilet und haben über meinen Rock das Los geworfen. Solches thaten die Kriegsknechte. Und sie saßen allda und hüteten sein.*)

Und oben zu seinen Häupten hefteten sie die Ursache seines Todes beschrieben. Pilatus nämlich schrieb eine Überschrift und setzte sie auf das Kreuz; und war geschrieben: Jesus von Nazareth, der Juden König. Diese Überschrift lasen viele Juden; denn die Stätte war nahe bei der Stadt, da Jesus gekreuziget ist. Und es war geschrieben auf ebräische, griechische und lateinische Sprache. Da sprachen die Hohen=priester der Juden zu Pilato: Schreibe nicht, der Juden König; sondern, daß er gesagt habe: Ich bin der Juden König. Pilatus antwortete: Was ich geschrieben habe, das habe ich geschrieben.**)

Das Volk aber stand und sahe zu. Und die vorübergingen, lästerten ihn und schüttelten ihre Köpfe und sprachen: Pfui dich, wie sein zerbrichst du den Tempel Gottes und bauest ihn in drei Tagen! Hilf dir nun selber; bist du Gottes Sohn, so steige herab vom Kreuz; Desgleichen auch die Hohenpriester spotteten sein samt den Schriftge=lehrten und Ältesten und sprachen: Andern hat er geholfen und kann ihm selber nicht helfen! Ist er Christus, der Auserwählte Gottes, der König von Israel: so steige er nun vom Kreuz, daß wir sehen, so wollen wir ihm glauben. Er hat Gott vertrauet, der erlöse ihn nun, lüstet's ihn; denn er hat gesagt: Ich bin Gottes Sohn. †)

Aber der Übelthäter einer, die da gehenket waren, lästerte ihn und sprach: Bist du Christus, so hilf dir selbst und uns. Da antwortete der andere, strafte ihn und sprach: Und du fürchtest dich auch nicht vor Gott, der du doch in gleicher Verdammnis bist? Und zwar wir sind billig darinnen, denn wir empfahen, was unsere Thaten wert sind; dieser aber hat nichts Ungeschicktes gehandelt. Und sprach zu Jesu: Herr! gedenke an mich, wenn du in dein Reich kommst! Und Jesus sprach zu ihm: Wahrlich, ich sage dir, heute wirst du mit mir im Paradiese sein! ††)

Es stand aber bei dem Kreuze Jesu seine Mutter und seiner Mut=ter Schwester, Maria, Kleophas Weib, und Maria Magdalena. Da nun Jesus seine Mutter sahe und den Jünger dabei stehen, den er lieb hatte, spricht er zu seiner Mutter: Weib, siehe, das ist dein Sohn! Danach spricht er zu dem Jünger: Siehe, das ist deine Mutter! Und von der Stunde an nahm sie der Jünger zu sich. †††)

Und es war um die sechste Stunde, und es ward eine Finsternis über das ganze Land bis an die neunte Stunde, und die Sonne verlor

---

*) Joh. 19, 23. 24. Matth. 27, 35. 36. Marc. 15, 24. Luc. 23, 34.
**) Matth. 27, 37. Luc. 23, 38. Marc. 15, 26. Joh. 19, 19—22.
†) Luc. 23, 35. 36. Matth. 27, 39—43. Marc. 15, 29—32.
††) Luc. 23, 39—43.
†††) Joh. 19, 25—27.

ihren Schein. Und um die neunte Stunde rief Jesus laut und sprach: Eli, Eli, lama asabthani? das ist: Mein Gott, mein Gott, warum hast du mich verlassen? Und etliche, die dabei standen, da sie das höreten, sprachen sie: Siehe, er rufet dem Elias.*)

Danach, als Jesus wußte, daß schon alles vollbracht war, daß die Schrift erfüllet würde, spricht er: Mich dürstet! Da stand ein Gefäß voll Essig; und bald lief einer unter ihnen, nahm einen Schwamm und füllete ihn mit Essig und steckte ihn auf ein Rohr von Ysopen und tränkete ihn. Die andern aber sprachen: Halt, lasset sehen, ob Elias komme und ihm helfe?**)

Da nun Jesus den Essig genommen hatte, sprach er: Es ist vollbracht!

Und rief abermal laut und sprach: Vater! ich befehle meinen Geist in deine Hände! Und als er das gesagt, neigte er das Haupt und verschied.†)

Und siehe da, der Vorhang im Tempel zerriß in zwei Stücke, von oben an bis unten aus. Und die Erde erbebete, und die Felsen zerrissen, und die Gräber thaten sich auf, und standen auf viele Leiber der Heiligen, die da schliefen, und gingen aus den Gräbern nach seiner Auferstehung und kamen in die heilige Stadt und erschienen vielen.††)

Aber der Hauptmann, der dabei stand gegen ihm über, und die bei ihm waren und bewahreten Jesum, da sie sahen das Erdbeben, und daß er mit solchem Geschrei verschied, erschraken sie sehr und priesen Gott und sprachen: Fürwahr, dieser ist ein frommer Mensch und Gottes Sohn gewesen! Und alles Volk, das dabei war und zusahe, da sie sahen, was da geschah, schlugen sie an ihre Brust und wandten wieder um.1)

Es standen aber alle seine Verwandten von ferne und die Weiber, die ihm aus Galiläa waren nachgefolget und hatten ihm gedienet, und sahen das alles; unter welchen war Maria Magdalena und Maria, des kleinen Jakobs und Joses Mutter, und Salome, die Mutter der Kinder Zebedäi, und viele andere, die mit ihm hinauf gen Jerusalem gegangen waren.2)

Die Juden aber, dieweil es der Rüsttag war, daß nicht die Leichname am Kreuze blieben den Sabbat über, (denn desselbigen Sabbats Tag war groß) baten sie Pilatum, daß ihre Beine gebrochen, und sie abgenommen würden. Da kamen die Kriegsknechte und brachen dem ersten die Beine und dem andern, der mit ihm gekreuziget war. Als sie aber zu Jesu kamen, da sie sahen, daß er schon gestorben war, brachen sie ihm die Beine nicht; sondern der Kriegsknechte einer öffnete seine Seite mit einem Speer, und alsbald ging Blut und Wasser heraus. Und der das gesehen hat, der hat es bezeuget, und sein Zeugnis ist wahr; und derselbige weiß, daß er die Wahrheit sagt, auf daß auch ihr glaubet. Denn solches ist geschehen, auf daß die

*) Luk. 24, 44. 45. Matth. 27, 45—47. Marc. 15, 33—35.
**) Joh. 19, 28. 29. Matth. 27, 48. 49. Marc. 15, 36.
†) Joh. 19, 30. Luk. 23, 46. Matth. 27, 50. Marc. 15, 37.
††) Matth. 27, 51—53. Marc. 15, 38. Luk. 23, 45.
1) Matth. 27, 54. Marc. 15, 39. Luk. 23, 47. 48.
2) Matth. 27, 55. 56. Marc. 15, 40. 41. Luk. 23, 49.

Schrift erfüllet würde: Ihr sollt ihm kein Bein zerbrechen. Und abermal spricht eine andere Schrift: Sie werden sehen, in welchen sie gestochen haben.*)

7. Begräbnis.

Und siehe, am Abend, dieweil es der Rüsttag war, welches ist der Vorsabbat, kam ein reicher Mann von Arimathia, der Juden Stadt, mit Namen Joseph, ein ehrbarer Ratsherr. Der war ein guter, frommer Mann und hatte nicht gewilliget in ihren Rat und Handel; er wartete auch auf das Reich Gottes und war ein Jünger Jesu, doch heimlich, aus Furcht vor den Juden. Der wagte es und ging hinein zu Pilato und bat ihn um den Leib Jesu. Pilatus aber verwunderte sich, daß er schon tot war, und rief den Hauptmann und fragte ihn, ob er längst gestorben wäre? Und als er's erkundet von dem Hauptmann, befahl er, man sollte Joseph den Leichnam geben. Und er kaufte eine reine Leinwand, kam und nahm den Leichnam Jesu herab.**)

Es kam aber auch Nikodemus, der vormals bei der Nacht zu Jesu gekommen war, und brachte Myrrhen und Aloen unter einander bei hundert Pfunden. Da nahmen sie den Leichnam Jesu und banden ihn in leinene Tücher mit Spezereien, wie die Juden pflegen zu begraben.†)

Es war aber an der Stätte, da er gekreuziget ward, ein Garten, und in dem Garten ein neu Grab, das eigene Grab des Joseph, welches er hatte lassen in einen Fels hauen, in welches niemand je gelegt war. Daselbst hin legten sie Jesum um des Rüsttags willen der Juden, weil der Sabbat anbrach und das Grab nahe war. Es folgten aber die Weiber nach, die mit ihm gekommen waren aus Galiläa, Maria Magdalena und Maria Joses; die setzten sich gegen das Grab und schaueten zu, wo und wie sein Leib geleget ward. Und Joseph wälzte einen großen Stein vor die Thür des Grabes. Und sie kehreten um und bereiteten die Spezerei und Salben. Und den Sabbat über waren sie stille nach dem Gesetz.††)

Des andern Tages, der da folgt nach dem Rüsttage, kamen die Hohenpriester und Pharisäer sämtlich zu Pilato und sprachen: Herr, wir haben gedacht, daß dieser Verführer sprach, da er noch lebte: Ich will nach dreien Tagen auferstehen. Darum befiehl, daß man das Grab verwahre bis an den dritten Tag, auf daß nicht seine Jünger kommen und stehlen ihn und sagen zum Volk: Er ist auferstanden von den Toten; und werde der letzte Betrug ärger, denn der erste. Pilatus sprach zu ihnen: Da habt ihr die Hüter; gehet hin und verwahret es, wie ihr wisset. Sie gingen hin und verwahreten das Grab mit Hütern und versiegelten den Stein.†††)

*) Joh. 19, 31—37.
**) Matth. 27, 57—59. Mark. 15, 42—46. Luk. 23, 50—53. Joh. 19, 38.
†) Joh. 19, 39. 40.
††) Joh. 19, 41. 42. Matth. 27, 60. 61. Mark. 15, 46, 47. Luk. 23, 53—56
†††) Matth. 27, 62—66.

Gebete für die häusliche Andacht.

Morgengebet am Sonntage.

O du Vater des Lichts, der du das natürliche Licht dieser Welt uns scheinen lässest, sende doch auch heute und allezeit das wahrhaftige Licht, Jesum Christum, in unsere Herzen, und laß ihn darin leuchten un dalle Finsternis vertreiben, damit wir dich, ewiger Gott, in deinem lieben Sohne erkennen und lieb gewinnen mögen. Siehe, wir sind durch die Sünde in der Finsternis der Eitelkeit gefangen und verdunkelt; darum lehre du uns selber durch deinen heiligen Geist aus deinem Worte, wie wir uns zu dir bekehren und dir im Glauben gehorsam werden können. So werden wir uns erst recht mit Lob und Dank zu dir wenden und dir in deinem Lichte dienen und gefallen können.

Lieber himmlischer Vater! Wir danken dir im Namen Jesu Christi, deines lieben Sohnes, durch deinen heiligen Geist, daß du uns in dieser vergangenen Nacht durch den Schutz deiner heiligen Engel aus unverdienter Liebe vor allem Unfall so väterlich bewahret und gesund an diesen Tag hast kommen lassen.

O getreue Liebe! Laß doch mit der vergangenen Nacht das Gedächtnis unserer Sünden vor deinem Angesicht vergangen sein. Erwecke uns nun in dieser Frühstunde vom Schlaf der Thorheit und Trägheit unsers Herzens zu einem neuen Leben durch die Auferstehung Jesu Christi von den Toten. O Vater des Lichtes und Geber aller guten und vollkommenen Gaben! Gönne uns heute dein gütiges Wort, und laß es unsers Herzens höchste Freude und Wonne sein. Zeuge uns durch dasselbige als durch das Wort der Wahrheit nach deinem Willen, daß wir Erstlinge werden deiner Kreaturen. Gieb uns zu diesem Ende reichlich die Gnade deines heiligen Geistes, daß wir schnell und aufmerksam seien, zu hören dein köstliches Wort, langsam aber, zu reden allerlei eitle Dinge, faule Geschwätze, die nicht zur Besserung nötig und nicht holdselig sind zu hören, sondern nur den heiligen Geist betrüben in unsern Herzen, sowohl in dem Hause Gottes, als außer demselben. Ach, allmächtiger Vater! Schenke uns sehende Augen, hörende Ohren, verständige Herzen, zu merken, wo es uns fehlet, und zu nehmen, was deine Hand heute für uns ausgestreuet hat. Pflanze dein Wort selbst in uns, daß es unsere Seelen auch heute selig mache. Gieb allen denen, die hier und an andern Orten der ganzen Christenheit deinen Namen predigen, die Gabe des heiligen Geistes, daß sie deine und nicht ihre Worte predigen.

Ja, komme selbst mit deinem lieben Sohn und heiligen Geist zu uns, und halte deinen Sabbat=, Ruhe= und Feiertag in unsern Seelen. Laß unser Herz deinen Tempel sein, in welchem der heilige Geist Jesum mit allen seinen Verdiensten im wahren Glauben uns zueigne, uns in wahrer Liebe gegen dich entzünde und zu dankbarem Gehorsam anführe, und wir also den dir gefälligen Gottesdienst unablässig ver= richten. Führe uns aus Glauben in Glauben, aus Liebe in Liebe, aus Kraft in Kraft, aus Leben in Leben, aus Licht in Licht bis an das Ende unserer Wallfahrt, bis wir würdig werden, jene Welt zu erlangen und den ewigen Sabbat mit dem Volke Gottes, allen heili= gen Engeln und Auserwählten in der stolzen Ruhe, in den sichern Wohnungen des Friedens zu feiern; so wollen wir dich für alle deine Liebe und Wohlthaten herzlich lieben, loben und preisen ewiglich, durch Jesum Christum, unsern Herrn. Amen.

Abendgebet am Sonntage.

Wir loben und preisen dich, o Gott und Vater, Herr des Himmels und der Erden, daß du uns an diesem Tage aus lauter Güte und Barmherzigkeit reichlich versorget hast, nicht allein dem Leibe nach mit dem täglichen Brote, sondern auch der Seele nach mit der himmlischen Speise deines Wortes. Verleihe, o treuer Gott, daß es bleibe in unsern Herzen und großen Nutzen schaffe zu deiner Ehre und unserer Seligkeit. Wir bitten auch deine väterliche Gnade, du wollest uns dein lauteres Wort und den reinen Kirchendienst nicht entziehen; wollest uns auch unsere Schuld und Sünden, mit welchen wir den heutigen Tag möchten verunheiliget haben, nicht entgelten lassen, sondern uns dieselbigen nach deiner großen Güte und um des bittern Leidens und Sterbens deines Sohnes Jesu Christi willen gnädiglich vergeben. Laß uns auch, barmherziger Vater, die ganze übrige Zeit unseres Lebens in diesem Jammerthal dir in deinen göttlichen Schutz und Segen befohlen sein, und thue Befehl deinen heiligen Engeln, daß sie sich um uns her lagern, auf daß der böse Feind keine Macht über uns habe.

Weil aber der Abend dieser Welt mehr und mehr herannahet und sich der Tag geneiget hat, so verleihe uns die Gnade deines Geistes, damit wir stets wachen und in lebendigem Glauben, in brünstiger Liebe, fester Hoffnung und seligem Wandel warten der seligen Erschei= nung der Herrlichkeit des großen Gottes und unseres Heilandes Jesu Christi, wann er kommen wird, zu richten die Lebendigen und die Toten; auf daß wir ihn alsdann würdig und mit Freuden empfan= gen, ins ewige Leben mit ihm eingehen und an den ewigen Feier= und Freudentag mit allen Auserwählten gelangen mögen. Erbarme dich, o Herr, der ganzen Christenheit, und befreie deine arme, ver= folgte Gemeine von aller Bedrängnis, Spott und Tyrannei. Tröste alle geängsteten, betrübten Gewissen durch den wahren Tröster, den heiligen Geist, und sende uns allen deinen Frieden durch deinen Sohn Jesum Christum. Amen.

Morgengebet am Montage.

Barmherziger, ewiger Gott und Vater! Wir danken dir, daß du uns die Nacht so gnädiglich behütet und uns wieder den Tag hast erleben lassen, und bitten dich, du wollest uns nun diesen Tag behüten und uns deine Gnade erzeigen, daß wir denselben ganz in deinem Dienst mögen zubringen, also daß wir nichts denken, reden, noch thun, als was dir wohlgefällig ist und zu deiner Ehre, zu unserer Seligkeit und zur Erbauung unseres Nächsten gereicht. Und wie du, Herr, jetzt wunderbarlich deine Sonne aufgehen und scheinen lässest, zu erleuch= ten diese Erde, also wollest du auch durch das Licht deines heiligen Geistes unsern Verstand und unsere Herzen erleuchten, damit wir auf den rechten Weg deiner Gerechtigkeit geführt werden und stets in allen Dingen den festen Vorsatz haben, zu wandeln in deiner Furcht, dir zu dienen und dich zu ehren und all unser Gut und unsere Wohlfahrt allein von deinem göttlichen Segen zu erwarten. Verleihe uns denn deine Gnade, daß wir auch bei unsrer Arbeit für den Leib und das zeitliche Leben allezeit am ersten nach deinem Reiche und nach deiner Gerechtigkeit trachten und nicht zweifeln, es werde uns alles andere auch zufallen. Behüte uns an Leib und Seele, und stärke uns gegen alle Anfechtungen und gegen alles Böse. Nimm uns jetzt und alle künftigen Tage unseres Lebens in deinen heiligen Schutz, und bestätige und vermehre in uns täglich deine Gnade, bis du uns wirst gebracht haben zu der vollkommenen Vereinigung mit deinem Sohne Jesu Christo, unserm Herrn, der da ist unsere wahrhaftige Sonne und unser Licht und Leben ohne Aufhören bis in Ewigkeit. Gieb auch deinen Segen zu der Verkündigung des Evangeliums; zerstöre die Werke des Teufels überall; stärke alle Diener der Kirche und die Obrigkeit deines Volks; tröste alle betrübten Herzen, und hilf allen Notleidenden nach deiner väterlichen Barmherzigkeit. Damit wir aber solches alles von dir erlangen mögen, so wollest du uns, o Gott, alle unsere Sünde verzeihen um Jesu Christi willen, welcher uns ver= heißen hat, daß du uns alles, was wir von dir in seinem Namen bitten, gewißlich geben werdest. Sei uns gnädig, Herr unser Gott, und erhöre uns um deines lieben Sohnes, Jesu Christi, willen. Amen.

Abendgebet am Montage.

Herr Gott, himmlischer Vater! Wir danken dir, daß du uns die= sen Tag und alle Zeit unseres Lebens bis auf diese Stunde so gnä= diglich behütet und uns so viele und große Wohlthaten erzeiget hast. Und weil du nach deiner göttlichen Weisheit die Nacht hast erschaffen dem Menschen zur Ruhe, gleichwie du den Tag verordnet hast zur Arbeit: so bitten wir dich, du wollest uns deine Gnade verleihen, daß, wenn auch unser Leib ruhet, doch unsere Herzen in deiner Liebe wacker bleiben und wir deiner Güte und Gnade nimmermehr vergessen. Und wie der Leib seine äußerliche Ruhe empfähet, so verleihe auch unserm Gemüte die innere, geistliche Ruhe, und stille unser Herz und Gewissen durch deine Barmherzigkeit und Gnade in Christo Jesu, unserm Herrn.

Wolleſt uns auch, getreuer Gott, unbefleckt an Leib und Seele bewahren und uns behüten vor aller Gefahr, auf daß auch unſer Schlaf zu deiner Ehre gereichen möge. Und da auch dieſer Tag nicht vorüber gegangen iſt ohne vielfache Übertretung, weil wir arme und elende Sünder ſind: ſo bitten wir dich, daß, gleichwie die Nacht mit Finſterniß alles verbirgt, du auch alſo wolleſt alle unſere Sünden bedecken durch deine Barmherzigkeit, damit wir nicht um unſerer Sünden willen verſtoßen werden von deinem Angeſicht.

Gieb auch Ruhe und Troſt allen Kranken und Notleidenden, allen Betrübten und Verfolgten. Erquicke alle angefochtenen Seelen, und laß uns alle erfahren, daß du nahe biſt denen, die dich anrufen, durch Jeſum Chriſtum. Amen.

Morgengebet am Dienstage.

Herr, himmliſcher Vater, ewiger Gott! Gelobet ſei deine göttliche Kraft und Allmacht, deine grundloſe Güte und Barmherzigkeit, deine ewige Weisheit und Wahrheit, daß du mich in dieſer Nacht mit deiner Hand bedecket und unter dem Schatten deiner Flügel haſt ſicher ruhen und ſchlafen laſſen, auch vor dem böſen Feind bewahrt und ganz väterlich beſchirmet. Darum lobe ich dich um deine Güte und um deine Wunder, die du an den Menſchenkindern thuſt, und will dich in der Gemeine preiſen. Dein Lob ſoll allewege in meinem Munde ſein. Meine Seele ſoll allezeit dich, meinen Herrn, rühmen, und was in mir iſt, deinen heiligen Namen preiſen; nimmermehr will ich ver= geſſen, was du mir Gutes gethan haſt. So laß nun dir gefallen das Lobopfer aus meinem Munde, welches ich dir des Morgens früh in Einfalt meines Herzens bringe.

Ich rufe zu dir von ganzem Gemüt: Du wolleſt mich heut dieſen Tag behüten vor aller Gefahr Leibes und der Seele und deinen lieben Engeln über mir Befehl thun, daß ſie mich behüten auf allen meinen Wegen. Umgieb mich rings mit deinem Schild, und führe mich auf den Steig deiner Gebote, daß ich unſträflich wandle in deinem Dienſt, wie die Kinder des Tages, zu deinem Wohlgefallen. Wehre dem böſen Feind und allen Ärgerniſſen dieſer Welt; dazu ſteure meinem Fleiſch und Blut, daß ich nicht, von ihnen überwältigt, wider dich handle und dich mit meinen Sünden erzürne. Regiere mich mit dei= nem heiligen Geiſt, daß ich nichts vornehme, thue, rede oder denke, denn allein was dir gefällig iſt und zu Ehren deiner göttlichen Maje= ſtät gereicht.

Siehe, mein Gott, ich übergebe und opfere mich ganz und gar zu eigen in deinem Willen, mit Leib und Seele, mit allem Vermögen und Kräften, innerlich und äußerlich. Mache du mich dir zu einem Opfer, das da lebendig, heilig und dir wohlgefällig ſei, damit ich dir einen vernünftigen und angenehmen Gottesdienſt leiſte. Darum, du hei= liger Vater, allmächtiger Gott, laß mich dein Eigentum ſein, regiere mein Herz, Seele und Gemüt, daß ich nichts denn dich wiſſe und ver= ſtehe. Herr, frühe wolleſt du meine Stimme hören, frühe will ich mich zu dir ſchicken und darauf merken, frühe will ich dich loben und des Abends nicht aufhören, durch Jeſum Chriſtum. Amen.

Abendgebet am Dienstage.

Barmherziger, gnädiger Gott und Vater! Ich sage dir Lob und Dank, daß du Tag und Nacht geschaffen, Licht und Finsternis unterschieden hast, den Tag zur Arbeit und die Nacht zur Ruhe, auf daß sich deine Kreatur darin erquicken möchte. Ich lobe und preise dich in allen deinen Wohlthaten und Werken, daß du mich durch deine göttliche Gnade und Schutz den vergangenen Tag hast vollenden und seine Last und Plage überwinden und zurücklegen lassen. Es ist ja genug, lieber Vater, daß ein jeder Tag seine eigene Plage habe. Du hilfst ja immer eine Last nach der andern ablegen, bis wir endlich zur Ruhe und zu dem ewigen Tage kommen, da alle Plage und Not aufhören wird. Ich danke dir von Herzen für alles das Gute, das ich diesen Tag von deiner Hand empfangen habe. Ach Herr, ich bin zu geringe aller deiner Barmherzigkeit, die du täglich an mir thust. Ich danke dir auch für die Abwendung des Bösen, so mir diesen Tag hätte begegnen können, und dafür, daß ich unter dem Schirm des Höchsten und dem Schatten des Allmächtigen vor allem Unglück und vor schweren Sünden behütet geblieben bin. Ich bitte dich herzlich und kindlich: Vergieb mir alle meine Sünde, die ich diesen Tag begangen habe mit Gedanken, Worten und Werken. Viel Böses habe ich gethan, viel Gutes habe ich versäumt. Ach, sei mir gnädig, mein Gott, sei mir gnädig! Laß heute alle meine Sünde mit mir absterben, und gieb, daß ich immer gottesfürchtiger, heiliger, frömmer und gerechter wieder aufstehe; daß mein Schlaf kein Sündenschlaf sei, sondern ein heiliger Schlaf; daß meine Seele und Geist immer zu dir wache, mit dir rede und handle. Segne meinen Schlaf wie den des Erzvaters Jakob, da er im Traume die Himmelsleiter sah und die heiligen Engel und den Segen empfing; daß ich von dir rede, wenn ich mich zu Bette lege, an dich gedenke, wenn ich erwache; daß dein Name und Gedächtnis in meinem Herzen bleibe, ich wache oder schlafe. Gieb mir, daß ich nicht erschrecke vor dem Grauen des Nachts, daß ich mich nicht fürchte vor dem plötzlichen Schrecken, sondern sanft schlafe. Behüte mich vor schrecklichen Träumen, vor Einbruch der Feinde, vor Feuers- und Wassersgefahr. Siehe, der uns behütet, schläft nicht; siehe, der Hüter Israels schläft noch schlummert nicht! Sei du, o Gott, mein Schatten über meiner rechten Hand, daß mich des Tages die Sonne nicht steche, noch der Mond des Nachts. Laß deine heiligen Wächter mich behüten und deine Engel sich um mich lagern und mir aushelfen. Wecke mich morgen zur rechten Zeit wieder auf zu deinem Lobe und Preise, daß ich mit neuen Kräften dir dienen möge. Wenn aber nach deinem unerforschlichen Ratschluß diese Nacht die letzte sein soll und mein Stündlein vorhanden ist, so verleihe mir einen seligen Schlaf und eine selige Ruhe in Jesu Christo, meinem Herrn. Amen.

Morgengebet am Mittwoch.

Lieber himmlischer Vater! Ich lobe und preise dich auch für diese Nacht, die du mich hast überleben, und für diesen Tag, den du mich hast erleben lassen.

Laß das rechte göttliche, geistliche und himmlische Leben, das aus dir ist, durch den Geist der Gnaden in mir neu werden, damit nicht ich lebe, sondern Christus in mir, und ich im Glauben des Sohnes Gottes stets erneuert werde, als eine Pflanze der Gerechtigkeit zu grünen und zu blühen, dir zum Preise, und auszubrechen in lebendige und dir wohlgefällige Früchte des Geistes, meinem Nächsten zu Nutz und Dienst. Ich ergebe mich dir aufs neue, o Vater; mache mit mir, was dir wohl= gefällt. Reinige, läutere und bewähre mich, daß ich ein rechtschaffener Christ sei und zu dem Israel Gottes gehöre, über welchen ist Friede und Barmherzigkeit. Ich begehre keine Ehre, als deine Kindschaft; keinen Reichtum, als die Gerechtigkeit Jesu Christi; keine Freude, als die gnadenreiche Einwohnung des heiligen Geistes.

Für mein Leibliches wirst du wohl sorgen; denn du hast gesagt: Ich will dich nicht verlassen noch versäumen. Doch bewahre mich vor Müßiggang. Laß mich arbeiten, nicht aus Geiz, sondern aus herz= licher Liebe gegen meinen Nächsten.

Laß deine Barmherzigkeit sich ausbreiten über alle Menschen, die auf dem ganzen Erdboden wohnen, und deine Güte über alle deine Geschöpfe. Gedenke deiner Kinder, die dich kennen und in der Einig= keit des Geistes verbunden sind als lebendige Glieder an ihrem hoch= gelobten Oberhaupte Jesu Christo. Laß unser aller Gebet e i n Gebet sein vor dir durch Christum, in welchem du uns dir selbst angenehm gemacht hast. Sei du selbst eine ewige Vergeltung allen denen, die mir Liebe beweisen. Meine Beleidiger siehe mit erbarmendem Auge an, und vergieb ihnen, gleich wie ich ihnen von Herzen vergebe. Alle meine Anverwandten lege ich in deine Liebesarme. Kirchen und Schulen, Obrigkeit und Unterthanen befehle ich dir, mein Gott. Ach, siehe an den elenden Zustand in allen Ständen; mache dich auf und hilf uns, daß deine Ehre gerettet und des gottlosen Wesens ein Ende werde. Hilf den Armen und Elenden, die zu dir schreien. Herr, mein Gott, verschmähe mein Gebet nicht, sondern erhöre mich um Jesu Christi willen. Amen.

Abendgebet am Mittwoch.

Herr Jesu, mein Heiland und Seligmacher! Nachdem die liebe Sonne mit ihrem Glanz von uns gewichen ist, treten an ihrer Stelle so viel tausend hellleuchtende, liebliche Sterne auf, welche mir alle von deiner unbegreiflichen, großen Güte predigen. Denn die Himmel erzählen deine Ehre, und die Feste verkündiget deiner Hände Werk! So stimme denn nun auch ich billig ein in den Preis deiner Kreaturen mit Lob und Dank für deine überschwengliche Gnade, welche auch diesen Tag mein Himmel, meine Decke und mein Schutz gewesen ist. Denn von Rechts wegen hätten meine mannigfaltigen Sünden und Übertretungen nichts denn eitel Strafe verdient. Die wollest du mir aber um deiner heiligen Wunden, deines vergossenen Bluts und gan= zen teuren Verdienstes willen gnädiglich vergeben und mir diese Nacht eine friedliche Ruhe und einen sanften Schlaf verleihen. Ich lege mich schlafen, mein Herr Jesu, mit dem Leib ins Bette, mit der Seele aber an dein gnädiges Herz. Du bist bei mir auch in der Finsternis der Nacht mit deiner Macht und Gnade. Wolltest du aber etwa diese Nacht mich aus der Welt abfordern, wie ich denn deinen verborgenen

Willen zu meinem eigenen Besten nicht wissen kann: so wollest du mich, erhöhter Heiland, gezeichnet mit deinem Blut zum ewigen Leben ein= führen. Wo nicht, soll ich nach deinem göttlichen Gefallen noch länger leben: so laß mich morgen durch deine Gnade gesund und fröhlich wieder aufwachen und aufstehen und dich mit freudigem Herzen loben und preisen. Hilf, daß die höllischen Feinde, die du selbst überwun= den hast, in dieser Nacht und allezeit weder an mir, noch an den lieben Meinigen, noch an allen frommen Christen einige Macht und Gewalt finden mögen. So segne mich denn nun, Gott Vater, der du mir Leib und Seele gegeben und mich bisher gnädig erhalten hast. Es segne mich Gottes Sohn, Christus Jesus, der meinen Leib und Seele durch sein Blut sich zum Eigentum erkauft hat. Es segne mich Gott der heilige Geist, der meinen Leib und Seele durch sich selbst zum ewigen Leben versiegelt hat. Dem dreieinigen Gott sei Lob, Preis und Dank in Ewigkeit! Amen.

Morgengebet am Donnerstage.

Wache auf, der du schläfst, und stehe auf von den Toten, so wird dich Christus erleuchten! O du barmherziger Gott, dessen Güte und Treue alle Morgen neu ist! Ich sage dir mit Herz und Mund Lob und Dank, daß du mich diesen Morgen wiederum gesund hast lassen von meinem Lager aufstehen und meinen Leib vor Schaden und meine Seele vor Sünden bewahret hast. Wie groß ist deine Güte, Herr, daß Menschen unter dem Schatten deiner Flügel trauen und unter demselben so mächtig bewahret werden! Ich schaue nach der Finsternis wiederum das Sonnenlicht. Gieb mir Gnade, daß ich diesen ganzen Tag in deinem Lichte wandle und alle Werke der Finsternis fliehe. Ich achte den Tag für verloren, an welchem ich der Welt gedient und mich nach der Welt Gewohnheiten und Thorheiten gerichtet habe, wofür ich einst vor deinem Gericht eine schwere Rechenschaft geben muß. Ich opfere mich hingegen dir ganz zu deinem Dienst mit Leib und Seele. Laß mich nichts wollen, nichts vornehmen und gedenken, als was dir gefällt, auf daß der ganze Tag dir möge geheiliget sein. Ja, laß mich allezeit so leben, reden und thun, als ob ich heut noch sterben müßte. Und da ich nach der finstern Nacht, darin ich als dein Kind in deinen Armen gelegen, nun wiederum von neuem lebe: so weiß ich nirgends hin, als zu dir. Ich klopfe an deine Gnadenthür; ich wende mich wieder zu der Segensquelle, aus welcher ich nehme einen Segen nach dem andern, eine Hilfe nach der andern; denn was du, Herr, segnest, das ist gesegnet ewiglich; wenn du deine Hand aufthust, so wird alles gesättigt mit Wohlgefallen. Gieb mir guten Rat, wenn ich Rat bedarf; richte meine Anschläge und Vornehmen nach deinem Willen. Entzünde in mir die Flamme deiner göttlichen Liebe, daß ich diesen Tag meinen Glauben in den Werken zeige und in wahrer Liebe gegen dich und den Nächsten verharre, auf daß ich ohne Gewis= senswunden den Abend erreiche. Wenn ich rufe zu dir, Herr, mein Gott, so schweige mir nicht. Höre die Stimme meines Flehens, wenn ich die Hände aufhebe zu deinem heiligen Chor. Laß das Gebet der Elenden, Traurigen, Kranken und auch das Gebet der Meinigen und aller Frommen vor deinem Gnadenstuhl Erhörung finden. Amen.

Abendgebet am Donnerstage.

Durch deine Gnade, o Gott, habe ich den heutigen Tag glücklich zu Ende gebracht. Große Barmherzigkeit hast du auch heute an mir bewiesen. Wie soll ich dir vergelten alle deine Wohlthat, die du an mir gethan hast? Nimm gnädig an das Dankopfer meines Herzens. Schenke mir aber auch immer mehr Lust und Kraft, alle von dir empfangenen Güter und Gaben nach deinem Wohlgefallen anzuwen= den. Verzeihe mir alle Sünden, Fehltritte und Versäumnisse des heutigen Tages. Du bist ja gnädig, barmherzig, geduldig, von großer Güte und Treue und erbarmest dich über alle, die deine Gnade im Glauben an Jesum Christum, den Versühner aller Sünden, ernst= lich suchen und bewahren. Stärke mich aber auch durch deinen Geist in dem ernsten Vorsatz, alles, was dir mißfällt, zu hassen und zu lassen und mit Freuden zu thun, was dein Wille von uns fordert. Hilf mir mit jedem Tage meiner irdischen Pilgerschaft fertiger werden in allem guten Werk und mich auf jenes bessere Leben in der Ewigkeit vorbereiten. O Gott alles Trostes! Nimm dich auch in dieser Nacht aller Kranken und Notleidenden väterlich an; höre die Seufzer aller Sterbenden, und stehe ihnen in ihren letzten Augenblicken mächtig bei. Dir, Herr und Vater, übergebe ich mein Leben und alle meine Schick= sale. Dein allmächtiger Schutz bedecke mich, daß mich ein sanfter Schlaf erquicke und meine Kräfte auf den kommenden Tag stärke. Erhöre mein Flehen um Jesu Christi willen. Amen.

Morgengebet am Freitage.

Allmächtiger, barmherziger Gott, lieber Vater! Ich danke dir demütiglich in der Morgenstunde dieses Tages, daß du dich uns geoffenbaret und uns deinen lieben Sohn, Jesum Christum, zum Erlöser, zum Heiland und zum Troste gegeben hast, auf daß wir arme und verlorene Menschen durch seinen Tod und durch sein Verdienst ewiglich leben möchten. Ich bitte dich, lieber Vater, du wollest mir um seines heiligen, bittern Leidens und Sterbens willen gnädig und barmherzig sein und mir alle meine Sünde vergeben; wollest mich auch in diesem Glauben und Trost bis zu meiner letzten Stunde gnädiglich erhalten und mich mit deinem heiligen Geiste erleuchten, auf daß ich in dieser Erkenntnis möge von Tage zu Tage wachsen und zunehmen und mein ganzes Leben nach deinem göttlichen Willen christlich zubrin= gen. Auch wollest du, lieber Vater, bei mir bleiben und meinen Leib und meine Seele heiligen zu deiner Wohnung und mich zum ewigen Leben gnädiglich erhalten. Hienieden aber wollest du, o Gott, meinen Beruf und meine Nahrung segnen und mir deine Gnade geben, daß ich darin möge thun, was recht ist, und dabei Glauben und ein gutes Gewissen behalten. Gieb mir auch ein genügsames Herz, daß ich mir an deinem Segen, den du mir aus Gnaden bescheret, genügen lasse; denn es ist ein großer Gewinn, wer gottselig ist und lässet sich genügen. Das Wenige, das ein Gerechter hat, ist besser, denn das große Gut der Gottlosen. Du, Herr, kennst die Tage der Frommen, und ihr Gut wird ewiglich bleiben; sie werden nicht zuschanden in der bösen Zeit, und in der Teurung werden sie genug haben. Du, Herr, för=

derſt den Weg des Frommen und haſt Luſt an ſeinen Wegen; fällt er,
ſo wird er nicht weggeworfen; denn du, Herr, hältſt ihn bei der Hand.
Dein Auge ſiehet auf die, ſo dich fürchten und auf deine Güte hoffen.
Du wolleſt auch, lieber Gott und Vater, unſere Obrigkeit und
unſer liebes Vaterland ſegnen, es behüten vor aller falſchen Lehre,
Krieg, Seuchen und teurer Zeit; wolleſt auch alle die Meinigen, meine
Hausgenoſſen und alle frommen Chriſten an Leib und Seele ſegnen
und vor allem Übel behüten und mein Haus ſamt allem, was ich
habe, in deine gnädige und väterliche Obhut nehmen, durch Jeſum
Chriſtum, unſern Herrn. Amen.

Abendgebet am Freitage.

Ich preiſe und lobe deinen heiligen Namen, ewiger dreieiniger
Gott, daß du mich erhöret und mein Gebet nicht verſchmähet haſt, das
ich heute in der Morgenſtunde vor dein heiliges Angeſicht gebracht
habe. Zwar iſt mir von deiner wunderbaren Güte um meiner
Schwachheit willen noch das meiſte verborgen; darum kann ich dich
nicht ſo völlig und kräftig loben, als ich ſchuldig bin, ja als ich durch
deine Gnade wünſche und verlange. Doch preiſe ich dich mit meinen
Lippen nach dem Maße deiner Gnade, die du mir dazu darreicheſt,
beides für die erkannten und unerkannten Wohlthaten, bis ich dahin
gelange, da ich ſie alle erkennen, ja dich ſelber von Angeſicht zu Ange=
ſicht ſchauen werde. Dieweil ich hier bin, will ich dich inſonderheit
preiſen für das liebe Kreuz, welches du mir als einem Jünger Chriſti
täglich aufſegeſt, um meine Seele von den Lüſten dieſer Welt recht zu
entwöhnen und zu dir zu gewöhnen.
Nun iſt ja dieſes Tages Laſt und Hitze überſtanden unter deinem
gnädigen Beiſtande. So wird ein Schritt nach dem andern aus dieſem
Elende heraus zurückgelegt, und wir kommen immer näher hin zu
unſrer ewigen Herrlichkeit. Indeſſen haſt du Geduld mit uns und
vergiebſt uns täglich und reichlich alle unſre Sünden. Darum habe
ich auch einen freien Zutritt zu dir, mein Vater, in dem Blute Jeſu
Chriſti, welches mich abgewaſchen und von allen meinen Sünden
gereiniget hat. Wie groß iſt deine Liebe, daß du mich alſo aus Gna=
den ſelig gemacht haſt, mein Vater! Ich werfe deine Gnade nicht weg,
ob ich wohl meine Gebrechen und Untugenden an mir erkenne. Auch
weißt du, daß es meines Herzens Verlangen iſt, völlig davon befreit
zu werden, und daß mich darum vornehmlich dieſe ſterbliche Hütte
drückt, weil ich mich in derſelben nicht recht zu dir aufſchwingen, noch
mich völlig mit dir vereinigen kann, ſondern immer von der mir
anklebenden Sünde träge gemacht werde. Doch laß mir nur dieſe
Gnade widerfahren, mein Vater, daß mein Chriſtentum bis an mein
Ende rechtſchaffen ſei, und daß ich deine Gnade zu meinem täglichen
Wachstum nicht vergeblich empfahe; ſo genüget mir.
Nun, ſo nimm mich denn zur Ruhe, lieber Vater. Denn ich lege
mich in deine Arme in gläubigem Vertrauen auf deine Gnade.
Schließe du mir mit deiner ſegnenden Vaterhand meine Augen zu,
und bleibe indeſſen vereinigt mit meinem Geiſt, daß der Satan keine
Macht an mir finde. Behüte gnädiglich meinen Leib und meine Seele

und alles, was du mir gegeben haſt. Erbarme dich auch aller Men=
ſchen in der Welt, inſonderheit aller deiner Kinder, meiner Brüder
und Schweſtern in Chriſto Jeſu, und laß ſie auch an dieſem Abende
meines armen Gebetes mitgenießen. Öffne mir dann an dem mor=
genden Tage wieder meine Augen, und erfülle meinen Mund aufs
neue mit deinem Lobe, damit ich ſo lange dich preiſe und dir zu Ehren
lebe, bis der Abend dieſes zeitlichen Lebens herankomme, danach ich
mich herzlich ſehne, und du mich ins Grab zur Ruhe legeſt und mich
dann wieder auferweckeſt an dem rechten Ruhe= und Freudentage dei=
ner Kinder, da meine Sonne ewiglich nicht untergehen wird, ſondern
ich vor dir in ewiger Wahrheit und Klarheit leben werde. Amen.

Morgengebet am Sonnabend.

Allmächtiger, barmherziger Gott und Vater! Ich armer, ſündiger
Menſch erkenne in dieſer Morgenſtunde deine väterliche Huld und
Gnade, dadurch du mir von meiner Geburt an bis auf dieſe Stunde
alles Gute an Leib und Seele reichlich erwieſen haſt. Ich preiſe dich,
gnädiger Gott, für alle ſolche deine unzähligen Wohlthaten; beſon=
ders aber dafür, daß du mich in deinem Sohne, ehe noch der Welt
Grund gelegt war, ſo herzlich geliebt und ihn um meinetwillen am
Stamme des Kreuzes haſt ſterben laſſen. Ach Vater! Ich danke dir,
daß du mich haſt in der wahren chriſtlichen Kirche laſſen geboren wer=
den und mich zu einem Glied derſelben gemacht haſt, auch durch dein
heiliges Wort ſtets erweckeſt, lehreſt und tröſteſt.

Ich bitte dich herzlich: gieb, daß ich ſolche deine große Gnade nim=
mermehr vergeſſe, ſondern dich dafür mit ſtetem Danke ehre. Schenke
mir auch, ich bitte dich demütig, deine Gnade und den Beiſtand des
heiligen Geiſtes, daß ich alle ſolche himmliſchen Güter durch mein
ſündliches Leben nicht verlieren möge. Laß mich ſtets vor dir wan=
deln und fromm ſein und niemals wider dich, meinen Herrn, ſündigen.

Vergieb mir, ich bitte dich, o Herr, alle meine Sünde und Miſſe=
that, damit ich die ganze Zeit meines Lebens hindurch in Gedanken,
Worten und Werken dich erzürnet habe. Gedenke nicht der Sünden
meiner Jugend und meiner Übertretungen; gedenke aber mein nach
deiner Barmherzigkeit um deiner Güte willen. Verwirf mich nicht vor
deinem Angeſicht, und ſtehe du mir in Gnaden bei, daß ich nicht durch
Satans Tücke und Liſt von dir abgeführt werde.

Lieber himmliſcher Vater! Ich laſſe dich nicht, du ſegneſt mich
denn. Segne auch heute all mein Thun. In deinem Namen fange
ich es an; ſei mit mir, und laß es wohl geraten zu deiner Ehre, mei=
nes Nächſten Nutzen und meiner Seligkeit. Auf dich, Herr, verlaſſe
ich mich. Laß mich in meinem Amte und Beruf treulich wandeln und
über alles dich ſuchen. Mehre in mir deine Erkenntnis, und erhalte
mein Herz bei dem Einigen, daß ich deinen Namen fürchte.

Segne auch nach deiner Zuſage den irdiſchen Vorrat, den du mir
gegeben haſt, auf daß ich für mich und die Meinigen die tägliche Not=
durft haben möge, und laß die Meinigen nicht nach Brot gehen. Willſt
du nach deiner Liebe, heute oder ſonſt, Kreuz, Trangſal, Verfolgung

oder eine andere Not über mich verhängen: so reiche du mir deine
Hand, daß ich nicht erliege, und lehre mich, in Geduld auf dich hoffen.
Erbarme dich nach deiner unendlichen Güte aller Menschen, die
dich suchen und lieben. Schütze deine bedrängte Kirche, und erhalte
dir auch zu dieser Zeit ein Häuflein wahrer Gläubigen, die dich anbe=
ten und ehren. Erhöre das Schreien der Verlassenen und Elenden,
und schaffe ihnen Rat und Trost. Gieb du dem Lande, darin ich
wohne, den Frieden, den die Welt nicht geben kann, und laß uns alle
die Gaben deiner Güte mit Danksagung empfangen und mäßig
gebrauchen.

Erhalte, schütze und leite unsere Obrigkeit, und laß alle Bewohner
unseres Landes leben in stiller Ehrbarkeit und Gottseligkeit. Verlaß
uns nicht, o Gott; denn wir hoffen auf dich.

Meinen Leib und meine Seele, meine Angehörigen, meine äußern
Güter, meine Ehre, Stand und Gut, ja all das Meine befehle ich jetzt
und allezeit in deine Hände. Erhöre mich, mein Vater, um Jesu
Christi willen. Amen.

Abendgebet am Sonnabend.

Danket dem Herrn; denn er ist freundlich, und seine Güte währet
ewiglich. Wer kann die großen Thaten des Herrn ausreden und alle
seine löblichen Werke preisen! Ich danke dir auch von ganzem Herzen,
ich will dich erhöhen, mein Gott, du König, und deinen Namen loben
immer und ewiglich. Ich will dich täglich und auch jetzt am Ende die=
ser Woche loben und deinen Namen verherrlichen. Denn wer bin ich,
Herr, Herr, und was ist mein Haus, daß du mich bis hieher gebracht
hast? O du hast diese ganze Woche über nicht mit mir gehandelt nach
meinen Sünden und mir nicht vergolten nach meinen Missethaten.
Du hast mir Leben und Wohlthaten erzeiget, und durch dein Aufsehen
hast du meinen Odem bewahret. Ich bin des Tages unter deinem
Schirm gesessen, du Höchster, und des Nachts durfte ich ruhen unter
deinem Schatten, du Allmächtiger. Warum sollte ich nicht von ganzem
Herzen zu dir sprechen: Meine Zuversicht und meine Burg, ein treuer
Gott, auf den ich hoffe, auf den ich mich in völligem Glauben lehne!
Denn du hast mich und mein Haus diese ganze Woche vor so mancher=
lei Unfall in Gnaden bewahret. Wie viel, wie reichlich hast du mir
täglich vergeben! Wie herzlich hast du dich meiner Seele angenommen,
daß sie nicht verdürbe! Und ob du uns auch gezüchtiget und mit Leiden
und Widerwärtigkeiten heimgesuchet: so hast du uns doch dem Tode
nicht übergeben, sondern es ist uns zu Nutz geschehen, daß wir deine
Heiligung erlangen.

Ach, vergieb mir um Jesu Christi willen meine Sünden, welche ich
wider dich, wider meinen Nächsten und wider mich selbst begangen habe.
Schaffe in mir, Gott, ein reines Herz durch das Blut Jesu, deines
Sohnes, und einen neuen Geist durch deinen heiligen Geist. Und
gleichwie du mir aus Gnaden meine vielen Übertretungen erlässest,
mit welchen ich diese Woche hindurch übertreten habe, also neige auch
mein Herz durch deine Erbarmungen zur Erbarmung gegen alle, die
mich beleidigt haben, daß ich ihnen auch vergebe von Herzen, einem
jeglichen seine Fehle. Ich weiß ja nicht, ob nicht in dieser Nacht mit

dem Ende dieser Woche auch das Ende meines Lebens einbrechen möchte. Darum laß mich nicht weder in der Sünde des Zornes und der Unversöhnlichkeit, noch sonst in einem Laster sterben oder verderben, sondern in Christo Jesu, meinem Heiland, erfunden werden. In diesem tröste ich mich. Du, Herr, bist meine Zuversicht, und du, Höchster, bist meine Zuflucht. Durch deine Kraft bereite mich, alle die Meinigen und alle, die nach dir fragen und dein Heil lieb haben, daß ein jeder das Werk, das du ihm befohlen hast, von Tag zu Tag treulich ausrichte und am Ende seines Lebens mit Freuden vollendet habe, damit das Ende, es komme heut oder morgen, eine Befreiung von dem Dienst des vergänglichen Wesens und ein Anfang der herrlichen Freiheit der Kinder Gottes in jener Welt sei. Das thue, lieber Vater, um Jesu Christi, deines lieben Sohnes, unsers Herrn und Heilandes, willen. Amen.

Gebete für die Festzeiten.

Am Weihnachtsfeste.

Herr Jesu Christe, mein Heiland, des Güte nicht zu zählen! Ich bete dich an als die allerteuerste Gabe des himmlischen Vaters, die er mir und aller Welt mit dir geschenkt hat, daß er dich in der Fülle der Zeit zu uns armen Sündern als den Sohn der Liebe aus seinem Schoß vom Himmel auf die Erde gesandt und von der Jungfrau Maria hat lassen geboren werden. Nun bist du ganz unser mit deiner Gottheit und Menschheit. Einen solchen Heiland sollten wir haben, der uns tiefgefallne Sünder von allen unsern Sünden und dem damit verbundenen Elend des Leibes und der Seele in Zeit und Ewigkeit vollkommen erlösete. Nun können wir mit Freuden ausrufen: Alles und in allem Christus! Denn du bist das wahre Lebensbrot, so kann meine Seele nicht hungern. Du bist der Brunnen des lebendigen Wassers, so kann meine Seele nicht dürsten. Du hast mein Licht, so kann sie nicht in Finsternis bleiben. Du bist meine Freude, wer kann mich betrüben? Du bist mein Beistand, wer kann mir's abgewinnen? Du bist meine Wahrheit, wer kann mich verführen? Du bist mein Weg, wie kann ich mich verirren? Du bist meine Weisheit, wer kann mich betrügen? Du bist meine Gerechtigkeit, wer kann mich verdammen? Du bist meine Heiligung, wer kann mich verwerfen? Du bist meine Erlösung, wer kann mich gefangen halten? Du bist mein Friede, wer kann mich unruhig machen? Du bist mein Gnadenthron, wer kann mich richten? Du bist mein Mittler, wer kann mich bei Gott in Ungnade bringen? Du bist mein Fürsprecher, wer kann mich verklagen? Du bist mein König, wer kann mich aus deinem Reich stoßen? Du bist mein Hohepriester, wer kann dein Opfer verwerfen? Du bist mein Seligmacher, wer kann mich unglücklich machen? Wie könnte ich ein größer Geschenk haben? Dies Geschenk ist mehr wert, als ich nichtswürdiger

Sünder, als alle Menschen, als alle Welt, als aller Welt Sünde,
Jammer und Elend.

Ach, sende doch einen Strahl von deiner Herrlichkeit aus deiner
Krippe in mein finsteres Herz, daß ich dich in völligem Glauben erken=
nen lerne. Dann wäre mir kein Unfall zu groß und kein Kreuz zu
schwer. Denn du bist in mir alles, und in dir ist alles mein, es sei
das Leben oder der Tod, es sei das Gegenwärtige oder das Zukünf=
tige. Alles ist mein; ich aber bin dein; du aber bist Gottes. Ach, so
laß mich denn dieses großen Heils recht wahrnehmen. Heilige mich
dir selbst zum Opfer dafür. Laß mich stets in dieser deiner Liebe
ruhen; laß mich durch die Freude an dir all meines Elendes vergessen,
die Sünde hassen, die Welt verschmähen mit ihrer Lust, dir im Glau=
ben gehorsam und in meinem letzten Stündlein nur in dir erfunden
werden. Alles um deines Namens willen, du Seligmacher aller in
sich selbst verlorenen Sünder. Amen.

Zum Jahresschluß.

Wie soll ich dem Herrn vergelten alle seine Liebe und Treue, die
er an mir gethan? Der Herr hat Großes an mir gethan, des bin ich
fröhlich. Also, o du dreieiniger Gott, Vater, Sohn und heiliger Geist,
spricht meine in deiner Gnade sich freuende Seele, da ich nun abermals
unter deinem Schutz und Beistand ein Jahr glücklich zurückgelegt habe.
Ach Gott, wie teuer ist deine Güte, daß Menschenkinder unter dem
Schatten deiner Flügel trauen! Sie werden trunken von den reichen
Gütern deines Hauses; du tränkest sie mit Wollust als mit einem
Strom; denn bei dir ist die lebendige Quelle, und in deinem Licht
sehen wir das Licht. Mein Gott! Der Tage im Jahre sind viel, aber
der Wohlthaten noch viel mehr; Stunden und Minuten im Jahre
kann man zählen, aber deine Wohlthaten, die du mir erwiesen, sind
unzählig.

Ich danke dir, daß du mir dieses Jahr dein heilig Wort hast lassen
lauter und rein predigen und darin mir den Weg zum Himmel und
zu meinem ewigen Heil anweisen. Ach, versiegele alles, was ich gehört
habe, in meinem Herzen, und gieb mir deinen heiligen Geist, daß ich
mein Leben danach einrichten möge. Ich danke dir, daß du mich in
deinem heiligen Mahle mit deinem heiligen Leib und Blut hast gespei=
set und getränket; ach, laß es mir zur dauernden Glaubensstärkung
und Lebensheiligung gedeihen. Ich danke dir, daß du mir oft die
Sünde vergeben und die verdienten Strafen abgewendet hast. Ach,
gieb mir Kraft, daß ich mich im neuen Jahre davor hüte und sie nicht
wieder vorsätzlich begehe. Ich danke dir, daß du meinen Beruf geseg=
net, mir Nahrung und Kleidung beschert, mir Gesundheit verliehen,
das Unglück abgewendet, mein Kreuz erleichtert, in meinem Elend
mich in Gnaden angesehen hast. Du hast mich behütet wie einen
Augapfel im Auge. Du hast in Not mich erhöret und mein Gebet
durch die Wolken vor deinen Thron dringen lassen. Du hast in meiner
Trübsal mir Hilfe gesendet vom Heiligtum und mich gestärkt aus Zion.
Du hast deinen Segen über mich ausgeschüttet, du hast dein Angesicht
nicht vor mir verborgen, da ich zu dir schrie. Du liebreicher Vater hast
mich, dein Kind, an deiner Hand geführt; du mächtiger König hast

mich, deinen Unterthan, wider meine Feinde beschützt; du getreuer
Hirt hast mich, dein Schäflein, auf grüner Aue geweidet. Deine Weis=
heit hat mich das ganze Jahr durch geleitet, deine Liebe hat mich
bedeckt, deine Hilfe hat mich erfreut, deine Gnade hat mich erhalten,
deine Allmacht hat mir jederzeit ausgeholfen, deine milde Vaterhand
hat mir alles gegeben, was ich bedurfte, dein allsehendes Auge hat
acht auf mich gehabt und meinen Aus= und Eingang behütet, daß
mir kein Übel begegnete. Hast du mich auch zuweilen erfahren lassen
viele und große Angst, so hast du mich doch wieder lebendig gemacht.
Hatte ich auch zuweilen viele Bekümmernisse in meinem Herzen, so
haben doch deine Tröstungen meine Seele ergötzt. War mir oftmals
Gefahr und Not nahe, so war auch deine Hilfe nahe, und dein Engel
hat mich behütet auf allen meinen Wegen.

Ach mein Gott! Verzeihe mir aus Gnaden alle Sünden, ach, alle
Sünden, die ich in diesem Jahre gethan habe. Ach, strafe mich des=
wegen nicht in dem neuen Jahr, sondern verzeihe sie mir um Jesu
willen. Herr, gedenke nicht der Sünden meiner Jugend und meiner
Übertretung, gedenke aber meiner nach deiner Barmherzigkeit, um
deiner Güte willen.

Herr, Herr, so beschließe ich denn das Jahr mit Danken, Loben
und Beten, und flehe dich demütig an: bleibe auch mein Schutz und
gnädiger Gott in dem neuen Jahre; halte deine Hand über mir, und
laß mich deinem Schutz, deiner Liebe und Gnade fernerhin befohlen
sein. Amen.

Am Neujahrstage.

Sei hochgelobet, du süßester Heiland, für deine heilbringende
Erlösung, zu welcher du hast den ersten Grund gelegt, indem du in
deiner Beschneidung dich dem Gesetz unterworfen und dein Leiden
begonnen hast. Du ließest dich dabei einen Jesum nennen und ver=
sprachst damit, dein Volk selig zu machen von ihren Sünden. Herr,
dir sei Dank, daß du diesen deinen heilvollen Namen auch im ver=
gangenen Jahr an uns bewiesen und uns aus so mancher Not errettet
und vor mancher Versuchung und Gefahr kraft deines Namens be=
wahret hast. Sei auch ferner unser Heiland in der That und
Wahrheit. Erlöse uns vor allen Dingen von unsern geistlichen
Feinden und von den Sünden, als dem ärgsten und gefährlich=
sten Schaden. Dein Blut tilge die Ungerechtigkeit des alten Menschen
und erneure uns im Geiste unsers Gemütes, daß wir dich, Herr Jesu,
mit aller deiner Gnade und Kraft anziehen und in dir mit der neuen
Zeit neue Menschen werden mögen. Siehe, unser Herz sehnet sich nach
deiner neuen Schöpfung, darin du alles neu machen willst. Ach, so
schaffe in uns einen neuen, gewissen Geist, damit das Alte alles ver=
gehe, das uns plagt und beunruhigt, auch dich an deinem Segen
gehindert hat. O Jesu! Erneure nun mit diesem Wechsel des Jahres
dein Gedächtnis in uns, daß du nun von neuem uns vor Augen gemalt
werdest durch den Glauben, den Gott selber wirket. Werde uns, was
dein Name mit sich bringt, nämlich lauter Heil und Seligkeit. Schenke
uns zum neuen Jahr neue Gerechtigkeit, neue Heiligkeit, neue Weis=
heit, neue Erlösung. Laß uns mit ganz neuem Sinn und Ernst dies

Jahr anfangen, und nicht in dem alten Sauerteig der Heuchelei und Schalkheit, nicht in den alten Sünden und Gewohnheiten. Ach, daß wir nun alle ein Herz erfleheten, das dich kindlich fürchte, herzlich liebe, brünstig anrufe und treulich kämpfe; daß wir deiner Liebe anhangen, deine Bekanntschaft suchen, deine Süßigkeit im Herzen schmecken und so nach dir alle Tage u. Stunden dürsten möchten. Ach, werde uns alles in allem; denn in dir liegt alles, was wir bedürfen. Werde unserer Obrigkeit das rechte Gesetzbuch in deinem heiligen Namen, das da ist Gottes Wort; sei ihr gerades Zepter, daß dein Wille nur durch sie geschehe, und ihr Schirm und Schutz, Lohn und Krone. Sei du allen Lehrern das wahrhafte Licht, das allen Menschen vorleuchte und die Irrigen zurechtweise, die Unwissenden lehre, die Schwachen stärke, die Traurigen tröste. Allen Gemeinden werde mit deinem heiligen Namen ein Tempel, darin sie in Einigkeit des Geistes versammelt werden zur gemeinsamen Besserung. Dein Name sei und bleibe der Armen Schatz, der Kranken Heilung, der Elenden Zuflucht, der Verlassenen Rat und Trost, der Witwen Versorger, der Waisen Vater, ja allen alles. Du himmlisches Manna! Gieb dich einer jeden Seele auch dieses Jahr so zu genießen, wie sie es bedarf und begehrt: denn du teilst dich gern mit allen, die dich suchen und anrufen. Verehre uns die köstliche Perle deines Reichs, daran wollen wir ewig genug haben. Stille den Hunger unserer Seelen nach dir, und führe das Werk deiner Erlösung an uns völlig aus; so wollen wir uns an dir genügen lassen. Denn du kannst uns im Tode erwecken, uns in Schwachheit neue Kraft geben, den Zorn in Liebe und den Fluch in Segen verwandeln. Durch dein vergossenes Blut lösche das Feuer der verderbten Natur, und durch dein Licht erleuchte unsre Finsternis, und führe uns dies ganze Jahr auf rechter Straße, daß wir nicht mehr irren. Ja, lehre du uns selbst dein Wohlgefallen, und ohne dich laß uns nichts reden, thun oder denken. Wir empfehlen uns dir ganz mit allem, was wir sind und haben, auf ewig. Amen, erhöre uns, Amen.

In der Karwoche.

Herr Jesu Christe, du Lamm Gottes, das der Welt Sünde weggenommen hat, erbarme dich über uns, und gieb uns deinen Frieden. Amen. ·

Gott, man lobet dich in der Stille zu Zion; ach, so mache denn auch mein Herz durch deinen sanften, heiligen Geist in der Wahrheit stille zu deinem Lob. Meine Seele singet dir, und meine Lippen preisen deinen heiligen Namen, daß du mich nach deiner ewigen Erbarmung diese große und stille Woche hast erleben lassen, in welcher du deinen eingebornen Sohn der Liebe für die ganze Welt und für mich elenden Sünder insonderheit in so unzählige Marter und Pein Leibes und der Seele bis zum Tod am Kreuz dahingegeben. Nun, so müsse mir denn in dieser großen Woche aufs neue groß werden meine ewige Erlösung, die mir durch diesen deinen einigen Sohn, Jesum Christum, meinen lieben Herrn und Heiland, geworden ist. Herr Jesu! Ach, daß alle Welt vor dir, der du nun durch Leiden des Todes mit Preis und Ehre gekrönet, in deinem heiligen Tempel zur Rechten des Vaters sitzest, stille würde in dieser Woche, stille in den Häusern, stille auf den Straßen und Gassen, stille bei Tag und Nacht. Doch mache nur vor allem andern mein Herz, das unruhige Übel, stille zu, in und vor dir, du stiller Jesu. Sammle durch deinen ewigen Geist, in welchem du dich deinem Vater geopfert hast, mein zerstreutes Herz, daß ich deine Stimme mit hörenden Ohren höre, wenn du mir insbesondere in mein Inneres rufest: Mir hast du Arbeit gemacht mit deinen Sünden und hast mir Mühe gemacht mit deinen Missethaten; ich aber, ich tilge deine Übertretung um meinetwillen und gedenke deiner Sünden nicht! Ja, daß auf deinen himmlischen Zuruf: Daran gedenke, Jakob; Israel, vergiß mein nicht! aus dem innersten Grund meines neuen Herzens wiederschalle: Ich denke daran, lieber Herr Jesu, und will dir dafür von heute an aufs neue dankbar sein. Ich will dein Leiden und Sterben nicht mißbrauchen, sondern mit allem Ernst verehren. Ich begehre, deinem Kreuz unterthänig, gleichförmig und gehorsam zu werden, bis ich in der Wahrheit sagen kann: Ich bin mit Christo gekreuzigt; ich bin mit ihm gestorben, auf daß ich Gott lebe; ich lebe, aber nicht mehr ich, sondern Christus lebt in mir! Dein erster Eingang in diese Welt und ganzer Wandel darin in Gehorsam, Armut und Niedrigkeit verpflichtet mich armen Sünder schon sattsam zu deinem Opfer und Eigentum. Aber da dich die Leiden ohne Zahl bis zum Tod am Kreuz ergriffen und sogar nichts an deiner heiligen Menschheit ist verschont geblieben im göttlichen Gericht, hast du mich Elenden dir so verbunden, daß, wenn ich dich verleugnete und dein vergäße, du mit allem Recht mein ewiglich vergäßest und mich vor deinem Vater und vor seinen Engeln verleugnetest. So segne denn, erbarmender Heiland, deines Leidens Anfang, Fortgang und Ausgang an mir Elenden. Segne den Anfang desselben zu einem gründlichen Beginn des Glaubens mit wahrhaftigem Herzen an deinen Namen. Segne den Fortgang deiner Leiden zur Gründung in der Erkenntnis des Geheimnisses deines Kreuzes, zur Einwurzelung in der Liebe und zur willigen Einsenkung in die Gemeinschaft deines Todes. Segne den Ausgang deiner Leiden an mir durch die Geduld in der Hoffnung, daß ich dir stille bleibe unter allen Widerwärtigkeiten, deinem Willen mich lediglich in meinen äußern und inneren Umständen aufopfere und so aushalte durch Großes und Kleines, durch Böses und Gutes bis ans Ende, daß ich mich dann ewiglich bei dir in deiner Herrlichkeit erfreuen könne, um deines allerteuersten Verdienstes willen. Amen.

Am Karfreitage.

Ach Herr, du ewiger und gütiger Gott und Vater! Siehe doch an deinen lieben Sohn, was er für große Schmerzen meinethalben hat müssen leiden, Ach Vater! Siehe doch, wer solches leidet, und gedenke doch gnädiglich, für wen er leidet. Ist's nicht, ach treuester Vater, dein Sohn, das unschuldige Lamm Gottes, das du für den Knecht gegeben hast? Ist nicht das der Herr der Ehren und des Lebens, der wie ein Lamm zur Schlachtbank geführet und dir bis in den Tod gehorsam gewesen, ja den allerschmählichsten Tod auf sich genommen hat? Ach, gedenke doch, o Gott, der du der Welt Leben begehrest: dein geliebter und einiger Sohn ist es, den du aus deinem Herzen geboren und meiner Schwachheit teilhaftig gemacht hast. Ach fürwahr, das ist deine Gottheit, die meine Natur an sich genommen und sich an das Kreuz hat lassen heften und die schwere Strafe unserer Sünden getragen hat. Ach Herr! Wende deine Augen auf dieses große Werk deiner Gnade und Gütigkeit. Siehe an deinen lieben Sohn, wie er an seinem ganzen Leibe ausgedehnt und ausgespannt ist. Siehe an seine Hände, wie das Blut daraus wie aus einer Quelle fließet, und vergieb mir gnädiglich die Missethat, die meine Hände begangen haben. Siehe an, Herr, wie seine Seite durchstochen ist, und erquicke mich mit dem Blute, das daraus geflossen. Siehe an seine Füße, die nicht auf dem Wege der Sünde gegangen sind, sondern allezeit in deinem Gesetz gewandelt haben, wie dieselben mit Nägeln durchgraben sind, und verleihe mir Gnade, daß meine Füße in deinen Wegen gehen. Thue weg von mir den Weg der Bosheit, und laß mich allezeit auf deiner Bahn wandeln. Amen.

Am Osterfest.

Herr Jesu Christe, du starker Löwe vom Stamme Juda, du unüberwindlicher Held, du mächtiger Siegesfürst, du Sündentilger, Überwinder des Todes, du Schlangentreter und Zerstörer der Hölle! Ich sage dir herzlichen Dank für deine sieghafte, fröhliche Auferstehung, dadurch du dem Tode die Macht genommen und ewiges, unvergäng= liches Wesen wieder ans Licht gebracht. Du hast dich bewiesen als ein allmächtiger Herr, der da hat die Schlüssel der Hölle und des Todes, der da aufschließt und niemand zuschließet. Du warest tot, und siehe, nun lebest du von Ewigkeit zu Ewigkeit. Du hast dein Volk vom Tode errettet und aus der Hölle erlöset. Tod, wo ist dein Stachel? Hölle, wo ist dein Sieg? Dir sei Dank, daß du uns den Sieg gegeben hast. Du hast den Tod verschlungen ewiglich und alle unsere Thrä= nen von unsern Augen abgewischet. Kommt, lasset uns zum Herrn gehen; er hat uns geschlagen, er wird uns wieder verbinden. Er hat uns verwundet, er wird uns wieder heilen. Er wird uns wieder aufrichten nach dreien Tagen; er wird uns lebendig machen, daß wir vor ihm leben werden. Darum freuet sich mein Herz, und meine Seele ist fröhlich. Denn Gott hat seine Seele nicht in der Hölle gelassen und nicht zugegeben, daß sein Heiliger die Verwesung sehe. Du bist eine kleine Zeit von Gott verlassen gewesen, aber nun mit Ehre und Schmuck gekrönet. Du bist aus Angst und Gericht hin= weggerissen; wer will deines Lebens Länge ausreden? Der Stein, den die Bauleute verworfen haben, ist zum Eckstein geworden; das ist vom Herrn geschehen und ist ein Wunder vor unsern Augen. Man singet mit Freuden in den Hütten der Gerechten: Die rechte Hand des Herrn ist erhöhet; die rechte Hand des Herrn behält den Sieg. Ich werde nicht sterben, sondern leben und des Herrn Werk verkündigen. Du bist wahrhaftig die Auferstehung und das Leben. Wer an dich glaubet, wird leben, ob er gleich stürbe. Du bist der Gläubigen Leben, darum können sie nimmermehr sterben. Denn du, ihr Leben, stirbst nicht, darum können sie ihr Leben nicht verlieren.

Ach, mein Herr, du bist hervorgebrochen wie die schöne Morgen= röte. Nun giebst du deinen Gläubigen deinen ewigen Frieden, welcher alle himmlischen Güter in sich begreift: Gottes Huld und Gnade, Vergebung der Sünden, Gerechtigkeit, Sieg, Trost, ewige Freude, ewiges Leben. O liebreicher, holdseliger, tröstlicher, leben= diger, ewiger Friede, du edle Frucht der Auferstehung Jesu Christi, komm in mein Herz, erfreue meine Seele. Denn über diesen Frieden wird man sich freuen, wie man sich freuet in der Ernte; wie man fröh= lich ist, wenn man Beute austeilt.

Laß uns auch, Herr, mit dir durch wahre Buße auferstehen. Laß uns teil haben an der ersten Auferstehung, auf daß der andere Tod an uns nicht Macht habe. Stehe du in uns auf, lebe du in uns, siege und überwinde in uns die Welt, Sünde, Tod, Teufel und Hölle. Tröste unsere Seele in Angst und Traurigkeit durch dein Wort und den Geist des Friedens. Erwecke auch am jüngsten Tage kraft deiner Auferstehung meinen Leib zum ewigen Leben. Ja, Herr, da wirst du sagen: Wachet auf und rühmet, die ihr schlafet unter der Erde! Denn mein Tau ist ein Tau eines grünen Feldes. Alsdann wird mein nichtiger, verweslicher, sterblicher Leib anziehen Unverwes= lichkeit, Unsterblichkeit, Kraft und Ehre und wird ähnlich sein deinem verklärten Leibe; denn unser Leben ist in dir verborgen. Wenn du aber, unser Leben, wirst offenbar werden, so werden wir auch mit dir offenbar werden in der Herrlichkeit. Dazu verhilf uns, auferstunde= ner Heiland. Amen.

Am Himmelfahrtstage.

O Heiland, der du aus Liebe zu uns dich aller deiner Herrlichkeit entäußert und Knechtsgestalt angenommen hast und gehorsam wardst bis zum Tode am Kreuz, dem aber auch Gott einen Namen gegeben hat, der über alle Namen ist: o laß die Kraft deiner Herrlichkeit unsern Herzen bekannt werden, damit auch wir in deinem Namen uns beu= gen und dir, unserm Könige, dienen und anhangen. Wir danken dir, Herr Jesu, daß du durch deine Himmelfahrt uns den Weg zum Himmel gebahnt und deines Vaters Herz uns aufgeschlossen hast. Du sitzest zur Rechten der Kraft Gottes, damit dir alle Herzen als ihrem rechtmäßigen Könige unterthan werden sollen. Siehe, hier sind Her= zen, über welche du als Herr, als triumphierender König herrschen und regieren solltest; ach, sende einen Blick deiner Freundlichkeit auf uns herab.

Herr Jesu! Gieb uns ein himmlisches Herz, und laß uns durch deine Gnade bewahret werden vor allen eitlen, irdischen Gedanken; sammle uns in deiner Gegenwart; stille unser Gemüt durch deine gnadenreiche Mitteilung; laß uns vor deinem Angesichte gesegnet sein. Herr, der du den rechten Schlüssel der Erkenntnis hast, schließe durch die Salbung deines heiligen Geistes unsere Augen auf, daß wir sehen mögen die Größe deiner Herrlichkeit und die Überschwenglichkeit deiner Liebe; damit wir anfangen mögen, mit ganzem Herzen, Sinn und Gemüte gen Himmel zu wandeln, vor deinem Angesichte heilig zu leben und dich zu lieben, der du uns so hoch geliebet hast und unend= lich liebenswürdig bist.

O Herr! Vergieb um deiner Liebe willen, daß wir so oft von dir und von deiner Auffahrt zur Herrlichkeit gehört und noch so wenig ihre Kraft in unserm Herzen erfahren haben. O daß wir dir die Ehre geben und uns deinem allmächtigen Zepter unterwerfen möchten! Verherrlichter Jesus! Verherrliche dich in unserm Herzen. Werde erkannt in deiner Größe, werde geehrt und geliebt von uns, und ziehe ein in unsere Herzen. Laß sie deine Werkstatt sein; schleuß sie auf, daß wir mögen ermuntert werden, dir getrost nachzuwandeln, wie du uns vorangegangen bist und das Ziel erreicht hast. Erhöre unser schwaches Seufzen, o großer Hohepriester zur Rechten Gottes; erwirb uns kraft deiner Verdienste ein kräftiges Ja und Amen.

Am Pfingstfest.

Großer und erhabener Gott, du Vater in der Höhe, der du verheißen hast, zu wohnen bei denen, die demütigen Herzens sind und sich fürchten vor deinem Worte: o schaffe in uns solch demütig Herz, gieb uns heilige Furcht vor deinen Geboten. Was hülfe uns das Leben der Natur, wenn wir nicht deines göttlichen Lebens durch den Geist Jesu Christi sollten teilhaftig werden? Was würden wir am Ende dieses zeitlichen Lebens übrig haben, wenn wir dich nicht haben sollten, du wahres und ewiges Leben unserer unsterblichen Seele? Herr! Du weißt, welche zerstreute Herzen wir haben: o so sammle uns! Du weißt, welche harte und tote Herzen wir haben: o rühre und erwecke uns! Du weißt, wie wir noch widerstreben deinem Worte, und wie wir uns von Natur nicht unter dein Zepter beugen wollen. Darum, o Herr, beweise deine Macht; sende deinen Geist aus der Höhe, daß er unter uns wirke, dir unsere Herzen unterthan und uns tüchtig mache, ganz mit dir, unserm Heil, vereinigt zu leben und deiner Gnade uns gänzlich zu überlassen. O komm, heiliger Geist, und entzünde unsere Herzen zu heiliger Liebe; komm, du Geist der Kraft, und errege unsere Seelen, daß sie dürsten nach dir, dem rechten und wahren Führer, daß ihnen geholfen werde durch deine allvermögende Gnade.

Mache dich auf, du Geist des Lebens, daß wir durch dich beginnen zu leben; ergieße dich über uns, und schaffe uns zu Menschen nach dem Herzen Gottes, erneuert zum Bilde Christi und von einer Klarheit zur andern übergehend.

O Geist, der du die Tiefen der Gottheit erforschest, laß uns erfahren, was wir an unserm Gott und Heiland haben, damit wir durch seine lebendigmachende Erkenntnis in der Liebe brünstig gemacht und durch dieselbe kräftig gestärket werden, ihm unbeweglich anzuhangen. O wirke in uns die Befreiung von allem Irdischen und reine Liebe gegen einander; wirke in uns die Aufrichtung des Königreichs Jesu Christi durch die Mitteilung deiner Gerechtigkeit, deines Friedens und deiner heiligen Freude. Komm, du Strom der Ewigkeit, der von dem Throne Gottes mächtig hervorbricht, und überströme unsere Herzen; tilge in uns alles Wesen der Welt, alles, was im Paradiese Gottes nicht bestehen kann. Komm und gieße dich aus in tausend Herzen, die bis dahin ohne Leben und Gnade gewesen sind. Laß dir Kinder

geboren werden, wie der Tau aus der Morgenröte. Laß den Tau
deiner Gnade auf die dürren Herzen reichlich niederfallen, daß noch
viele mögen erweckt, viele zum Himmelreich geboren werden. O Gott,
du höchstes Gut! Mache dich uns bekannt und verherrliche dich an
unserem Inwendigen. Erbarme dich über uns; laß deinen Segen
von uns nicht abgewendet werden; thue mehr, als wir zu bitten ver=
mögen. Begleite mit deiner Kraft unsere Herzen, damit sie reiche
Frucht bringen zu deines Namens Ehre. Erhöre uns um dein selbst
willen, nicht um unsers armen Gebets willen; erhöre uns um Jesu
Christi willen. Er, unser Mittler, vereinige sein kräftiges Gebet mit
unseren schwachen Seufzern, und du, o Herr, versiegele es mit einem
ewigen Ja und Amen. Amen.

Gebete zur Vorbereitung und Feier des heiligen Abendmahls.

Bußgebet.

O barmherziger Gott, ewiger Vater! Groß sind meine Sünden,
viel und mannigfaltig ist meine Missethat, meine Übertretungen sind
unzählig, denn all mein Dichten und Trachten von Jugend auf war
zum Bösen geneigt. Ach, Herr, wer kann merken, wie oft er fehle?
Verzeihe mir auch die verborgenen Fehler! Siehe, ich erkenne meine
Missethat, und meine Sünde ist immer vor mir. An dir allein, o
Herr, habe ich gesündiget und übel vor dir gethan, auf daß du Recht
behaltest in deinen Worten. Ich bitte dich aber, du wollest nach dei=
ner unaussprechlichen Mildigkeit mit mir nicht ins Gericht gehen; denn
vor dir ist kein Lebendiger gerecht. Wenn du, Herr, willst Sünde
zurechnen, wer wird bestehen? denn siehe, auf tausend Fragen können
wir dir nicht ein Wort antworten; denn alle unsere Gerechtigkeit ist
vor dir, wie ein beflecktes Kleid. Deshalb erbarme dich mein, o Gott,
nach deiner Güte, und tilge meine Sünde nach deiner großen Barm=
herzigkeit: Wasche mich von meiner Missethat, und reinige mich von
allen meinen Sünden um deines Namens willen. Herr, sei mir
gnädig, heile meine Seele; denn ich habe an dir gesündigt. Gedenke,
Herr, an deine Barmherzigkeit und an deine Güte, welche von der
Welt her gewesen ist. Gedenke doch nicht mehr der Sünden meiner
Jugend und meiner Übertretungen; gedenke aber mein nach deiner
großen Barmherzigkeit um deiner Güte willen. O gütiger Gott! Ich
bekenne vor dir, daß nicht meine Werke, noch mein Verdienst können
austilgen meine Sünde oder deine Gnade erwerben, sondern solches
vermag allein das heilige, bittere Leiden unseres Herrn und Heilan=
des Jesu Christi, der sein Blut für uns vergossen hat zur Vergebung
der Sünden und unsere Seelen gereinigt. In diesem Glauben rufe
ich voll Vertrauen und Hoffnung zu dir: du wollest meine Übertretung

aus Gnaden vergeben, meine Sünde zudecken und meine Missethat
mir nicht zurechnen. Verzeihe mir auch die verborgenen Fehler, auf
daß meine betrübte Seele und die Gebeine, welche sehr erschroden sind,
wiederum erfreuet, getröstet und erquicket werden; denn dein ist die
Barmherzigkeit, und bei dir ist Gnade und viel Vergebung. O Herr,
erhöre die Stimme meines Flehens, und verachte nicht das Rufen
meines Herzens zu dir um Jesu Christi, meines Herrn und Heilandes,
willen. Amen.

Sündenbekenntnis.

Allmächtiger Gott, barmherziger Vater! Ich armer, elender, sün=
diger Mensch bekenne dir alle meine Sünde und Missethat, die ich
begangen mit Gedanken, Worten und Werken, damit ich dich jemals
erzürnet und deine Strafe zeitlich und ewiglich verdienet habe. Sie
sind mir aber alle herzlich leid und reuen mich sehr, und ich bitte dich
um deiner unergründlichen Barmherzigkeit und um des unschuldigen,
bittern Leidens und Sterbens deines lieben Sohnes Jesu Christi
willen, du wollest mir armen, sündhaften Menschen gnädig und barm=
herzig sein, mir alle meine Sünden vergeben und mir zu meiner
Besserung deines Geistes Kraft verleihen. Amen.

Gebet nach der Beichte.

Dankend erhebt sich mein Herz zu dir, dem Gott des Trostes, dem
Vater der Barmherzigkeit. Du hast deinen Sohn in die Welt gesandt,
die Sünder selig zu machen. Du hast mich, dein reumütiges Kind,
aufs neue deiner alles verzeihenden Liebe und Gnade versichert und
den Trost deines Evangeliums von dem gekreuzigten Heiland aller
sterblichen Sünder meinem Herzen nahe gebracht. Ich dagegen habe
mich dir und meinem Erlöser Jesu Christo aufs neue zum Gehorsam
verpflichtet. Befestige in mir diese heilige Entschließung, nach deinem
Wohlgefallen zu wandeln. Meine Schwäche und Gebrechlichkeit ken=
nest du, Allwissender. Kräftige mich mit himmlischer Stärke zum
Kampf gegen alle Versuchungen meines Herzens und der Welt, und
mache mich immer aufmerksamer auf die Zucht deines Geistes.
Bewahre mich doch davor, daß meine äußere Andacht nicht Heuchelei
sei und daß ich dir nicht mit falschem Herzen diene. Laß mich wachen
und beten. Segne mir besonders das heilige Mahl, das ich feiern
will, zum Wachstum in der Gnade und Erkenntnis deines Sohnes,
meines Erlösers; segne es mir zur Förderung des Fleißes in der
Gottseligkeit, welche die Verheißung hat nicht nur für dieses, sondern
auch für das ewige Leben. Amen.

Gebet vor dem heiligen Abendmahl.

Herr Jesus Christus, ewiger Sohn Gottes! Du hast in deiner
wahren Menschheit für uns den Tod erlitten und uns von unsern
Sünden und der ewigen Verdammnis erlöset. Und damit wir diese
deine Liebe und Treue nimmer möchten vergessen, hast du in deinem
letzten Abendmahl uns ein ewiges Gedächtnis des neuen Bundes
gestiftet, in welchem der Sünden derer, die da glauben, nun und in

Ewigkeit nicht mehr soll gedacht werden. Darum haſt du uns ver=
ordnet, deinen wahrhaftigen Leib zu eſſen und dein Blut zu trinken,
und haſt damit die Verheißung der Vergebung unſerer Sünden ver=
bunden, welche du uns dadurch verſiegelſt und gewiß machſt.
Wir arme, elende Menſchen kommen nun zu dir, dem Born aller
Gnade und Barmherzigkeit, und bitten dich: du wolleſt abwaſchen alle
unſere Sünde und unſere Seele reinigen und erquicken, auf daß wir
mit wahrer Reue und Leid, im rechten feſten Glauben und mit ſchul=
diger Ehrerbietung, wohl zubereitet und würdig deinen heiligen Leib
und dein Blut zu unſerer Seligkeit empfangen. Hilf, daß durch dies
Geheimnis des neuen Teſtaments der Glaube in uns gemehret, die
Hoffnung geſtärkt, die Liebe entzündet, das ſchwache Gewiſſen getröſtet,
alle Anfechtung überwunden und wir in unſern Herzen deiner göttlichen
Huld und der ewig währenden Erlöſung unſerer Seelen allenthalben
verſichert und verſiegelt werden, ſo daß wir alſo die überſchwengliche
Gnade empfinden, welche in dieſem Sakrament verborgen iſt. O du
gnadenreicher Herr! Gieb uns erleuchtete Augen des Verſtändniſſes,
daß wir erkennen mögen den Reichtum deines herrlichen Abendmahls,
in welchem du uns ſamt deinem Leib und Blut ſpendeſt Vergebung der
Sünden, wahre Gerechtigkeit und alle himmliſchen Güter, und laß
uns dadurch bewegt werden, oft und mit herzlichem Verlangen dies
Sakrament würdig zu genießen, und durch deine Liebe zur Liebe gegen
dich entzündet werden. Nimm du von uns weg alles, was dir miß=
fällt und uns von dir abwendet, und gieb uns, was uns kehret und
führet zu dir, damit wir des Segens deines heiligen Abendmahls
recht teilhaftig, und unſere Seelen dadurch wahrhaftig geſpeiſet und
getränket werden, und wir auch einſt in jenem Leben das Abendmahl
mit dir halten mögen. Amen.

Ein anderes.

Barmherziger Gott und Vater! Wir bitten dich, du wolleſt in
dieſem Abendmahle, in welchem wir das teure Gedächtnis des bitteren
Todes deines lieben Sohnes Jeſu Chriſti begehen, durch deinen hei=
ligen Geiſt in unſern Herzen wirken, daß wir uns mit wahrem Glau=
ben deinem Sohne Jeſu Chriſto je länger je mehr ergeben, damit
unſere mühſeligen und zerſchlagenen Herzen mit ſeinem wahren Leib
und Blute, als dem ewigen Himmelsbrote, geſpeiſet und erquicket
werden. Gieb denn, daß wir nun nicht mehr in unſern Sünden,
ſondern er in uns und wir in ihm leben, und aufgenommen in den
neuen Bund der Gnade, nicht zweifeln, du wolleſt ewiglich unſer gnä=
diger Vater ſein und uns unſere Sünden nimmermehr zurechnen,
ſondern uns an Leib und Seele verſorgen, als deine lieben Kinder
und Erben. Verleihe uns auch deine Gnade, daß wir getroſt unſer
Kreuz auf uns nehmen, uns ſelbſt verleugnen, unſern Heiland beken=
nen und in aller Trübſal mit aufgerichtetem Haupte unſers Herrn
Jeſu Chriſti warten, welcher unſern ſterblichen Leib ſeinem verklärten
Leibe ähnlich machen und uns zu ſich in den Himmel aufnehmen wird
in Ewigkeit. Amen.

Gebet während des Genusses des heiligen Abendmahls.

Herr Jesu! Der Genuß deines heiligen Leibes stärke und bewahre mich im rechten Glauben zum ewigen Leben.

Herr Jesu! Der Genuß deines heiligen Blutes stärke und bewahre mich im rechten Glauben zum ewigen Leben.

———

Mein Herr und Heiland! Du bist mein, und ich bin dein. Laß mich der Welt und Sünde absterben und dir ewig angehören. Wie du littest, laß auch mich leiden; wie du starbest, auch mich sterben. Führe mich einst durch die Nacht des Todes hinüber zu deinem ewigen Lichte.

Gebet nach dem heiligen Abendmahl.

O Herr Jesus Christus, unser rechter und ewiger Hohepriester, der du sitzest zur Rechten Gottes auf dem Stuhle der Majestät im Himmel und bist ein Pfleger der heiligen Güter und der wahrhaftigen Hütte, die nicht mit Händen gemacht ist! Du bist durch dein heiliges Blut einmal in das Heilige eingegangen und hast eine ewige Erlösung erfunden, indem du dich selbst durch den heiligen Geist Gott geopfert hast, um unsere Gewissen zu reinigen von den toten Werken und zu dienen dem lebendigen Gott. Wir danken dir von ganzem Herzen, daß du den schmählichen Tod am Kreuze für uns arme Sünder gelitten, auch dein Sakrament zum Gedächtnis deiner göttlichen Huld und Treue und zum gewissen Siegel und Unterpfand der Versicherung, daß uns unsere Sünden vergeben seien, eingesetzt und uns jetzt mit deinem heiligen Leib und Blut gespeiset und getränket hast. O Herr, wie groß ist deine Liebe, wie unaussprechlich deine Barmherzigkeit und unergründlich deine Gnade! Du schließest niemand aus von diesem deinem Abendmahl; wen da hungert und dürstet, der wird hier gesättigt; wer arm und dürftig ist, der findet hier Schätze und allen Reichtum des Lebens. Wer geängstiget ist, der empfänget Ruhe, und wer mit Sünden beladen ist, der hat Erquickung seines Gewissens. So hilf nun, gütiger Gott, daß uns dies heilige Sakrament gereiche zum ewigen Leben und zur Seligkeit, und stärke uns, daß wir hinfort halten an dem Bekenntnis der Hoffnung und nicht wanken; denn du bist treu in deiner Verheißung. Gieb auch, daß wir untereinander uns selbst wahrnehmen mit Reizen zur Liebe und guten Werken und nicht verlassen unsere Versammlungen, sondern uns untereinander vermahnen. Und wenn dann einst der letzte Tag sich nahet und das Ende unseres Lebens herankommt, so laß uns fröhlich erwarten deine Zukunft und mit dir eingehen in das ewige Reich, zu essen das Himmelsbrot mit allen Auserwählten. Amen.

———◆———

Krankengebete.

In der Krankheit.

Allmächtiger Gott, himmlischer Vater! Weil du uns geboten hast und gesprochen: Rufe mich an in der Not, so will ich dich erretten und du sollst mich preisen, deswegen rufe ich zu dir in dieser meiner großen Not durch Jesum Christum, deinen lieben Sohn, und bitte dich, du wollest mich armen, sündigen Menschen nicht verlassen. So nun diese meine Krankheit nicht zum Tode ist, so hilf mir auf, daß ich genese um deiner Barmherzigkeit willen, auf daß ich deine Macht und Kraft an mir verkündige und preise. Wenn es mir aber nützlicher ist, jetzt schon zu sterben und nicht länger in diesem Jammerthal zu bleiben, so geschehe, Herr, dein göttlicher Wille, wie im Himmel, also auch auf Erden. Verleihe mir nur Gnade, daß ich mich in deinen Willen, der allezeit der beste ist, gänzlich ergebe. Erhalte mich fest im christlichen Glauben und wahrer Erkenntnis bis an mein Ende. Laß mich von dir nimmermehr abgeschieden werden, sondern nimm meine Seele zu dir in dein Reich, durch deinen lieben Sohn, Jesum Christum, unsern Herrn. Amen.

Ein anderes.

Mein Gott! Es hat dir nach deinem heiligen Rat und Willen gefallen, mich auf dieses Krankenbett zu legen und dadurch nicht allein mich von meinen Geschäften, meinen Sünden und sündlichen Gewohnheiten abzuschneiden, sondern mich auch an meinen Tod zu erinnern und mich aufmerksam zu machen, daß ich ein sterblicher Mensch sei. Siehe, meine Tage sind eine Hand breit bei dir, und mein Leben ist wie nichts vor dir; ach, wie gar nichts sind doch alle Menschen, die doch so sicher leben! Ich weiß auch, daß dem Menschen gesetzt ist, einmal zu sterben, danach das Gericht; aber ich vergesse es leider nur zu leicht wieder!

Darum bitte ich dich: Ach Herr, lehre mich doch, daß es ein Ende mit mir haben muß und mein Leben ein Ziel hat und ich davon muß. Ich weiß auch, daß ich alles muß verlassen, meine Habe, Gut, Ehre, Glück und was ich in der Welt besitze. Ich habe hier keine bleibende Stätte, sondern die zukünftige suche ich. Daran möge mich meine Krankheit erinnern, damit ich mich mit Gebet, mit Buße und Glauben, mit wahrer Prüfung meines bisherigen Lebens zum seligen Sterben bereite und also von Welt und Sünden abgezogen und mein Leben, Geist und Seele dir geheiligt werde. Siehe, mein Gott, hie bin ich, nimm meine Seele hin, aber bereite mich zuvor recht in der Zeit, daß, wenn ich sterbe, ich möge in deiner Gnade und selig sterben. Amen.

Gebet nach der Genesung.

Opfere Gott Dank, und bezahle dem Höchsten deine Gelübde. Ps. 50,14.

Du, Herr, hast Großes an mir gethan, des bin ich fröhlich. Du hast mich von meiner Krankheit wieder aufgerichtet, darum komme ich vor dein Angesicht, dich zu loben und dir zu danken. Ach Herr! Wer bin ich, daß du dich meiner also hast angenommen? Wer bin ich, daß du meiner so gedacht hast in meiner großen Not? Welche Angststunden habe ich durchwacht, welche Schmerzen ausgestanden, in welcher Gefahr habe ich geschwebt! Aber du, allmächtiger und getreuer Gott, hast mich väterlich behütet, meine Schmerzen gestillt und meine Klagen verwandelt in Freude und Wonne. Die Last der Krankheit hast du von mir genommen und mich wieder gesund gemacht; darum will ich dir meinen Dank opfern und vor allem Volk verkündigen, was du an mir gethan hast. Laß mich nimmer deiner Barmherzigkeit und Treue vergessen, o Herr, und mit allem Eifer bemüht sein, dir zu bezahlen meine Gelübde. Als du mich mit Krankheit geschlagen, da suchte ich dich und erkannte, Herr, wie groß meine Missethat, und wie schwer ich mich an dir versündiget habe. Und da gelobte ich dir, daß ich hinfort der Sünde absterben und dir leben wolle; da verpflichtete ich mich aufs neue, dir alle Kräfte meines Leibes und meiner Seele zu weihen und in gesunden Tagen, wenn ich sie ja wieder sehen sollte, dir allein zu dienen in Heiligkeit und Unsträflichkeit. So verleihe du, heiliger und allmächtiger Gott, mir denn hiezu Gnade und Segen. Erleuchte mich an den Augen meines Verständnisses, daß ich die Nichtigkeit dieser Welt recht erkenne und mein Herz nie wieder daran hänge. Gieb mir Kraft, die Lüste meines Fleisches zu bezwingen, und hilf mir verleugnen alles ungöttliche Wesen und züchtig, gerecht und gottselig leben in dieser Welt. Treibe mich, Herr, durch die mächtige Stimme deines Wortes zum Wachen und zum Beten, daß ich am guten Tage nicht in Sicherheit verfalle, sondern mich stets bereit halte auf die ungewisse Stunde, in der du kommen wirst. Mache mich geduldig, wenn es dir gefällt, mich wieder mit neuen Trübsalen heimzusuchen, und mache du mein Herz getrost im Andenken an die treue Hilfe, die du mir in dieser Krankheit zugewandt hast. Erfülle, Herr Jesu, mein Herz mit der unverbrüchlichsten Liebe zu dir, daß uns nichts von einander scheiden kann und selbst der Tod mir ein Eingang zu dir werden muß in das ewige Leben. Amen.

Für Sterbende.

Du frommer und getreuer Gott und Vater unsers lieben Herrn Jesu Christi! Ich bitte dich von Herzen, du wollest mich in meiner Not nicht verlassen, sondern mit dem Licht deiner wahren Erkenntnis erleuchten, daß ich in demselben aus dieser Finsternis zu dir, dem ewigen Licht, möge wandeln. O Herr, sei du bei mir, wenn ich sterben soll; stehe du mir zu meiner rechten Hand, wenn ich soll meinen Geist aufgeben. Errette mich aus der Hand des Feindes, tröste und stärke mich, erhalte mich in deiner Erkenntnis und festem, starken Vertrauen auf deine große Gnade und Barmherzigkeit. Ach Herr Gott! Laß das letzte Wort deines lieben Sohnes am Stamme des Kreuzes auch mein letztes Wort sein, daß ich mit starkem und gläubigem Vertrauen im Herzen sagen darf: Vater, in deine Hände befehle ich meinen Geist; denn du hast mich erlöset, du getreuer Gott! Und wenn ich aus Schwachheit und Größe meiner Krankheit solches mit dem Munde nicht könnte ausreden, so laß doch mein Herz also in der Stille zu dir rufen und seufzen. Amen.

Gebet, einem Sterbenden vorzusprechen.

Ach Gott, himmlischer Vater, der du mich erschaffen und Leben und Tod in deiner Hand hast; Herr Jesus Christus, der du mich erlöset hast; Herr Gott heiliger Geist, der du mich zur Kenntnis meines Erlösers gebracht hast: ich bitte dich, verzeihe mir alle meine Sünde, tröste mich wider alle Anfechtung, verkürze mir des Todes Qual, beschere mir ein seliges Ende, und gieb mir das ewige Leben um deiner ewigen Erbarmung willen. Amen.

Vater, ich befehle meinen Geist in deine Hände! Herr Jesu, nimm meinen Geist auf! Amen.

Seufzer für einen Sterbenden.

Heiliger, barmherziger Vater! Siehe in Gnaden an unsern Mit-erlösten, der mit dem Tode ringet. Erbarme dich seiner in der letzten Angst. Erbarme dich seiner im Gerichte. Wir befehlen dir seine Seele, die du zum ewigen Leben erschaffen hast; erlöse sie von allem Übel, und nimm sie auf in deine treuen Hände.

Göttlicher Erlöser, Jesus Christus! Auch für diesen Sterbenden hast du dein Blut vergossen, auch für ihn die heißen Todeskämpfe gekämpft. Stehe ihm bei in seinem letzten Kampf. Du hast seine unsterbliche Seele erlöset zum ewigen Leben. Rufe den scheidenden Geist in die Heimat zu dir, daß er deine Herrlichkeit schaue.

Heiliger Geist, göttlicher Tröster! Sei Licht, Trost und Kraft die-sem Sterbenden, dessen Auge bricht. Stärke ihn in seiner letzten Schwachheit. Hilf ihm hindurchdringen durch die enge Pforte zum Leben. Bringe seine Seele zum ewigen Frieden. Amen.

Alphabetisches Liederverzeichnis.